Sociedades Limitadas Uni e Pluripessoais e Empresa Individual

CIP-BRASIL. CATALOGAÇÃO NA PUBLICAÇÃO
SINDICATO NACIONAL DOS EDITORES DE LIVROS, RJ

M286s   Mariani, Irineu
            Sociedades limitadas uni e pluripessoais e empresa individual : as ferramentas do empreendedorismo inovador / Irineu Mariani. – 1. ed. – Porto Alegre [RS] : AGE, 2024.
            614 p. ; 16x23 cm.

            ISBN 978-65-5863-262-7
            ISBN E-BOOK 978-65-5863-263-4

            1. Sociedades limitadas – Brasil. 2. Empresas individuais – Brasil. 3. Responsabilidade limitada – Brasil. I. Título.

24-88004   CDU: 347.7(81)

Gabriela Faray Ferreira Lopes – Bibliotecária – CRB-7/6643

Irineu Mariani

Sociedades Limitadas Uni e Pluripessoais e Empresa Individual

As ferramentas do empreendedorismo inovador

- Temas Gerais
- Sociedade Limitada Pluripessoal – SLP
- Sociedade Limitada Unipessoal – SLU
- Empresa Individual – FIRMA

Atualização pelas Leis n.º 13.874/19 (Liberdade Econômica) e n.º 14.195/21 (Modificações do Código Civil) e Lei Complementar n.º 182/21 (*Startups* e Empreendedorismo Inovador)

PORTO ALEGRE, 2024

© Irineu Mariani, 2024

Capa:
Nathalia Real,
utilizando imagem de Freepik

Diagramação:
Júlia Seixas

Supervisão editorial:
Paulo Flávio Ledur

Editoração eletrônica:
Ledur Serviços Editoriais Ltda.

Reservados todos os direitos de publicação à
LEDUR SERVIÇOS EDITORIAIS LTDA.
editoraage@editoraage.com.br
Rua Valparaíso, 285 – Bairro Jardim Botânico
90690-300 – Porto Alegre, RS, Brasil
Fone: (51) 3223-9385 | Whats: (51) 99151-0311
vendas@editoraage.com.br
www.editoraage.com.br

Impresso no Brasil / Printed in Brazil

DEDICATÓRIA

Para Nilce Florinda, esposa e companheira, Orontes Pedro, advogado e mestre em Direito, nora Victoria e neto Benício, Chantós Guilherme, mestre e doutor em Economia, e nora Raquel, e Tiságoras Felício, advogado e pós-graduado em Direito, e nora Marina.

HOMENAGEM ESPECIAL

À Camila Makcine de Souza Maciel Cunha, Bacharel em Ciências Jurídicas e Sociais e Curso Superior de Polícia Militar, formatura em 17-11-2023, *Capitã Makcine*, lutadora, guerreira, vencedora, orgulho da mulher gaúcha, extensiva ao esposo Efraim Dorneles da Cunha, Sargento da Brigada Militar, e aos pais Haroldo José Fucilini Maciel, Tenente da Reserva da Brigada Militar, e Ana Lúcia de Souza Maciel.

AGRADECIMENTOS ESPECIAIS

À equipe de apoio que me assessora no exercício da jurisdição na minha longa jornada no Tribunal de Justiça do Rio Grande do Sul, notadamente: Bianca Sasso Franke, desde 20-5-2001; Saulo Festinalli, desde 20-6-2012; Adriana Pires, desde 6-2014, Ana Luiza Liz dos Santos, desde 12-2-2015 e Vinícius de Oliveiras Barcellos, em 13-11-2023.

DUAS IDEIAS

Um livro é como um pássaro que alça voo.
Não precisa de porto nem pouso,
pois alimenta-se da própria energia inesgotável.
Livro novo é aquele que você ainda não leu.

UM LEMA DE VIDA

A paixão é a alma da ciência:
vamos nos apaixonar.

O AUTOR, QUEM É?

IRINEU MARIANI publica mais uma obra: *SOCIEDADES LIMITADAS UNI E PLURIPESSOAIS E EMPRESA INDIVIDUAL*. E o faz conforme as características que o marcam: linguagem clara, objetiva, e, ineditamente – estilo por ele inaugurado em livro –, com a técnica dos acórdãos nos tribunais, isto é, com ementa, a qual informa a síntese, seguindo-se reflexões mais profundas, quando necessárias, sem perder o foco, assim como o voto do relator nas Cortes.

Advogou, ingressou na Magistratura em 1982, jurisdicionou em diversas Comarcas, foi Juiz de Alçada e, desde 1998, é Desembargador do Tribunal de Justiça do Rio Grande do Sul. Lecionou Direito Comercial na Escola Superior da Magistratura do RS durante dezenove anos (1995-2014), no Curso de Pós-Graduação da Universidade do Oeste de Santa Catarina – UNOESC e em cursos no interior do Rio Grande do Sul.

Já enriquece as bibliotecas especializadas com os seguintes livros: *CONTRATOS EMPRESARIAIS* (compra e venda, alienação fiduciária, *leasing, factoring* e *franchising*), 2.ª edição, pela Editora AGE; *EMPRESA INDIVIDUAL DE RESPONSABILIDADE LIMITADA – EIRELI*, pela Editora AGE; TEMAS COMERCIAIS E EMPRESARIAIS, pela Editora AGE; e, agora, com *SOCIEDADES LIMITADAS UNI E PLURIPESSOAIS E EMPRESA INDIVIDUAL*.

A esse acervo soma-se a publicação de inúmeros artigos: *A desconsideração da pessoa jurídica* (AJURIS 40/150 e Doutrinas Essenciais – Pessoas e Domicílio – 100 Anos da RT, vol. III, p. 899, 2011); *O princípio da preservação da empresa e a dissolução da sociedade limitada* (RT 630/56 e AJURIS 44/78); *Leasing: valor residual, garantia, antecipação e descaracterização* (RT 756/77 e Doutrinas Essenciais – Contratos em Espécie – 100 Anos da RT, vol. V, p. 767, 2011); *Leasing e valor da contraprestação: base de cálculo, componentes econômicos e metodologia* (AJURIS 72/18); *Franchising em tópicos* (AJURIS 75/101); *Leasing em tópicos* (AJURIS 79/125); *Responsabilidade civil dos sócios e dos administradores de sociedades empresariais à luz do novo Código Civil* (RT 834/58; AJURIS 97/101; Responsabilidade Civil – 100 Anos de José de Aguiar Dias – p. 123, Forense, 2006; Revista Jurídica Empresarial 5/43; Doutrinas Essenciais – Responsabilidade Civil – 100 Anos da RT, vol. III, p. 107, 2011); *Direito de empresa, atividade empresarial, empresa e empresário à luz do novo Código Civil* (RT 844/28 e AJURIS 101/111); *Estabelecimento empresarial* (Revista Jurídica Empresarial 20/181).

Marca presença igualmente em outras esferas do conhecimento humano, como o livro *MACONHA – As portas da decepção*, pela Sinal Comunicações, estudo sociojurídico acerca do tormentoso problema do consumo de psicotrópicos e do narcotráfico, ambiente em que a maconha, com a fama de *droga leve*, além dos malefícios por si mesma, figura como porta de entrada às ditas *pesadas*.

Aproveitando sua formação musical (ex-aluno do Curso de Composição e Regência no Instituto de Belas Artes da Universidade Federal do Rio Grande do Sul), inclusive como musicógrafo (compositor), foi maestro do Coral da Associação dos Juízes (AJURIS) durante vinte anos, e manteve no Caderno de Cultura, da AJURIS, a página *Populário Musical no Sul*, evidenciando personagens e etapas da história da música no Rio Grande do Sul.

DO AUTOR AO LEITOR

Este livro, em linguagem denotativa e enxuta, vai sempre direto ao ponto, do qual, ao estilo dos acórdãos nos tribunais – o que é inédito em obra dessa natureza – põe-se à vista, no início, a ementa ou a essência da matéria focada.

Por um lado, esse sistema impõe ao autor duplo trabalho, pois, além do texto, há a ementa, na qual o desafio é dizer muito em poucas palavras; mas, por outro lado, parafraseando Guerra Junqueiro (1850-1923), em *Poema do Amor*, é nesse ângulo do rocha que a urze desabrocha, pois o estilo constitui verdadeira senha ao leitor, uma vez que lhe permite, de plano, ainda mais com o auxílio das remissões, ingressar no maravilhoso universo do conhecimento, com Atena e Minerva, segundo as mitologias grega e romana, respectivamente, as deusas da sabedoria.

São quatorze partes: na *primeira*, as atividades econômicas; na *segunda*, a empresa e o empresário; na *terceira*, a capacidade, a qualidade e os impedimentos para exercer atividades empresariais e não empresariais; na *quarta*, as ferramentas ao exercício das atividades econômicas, o nome social ou empresarial, os princípios e a proteção; na *quinta*, o estabelecimento empresarial; na *sexta*, a função social da empresa; na *sétima*, a preservação da empresa; na *oitava*, a administração, os administradores e os poderes; na *nona parte*, a responsabilidade dos sócios, dos administradores da sociedade e da empresa individual; na *décima*, a desconsideração da personalidade jurídica – *disregard doctrine*; na *décima primeira*, o processo dissolutório; na *décima segunda*, a Sociedade Limitada Pluripessoal – SLP; na *décima terceira*, a Sociedade Limitada Unipessoal – SLU; e na *décima quarta parte*, a Empresa Individual – FIRMA.

SUMÁRIO

Primeira parte
ATIVIDADES ECONÔMICAS

Capítulo 1 – DAS ATIVIDADES ECONÔMICAS OU LUCRATIVAS (EMPRESARIAIS E NÃO EMPRESARIAIS)..37
1 Abrangência do art. 966 do CC..37
2 Expressão *elemento de empresa*..38
   2.1 Atividade não empresarial como meio de atividade empresarial (*vis atractiva*)..............38
   2.2 Atividade empresarial como meio de atividade não empresarial (*vis atractiva* inversa)..40
3 Atividade rural – Empresarial por natureza..42
   3.1 Consideração inicial..42
   3.2 Exercício em caráter individual (inscrição facultativa)............43
   3.3 Exercício em caráter coletivo (sociedade pluripessoal)............44
4 Atividade futebolística – Não empresarial por natureza............................46

Segunda parte
EMPRESA E EMPRESÁRIO

Capítulo 2 – DO EMPRESÁRIO – CONCEPÇÃO OBJETIVA........................49
1 Ontologia do termo...49
2 Concepção objetiva...49
3 Conceito de empresário...50
4 Análise individual dos elementos do conceito............................51
   4.1 Efetivo exercício da atividade em nome próprio.....................51
   4.2 Exercício de atividade empresarial..52
   4.3 Atividade organizada..52
   4.4 Exercício individual ou coletivo..52
   4.5 Exercício em caráter profissional (lucrativo ou econômico)....53
   4.6 Produção ou circulação de bens ou de serviços não excluídos por lei..55
   4.7 Bens e serviços para o consumo de terceiros (para o mercado)..55

Capítulo 3 – DA CLASSIFICAÇÃO DOS EMPRESÁRIOS..............................56
1 Quanto à forma de exercer a atividade......................................56
2 Quanto ao tratamento jurídico..56
3 Quanto ao registro..60
4 Quanto à personificação jurídica..60
5 Quanto à escrituração...60

Capítulo 4 – DA EMPRESA – TEORIA OBJETIVA PURA..............................62
1 Conceitos tradicionais de empresa..62
   1.1 Conceito econômico de empresa...62

    1.2 Conceito jurídico de empresa 63
        1.2.1 Conceito jurídico de empresa restrito...63
        1.2.2 Conceito jurídico de empresa amplo..64
2 Empresa como abstração (representação) 69
3 Elementos e fases da estruturação/montagem da empresa 70
    3.1 Fatores de produção 70
    3.2 Organização dos fatores de produção...70
    3.3 Tipo de atividade da organização (objeto) 72
    3.4 Efetivo exercício da atividade 72
    3.5 Resultado do exercício da atividade 73
4 Fins lucrativos/econômicos e não lucrativos/não econômicos da organização.....................73
    4.1 Uso da organização para fins lucrativos/econômicos 74
    4.2 Uso da organização para fins não lucrativos/não econômicos.................75
5 Teoria objetiva pura da empresa...77
    5.1 Palavra substitutiva? 77
    5.2 Superação das compreensões subjetivas e restritivas de *empresa* 78
    5.3 Afinal, o que é realmente a EMPRESA? 80
        5.3.1 Empresa numa palavra: organização...80
        5.3.2 Empresa em duas palavras: atividade organizada 81

Terceira parte
CAPACIDADE, QUALIDADE E IMPEDIMENTOS PARA EXERCER ATIVIDADES EMPRESARIAIS E NÃO EMPRESARIAIS

Capítulo 5 – DA CAPACIDADE PARA AS ATIVIDADES EMPRESARIAIS 87
1 Modo ordinário...87
2 Modos extraordinários...87
    2.1 Emancipação..87
    2.2 Casamento com idade núbil 88
    2.3 Casamento com idade inferior à núbil...89
    2.4 Exercício de emprego público efetivo 90
    2.5 Colação de grau em curso de ensino superior 90
    2.6 Estabelecimento empresarial ou não, ou emprego, garantidores de economia própria...91
        2.6.1 Economia própria..91
        2.6.2 Necessidade de oficialização..92
    2.7 Alistamento militar 93

Capítulo 6 – DA CAPACIDADE PARA AS ATIVIDADES NÃO EMPRESARIAIS 95

Capítulo 7 – DA PERDA DA CAPACIDADE 96

Capítulo 8 – DA INCAPACIDADE SUPERVENIENTE DA PESSOA NATURAL, AUTORIZAÇÃO JUDICIAL E ADMINISTRADOR 97
1 Consideração inicial..97
2 Incapacidade superveniente da pessoa natural e substituto dos pais e de autor de herança...97

    2.1 Por incapacidade superveniente da pessoa natural (casos do titular da empresa e do sócio único) 98
    2.2 Como substituto dos pais (pressupõe ser filho) 99
    2.3 Como substituto de autor de herança (pressupõe ser herdeiro) 100
3 Autorização judicial e revogação 101
4 Nomeação de administrador/gerente 101

Capítulo 9 – DA QUALIDADE DE EMPRESÁRIO 103
1 Agregação da qualidade 103
    1.1 Prática de atos empresariais 103
    1.2 Caráter profissional 103
    1.3 Fins lucrativos 104
    1.4 Exercício em nome próprio 104
2 Perda da qualidade 104
    2.1 Pela perda da capacidade 104
    2.2 Pelo não exercício da atividade ou exercício sem os requisitos 105

Capítulo 10 – DOS IMPEDIMENTOS ÀS ATIVIDADES EMPRESARIAIS 106
1 Impedimentos legais 107
    1.1 Impedimentos legais amplos 107
        1.1.1 Falidos 107
        1.1.2 Leiloeiros 108
        1.1.3 Condenados 108
        1.1.4 Funcionários públicos 109
        1.1.5 Magistrados 109
        1.1.6 Militares da ativa 109
        1.1.7 Cônsules nos seus distritos 110
    1.2 Impedimentos legais restritos 110
        1.2.1 Determinado setor econômico 110
        1.2.2 Determinada pessoa 110
2 Impedimento judicial 111
3 Impedimento convencional 112

Capítulo 11 – DAS CONSEQUÊNCIAS DA VIOLAÇÃO DOS IMPEDIMENTOS 114
1 Violação dos impedimentos legais 114
    1.1 Responsabilidade pelas obrigações contraídas 114
    1.2 Punição administrativa 115
2 Violação dos impedimentos judicial e convencional 115

Quarta parte
FERRAMENTAS AO EXERCÍCIO DAS ATIVIDADES ECONÔMICAS, NOME SOCIAL OU EMPRESARIAL, PRINCÍPIOS E PROTEÇÃO

Capítulo 12 – DAS FERRAMENTAS AO EXERCÍCIO DAS ATIVIDADES ECONÔMICAS 119
1 Para as atividades empresariais 119
2 Para as atividades não empresariais 119

Capítulo 13 – DO NOME SOCIAL OU EMPRESARIAL 122
1 Firma 122
2 Denominação..124
   2.1 Consideração inicial 124
   2.2 Prenome ou fantasia 125
   2.3 Sobrenome ou objeto social..125
   2.4 Denominação *sui generis* – Número do CNPJ 126

Capítulo 14 – DOS PRINCÍPIOS DO NOME SOCIAL OU EMPRESARIAL................128
1 Princípio da veracidade ou da fidelidade...128
2 Princípio da novidade ou do ineditismo 129

Capítulo 15 – DA PROTEÇÃO DO NOME SOCIAL OU EMPRESARIAL –
USO EXCLUSIVO..131
1 Proteção em âmbito estadual 131
2 Proteção em âmbito nacional..132

Quinta parte
ESTABELECIMENTO EMPRESARIAL

Capítulo 16 – DO CONCEITO E DA DENOMINAÇÃO DE ESTABELECIMENTO
EMPRESARIAL 137
1 Conceito 137
2 Denominação..137

Capítulo 17 – DAS ESPÉCIES DE ESTABELECIMENTO 139
1 Estabelecimentos principais (matriz e sede) 139
2 Estabelecimentos secundários (sucursal, filial e agência).................................139
3 Estabelecimento virtual 140
4 Estabelecimentos em *shopping center*..140
5 Estabelecimento resultante de franquia (*franchising*) 141
6 Estabelecimento rural 141

Capítulo 18 – DAS CATEGORIAS DOS BENS E DOS ELEMENTOS QUE
INTEGRAM O ESTABELECIMENTO..142
1 Categorias dos bens do estabelecimento..142
2 Elementos que integram o estabelecimento 142
   2.1 Bens corpóreos (ocupam espaço físico) 142
      2.1.1 Mercadorias 142
      2.1.2 Instalações 142
      2.1.3 Máquinas e utensílios 143
      2.1.4 Bens imóveis 143
   2.2 Bens incorpóreos (não ocupam espaço físico) 143
      2.2.1 Distinção necessária 143
      2.2.2 Título do estabelecimento e insígnia ou emblema 144
      2.2.3 Ponto empresarial 144
      2.2.4 Freguesia ou clientela..145

  2.2.5 Aviamento ou fundo empresarial ou fundo de empresa 145

Capítulo 19 – DA NATUREZA JURÍDICA, DA TRANSFERÊNCIA E
DA DUPLA DIVULGAÇÃO 146
1 Natureza jurídica do estabelecimento 146
2 Transferência do estabelecimento 146
  2.1 Por operação *inter vivos* (contrato de trespasse) 146
  2.2 Por operação *mortis causa* 147
  2.3 Por operação de desfrute ou de garantia 147
  2.4 Sub-rogação dos contratos na transferência do estabelecimento 147
3 Princípio da dupla divulgação (publicidade e publicação) 148

Capítulo 20 – DO ATIVO INSUFICIENTE PARA SOLVER O PASSIVO E
DOS CRÉDITOS E DÉBITOS ANTERIORES À TRANSFERÊNCIA 149
1 Ativo insuficiente para solver o passivo (notificação dos credores) 149
2 Créditos anteriores à transferência 149
  2.1 Cessão de crédito (crédito civil) 149
    2.1.1 Abrangência 149
    2.1.2 Aplicação subsidiária da norma geral 150
    2.1.3 Necessidade, ou não, de pactuação quanto à cessão dos créditos
      (divergência doutrinária) 150
    2.1.4 Forma instrumental 150
    2.1.5 Exoneração do devedor se de boa-fé pagar ao cedente 150
  2.2 Endosso translativo (crédito cambiário) 151
3 Débitos anteriores à transferência 151

Capítulo 21 – DA NÃO CONCORRÊNCIA OU DO NÃO RESTABELECIMENTO
PELO VENDEDOR E DOS CONTRATOS PARA EXPLORAÇÃO 152
1 Cláusula da não concorrência ou do não restabelecimento 152
2 Prazo da não concorrência ou do não restabelecimento 152
3 Abrangência territorial da não concorrência ou do não restabelecimento 153
4 Aplicação da não concorrência ou do não restabelecimento a outras hipóteses 153
5 Contratos estipulados para exploração do estabelecimento 153
  5.1 Abrangência da palavra *exploração* 153
  5.2 Contratos *intuitu pecuniae* 154
  5.3 Contratos *intuitu personae* 154
  5.4 Contrato de locação 154
  5.5 Contrato de trabalho 154
  5.6 Contratos de alienação fiduciária, de *leasing* e de *franchising* 155
  5.7 Responsabilidade do alienante 155

Sexta parte
FUNÇÃO SOCIAL DA EMPRESA

Capítulo 22 – DA NOÇÃO HISTÓRICA E DA CLASSIFICAÇÃO DA EMPRESA 159
1 Noção histórica 159

2   Classificação da empresa quanto à destinação dos bens 159

Capítulo 23 – DAS DISTINÇÕES NECESSÁRIAS 161
1   Função social e responsabilidade social da empresa (cidadania empresarial) 161
2   Função social e objeto social da empresa 161

Capítulo 24 – DOS DISPOSITIVOS CONSTITUCIONAIS, LEGAIS E NORMA
PROGRAMÁTICA 162
1   Dispositivos constitucionais e legais 162
2   Norma programática 162

Capítulo 25 – DO CONTEÚDO DA EXPRESSÃO *FUNÇÃO SOCIAL*
DA EMPRESA 164
1   Vertentes da função social da empresa 164
2   Direitos sociais dos trabalhadores 164
3   Fundamentos, objetivo e ditames da justiça social da ordem econômica 165
4   Princípios integrativos da atividade econômica 165
    4.1   Função social da propriedade (inciso III) 165
    4.2   Livre concorrência (inciso IV) 165
    4.3   Defesa do consumidor (inciso V) 166
    4.4   Defesa do meio ambiente (inciso VI) 166
    4.5   Redução das desigualdades regionais e sociais (inciso VII) 166
    4.6   Busca do pleno emprego (inciso VIII) 167

Sétima parte
PRESERVAÇÃO DA EMPRESA

Capítulo 26 – DA NOÇÃO HISTÓRICA E DO FUNDAMENTO SOCIOLÓGICO 171
1   Noção histórica 171
2   Fundamento sociológico 171

Capítulo 27 – DAS INCIDÊNCIAS DO PRINCÍPIO 173
1   Hipótese típica ou legal 173
2   Hipóteses atípicas ou difusas 173
    2.1   Dissolução da empresa 173
    2.2   Menor onerosidade nas execuções 174
    2.3   Quando o desapossamento de bens paralisa atividade econômica 174
    2.4   Sub-rogação dos contratos na transferência do estabelecimento 175

Oitava parte
ADMINISTRAÇÃO, ADMINISTRADORES E PODERES

Capítulo 28 – DA ADMINISTRAÇÃO 179

Capítulo 29 – DOS ADMINISTRADORES 180
1   Consideração inicial 180
2   Denominações 180

3   Espécies de administradores..181
     3.1 Administrador sócio 181
     3.2 Administrador não sócio 181
          3.2.1 Gerente..181
          3.2.2 Mais de um gerente no mesmo estabelecimento.............................182
          3.2.3 Atos do gerente dentro e fora do estabelecimento e vinculação........182
          3.2.4 Limitação, modificação e revogação dos poderes do gerente e registro..............182
          3.2.5 Término do prazo da gerência e destituição...................................182
4   Impedimentos ou inelegibilidades dos administradores...............................183
5   Administração por pessoa jurídica 183
6   Nomeação e destituição dos administradores 183
7   Prestação de caução 183

Capítulo 30 – DOS PODERES DOS ADMINISTRADORES..............................185
1   Poderes comuns ou *intra vires* (dentro das forças) 185
2   Poderes especiais ou *ultra vires* (além das forças) 185

Nona parte
RESPONSABILIDADE DOS SÓCIOS, ADMINISTRADORES,
SOCIEDADE E EMPRESA INDIVIDUAL

Capítulo 31 – DA RESPONSABILIDADE DOS SÓCIOS.................................189
1   Consideração inicial – princípio geral..189
2   Panorama da responsabilidade por sociedade e empresa individual 190
     2.1 Sociedades ilimitadas e empresa individual 190
          2.1.1 Sociedade em nome coletivo..190
          2.1.2 Sociedade em comum 190
          2.1.3 Sociedade em conta de participação..190
          2.1.4 Sociedade simples (não empresária) 190
          2.1.5 Empresa individual ou FIRMA..191
     2.2 Sociedades limitadas 191
          2.2.1 Sociedade anônima 191
          2.2.2 Sociedade limitada pluripessoal...192
          2.2.3 Sociedade limitada unipessoal...192
     2.3 Sociedades de responsabilidade mista (em comandita simples e por ações)..............192
     2.4 Sociedade cooperativa (simples especial)..192
3   Responsabilidade dos sócios face ao capital social 193
4   Responsabilidade dos sócios face às obrigações sociais.................................194
     4.1 Responsabilidade automática (sociedades ilimitadas) 194
          4.1.1 Quando consta o nome do sócio na firma social 194
          4.1.2 Quando não consta o nome do sócio na firma social....................194
     4.2 Responsabilidade não automática (sociedades limitadas) 195
5   Responsabilidade dos sócios face à dissolução 195

Capítulo 32 – DA RESPONSABILIDADE DOS ADMINISTRADORES 196
1   Responsabilidade face aos atos comuns ou *intra vires*.................................196

2	Responsabilidade face aos atos especiais ou *ultra vires*	197
3	Face aos atos que violam a lei ou o contrato	197
4	Face aos atos praticados por mandatário	197
5	Responsabilidade coletiva na administração plúrima	197

Capítulo 33 – DA RESPONSABILIDADE DA SOCIEDADE E DA EMPRESA INDIVIDUAL – VINCULAÇÃO 199
1 Responsabilidade face aos atos comuns ou *intra vires* 199
2 Responsabilidade face aos atos especiais ou *ultra vires* 200
3 Face aos atos que violam a lei ou o contrato 201
4 Face aos atos praticados por mandatário 202
5 Teoria da aparência 202

Décima parte
DESCONSIDERAÇÃO DA PERSONALIDADE JURÍDICA – *DISREGARD DOCTRINE*

Capítulo 34 – DA SUMA HISTÓRICA E DAS TEORIAS MAIOR E MENOR 207
1 Âmbito internacional 207
2 Âmbito nacional 207
3 Teorias *maior* e *menor* da desconsideração 208

Capítulo 35 – DO ÂMBITO DA *DISREGARD DOCTRINE* E DA APLICAÇÃO CASO A CASO 209
1 Âmbito da *disregard doctrine* 209
2 Desconsideração caso a caso e no respectivo limite 210

Capítulo 36 – DOS FUNDAMENTOS AXIOLÓGICOS E DO PRESSUPOSTO 211
1 Fundamentos axiológicos e prevalência da realidade sobre a aparência 211
2 Pressuposto e causa à desconsideração 211

Capítulo 37 – DAS HIPÓTESES TÍPICAS E ATÍPICAS DE DESCONSIDERAÇÃO 212
1 Hipóteses atípicas 212
   1.1 Desconsideração por caso de *alter ego* (outro eu) 212
   1.2 Desconsideração por uso abusivo da forma societária (abuso de direito) 213
   1.3 Desconsideração por desvio de finalidade (fraude) 214
      1.3.1 Por fraude de dentro para fora 214
      1.3.2 Por fraude de fora para dentro (desconsideração inversa) 214
   1.4 Desconsideração por subcapitalização 215
   1.5 Desconsideração nos grupos econômicos 216
      1.5.1 Justificativas à *disregard* nos grupos 216
      1.5.2 Diferença da *disregard* nos grupos 217
      1.5.3 Hipóteses atípicas de *disregard* nos grupos 217
      1.5.4 Jurisprudência e *disregard* nos grupos 217
   1.6 Desconsideração nos consórcios 219
      1.6.1 Justificativas à *disregard* nos consórcios 219
      1.6.2 Diferença da *disregard* nos consórcios 219
2 Hipóteses típicas 219

    2.1   Consideração inicial 219
    2.2   Relação de consumo 220
    2.3   Infrações à ordem econômica 220
    2.4   Danos ambientais..220
    2.5   Relações laborais 221
    2.6   Relações gerais..221

Capítulo 38 – DO CREDOR VOLUNTÁRIO E INVOLUNTÁRIO 222

Capítulo 39 – DA PARTE PROCESSUAL 223
1   Parte processual até o CPC/2015 223
2   Parte processual a partir do CPC/2015..223
    2.1   Confusões que devem ser evitadas 223
    2.2   Legitimidade para pedir...224
    2.3   Requisitos do pedido 224
    2.4   Momento do pedido 225
    2.5   Citação dos atingidos patrimonialmente...225
    2.6   Comunicação ao distribuidor 226
    2.7   Instauração do incidente e suspensão do processo..............................227
    2.8   Fundamentação judicial específica 228
    2.9   Natureza da decisão que examina a admissibilidade da *disregard*...........228
    2.10 Irrecorribilidade da decisão que defere o pedido de *disregard* e defesa adequada 228
    2.11 Prévia oitiva do requerente quando o pedido não preenche os requisitos 230
    2.12 Recorribilidade da decisão que indefere o juízo de admissibilidade
           da *disregard* e recurso cabível..233
    2.13 Decisão que julga o pedido de *disregard* e recurso 233
    2.14 Exclusão do pedido de *disregard* no segundo grau 235

Décima primeira parte
PROCESSO DISSOLUTÓRIO

Capítulo 40 – DOS ESCLARECIMENTOS INICIAIS, APLICAÇÃO GERAL
E FASES DA DISSOLUÇÃO..239
1   Esclarecimentos iniciais 239
2   Aplicação geral 239
3   Fases da dissolução 240

Capítulo 41 – DA AUTONOMIA E OBJETIVO DE CADA FASE......................241
1   AUTONOMIA DE CADA FASE..241
2   OBJETIVO DE CADA FASE 241
    2.1   Primeira fase (*Da dissolução*)..241
    2.2   Segunda fase (*Da liquidação e partilha*) 242
    2.3   Terceira fase (*Da extinção*) 242

Capítulo 42 – DAS HIPÓTESES DE DISSOLUÇÃO (DIREITO MATERIAL) 243
1   Hipóteses típicas..243
    1.1   Legais...243

    1.2 Administrativo-legais 244
    1.3 Contratuais ou estatutárias 245
2 Hipóteses atípicas 245

Capítulo 43 – DA DISSOLUÇÃO PARCIAL/RESOLUÇÃO 246
1 Inaplicabilidade da dissolução/resolução parcial à empresa individual e à sociedade unipessoal 246
2 Aplicabilidade da dissolução parcial/resolução às sociedades pluripessoais 246
3 Dissolução parcial extrajudicial (fusão das fases) 247
4 Dissolução parcial/resolução judicial (ação de dissolução parcial de sociedade) 247
    4.1 Objeto da ação de dissolução parcial de sociedade e/ou de apuração de haveres (hipóteses) 247
        4.1.1 Imprecisão técnica 248
        4.1.2 Conjunção aditiva ligando o inciso I ao II 248
        4.1.3 Conjunção alternativa usada no inciso III 248
        4.1.4 Normas exclusivas às sociedades contratuais (como regra) 248
    4.2 Legitimidade ativa e ações cabíveis 249
        4.2.1 Legitimidade do espólio 250
        4.2.2 Legitimidade da sociedade para ação de consignação de haveres 250
        4.2.3 Legitimidade do sócio retirante 250
        4.2.4 Legitimidade da sociedade para excluir sócio 250
        4.2.5 Legitimidade do sócio excluído para ações anulatória, de apuração de haveres e cominatória 251
        4.2.6 Legitimidade do ex-cônjuge ou ex-companheiro 251
        4.2.7 Legitimidade do credor do sócio 253
    4.3 Legitimidade passiva nas ações cabíveis 254
        4.3.1 Maneira de superar o paradoxo entre o *caput* e o parágrafo único do art. 601 do CPC 254
        4.3.2 Litisconsórcio passivo da sociedade e dos sócios, com dispensa da sociedade quando todos os sócios forem citados 255
        4.3.3 Necessidade de citação da sociedade quando existir pedido de apuração de haveres 255
        4.3.4 Possibilidade de a sociedade pedir indenização compensável com os haveres 256
        4.3.5 Legitimados passivos 256
    4.4 Itens obrigatórios da sentença de dissolução parcial/resolução 257
    4.5 Juízo de revisão até o início da perícia 257
    4.6 Rubricas do cálculo antes e depois da dissolução parcial/resolução e pagamento 258
    4.7 Dissolução parcial resultante de pedido de dissolução total 258

Capítulo 44 – DA DISSOLUÇÃO TOTAL 259
1 Dissolução total extrajudicial 259
    1.1 Sociedades pluripessoais 259
    1.2 Sociedade unipessoal 259
2 Dissolução judicial das sociedades pluripessoais 260
3 Consequências da dissolução total (encerramento da 1.ª fase) 260
4 Regência normativa da 2.ª fase (*da liquidação e partilha*) 261

  4.1 Sociedades contratuais 261
  4.2 Sociedades institucionais 261

Capítulo 45 – DO LIQUIDANTE 262
1 Liquidante pessoa natural 262
2 Número de liquidantes 262
3 Nomeação de liquidante na liquidação extrajudicial 262
  3.1 Nas sociedades contratuais 262
    3.1.1 Quanto à nomeação 262
    3.1.2 Quanto ao quórum 263
  3.2 Nas sociedades institucionais 263
    3.2.1 Quanto à nomeação 263
    3.2.2 Quanto ao quórum 264
4 Nomeação de liquidante na liquidação judicial 264
5 Destituição do liquidante na liquidação extrajudicial 264
  5.1 Nas sociedades contratuais 264
    5.1.1 Quanto à destituição 264
    5.1.2 Quanto ao quórum 265
  5.2 Nas sociedades institucionais 265
    5.2.1 Quanto à destituição 265
    5.2.2 Quanto ao quórum 266
6 Destituição do liquidante na liquidação judicial 266
7 Remuneração do liquidante 266
8 Renúncia do liquidante 267
9 Responsabilidade do liquidante 267
10 Poderes do liquidante 267

Capítulo 46 – DOS DEVERES DO LIQUIDANTE 269
1 Averbar e publicar 269
2 Arrecadar 269
3 Inventariar e fazer balanço especial de liquidação 270
4 Ultimar os negócios 270
5 Exigir integralização e cobertura das perdas sociais quando o passivo superar o ativo 270
  5.1 Integralização do capital social 271
  5.2 Cobertura das perdas sociais 271
    5.2.1 Liquidação se processa no interesse dos credores 271
    5.2.2 Liquidação não é hipótese de quitação de dívida 272
    5.2.3 Abrangência dos acionistas da S/A e dos comanditários na em comandita 272
    5.2.4 Inadmissível incorporar os bônus da falência sem os ônus 272
    5.2.5 Questão da sociedade descapitalizada 273
  5.3 Responsabilidade dos sócios solventes pelo insolvente 273
6 Convocar assembleia para relatório e balanço do estado da liquidação 274
  6.1 Na liquidação extrajudicial 274
  6.2 Na liquidação judicial 274
7 Pagar as dívidas 274
  7.1 Não há edital de convocação nem habilitação 275

    7.2 Não há vencimento antecipado 275
    7.3 Classificação dos créditos..275
    7.4 Pagamento proporcional (créditos preferenciais e quirografários).............276
    7.5 Desconto em relação às dívidas vincendas 276
    7.6 Exceção ao princípio da proporcionalidade..277
8   Cancelar as inscrições fiscais 277
    8.1 Empresas e empresários especiais – Baixas sem regularização dos débitos públicos, porém com responsabilidade solidária de todos 278
    8.2 Empresas e empresários comuns – Baixas sem regularização dos débitos públicos, porém com responsabilidade solidária de todos 280
9   Confessar falência e pedir recuperação (hipóteses) 281
    9.1 Quanto à recuperação 281
    9.2 Quanto à falência (autofalência) 281
        9.2.1 Por insolvência...282
        9.2.2 Por iliquidez 282
10 Antecipar partilha..283
11 Elaborar plano de partilha final do remanescente..283
12 Pagar em dinheiro (regra) ou em bens (exceção) 283
13 Priorizar o capital social no rateio do remanescente 284
    13.1 Preferência de ordem ao capital social integralizado 284
    13.2 Atualização monetária do capital social..284
14 Observar situação especial do sócio de indústria 285
15 Elaborar relatório da liquidação e prestar contas finais 285
    15.1 Forma de apresentação aos sócios (assembleia e instrumento substitutivo) 285
    15.2 Quórum de aprovação 286

Capítulo 47 – DA TERCEIRA FASE (*DA EXTINÇÃO*) – ÚLTIMOS DEVERES DO LIQUIDANTE..287
1 Averbar e publicar a ata da assembleia de encerramento da liquidação ou o instrumento substitutivo 287
2 Encerramento das funções do liquidante e permanência das responsabilidades 287
3 Extinção de fato e de direito da sociedade e extinções de direito da sociedade e da personalidade jurídica..288

Capítulo 48 – DOS TEMAS FINAIS DO PROCESSO DISSOLUTÓRIO.....................289
1 Sócio dissidente..289
2 Credor insatisfeito..289
    2.1 Cobrança contra um até o limite da soma dos quinhões de todos 290
    2.2 Responsabilidade pelo excedente da soma dos quinhões individuais 290
        2.2.1 Responsabilidade do liquidante..290
        2.2.2 Responsabilidade dos sócios..291

Capítulo 49 – DA DISSOLUÇÃO IRREGULAR 292
1 Encerramento do processo dissolutório com passivo a descoberto e responsabilidade do liquidante e dos sócios..292
2 Encerramento puro e simples das atividades (dissolução de fato) e responsabilidade do administrador e dos sócios..292

Décima segunda parte
SOCIEDADE LIMITADA PLURIPESSOAL – SLP

Capítulo 50 – DO HISTÓRICO – ORIGENS 297

Capítulo 51 – DA RESPONSABILIDADE DOS SÓCIOS FACE
AO CAPITAL SOCIAL 301

Capítulo 52 – DO NOME SOCIAL OU EMPRESARIAL 303

Capítulo 53 – DAS NORMAS DE REGÊNCIA FORMAIS E
SUBSTANCIAIS DA SLP 305

Capítulo 54 – DA CLASSIFICAÇÃO QUANTO À ESTRUTURA ECONÔMICA –
SOCIEDADE DE PESSOAS OU DE CAPITAL? 307
1 Regime do decreto 3.708/1919 307
2 Regime do CC/2002 308
   2.1 *Affectio societatis* 308
   2.2 Cessão total ou parcial *inter vivos* 309
   2.3 Cessão *mortis causa* 310
   2.4 Preferência no aumento do capital social 311

Capítulo 55 – DAS FORMAS DO ATO CONSTITUTIVO, DO CAPITAL SOCIAL,
DA INTEGRALIZAÇÃO E DA AQUISIÇÃO DAS PRÓPRIAS QUOTAS 312
1 Formas do ato constitutivo 312
2 Capital social 312
   2.1 Não exigência de capital social mínimo 312
   2.2 Capital dividido em quotas 313
   2.3 Quotas de valor igual ou desigual 313
   2.4 Natureza jurídica da quota 314
   2.5 Quota em condomínio voluntário, indivisibilidade e "sócio de sócio" 314
   2.6 Quotas preferenciais – Incompatibilidade 315
3 Integralização do capital social 317
   3.1 Integralização com dinheiro ou com bens 317
   3.2 Integralização com quotas ou ações de outras sociedades 317
   3.3 Responsabilidade de todos os sócios pela exata estimativa dos bens 318
   3.4 Integralização com imóveis, transferência da propriedade e
não incidência de ITBI 318
4 Aquisição das próprias quotas – Incompatibilidade 319
   4.1 Regime do Decreto 3.708/1919 319
   4.2 Regime do CC/2002 320
      4.2.1 Compatibilidade do instituto do reembolso 320
      4.2.2 Incompatibilidade da aquisição das próprias quotas 321

Capítulo 56 – DO ENQUADRAMENTO COMO *ME* OU *EPP*,
INVESTIDOR-ANJO E ENQUADRAMENTO COMO *STARTUP* 324
1 Enquadramento como *ME* e *EPP* 324

2   Figura do investidor-anjo ou sócio-anjo 325
3   Enquadramento como *startup* 326
    3.1   Origem e definição 326
    3.2   Objeto social especial – Empreendedorismo inovador e/ou inédito 327
    3.3   Cláusula obrigatória de enquadramento como *startup* 328

Capítulo 57 – DOS SÓCIOS NA SLP 330
1   Categoria de sócios na SLP 330
2   Inexistência de sócio de indústria 330
3   Número de sócios 331
4   Cônjuge ou convivente do sócio 333
5   Sócio de menoridade/incapaz 333

Capítulo 58 – DO RECESSO DO SÓCIO – DIREITO DE SE RETIRAR 335
1   Direito de se retirar motivadamente 335
2   Direito potestativo de se retirar de sociedade limitada por tempo indeterminado 336

Capítulo 59 – DA EXCLUSÃO/EXPULSÃO DO SÓCIO 338
1   Consideração inicial 338
2   Exclusão extrajudicial do sócio 339
    2.1   Previsão contratual e maiorias de sócios e de capital votantes 339
    2.2   Ato ou conduta que põe em risco a continuidade da empresa 342
    2.3   Ato ou conduta que caracteriza justa causa 342
    2.4   Quebra da *affectio societatis* caracteriza justa causa? 344
    2.5   Procedimento para exclusão extrajudicial (*modus faciendi*) 346
    2.6   Alteração contratual, registro, liquidação da quota e responsabilidade do sócio excluído 348
    2.7   Prazo para anular assembleia ou reunião que delibera a respeito da exclusão extrajudicial 349
3   Exclusão judicial do sócio 350
    3.1   Iniciativa da maioria dos demais sócios e controvérsia quanto à maioria do capital social – Quórum de iniciativa 350
    3.2   Caso de apenas dois sócios – Superação do impasse 352
    3.3   Exclusão judicial por falta grave no cumprimento das obrigações 354
    3.4   Exclusão judicial por incapacidade superveniente 355
4   Exclusão de pleno direito 356

Capítulo 60 – DA OBRIGAÇÃO QUANTO ÀS CONTRIBUIÇÕES PREVISTAS NO CONTRATO SOCIAL 359
1   Inadimplência quanto à integralização das quotas 360
    1.1   Consideração inicial 360
    1.2   Notificação do sócio remisso pela sociedade 360
    1.3   Tomada da quota ou transferência e exclusão extrajudicial do remisso 360
    1.4   Redução proporcional da quota e devolução do valor pago 361
    1.5   Cobrança da quota social 361
2   Inadimplência quanto a outras obrigações 363

Capítulo 61 – DA ASSEMBLEIA GERAL DOS QUOTISTAS OU REUNIÃO – ÓRGÃO SOCIAL DELIBERATIVO OBRIGATÓRIO 365
1   Consideração inicial 365
2   Regências da assembleia geral e da reunião 366
3   Competência 367
4   Dispensa de convocação 368
5   Dispensa de assembleia geral e de reunião, e adoção de instrumento substitutivo 368
    5.1   Quando o instrumento substitutivo é exceção 368
    5.2   Quando o instrumento substitutivo é regra (*ME* e *EPP*) 369
6   Assembleia geral e reunião digitais e votação à distância 370
7   Questão da publicação eletrônica 371
8   Publicações/inserções e prazo das primeira e segunda convocações – Obscuridade do § 3.º do art. 1.152 do CC 373
9   Dispensa de publicação tratando-se de *ME* e *EPP* 376
10 Sessões ordinária e extraordinária 377
11 Princípio da eventualidade em relação à assembleia geral 378
12 Poder de iniciativa para convocar 379
    12.1   Sessão ordinária 379
    12.2   Sessão extraordinária 380
13 Escolha do presidente e do secretário da assembleia geral ou reunião 380
14 Quórum de instalação/abertura 381
    14.1   Na assembleia geral 381
    14.2   Na reunião 381
15 Quóruns de deliberação 381
16 Escrituração e arquivamento no registro empresarial 382
17 Deliberação infringente do contrato ou da lei – Responsabilidade 383

Capítulo 62 – DO CONSELHO DE ADMINISTRAÇÃO – ÓRGÃO SOCIAL DELIBERATIVO FACULTATIVO 384
1   Consideração inicial 384
2   Previsão no *Manual de Registro da Sociedade Limitada* 385
3   Características do Conselho de Administração 386
    3.1   Natureza e função 386
    3.2   Órgão facultativo, salvo previsão diversa 386
    3.3   Número de componentes e condição de sócio 386
    3.4   Pessoa natural, eleição e período do mandato 387
    3.5   Eleição pelo sistema de voto múltiplo 387
    3.6   Matérias de competência originária e outras 389
    3.7   Remuneração dos conselheiros 390

Capítulo 63 – DA ADMINISTRAÇÃO OU DIRETORIA – ÓRGÃO SOCIAL EXECUTIVO OBRIGATÓRIO 392
1   Consideração inicial 392
2   Denominação do órgão social 392
3   Denominações e espécies de administradores 393
    3.1   Sócio-administrador, sócio-diretor ou simplesmente diretor 393

    3.2 Gerente (administrador não sócio) 393
4 Poderes do gerente – Comuns e especiais 394
    4.1 Comuns ou *intra vires* (dentro das forças) 394
    4.2 Especiais ou *ultra vires* (além das forças) 395
    4.3 Mais de um gerente no mesmo estabelecimento 395
    4.4 Especificidades quanto aos atos relativos à atividade da empresa 396
    4.5 Limitação, modificação e revogação dos poderes de gestão e arquivamento no registro competente 397
5 Impedimentos ou inelegibilidades dos administradores 398
6 Administração por pessoa jurídica 399
    6.1 Pessoa jurídica sócia designada no contrato ou em ato separado 399
    6.2 Pessoa natural não sócia (gerente – admissibilidade) 402
7 Designação e destituição dos administradores 403
    7.1 Administrador sócio – Designação no contrato ou em ato separado 403
    7.2 Administrador não sócio ou gerente – Designação no contrato ou em ato separado ... 404
8 Prazo da gestão do administrador e renúncia 406
9 Caução 408
10 Formas/espécies de administração quando há mais de um administrador 408
11 Poderes e responsabilidades dos administradores 410
12 Legitimidade para ajuizar ação contra administrador que pratica ato lesivo à sociedade 410
13 Princípio da intervenção judicial mínima 412
14 Responsabilidade da sociedade – Vinculação 412
15 Delegação da administração e constituição de mandatário 413

Capítulo 64 – DO CONSELHO FISCAL – ÓRGÃO SOCIAL FACULTATIVO 414
1 Justificativa para a instituição de Conselho Fiscal 414
2 Órgão social facultativo 415
3 Eleição dos conselheiros e suplentes 415
4 Sócio ou não, pessoa natural e renúncia 416
5 Quórum de eleição 417
6 Número de conselheiros e votação 418
7 Impedimentos ou inelegibilidades 418
8 Eleição de fiscal por sócio(s) minoritário(s) e repercussão no quórum 419
    8.1 Consideração inicial 420
    8.2 Quóruns mínimo e máximo do bloco minoritário pelo capital social da sociedade 420
    8.3 Momento da formação do bloco minoritário e votação 421
    8.4 Bloco minoritário com apenas um sócio 421
    8.5 É possível mais de um bloco minoritário, cada qual elegendo o seu conselheiro e suplente? 421
9 Período de gestão 424
10 Remuneração dos conselheiros fiscais 425
11 Competência/atribuições do Conselho Fiscal 426
12 Atribuições indelegáveis, assessoramento e responsabilidade 427
13 Funcionamento facultativo 428

Capítulo 65 – DO AUMENTO E REDUÇÃO DO CAPITAL SOCIAL 429
1 Aumento do capital social 429

2 Redução do capital social 430
   2.1 Redução por perdas irreparáveis 430
   2.2 Redução por capital excessivo 431
        2.1.1 Consideração inicial 431
        2.1.2 Repercussão nas quotas e valor da restituição 432
        2.1.3 Direito de oposição do credor quirografário, prazo e eficácia da redução 433
        2.1.4 Averbação e eficácia em face de terceiros 433

Capítulo 66 – DOS DEVERES DOS SÓCIOS ENTRE SI E PERANTE
A SOCIEDADE 434
1 Deveres dos sócios entre si 434
2 Deveres dos sócios perante a sociedade 434

Capítulo 67 – DOS DIREITOS DOS SÓCIOS PERANTE A SOCIEDADE 435
1 Direitos pessoais 435
2 Direitos patrimoniais 435

Capítulo 68 – DA PENHORA DE LUCROS, DE PARTE DE LIQUIDAÇÃO E
DE QUOTAS NA SLP POR DÍVIDAS DOS SÓCIOS 436
1 Previsão legal e benefício de ordem ou de excussão 436
2 Inexistência de conflito entre o CC e o CPC e alternativas ao credor quanto à penhora ... 438

Capítulo 69 – DA SOCIEDADE/EMPRESA NACIONAL E DA NECESSIDADE
DE AUTORIZAÇÃO 440
1 Esclarecimento inicial (sede e administração) 440
2 Conceito de sociedade/empresa nacional 441
3 Autorizações para constituir e para funcionar 442
   3.1 Origem histórica e distinção 442
   3.2 Possibilidade de indeferimento 442
   3.3 Ato administrativo, publicações e registro 443
   3.4 Exemplos de empresas nacionais dependentes de autorização para funcionar 444

Capítulo 70 – DA SOCIEDADE ESTRANGEIRA E DA SOCIEDADE
NACIONAL COM A PARTICIPAÇÃO DE ESTRANGEIROS 445
1 Conceito de sociedade/empresa estrangeira 445
2 Sociedade/empresa nacional com a participação de estrangeiros 446
   2.1 Sociedade/empresa nacional com participação de pessoa jurídica estrangeira 446
   2.2 Sociedade/empresa nacional com a participação de pessoa natural estrangeira 448
        2.2.1 Requisitos vinculados à pessoa natural estrangeira 448
        2.2.2 Requisitos vinculados à atividade econômica 450

Capítulo 71 – DA REORGANIZAÇÃO EMPRESARIAL E DISSOLUÇÃO DA SLP 452
1 Reorganização empresarial 452
   1.1 Regência legal 452
   1.2 Transformação 452
        1.2.1 Definição 452
        1.2.2 Situação dos credores 453
        1.2.3 Relação de sucessão universal 453
        1.2.4 Parte tributária 453

  1.3 Incorporação 453
    1.3.1 Definição...453
    1.3.2 Extinção da incorporada 454
    1.3.3 Relação de sucessão universal 455
  1.4 Fusão 455
    1.4.1 Definição...455
    1.4.2 Extinção das fusionadas 455
    1.4.3 Relação de sucessão universal 456
  1.5 Cisão..456
    1.5.1 Observações iniciais..456
    1.5.2 Definição...457
    1.5.3 Relação de sucessão universal 457
    1.5.4 Participação dos sócios da cindida no capital social da cindidora....457
2 DISSOLUÇÃO DA SLP 459

Décima terceira parte
SOCIEDADE LIMITADA UNIPESSOAL – SLU

Capítulo 72 – DOS RISCOS DA ATIVIDADE E CLÁUSULAS DE BARREIRA 463
1 Riscos da atividade e responsabilidade sem limitação................................463
2 Espécies de cláusulas de barreira nas sociedades pluripessoais..................464
3 Cláusula de barreira na sociedade limitada unipessoal..............................466

Capítulo 73 – DO PARADOXO DA EXISTÊNCIA DE SOCIEDADE SEM SÓCIO 467
1 Teorias do contrato de sociedade 467
2 Teorias do contratualismo e do institucionalismo 468
3 Tolerância ao paradoxo 469

Capítulo 74 – DOS FATORES DE PRESSÃO EM FAVOR DA SOCIEDADE LIMITADA UNIPESSOAL..472

Capítulo 75 – DOS PRECEDENTES INTERNACIONAIS E NACIONAIS 475
1 Precedentes internacionais...475
2 Precedentes nacionais 480
  2.1 Casos antecedentes de unipessoalidade originária 480
    2.1.1 Empresa pública 480
    2.1.2 Sociedade anônima subsidiária integral 482
    2.1.3 Sociedade unipessoal de advocacia 483
  2.2 Generalização da unipessoalidade superveniente em caráter temporário....483

Capítulo 76 – DA GENERALIZAÇÃO DA UNIPESSOALIDADE ORIGINÁRIA E PERÍODO DE CONVIVÊNCIA DA EIRELI E DA SLU 486
1 Projeto de lei prejudicado 486
2 Generalização da unipessoalidade originária 487
3 Período de convivência da EIRELI e da SLU 488

Capítulo 77 – DA TRANSFORMAÇÃO AUTOMÁTICA DA EIRELI EM SLU 489
1   Consideração inicial 489
2   Transformação independentemente de qualquer alteração no ato constitutivo 490

Capítulo 78 – DA RESPONSABILIDADE DO SÓCIO ÚNICO FACE
AO CAPITAL SOCIAL 493

Capítulo 79 – DO NOME SOCIAL OU EMPRESARIAL DA SLU 494
1   Espécies de nomes – Firma ou denominação 494
2   Firma ou denominação, conforme a preferência, e exceção 495

Capítulo 80 – DAS NORMAS DE REGÊNCIA FORMAIS E
SUBSTANCIAIS DA SLU 498
1   Consideração inicial 498
2   Normas formais – Do ato constitutivo 498
3   Normas substanciais – Do funcionamento ou regime legal 500

Capítulo 81 – DA CLASSIFICAÇÃO DA SLU QUANTO À
ESTRUTURA ECONÔMICA 502

Capítulo 82 – DAS ESPÉCIES DE SLU – EMPRESÁRIA E NÃO EMPRESÁRIA
OU SIMPLES 503
1   Espécies de atividades econômicas e ferramentas ao exercício 503
2   Espécies de SLU conforme a natureza da atividade 504
3   Espécie única de SLU para atividades empresariais e não empresariais 506

Capítulo 83 – DAS FORMAS DO ATO CONSTITUTIVO E DOS REQUISITOS
FORMAIS/CLÁUSULAS OBRIGATÓRIAS 507
1   Consideração inicial 507
2   Formas do ato constitutivo 507
3   Natureza jurídica do ato constitutivo 507
4   Requisitos formais/cláusulas obrigatórias do ato constitutivo 508

Capítulo 84 – DO CAPITAL SOCIAL DA SLU, INTEGRALIZAÇÃO E AQUISIÇÃO
DAS PRÓPRIAS QUOTAS 510
1   Não exigência de capital social mínimo 510
2   Divisão do capital social 511
    2.1 Capital social dividido em quotas e quota única 511
    2.2 Quotas de valor igual ou desigual 511
    2.3 Quota em condomínio voluntário, indivisibilidade e "sócio de sócio" 511
    2.4 Quotas preferenciais — Incompatibilidade 513
3   Integralização do capital social 513
    3.1 Integralização com dinheiro ou com bens 513
    3.2 Integralização com quotas ou ações de outras sociedades 514
    3.3 Responsabilidade pela exata estimativa dos bens 514
    3.4 Integralização com imóveis, transferência da propriedade e não incidência de ITBI ... 515
4   Aquisição das próprias quotas – Incompatibilidade 516
5   Princípio da vinculação do capital 517

Capítulo 85 – DO ENQUADRAMENTO COMO *ME* OU *EPP*,
INVESTIDOR-ANJO E ENQUADRAMENTO COMO *STARTUP* 518
1   Enquadramento como *ME* ou *EPP* 518
2   Figura do investidor-anjo ou sócio-anjo 518
3   Enquadramento como *startup* 518
   3.1   Origem e definição 518
   3.2   Objeto social especial – Empreendedorismo inovador e/ou inédito 519
   3.3   Cláusula obrigatória de enquadramento como *startup* 519

Capítulo 86 – DA SLU CONSTITUÍDA POR PESSOA NATURAL OU JURÍDICA 520
1   Inexistência de veto e/ou de incompatibilidade 520
2   SLU constituída por entidades com ou sem fins lucrativos 522
   2.1   Pessoa jurídica com fins lucrativos 522
   2.2   Pessoa jurídica sem fins lucrativos 523
3   Pessoas jurídicas impedidas de constituir SLU 525
4   Possibilidade de constituir mais de uma SLU 526

Capítulo 87 – DA PARTICIPAÇÃO DA SLU EM OUTRAS SOCIEDADES
PLURIPESSOAIS 527
1   Participação do sócio único da SLU em sociedade pluripessoal 527
2   Participação da SLU em sociedade pluripessoal 527

Capítulo 88 – DAS DECISÕES DO SÓCIO ÚNICO EM DOCUMENTO
POR ESCRITO SUBSTITUTIVO DA ASSEMBLEIA OU REUNIÃO 529
1   Consideração inicial 529
2   Cumprimento das normas das deliberações da assembleia ou reunião para fins de
publicidade 530
3   Documento por escrito substitutivo da assembleia ou reunião 531

Capítulo 89 – DO CONSELHO DE ADMINISTRAÇÃO NA SLU –
IMPOSSIBILIDADE MATERIAL 533

Capítulo 90 – DA ADMINISTRAÇÃO OU DIRETORIA NA SLU –
ÓRGÃO SOCIAL EXECUTIVO OBRIGATÓRIO 534
1   Consideração inicial 534
2   Administração por pessoa jurídica 535
   2.1   Pessoa jurídica sócia única designada no contrato ou em ato separado ... 535
   2.2   Pessoa natural não sócia (gerente – admissibilidade) 535
3   Designação e destituição dos administradores 535
   3.1   Administrador sócio único – Autodesignação no contrato ou em ato separado 535
   3.2   Administrador não sócio ou gerente – Designação no contrato ou em ato separado ... 536
4   Prazo da gestão do administrador e renúncia 536
5   Caução 536
6   Formas/espécies de administração quando há mais de um administrador 537
7   Poderes e responsabilidades dos administradores 537
8   Legitimidade para ajuizar ação contra administrador que pratica ato lesivo à sociedade 538
9   Princípio da intervenção judicial mínima 538

10 Responsabilidade da sociedade – Vinculação 539
11 Delegação da administração e constituição de mandatário 539
12 Sócio de menoridade/incapaz 540

Capítulo 91 – DO CONSELHO FISCAL – ÓRGÃO SOCIAL FACULTATIVO 541
1 Justificativa para a instituição de Conselho Fiscal 541
2 Órgão social facultativo 541
3 Eleição dos conselheiros e suplentes 541
4 Sócio ou não, pessoa natural e renúncia 542
5 Quórum de eleição 542
6 Número de conselheiros e votação 543
7 Impedimentos ou inelegibilidades 543
8 Período de gestão 543
9 Remuneração dos conselheiros fiscais 544
10 Competência/atribuições do Conselho Fiscal 544
11 Atribuições indelegáveis, assessoramento e responsabilidade 545
12 Funcionamento facultativo 545

Capítulo 92 – DOS NEGÓCIOS JURÍDICOS ENTRE O SÓCIO ÚNICO E A SLU 546
1 Negócios vinculados ao objeto social da SLU 546
2 Violação ao princípio da prossecução – Responsabilidade do sócio único 547

Capítulo 93 – DO AUMENTO E DA REDUÇÃO DO CAPITAL SOCIAL NA SLU 548
1 Aumento do capital social 548
2 Redução do capital social 548
   2.1 Redução por perdas irreparáveis 548
   2.2 Redução por capital excessivo 549
        2.2.1 Consideração inicial 549
        2.2.2 Repercussão nas quotas e valor da restituição 549
        2.2.3 Direito de oposição do credor quirografário, prazo e eficácia da redução 549
        2.2.4 Averbação e eficácia em face de terceiros 550

Capítulo 94 – DA PENHORA DE LUCROS, DE PARTE DE LIQUIDAÇÃO
E DE QUOTAS NA SLU POR DÍVIDAS DO SÓCIO ÚNICO 551
1 Personalização e autonomia patrimonial 551
2 Previsão legal e benefício de ordem ou de excussão 552
3 Inexistência de conflito entre o CC e o CPC e alternativas ao credor quanto à penhora ... 552

Capítulo 95 – DA SLU NACIONAL E DA NECESSIDADE DE AUTORIZAÇÃO 554
1 Esclarecimento inicial (sede e administração) 554
2 Conceito de SLU/empresa nacional 554
3 Autorizações para constituir e para funcionar 555

Capítulo 96 – DA SLU ESTRANGEIRA E NACIONAL CONSTITUÍDA
POR ESTRANGEIRO 556
1 Conceito de SLU/empresa estrangeira 556
2 SLU/empresa nacional constituída por estrangeiro 556
   2.1 SLU/empresa nacional constituída por pessoa jurídica estrangeira 556

  2.2 SLU/empresa nacional constituída por pessoa natural estrangeira 557
    2.2.1 Requisitos vinculados à pessoa natural estrangeira 557
    2.2.2 Requisitos vinculados à atividade econômica 557

Capítulo 97 – DA REORGANIZAÇÃO EMPRESARIAL 559
1 Regência legal 559
2 Transformação 559
  2.1 Definição 559
  2.2 Situação dos credores 560
  2.3 Parte tributária 561
3 Incorporação – Aplicação parcial 561
4 Fusão 561
5 Cisão – Aplicação parcial 562
  5.1 Observações iniciais 562
  5.2 Definição 562
  5.3 Relação de sucessão universal 563
  5.4 Participação dos sócios da cindida no capital social da cindidora 563

Capítulo 98 – DA DESCONSIDERAÇÃO DA PERSONALIDADE
JURÍDICA DA SLU 565

Capítulo 99 – DA DISSOLUÇÃO DA SLU 567
1 Consideração inicial 567
2 Dissolução parcial da SLU 568
  2.1 Ação ajuizada por ex-cônjuge ou ex-companheiro do sócio único 568
  2.2 Ação ajuizada por credor do sócio único 569
3 Dissolução total da SLU 569

Décima quarta parte
EMPRESA INDIVIDUAL – FIRMA

Capítulo 100 – BREVE HISTÓRICO 573

Capítulo 101 – DA CAPACIDADE PARA EXERCER ATIVIDADE EMPRESARIAL
E DOS IMPEDIMENTOS LEGAIS 575
1 Capacidade para exercer atividade empresarial 575
2 Incapacidade superveniente ou falecimento, autorização judicial e administrador 575
3 Pessoas legalmente impedidas 576

Capítulo 102 – DAS NORMAS DE REGÊNCIA DA EMPRESA INDIVIDUAL 577

Capítulo 103 – DA INEXISTÊNCIA DE PERSONALIDADE JURÍDICA E
RESPONSABILIDADE DO TITULAR 579
1 Inexistência de personalidade jurídica 579
2 Responsabilidade do titular – Benefício de ordem 580

Capítulo 104 – DA EXCLUSIVIDADE ÀS PESSOAS NATURAIS E ÀS ATIVIDADES EMPRESARIAIS 582
1 Espécies de atividades econômicas e ferramentas ao exercício 582
2 Exclusividade às pessoas naturais 582
3 Exclusividade às atividades empresariais 582

Capítulo 105 – DAS FORMAS E REQUISITOS DO ATO CONSTITUTIVO 584
1 Formas do ato constitutivo 584
2 Natureza jurídica do ato constitutivo 584
3 Requisitos do ato constitutivo 584
   3.1 Cláusulas obrigatórias 584
   3.2 Cláusulas facultativas 585

Capítulo 106 – DO NOME SOCIAL OU EMPRESARIAL 587
1 Firma 587
2 Denominação *sui generis* – Número do CNPJ 588

Capítulo 107 – DO CAPITAL DA EMPRESA INDIVIDUAL – PATRIMÔNIO DE AFETAÇÃO 590
1 Não exigência de capital mínimo 590
2 Teoria do patrimônio de afetação 591

Capítulo 108 – DO ENQUADRAMENTO COMO *MEI*, *ME* OU *EPP*, INVESTIDOR-ANJO E ENQUADRAMENTO COMO *STARTUP* 593
1 Enquadramento como *MEI*, *ME* e *EPP* 593
2 Figura do investidor-anjo ou sócio-anjo 593
3 Enquadramento como *startup* 594
   3.1 Origem e definição 594
   3.2 Objeto social especial – Empreendedorismo inovador e/ou inédito 594
   3.3 Cláusula de enquadramento como *startup* 594

Capítulo 109 – DA ADMINISTRAÇÃO, DESIGNAÇÃO DE GERENTE, DELEGAÇÃO E MANDATÁRIO 596
1 Consideração inicial 596
2 Designação de gerente 596
   2.1 Possibilidade 596
   2.2 Exigência de caução 596
   2.3 Poderes e responsabilidades do gerente 597
   2.4 Legitimidade para ajuizar ação contra gerente que pratica ato lesivo à empresa 597
   2.5 Responsabilidade da empresa – Vinculação 598
3 Delegação da administração e constituição de mandatário 598

Capítulo 110 – DOS ESTABELECIMENTOS PRINCIPAIS E SECUNDÁRIOS FÍSICOS OU VIRTUAIS 599

Capítulo 111 – DA EMPRESA INDIVIDUAL NACIONAL E DA NECESSIDADE
DE AUTORIZAÇÃO..600
1   Esclarecimento inicial (sede e administração)..600
2   Conceito de empresa individual nacional..600
3   Autorizações para constituir e para funcionar 600

Capítulo 112 – DA EMPRESA INDIVIDUAL ESTRANGEIRA E NACIONAL
CONSTITUÍDA POR ESTRANGEIRO...601
1   Conceito de empresa individual estrangeira 601
2   Empresa individual nacional constituída por pessoa natural estrangeira 601
    2.1   Requisitos vinculados à pessoa natural estrangeira 601
    2.2   Requisitos vinculados à atividade econômica..602

Capítulo 113 – DA REORGANIZAÇÃO EMPRESARIAL DA
EMPRESA INDIVIDUAL 603
1   Noção dos institutos da reorganização empresarial...603
2   Transformação da empresa individual em sociedade e vice-versa 603
3   Incorporação do acervo patrimonial da empresa individual por sociedade 605

Capítulo 114 – DA EXTINÇÃO DA EMPRESA INDIVIDUAL...........................606
1   Consideração inicial 606
2   Extinção por vontade pura e simples do titular...607
3   Extinção por falecimento do titular 607
4   Extinção por transferência do acervo patrimonial 608
5   Questão das dívidas públicas 608

Capítulo 115 – DA FALÊNCIA E RECUPERAÇÕES DA EMPRESA INDIVIDUAL.......610

REFERÊNCIAS..611

Primeira parte
ATIVIDADES ECONÔMICAS

Capítulo I
DAS ATIVIDADES ECONÔMICAS OU LUCRATIVAS (EMPRESARIAIS E NÃO EMPRESARIAIS)

1 ABRANGÊNCIA DO ART. 966 DO CC

> São empresariais todas as atividades econômicas exercidas em caráter profissional, sejam de produção ou de circulação de bens, sejam de produção (entenda-se *prestação*) ou circulação de serviços, exceto as intelectuais científicas, literárias e demais artísticas.

Diz o *caput* do art. 966 ser empresário quem exerce profissionalmente "atividade econômica organizada para a produção ou a circulação de bens ou de serviços", e diz o parágrafo único não ser empresário quem exerce profissionalmente atividade "intelectual de natureza científica, literária ou artística".

Primeiro, a conjunção alternativa *ou* entre os substantivos *literária* e *artística* não deve ser compreendida como se *artística* fosse sinônimo de *literária*, excluindo-se as produções nos demais ramos das belas-artes (pintura, escultura, arquitetura, literatura, música e dança), e sim como exemplo de atividade artística ou como simples destaque.

Leia-se, pois, atividade intelectual de natureza científica, literária e demais artísticas, ou atividades intelectuais científicas e artísticas.

Segundo, o fato de o Código dar ao agente a qualificação de empresário quando exerce umas atividades, e excluí-la quando outras, informa quais são e quais não são empresariais.

Terceiro, o *caput* do art. 966 estabelece a regra, e o parágrafo as exceções. Por outra, o Código enumera *gêneros* (bens e serviços) e exclui *espécies* de bens e de serviços quando resultam de atividades intelectuais científicas, literárias e demais artísticas.

Como desinência, são empresariais todas as atividades econômicas exercidas em caráter profissional, sejam de produção ou de circulação de bens, sejam de produção (entenda-se *prestação*) ou circulação de serviços, exceto os bens e serviços resultantes de atividades intelectuais científicas, literárias e demais artísticas.

É oportuno esclarecer a possibilidade de *circulação do serviço*, o que acontece quando há intermediação da prestação. Maria Helena Diniz cita o exemplo, dado por Fábio Ulhoa Coelho, de uma agência de turismo, pois "ao montar um pacote de viagem, intermedia a prestação de serviços de transporte ou de hotelaria".[1] Pode-se dizer o mesmo quanto ao representante comercial, pois o comércio é uma prestação de serviço.

Ademais, dentro da teoria da empresa, salvo exceção, ao invés do que ocorria antes, a sociedade não deixa de ser empresária pelo fato de ter como objeto a prestação de serviços. Cumpre lembrar que, independentemente do objeto, por força de leis específicas, a cooperativa é sempre sociedade simples e as por ações sempre empresárias.

Desse modo, quem quiser constituir sociedade que tenha por objeto atividades científicas ou artísticas, e não queira se valer da exceção prevista no final do art. 983 (às não empresariais não vigora o princípio da tipicidade), constituirá uma *sociedade simples* (antiga Civil), observada a exceção quanto às por ações (Lei 6.404/76, art. 2.º, § 1.º; CC, art. 982, parágrafo único).

2 EXPRESSÃO *ELEMENTO DE EMPRESA*

Há dois aspectos: *(a)* atividade não empresarial como meio de atividade empresarial (*vis atractiva*); e *(b)* atividade empresarial como meio de atividade não empresarial (*vis atractiva* inversa).

2.1 Atividade não empresarial como meio de atividade empresarial (*vis atractiva*)

> O núcleo da ressalva do parágrafo do art. 966 não é *empresa*, mas *elemento de empresa*. Em tal caso, as atividades mencionadas convertem-se de *objeto de empresa* em *elemento de empresa*, isto é, em *fator de produção*. Passam de *atividades-fim* para *atividades-meio*. A atividade empresarial, aí, exerce *vis atractiva* sobre a não empresarial.

---

[1] DINIZ, Maria Helena. *Curso de Direito Civil brasileiro – Direito de Empresa*, vol. VIII, p. 18, item 2-C.1. São Paulo: Saraiva, 2008.

Há divergência quanto à interpretação do enunciado *elemento de empresa* constante do parágrafo único do art. 966 do CC.

Há insignes autores que exaram *conceito subjetivo* e *stricto sensu* de empresa, impondo exame caso a caso, à existência ou não de empresa, conforme o volume e a complexidade dos fatores de produção reunidos, a essencialidade ou acidentalidade da reunião, a necessidade permanente ou transitória etc.[2][3][4]

Em *primeiro lugar*, somos pela *teoria objetiva pura da empresa*, que é uma concepção *lato sensu* (Cap. 4 *infra*).

Em *segundo*, se a utilização da forma de uma sociedade empresária não converte a atividade não empresarial *em* empresarial (CC, art. 983), por que operaria tal fenômeno o fato de se organizar como empresa?

Em *terceiro*, quanto à expressão *elemento de empresa*, o parágrafo do art. 966 estabelece exceções às atividades intelectuais científicas, literárias ou artísticas. Isoladamente, qualifica-as como não empresariais; na sequência, explicita que subsiste a não empresariedade, mesmo quando exercidas "com o concurso de auxiliares ou colaboradores", quer dizer, mesmo havendo empregados e que se organizem como empresa; finalmente, excepciona as próprias exceções ao dizer "salvo se o exercício da profissão constituir elemento de empresa".

A ressalva não é para o caso de o exercício da profissão se organizar como empresa, e sim para o de constituir *elemento* de empresa. O núcleo não está em *empresa*, mas em *elemento*.

Ora, *elemento* significa *parte de um todo*; por exemplo, os elementos da natureza: terra, água, fogo e ar, cujo objeto ou objetivo é produzir um ambiente habitável, o qual não é elemento do planeta, e sim produto resultante da organização dos elementos. No caso da empresa, se o objetivo é produzir bens e/ou prestar serviços de determinadas espécies, os *elementos de empresa* são os fatores, os itens necessários a tal.

Portanto, significa – a expressão analisada – que as atividades intelectuais científicas, literárias e demais artísticas convertem-se de objeto ou ob-

---

[2] CARVALHOSA, Modesto. *Comentários ao Código Civil*, vol. XIII, p. 50. São Paulo: Saraiva, 2003.
[3] WALD, Arnoldo. *Comentários ao Novo Código Civil*, vol. XIV, p. 44-5, item 4. Rio de Janeiro: Forense, 2005.
[4] MARCONDES, Sylvio. *Questões de Direito Mercantil*, p. 11. São Paulo: Saraiva, 1977.

jetivo de empresa *em* elemento de empresa, em *fator da organização*; deixam de ser *atividade-fim* para serem *atividade-meio*.

O exemplo da alta-costura, dado por Sérgio Campinho, revela com exatidão a inteligência do enunciado sob comento: "Se o objeto da sociedade limita-se à concepção de moldes e modelos de vestuários, será ela uma sociedade simples, visto que seu objeto se exaure em desenvolver profissão intelectual de natureza artística. Contudo, se, além da concepção e desenho do modelo, o objeto engloba a confecção desse modelo, artisticamente concebido, com a efetivação da veiculação da venda do produto final ao público consumidor em estabelecimentos próprios – as conhecidas lojas de grife –, não se pode ter dúvida em afirmar que se trata de uma sociedade empresária, visto que o exercício da profissão intelectual artística constitui elemento de empresa."[5]

Efetivamente, assim é. A sociedade que, de forma isolada, tenha por atividade produzir desenhos de moldes para vendê-los a quem quiser confeccioná-los, ela, atividade artística, é *objeto de empresa*. É atividade-fim. Porém, se a atividade-fim é confeccionar os moldes, sem adquirir as matrizes de terceiros, mas produzindo os próprios desenhos de moldes, a atividade artística deixa de ser objeto ou objetivo de empresa para ser *elemento de empresa*. Passa de atividade-fim para atividade-meio.

Em tais circunstâncias, as atividades empresariais exercem *vis atractiva* sobre as não empresariais.

2.2 Atividade empresarial como meio de atividade não empresarial (*vis atractiva* inversa)

> Também as atividades empresariais podem ser *elemento de empresa* das não empresariais, isto é, meio à atividade-fim. Objeto ou objetivo, nos hospitais, é o serviço científico de assistência à saúde; logo, o comércio de refeições e serviços de hospedagem (atividades empresariais), de UTI, de CTI etc. são *elementos de empresa* de atividade não empresarial. Idem quando o pintor fabrica as tintas (atividade empresarial) para exercer a atividade artística ou produzir suas telas (atividade não empresarial). É a *vis atractiva* inversa.

---

[5] CAMPINHO, Sérgio. *O Direito de Empresa*, 4.ed., p. 47, item 3.3.4. Rio de Janeiro: Renovar, 2004.

Na *teoria da empresa*, o legislador adotou como núcleo da distinção entre atividades empresariais e não empresariais o critério da *importância econômica*, conforme Fábio Ulhoa Coelho.[6] Com base nesse critério, exerceu o poder discricionário de excluir das atividades empresariais as científicas, literárias e demais artísticas, salvo quando constituírem *elemento de empresa* (quando forem *meio* de atividades empresariais-*fins*).

Porém, ocorre igualmente a situação inversa, isto é, atividade empresarial pode ser *elemento de empresa* de atividade não empresarial.

Com efeito, a empresa não serve apenas ao exercício das atividades empresariais, mas também às não empresariais (Cap. 4, item 5.3.2 *infra*). O fato de ser sociedade simples não exclui seja empresa, e, conforme o item anterior, não há conversão da atividade.

Quando o médico exerce a medicina no hospital, ela não se converte em atividade empresarial, mas usa a empresa como meio, é dizer, a organização dos fatores de produção. A atividade continua a não ser empresarial, mesmo que a exerça "com o concurso de auxiliares ou colaboradores" (CC, art. 966, parágrafo único).

É verdade, num hospital, são desenvolvidas atividades empresariais, por exemplo, comércio de refeições aos pacientes e acompanhantes, serviços comuns de hospedagem dos pacientes e acompanhantes, e também serviços especiais, como os de UTI, de CTI, de salas cirúrgicas, todos locais com sofisticadas aparelhagens. Mas todos esses fatores, compondo uma grande e complexa organização, existem como atividades-meio para que possa acontecer a atividade-fim, que é o exercício da medicina (atividade intelectual científica de assistência à saúde). Tanto é assim que ninguém é admitido em hospital apenas como hóspede, e sim tão só para fins de ser alvo de atividade científica de assistência à saúde.

Vale também o exemplo do ateliê, em que o pintor fabrica as tintas para exercer sua atividade artística. A atividade empresarial (fabricação da tinta) é elemento de empresa da não empresarial (pintura de telas).

Historicamente, sabe-se que o efeito especial do azul-celeste do teto da *Cappella Sistina*, em Roma, foi obtido por Michelangelo mediante fórmu-

---

[6] COELHO, Fábio Ulhoa. *Curso de Direito Comercial*, 13.ed., vol. I, p. 17-8, item 5. São Paulo: Saraiva, 2009.

la rara conseguida no norte da Turquia,[7] quer dizer, a tinta foi produzida para o fim específico.

São situações em que a atividade empresarial é *elemento de empresa* (atividade-meio) de *atividade não empresarial* (atividade-fim).

Vê-se, pois, fenômeno inverso do previsto no final do parágrafo do art. 966. É a *vis atractiva* inversa.

3 ATIVIDADE RURAL – EMPRESARIAL POR NATUREZA

3.1 Consideração inicial

> Como regra, a atividade rural é econômica *primária*, a indústria é *secundária* e a prestação de serviços e o comércio são *terciárias*. A atividade é gênero com três espécies: *(a)* agricultura: abrange todo produto resultante do cultivo da terra; *(b)* criação de animais para abate, reprodução, competição ou lazer: abrange pecuária, suinocultura, equinocultura, apicultura, avicultura, sericicultura, piscicultura etc.; e *(c)* extrativismo: vegetal (corte de árvores), animal (caça e pesca) e mineral (garimpo e mineração). A respeito da *importância econômica da atividade rural*, e a importância econômica da atividade é o centro da teoria dos atos empresariais, houve grande evolução nas últimas décadas. Passou-se da atividade familiar ao exercício em escala industrial, chamado *agrobusiness*, âncora da economia de muitos países, inclusive do Brasil, com fundamental participação nas exportações.

A princípio, tem-se como regra que a atividade rural é econômica *primária*, assim como a indústria é *secundária*, e a prestação de serviços e o comércio em sentido estrito são atividades econômicas *terciárias*.

---

[7] Michelangelo di Lodovico Buonarroti Simoni (6-3-1475/18-2-1564) nasceu em Caprese, Florença, Itália. De 1508 a 1512, a pedido do Papa Júlio II (1443-1513), pintou o teto da *Cappella Sistina* (homenagem ao Papa Sisto IV (1414-1484), no Palácio Apostólico do Vaticano (antiga Capela Magna), em Roma, com arquitetura inspirada no Templo de Salomão do Antigo Testamento. Utilizou o *processo em afresco* (técnica de pintar paredes e tetos sobre camada de revestimento ainda úmida, de modo a possibilitar o embebimento da tinta). No início, resistiu porque dizia-se mais habilitado à escultura. São suas as estátuas *Davi* e *Pietá*. Os afrescos da Capela Sistina são um dos pontos máximos da humanidade na arte da pintura. De 1535 a 1541 pintou, na parede do altar, o *Juízo Final*. Outros gênios deixaram suas marcas em painéis de afrescos: Perugino, Rosselli, Botticelli, Pinterucchio, Signorelli, Chirlandaio, Bernini e Rafael.

Conforme Maria Helena Diniz,[8] também baseada em Fábio Ulhoa Coelho, a atividade rural é gênero com três espécies: *(a)* agricultura, a qual abrange todo produto resultante do cultivo da terra, como vegetais para alimentação ou matéria-prima, neste caso o reflorestamento; *(b)* criação de animais para abate, reprodução, competição ou lazer, a qual abrange pecuária, suinocultura, equinocultura, apicultura, avicultura, sericicultura (criação do bicho-da-seda), piscicultura etc.; e *(c)* extrativismo vegetal (corte de árvores), animal (caça e pesca) e mineral (garimpo e mineração).

Nesse ambiente se situa a *agroindústria*, que é a soma das atividades primária e secundária, origem na área da alimentação, quando produzidos artesanalmente, dos chamados *produtos coloniais*, nada obstando, na sequência, a atividade terciária (comercialização), inclusive, como não é raro, em especial no interior, a mascateagem (comércio ambulante pelas ruas e estradas).

A respeito da importância econômica da atividade rural, bem assim a respeito da sua evolução, escreve Arnoldo Wald: "A atividade rural mudou no decorrer das últimas décadas. Ao lado da tradicional atividade rural familiar ou daquela prestada de forma não profissional, surgiu uma indústria exploradora dessa atividade, denominada *Agrobusiness*. Essa indústria movimenta bilhões de reais e tem se destacado como uma das principais do país, com importante participação nas exportações."[9]

Feitas essas considerações, impõe-se distinguir: *(a)* exercício em caráter individual; e *(b)* exercício em caráter coletivo.

3.2 Exercício em caráter individual (inscrição facultativa)

> Quanto ao *exercício em caráter individual*, pelo art. 971, *caput*, quem exerce profissionalmente atividade rural não passa a ser empresário em caso de inscrição no Registro Empresarial, mas é empresário, cuja inscrição é facultativa. Portanto, dispõe de várias alternativas. Pode optar por: (a) simplesmente não se inscrever/registrar; *(b)* constituir FIRMA, na qual não há limitação da responsabilidade (Decreto 916/1890), assim como ocorre quando não tem inscrição; e *(c)* constituir sociedade limitada unipessoal.

---

[8] DINIZ, Maria Helena. *Curso de Direito Civil brasileiro – Direito de Empresa*, vol. VIII, p. 43-4, item d.2.3. São Paulo: Saraiva, 2008.
[9] WALD, Arnoldo. *Comentários ao Novo Código Civil*, vol. XIV, p. 53, item 146. Rio de Janeiro: Forense, 2005.

Quanto ao *exercício em caráter individual*, diz o *caput* do art. 971 do CC: "O empresário, cuja atividade rural constitua sua principal profissão, pode, observadas as formalidades de que tratam o art. 968 e seus parágrafos, requerer inscrição no Registro das Empresas da respectiva sede, caso em que, depois de inscrito, ficará equiparado, para todos os efeitos, ao empresário sujeito a registro".

Requião lembra que esse dispositivo "qualifica como empresário rural o agricultor, o silvicultor, o pecuarista, facultando-lhe a inscrição no registro público de empresas mercantis. Não é, portanto, o registro no sistema de cadastramento de empresas mercantis que dará ao empresário rural a qualificação como empresário. Ele a tem independentemente do registro."[10]

Não há dúvida: quem exerce profissionalmente atividade rural *é* empresário, porque é empresarial a atividade que exerce, e empresarial por natureza, embora, por exceção, o registro não seja obrigatório, mas facultativo.

Portanto, querendo o rurícola exercer a atividade em *caráter individual*, dispõe de várias alternativas. Pode: *(a)* optar simplesmente por não se inscrever/registrar; *(b)* optar por constituir FIRMA, na qual não há limitação da responsabilidade (Decreto 916/1890), assim como ocorre quando não tem registro; *(c)* optar por constituir sociedade limitada unipessoal.

3.3 Exercício em caráter coletivo (sociedade pluripessoal)

> Quanto ao *exercício em caráter coletivo* (sociedade pluripessoal), colhe-se do art. 984 e parágrafo único o seguinte: *(a)* o dispositivo se refere à possibilidade de constituir *sociedade empresária*; logo, exclui a possibilidade de constituir sociedade simples; *(b)* a possibilidade de transformação é de sociedade empresária para outra empresária, e não de empresária para sociedade simples, haja vista a referência à inscrição no Registro Empresarial; e *(c)* a natureza empresarial da atividade rural decorre do próprio fato de o resultado ser a produção de bens, o que se insere na regra do *caput* do art. 966, de sorte que, para não ser empresarial, impunha-se constar expressamente, seja no parágrafo único, seja em algum outro dispositivo.

---

[10] REQUIÃO, Rubens. *Curso de Direito Comercial*, 28.ed., vol. I, p. 87-8, item 42. São Paulo: Saraiva, 2009.

Quanto ao *exercício em caráter coletivo* (sociedade pluripessoal), diz o art. 984: "A sociedade que tenha por objeto o exercício de atividade própria de empresário rural e seja constituída, ou transformada, de acordo com um dos tipos de sociedade empresária, pode, com as formalidades do art. 968, requerer inscrição no Registro das Empresas da sua sede, caso em que, depois de inscrita, ficará equiparada, para todos os efeitos, à sociedade empresária". E o parágrafo único: "Embora já constituída a sociedade segundo um daqueles tipos, o pedido de inscrição se subordinará, no que for aplicável, às normas que regem a transformação".

Primeiro, não há dúvida de que o dispositivo se refere à possibilidade de constituir *sociedade empresária*; logo, exclui a possibilidade de constituir sociedade simples.

Segundo, a possibilidade de transformação é de sociedade empresária para outra empresária, e não de empresária para sociedade simples, haja vista a referência à inscrição no Registro Empresarial. Observe-se que o parágrafo único esclarece que, tendo a sociedade se transformado segundo "um daqueles tipos", é dizer, "um dos tipos de sociedade empresária", como diz o *caput*, deve para fins de registro cumprir os requisitos específicos da sociedade em que se converte, mas sempre empresária. Trata-se de princípio geral do instituto da transformação: "... obedecerá aos preceitos reguladores da constituição e inscrição próprios do tipo em que vai converter-se" (CC, art. 1.113).

Assim, não se pode concluir que, sendo exercida por sociedade, ela deixa de ser empresária por natureza, sendo admitida a sociedade simples, com inscrição no registro civil das pessoas jurídicas, como defendem alguns letrados de escol,[11-12] enquanto outros partem do pressuposto de que a atividade rural não é empresarial.[13-14]

Terceiro, a natureza empresarial da atividade rural decorre do próprio fato de o resultado ser a produção de bens, o que se insere na regra do *caput* do art. 966. Para ser *não empresarial*, impunha-se constar expressamente, seja no parágrafo único, seja em algum outro dispositivo.

---

[11] WALD, Arnoldo. *Comentários ao Novo Código Civil*, vol. XIV, p. 52-3 e 85, itens 145 e 236. Rio de Janeiro: Forense, 2005.
[12] RIZZARDO, Arnaldo. *Direito de Empresa*, 2.ed., p. 74, item 4. Rio de Janeiro: Forense, 2007.
[13] TOMAZETTE, Marlon. *Direito Societário*, p. 98, item 6. São Paulo: Juarez de Oliveira, 2003.
[14] COELHO, Fábio Ulhoa. *Curso de Direito Comercial*, 6.ed., vol. I, p. 75-6, item 4.5. São Paulo: Saraiva, 2002.

4 ATIVIDADE FUTEBOLÍSTICA – NÃO EMPRESARIAL POR NATUREZA

> Quanto ao exercício de *atividade futebolística*, não empresarial por natureza, o normal é que a associação seja inscrita no Registro Civil das Pessoas Jurídicas, porém, desde que o exercício seja em caráter habitual e profissional, a inscrição pode ocorrer no Registro Empresarial, caso em que a associação será considerada empresária, para todos os efeitos. Isso consta no parágrafo único do art. 971 do CC, acrescentado pela Lei 14.193, de 6-8-2021, a mesma que criou normas específicas à sociedade anônima que tiver por objeto atividade futebolística.

Diz o parágrafo único do art. 971 do CC, acrescentado pela Lei 14.193, de 6-8-2021: "Aplica-se o disposto no *caput* deste artigo à associação que desenvolva atividade futebolística em caráter habitual e profissional, caso em que, com a inscrição, será considerada empresária, para todos os efeitos".

Como vimos no item anterior, a *atividade rural* é empresarial por natureza, sendo facultado o registro; e, havendo registro, fica sujeito às obrigações típicas do *empresário registrado*.

Pois, em relação à *atividade futebolística*, ocorre fenômeno inverso. Ela, por natureza, não é empresarial, portanto com inscrição no Registro Civil das Pessoas Jurídicas (Lei 6.015/73, arts. 114-21).

Todavia, se o exercício ocorrer de forma habitual e profissional, pode ser aplicado o que dispõe o *caput* do art. 97, isto é, a associação pode ser inscrita no Registro Empresarial (Lei 8.934/94), observadas as formalidades de que tratam o art. 968 e seus parágrafos do CC. A opção por este não converte a atividade futebolística de não empresarial para empresarial. O dispositivo diz apenas que a associação "será considerada empresária, para todos os efeitos".

É o mesmo fenômeno que acontece na sociedade anônima (Lei 6.404/76, art. 2.º, § 1.º, e parágrafo único do art. 982 do CC).

Aliás, nesse sentido, a mesma Lei 14.193, de 6-8-2021, criou normas específicas à sociedade anônima que tiver por objeto atividade futebolística (*Institui a Sociedade Anônima do Futebol e dispõe sobre normas de constituição, governança, controle e transparência, meios de financiamento da atividade futebolística, tratamento dos passivos das entidades de práticas desportivas e regime tributário específico*).

Segunda parte

EMPRESA E EMPRESÁRIO

Para bem compreender o que é a empresa, precisamos compreender quem é o empresário, motivo por que iniciamos por este.

Capítulo 2
DO EMPRESÁRIO – CONCEPÇÃO OBJETIVA

1 ONTOLOGIA DO TERMO

> *Empresário* significa aquele que empreende, executa um empreendimento, uma tarefa, um objeto. Na sociedade, quem faz isso é ela, e não seu administrador.

As palavras são o talhe das ideias; logo, para que estas sejam bem representadas é preciso bem usar aquelas. A correta compreensão dos conteúdos começa pela correta compreensão das palavras.

Empresário tem origem ontológica em *prehendere*, do latim; significa empreender, praticar, executar. Empresário significa, pois, aquele que empreende, que executa um empreendimento, uma tarefa, um objeto.

No caso de uma sociedade quem executa o objeto é ela, e não quem articulou sua criação, ou quem a administra, ou seus sócios.

2 CONCEPÇÃO OBJETIVA

> O art. 966 do CC/2002 está para o empresário assim como o art. 4.º do CCm/1850 estava para o comerciante. Para *ser* empresário é preciso *exercer* a atividade, haja vista que o não exercício provoca o cancelamento da inscrição (CC, art. 1.168; Lei 8.934/94, art. 60). A inscrição não é ato constitutivo, mas declarativo da qualidade de empresário. O art. 967 não institui a inscrição como requisito para *ser* empresário, mas para sê-lo em *situação regular*.

O art. 4.º do CCm/1850 usava a expressão "faça da mercancia profissão", referindo-se ao comerciante. Toda a doutrina entendeu consagrada a *concepção objetiva*, isto é, para *ser* é preciso *exercer* a atividade. O art. 966 do CC/2002 usa a expressão "exerce profissionalmente", referindo-se ao empresário. Pode-se dizer que o art. 966 está para o empresário assim como o art. 4.º do CCm estava para o comerciante. Ao considerar empresário apenas quem *exerce* profissionalmente a atividade, consagra a *concepção objetiva*.

Não basta, pois, cumprir os *requisitos formais*; exemplo, a inscrição no Registro Empresarial. É necessário o *requisito substancial* do efetivo exercício. É possível existir empresário sem registro; não o é sem o efetivo exercício da atividade. Isso é tão verdadeiro que o não exercício provoca o cancelamento (CC, art. 1.168) e presume-se a paralisação se, em dez anos consecutivos, não for procedido arquivamento algum, caso em que o empresário, pessoa natural ou jurídica, deve comunicar à Junta Comercial que se mantém ativo, sob pena de se instaurar procedimento para cancelar o registro (Lei 8.934/94, art. 60).

Portanto, o registro não é ato constitutivo, mas declarativo da qualidade de empresário. É como se o Estatuto da OAB dissesse não bastar a inscrição na entidade para ser advogado, sendo necessário exercer a atividade (ser militante).

Cabe esclarecer que o art. 967 do CC estabelece que o empresário é obrigado a se registrar antes do início da atividade, mas isso não institui a inscrição como requisito para *ser* empresário, mas para sê-lo em *situação regular*, tanto é assim que, se não exercer a atividade, ela é cancelada. Isso já constava no art. 4.º do CCm ao referir sua necessidade somente para gozar da proteção das leis comerciais, enquanto o art. 9.º, dispensável porque apenas explicitava o art. 4.º, dizia que o registro afirmava presunção de exercício da atividade.

3 CONCEITO DE EMPRESÁRIO

> É empresário quem exerce em nome próprio atividade empresarial, em caráter profissional, organizada para a produção ou circulação de bens ou de serviços não excluídos por lei, destinados ao consumo de terceiros. São requisitos cumulativos.

Diz o art. 966 do CC/02: "Considera-se empresário quem exerce profissionalmente atividade econômica organizada para a produção ou circulação de bens ou de serviços", tal como constou no art. 1.106 do projeto de Código das Obrigações/1965, repetindo o art. 2.082 do Código Civil italiano/1942. O parágrafo único exclui a condição de empresário a quem exerce atividade "intelectual de natureza científica, literária ou artística", mesmo que o faça profissionalmente.

Então, é empresário quem exerce em nome próprio atividade empresarial em caráter profissional, organizada para a produção ou circulação de bens ou de serviços não excluídos por lei, destinados ao consumo de terceiros. São requisitos cumulativos. Conforme Tullio Ascarelli, a natureza da atividade é que qualifica o empresário.[15]

4 ANÁLISE INDIVIDUAL DOS ELEMENTOS DO CONCEITO

4.1 Efetivo exercício da atividade em nome próprio

> Para ser empresário é preciso exercer atividade empresarial em nome próprio. Isso decorre da concepção objetiva. A pessoa natural exerce-a em nome próprio na empresa individual ou FIRMA (Decreto 916/1890). Nas sociedades com personalidade jurídica, são elas que exercem a atividade. Não são empresários os administradores e os sócios.

O pressuposto para *ser* empresário é o *efetivo exercício da atividade em nome próprio*, o que decorre da concepção objetiva (item 2 *supra*).

Tratando-se de pessoa natural, só há exercício em nome próprio na empresa individual ou FIRMA (Décima quarta parte *infra*).

Por isso, não são empresários os administradores, pois não exercem a atividade em nome próprio, muito menos os sócios.

Escreve Fábio Ulhoa Coelho: "A pessoa jurídica empresária é quotidianamente denominada 'empresa', e os seus sócios são chamados *empresários*. Em termos técnicos, contudo, empresa é a atividade, e não a pessoa que explora; e empresário não é o sócio de sociedade empresarial, mas a própria sociedade. É necessário, assim, acentuar, de modo enfático, que o integrante de uma sociedade empresária (o sócio) não é empresário."[16] No mesmo sentido, Rubens Requião ao afirmar que a sociedade é quem "exercita a ativi-

---

[15] ASCARELLI, Tullio. *Iniciación al estúdio del Derecho Mercantil*, p. 139. Barcelona: Bosch, 1964.
[16] COELHO, Fábio Ulhoa. *Curso de Direito Comercial*, 13.ed., vol. I, p. 63-4, item 1. São Paulo: Saraiva, 2009.

dade empresária",[17] e Ricardo Negrão ao afirmar "empresário como aquela pessoa (natural ou jurídica) que, profissionalmente (...), assume, em nome próprio, os riscos de sua empresa".[18]

4.2 Exercício de atividade empresarial

> Para ser empresário não basta exercer atividade em nome próprio. É imprescindível, cumulativamente, que ela seja *empresarial* (CC, art. 966, *caput*).

4.3 Atividade organizada

> Para ser empresário não basta exercer em nome próprio atividade empresarial. É imprescindível, cumulativamente, que ela seja *organizada*, isto é, que tal ocorra numa *organização*, que vem a ser a *empresa*, montada para fins de atos repetitivos, em massa ou em escala.

Mas *organização* de quê? Dos fatores de produção ou da massa de energia produtora. Numa palavra: empresa (Cap. 4, item 5.3.1 *infra*).

Assim, todo empresário exerce atividade empresarial, mas nem todo que exerce atividade empresarial é, por si só, empresário.

4.4 Exercício individual ou coletivo

> Para ser empresário em situação regular, deve o exercício da atividade ocorrer: *(a)* individualmente, por meio de FIRMA ou sociedade limitada unipessoal; ou *(b)* coletivamente, por meio de sociedade pluripessoal, necessariamente empresária, pois em relação a elas vigora o princípio da tipicidade.

O exercício das *atividades não empresariais* pode ocorrer: *(a)* individualmente, bastando o alvará de localização fornecido pelo Município, sem necessidade de registro, seja civil seja empresarial, quanto ao exer-

---

[17] REQUIÃO, Rubens. *Curso de Direito Comercial*, 28.ed., vol. I, p. 83, item 40. São Paulo: Saraiva, 2009.
[18] NEGRÃO, Ricardo. *Manual de Direito Comercial e de Empresa*, 4.ed., vol. I, p. 47, item 4.3. São Paulo: Saraiva, 2005.

cício da atividade, pois não existe *firma simples* ou *não empresária*; e *(b)* coletivamente, por meio de sociedade simples, facultada a forma de uma *empresária*, pois em relação a elas não vigora o princípio da tipicidade (CC, art. 983), com registro no Cartório Civil das Pessoas Jurídicas (Lei 6.015/73, art. 114, I).

Já em relação às *atividades empresariais*, o exercício pode ocorrer: *(a)* individualmente, por meio de FIRMA (não é pessoa jurídica e a responsabilidade não é limitada) ou por meio de sociedade limitada unipessoal, com registro na Junta Comercial (Lei 8.934/94, art. 32, II, alínea *a*); ou *(b)* coletivamente, por meio de sociedade pluripessoal, necessariamente empresária, pois em relação a elas vigora o princípio da tipicidade.

4.5 Exercício em caráter profissional (lucrativo ou econômico)

> Para ser empresário, não basta exercer em nome próprio atividade empresarial organizada, seja de forma individual seja coletiva. É imprescindível, cumulativamente, que tal ocorra em caráter profissional, isto é, econômico ou lucrativo.

O exercício de uma atividade em caráter profissional quer dizer que tal ocorre com fins econômicos ou lucrativos, pois a profissão significa meio de vida ou de subsistência. Quem atua profissionalmente, atua de modo oneroso, objetivando contraprestação.

Para ser empresário não basta exercer a atividade empresarial em nome próprio, seja de forma individual seja coletiva. É imprescindível, cumulativamente, que tal ocorra em caráter profissional, isto é, econômico ou lucrativo.

Quanto à expressão *atividade econômica*, há um capítulo na Constituição Federal relativo aos princípios gerais da *atividade econômica* – isto é, lucrativa –, querendo também com isso dizer *atividade privada*, visto que apenas esta pode objetivar lucro, contrastando com a *pública*.

Ressalvados os casos de monopólio estatal (CF, art. 177), tudo o mais compete à iniciativa privada, onde o Estado não deve atuar, exceto quando necessário aos "imperativos da segurança nacional ou a relevante interesse coletivo, conforme definidos em lei" (art. 173). Em tais situações, diz o § 1.º: "A lei estabelecerá o estatuto jurídico da empresa pública, da sociedade de economia mista e de suas subsidiárias que explorem atividade econômica de produção ou comercialização de bens ou de prestação de serviços".

O § 1.º usa as palavras *comercialização* de bens e *prestação* de serviços, enquanto o art. 966 do CC usa *circulação* de bens e *produção* de serviços. É a mesma coisa; e embora estejamos mais habituados a dizer que os serviços são *prestados*, não há impropriedade a dizer-se que são *produzidos*.

Ives Gandra Martins e Celso Ribeiro Bastos, comentando a redação original do art. 173 da CF, na qual já aparecia a expressão *atividade econômica*, dizem o seguinte: "Quando a Constituição fala em atividade econômica está a referir-se àquela que é cumprida pelos particulares".[19]

José Cretella Júnior faz o seguinte comentário: "A atividade econômica, sem dúvida, é, entretanto, *prestação* que se inscreve entre a normalmente desempenhada pelo particular, não se confundindo com o serviço público, o objetivo típico da Administração".[20]

Se *atividade econômica* significa desempenhada por particulares, e se o lucro é inerente à desempenhada por estes, deve-se entendê-la como sinônimo de *atividade lucrativa*.

Registre-se, ainda, que a Administração Pública não pode objetivar lucro em relação à *atividade pública*, isto é, não pode convertê-la em econômica. Nada obsta, porém, tenha lucro quando exerce *atividade privada*, por meio dos instrumentos próprios e clássicos, como a sociedade de economia mista e a empresa pública, e ultimamente também as denominadas empresas público-privadas, por meio das quais pratica o chamado *capitalismo estatal* e *neoempreendedorismo estatal*.

Finalmente, a observação de que *fins econômicos* ou *lucrativos* quer dizer que a sociedade ganha e os distribui aos sócios. Por isso, não são empresárias as associações e as fundações, a despeito de muitas vezes exercerem atividades empresariais, com resultados positivos, mas não para distribuí-los aos associados, e sim para custear a própria subsistência e cumprir e até ampliar os objetivos institucionais, conforme ensinamentos de J. M. Carvalho Santos[21] e de Arnaldo Rizzardo.[22]

---

[19] MARTINS, Ives Gandra & BASTOS, Celso Ribeiro. *Comentários à Constituição do Brasil*, vol. VII, p. 75-6. São Paulo: Atlas, 1990.

[20] CRETELLA JÚNIOR, José. *Comentários à Constituição de 1988*, 1.ed., vol. VIII, p. 4006, item 26. Rio de Janeiro: Universitária, 1993.

[21] SANTOS, João Manoel de Carvalho. *Código Civil brasileiro interpretado*, 12.ed., vol. I, p. 399-400, item 2. Rio de Janeiro: Freitas Bastos, 1980.

[22] RIZZARDO, Arnaldo. *Direito de Empresa*, 2.ed., p. 26-7, item 6.2.1. Rio de Janeiro: Forense, 2007.

4.6 Produção ou circulação de bens ou de serviços não excluídos por lei

> Para ser empresário, não basta exercer em nome próprio atividade empresarial organizada em caráter profissional (econômico ou lucrativo). É imprescindível, cumulativamente, que seja organizada para a produção ou circulação de bens ou de serviços, não excluídas por lei, como são as intelectuais científicas, das quais resultam serviços, e as artísticas, das quais resultam bens (CC, art. 966 e parágrafo único).

4.7 Bens e serviços para o consumo de terceiros (para o mercado)

> Para ser empresário, não basta exercer em nome próprio atividade empresarial organizada em caráter profissional (econômico ou lucrativo), para a produção ou circulação de bens ou de serviços não excluídos por lei. É imprescindível, cumulativamente, que os bens e serviços que produz circulem juridicamente, quer dizer, destinem-se ao consumo de terceiros (ao mercado). Não é empresário quem consome os bens e serviços que produz. Quando o art. 966, *caput*, do CC, exige *circulação*, refere-se à *jurídica* (mudança de proprietário).

Rubens Requião, invocando Giuseppe Ferri,[23] no item relativo a empresa, refere que a produção e circulação de bens e serviços deve satisfazer as necessidades do mercado.[24] Também Michel Despax afirma que a empresa é um *organismo* que produz bens e serviços destinados ao mercado.[25] Idem, entre nós, Waldírio Bulgarelli[26] e Ricardo Negrão.[27]

Significa dizer: embora exerça atividade empresarial, não é empresário quem consome os bens e serviços que produz. A produção deve objetivar a satisfação de necessidades alheias. É necessária a *circulação*, como exige o art. 966, *caput*, do CC, como tal entendida a circulação *jurídica*, isto é, mudança de proprietário.

---

[23] FERRI, Giuseppe. *Manuale di Diritto Commerciale*. Turim: Unione Tipográfica, 1956.
[24] REQUIÃO, Rubens. *Curso de Direito Comercial*, 28.ed., vol. I, p. 49, item 29. São Paulo: Saraiva, 2009.
[25] DESPAX, Michel. *L'entreprise et le Droit*. Paris: Libr. Générale de Droit et de Jurisprudence, 1957.
[26] BULGARELLI, Waldírio. *Tratado de Direito Empresarial*, 2.ed., p. 124. São Paulo: Atlas, 1995.
[27] NEGRÃO, Ricardo. *Manual de Direito Comercial e de Empresa*, 4.ed., vol. I, p. 42, item 4.2. São Paulo: Saraiva, 2005.

Capítulo 3

DA CLASSIFICAÇÃO DOS EMPRESÁRIOS

A classificação dos empresários depende do critério adotado. Cingimo-nos aos mais importantes.

1 QUANTO À FORMA DE EXERCER A ATIVIDADE

Pelo critério da *forma de exercer a atividade*, há duas espécies de empresários: *(a)* individual, por meio de FIRMA, não é pessoa jurídica (mera *longa manus* da pessoa natural) e não há limitação da responsabilidade, ou de sociedade limitada unipessoal, é pessoa jurídica e há limitação da responsabilidade; e *(b)* coletiva, por meio de sociedade empresária.

2 QUANTO AO TRATAMENTO JURÍDICO

Pelo critério do *tratamento jurídico*, há duas espécies de empresários: *(a)* com tratamento jurídico favorecido (= empresário especial); e *(b)* sem tratamento jurídico favorecido (= empresário comum). Relativamente ao *empresário com tratamento jurídico favorecido*, vigora o princípio *si et in quantum* (se ingressar no sistema de tratamento favorecido e enquanto não decair das condições de nele se manter), e há três subespécies, devendo em cada uma ser observadas as exclusões previstas no § 4.º do art. 3.º da LC 123/06: *(a)* Pequeno Empresário ou *Microempreendedor Individual – MEI*, portanto exclusivo para empresário individual, receita bruta anual anterior de até R$ 81.000,00; *(b) Microempresa – ME*, receita... de até R$ 81.000,00 se sociedade, e a partir daí e até R$ 360.000,00, independentemente de ser sociedade ou empresário individual; e *(c) Empresário de Pequeno Porte – EPP*, tanto sociedade quanto empresário individual, receita... acima de R$ 360.000,00 e não superior a R$ 4.800.000,00, valores vigentes até o fechamento

> da edição, em dezembro/2023, e que periodicamente são elevados. Relativamente ao *empresário sem tratamento jurídico favorecido*, por princípio residual, é todo aquele que fica sujeito às normas gerais: *(a)* seja porque não consegue ingressar no sistema por ultrapassar o teto da receita bruta ou por ser colhido pelas exclusões; ou *(b)* seja porque decaiu das condições para se manter nele.

Pelo critério do *tratamento jurídico*, há duas espécies de empresários: *(a)* com tratamento jurídico favorecido (= empresário especial); e *(b)* sem tratamento jurídico favorecido (= empresário comum), e iniciamos por aquela, pois, identificando quem faz jus a tratamento favorecido, tem-se por exclusão esta.

Relativamente ao *empresário com tratamento jurídico favorecido*, consta no art. 170, IX, da CF, "tratamento favorecido" às empresas de pequeno porte constituídas sob as leis brasileiras e que tenham sede e administração no País. Conforme o art. 179, "tratamento jurídico diferenciado" consistente em "simplificação de suas obrigações administrativas, tributárias, previdenciárias e creditícias, ou pela eliminação ou redução destas por meio de lei". E pelo art. 146, III, alínea *d*, cabe à lei complementar definir-lhes o "tratamento diferenciado e favorecido", inclusive regimes especiais ou simplificados no caso do imposto do art. 155, II (ICMS), e das contribuições sociais, inclusive PIS/COFINS (art. 239).

Ainda que em questões pontuais possa ser mais adequada uma ou outra, considera-se que, no geral, as expressões *tratamento favorecido, tratamento diferenciado* e, como também aparece, *tratamento simplificado* (CC, art. 970), são sinônimas, motivo por que as englobamos numa só: *tratamento jurídico favorecido*, o qual, inserido numa legislação que o expande em diversas áreas, forma um *sistema*.

Na realidade, o *tratamento jurídico favorecido* antecede a CF-88, haja vista a Lei 7.256/84, chamada *Estatuto da Microempresa*, 1.º Estatuto; depois, já sob a égide da CF-88, veio a Lei 8.864/94, criando o *Estatuto da Microempresa e Empresa de Pequeno Porte*, 2.º Estatuto; depois veio a Lei 9.841/99, 3.º Estatuto; depois, veio a LC 123/06, denominada *Estatuto Nacional da Microempresa e da Empresa de Pequeno Porte*, 4.º Estatuto, modificado por diversas LCs, exemplos, as de n.ºs 127/07, 128/08, 139/11, 147/14, 155/16 e 182/21 (fez diversas modificações e criou a possibilidade do chamado *Investidor-Anjo* ou do *Sócio-Anjo*).

As flutuações do legislador, demonstradas pelos diversos estatutos, e dezenas no último, foram agregando complexidade ao *tratamento jurídico favorecido*, que se expande em diversas áreas – e por isso ele forma um sistema –, conforme os capítulos da Lei: *(a)* tributos e contribuições (Cap. IV), cujo instrumento de execução é o *SIMPLES NACIONAL – Sistema Integrado de Pagamento de Impostos e Contribuições das Microempresas e Empresas de Pequeno Porte*, que substituiu o anterior SIMPLES; *(b)* acesso aos mercados (Cap. V); *(c)* simplificação das relações de trabalho (Cap. VI); *(d)* estímulo ao crédito e à capitalização (Cap. IX); e *(e)* regras civis e empresariais (Cap. XI).

Para ter acesso ao *sistema de tratamento jurídico favorecido*, é necessário cumprir requisitos, dos quais resulta a classificação *Pequeno Empresário* ou *Microempreendedor Individual – MEI*, *Microempresa – ME* e *Empresa de Pequeno Porte – EPP*.

No quanto interessa ao tema ora focado, importa é que denomina *microempreendedor individual* o que o Código Civil denomina de *pequeno empresário* (arts. 970 e 1.179, § 2.º); portanto, exclui sociedade uni ou pluripessoal.

É pequeno empresário ou microempreendedor individual aquele cuja receita bruta anual anterior foi de até R$ 81.000,00 (LC 155/16), devendo observar, ainda, se não é colhido por alguma excludente prevista nos incisos do § 4.º do art. 3.º do Estatuto.

Em linhas amplas, os incisos do § 4.º dizem que a pessoa jurídica, seja *ME* seja *EPP*, não pode participar de outra pessoa jurídica, nem as pessoas naturais integrantes dela podem participar ou administrar outras pessoas jurídicas com fins lucrativos, cujas receitas brutas ultrapassem os limites estabelecidos. Também exclui a pessoa jurídica resultante de cisão ou desmembramento nos últimos cinco anos, bem assim as cooperativas, salvo as de consumo, e as sociedades por ações.

Por sua vez, quanto ao Microempresário – ME, e ao Empresário de Pequeno Porte – EPP, diz o *caput* do art. 3.º da LC 123/06, na redação da LC 155/16, que "consideram-se microempresas ou empresas de pequeno porte a sociedade empresária, a sociedade simples e o empresário a que se refere o art. 966 da Lei 10.406, de 10 de janeiro de 2002, devidamente registrados no Registro de Empresas Mercantis ou no Registro Civil de Pessoas Jurídicas, conforme o caso, desde que: "I – no caso das microempresas, o empresário, a pessoa jurídica, ou a ela equiparada, aufira, em cada ano-calendário, receita bruta igual ou inferior a R$ 360.000,00 (...); II – no caso das empresas de pequeno porte, o empresário, a pessoa jurídica, ou a ela equiparada, aufira, em cada ano-calendário, receita bruta superior a R$ 360.000,00 (...) e igual ou inferior a R$ 4.800.000,00 (...)."

A partir da receita bruta anual anterior do tipo *MEI*, exclusivo à *pessoa natural*, acontecem as receitas que definem os tipos *Microempresário – ME* e o *Empresário de Pequeno Porte – EPP*, nos quais são admitidos, além da pessoa natural por meio de Empresa Individual ou Firma, também a pessoa jurídica por meio de sociedade uni ou pluripessoal.

Assim, considerada a espécie *empresário especial*, e considerando o *sistema de tratamento jurídico favorecido*, há três subespécies, devendo em cada uma ser observadas as exclusões previstas no arts. 3.º, § 4.º, da LC 123/06: *(a) Pequeno Empresário* ou *Microempreendedor Individual – MEI* (= abrange apenas o empresário individual), aquele com receita bruta anual anterior de até R$ 81.000,00; *(b) Microempresa – ME* (abrange a sociedade), aquele com receita bruta anual anterior de até R$ 81.000,00, e a partir daí e até R$ 360.000,00, independentemente de ser sociedade ou empresário individual; e *(c) Empresário de Pequeno Porte – EPP*, independentemente de ser sociedade ou empresário individual, aquele com receita bruta anual anterior acima de R$ 360.000,00 e não superior a R$ 4.800.000,00, valores vigentes até o fechamento da edição, em dezembro/2023, e que periodicamente são elevados.

Por exemplo, tramita no Congresso Nacional projeto de lei elevando os valores para R$ 144.913,41, R$ 869.480,43 e R$ 8.698.804,31, respectivamente *MEI*, *ME* e *EPP*.

Por fim, ainda relativamente ao *empresário com tratamento jurídico favorecido* (= empresário especial) vigora o princípio *si et in quantum*, isto é, se ingressar no sistema e enquanto não decair das condições para nele se manter.

Já relativamente ao *empresário sem tratamento jurídico favorecido* (= empresário comum), por princípio residual, é todo aquele que fica sujeito às normas gerais: *(a)* seja porque não consegue ingressar no sistema por ultrapassar o teto da receita bruta ou ser colhido pelas exclusões; ou *(b)* seja porque decaiu das condições para se manter nele.

3 QUANTO AO REGISTRO

Pelo critério do *registro*, há duas espécies de empresários: *(a)* com registro obrigatório, que vigora como regra, para fins de *exercício regular* da atividade (CC, art. 967); e *(b)* com registro facultativo, que vigora como exceção (casos do empresário rural e das sociedades em comum e em conta de participação).

4 QUANTO À PERSONIFICAÇÃO JURÍDICA

Pelo critério da *personificação jurídica*, há duas espécies de empresários: *(a)* com personalidade jurídica (todas sociedades, salvo exceção; e *(b)* sem personalidade jurídica (sociedades em comum e em conta de participação, mais empresário individual (FIRMA).

5 QUANTO À ESCRITURAÇÃO

Pelo critério da *escrituração*, há duas espécies de empresários: *(a)* o dispensado, abrange o *pequeno empresário*, o qual pelo CC está dispensado de todos os livros (arts. 1.179, § 2.º, e 1.180, *caput*), portanto, da escrituração, mas para sê-lo há preencher os requisitos do *microempreendedor individual* previstos na LC 123/06 (Estatuto da Microempresa e Empresa de Pequeno Porte), e não pode ser optante do Simples Nacional, pois neste caso deve ter livro-caixa ou documentos que permitam identificar a movimentação financeira, inclusive bancária (art. 29, VIII); e *(b)* o não dispensado, abrange, por exclusão, todos os demais sujeitos à exigência de livro(s), portanto da escrituração, inclusive aquele que não é microempreendedor, obrigado ao livro *Diário*, se ainda outros não forem exigidos (CC, art. 1.180, *caput*).

Pelo critério da *escrituração*, há duas espécies de empresários: *(a)* o dispensado; e *(b)* o não dispensado.

Para iniciar, o tema *escrituração empresarial* está diretamente relacionado aos *livros do empresário*, de sorte que o *dispensado da escrituração*, por decorrência, também está de ter livros contábeis (documentam a atividade), especialmente os obrigatórios comuns, e o *não dispensado da escrituração*, por óbvio, não está de ter os livros correspondentes.

No que tange ao *empresário não dispensado da escrituração*, corresponde à regra. Salvo dispensa, todo empresário é obrigado *a seguir um sistema de contabilidade* (CC, art. 1.179, *caput*). Corresponde ao dever de adotar um sistema de contabilidade, mecanizada ou não, com base em documentos.

No que tange ao *empresário dispensado da escrituração*, a questão radica nas *exceções do tratamento jurídico favorecido*.

Relativamente ao *pequeno empresário*, pelo Código Civil está dispensado de todos os livros (arts. 1.179, § 2.º, e 1.180, *caput*), portanto da escrituração. Mas para ser pequeno empresário precisa preencher os requisitos do *microempreendedor individual* previstos na LC 123/06 (Estatuto da Microempresa e Empresa de Pequeno Porte); logo: *(a)* se os preenche, fica dispensado, inclusive do *Diário*, todavia não pode ser optante do Simples Nacional, pois neste caso deve ter livro-caixa ou documentos que permitam identificar a movimentação financeira, inclusive bancária (Estatuto, art. 29, VIII); e *(b)* se não os preenche, fica obrigado ao *Diário*, além dos exigidos por lei especial.

Relativamente ao *microempresário e empresário de pequeno porte*, quando: *(a)* optante do Simples Nacional, dentre as exigências arroladas pelo art. 26 da LC 123/06, não consta escrituração; assim, resta-lhe o *Diário* exigido pelo CC, mas, se ainda for Sociedade de Propósito Específico – SPE, constituída para comércio nacional ou internacional, deve ter, além do *Diário*, também o *Razão* (Estatuto, art. 56, § 2.º, IV), que é o resumo do *Diário*; e *(b)* não optante, ou impedido de nele ingressar porque abrangido por alguma excludente do *sistema de tratamento jurídico favorecido* quando pessoa jurídica (LC 123/06, art. 3.º, § 4.º, redação da LC 128/08), ou especificamente da área do Simples (art. 17), deve escriturar, além do *Diário*, por exigência do CC (art. 1.180, *caput*), também o Livro-Caixa, por exigência do Estatuto (art. 26, § 2.º).

Assim, no que se refere ao *empresário não dispensado da escrituração*, abrange, por exclusão, todos os demais sujeitos à exigência de livro(s), inclusive aquele que não é microempreendedor, obrigado ao livro *Diário*, se ainda outros não forem exigidos (CC, art. 1.180, *caput*).

Capítulo 4

DA EMPRESA – TEORIA OBJETIVA PURA

1 CONCEITOS TRADICIONAIS DE EMPRESA

É antiga a busca de uma identidade à empresa. Pode-se resumir dizendo que, ao longo da história, formaram-se dois conceitos: *(a)* econômico; e *(b)* jurídico.

1.1 Conceito econômico de empresa

> Segundo o *conceito econômico*, a empresa é o exercício de uma atividade *econômica* organizada, quer dizer, com fins lucrativos. Dá ênfase ao *elemento econômico*.

Requião leciona que a empresa, na terminologia econômica, conforme Giuseppe Ferri,[28] é um *organismo*, significando isso que não é geração espontânea da natureza. Não é consequência de uma atividade acidental ou improvisada, mas especializada e profissional, resultante da combinação inteligente dos fatores de produção, objetivando gerar e circular bens e serviços, com fins lucrativos, para satisfazer as necessidades do mercado.[29] Também Michel Despax afirma que a empresa é um *organismo* que produz bens e serviços destinados ao mercado.[30]

Dá ênfase ao *elemento econômico*. A razão de ser de todo o complexo de bens, materiais e imateriais, reunidos combinadamente, formando uma organização, está na obtenção de lucro.

---

[28] FERRI, Giuseppe. *Manuale di Diritto Commerciale*. Turim: Unione Tipográfica, 1956.
[29] REQUIÃO, Rubens. *Curso de Direito Comercial*, 28.ed., vol. I, p. 49, item 29. São Paulo: Saraiva, 2009.
[30] DESPAX, Michel. *L'entreprise et le Droit*. Paris: Libr. Générale de Droit et de Jurisprudence, 1957.

Por sua vez, dá-se sentido largo à expressão *atividade econômica*, sinônimo de *atividade lucrativa*. Com ela, quer-se dizer, independentemente de ser, ou não, empresarial, atividade cujo objeto é a produção e circulação de bens ou de serviços para o mercado, conforme Ricardo Negrão,[31] ou, como diz Maria Helena Diniz, que tem "escopo de lucro ou de um resultado econômico-financeiro ou social".[32] O requisito de que a produção se destine ao mercado decorre da exigência em relação ao empresário de que seja destinada ao consumo de terceiros, e não ao próprio (Cap. 2, item 4.7 *supra*).

1.2 Conceito jurídico de empresa

Enquanto o conceito econômico de empresa dá ênfase ao *elemento econômico*, o jurídico dá ênfase ao *elemento organização*. Formaram-se, tanto em nível internacional quanto nacional, duas correntes: *(a)* conceito restrito; e *(b)* conceito amplo.

1.2.1 Conceito jurídico de empresa restrito

> O *conceito jurídico de empresa restrito* alinha-se à teoria dos atos comerciais. Empresa como instituto do capitalismo, que tem: *(a)* como pressuposto, o uso de trabalho de terceiro; *(b)* como rotina, a prática de atos em massa (repetitivos); e *(c)* como objetivo, o lucro.

Esse conceito de empresa se alinha à escola francesa, é dizer, à teoria dos atos comerciais.

Em *nível internacional*, foi defendido na França por Maurice Chevrier. Concluiu existir empresa quando há atividade metódica, profissionalmente organizada, objetivando lucro; também por Jean Escarra,[33] que concluiu existir empresa quando há repetição de atos praticados em caráter profissional, o que significa dizer produção em escala. Ninguém estrutura/monta

---

[31] NEGRÃO, Ricardo. *Manual de Direito Comercial e de Empresa*, 4.ed., vol. I, p. 56, item 4.5. São Paulo: Saraiva, 2005.
[32] DINIZ, Maria Helena. *Curso de Direito Civil brasileiro – Direito de Empresa*, vol. VIII, p. 18, item c.1. São Paulo: Saraiva, 2008.
[33] ESCARRA, Jean. *Manuel de Droit Commercial*. Paris: Libr. Du Recueil Sirey, 1947.

uma empresa (item 3 *infra*) para fabricar poucos ou alguns exemplares ou praticar alguns atos ou operações.

Na Itália, Alfredo Rocco,[34] ainda baseado no Código Comercial de 1882, destacou o recrutamento, a exploração do trabalho de outrem como elemento conceitual da empresa. Só há empresa quando o empresário loca trabalho de outrem, organiza, fiscaliza, retribui e dirige para fins produtivos.

Em *nível nacional*, o art. 19 do Regulamento 737/1850, alinhado à teoria dos atos comerciais, considerou mercancia outros ramos de atividade, submetendo-os, por conseguinte, à competência dos Tribunais do Comércio; logo, constou com o mesmo sentido do francês Jean Escarra: como repetição de atos praticados profissionalmente.

Foi defendido por Herculano Marcos Inglez de Souza,[35] autor do projeto de novo Código Comercial, em 1912, que tramitou até 1930, quando foi abandonado por causa da Revolução Getuliana.

Na linha do francês Jean Escarra, Inglez de Souza concluiu existir empresa quando acontece uma repetição de atos, uma organização de serviços em que se explore trabalho alheio, material ou intelectual. A intermediação se dá entre o produtor do trabalho e o consumidor do resultado desse trabalho, com intuito de lucro.

A essa corrente doutrinária, juridicamente empresa é um instituto do capitalismo que tem: *(a)* como pressuposto, o uso de trabalho de terceiro; *(b)* como rotina, a prática de atos em massa (repetitivos); e *(c)* como objetivo, o lucro.

1.2.2 Conceito jurídico de empresa amplo

> O *conceito jurídico de empresa amplo* alinha-se à teoria dos atos empresariais. Baseia-se no conceito econômico. Empresa como *atividade econômica organizada* para produzir ou circular bens e serviços. Não é imprescindível recrutar trabalho de outrem, valendo como exemplo o empresário individual. Não deixa de ter empresa pelo fato de eventualmente não locar mão de obra de terceiro (empregado). Distingue-se do *conceito jurídico restrito* porque dispensa o trabalho de terceiro, e do *econômico* porque dá

---

[34] ROCCO, Alfredo. *Princípios de Direito Comercial*. São Paulo: Saraiva, 1931.
[35] SOUZA, Herculano Marcos Inglez de. *Preleções de Direito Comercial*. Rio de Janeiro: Jacinto, 1935.

> ênfase ao *elemento organização*. A *teoria do fenômeno poliédrico da empresa* ou *dos quatro perfis* (subjetivo, funcional, patrimonial e corporativo), de Asquini, não logrou êxito, pois, na realidade, só existe o *perfil funcional* (empresa como exercício de *atividade econômica organizada*).

Esse conceito de empresa alinha-se à teoria dos atos empresariais. Distingue-se do jurídico restrito porque não lhe é imprescindível recrutar trabalho de outrem; e, embora se baseie no conceito econômico, dele também se distingue porque, assim como o jurídico restrito, dá ênfase ao *elemento organização*.

Em *nível internacional*, foi defendido na própria França, berço da teoria dos atos comerciais, por Hamel e Lagarde,[36] aos quais as definições de empresa se alicerçam em dois itens: *organização* e *produção econômica*; também por George Ripert,[37] a quem a empresa do ponto de vista jurídico se confunde com a exploração, visto ser irrelevante se tal ocorre com recursos próprios ou alheios, e igualmente Michel Despax,[38] a quem empresa é um *organismo* que objetiva produzir bens e serviços para o mercado (exclui a produção ao próprio consumo).

Mas o conceito jurídico amplo foi defendido principalmente na Itália, a começar por Cesare Vivante,[39] antes mesmo da adoção da teoria da empresa, em 1942. Ele identificou os conceitos jurídico e econômico dizendo que empresa é um *organismo econômico*, que põe em atuação os elementos necessários para obter um produto destinado à troca (venda); logo, a combinação dos fatores de produção e o risco são inerentes a toda empresa. Há dois itens: *organização* e *risco*, os quais Giuseppe Ferri[40] denominou *iniciativa* e *risco*.

Giuseppe Ferri também fez essas observações e citou os ângulos da empresa pelos quais o Direito se interessa: *(a)* como *expressão da atividade do empresário* (normas que subordinam o exercício da empresa a condições,

---

[36] HAMEL et LAGARDE. *Traité de Droit Commercial*. Paris: Libr. Dalloz, 1954.
[37] RIPERT, George. *Traité élémentaire de Droit Commercial*. Paris: Libr. Générale de Doroit et de Jurisprudence, 1951.
[38] DESPAX, Michel. *L'entreprise et le Droit*. Paris: Libr. Générale de Droit et de Jurisprudence, 1957.
[39] VIVANTE, Cesare. *Trattato di Diritto Commerciale*, 4.ed. Milão: Casa Editrice Dott Francesco Villardi, 1912.
[40] FERRI, Giuseppe. *Manuale di Diritto Commerciale*. Turim: Unione Tipográfica, 1956.

como registro e pressupostos ao funcionamento); *(b)* como *ideia criadora* (normas que a protegem da concorrência desleal e relativas à propriedade imaterial, como o nome empresarial, as marcas e patentes); *(c)* como *complexo de bens* (normas que protegem os bens que formam o estabelecimento, o ponto comercial, a transferência etc.; e *(d)* como *relações com os dependentes* (normas que disciplinam as relações de emprego, objeto do Direito do Trabalho, disciplina específica).

Alberto Asquini lançou a tese de que a empresa é um *fenômeno poliédrico*,[41] no sentido de que a palavra é utilizada com diversos perfis ou significados, a saber: *(a)* perfil subjetivo (vê a empresa como o próprio empresário); *(b)* perfil funcional (vê a empresa como a própria atividade empreendedora); *(c)* perfil objetivo ou patrimonial (vê a empresa como o próprio estabelecimento); e *(d)* perfil corporativo (vê a empresa como uma organização de pessoal).

Francesco Ferrara[42] criticou a poliedria, dizendo que ela confunde empresa e azienda (estabelecimento), e que o conceito de empresa é simplesmente de Direito Positivo. Para ele, em primeiro lugar, os quatro perfis da teoria de Asquini se reduzem a três, pois não vê apoio no uso de empresa com o sentido de organização de pessoal (perfil corporativo); em segundo, na realidade, resta à empresa somente uma significação, qual seja de que é uma atividade econômica organizada (perfil funcional).

Em *nível nacional*, J. X. Carvalho de Mendonça[43] concluiu haver empresa quando existe organização técnico-econômica que se propõe a produzir bens e serviços destinados à troca (venda), mediante a combinação de diversos elementos (natureza, trabalho e capital), objetivando lucro, correndo os riscos por conta de quem exerce a atividade. Explica, ainda, que "o direito comercial considera a empresa que se apresenta com caráter mercantil. Desse modo, o empresário, organizando e dirigindo a empresa, realiza, como todo comerciante, uma função de mediação, intrometendo-se entre a massa de energia produtora (máquinas, operários, capitais) e os que consomem, concorrendo dessarte para a circulação de riqueza."[44]

---

[41] ASQUINI, Alberto. *Rivista del Diritto Commerciale*, fascículos 1 e 2, 1943.
[42] FERRARA, Francesco. *Teoría jurídica de la Hacienda Mercantil*. Madrid: Revista de Derecho Privado, 1929.
[43] MENDONÇA, José Xavier Carvalho de. *Tratado de Direito Comercial brasileiro*. Rio de Janeiro: Saraiva, 1934.
[44] MENDONÇA, José Xavier Carvalho de. *Tratado de Direito Comercial brasileiro*. Rio de Janeiro: Saraiva, 1934, apud REQUIÃO, Rubens. *Curso de Direito Comercial*, 28.ed., vol. I, p. 57, item 33. São Paulo: Saraiva, 2009.

À vista disso, Requião sintetiza: "São, assim, pressupostos da empresa, para o mestre, os seguintes elementos: a) uma série de negócios do mesmo gênero de caráter mercantil; b) o emprego de trabalho ou capital, ou de ambos combinados; c) a assunção do risco próprio da organização".[45]

E, após asseverar, tal como Carvalho de Mendonça, que o conceito jurídico de empresa se assenta no conceito econômico, escreve: "Em vão, os juristas têm procurado construir um conceito jurídico próprio para tal organização. Sente-se em suas lições certo constrangimento, uma verdadeira frustração por não lhes haver sido possível compor um conceito jurídico próprio para empresa, tendo o comercialista que se valer do conceito formulado pelos economistas. Por isso, persistem os juristas no afã de edificar em vão, um original conceito jurídico de empresa, como se fosse desdouro para a ciência jurídica transpor para o campo jurídico um bem elaborado conceito econômico." Mais adiante: "Trabalha o jurista, portanto, sobre o conceito econômico para formular a noção jurídica de empresa. É claro – adverte – que nem todos os aspectos econômicos da empresa interessam ao direito comercial. O fenômeno produtivo em si, transformação técnica da matéria-prima em produto manufaturado, pronto para o consumo, escapa evidentemente ao interesse e à regulamentação jurídica, sendo próprio da cogitação do economista."[46]

Waldírio Bulgarelli conceituou empresa como "atividade econômica organizada, exercida profissionalmente pelo empresário, através do estabelecimento".[47]

Ives Gandra Martins e Celso Ribeiro Bastos, no comentário ao art. 171 da Constituição Federal, revogado pela EC n.º 6/95, que definia *empresa brasileira*, escreveram o seguinte: "Como elemento comum às empresas de qualquer porte figura o elemento organização. Para que haja empresa há necessidade de uma organização complexa dos fatores clássicos da produção: a natureza, o trabalho e o capital. No entanto, a sua conceituação ainda se traduz num desafio, sendo múltiplas as que disputam a primazia. Citemos uma das que figura certamente entre as mais importantes, a de Pinto Antunes: 'É um dos regimes de produzir onde alguém (empresário), por via

---

[45] REQUIÃO, Rubens. *Curso de Direito Comercial*, 28.ed., vol. I, p. 57, item 33. São Paulo: Saraiva, 2009.
[46] REQUIÃO, Rubens. *Curso de Direito Comercial*, 28.ed., vol. I, p. 50, item 30. São Paulo: Saraiva, 2009.
[47] BULGARELLI, Waldírio. *Sociedades Comerciais*, 3.ed., p. 22. São Paulo: Atlas, 1987.

contratual, utiliza os fatores da produção sob sua responsabilidade (riscos), a fim de obter uma utilidade, vendê-la no mercado e tirar, na diferença entre o custo da produção e o preço de venda, o maior proveito monetário possível' (*A Produção sob o Regime da Empresa*, Saraiva, 1964, p. 62)'."[48]

Quanto à *poliedria* de Asquini, no Brasil teve a adesão de Sylvio Marcondes,[49] e pode-se dizer que não vingou, haja vista ser comum a exclusão pelo menos do *perfil corporativo* (como já o fizera Francesco Ferrara), por exemplo, Waldírio Bulgarelli[50] e Fábio Ulhoa Coelho, dizendo que dos quatro perfis apenas o funcional realmente corresponde a um conceito jurídico de empresa. E Ulhoa escreve: "Os perfis subjetivo e objetivo não são mais que uma nova denominação para os conhecidos institutos de sujeito de direito e de estabelecimento comercial. O perfil corporativo, por sua vez, sequer corresponde a algum dado de realidade, pois a ideia de identidade de propósitos a reunir na empresa proletários e capitalistas apenas existe em ideologias populistas de direita, ou totalitárias (como a fascista, que dominava a Itália na época)."[51]

Conclusão: o conceito jurídico de empresa amplo, que se alinha à teoria dos atos empresariais, e que por isso deve prevalecer pelo menos a partir do CC/2002, baseia-se no próprio conceito econômico. Juridicamente, empresa como um organismo que objetiva produzir ou circular bens e serviços. Empresa como unidade econômica e jurídica na qual são reunidos e combinados entre si os fatores de produção. Empresa como atividade econômica organizada para a produção ou circulação de bens ou de serviços. Pratica atos em massa, e não precisa, necessariamente, recrutar trabalho de outrem, por exemplo, o empresário individual não deixar de ter empresa por não locar mão de obra de terceiros (empregados).

Mas não só. À atividade econômica organizada é imprescindível o efetivo exercício da organização, o efetivo funcionamento, sob pena de não existir empresa. Quem exerce a atividade é o empresário; apenas ele impulsiona a empresa, fá-la funcionar; esta não existe sem aquele. Essa condicionante informa que a teoria da empresa é *subjetiva moderna*.

---

[48] MARTINS, Ives Gandra & BASTOS, Celso Ribeiro. *Comentários à Constituição do Brasil*, vol. VII, p. 41. São Paulo: Saraiva, 1990.
[49] MARCONDES, Sylvio. *Questões de Direito Mercantil*. São Paulo: Saraiva, 1977.
[50] BULGARELLI, Waldírio. *Tratado de Direito Empresarial*, 2.ed., p. 87-8. São Paulo: Atlas, 1995.
[51] COELHO, Fábio Ulhoa. *Curso de Direito Comercial*, 13.ed., vol. I, p. 19, item 5. São Paulo: Saraiva, 2009.

2 EMPRESA COMO ABSTRAÇÃO (REPRESENTAÇÃO)

> As dificuldades para se chegar a uma conclusão a respeito de o que é realmente a empresa, seja pelo conceito econômico seja pelo jurídico, forçou – digamos – a terceira via, qual seja de que a empresa é uma abstração, pois: *(a)* não existe como entidade jurídica; *(b)* não é sujeito de direitos; *(c)* não tem personalidade; *(d)* é o exercício da atividade, mas não é quem a exerce, e sim o empresário, quer dizer, existe *si et in quantum* existir o empresário. Então, em si e por si, a empresa é uma abstração, uma representação.

As dificuldades para se chegar a uma conclusão a respeito de o que é realmente o fenômeno chamado *empresa*, acerca do qual os juristas divergem, e a necessidade de se posicionar a respeito, levou Requião, baseado em Antônio Brunetti[52] e Arturo Dalmartello,[53] a concluir que a empresa é *un'astrazione*, como diz Brunetti.

O leigo vê a empresa apenas pelo quanto ela é materialmente palpável e visível, isto é, pelo estabelecimento ou azienda; pela sua dimensão objetiva. É comum a pessoa dizer: "Vai lá na empresa", referindo-se ao estabelecimento onde ela funciona, bem assim referir empresa como sinônimo de sociedade.

Por um lado, na sua dimensão objetiva, concreta, visível, a empresa coincide com o estabelecimento ou azienda, haja vista a definição legal de que este é "todo complexo de bens organizados, para o exercício da empresa" (CC, art. 1.142); e, por outro, juridicamente não é sujeito de direitos, tampouco lhe é reconhecida personalidade, embora a defesa feita por Michel Despax.[54]

Salienta Requião, citando Brunetti, que em sendo a empresa uma "organização de trabalho formada das pessoas e dos bens componentes da azienda, a relação entre a pessoa e os meios de exercício não pode conduzir senão a uma entidade abstrata, devendo-se na verdade ligar à pessoa do titular, isto é, do empresário". Logo adiante: "A empresa somente nasce quando se inicia a atividade (...). Desaparecendo o exercício da atividade organizada do empresário, desaparece, *ipso facto*, a empresa."[55]

---

[52] BRUNETTI, Antônio. *Tratado del Diritto delle Società*. Milão: Dott. A. Giuffrè, 1948.
[53] DALMARTELLO, Arturo. *Contrati delle imprese commerciali*. Cedam, Pádua, 1939.
[54] DESPAX, Michel. *L'entreprise et le Droit*. Paris: Libr. Générale de Droit et de Jurisprudence, 1957.
[55] REQUIÃO, Rubens. *Curso de Direito Comercial*, 28.ed., vol. I, p. 59-60, item 34. São Paulo: Saraiva, 2009.

E Ricardo Negrão: "Sua concepção é, pois, abstrata e corresponde ao conceito de fatos jurídicos, ou exercício de negócios jurídicos qualificados (atividade econômica organizada, com fim próprio, lícito)".[56]

Portanto, a empresa *(a)* não existe como entidade jurídica; *(b)* não é sujeito de direitos; *(c)* não tem personalidade; *(d)* é o exercício da atividade, mas não é quem a exerce, e sim o empresário, pelos modos individual ou coletivo, quer dizer, existe *si et in quantum* existir empresário.

Então, nessa linha de entendimento, em si e por si a empresa é uma abstração, uma representação.

3 ELEMENTOS E FASES DA ESTRUTURAÇÃO/ MONTAGEM DA EMPRESA

Na estruturação/montagem de uma empresa, há vários elementos e fases: *(a)* fatores de produção; *(b)* organização dos fatores de produção; *(c)* tipo de atividade da organização (objeto); *(d)* efetivo exercício da atividade; *(e)* resultado do exercício da atividade.

3.1 Fatores de produção

Na estruturação/montagem de uma empresa, existem *fatores de produção* gerais e específicos, também chamados *massa de energia produtora*. Eis os gerais: capital, trabalho, matéria-prima, tecnologia e equipamentos. Os específicos dependem do tipo de atividade/objeto da empresa.

3.2 Organização dos fatores de produção

Na estruturação/montagem de uma empresa, existe a *organização dos fatores de produção*, que vem a ser a união combinada ou inteligente no sentido de comporem um aparelho ou sistema, onde cada qual desempenha uma função, como peças ou engrenagens de um instrumento ou máquina.

---

[56] NEGRÃO, Ricardo. *Manual de Direito Comercial e de Empresa*, 4.ed., vol. I, p. 58, item 4.6. São Paulo: Saraiva, 2005.

> Isoladamente, ou aproximados desorganizadamente, são apenas bens e pessoas. Compostos de modo inteligente, formando uma *universalidade de fato* (CC, art. 90), adquirem capacidade produtiva.

O elemento *organização* significa a união combinada ou inteligente dos fatores de produção ou complexo de bens; enfim, tudo o que for necessário para produzir ou fazer circular determinados bens ou serviços. Genericamente, esse universo de pessoas e bens materiais e imateriais é também chamado *massa de energia produtora*.

Veja-se que, isoladamente, ou aproximados desorganizadamente (caoticamente), são apenas bens e pessoas. Uma vez compostos de modo a formarem um aparelho, onde cada qual desempenha uma função, como peças ou engrenagens de um instrumento ou máquina, a organização fica pronta, apta a entrar em funcionamento. Ganha capacidade produtiva. Forma uma *universalidade de fato* (CC, art. 90).

Como se constata, nessa dimensão patrimonial ou objetiva, a empresa coincide com o estabelecimento, ou azienda, ou patrimônio aziendal, como também alguns autores designam, assim entendido "todo complexo de bens organizado, para exercício da empresa" (CC, art. 1.142).

Agatha Christie escreveu a respeito de um superconselho mundial, chamado *Anel*, formado pelos poderes que realmente mandam no mundo, cada um representado por um círculo e uma letra. Assim, no enredo, o *A* representa os armamentos; o *C* as ciências desenvolvendo as guerras químicas e biológicas; o *D* o poder das drogas movimentando fabulosas somas de dinheiro por meio das redes de tráfico; o círculo *F*, representando as finanças, no centro, por ser o *centro de tudo*, unindo os demais como *teia de aranha*.[57] Unidos entre si pelo anel central, que representa o objetivo comum – isto é, o dinheiro –, mandam no mundo.

Guardadas as proporções, a organização dos fatores de produção de uma empresa é como o *Anel* de Agatha Christie. Cada círculo corresponde a um fator e, todos inteligentemente combinados, como peças interdependentes na montagem de um aparelho para produzir e circular bens e/ou serviços, são unidos por um anel central que representa o objetivo e o lucro.

---

[57] CHRISTIE, Agatha. *O passageiro para Frankfurt*, Cap. IX (Conferência em Londres).

3.3 Tipo de atividade da organização (objeto)

> Na estruturação/montagem de uma empresa existe, o tipo de atividade da organização ou objeto, que vem a ser o ramo ou segmento de atuação; por exemplo, indústria têxtil, comércio de alimentos, de vestuário, transporte marítimo, terrestre, aéreo etc.

3.4 Efetivo exercício da atividade

> Na estruturação/montagem de uma empresa, o efetivo exercício da atividade é imprescindível. Assim como só é empresário quem efetivamente exerce a atividade, haja vista o cancelamento do registro se houver paralisação, assim também empresa. Só há empresa *si et in quantum* estiver funcionando.

O fato de ser empresário somente "quem exerce" a atividade (CC, art. 966, *caput*) informa que o efetivo exercício é condição à existência, haja vista a paralisação ensejar o cancelamento do registro (Cap. 2, item 2 *supra*). Diga-se o mesmo em relação à empresa, visto estar jungida àquele. Deve estar em operação, em funcionamento, sob pena de não existir. Assim como não há empresário inativo, porquanto se paralisa a atividade, em circunstâncias que revelam caráter definitivo, acontece a dissolução de fato ou irregular, assim também a empresa.

Só há empresa *si et in quantum* impulsionada por quem exerce a atividade, o que significa dizer, enquanto existir empresário. Este é quem a impulsiona e, pois, lhe dá vida, pois é ele quem exerce a atividade. Isso evidencia a relevância do empresário. Sem ele não há atividade, e por decorrência também não há empresa.

Retornando aos ensinamentos de Requião: "Desaparecendo o exercício da atividade organizada do empresário desaparece, *ipso facto*, a empresa. (...). Duas pessoas, por exemplo, juntam seus cabedais, formam o contrato social e o registram na Junta Comercial. Eis aí a sociedade, e, enquanto estiver inativa, a empresa não surge."[58]

---

[58] REQUIÃO, Rubens. *Curso de Direito Comercial*, 28.ed., vol. I, p. 59, 60-1, itens 34 e 36. São Paulo: Saraiva, 2009.

3.5 Resultado do exercício da atividade

> Na estruturação/montagem de uma empresa há o resultado do exercício da atividade, que vem a ser a produção ou circulação de bens ou de serviços (CC, art. 966, *caput*). Abrange tudo o que o ser humano inventa, descobre e faz, sejam, ou não, atividades empresariais. Isso informa que a *organização* chamada *empresa* não é privativa das *atividades empresariais*, assim como não o é dos *fins lucrativos* ou *econômicos*.

É preciso que o resultado da atividade ou do funcionamento da organização seja a produção ou circulação de bens ou de serviços, o que abrange não só as atividades empresariais (CC, art. 966), mas também as não empresariais (parágrafo único), uma vez que também destas resultam a produção de bens (atividades literárias e demais artísticas) e a prestação de serviços (atividades científicas), tema já desenvolvido (Cap. 1, item 1 *supra*).

Tudo o que o ser humano inventa, descobre e faz, seja pessoalmente seja por meio de máquina ou robô, resulta na produção ou circulação de bens ou de serviços, inclusive quando sem fins lucrativos, como são os serviços assistenciais ou pios (piedosos, caridosos, caritativos, humanitários, filantrópicos), mais religiosos, morais, corporativos etc., prestados por associações e fundações, excluídos quanto a estas os corporativos (CC, art. 62, parágrafo único).

Isso informa que a *organização* chamada *empresa*, no que se refere à organização das atividades, tanto serve às empresariais quanto às não empresariais. Ela não é privativa das atividades empresariais, assim como não o é dos fins lucrativos ou econômicos (item 4 *infra*).

4 FINS LUCRATIVOS/ECONÔMICOS E NÃO LUCRATIVOS/ NÃO ECONÔMICOS DA ORGANIZAÇÃO

A mesma organização tanto pode ser usada para fins lucrativos/econômicos, quanto para fins não lucrativos/não econômicos. Isso demonstra que os fins não se vinculam à organização, e sim ao agente.

4.1 Uso da organização para fins lucrativos/econômicos

> A *organização* chamada *empresa*, composta por diversos elementos e fases (item 3 *supra*), pode ser usada para fins lucrativos ou econômicos; logo, atividade privada, visto que a pública não tem nem pode ter fins tais. Não confundir *exercício de atividade pública* e *exercício de atividade privada pelo poder público*. Neste caso, faz jus ao lucro normal. Se for sociedade, ela ganha e distribui o lucro aos sócios. Independentemente do tipo de atividade (empresarial ou não empresarial) e do objetivo de quem estiver atuando (com ou sem fins lucrativos), estes não se vinculam nem ao tipo de atividade nem à organização, e sim ao agente. É ele que imprime a finalidade lucrativa/econômica ou não, que define o motivo teleológico da atividade e da organização.

É oportuno lembrar que na questão da ingerência do Estado na atividade privada, o art. 173, § 1.º, da CF, ao se referir à empresa pública e à sociedade de economia mista, usa a expressão *atividade econômica* de produção ou comercialização de bens ou de prestação de serviços.

Para Ives Gandra Martins e Celso Ribeiro Bastos, *atividade econômica* quer dizer "cumprida pelos particulares",[59] e para José Cretella Júnior aquela "normalmente desempenhada pelo particular".[60] Ademais, a Administração Pública não pode visar a lucro em relação à *atividade pública*, isto é, não pode convertê-la em econômica. Porém, nada obsta o lucro quando no exercício de *atividade privada*, por meio dos instrumentos próprios e clássicos, quais sejam a economia mista e a empresa pública, e ultimamente também as denominadas empresas público-privadas, por meio das quais pratica o chamado *capitalismo estatal* e *neoempreendedorismo estatal*.

Dessarte, *atividade econômica* é sinônimo de *atividade lucrativa*, e, por decorrência, *privada*, uma vez que a pública não tem nem pode ter caráter econômico. Tratando-se de sociedade, ela ganha e distribui o lucro aos sócios.

Conclusivamente, a *organização* chamada *empresa*, composta por diversos elementos e fases já declinados (item 3 *supra*), pode ser usada para fins lucrativos ou econômicos; logo, atividade privada, visto que a pública

---

[59] MARTINS, Ives Gandra & BASTOS, Celso Ribeiro. *Comentários à Constituição do Brasil*, vol. VII, p. 75-6. São Paulo: Atlas, 1990.
[60] CRETELLA JÚNIOR, José. *Comentários à Constituição de 1988*, 1.ed., vol. VIII, p. 4.006, item 26. Rio de Janeiro: Universitária, 1993.

não tem nem pode ter fins tais. Não se confunda, porém, *exercício de atividade pública* e *exercício de atividade privada pelo poder público*. Neste caso, faz jus ao lucro normal.

Por derradeiro, independentemente do tipo de atividade (empresarial ou não empresarial) e do objetivo de quem estiver atuando (com ou sem fins lucrativos), estes não se vinculam nem ao tipo de atividade nem à organização, e sim ao agente. É ele que imprime a finalidade lucrativa/econômica ou não, que define o motivo teleológico da atividade e da organização.

4.2 Uso da organização para fins não lucrativos/não econômicos

> A *organização* chamada *empresa*, assim como é usada para as atividades não empresariais, também o é pelas entidades sem fins lucrativos ou fins não econômicos, como são as associações e fundações, as quais não podem distribuir lucros aos associados nem reparti-los. Todos os valores obtidos por meio das diversas fontes de custeio (doações, contribuições etc., inclusive por meio de atividades empresariais ou não), devem ser usados para realizar o objeto social da instituição. Mas nem por isso a *organização* que lhes serve de suporte para realizá-lo, composta por diversos elementos e fases (item 3 *supra*), deixa de ser *empresa* no sentido da *organização da atividade*. Muitas dessas instituições – exceto a fundação pública, visto que é subsidiada pelo erário – realizam atividades industriais, comerciais ou prestam serviços para angariar fundos à realização do objeto social. Não raro o fazem por meio de outras entidades, chamadas *provedoras* ou *mantenedoras*. É preciso, finalmente, desvincular a *organização* chamada *empresa* dos fins lucrativos ou econômicos. Estes não se vinculam à organização nem à atividade, mas ao agente.

J. M. Carvalho Santos, comentando o art. 22 do CC/1916, escreve: "Mesmo que a associação tenha igualmente intuito ou um fim econômico acessório, com um caráter de atividade secundária, para os efeitos legais deve ser considerada como de fins ou intuitos não econômicos. Exemplos: uma sociedade de música possui uma orquestra que dá concertos mediante entrada paga; uma associação científica publica uma revista, aceitando anúncios mediante remuneração. O que é decisivo é o fim não econômico, é a atividade para um fim ideal. Uma associação filantrópica, igualmente, para melhor cumprir a sua missão, pode explorar uma empresa econômica. Mas nem por isso deverá ser considerada como associação de intuitos econômicos. Cabe bem aqui a distinção sugerida por CURTI FORRER: entre o fim e os meios empregados para realizá-los. A circunstância de esses meios serem de natureza econômica não importa em transformação dos intuitos da associação."[61]

Arnaldo Rizzardo, acerca da expressão "fins não econômicos" utilizada no art. 53 do CC/03, cita Gladston Mamede, dizendo que ele "apanha com exatidão a compreensão: 'Esteja-se atento que haverá associação, e não sociedade, mesmo quando o ajuste se refira à atividade empresarial, mas não tenha por objeto a distribuição dos resultados; não há contrato de sociedade quando o objetivo da atuação econômica é filantrópico; veja-se como exemplo a associação de senhoras para produção de bens (p. ex.: roupas de crochê), a serem vendidos, aproveitando-se o valor auferido para um orfanato ou para as obras de uma igreja' (*Direito Societário: sociedades simples e empresárias*, vol. 2, p. 35). A sua especificação é conveniente em razão do campo que abrangem, de natureza não lucrativa para os que a formam, e visando, normalmente, a interesses sociais, comunitários, literários, culturais, recreativos, especialmente de bairros, vilas, de entidades religiosas, sociais, comunitárias, e de classes de profissionais, como associações de militares, de professores, de juízes etc. Não importa que tenham patrimônio, o qual se destina para atingir as finalidades estatutárias próprias. Irrelevante, outrossim, que realizem algumas atividades lucrativas, desde que dirigidas para os mesmos propósitos, e não se distribuam os ganhos ou lucros aos associados. Possuem estatutos, e se aproximam das sociedades civis sem interesse econômico, cingindo-se a diferença mais na denominação."[62]

Essas instituições não têm fins lucrativos ou econômicos, isto é, não podem distribuir lucros aos associados nem reparti-los. Todos os valores obtidos por meio das diversas fontes de custeio, como doações, contribuições etc., inclusive por meio de atividades empresariais ou não, devem ser usados para realizar o objeto social da instituição. Mas nem por isso a *organização* que lhes serve de suporte para realizá-lo, composta por diversos elementos e fases (item 3 *supra*), deixa de ser *empresa* no sentido da *organi-*

---

[61] SANTOS, João Manoel de Carvalho. *Código Civil brasileiro interpretado*, 12.ed., vol. I, p. 388-400, item 2. Rio de Janeiro: Freitas Bastos, 1980.
[62] RIZZARDO, Arnaldo. *Direito de Empresa*, 2.ed., p. 26-7, item 6.2.1. Rio de Janeiro: Forense, 2007.

zação da atividade. Muitas dessas instituições – exceto a fundação pública, visto que é subsidiada pelo erário – realizam atividades industriais, comerciais ou prestam serviços para angariar fundos à realização do objeto social. Muitas vezes o fazem por meio de outras entidades, chamadas *provedoras* ou *mantenedoras*.

É preciso que, finalmente, a *organização* chamada *empresa* seja desvinculada dos fins lucrativos ou econômicos. Estes não se vinculam à organização nem à atividade, mas ao agente.

5 TEORIA OBJETIVA PURA DA EMPRESA

5.1 Palavra substitutiva?

> A palavra *empresa* é utilizada com múltiplos sentidos: estabelecimento, sociedade e pessoa jurídica. Buscar expressão substitutiva quando se quer dizer *atividade organizada* ou *organização dos fatores de produção*, a fim de que seja monopolística e unívoca, fracassa, assim como os tentames de encontrar uma substitutiva para Direito Comercial.

No que tange à palavra *empresa* – aquilo que se empreende –, escreveu Alberto Asquini: "Em virtude de nosso vocabulário não dispor de outra palavra simples como *empresa*, para exprimir o conceito da atividade empresarial, não é fácil resistir ao seu uso em tal sentido, conquanto não seja um uso monopolístico".[63]

Se, lado um, ao vocábulo *empresa* são atribuídos múltiplos sentidos – estabelecimento, sociedade e pessoa jurídica –, frequente em sentenças, acórdãos, leis e até na CF (art. 175, parágrafo único, I), lado outro, buscar expressão substitutiva quando se quer dizer *atividade organizada* ou *organização dos fatores de produção*, a fim de que seja monopolística e unívoca, fracassa, assim como os tentames de encontrar uma substitutiva para Direito Comercial.

Sem dúvida, o multiúso decorre da ausência de contornos nítidos, lindes mais definidos a respeito de o que realmente se quer dizer, tecnicamente falando, com *EMPRESA*.

---

[63] ASQUINI, Alberto. *Rivista del Diritto Comerciale*, v. 41, 1943, trad. Fábio Konder Comparato, *Revista de Direito Mercantil*, apud Ricardo Negrão, *Manual de Direito Comercial e de Empresa*, 4.ed., p. 57. São Paulo: Saraiva, 2005.

Por isso, conforme já escrevemos,[64] após dúvidas, teses e antíteses, amadureceu o momento de ser adaptada a compreensão de *EMPRESA* aos tempos atuais.

5.2 Superação das compreensões subjetivas e restritivas de *empresa*

> É necessário superar as compreensões que podem ser consideradas subjetivas e restritivas de *empresa*, pelas quais a existência depende do volume e da complexidade dos fatores de produção reunidos, da essencialidade ou acidentalidade da reunião, da necessidade permanente ou transitória etc. A necessidade de reformular/afastar essas compreensões de *EMPRESA* nos vem da própria evolução legislativa quanto às espécies de empresários. Hoje temos pequeno empresário ou microempreendedor individual e microempresário. Numa atividade cuja receita bruta anual não ultrapassa R$ 81.000,00, valor vigente em 2023 (LC 155/16), como é o caso do microempreendedor individual, a organização dos fatores de produção pode ser mínima em qualidade, quantidade e complexidade. Então, não haverá empresa? Existe empresa sem empresário, jamais empresário operando ou em atividade sem empresa (item 5.3 *infra*). Melhor, pois, é adotar à empresa a *teoria objetiva pura*.

Além dos embates envolvendo conceitos econômico e jurídico de empresa, este, por sua vez, restrito e amplo (item 1 *supra*), das críticas de que juristas têm procurado em vão edificar um conceito original, como se fosse desdouro transpor "um bem elaborado conceito econômico",[65] das críticas à *poliedria da empresa* ou *teoria dos quatro perfis*, e da defesa de que a empresa é uma abstração/representação (item 2 *supra*), ainda temos insignes autores que defendem compreensões que podem ser consideradas subjetivas e restritivas de empresa, as quais impõem examinar caso a caso a existência, ou não, de empresa, a partir do volume de operações, da complexidade dos

---

[64] MARIANI, Irineu. Direito de empresa, atividade empresarial, empresa e empresário, artigo publicado na *Revista dos Tribunais* n.º 844/27 e na *Revista AJURIS* n.º 101/111; *Temas comerciais e empresariais*, p. 127, item 5.1. Porto Alegre: AGE, 2018.
[65] REQUIÃO, Rubens. *Curso de Direito Comercial*, 28.ed., vol. I, p. 50, item 30. São Paulo: Saraiva, 2009.

fatores de produção reunidos, da essencialidade ou acidentalidade da reunião, da necessidade permanente ou transitória etc.[66, 67, 68]

Circunstanciando, para que exista empresa, não basta o exercício de atividade econômica organizada. É preciso considerar ainda: *(a)* o volume ou complexidade dos fatores reunidos; *(b)* se a reunião é essencial ou acidental; *(c)* se a necessidade é permanente ou transitória; e *(d)* se a organização dos fatores de produção é essencial ou acessória ao esforço mental do empresário.

Sem embargo da valiosa contribuição para limar, polir e retocar o pensamento jurídico a respeito da empresa, a verdade é que, a estas alturas, face a novas realidades, não se pode ficar alimentando polêmica na prática já exaurida.

A necessidade de reformular a compreensão de *EMPRESA* nos vem inclusive da própria evolução legislativa quanto às espécies de empresário – hoje temos pequeno empresário ou microempreendedor individual e microempresário (Cap. 3, item 5.2 *supra*) –, as quais repercutem no volume de operações, na complexidade dos fatores de produção reunidos, na essencialidade ou acidentalidade da reunião, na necessidade permanente ou transitória.

Num empreendimento cuja receita bruta anual não ultrapassa R$ 81.000,00, média mensal de R$ 6.750,00, valor vigente em 2023 (LC 155/16), como é o caso do microempreendedor individual, a organização dos fatores produtivos pode ser mínima em qualidade, quantidade e complexidade, mas nem por isso deixa de existir empresa.

Ao não se reconhecê-la nessas circunstâncias, chega-se ao paradoxo de existir empresário sem empresa.

Primeiro, nos casos de microempreendedor individual e de microempresário, pode-se falar em empresa *mais* e *menos* complexa, *maior* ou *menor* em tamanho, conforme o número de fatores reunidos. Não se pode é falar em inexistência de empresa.

Segundo, nas atividades não empresariais e em todas quando exercidas sem fins lucrativos ou econômicos, temos *empresa* (organização dos fato-

---

[66] CARVALHOSA, Modesto. *Comentários ao Código Civil*, vol. XIII, p. 50. São Paulo: Saraiva, 2003.
[67] WALD, Arnoldo. *Comentários ao Novo Código Civil*, vol. XIV, p. 44-5, item 4. Rio de Janeiro: Forense, 2005.
[68] MARCONDES, Sylvio. *Questões de Direito Mercantil*, p. 11. São Paulo: Saraiva, 1977.

res de produção) e não temos *empresário*. Isso acontece porque a empresa é estrutura comum a todas as atividades, empresariais ou não, lucrativas ou não (item 5.3 *infra*), enquanto empresário só o é quem exerce atividade empresarial e necessariamente com fins lucrativos ou econômicos (Cap. 2, item 4.5 *supra*).

Assim, existe empresa sem empresário, jamais empresário operando ou exercendo a atividade sem empresa.

Melhor, pois, adotar à empresa a *teoria objetiva pura*, inclusive a partir da evolução legislativa a respeito das espécies de empresários, segundo a qual tem-se empresa sempre que há exercício de atividade organizada, no sentido da reunião combinada ou inteligente dos fatores de produção, superando-se desse modo paradoxos gerados por compreensões subjetivas e restritivas de empresa.

5.3 Afinal, o que é realmente a EMPRESA?

5.3.1 Empresa numa palavra: organização

> No universo de autores, identificamos as seguintes palavras comuns a respeito de empresa: *organização, exercício, atividade econômica*. Há consenso de que a empresa é o exercício de uma atividade econômica organizada. Numa palavra: *organização*. A empresa é uma *organização*. Do quê? Dos fatores de produção em funcionamento.

Vimos que: *(a)* há autores internacionais e nacionais que formularam conceitos econômico e jurídico de empresa, este por sua vez restrito e amplo (item 1 *supra*); *(b)* há autores que procuram em vão um conceito jurídico original à empresa; *(c)* há críticas à *poliedria da empresa*, de Asquini (empresa como um *fenômeno poliédrico*), ou *teoria dos quatro perfis*; *(d)* há autores que defendem ser a empresa uma abstração/representação (item 2 *supra*); e *(e)* há autores que defendem compreensões que podem ser consideradas subjetivas e restritivas de empresa (item 5.2 *supra*).

Nesse universo, identificamos as seguintes palavras comuns aos diversos autores quando se referem a empresa: *organização, exercício, atividade* e *econômica*.

Há consenso, pois, de que a empresa é o exercício de uma atividade econômica organizada para a produção ou circulação de bens ou de serviços, o que, em suma, nos vem do conceito de empresário (CC, art. 966, *caput*).

Se possível resumi-la numa palavra, ei-la: *organização*. A empresa é uma organização. Mas organização do quê? Dos fatores de produção em funcionamento (item 3.1 *supra*).

5.3.2 Empresa em duas palavras: atividade organizada

> O desafio agora é estabelecer se a empresa é uma *atividade econômica organizada*, ou simplesmente uma *atividade organizada*. Observe-se que: *(a)* o Código não define empresa, mas empresário; *(b)* o Código não diz que a atividade empresarial deve ser exercida com fins econômicos, e sim que o empresário não a exerce sem tais fins; *(c)* o Código diz que o objetivo ou fins lucrativos são do empresário, e que o objetivo ou fins da empresa não é lucrar, mas produzir e circular bens e serviços; *(d)* o Código integra o elemento *econômico* ao conceito de empresário, e não de empresa; *(e)* a empresa não é organização privativa das atividades empresariais, dela podendo se valer também as não empresariais; e *(f)* a integração do elemento *econômico* ao conceito de empresa não se baseia em norma legal, mas em interpretação do dispositivo que define empresário. Conclui-se, então, que a empresa não é uma *atividade econômica organizada*, mas apenas uma *atividade organizada*, e, como tal, estrutura disponível ao exercício de toda e qualquer, independentemente de ser ou não empresarial e de ter ou não fins econômicos ou lucrativos. É a *teoria objetiva pura da empresa*.

O desafio agora é estabelecer se essa *atividade organizada* deve ser também *econômica*, isto é, se deve ter fins lucrativos. Enfim, a empresa, na essência, é o exercício de uma *atividade econômica organizada* ou apenas de uma *atividade organizada*?

Considerando que os fins, econômicos ou não, vinculam-se ao agente, e não à organização, conclui-se que esta, como suporte ao exercício da atividade, independe do objetivo do uso. A empresa é simplesmente o *exercício de uma atividade organizada para produzir ou circular bens ou serviços*.

Isso tem raiz na *concepção objetiva de empresário* (CC, art. 966, *caput*), por sua vez decorrência da *concepção objetiva de comerciante* (CCm/1850, art. 4.º; Cap. 2, itens 2 e 3 *supra*).

O *caput* do art. 966 não define empresa, mas empresário, como sendo quem exerce profissionalmente "atividade econômica organizada", objetivando "a produção ou a circulação de bens ou de serviços", e o parágrafo único exclui a condição de empresário de quem exerce profissionalmente atividade intelectual "de natureza científica, literária ou artística".

Primeiro, esse *discrímen* – linha divisória entre quem é e quem não é empresário – a partir do tipo de atividade, permite-nos assentar quais são e quais não são atividades empresariais. O *caput* estabelece a regra, e o parágrafo as exceções (Cap. 1, item 1 *supra*). São empresariais todas as atividades econômicas exercidas em caráter profissional, sejam de produção ou de circulação de bens, sejam de produção (entenda-se *prestação*) ou circulação de serviços, exceto – e aí as não empresariais – os bens e serviços resultantes de atividades intelectuais de natureza científica, literária e demais artísticas.

Segundo, impõe-se distinguir: *(a)* atividade empresarial (aquela que não é abrangida pelo parágrafo único); *(b)* empresário (aquele que exerce atividade empresarial); e *(c)* empresa (a organização da atividade).

Com efeito, para a organização da atividade – que é a *EMPRESA* – desimporta se ela foi montada com ou sem fins lucrativos/econômicos. Quem define o motivo teleológico da organização é o agente.

É preciso romper a vinculação da *organização* aos fins lucrativos ou econômicos. É preciso suprimir/excluir a palavra *econômica*, pois: *(a)* não se refere à organização, e sim ao objetivo da atividade; *(b)* não à empresa, e sim ao empresário (para *ser* é preciso *ter* fins econômicos); e *(c)* não à organização, e sim ao agente.

Terceiro, além de os fins lucrativos/econômicos se vincularem ao empresário, e não à organização/empresa, também não se vinculam à natureza das atividades, haja vista ninguém sustentar que não constitui empresa a organização e o exercício das *atividades não empresariais*.

Pelo fato de se estruturarem como empresas, existe na jurisprudência o entendimento pelo qual as pessoas jurídicas que têm por objeto *atividades não empresariais*, tais como análises clínicas, serviços médicos, advocatícios etc., não fazem jus ao imposto sobre serviços de qualquer natureza pelo modo fixo ou por profissional habilitado, entendimento incorreto, não porque *são empresas*, mas porque: *(a)* confunde atividades empresariais e não empresariais com empresa; e *(b)* ignora que, em relação às atividades não empresariais, não vige às sociedades o princípio da tipicidade (CC, arts. 983 e 1.150).

Por isso é que, já afirmamos (item 5.2 *supra*), existe empresa sem empresário, jamais empresário operando ou em atividade sem empresa, uma vez que: *(a)* só é empresário quem exerce *atividade empresarial*; e *(b)* quando a pessoa jurídica exerce *atividade não empresarial*, como nos casos mencionados, não temos empresário, mas temos empresa.

Dessarte, todo exercício de atividade profissional organiza, pouco mais pouco menos, fatores de produção. Isso ocorre mesmo num escritório de apenas um profissional liberal, por exemplo, a pessoa que recebe os clientes do advogado, os departamentos que controlam o andamento dos processos e a escrituração das receitas e despesas, o complexo de bens, muitos deles aparelhos sofisticados, necessários ou úteis ao exercício da atividade.

Quarto, o fato de a *organização* servir tanto às atividades empresariais quanto às não empresariais reduz o tema à questão dos fins lucrativos/econômicos.

Pergunta-se: as *entidades sem fins lucrativos*, como são as associações, as fundações e as cooperativas, constituem empresas no sentido da organização dos fatores necessários ao cumprimento do objeto social?

Sem dúvida, segundo a *teoria objetiva pura da empresa*, a resposta é positiva. A organização pode existir e funcionar sem que existam fins lucrativos ou econômicos, isto é, sem distribuição de lucros, como acontece nas associações e fundações, uma vez que podem exercer atividades, inclusive empresariais, para angariar fundos à subsistência da instituição; nem por isso deixam de ser empresas no sentido de exercerem *atividade organizada*.

A cooperativa é exemplo mais claro disso. Independentemente do objeto social (atividade empresarial ou não empresarial), é sociedade simples, conforme o modelo previsto na legislação específica, e não objetiva lucro (Lei 5.764/71, arts. 3.º e 4.º), porém, se organiza como empresa. É evidência de que os fins econômicos ou lucrativos não integram o conceito de *EMPRESA*.

A *teoria objetiva pura*, no que tange ao complexo de bens visíveis, coincide com o estabelecimento ou azienda (CC, art. 1.142), mas não se limita a isso, pois agrega/incorpora todo o acervo material e imaterial necessário ao exercício da atividade, tais como pessoal, *know how* (conhecimentos técnicos, culturais e administrativos), matéria-prima, insumos necessários etc.

Ela é abrangente. Nada exclui, pois tudo o que o ser humano inventa, descobre e faz, seja pessoalmente seja por meio de máquina ou robô, resulta na produção ou circulação de bens ou de serviços, inclusive quando sem fins lucrativos, como são as cooperativas e os serviços assistenciais ou pios (piedosos, caritativos, humanitários, filantrópicos), mais religiosos, morais, corporativos etc., prestados por associações e fundações, excluídos quanto a estas os corporativos (CC, art. 62, parágrafo único).

A empresa, na sua dimensão objetiva pura, serve a toda e qualquer atividade profissional, independentemente: *(a)* de ser empresarial ou não; *(b)* de o exercício ser coletivo ou individual; e *(c)* de o exercício ter fins econômicos/lucrativos ou não.

Noutro giro verbal, nuclearmente não existe atividade *lucrativa*, mas *atividade*; não organização *econômica*, mas *organização*. Repetindo: é o agente que define o motivo teleológico da organização.

Por exemplo, uma associação de assistência ao idoso desamparado pode exercer atividade empresarial e/ou não empresarial, não distribuindo o resultado positivo aos associados, visto não ter fins lucrativos, mas tendo-os como fonte de receita para custear as despesas necessárias ao cumprimento do objeto social.

Conclusivamente, *considerando* que o Código não define empresa, mas empresário; *considerando* que o Código não diz que a atividade empresarial deve ser exercida com fins econômicos, e sim que o empresário não a exerce sem tais fins; *considerando* que o Código diz que o objetivo ou fins lucrativos são do empresário, e que o objetivo ou fins da empresa não é lucrar, mas produzir e circular bens e serviços; *considerando* que o Código integra o elemento *econômico* ao conceito de empresário, e não de empresa; *considerando* que a empresa não é organização privativa das atividades empresariais, dela podendo se valer também as não empresariais; e *considerando* que o elemento *econômico* no conceito de empresa não se baseia em norma legal, mas em interpretação do dispositivo que define empresário, conclui-se que a empresa não é uma *atividade econômica organizada*, mas apenas uma *atividade organizada*; e, como tal, estrutura disponível ao exercício de toda e qualquer, independentemente de ser ou não empresarial e de ter ou não fins econômicos ou lucrativos. É a *teoria objetiva pura da empresa*.

Terceira parte

CAPACIDADE, QUALIDADE E IMPEDIMENTOS PARA EXERCER ATIVIDADES EMPRESARIAIS E NÃO EMPRESARIAIS

Capítulo 5

DA CAPACIDADE PARA AS ATIVIDADES EMPRESARIAIS

A pessoa natural adquire capacidade para exercer atividades empresariais pelo "pleno gozo da capacidade civil" (CC, art. 972), a qual é adquirida por modos ordinário e extraordinários.

1 MODO ORDINÁRIO

> Ocorre pela maioridade civil aos dezoito anos, mesmo contra a vontade da pessoa (CC, art. 5.º, *caput*).

O modo ordinário de alguém adquirir o pleno gozo da capacidade civil, e por decorrência a capacidade para exercer atividades empresariais, é a maioridade, a qual inicia aos dezoito anos.

Isso ocorre ordinariamente *ope legis*. Querendo, ou não, ao completar dezoito anos, a lei declara a pessoa capaz "à prática de todos os atos da vida civil" (CC, art. 5.º, *caput*). Até então, exceção era a capacidade; a partir de então, a incapacidade.

2 MODOS EXTRAORDINÁRIOS

Há vários modos extraordinários de a pessoa chegar ao *pleno gozo da capacidade civil* antes de completar dezoito anos.

2.1 Emancipação

> A emancipação é possível aos dezesseis anos, concedida pelos pais ou por decisão judicial (CC, art. 5.º, parágrafo único, I).

Desde os dezesseis anos, a emancipação pode ser concedida pelos pais, mediante instrumento público, ou por sentença judicial, ouvido o tutor (CC, art. 5.º, parágrafo único, I).

O dispositivo legal refere dezesseis anos *completos*. Trata-se de solene inutilidade, haja vista que para a idade núbil, o Código refere apenas dezesseis (art. 1.517). Falar em "*X*" anos *completos* faz pressupor a idade de "*X*" *incompletos*. Como a idade é contada pelo tempo que passou (de baixo para cima), e não pelo que passará (de cima para baixo), quem faz dezesseis anos *completa* por si só dezesseis. Sua idade não é de dezessete incompletos. Não há por que falar em dezesseis *completos*. Pode-se dizer que a pessoa tem quinze ou dezesseis anos e "*X*" meses, jamais que tem dezesseis ou dezessete *incompletos*.

2.2 Casamento com idade núbil

> O casamento com idade núbil ocorre aos dezesseis anos. Exige o *suprimento de consentimento* dos representantes legais. Havendo divergência, o juiz decide (CC, art. 5.º, parágrafo único, II, e art. 1.517).

O Código fixa a *idade núbil* tanto ao homem quanto à mulher aos 16 anos (art. 1.517). Não diz 16 anos *completos*, como no art. 5.º.

Desde a idade núbil, coincidente com a capacidade relativa (art. 4.º), até a maioridade civil, o casamento depende de autorização dos pais, ou do representante legal, a qual pode ser revogada até a celebração (art. 1.518). É o *suprimento de consentimento*.

Havendo divergência entre os pais, qualquer deles pode buscar judicialmente a solução para o desacordo (art. 1.517, parágrafo único, c/c o art. 1.631, parágrafo único; Lei 8.069/90 – Estatuto da Criança e do Adolescente –, art. 21). Neste caso, o interesse de ir a juízo é daquele que consente com as núpcias, a fim de obter a autorização mesmo sem o consentimento do outro.

Havendo denegação do consentimento pelos pais ou representante, mesmo assim o casamento pode acontecer, mediante suprimento judicial por iniciativa do nubente (CC, art. 1.519; Lei 8.069/90 – ECA –, art. 148, parágrafo único, alínea *c*).

2.3 Casamento com idade inferior à núbil

> Pelo art. 1.520 do CC, na redação da Lei 13.811, de 12-3-2019, o casamento com idade inferior à núbil não é permitido, em qualquer caso, ressalvado o art. 1.517, o qual permite autorização de ambos os pais, ou de seus responsáveis, com o que, considerando que eles apenas *autorizam o casamento*, não fica dispensado o *suprimento judicial de idade*. Também este casamento antecipa a plena capacidade civil, pois o art. 5.º, parágrafo único, II, do CC não excepciona.

Dispunha a redação original do art. 1.520 do CC/2002, que por sua vez repetia o art. 214 do CC/1916, ser possível o casamento com *idade inferior à núbil*, desde que seja caso de gravidez ou para evitar a imposição ou cumprimento de pena criminal, sendo para tanto necessário *suprimento de idade*, necessariamente judicial por envolver interesse de absolutamente incapaz, portanto indisponível, quer dizer, tutelado pelo Poder Público.

Porém, a Lei 13.811, de 12-3-19, deu nova redação ao art. 1.520: "Não será permitido, em qualquer caso, o casamento de quem não atingiu a idade núbil, observado o disposto no art. 1.517 deste Código".

Ao ressalvar o que estabelece o art. 1.517, o dispositivo permite autorização de ambos os pais, ou de seus representantes legais, conforme o item anterior, com o que, considerando que eles apenas *autorizam o casamento*, não fica dispensado o *suprimento judicial de idade*.

Historicamente, houve, à luz do CC/1916, doutrina de que, em tal circunstância, o casamento não antecipa a plena capacidade para os atos da vida civil. Nesse sentido, respeitáveis autores, como Pontes de Miranda[69] e Carvalho Santos.[70] Especificamente no Direito Comercial, Waldírio Bulgarelli,[71] defendendo que somente não antecipa quando o juiz concede o suprimento de idade, mas decreta a *separação de corpos*, pois neste caso a sociedade conjugal não se forma, e não se formando não produz todos os efeitos, dentre eles o da emancipação, impedindo a capacidade ao exercício de atividade empresarial até completar a idade núbil.

---

[69] MIRANDA, Pontes de. *Tratado de Direito Privado*, 4.ed., vol. I, p. 202, § 58, item 4. São Paulo: Revista dos Tribunais, 1983.

[70] SANTOS, João Manoel de Carvalho. *Código Civil interpretado*, 12.ed., vol. I, p. 304-5, item 21. Rio de Janeiro: Freitas Bastos, 1980.

[71] BULGARELLI, Waldírio. *Direito Comercial*, 10.ed., p. 92, item 8.11. São Paulo: Atlas, 1993.

Porém, sem embargo da respeitabilidade dos entendimentos, temos que, pelo menos na atualidade, considerá-los superados.

Observe-se que nas obrigações do casamento constava (CC/1916, art. 231, II, III e IV), e consta (CC/2002, art. 1.566, II, III e IV), a vida em comum, a mútua assistência entre os cônjuges (entenda-se, moral e material) e de ambos no sustento dos filhos.

Se o cônjuge não pode exercer atividades empresariais, como ficam os deveres face à sociedade conjugal, afirmados inclusive pelo art. 226, § 5.º, da CF? E a obrigação de prover a alimentação, prevista no art. 227 da CF, como fica?

Força é, pois, concluir que, salvo impedimentos legais por motivo de idade, como são os casos do art. 7.º, XXXIII, e do art. 145, I, do CTB, e impedimento judicial (Cap. 10, itens 1.2.2 e 2 *infra*), mesmo no casamento com idade inferior à núbil, a pessoa antecipa o pleno gozo da capacidade civil, e por decorrência pode empresariar.

2.4 Exercício de emprego público efetivo

> O exercício de emprego público efetivo quer dizer concursado, nomeado, empossado, com efetivo exercício das funções (CC, art. 5.º, parágrafo único, III). Trata-se de hipótese rara, pois a menoridade cessa aos dezoito anos.

Exercício de emprego público efetivo, como diz o art. 5.º, parágrafo único, III, do CC, quer dizer concursado, nomeado, empossado e com exercício efetivo das funções. Isso já era difícil acontecer à época em que a maioridade ocorria aos vinte e um anos; agora, aos dezoito, a possibilidade é ainda mais remota.

2.5 Colação de grau em curso de ensino superior

> Assim como em relação ao exercício de emprego público efetivo, a colação de grau em curso de ensino superior é hipótese rara, pois dificilmente alguém é diplomado em curso superior antes dos dezoito anos (CC, art. 5.º, parágrafo único, IV).

Prevista no art. 5.º, parágrafo único, IV, a hipótese, assim como o exercício de emprego público efetivo, é de difícil verificação prática. Já o era à época da maioridade aos vinte e um anos; agora, aos dezoito, ainda mais. Salvo caso absolutamente extraordinário, ninguém é diplomado em curso de ensino superior antes dos dezoito anos.

2.6 Estabelecimento empresarial ou não, ou emprego, garantidores de economia própria

Neste ponto, há dois aspectos a considerar: *(a)* economia própria; e *(b)* necessidade de oficialização.

2.6.1 Economia própria

> Significa apartada da economia de seus representantes. Exige que a pessoa com mais de dezesseis anos proveja o próprio sustento (CC, art. 5.º, parágrafo único, V). Há observar os impedimentos de exercício de atividade por insuficiência etária (CF, art. 7.º, XXXIII).

Pelo art. 5.º, parágrafo único, V, do CC, cessa a incapacidade pelo "estabelecimento civil ou comercial, ou pela existência de relação de emprego, desde que, em função deles, o menor com dezesseis anos completos tenha economia própria".

Primeiro, a referência a estabelecimento nos remete ao art. 1.142, pelo qual se considera estabelecimento "todo complexo de bens organizados, para exercício da empresa, por empresário, ou por sociedade empresária".

Segundo, a referência a *estabelecimento civil* quer dizer estabelecimento das antigas atividades civis, hoje *não empresariais*, pois ele não é privativo das *atividades empresariais*. Ainda, a referência a *estabelecimento comercial* é cochilo do legislador, resquício do sistema anterior, assim como nos arts. 164, 1.268, 1.431 e 1.448. Entenda-se, pois, como ensina Ricardo Negrão, "estabelecimento empresarial ou profissional ou estabelecimento econômico, empresarial ou não".[72]

---

[72] NEGRÃO, Ricardo. *Manual de Direito Comercial e de Empresa*, 4.ed., vol. I, p. 50, item 4.3.2. São Paulo: Saraiva, 2005.

Terceiro, exige-se idade mínima de dezesseis anos e que, em razão da atividade, o menor tenha economia própria, é dizer, proveja o próprio sustento. Há que observar os impedimentos do art. 7.º, XXXIII, da CF, e eventualmente de outras leis, por exemplo, do art. 145, I, do CTB (Cap. 10, item 1.2.2 *infra*). Não se pode reconhecer a antecipação da capacidade civil se o menor está impedido constitucional ou legalmente de exercer a atividade por insuficiência etária.

2.6.2 Necessidade de oficialização

> Diferentemente das demais espécies de emancipação, nesta não há documento oficial. Embora os civilistas silenciem ou optem por ser suficiente o fato da economia própria, é recomendável seja oficializado mediante justificação judicial.

O atual Código Civil, assim como o anterior, é omisso quanto à forma de provar essa emancipação.

Os civilistas em geral ou silenciam ou optam pelo entendimento de que basta a *economia própria*, inclusive dispensando autorização dos pais. Ela independe de oficialização, assim como as demais hipóteses. É suficiente o *fato*. Por exemplo, Carvalho Santos[73] e Pontes de Miranda.[74]

Todavia, por questão de segurança jurídica, pensamos ser necessário oficializar essa emancipação.

É que, nas demais hipóteses, a prova do fato é assegurada por documento oficial que marca o início da antecipação da capacidade, a saber: *(a)* na emancipação, pela escritura pública ou sentença judicial; *(b)* no casamento, pela certidão; *(c)* no exercício de emprego público, pelo contrato ou certidão equivalente; e *(d)* na colação de grau em curso superior, pelo diploma ou certidão equivalente.

Já no caso do parágrafo único, IV, sob análise, quanto à *relação de emprego*, também se prova pelo contrato, mas, quanto ao *estabelecimento*, é diverso, pois não basta o fato em si. É preciso provar os elementos típicos

---

[73] SANTOS, João Manoel de Carvalho. *Código Civil interpretado*, 12.ed., vol. I, p. 307-7, item 28. Rio de Janeiro: Freitas Bastos, 1980.
[74] MIRANDA, Pontes de. *Tratado de Direito Privado*, 4.ed., vol. I, p. 206-7, § 61, itens 1 e 2. São Paulo: Revista dos Tribunais, 1983.

da hipótese legal: *(a)* o efetivo exercício da atividade pelo menor em caráter profissional; e *(b)* que lhe enseja renda afirmadora de economia própria, isto é, apartada da economia de seus representantes. Impõe-se que seja isso reconhecido em documento, mediante justificação judicial, cumprindo-se as normas processuais, com intervenção do Ministério Público. Ainda, o exercício da atividade não pode ser vetado por motivo de faixa etária inferior à exigida constitucional ou legalmente (CF, art. 7.º, XXXIII; CTB, art. 145, I).

Veja-se que tal não ocorre num estalo de dedos, quer dizer, abriu o estabelecimento, automaticamente ocorre a emancipação. É necessário o decurso de certo período para demonstração da continuidade do exercício, da sua estabilidade, não sendo, pois, mero artifício para antecipar a plena capacidade. Não se tratando de atividade empresarial em caráter *coletivo* (sociedade), mas *individual*, o menor que apresentar à Junta Comercial uma *declaração de firma*, instruída com prova de que *(a)* já completou dezesseis anos, *(b)* já abriu o estabelecimento e *(c)* já iniciou a atividade, contrariando a norma que exige registro antes que tal ocorra (CC, art. 967), não conseguirá arquivamento, pois não está no pleno gozo da capacidade civil, diferentemente do que acontece em relação às outras hipóteses.

Significa isso dizer que, no caso do estabelecimento empresarial, o início acontece sem registro; logo, irregularmente. Com o passar do tempo, a situação se consolida, o que autoriza a oficialização do fato típico, daí se extraindo um documento, o qual, assim como nas demais hipóteses, autoriza a *regularização* perante a Junta Comercial, arquivando *empresa individual* de responsabilidade limitada ou ilimitada (EIRELI ou FIRMA), ou *sociedade unipessoal*, quando admitida.

Fala-se em *regularização* perante a Junta Comercial, e não em validade dos atos praticados, até porque a menoridade não pode ser invocada para invalidá-los (CC, arts. 104-5). Incide o princípio do art. 973: o impedido responde pelas obrigações contraídas.

2.7 Alistamento militar

O alistamento militar antecipando a maioridade para dezessete anos vale apenas ao fim específico (Lei 4.375/64, art. 73).

O CC/2002 não contém a norma do art. 9.º, § 2.º, do CC/1916, pela qual cessava a incapacidade aos dezoito anos para o fim de alistamento militar, que o art. 73 da Lei 4.375/64 reduziu para dezessete, e que se aplica também ao alistamento de serviço alternativo ao serviço militar obrigatório (CF, art. 143, § 1.º; Lei 8.239/91).

A redução da menoridade para dezessete anos vale tão só ao fim específico.

Capítulo 6

DA CAPACIDADE PARA AS ATIVIDADES NÃO EMPRESARIAIS

> As mesmas hipóteses, ordinária e extraordinárias, ao exercício das atividades empresariais, valem também às não empresariais, é dizer, as de natureza científica, literária ou artística (CC, art. 966, parágrafo único), observado eventual impedimento por idade insuficiente (CF, art. 7.º, XXXIII; CTB, art. 145, I).

Ainda que não se possa, relativamente às *atividades não empresariais* (as de natureza científica, literária ou artística), invocar o art. 972 do CC, porquanto exclusivo às *empresariais*, aplicam-se as mesmas hipóteses ordinária e extraordinárias (Cap. 5, itens 1 e 2 *supra*), inclusive por se tratar de exercício profissional; logo, prática de atos da vida civil.

Atualmente, ocorrência comum, citada por Maria Helena Diniz,[75] é a do menor praticante de desporto profissional, ou que atua como artista em emissoras de TV ou rádio, obtendo, com isso, economia própria. Não é razoável, uma vez completada a idade mínima de dezesseis anos, exigir-se, para cada ato, a assinatura dos pais (CC, art. 5.º, parágrafo único, V).

Cabe apenas observar eventual impedimento legal por motivo de idade: *(a)* proibição de trabalho noturno, perigoso ou insalubre a menores de dezoito e de qualquer trabalho a menores de dezesseis, salvo na condição de aprendiz, a partir dos quatorze anos (CF, art. 7.º, XXXIII); e *(b)* proibição de ser motorista profissional com menos de vinte e um anos (CTB, art. 145, I).

---

[75] DINIZ, Maria Helena. *Curso de Direito Civil brasileiro – Direito de Empresa*, vol. VIII, p. 70, item b.2. São Paulo: Saraiva, 2008.

Capítulo 7
DA PERDA DA CAPACIDADE

> Perde-se a capacidade ao exercício das atividades, empresariais ou não, pela morte e pelo decaimento do pleno gozo da capacidade civil (CC, arts. 6.º, 7.º e 972). O princípio geral é o de que, para ter capacidade, os requisitos são cumulativos; para perdê-la, alternativos. Basta decair de qualquer deles.

Quanto às *atividades empresariais*, a primeira hipótese de perda da capacidade é a extinção da personalidade civil pela morte. A personalidade civil começa com o nascimento com vida, preservados desde a concepção os direitos do nascituro (CC, art. 2.º), e termina com a morte, a qual pode ser presumida (arts. 6.º e 7.º).

A segunda hipótese é a perda da capacidade civil sem extinção da personalidade. Se, ao exercício de atividade empresarial, o Código exige *pleno gozo da capacidade civil* (art. 972), estão excluídos os incapazes totais e relativos (arts. 3.º e 4.º).

Assim, quem, após conquistar o pleno gozo da capacidade, o que acontece pelos modos ordinário e extraordinários (Cap. 5, itens 1 e 2 *supra*), dela decair no todo ou em parte – chamada *incapacidade superveniente* –, em decorrência também perde a capacidade para empresariar. Quando isso ocorre, é possível dar seguimento à empresa mediante autorização judicial (Cap. 8, item 3 *infra*).

Quanto às *atividades não empresariais*, a perda da capacidade ocorre nas mesmas hipóteses das *empresariais*, visto que o exercício pressupõe a prática de atos da vida civil.

Capítulo 8

DA INCAPACIDADE SUPERVENIENTE DA PESSOA NATURAL, AUTORIZAÇÃO JUDICIAL E ADMINISTRADOR

1 CONSIDERAÇÃO INICIAL

> A regra ao exercício das atividades econômicas, empresariais ou não, é o *pleno gozo da capacidade civil* (CC, art. 972). Porém, exceções permitem a continuidade mediante autorização judicial e nomeação de administrador (CC, art. 974, *caput*).

A regra para a capacidade ao exercício das atividades econômicas, empresariais ou não, é o *pleno gozo da capacidade civil* (CC, art. 972; Cap. 5, item 1 *supra*), mas pode acontecer a sua perda.

Sempre existiram exceções ao princípio do pleno gozo da capacidade civil; por exemplo, no regime anterior, era possível a *autorização dos pais*, ampla ou restrita, aos filhos-famílias ou sob o pátrio poder (ex-CCm, art. 1.º, n.º 3).

No regime atual, sem excluir eventuais outras exceções, interessam-nos as do *caput* do art. 974 do CC, pelas quais, mediante *autorização judicial*, quem ainda não conquistou a plena capacidade civil, ou dela decaiu, pode mesmo assim dar continuidade ao empreendimento empresarial por meio de representante ou de assistente, com nomeação de administrador.

2 INCAPACIDADE SUPERVENIENTE DA PESSOA NATURAL E SUBSTITUTO DOS PAIS E DE AUTOR DE HERANÇA

Diz o *caput* do art. 974 do CC: "Poderá o incapaz, por meio de representante ou devidamente assistido, continuar a empresa antes exercida por ele enquanto capaz, por seus pais ou pelo autor de herança".

Estabelece três exceções ao princípio do pleno gozo da capacidade civil: *(a)* por incapacidade superveniente da pessoa natural (casos do titular da empresa e do sócio único); *(b)* como substituto dos pais (pressupõe ser filho); e *(c)* como substituto de autor de herança (pressupõe ser herdeiro).

2.1 Por incapacidade superveniente da pessoa natural (casos do titular da empresa e do sócio único)

> Quando refere *incapaz*, o art. 974, *caput*, do CC, dirige-se à *pessoa natural*; logo, abrange tão só os casos de titular da empresa e de sócio único. Havendo *incapacidade superveniente*, mesmo assim podem, mediante autorização judicial, dar continuidade ao empreendimento empresarial que tocavam quando eram capazes, por meio de *representante* (entenda-se *curador*) ou de *assistente* (entenda-se *tutor*).

Quando o *caput* do art. 974 do CC fala em *incapaz*, dirige-se à *pessoa natural*, portanto ao titular da empresa e ao sócio único, isto é, à FIRMA e à sociedade unipessoal.

Havendo *incapacidade superveniente*, mesmo assim podem, mediante autorização judicial (item 3 *infra*), dar continuidade ao empreendimento empresarial que tocavam quando eram capazes, por meio de *representante* (entenda-se *curador*) ou de *assistente* (entenda-se *tutor*), o que abrange tanto a incapacidade absoluta (interdito e menores até os dezesseis anos) quanto a relativa (a partir dos dezesseis até completar a maioridade civil).

Por sua vez, as hipóteses de tutela e de curatela estão previstas nos arts. 1.728 e 1.767 do CC, observada ainda a Lei 13.146/2015 (*Estatuto da Pessoa com Deficiência*): *(a)* o tutor, relativamente ao tutelado menor (pupilo), representa-o antes dos dezesseis anos e assiste-o daí até a maioridade civil (art. 1.747); e *(b)* o curador representa o curatelado, ocorrendo assistência apenas ao pródigo quanto aos atos de emprestar, transigir, dar quitação, alienar, hipotecar, demandar ou ser demandado, e na prática em geral de atos que não sejam de mera administração (art. 1.782).

Em complemento à questão da *incapacidade superveniente* – que é o caso previsto no art. 974 –, ela pode acontecer por interdição, bem assim por prodigalidade (CC, arts. 4.º, IV, e 1.767, V), isto é, gasto excessivo, desperdício, dissipação, esbanjamento; a continuidade da empresa depende da assinatura do assistente em todos os atos declinados no art. 1.782, com o que, em termos de atividade empresarial, pouco ou nada resta de autonomia ao assistido.

Com a previsão legal, ficou superada antiga divergência doutrinária, tendo, de um lado, defendendo a continuidade da empresa, J. X. Carvalho de Mendonça, salvo em relação ao pródigo, porque, neste caso, sendo apenas assistido, haveria situação anômala, indefinível e incompatível com a prática do comércio; e, de outro lado, defendendo não ser possível a continuidade, isto é, sustentando a liquidação da empresa, Waldemar Ferreira, Eunápio Borges e Rubens Requião.

A opção do legislador, permitindo a continuidade do empreendimento empresarial, foi a melhor, inclusive na esteira do *princípio da preservação da empresa* (Sétima Parte *infra*), que também vigora na dissolução, evitando-se, sempre que possível, a total (Cap. 43, item 2 *infra*).

2.2 Como substituto dos pais (pressupõe ser filho)

> A continuidade como substituto dos pais ocorre *inter vivos*. O incapaz pode continuar no empreendimento empresarial exercido *por seus pais* (CC, art. 974, caput). Pressupõe a condição de filho, que atua por meio de *representante* (entenda-se *curador*) ou de *assistente* (entenda-se *tutor*). Exemplificando: pai, titular e administrador de uma FIRMA ou sócio único e administrador de uma sociedade limitada, pode, mediante operação *inter vivos* e com autorização judicial, transferir a continuidade do empreendimento ao filho incapaz, inclusive interdito, e prosseguir administrando.

Diz o *caput* do art. 974 que o *incapaz* pode dar continuidade ao empreendimento empresarial antes exercido *por seus pais*; logo, acontece *inter vivos* e pressupõe a condição de filho, que atua, assim como no caso de incapacidade superveniente, por meio de *representante* (entenda-se *curador*) ou de *assistente* (entenda-se *tutor*).

Como não há restrição, nem poderia haver, sob pena de discriminação odiosa, compreende todo filho, natural ou adotivo (CC, art. 1.596), e todo incapaz, independentemente do motivo (CC, arts. 3.º e 4.º), é dizer, inclusive o interdito.

Exemplificando: digamos que o pai é titular e administrador de uma FIRMA ou sócio único e administrador de uma sociedade limitada. Mediante operação *inter vivos* e com autorização judicial (item 3 *infra*), pode transferir o empreendimento ao filho incapaz, inclusive interdito, e prosseguir administrando.

E se envolver uma sociedade limitada pluripessoal formada pelos próprios pais, ou pelo pai e terceiro, em que ambos querem encerrar as atividades, é possível garantir ao filho incapaz a continuidade por meio de transformação.

Havendo mais de um filho incapaz em que se queira assegurar o direito, como a lei não estabelece preferência, resta constituir sociedade, com capital totalmente integralizado (CC, art. 974, § 3.º, II).

2.3 Como substituto de autor de herança (pressupõe ser herdeiro)

> A continuidade como substituto de autor de herança ocorre *mortis causa*. O *herdeiro* pode continuar no empreendimento empresarial exercido *pelo autor da herança* (CC, art. 974, *caput*), que atua por meio de representante ou de assistente. Exemplificando: autor da herança titular de uma FIRMA ou sócio único de uma sociedade limitada. O herdeiro incapaz pode não só recebê-la em partilha, ou adjudicá-la não havendo outro, mas também ser autorizado judicialmente a prosseguir no empreendimento.

Diz o *caput* do art. 974 que o *incapaz* pode dar continuidade ao empreendimento empresarial antes exercido *pelo autor de herança*; logo, acontece *mortis causa* e pressupõe a condição de herdeiro, que atua, assim como na incapacidade superveniente e na condição de filho incapaz, por meio de *representante* (entenda-se *curador*) ou de *assistente* (entenda-se *tutor*).

Como não há restrição, nem poderia haver, sob pena de discriminação odiosa, compreende todo herdeiro legítimo, observada a vocação hereditária (CC, art. 1.829), e todo incapaz, independentemente do motivo (CC, arts. 3.º e 4.º), é dizer, inclusive o interdito.

Exemplificando: digamos que o autor da herança era titular de uma FIRMA ou sócio único de uma sociedade limitada. Pode o herdeiro incapaz, inclusive interdito, não só recebê-la em partilha, ou adjudicá-la não havendo outro, mas também ser autorizado judicialmente a prosseguir no empreendimento (item 3 *infra*).

3 AUTORIZAÇÃO JUDICIAL E REVOGAÇÃO

> Pelo art. 974, § 1.º, do CC, em todas as hipóteses/exceções pelas quais o incapaz pode prosseguir em empreendimento empresarial, é necessário autorização judicial, podendo ser revogada. E, se para concedê-la, o juiz deve examinar as circunstâncias e os riscos, concluindo pela conveniência, para revogá-la, após a oitiva dos pais, tutores ou representantes legais do menor ou do interdito, cumpre-lhe fundamentar no sentido da inconveniência.

Diz o § 1.º do art. 974: "Nos casos deste artigo, precederá autorização judicial, após exame das circunstâncias e dos riscos da empresa, bem como da conveniência em continuá-la, podendo a autorização ser revogada pelo juiz, ouvidos os pais, tutores ou representantes legais do menor ou do interdito, sem prejuízo dos direitos adquiridos por terceiros".

Em todas as hipóteses/exceções pelas quais o incapaz pode prosseguir em empreendimento empresarial, seja por incapacidade superveniente, seja como substituto dos pais ou de autor de herança, conforme o item anterior, é necessário autorização judicial e pode ser revogada.

Se para conceder a autorização o juiz deve examinar fundamentadamente as circunstâncias e os riscos, concluindo pela conveniência do prosseguimento, para revogá-la, após a oitiva dos pais, tutores ou representantes legais do menor ou do interdito, deve igualmente fundamentar no sentido da inconveniência.

4 NOMEAÇÃO DE ADMINISTRADOR/GERENTE

> Pelo art. 975, *caput*, do CC, o representante ou assistente do incapaz é o natural administrador do empreendimento, salvo se impedido ou se declinar, caso em que nomeia gerente (terceiro), nomeação que fica sujeita à aprovação judicial. Pelo § 1.º, o juiz tanto pode recusar a administração pelo representante ou assistente quanto pode recusar o gerente nomeado por eles, caso em que o próprio juiz nomeia, tudo devidamente fundamentado. Pelo § 2.º, em qualquer hipótese de ser necessária a aprovação pelo juiz, o representante ou assistente do menor ou do interdito não fica eximido de responsabilidade pelos atos do nomeado.

Diz o art. 975: "Se o representante ou assistente do incapaz for pessoa que, por disposição de lei, não puder exercer atividade de empresário, nomeará, com aprovação do juiz, um ou mais gerentes. § 1.º – Do mesmo modo será nomeado gerente em todos os casos em que o juiz entender ser conveniente. § 2.º – A aprovação do juiz não exime o representante ou assistente do menor ou do interdito da responsabilidade pelos atos dos gerentes nomeados."

Primeiro, decorre do *caput* que o representante ou assistente do incapaz é o natural administrador do empreendimento, salvo se impedido ou se declinar, caso em que nomeia um ou mais gerentes (terceiros, assim como nas empresas individuais e sociedades), nomeação que por sua vez fica sujeita à aprovação judicial.

No que tange ao impedimento, a lógica está em que o impedido de exercer atividade empresarial também não pode administrar empresa, e o administrador está sujeito aos impedimentos legais previstos no art. 1.011 do CC, os quais abrangem inclusive os gerentes (Cap. 10, item 1 *infra*), por exemplo, o magistrado pode ser assistente ou representante de incapaz, mas não pode ser administrador de empresa (LC 35/79, art. 36, II).

Segundo, decorre do § 1.º que o juiz tanto pode recusar a administração pelo representante ou assistente quanto pode recusar o gerente nomeado por eles, caso em que o próprio juiz nomeia, devendo em todas as situações fundamentar a decisão.

Terceiro, decorre do § 2.º que, em qualquer hipótese de ser necessária a aprovação pelo juiz, isto é, de nomeação de gerente, o representante ou assistente do menor ou do interdito não fica eximido de responsabilidade pelos atos do gerente. Quer isso dizer: esse dispositivo não libera o tutor e o curador do dever de vigilância/fiscalização dos atos do nomeado, nem interfere na responsabilidade civil prevista no art. 932, II, do CC.

Capítulo 9
DA QUALIDADE DE EMPRESÁRIO

1 AGREGAÇÃO DA QUALIDADE

Uma coisa é *ter* capacidade para o exercício de atividade empresarial (Cap. 5 *supra*), e outra é *ser* empresário. Para agregar a *qualidade* de empresário – para *ser* – não basta a capacidade. É imprescindível cumprir os requisitos cumulativos que a caracterizam, previstos no art. 966 do CC, a saber: *(a)* prática de atos empresariais; *(b)* em caráter profissional; *(c)* com fins lucrativos; e *(d)* exercício em nome próprio.

1.1 Prática de atos empresariais

> Empresário é quem *exerce* profissionalmente atividade empresarial (CC, art. 966, *caput*). É o efetivo exercício (critério objetivo). Os atos qualificam o agente.

É como se advogado fosse apenas quem exerce a profissão, o militante, e não quem tem registro na OAB (critério subjetivo).

O registro por si só não é *constitutivo*, mas *declarativo* da qualidade de empresário.

1.2 Caráter profissional

> É preciso haver entre os atos o mesmo motivo, qual seja, o de constituir meio de vida. O caráter profissional de cada atividade (pode haver mais de uma profissão) significa meio de subsistência. Não se confunde com hábito.

A repetição de atos independentes um do outro pode caracterizar hábito, não profissão. Para o exercício em *caráter profissional*, é preciso haver entre os atos o mesmo motivo, qual seja, o de constituir meio de vida. A atividade é profissional quando tem a característica da continuidade, da estabilidade, quando não é esporádica.

Para fins didáticos, ocorre entre os atos praticados em caráter profissional o mesmo liame que caracteriza o *crime continuado* nas ações delituosas.

1.3 Fins lucrativos

> Os fins lucrativos ou econômicos decorrem da profissionalidade, já que por meio da profissão o indivíduo obtém os meios de vida.

1.4 Exercício em nome próprio

> Só exercem a atividade em nome próprio o empresário individual comum e a sociedade. Não é empresário quem a exerce em nome de outrem, como os administradores e gerentes.

É preciso que a atividade empresarial seja exercida em nome próprio. Isso ocorre tratando-se de empresário individual comum e de sociedade.

Portanto, não é empresário quem pratica atos empresariais em *nome de outrem*, como acontece na empresa individual e na sociedade limitada unipessoal (pessoa jurídica) e com os administradores e os gerentes de sociedades. Não por acaso diz-se *sociedade empresária*.

2 PERDA DA QUALIDADE

Ocorre em duas situações: *(a)* pela perda da capacidade; e *(b)* pelo não exercício da atividade ou exercício sem os requisitos.

2.1 Pela perda da capacidade

> As hipóteses de perda da capacidade geram a perda da qualidade de empresário, ressalvada a continuação por *incapacidade superveniente*, mediante autorização judicial. Os requisitos são alternativos.

Para agregar a *qualidade* de empresário, os requisitos são *cumulativos*; para perdê-la, *alternativos*. Basta decair de qualquer deles.

As mesmas hipóteses de perda da *capacidade* (Cap. 7 *supra*) geram também a perda da *qualidade* de empresário, como acontece na *incapacidade superveniente*, ressalvada a continuação mediante autorização judicial (Cap. 8, item 3 *infra*).

2.2 Pelo não exercício da atividade ou exercício sem os requisitos

> Para *ser* empresário é preciso *exercer* a atividade (critério objetivo). Quem deixa de exercê-la ou quem a exerce, mas sem algum dos requisitos (Cap. 2, itens 3 e 4 *supra*), perde a *qualidade* de empresário.

Por exemplo, quando alguém continua a exercer a atividade, todavia *sem fins lucrativos*, deixa de ser empresário. Não perde a *capacidade* ao exercício, mas apenas a *qualidade* de empresário.

Capítulo 10
DOS IMPEDIMENTOS ÀS ATIVIDADES EMPRESARIAIS

> Quando a lei impede o *incapaz* de iniciar atividade empresarial, quer proteger os interesses do próprio incapaz. Havendo *incapacidade superveniente*, é possível continuá-la mediante *autorização judicial* (Cap. 8, item 3 supra). Quando a lei impede o *capaz*, quer proteger interesse público ou de terceiros. Os requisitos do art. 5.º, XIII, da CF referem-se ao *agente* (são os subjetivos; exemplo, ao exercício da advocacia é necessária a inscrição na OAB), e os requisitos do art.170, parágrafo único, referem-se à *atividade* (são os objetivos; exemplo, para advogado abrir escritório, precisa de alvará municipal).

No que tange ao interesse público, o veto ao exercício por certas pessoas capazes ocorre por *motivos éticos*, quase sempre ligados à função, tornando-o incompatível. A ética é a ciência do certo e do errado, segundo valores permanentes do ser humano. É mais ampla que a moral, que se liga aos costumes e tradições de determinado grupo social, os quais são naturalmente mutáveis.

É por isso que as profissões em geral não têm *Códigos de Moral*, mas *Códigos de Ética*. Ele disciplina e norteia o exercício de determinada profissão. Orienta o profissional para o bem, a fim de que o exercício da profissão aconteça em benefício do ser humano e da coletividade.

Há três espécies de impedimentos: *(a)* os legais, normalmente do Direito Público, haja vista ser do Direito Comercial apenas a condenação por crime previsto na Lei 11.101, de 9-2-05 (*Regula a recuperação judicial, a extrajudicial e a falência do empresário e da sociedade empresária*); *(b)* o judicial; e *(c)* o convencional.

1 IMPEDIMENTOS LEGAIS

Com o advento do CC/02, cessou a chamada proibição *lato sensu*, gênero do qual eram espécies a *stricto sensu*, o impedimento e a restrição, pois o art. 972 limita-se a referir pessoa *legalmente* impedida de exercer a atividade própria de empresário.

Os impedimentos legais podem ser: *(a)* amplos; e *(b)* restritos.

1.1 Impedimentos legais amplos

> São as hipóteses previstas na legislação extravagante (= que vaga fora dos Códigos).

O CC/02 não tem norma semelhante à do art. 2.º do ex-Código Comercial, que declinava diversas pessoas *proibidas* (na realidade *impedidas*) de empresariar.

Eis os principais casos.

1.1.1 Falidos

> Os efeitos devem ser declarados na sentença (não são automáticos) e duram até cinco anos após a extinção da punibilidade, mas podem cessar antes pela reabilitação penal (Lei 11.101/05, art. 181).

À época do DL 7.661/45, o impedimento subsistia enquanto não houvesse reabilitação criminal (arts. 138 e 197).

A partir da Lei 11.101, de 9-2-05 (*Regula a recuperação judicial, a extrajudicial e a falência do empresário e da sociedade empresária*), em vigor a partir de 9-6-05, a condenação por crime nela previsto (art. 181): *(a)* inabilita para o exercício da atividade empresarial (inc. I); *(b)* impede o exercício de cargo ou função em conselho de administração, diretoria ou gerência das sociedades a ela sujeitas (inc. II); e *(c)* impossibilita gerir empresa por mandato ou por gestão de negócio (inc. III).

Como os efeitos não são automáticos, a sentença condenatória deve declará-los e duram até cinco anos após a extinção da punibilidade, mas podem cessar antes pela reabilitação penal (§ 1.º).

Este é o único impedimento que interessa diretamente ao Direito Comercial, porque o objetivo imediato, antes mesmo do interesse público, é proteger terceiros.

1.1.2 Leiloeiros

> Estão impedidos por exercerem atividade auxiliar do comércio (Decreto 21.981, de 1932; Lei 8.934/94, art. 32, I). Não confundir com leiloeiro judicial.

1.1.3 Condenados

> Não pode exercer atividade empresarial nem administrar empresa o condenado por crime cuja pena vede acesso a cargo, emprego ou função pública, ou por crime de prevaricação, falência fraudulenta, peita ou suborno, concussão, peculato, contra a propriedade, a fé pública e a economia popular (CC, art. 1.011, § 1.º, c/c art. 37, II, da Lei 8.934/94).

O Código Civil não estabelece esses impedimentos ao empresário individual, mas apenas aos administradores (art. 1.011, § 1.º). Porém, o art. 37, II, da Lei 8.934/94, que disciplina o *Registro Público de Empresas Mercantis e Atividades Afins*, não deixa dúvida quanto à aplicação do impedimento ao empresário individual.

O art. 37, II, refere a necessidade de certidão criminal de que inexiste impedimento legal à participação de pessoa natural em empresa, "como titular ou administrador", de que não está incurso nas penas dos crimes previstos no art. 11, II. Este, por sua vez, fala em "condenados por crime cuja pena vede o acesso a cargo, emprego e funções públicas, ou por crime de prevaricação, falência fraudulenta, peita ou suborno, concussão, peculato, contra a propriedade, a fé pública e a economia popular". É a mesma situação de quem, pelo Código Civil, não pode ser administrador (art. 1.011, § 1.º).

Ao mencionar a condição de *titular de empresa*, refere-se ao individual, consequentemente impede o exercício de atividade empresarial.

Peita ou suborno é oferta de vantagem para ser ou deixar de ser praticado certo ato. É dádiva procedida com o intento de corromper. Peculato é apropriação indébita de dinheiro público praticada pelo servidor público. Concussão é exigência abusiva pelo servidor público. É o mesmo que extorsão. O servidor faz a exigência abusiva, com vantagem *para si*. Diferente do excesso de exação, no qual é feita a exigência abusiva, porém com transferência da vantagem ao erário.

1.1.4 Funcionários públicos

> O impedimento depende de previsão no respectivo Estatuto.

É comum nos estatutos de funcionários públicos figurar impedimento ao exercício de atividade empresarial, nada obstando sejam sócios, todavia sem funções diretivas. Cabe, então, verificar caso a caso.

Observe-se que a União, os Estados, o DF e os Municípios são competentes para vetar a cumulação entre o respectivo serviço público e a atividade privada, e não entre duas atividades privadas, ainda que dependam de credenciamento ou de habilitação pelo Poder Público.

Por exemplo, o Estado não pode proibir a cumulação de despachante de trânsito, que depende de habilitação, e a de fabricante e comerciante de placas de identificação de veículos automotores, que depende de credenciamento, ambas atividades privadas.[76]

1.1.5 Magistrados

> Não podem exercer cargo de direção ou técnico de sociedade civil (atualmente sociedade simples), associação ou fundação, de qualquer natureza ou finalidade, salvo de associação de classe, e sem remuneração (LC 35/79, art. 36, II). Por exclusão, podem ser sócios (acionistas ou quotistas).

1.1.6 Militares da ativa

> Os militares da ativa só podem ser acionistas e quotistas de sociedade limitada. A previsão consta no Código Penal Militar.

---

[76] TJRS, Apelação Cível n.º 70024299281, 1.ª Câmara Cível, Relator: Des. Irineu Mariani.

1.1.7 Cônsules nos seus distritos

> Estão impedidos nos respectivos distritos, salvo os não remunerados (Decreto 3.259, de 1889).

1.2 Impedimentos legais restritos

Podem atingir: *(a)* determinado setor econômico; e *(b)* determinada pessoa.

1.2.1 Determinado setor econômico

> Médicos não podem exercer simultaneamente a farmacologia, e farmacêuticos a medicina (Decreto 20.877, de 1931). Também atinge atividades de pesquisa e lavra, de transporte aquático e de jornalismo e de radiodifusão (CF, art. 176, § 1.º, art. 178, parágrafo único, e art. 222, *caput* e § 1.º).

Esse impedimento atinge os médicos, os quais não podem exercer simultaneamente a farmacologia, e os farmacêuticos, os quais não podem exercer simultaneamente a medicina (Decreto 20.877, de 1931).

Atinge de igual modo os seguintes setores estratégicos da economia nacional: *(a)* de pesquisa e de lavra de recursos minerais e de energia hidráulica, sendo que as empresas devem ser pelo menos constituídas sob as leis brasileiras, com sede e administração no País, quer dizer, opõe restrições às estrangeiras (CF, art. 176, § 1.º); *(b)* de transporte aquático de mercadorias, sendo que as embarcações estrangeiras devem cumprir requisitos estabelecidos em lei, tanto à navegação de cabotagem (costeira) quanto à navegação interior (CF, art. 178, parágrafo único); e *(c)* de jornalismo e de radiodifusão sonora e de sons e imagens, sendo que as empresas devem ser pelo menos constituídas sob as leis brasileiras e, em qualquer caso, pelo menos 70% do total do capital social e votante deve ser de brasileiros (CF, art. 222, *caput* e § 1.º).

1.2.2 Determinada pessoa

> Atinge deputados e senadores a partir da posse (CF, art. 54, II, alínea *a*) e pessoas por motivo de idade insuficiente (CF, art. 7.º, XXXIII; CTB, art. 145, I).

Esse impedimento atinge os deputados e senadores, os quais, desde a posse, não podem ser donos, controladores e diretores de empresa que gozem de favor decorrente de contrato com pessoa jurídica de direito público, ou que exerçam função remuneratória (CF, art. 54, II, alínea *a*).

Atinge de igual modo pessoas por motivo de idade, como é o caso do trabalho noturno, perigoso ou insalubre a menores de dezoito anos, e de qualquer trabalho a menores de dezesseis, salvo na condição de aprendiz a partir de quatorze anos, isso porque tutela a saúde do indivíduo (CF, art. 7.º, XXXIII), bem assim o menor de vinte e um anos na atividade de motorista profissional (CTB, art. 145, I).

Disso decorre que há, por motivo de idade, impedimentos constitucionais e legais ao exercício das atividades declinadas. Não guardam relação com a capacidade, isto é, face a eles não importam as hipóteses de aquisição da plena capacidade civil ordinária e extraordinárias (Cap. 5, itens 1 e 2 *supra*).

A pessoa atingida não pode exercê-las pessoalmente, seja como empresário individual seja como empregado.

2 IMPEDIMENTO JUDICIAL

> Uma vez concedido suprimento de idade no casamento inferior à núbil, mas diante de situação excepcional, que autorizam a separação de corpos, é plausível o juiz, com fundamentação específica, tendo em conta que a sociedade conjugal não se forma em plenitude (CC, art. 1.566, II), impedir o exercício de determinadas atividades empresariais ou não.

O art. 1.520 do atual Código Civil não mais contempla a possibilidade judicial de *separação de corpos*, como previa o parágrafo único do art. 214 do anterior.

No entanto, se o juiz pode decretar a separação de corpos após o casamento, nada obsta que, em situações graves, o faça na oportunidade em que o autorizar suprindo a idade, nas circunstâncias do art. 1.520. E, uma vez decretada a separação de corpos, surge a questão da capacidade civil, considerando que a sociedade conjugal não se forma em plenitude (CC, art. 1.566, II).

Já concluímos que o casamento, independentemente da idade, confere aos nubentes plena capacidade civil (Cap. 5, itens 2.2 e 2.3 *supra*).

Mas, em situações excepcionais, mesmo tendo concedido suprimento de idade ao casamento, com separação de corpos, pode o juiz decretar o impedimento ao exercício de determinadas atividades empresariais ou não, considerando que a sociedade conjugal não se forma em plenitude. Apenas que deve fazê-lo com fundamentação específica, pois a separação de corpos no casamento não gera, por si só, impedimento dos cônjuges ao exercício de atividade econômica.

3 IMPEDIMENTO CONVENCIONAL

> É questionável face aos princípios da legalidade (CC, art. 972) e da livre iniciativa e concorrência (CF, art. 170). Porém, entende-se que se "A" vender a "B" imóvel ao lado ou próximo, é lícito "A" proteger-se da concorrência por determinado período. A cláusula de exclusividade existe em outros contratos (*franchising*, representação comercial e concessão mercantil). O impedimento deve ser restrito à atividade do vendedor e limitado a cinco anos, assim como em relação ao estabelecimento empresarial (CC, art. 1.147), podendo ser reduzido ou justificadamente ampliado.

Podem as partes convencionar impedimento? Por exemplo: João atua no comércio de calçados e vende a Antônio um imóvel ao lado ou próximo. É lícito pactuar que Antônio não pode fazer concorrência a João estabelecendo-se no mesmo ramo de atividade?

Possíveis questionamentos podem surgir pelo art. 972 do CC, que se limita a dizer pessoa *legalmente* impedida, e pelo art. 170 da CF, que estabelece os princípios da livre iniciativa e da livre concorrência, típicos da economia de mercado.

Todavia, a cláusula também existe na transferência do estabelecimento empresarial, genericamente chamado *contrato de trespasse*, limitada ao período de cinco anos (CC, art. 1.147),[77] idem em relação ao território nos contratos de *franchising*[78] e de representação comercial (Lei 4.886/65, com as alterações da Lei 8.420/92, arts. 27, alínea g, e 31), e existe igualmente no contrato de concessão mercantil (Lei 6.729/79, com as modificações da Lei 8.132/90, arts. 4.º, I, e 8.º).

---

[77] MARIANI, Irineu. *Temas comerciais e empresariais*, p. 301, item 1. Porto Alegre: AGE, 2018.
[78] MARIANI, Irineu. *Contratos empresariais*, 2.ª, p. 626, item 1. Porto Alegre: AGE, 2022.

Portanto, não há por que não admitir a cláusula também como *impedimento convencional*, observadas as mesmas restrições que existem na transferência do estabelecimento: *(a)* impedimento restrito ao mesmo ramo de atividade; e *(b)* prazo limitado a cinco anos, admitindo-se a redução e também a ampliação, mas esta deve ser justificada porque prorroga exceção.

Capítulo 11
DAS CONSEQUÊNCIAS DA VIOLAÇÃO DOS IMPEDIMENTOS

Há que distinguir: *(a)* violação dos impedimentos legais; *(b)* violação dos impedimentos judicial e convencional; e *(c)* situação do cônjuge ou convivente do impedido.

1 VIOLAÇÃO DOS IMPEDIMENTOS LEGAIS

1.1 Responsabilidade pelas obrigações contraídas

> O impedido de exercer atividade empresarial responde pelas obrigações contraídas (CC, art. 973). Para o fim específico, basta o ato em si, isoladamente; por exemplo, comprar *para* revender. Não precisa *ser* empresário (exercício como meio de vida).

O art. 973 do Código estabelece que se a pessoa legalmente impedida de exercer a "atividade própria de empresário", o fizer mesmo assim, "responderá pelas obrigações contraídas".

O infrator não pode alegar ser excludente de responsabilidade pelo fato de estar impedido. Não há nulidade, como havia à época do art. 59, I, do ex-CCm, em relação ao corretor. Aplica-se o princípio *non venire contra factum proprium*.

Para o efeito específico, é suficiente a *atividade própria de empresário*. Não precisa *ser* empresário, isto é, preencher os requisitos do respectivo conceito (Cap. 2, item 3 *supra*). A atividade não precisa ser rotineira a ponto de caracterizar meio de vida ou profissão. Não precisa existir a continuidade de tal sorte a afirmar um liame entre os atos caracterizadores de uma profissão ou meio de vida.

Para se vincular em termos de *responsabilidade pessoal*, basta a atividade típica, o ato em si, isoladamente; exemplo, comprar *para* revender ou fazer o popular brique.

A condição de *empresário* – entenda-se, exercício da atividade como meio de vida ou profissão – é requisito, sim, para o decreto de falência, como previa de modo explícito o DL 7.661/45 (art. 3.º, IV) e prevê de modo implícito a Lei 11.101/05, uma vez que não consta nas exclusões do art. 2.º.

1.2 Punição administrativa

> Quando envolver servidor público, depende do respectivo Estatuto.

Tratando-se de servidor público, há que observar o que dispõe o respectivo Estatuto, no qual normalmente é feita distinção: *(a)* pena mais grave, inclusive demissão, para os casos de exercício em caráter profissional; e *(b)* pena menos grave (advertência por escrito ou suspensão), quando se trata de atividade própria de empresário sem caráter profissional. Repetindo exemplo: comprar *para* revender.

2 VIOLAÇÃO DOS IMPEDIMENTOS JUDICIAL E CONVENCIONAL

> Se, na violação aos impedimentos legais, há responsabilidade pelas obrigações contraídas, diferente não pode ser em relação aos impedimentos judicial e convencional: o infrator se vincula.

Cumpre examinar também, caso a caso, eventual dano sofrido por terceiro, sem excluir a ampliação da responsabilidade de quem negociou com o impedido.

Explica-se: a violação do impedimento convencional gera responsabilidade, e se foi cometida pelo novo comprador – quem comprou de Antônio no exemplo dado (Cap. 10, item 3 *supra*) –, também responde, se sabia ou tinha condições de saber da existência da cláusula.

Quarta parte

FERRAMENTAS AO EXERCÍCIO DAS ATIVIDADES ECONÔMICAS, NOME SOCIAL OU EMPRESARIAL, PRINCÍPIOS E PROTEÇÃO

Capítulo 12

DAS FERRAMENTAS AO EXERCÍCIO DAS ATIVIDADES ECONÔMICAS

1 PARA AS ATIVIDADES EMPRESARIAIS

> As *atividades empresariais* (CC, art. 966, *caput*) podem ser exercidas: *(a)* de *forma individual* por meio de FIRMA ou de sociedade limitada unipessoal; e *(b)* de *forma coletiva* por meio de sociedade empresária pluripessoal. Ao exercício de *forma coletiva*, deve, necessariamente, em razão do *princípio da tipicidade*, ser adotada uma das espécies de sociedades disponíveis no sistema legal (anônima, limitada pluripessoal, em nome coletivo, em comandita por ações, em comandita simples, em conta de participação, em comum).

Em relação às *atividades empresariais* (todas não abrangidas pelo parágrafo único do art. 966 do CC), a pessoa dispõe de várias alternativas/ferramentas.

Pode exercê-las de *forma individual* mediante empresa individual (FIRMA) ou de sociedade limitada unipessoal.

Pode igualmente exercê-las de *forma coletiva*, caso em que, tendo em conta o *princípio da tipicidade*, que vigora em relação às atividades empresariais, deve necessariamente ser adotada uma das espécies de sociedades disponíveis no sistema legal (anônima, limitada pluripessoal, em nome coletivo, em comandita por ações, em comandita simples, em conta de participação, em comum).

Em todas as hipóteses de registro, o arquivamento ocorre na Junta Comercial (Lei 8.934/94, art. 32, II, alínea *a*), sob pena de exercício irregular.

2 PARA AS ATIVIDADES NÃO EMPRESARIAIS

> Ao exercício das *atividades não empresariais* (CC, art. 966, parágrafo único), basta a pessoa cumprir: *(a)* os *requisitos subjetivos* (dizem respeito ao

> sujeito); exemplo, a qualificação e a inexistência de impedimento (CF, art. 5.º, XIII; CC, art. 5.º); e *(b)* os *requisitos objetivos* (dizem respeito à atividade); exemplo, obter o alvará municipal (CF, art. 170, parágrafo único). Se quiser exercer a atividade de *forma individual*, porém mediante *pessoa jurídica*, dispõe da *sociedade limitada unipessoal simples* (Décima terceira parte *infra*), salvo veto. Se quiser exercê-la de *forma coletiva*, dispõe do modelo *sociedade simples* (CC, art. 997 e seguintes), com possibilidade de adotar um modelo de empresária, visto não lhe ser aplicável o *princípio da tipicidade* (CC, art. 1.150), observadas três exceções: sociedades anônima, cooperativa e de advogados.

Em relação às *atividades não empresariais*, é dizer, intelectual de natureza científica, literária ou artística (CC, art. 966, parágrafo único) – por exemplo, médico, dentista e advogado –, a pessoa dispõe igualmente de várias alternativas/ferramentas.

Ao exercício da atividade é suficiente preencher os *requisitos subjetivos*, os quais se relacionam ao sujeito ou agente. São os seguintes: *(a)* qualificação profissional, quando houver lei exigindo (CF, art. 5.º, XIII); *(b)* capacidade, quando a lei exigir para os atos da vida civil (CC, art. 5.º); e *(c)* inexistência de impedimento, como são os casos do trabalho noturno, perigoso ou insalubre a menores de dezoito anos, e de qualquer trabalho a menores de dezesseis, salvo na condição de aprendiz, a partir dos quatorze (CF, art. 7.º, XXXIII).

Quanto ao requisito da *qualificação profissional*, nem sempre é exigido curso de habilitação. Exemplo: à atividade de jogador de futebol, basta a habilidade; à de cantor, o dom da voz, e assim por diante nas artes em geral.

Não confundir com os *requisitos objetivos*, os quais se relacionam ao exercício da atividade e são livres para "qualquer atividade econômica, independentemente de autorização de órgãos públicos, salvo nos casos previstos em lei" (CF, art. 170, parágrafo único). Exemplo: à atividade de mineração, é necessário autorização do Governo Federal (Código de Mineração, DL 227/67, arts. 15 e 80), idem à aviação comercial e aos planos de saúde.

Se a pessoa quiser exercer a atividade de *forma individual*, quando não exigidos requisitos subjetivos, bastam os objetivos; exemplo, obter alvará municipal.

Se quiser exercê-la de *forma individual*, porém mediante *pessoa jurídica*, dispõe da *sociedade limitada unipessoal simples* (Décima terceira parte *infra*), salvo veto; e, quando admitida, também da sociedade unipessoal simples ou não empresária, como é o caso do advogado (Lei 8.906/94, art. 15, § 7.º, acrescido pela Lei 13.247/16).

Se quiser exercê-la de *forma coletiva*, dispõe do tipo *sociedade simples* (CC, art. 997 e seguintes), com possibilidade de adotar um modelo de empresária, tendo em conta não lhe ser aplicável o *princípio da tipicidade* (CC, art. 1.150), observadas as três clássicas exceções: *(a)* a anônima, independentemente do objeto, é sempre empresarial (Lei 6.404/76, art. 2.º, § 1.º); *(b)* a cooperativa, independentemente do objeto, é sempre simples e deve seguir o modelo previsto na respectiva lei; e *(c)* a sociedade de advogados deve sempre adotar o tipo ou modelo de simples previsto no Código Civil (Lei 8.907/94, art. 16).

Nas hipóteses de exercício mediante pessoa jurídica, o arquivamento ocorre no Registro Civil das Pessoas Jurídicas (Lei 6.015/73, art. 114), sob pena de exercício irregular.

Capítulo 13
DO NOME SOCIAL OU EMPRESARIAL

Assim como as pessoas naturais têm nome, o mesmo acontece com a empresa individual (FIRMA) e as sociedades uni e pluripessoais. É chamado *nome social* ou *empresarial*, gênero do qual são espécies a *firma* e a *denominação* (CC, arts. 1.155-68), ambas com acréscimo de partícula que identifica o tipo de sociedade ou pessoa jurídica (*S/S, & Cia., & Cia. Ltda., Ltda., SLU* e *S/A* ou *Cia.*). São encontradas na doutrina e na jurisprudência outras expressões com o mesmo sentido: *razão social, razão comercial* e *razão empresarial*.

Excepciona-se a sociedade em conta de participação, tipo estranho, pois não tem nome (CC, art. 1.162), tampouco personalidade jurídica, nem capital social e não existe face a terceiros. Só existe entre os sócios. Em face de terceiros, existe apenas o sócio ostensivo, que negocia como pessoa natural (CC, art. 991).

1 FIRMA

Primeiro, embora o substantivo *firma*, como sinônimo de Empresa Individual, literalmente assinatura do nome por extenso ou abreviada (CC, arts. 968, II, e 1.156; Cap. 105 *infra*), não há confundi-lo com a *firma*, espécie de nome social ou empresarial. *Segundo*, compõe-se de um ou mais nomes de *pessoa natural*: do titular na empresa individual, e de um ou mais sócios nas empresas uni e pluripessoais com personalidade jurídica. Como regra, a *firma* é nome adequado para quando há responsabilidade *ilimitada* (CC, arts. 1.156-7). Exemplo, a sociedade em nome coletivo. Nas sociedades de responsabilidade *ilimitada*, os sócios, administradores ou não, cujos nomes constarem na *firma social*, ficam sem o benefício de ordem ou de excussão (CC, art. 1.157 e parágrafo único). A *empresa individual* devia usar *firma* (nome do titular por extenso ou abreviado), podendo acrescer designação mais precisa da pessoa, como apelido, ou gênero de atividade, como padeiro, açougueiro etc. (CC, art. 1.156). Porém, a partir do art. 35-A da Lei 9.934/94, acrescido pela Lei 14.195, de 26-8-2021, também pode usar denominação *sui generis* (Cap. 106, item 2 *infra*)

A princípio, cumpre distinguir os significados do substantivo *firma*: *(a)* como espécie de nome social ou empresarial; e *(b)* como empresa individual, com o esclarecimento de que o significado daquela tem origem nesta.

Como espécie de nome social ou empresarial, *firma*, do latim, *firmare*, quer dizer, literalmente, assinatura do nome por extenso ou abreviada, confirmar, assegurar. É comum a pessoa dizer: "Vou ao Cartório reconhecer firma", isto é, confirmar a assinatura. Então, *firma* é o nome de uma pessoa assinado. *Firmar*, no caso, significa assinar o próprio nome, vale dizer, o nome social ou empresarial. A *firma*, portanto, vincula-se a um ou mais nomes de *pessoa natural*. É formada a partir do nome do empresário individual ou, tratando-se de sociedade, a partir do nome de um ou mais sócios, desde que pessoas naturais. É assim que consta nos arts. 968, II, e 1.156, do CC.

Como princípio, a *firma* é o nome adequado para a empresa individual, e, como regra, às empresas uni e pluripessoais com personalidade jurídica em que a responsabilidade é *ilimitada* (CC, arts. 1.156-7).

Detalhe importante: nas sociedades de responsabilidade *ilimitada*, os sócios cujos nomes constarem na firma social, no contraponto do bônus da divulgação e da fama, há o ônus de responderem ilimitada e solidariamente pelas obrigações sociais (CC, art. 1.157 e parágrafo único). Eles ficam sem o benefício de ordem ou de excussão; logo, podem ser demandados desde logo (Cap. 31, item 2.1.1 *infra*).

Por exemplo, *Marques, Moreira & Silva*, sociedade em nome coletivo (só admite pessoas naturais), informa que existem apenas três sócios e que todos respondem desde logo pelas obrigações sociais. Se for *Marques & Cia.*, informa que somente o Marques não tem o benefício de ordem ou de excussão. O Moreira e o Silva, acobertados pela expressão *& Cia.*, gozam do benefício. Só respondem pelas obrigações sociais após exaurido o patrimônio social.

Para concluir esse item, comparece o art. 35-A da Lei 8.934/94 (*Dispõe sobre o Registro Público de Empresas Mercantis e Atividades Afins*), acrescido pela Lei 14.195, de 26-8-2021, o qual diz: "O empresário ou a pessoa jurídica poderá optar por utilizar o número de inscrição no Cadastro Nacional da Pessoa Jurídica (CNPJ) como nome empresarial, seguido da partícula identificadora do tipo societário ou jurídico, quando exigida por lei".

O dispositivo repercute nos arts. 1.155-68 do CC, uma vez que possibilita que tanto o empresário (= pessoa natural, empresa individual ou

FIRMA; Cap. 105, item 2 *infra*), quanto a pessoa jurídica (= todas as sociedades personalizadas) adotem como *nome empresarial* o número de inscrição no CNPJ, seguido da partícula identificadora do tipo de sociedade, se e quando exigida por lei.

A despeito de legalmente possível, cabe lembrar que a empresa fica reduzida a um número, desperdiçando o natural veículo de projeção social que o nome, nas suas espécies tradicionais, representa no mercado. Além disso, reduzido a um número, o nome empresarial fica opaco, não transparente, bom a quem, por algum motivo (maus antecedentes, escândalo, má fama etc.) prefere ocultar o nome pessoal e o próprio objeto da empresa. A opção criada pelo legislador tumultuou um ambiente que, desde o ex-CCm de 1850, vinha tranquilo, consolidado, suficiente e conforme às necessidades atuais. Abriu uma janela que na prática serve mais a quem tem algo a esconder, e menos a quem tem algo a mostrar.

2 DENOMINAÇÃO

2.1 Consideração inicial

> Como regra, a *denominação* deve ser usada quando a responsabilidade é *limitada*, salvo exceção, como é o caso das sociedades limitada e em comandita, porquanto podem também usar *firma*. Também por exceção, pode ser usada pelas sociedades simples, associações e fundações (CC, art. 1.155, parágrafo único).

O nome da pessoa natural é composto de duas partes: *(a)* do prenome ou fantasia (livre criação); e *(b)* do sobrenome (apelidos de família), cada parte podendo ser simples ou composta (uma ou mais palavras). Também existem os agnomes usados para evitar homônimos na relação de parentesco (Neto, Filho ou Júnior, Sobrinho). O nome empresarial, espécie *denominação*, na sua estrutura tradicional, tem as mesmas duas partes. O sobrenome corresponde ao *objeto social*. E cada parte pode ser simples ou composta, com acréscimo final de terceiro elemento, que é a identificação do tipo de sociedade ou pessoa jurídica (*Ltda.*, *& Cia. Ltda.*, *SLU*, *C/A* e *S/A* ou *Cia.*).

O art. 35-A da Lei 8.934/94, acrescido pela Lei 14.195, de 26-8-2021, permite que seja usado como nome empresarial o número de inscrição no

Cadastro Nacional de Pessoas Jurídicas – CNPJ. Trata-se de espécie *sui generis* de denominação (item 2.4 *infra*).

2.2 Prenome ou fantasia

> O prenome ou fantasia é de livre criação (palavra da língua nacional ou estrangeira, número ou combinação de ambos). Não confundir essa fantasia com a do título do estabelecimento, pela qual se torna socialmente conhecido. É de livre alteração.

No que tange ao *prenome* ou *fantasia*, corresponde à parte de livre criação (palavra da língua nacional ou estrangeira, número ou combinação de ambos), o que não deve ser confundido com a *fantasia* do título do estabelecimento empresarial, pela qual se torna socialmente conhecido. Exemplificando: a fantasia do nome empresarial pode ser *MADRUGA*, e a do estabelecimento pode ser *Gente da Noite* ou *Panorama* a um bar, e *Toca da Onça* ou *Pantera* a uma boate.

Nada obsta trocar ou modificar, mesmo sem motivo, assim como a pessoa natural (Lei 6.015/73, art. 56, redação da Lei 14.382, de 27-6-2022).

2.3 Sobrenome ou objeto social

> O sobrenome ou objeto social deve, mesmo genericamente, identificar o objeto social (CC, art. 1.158, § 2.º), exceto na sociedade anônima, na qual é facultativo (CC, art. 1.160, redação da Lei 14.382, de 27-6-2022). Pode-se modificá-lo, sem prejuízo de tal identificação, assim como a pessoa natural, sem prejuízo dos apelidos de família (Lei 6.015, art. 56). Separa-se o prenome ou fantasia do sobrenome ou objeto social com o sinal de pontuação chamado travessão (–). Por exemplo, ATIVA – Indústria e Comércio de... Também pode usar o nome de um ou mais sócios (CC, art. 1.158, § 2.º). Exemplo: Alfredo Marques – Indústria e Comércio de... O nome do sócio funciona como prenome ou fantasia. Na anônima, pode ser nome do fundador ou de alguém que haja concorrido para o êxito da empresa (CC, art. 1.160, parágrafo único; Lei 6.404/76, art. 3.º, § 1.º). Não precisa ser ou continuar sendo acionista.

No que tange ao *sobrenome* ou *objeto social*, corresponde ao tipo de atividade exercida. Nada obsta mais de uma. E, considerando que na denominação é obrigatório identificar o objeto social, ainda que genericamente (CC, arts. 1.158, § 2.º), exceto na sociedade anônima, na qual é facultativo (CC, art. 1.160, redação da Lei 14.382, de 27-6-2022), temos no sobrenome ou objeto social imutabilidade relativa, isto é, pode ser modificado, desde que motivadamente, assim como a pessoa natural não pode fazê-lo prejudicando os apelidos de família (Lei 6.015/73, art. 57, redação da Lei 14.382, de 27-6-2022).

Ademais, separa-se o prenome ou fantasia do sobrenome ou objeto social com o sinal de pontuação chamado travessão (–).

Por exemplo, *ATIVA – Indústria e Comércio de Produtos de Ginástica Ltda*. A partícula *ATIVA* é a fantasia, que pode ser o substantivo escolhido face à relação sugerida pelo objeto social, como também pode ser criação, por exemplo, a partir dos nomes dos cinco sócios: *A* do Alvredo, *T* do Tiago, *I* do Ivo, *V* do Vanderlei e *A* do Antônio. Então pode ser *ATIVA5 – Indústria e Comércio de...*

Pode igualmente usar o nome de um ou mais sócios (CC, art. 1.158, § 2.º). Se se chamar *ALFREDO MARQUES – Indústria e Comércio de Produtos de Ginástica Ltda.*, é uma *denominação* (identifica o objeto social), em que Alfredo Marques funciona como prenome ou fantasia. Já *Alfredo Marques & Cia. Ltda.* é uma *firma* (não identifica o objeto social). Num e noutro caso, é possível enquanto ele for sócio.

Na sociedade anônima, a possibilidade de nome de pessoa natural na denominação é mais ampla. Pode ser o nome do fundador ou de alguém que haja concorrido para o êxito da empresa (CC, art. 1.160, parágrafo único; Lei 6.404/76, art. 3.º, § 1.º). Não precisa ser ou continuar sendo acionista.

2.4 Denominação *sui generis* – Número do CNPJ

A partir do art. 35-A da Lei 8.934/94, acrescido pela Lei 14.195, de 26-8-2021, temos espécie *sui generis* de denominação. O empresário ou a pessoa jurídica pode usar como *nome empresarial* o número do CNPJ, desde que, quando exigido por lei, seja acrescida a partícula identificadora do tipo societário. Abrange tanto o empresário (= pessoa natural), portanto empresa individual ou FIRMA, quanto a pessoa jurídica (= todas as sociedades

> personalizadas). Reduzir a empresa a um número é inconveniente, visto que desperdiça o natural veículo de projeção social que o nome, nas suas espécies tradicionais, representa no mercado. Reduzir o nome empresarial a um número torna-o opaco, não transparente, bom a quem, por algum motivo (maus antecedentes, escândalo, má fama etc.) prefere ocultar o nome pessoal e o próprio objeto social da empresa. Tumultuou-se um ambiente que, desde o ex-CCm de 1850, vinha tranquilo, consolidado, suficiente e conforme as necessidades atuais. Na prática, foi criado um biombo, que não serve a quem tem a mostrar, e sim a esconder.

A partir do art. 35-A da Lei 8.934/94 (*Dispõe sobre o Registro Público de Empresas Mercantis e Atividades Afins*), acrescido pela Lei 14.195, de 26-8-2021, passou a existir uma espécie *sui generis* de denominação, adjetivação que atribuo até com generosidade, pois escapa, sem necessidade, de todo o histórico e da tradição, biombo que não serve a quem tem a mostrar, e sim a esconder

Diz o art. 35-A: "O empresário ou a pessoa jurídica poderá optar por utilizar o número de inscrição no Cadastro Nacional da Pessoa Jurídica (CNPJ) como nome empresarial, seguido da partícula identificadora do tipo societário ou jurídico, quando exigida por lei".

O dispositivo possibilita que tanto o empresário (= pessoa natural), portanto empresa individual ou FIRMA, quanto a pessoa jurídica (= todas as sociedades personalizadas) adotem como *nome empresarial* o número de inscrição no CNPJ, seguido da partícula identificadora do tipo de sociedade, se e quando exigida por lei.

Reduzir a empresa a um número é inconveniente, visto que desperdiça o natural veículo de projeção social que o nome, nas suas espécies tradicionais, representa no mercado. Não raras vezes, o nome por si só é uma *griffe*.

Portanto, reduzir o nome empresarial a um número torna-o opaco, não transparente, bom a quem, por algum motivo (maus antecedentes, escândalo, má fama etc.) prefere ocultar o nome pessoal e o próprio objeto social da empresa.

A opção instituída pelo legislador tumultuou um ambiente que, desde o ex-CCm de 1850, vinha tranquilo, consolidado, suficiente e conforme às necessidades atuais. Na prática, foi criado um biombo que não serve a quem tem a mostrar, e sim a esconder.

Capítulo 14

DOS PRINCÍPIOS DO NOME SOCIAL OU EMPRESARIAL

O nome social ou empresarial está sujeito a dois princípios: *(a)* da veracidade ou fidelidade; e *(b)* da novidade ou ineditismo (Lei 8.934/94, art. 34).

1 PRINCÍPIO DA VERACIDADE OU DA FIDELIDADE

> Na espécie de nome *firma*, tratando-se de empresa individual, deve identificar o respectivo titular; e, tratando-se de sociedade uni ou pluripessoal, deve ser sócio e pessoa natural. Na espécie *denominação*, se o objeto social é "X", não pode, mesmo genericamente, usar palavra que identifique o objeto "Y".

Na espécie de nome *firma*, pelo *princípio da veracidade*, também chamado *da fidelidade*, a empresa individual não pode usar nome que não seja do respectivo empresário; e a sociedade uni ou pluripessoal não pode usar nome de quem não seja sócio e pessoa natural. Se o empresário individual não se chama *Antônio*, não pode usar este prenome na firma. Se não há sócio *Alfredo Marques*, a sociedade uni ou pluripessoal não pode usar este nome.

Na espécie *denominação*, se o objeto social é *X* (indústria de ventiladores), não pode usar palavra que identifique, mesmo genericamente, objeto *Y* (indústria de climatizadores).

Relativamente à parte da *fantasia*, nada obsta *Alfredo Marques – Indústria de Ventiladores S/A*, mesmo que não haja acionista com tal nome, uma vez que pode homenagear o fundador ou pessoa que tenha contribuído para o êxito da empresa (CC, art. 1.160, parágrafo único; Lei 6.404/76, art. 3.º, § 1.º). Mas, se for uma sociedade limitada, é pressuposto a existência de sócio com tal nome (CC, art. 1.158, § 2.º).

2 PRINCÍPIO DA NOVIDADE OU DO INEDITISMO

> Deve distinguir-se dos outros já inscritos, tanto quanto necessário, para não desorientar o mercado (CC, art. 1.163, *caput* e parágrafo único; Lei 6.404/76, art. 3.º, § 2.º). Havendo semelhança, aplica-se o *princípio da anterioridade*. O posterior deve modificar ou acrescentar elemento suficiente para não confundir o mercado.

Pelo *princípio da novidade*, também chamado *de ineditismo*, o nome social ou empresarial "deve distinguir-se de qualquer outro já inscrito no mesmo registro", sendo que, se o empresário tiver *nome idêntico* ao de outro já inscrito, deverá acrescentar designação que o distinga (CC, art. 1.163, *caput* e parágrafo único).

Primeiro, consagra o *princípio da anterioridade*; *segundo*, a expressão *nome idêntico* não é adequada, pois a distinção deve ser tanto quanto necessária para evitar confusão no mercado, motivo pelo qual basta a *semelhança*, como prevê a Lei da Sociedade Anônima (Lei 6.404/76, art. 3.º, § 2.º). A Instrução Normativa 81/2020, do Departamento Nacional de Registro Empresarial e Integração – DREI (ex-DNRC), estabelece os critérios para verificar a identidade ou semelhança (art. 25 e §§).

Por exemplo, Ivo e Yvo não são homógrafos, logo, não são idênticos, mas são homófonos, o que é suficiente para confundir ou desorientar o mercado.

Se eventualmente, por falha do serviço na Junta Comercial, houve registro de empresas com nomes idênticos ou semelhantes, de modo a confundir o mercado, a prejudicada pode, por princípio geral de Direito, requerer a modificação da outra, via administrativa ou judicial, inclusive demandando "as perdas e danos resultantes", como chega a dizer o § 2.º do art. 3.º da Lei 6.404/76 em relação à sociedade anônima.

Porém, se forem registrar firma individual, sujeitam-se ao princípio da novidade, prevalecendo quem pediu antes. O que requereu depois terá que abreviar o nome, colocá-lo por extenso, acrescer o tipo de atividade ou apelido, enfim modificá-lo tanto quanto necessário para não desorientar o público.

Interessante observar que esse princípio não existe em relação às pessoas naturais. Nada obsta a pluralidade de pessoas com o mesmo nome, podendo uma, pela má fama, prejudicar efetiva ou potencialmente outra, sem que assista à prejudicada o direito de alterar o próprio nome. São os homônimos.

Costuma-se, na relação de parentesco, distinguir os homônimos por meio do agnome. Exemplos: em relação ao avô, acrescenta-se Neto; em relação ao pai, Filho ou Júnior, quer dizer, o mais novo; em relação ao tio, acrescenta-se Sobrinho. Também podem ser utilizados números ordinais em relação aos nomes adotados: Exemplos, D. Pedro II, Papa João Paulo II, Papa Bento XVI etc.

Capítulo 15

DA PROTEÇÃO DO NOME SOCIAL OU EMPRESARIAL – USO EXCLUSIVO

Há a *legislação comum*, e não há a *legislação especial* prometida no parágrafo único do art. 1.166 do CC, o que determina seja a proteção do nome social ou empresarial analisada: *(a)* em âmbito estadual; e *(b)* em âmbito nacional.

1 PROTEÇÃO EM ÂMBITO ESTADUAL

> Em termos estritamente legais, enquanto não editada *lei especial*, a proteção limita-se ao território da Junta Comercial em que realizado, portanto ao respectivo Estado (CC, art. 1.166, *caput*, e parágrafo único; Lei 8.934/94, arts. 33-4). Até então, a empresa só garante, com segurança, o direito de uso exclusivo de seu nome, noutros Estados e no DF, sem que seja por motivo de sucursal ou filial, registrando-se nas respectivas Juntas Comerciais, uma a uma. Dita lei criará o *cadastro nacional do registro empresarial*. Não confundi-lo com a Rede Nacional para a Simplificação do Registro e da Legalização de Empresas e Negócios – REDESIM (Lei 11.598/07), nem com o Cadastro Nacional das Pessoas Jurídicas – CNPJ, da Secretaria da Fazenda (ex-CGC).

A proteção do nome social ou empresarial acontece pelo registro (arquivamento do ato constitutivo) na Junta Comercial (Lei 8.934/94, arts. 33-4); e, até que seja editada *lei especial*, a proteção limita-se ao território da Junta em que realizado (CC, art. 1.166, *caput* e parágrafo único), portanto, ao respectivo Estado. Dita lei criará o *cadastro nacional do registro empresarial*.

O *Sistema Nacional de Registro de Empresas Mercantis – SINREM* é o órgão administrativo que, composto pelo Departamento Nacional de Registro de Comércio – DNRC e pelas Juntas Comerciais, tem a função de exercer os serviços de Registro Público de Empresas Mercantis e Atividades Afins "em todo o território nacional, de maneira uniforme, harmônica e independente" (Lei 8.934/94, art. 3.º).

Assim, na prática, sobeja à prometida *lei especial* apenas a criação do *cadastro nacional de registro empresarial*, pois o órgão administrativo encarregado já existe – o SINREM –, cadastro esse a ser implementado pelo respectivo Departamento – o DNRC –, o qual, em combinação com as Juntas, cuida exatamente da proteção do nome noutras unidades federativas nos casos de registro por motivo de sucursal ou filial e de interesse puro e simples de proteção do nome na região (Decreto 1.800/96, art. 61, §§ 1.º e 2.º; Instrução Normativa 81/2020, do Departamento Nacional de Registro Empresarial e Integração – DREI, ex-DNRC, art. 25, §§ 1.º e 2.º).

De qualquer sorte, no rigor da legislação vigente, enquanto não houver *lei especial*, o jeito de a empresa garantir-se plenamente quanto à proteção do nome em outros Estados e no Distrito Federal, sem que seja por motivo de sucursal ou filial: é se registrar nas respectivas Juntas Comerciais, uma a uma, Estado por Estado e no DF.

Para evitar dúvidas, o registro que a dita *lei especial* prevê não corresponde nem é compensado por outros de dimensão federal, amiúde utilizado como se tal fosse, qual seja o fiscal no Cadastro Nacional das Pessoas Jurídicas – CNPJ, da Secretaria da Fazenda Federal (ex-CGC), tampouco pelo realizado no INPI, cujo objetivo é a proteção dos produtos, marcas e patentes (Lei 9.279/96).

Também não se deve confundi-la com a Lei 11.598/07, pois esta não instituiu o *cadastro nacional de registro empresarial*, e sim a *Rede Nacional para a Simplificação do Registro e da Legalização de Empresas e Negócios – REDESIM*. Como diz o próprio nome, objetiva desburocratizar, reduzir a hipertrofia geral para a legalização das empresas e atividades empresariais junto a órgãos públicos Federais, Estaduais e Municipais.

2 PROTEÇÃO EM ÂMBITO NACIONAL

A CF protege os *nomes de empresas* (art. 5.º, XXIX). O CC estende às pessoas jurídicas a proteção dos *direitos da personalidade,* dentre os quais a *proteção do nome* (arts. 16-20 e 52). O Código de Propriedade Industrial veda o registro como marca de *nome de empresa de terceiros* e criminaliza o uso

> indevido de *nome comercial alheio* (Lei 9.279/96, arts. 124, V, e 195, V). A Convenção da União de Paris (1883), com a revisão de Estocolmo (1967), incorporada pelo Decreto 75.572/75, impõe ao País proteção ao nome das empresas estrangeiras *independentemente de registro*. A disparidade de tratamento em relação às *nacionais* viola o art. 5.º, *caput*, da CF (jurisprudência do STF e do STJ). Então, o prejuízo da ausência do *cadastro nacional* ocorre como ferramenta útil ao aperfeiçoamento do sistema protetivo, flagrando mais facilmente as violações.

A ausência da *lei especial* prevista no parágrafo único do art. 1.166 do CC não quer dizer que, enquanto isso, o nome social ou empresarial esteja à mercê de violações impunes em outras unidades federativas onde não efetivado o registro.

É que, embora as dificuldades para detectar usos indevidos, causadas pela ausência de um cadastro nacional, na realidade a proteção do nome independe de sua existência, inclusive estadual.

Acontece que a Constituição Federal protege os "nomes de empresas" (art. 5.º, XXIX). O Código Civil estende às pessoas jurídicas a proteção dos "direitos da personalidade" (art. 52), dentre os quais está a "proteção do nome" (arts. 16-20). A Súmula 327 do STJ diz que a pessoa jurídica "pode sofrer dano moral". O art. 124, V, da Lei 9.279/96 (Código de Propriedade Industrial), veda o registro como marca de "nome de empresa de terceiros", suscetível de causar confusão ou associação com o sinal distintivo. E o art. 195, V, criminaliza o uso indevido de "nome comercial alheio" (pena: de 3 meses a 1 ano de detenção).

Por fim, a proteção decorre da Convenção da União de Paris, de 1883, que deu origem ao Sistema Internacional de Proteção da Propriedade Industrial, incorporada ao direito interno pelo Brasil mediante o Decreto 75.572, de 8-4-75 (*Promulga a Convenção de Paris para a Proteção da Propriedade Industrial, revisão de Estocolmo, 1967*), cujo art. 8.º diz: "O nome comercial será protegido em todos os países, sem obrigações de depósito ou de registro, quer faça ou não parte de uma marca de fábrica ou de comércio".

Pela referida Convenção, nada obsta o País membro, em relação às empresas nacionais, condicionar a proteção do nome ao registro, mas deve proteção, independentemente dele, às estrangeiras.

Vem daí o entendimento de que já existe *proteção nacional* do nome também às empresas nacionais, inclusive sem registro algum, visto ser injustificável a disparidade de tratamento, vulnerando inclusive o art. 5.º, *caput*, da CF.[79]

Infere-se desse contexto que o prejuízo causado pela ausência da *lei especial* mencionada no art. 1.166, parágrafo único, do CC, ocorre apenas em termos da *cadastro nacional* dos nomes, ferramenta útil ao aperfeiçoamento do sistema protetivo, flagrando e impedindo mais facilmente violações ao princípio da novidade ou do ineditismo. Não significa inexistência de proteção em âmbito nacional, com as responsabilidades decorrentes, inclusive sem registro algum.

Vale como exemplo o caso da *sociedade em comum*, criada pelo Código Civil (arts. 986-90), na prática substitutiva das antigas sociedades irregulares. Ela não tem registro, e por isso também não tem personalidade jurídica, mas tem nome (firma ou denominação), máxime se tiver ato constitutivo.

A inexistência de registro da sociedade, e por conseguinte também do nome, não significa esteja este sem proteção e em âmbito nacional.

---

[79] STF, AgPet, RF 58/299. STJ, REsp 6169-AM, DJ de 12-8-91. STJ, REsp 9142-0, DJ de 20-4-92. STJ, REsp 11767, DJ de 28-8-92. STJ, REsp 303633. STJ, RSTJ nº 53/220. STJ, REsp 403260. STJ, RSTJ 67/428.

Quinta parte

ESTABELECIMENTO EMPRESARIAL

Este tema foi desenvolvido no livro *TEMAS COMERCIAIS E EMPRESARIAIS*, que publicamos em 2018 pela Editora AGE, de sorte que agora consideramos suficiente repetir as essências, com eventuais acréscimos, que entendemos necessários. Se o leitor tiver necessidade de mais subsídios, fica a indicação da obra.

Capítulo 16

DO CONCEITO E DA DENOMINAÇÃO DE ESTABELECIMENTO EMPRESARIAL

1 CONCEITO

> Estabelecimento empresarial é todo complexo de bens organizado para exercício da empresa, por empresário, ou por sociedade empresária (CC, art. 1.142). O CC inovou. Antes, só havia referência em leis esparsas. Vantagem: maior estabilidade às relações empresariais, em especial as relativas à transferência.

Saímos de referências legais esparsas, por exemplo, penhora e inventário (CPC/1973, arts. 677 e 993, parágrafo único, I; CPC/2015, arts. 862 e 620, § 1.º, I), proibição de sua venda em fraude a credores na falência (DL 7.661/45, arts. 2.º, V, e 52, VIII; atual Lei 11.101/05, art. 94, III, alínea *c*), responsabilidade por débitos trabalhistas (CLT, arts. 10, 10-A, 448 e 448-A) e responsabilidade por tributários (CTN, art. 133), para um conceito que diz ser "estabelecimento todo complexo de bens organizado, para exercício da empresa, ou por sociedade empresária" (CC, art. 1.143).

No arremate, não pode escapar a observação de que o art. 1.142 diz "todo complexo de bens", quer dizer, todo e qualquer. Isso demonstra que não se considera o maior ou menor volume de bens, a maior ou menor sofisticação dos bens que o integram, nem a maior ou menor complexidade da combinação entre eles. Deve-se compreender todo o complexo. Abrange todos os bens organicamente reunidos.

2 DENOMINAÇÃO

> Com a teoria da empresa e a disciplina específica, o modo mais preciso de se referir ao instituto é *estabelecimento empresarial*.

Começou na França, em 1872, com uma lei fiscal. Surgiu a noção de *fonds de commerce*, como propriedade do comerciante, passível de alienação destacada. Na Itália, a palavra para se referir a estabelecimento comercial foi *azienda*; na Espanha, *hacienda*; na Inglaterra, *goodwil*; na Alemanha, *geschaft* ou *handelsgeschaft*.

Capítulo 17
DAS ESPÉCIES DE ESTABELECIMENTO

1 ESTABELECIMENTOS PRINCIPAIS (MATRIZ E SEDE)

> O estabelecimento *principal* ou *matriz* é o *centro das decisões* da empresa (chefia, governo, comando). Pode ser um modesto escritório em cidade diversa do estabelecimento-sede (local das principais instalações ao exercício da atividade), que é o local indicado no estatuto ou contrato, onde estão as principais instalações ao exercício da atividade. Quando aquele não coincide com o local deste, deve ser informado à Junta Comercial. Definir é importante para fins de competência em processos; por exemplo, a Lei de Falência e Recuperações menciona competência do juízo do local do *principal estabelecimento* ou da filial de empresa com sede fora do Brasil (Lei 11.101/05, art. 3.º).

2 ESTABELECIMENTOS SECUNDÁRIOS (SUCURSAL, FILIAL E AGÊNCIA)

> Embora não haja distinção legal, portanto a denominação ocorre conforme a conveniência, doutrinariamente *agência* é denominação adequada para estabelecimentos secundários de instituições financeiras; *sucursal* é denominação para estabelecimento que tem certa autonomia negocial face à matriz (subordinação relativa); e *filial* é denominação para estabelecimento que não tem autonomia alguma, decorrência da ideia de subordinação do filho sob pátrio poder (subordinação absoluta). A discriminação do patrimônio do estabelecimento em relação ao da empresa não afasta a unidade patrimonial da pessoa jurídica.

Eis decisão do STJ: "A discriminação do patrimônio da empresa, mediante a criação de filiais, não afasta a unidade patrimonial da pessoa jurídica, que, na condição de devedora, deve responder com todo o ativo do patrimônio social para suas dívidas, à luz de regra de direito processual prevista no art. 591 do CPC (*atualmente art. 789*)".[80]

3 ESTABELECIMENTO VIRTUAL

> O estabelecimento virtual surgiu com a Internet, propagou-se rapidamente e foi recepcionado pelos §§ 1.º e 2.º do art. 1.142 do CC, acrescidos pela Lei 14.382, de 27-6-2022. É novo ambiente de negócios: o *mercado virtual*. Os produtos são oferecidos por meio de endereço denominado *site*. É o *estabelecimento virtual*. Compõe-se tão só de *bens incorpóreos*. Não tem lugar físico. São passíveis de proteção o título e a insígnia ou emblema (Cap. 18, item 2.2.2 *infra*). Na prática, substitui o *ponto empresarial* (lugar físico) do convencional. Se o empresário vender bens corpóreos (mercadorias), terá que abrigá-las em outro estabelecimento (galpão, armazém, depósito etc.).

Dizem os parágrafos do art. 1.142 do CC, acrescidos pela Lei 14.382, de 27-6-2022: "*§ 1.º* – O estabelecimento não se confunde com o local onde se exerce a atividade empresarial, que poderá ser físico ou virtual. *§ 2.º* – Quando o local onde se exerce a atividade empresarial for virtual, o endereço informado para fins de registro poderá ser, conforme o caso, o endereço do empresário individual ou o de um dos sócios da sociedade empresária. *§ 3.º* – Quando o local onde se exerce a atividade empresarial for físico, a fixação do horário de funcionamento competirá ao Município, observada a regra geral prevista no inciso II do *caput* do art. 3.º da Lei 13.874, de 20 de setembro de 2019."

4 ESTABELECIMENTOS EM *SHOPPING CENTER*

> No *shopping center* a relação jurídica entre empreendedor-locador e lojista-locatário é locacional, embora as peculiaridades, inclusive no que tange à *renovação compulsória* (Lei 8.245/91, arts. 52, § 2.º, e 54). O estabelecimento do empreendedor/locador compõe-se *parte* de elementos próprios e *parte*

---

[80] STJ, 1.ª Seção, REsp 1355812, Rel. Min. Mauro Campbell, em 2-5-13, DJ*e* de 31-5-13).

dos que integram os individuais dos lojistas/locatários, os quais se compõem *parte* de elementos próprios e *parte* dos que integram o do empreendedor/locador. Nessa mútua participação, têm-se estabelecimentos com *dupla titularidade* (espécie de condomínio). Bom seria disciplina legal própria, especialmente na questão da transferência (Cap. 19, item 2 *infra*), mas ainda não há.

As cláusulas relativas à remuneração devida pelo lojista ao empreendedor costumam desdobrar o aluguel numa parte fixa, reajustável segundo índice e periodicidade contratados, e noutra variável, proporcional ao faturamento do locatário, denominada *res sperata*.

5 ESTABELECIMENTO RESULTANTE DE FRANQUIA (*FRANCHISING*)

O contrato de franquia (*franchising*) diz diretamente com o estabelecimento empresarial. Segue as normas da Lei 13.966, de 26-12-2019. Quanto à *forma visual*, é também chamada *engineering*, porque envolve a engenharia, mediante a uniformização dos padrões arquitetônicos, dando uma unidade na forma visual dos estabelecimentos da rede. Diz com a imagem externa. Incidem as normas gerais do CC apenas quando houver lacuna ou obscuridade na lei específica.

6 ESTABELECIMENTO RURAL

Assim como existe o estabelecimento empresarial *urbano*, há também o *rural* (CC, art. 971; CPC/1973, art. 677; CPC/2015, art. 862), composto pelos elementos típicos da respectiva atividade.

É possível a penhora de estabelecimentos comercial, industrial e também *agrícola* (CPC/1973, art. 677; CPC/2015, art. 862).

Capítulo 18
DAS CATEGORIAS DOS BENS E DOS ELEMENTOS QUE INTEGRAM O ESTABELECIMENTO

1 CATEGORIAS DOS BENS DO ESTABELECIMENTO

Como objeto unitário de direitos e de negócios jurídicos (CC, art. 1.143), pertence à categoria dos *bens móveis*, ressalvadas as peculiaridades quanto aos imóveis (item 2.1.4 *infra*).

2 ELEMENTOS QUE INTEGRAM O ESTABELECIMENTO

2.1 Bens corpóreos (ocupam espaço físico)

2.1.1 Mercadorias

São mercadorias os bens em estoque, os produtos que se destinam ao mercado, isto é, à revenda ou locação. Têm as seguintes características: corporalidade, mobilidade, aptidão à finalidade e valor patrimonial próprio.

2.1.2 Instalações

São instalações as acomodações montadas no estabelecimento à apresentação das mercadorias e conforto da clientela. Isso seleciona a freguesia. Luxo e alto conforto sugerem preços elevados. Atraem os de maior poder aquisitivo, enquanto deles se afastam os de menor, indo a estabelecimentos mais modestos. Todos os cenários, simples ou sofisticados, vitrines, balcões, mesas, cadeiras, iluminação etc., compondo ambientes sofisticados e envolvedores, objetivam cativar o cliente e estimulá-lo ao consumo.

2.1.3 Máquinas e utensílios

São máquinas e utensílios os destinados à produção de bens ou à prestação de serviços. Variam e se intensificam segundo o tipo de atividade. Abrangem matéria-prima (no estabelecimento industrial), máquinas (todo tipo, inclusive computadores), e utensílios (produtos para facilitar a limpeza, automóveis etc.). Resultam de atos comerciais por natureza e acessórios, isto é, praticados no exercício da atividade e para se equipar com tudo o que é necessário para exercê-la.

2.1.4 Bens imóveis

O estabelecimento pertence aos *bens móveis*; logo, em tese, excluem-se os imóveis (sede, armazéns etc.). Vários autores silenciam quanto ao tema, enquanto outros divergem entre si. Melhor é a tese que os inclui. Assumem caráter de bens comerciais pela *destinação*, como se móveis fossem. Desde que de propriedade do empresário, a venda do estabelecimento, salvo disposição diversa, os abrange, caso em que face a eles deve ser celebrada escritura pública. Isso é mais conforme a expressão abrangente *todo complexo de bens organizado, para exercício da empresa* (CC, art. 1.143), bem assim com a *teoria dos atos empresariais*, pela qual se ampliou a compreensão de *empresariedade*. Não é mais imprescindível a circulação física do objeto. Bastam a circulação jurídica (transferência de propriedade) e o caráter econômico (*animus lucrandi*).

2.2 Bens incorpóreos (não ocupam espaço físico)

2.2.1 Distinção necessária

Há que distinguir: *(a)* bens incorpóreos de *identificação da empresa*, individual (FIRMA) ou sociedade uni e pluripessoal, que são elementos desta (exemplo, o nome social) e os da Propriedade Industrial (invenção, modelo de utilidade, desenho industrial e marcas de produtos ou de serviços); e *(b)* bens incorpóreos de *identificação do estabelecimento*, que são elementos deste (exemplo, o respectivo título, o ponto empresarial, a clientela e o aviamento). Distinguindo-se o que é atributo *do estabelecimento* e o que é atributo exclusivo *da empresa*, resta facilitada a compreensão. Pode-se dizer: todo atributo do estabelecimento é também da empresa, mas nem todo atributo da empresa o é também do estabelecimento.

2.2.2 Título do estabelecimento e insígnia ou emblema

O *título do estabelecimento* e a *insígnia* ou *emblema* são veículos pelos quais o *ponto empresarial* se torna conhecido (item 2.2.3 *infra*). É sinal distintivo de fachada, rótulo. Raramente coincide com o nome social do empresário. É comum a fantasia. Exemplos: lancheria *Ki-Dog,* bar *Toca da Onça,* ou uma sigla. Pode-se agregar insígnia ou emblema (logomarca do estabelecimento): imagem, letra, número, combinação entre eles. Na *Ki-Dog,* a figura do cão; no *Toca da Onça,* a da felina, e assim por diante. Aguarda-se lei especial para o registro; logo, também não há proteção específica. Face ao valor econômico, a proteção, para eventual usurpação, ocorre via *ato ilícito* (CC, art. 186) e repressão à *concorrência desleal* (Lei 9.279/96, arts. 195, V, e 209). Enquanto ela não vem, é razoável, inseri-los no *ato constitutivo* da empresa e estender-lhes a proteção existente ao nome social, até porque lhe são assessórios. Assim como os apelidos, contribuem à maior identificação da empresa no âmbito popular.

2.2.3 Ponto empresarial

O *ponto empresarial* corresponde à localização. É fator relevante para atrair fregueses; logo, mais operações, e por decorrência lucro. Isso tem valor patrimonial. É legalmente protegido na renovação da locação, podendo ocorrer compulsoriamente ou ser objeto de indenização (Lei 8.245/91, arts. 51-2). O *plus* valorativo, superior ao real, que o estabelecimento agrega em razão do *ponto,* é chamado *propriedade comercial,* atualmente *empresarial,* porque não guarda relação com o imóvel em si. É também chamado *luvas* ou *chaves.*

2.2.4 Freguesia ou clientela

A *freguesia* ou *clientela* significa o conjunto de pessoas que habitualmente fazem compras no estabelecimento. O *direito à freguesia* é protegido pelas normas proibitivas da concorrência desleal, embora a freguesia, em si, não seja apropriável. Mesmo assim, é inegável o *valor patrimonial incorpóreo* que o estabelecimento angariou pela *freguesia formada* ao longo do tempo. Ninguém vende a freguesia, mas o patrimônio que ela agrega ao estabelecimento.

2.2.5 Aviamento ou fundo empresarial ou fundo de empresa

O *aviamento* ou *fundo empresarial* ou *fundo de empresa* (ex-comercial) é o sobrevalor ou mais-valia que o conjunto de bens adquire, superior ao individual de cada um, pelo fato de estarem inteligentemente organizados ao exercício da empresa. Esse *plus* valorativo, considerado em eventual venda, resultante da contribuição de todos os itens que integram o estabelecimento, é composto: (a) dos *bens corpóreos* (mercadorias, instalações, máquinas e utensílios e imóveis); e (b) dos *incorpóreos* (título do estabelecimento e insígnia ou emblema, ponto empresarial e freguesia), todos vistos pela perspectiva da lucratividade. Coincide, pois, com o *fundo empresarial*. Autores denominam esse *plus* valorativo também como *luvas* e *chaves*. Trata-se de atributo do estabelecimento.

Capítulo 19

DA NATUREZA JURÍDICA, DA TRANSFERÊNCIA E DA DUPLA DIVULGAÇÃO

1 NATUREZA JURÍDICA DO ESTABELECIMENTO

A natureza jurídica do estabelecimento empresarial é de uma *universalidade de fato* (*universitas facti*; CC, art. 90). Não é de ente sujeito de direitos ou com capacidade processual, e sim de *objeto unitário* de direitos e de negócios (CC, art. 1.143). Seus bens têm *destinação unitária*, quer dizer, conjugados a uma atividade econômica. Entre nós, não é admitida a *teoria do patrimônio de afetação*, isto é, separado ou autônomo. A *universalidade de fato* informa bens unidos e separados pelo dono, e não pela lei, que é a *universalidade de direito* (*universitas juris*; art. 91), como são a massa falida e o espólio.

2 TRANSFERÊNCIA DO ESTABELECIMENTO

2.1 Por operação *inter vivos* (contrato de trespasse)

O estabelecimento empresarial pode ser objeto de *negócios jurídicos translativos* (CC, art. 1.143). A *título oneroso* (venda ou alienação, permuta e dação em pagamento) ou *gratuito* (doação). Denomina-se *contrato de trespasse* (popular *passe do ponto*). Inserem-se aí o aviamento ou fundo empresarial, as luvas ou chaves (Cap. 18, item 2.2.5 *supra*). Exemplificando: o alienante não pode vender a freguesia, mas a considera no preço. Ainda: (a) embora *objeto unitário* (art. 1.143), nada impede a *venda individual* de todos os bens, isto é, por peça, a diversos compradores, desmantelando o estabelecimento, ou só de alguns, ocorrendo, ou não, o desmantelamento; (b) quanto aos *imóveis* (Cap. 18, item 2.1.4 *supra*), a operação deve ser com-

> plementada com escritura pública; e *(c)* quanto aos bens não quitados ou objeto de outros contratos (de trabalho, de locação, de alienação fiduciária, de *leasing* e de *franchising*), há as questões da sub-rogação (Cap. 21, itens 5.4 e 5.6 *infra*). Como regra, devem ser objeto de menção.

Genericamente, o instrumento jurídico se denomina *contrato de trespasse*. É o popular *passe do ponto*.

Na operação de transferência, ao ser fixado o preço, é inserido/agregado todo o contexto do aviamento ou fundo empresarial (ex-fundo de comércio), luvas ou chaves (Cap. 18, item 2.2.5 *supra*). Por exemplo, a *freguesia* não é propriedade do estabelecimento, ela não se transfere automaticamente ao comprador, mas o vendedor a considera na definição do preço como um patrimônio imaterial angariado em razão da atividade no local.

2.2 Por operação *mortis causa*

> A transferência *mortis causa*, tratando-se de empresário individual, ocorre por força de lei (*ex vi legis*) à sucessão legítima ou testamentária (CPC, art. 620, § 1.º, I).

2.3 Por operação de desfrute ou de garantia

> O estabelecimento empresarial pode ser objeto de *negócios jurídicos constitutivos* (CC, art. 1.143). O *desfrute* abrange arrendamento e usufruto (art. 1.144) e comodato. A *garantia* abrange o penhor.

2.4 Sub-rogação dos contratos na transferência do estabelecimento

> Na transferência do estabelecimento, impõe-se a sub-rogação dos contratos *intuitu pecuniae*, não só porque está implícito no art. 1.148 do CC, mas também para preservar a continuação da empresa no local, inclusive porque, de outro modo, pode restar inviabilizada. Excluem-se apenas os *intuitu personae*.

3 PRINCÍPIO DA DUPLA DIVULGAÇÃO (PUBLICIDADE E PUBLICAÇÃO)

Não basta arquivar na Junta Comercial que determinado estabelecimento foi alienado ou arrendado, que foi constituído usufruto ou alguma garantia (CC, art. 1.144). Ainda que reste ativo suficiente, para a *eficácia face a terceiros* são necessárias: *(a)* a *publicidade* no Registro Empresarial (objetiva tornar o documento acessível ao público); e *(b)* a *publicação* na Imprensa Oficial (objetiva dar conhecimento ao público). Salvo na transferência *mortis causa*, pois acontece involuntariamente, é razoável a *dupla divulgação* em todas as situações, inclusive nas de garantia, pois também afetam interesses de terceiros, em especial dos credores. Na omissão, há irregularidade face ao Registro Empresarial e ineficácia face a terceiros, sem prejuízo da eficácia entre as partes.

Capítulo 20

DO ATIVO INSUFICIENTE PARA SOLVER O PASSIVO E DOS CRÉDITOS E DÉBITOS ANTERIORES À TRANSFERÊNCIA

1 ATIVO INSUFICIENTE PARA SOLVER O PASSIVO (NOTIFICAÇÃO DOS CREDORES)

> Pelo art. 1.145 do CC, tem-se o seguinte: *(a)* sem prejuízo da *dupla divulgação* (art. 1.144), impõe-se, para a eficácia perante os credores, o pagamento ou a notificação pessoal para dizerem do consentimento expresso ou tácito em 30 dias; *(b)* repete-o o art. 129, VI, da Lei 11.101/05; *(c)* a notificação pode ser judicial ou extrajudicial, esta inclusive por entrega direta, mediante recibo; *(d)* a anuência não inibe o *pedido de restituição* em caso de trespasse no *período suspeito* da falência (Lei 11.101/05, art. 85, parágrafo único), salvo menção expressa no consentimento; *(e)* havendo notificação, vigora a concordância tácita, portanto a discordância deve ser expressa; e *(f)* não havendo notificação, o trespasse é ineficaz face aos credores.

Pelo inciso III do art. 94 da Lei 11.101/05 (LRF), é motivo de falência, exceto se fizer parte do plano de recuperação judicial, a transferência de estabelecimento a terceiro, "credor ou não, sem o consentimento de todos os credores e sem ficar com bens suficientes para solver o passivo".

2 CRÉDITOS ANTERIORES À TRANSFERÊNCIA

2.1 Cessão de crédito (crédito civil)

2.1.1 Abrangência

> A *cessão de crédito* informa por si só tratar-se de *crédito civil*. Abrange todas as hipóteses de transferência, seja pela titularidade, seja pelo desfrute (CC, art. 1.149; Cap. 19, item 2 *supra*).

2.1.2 Aplicação subsidiária da norma geral

O art. 1.149 do CC instituiu *norma especial* para a cessão dos créditos. Apenas subsidiariamente se aplica a *geral* (CC, arts. 286-98).

2.1.3 Necessidade, ou não, de pactuação quanto à cessão dos créditos (divergência doutrinária)

Há divergência doutrinária quanto à necessidade de pactuação quanto à cessão dos créditos. Prevalece a da pactuação (= cessão não automática). Mas considere-se: *(a)* os créditos integram o *aviamento* ou *fundo de empresa*, e, pois, entram no preço do estabelecimento; logo, a cessão é automática por *convenção implícita* (a exclusão é que precisa ser explícita); *(b)* se em relação aos débitos há obrigação do comprador, não é lógico nem justo, em relação aos créditos, não lhe garantir o direito, salvo pactuação diversa; *(c)* se houver cessão apenas quando pactuada, forçoso é concluir que na publicação deve constar se é *com* ou *sem* cessão, a fim de os devedores saberem como proceder, o que constitui nota estranha ao art. 1.144 do CC; e *(d)* a advertência legal de que, a partir da publicação, o devedor que pagar ao alienante se exonera apenas em caso de boa-fé, só pode ocorrer porque a cessão não precisa constar de modo expresso.

2.1.4 Forma instrumental

Se, por um lado, o art. 1.148 do CC é omisso quanto à forma de se concretizar a cessão dos créditos, por outro, nada obsta ocorra no instrumento da transferência, com as especificações. Oportuno lembrar: o art. 288 (norma geral) admite a cessão por instrumento particular.

2.1.5 Exoneração do devedor se de boa-fé pagar ao cedente

Após publicada a transferência do estabelecimento na imprensa oficial (art. 1.144), o devedor que pagar ao cedente só se exonera em caso de boa-fé (art. 1.149), a qual pode ser excluída se o cessionário notificá-lo (art. 290).

2.2 Endosso translativo (crédito cambiário)

No que tange ao endosso translativo (crédito cambiário), vale o mesmo da cessão (crédito civil), com as peculiaridades. É dívida *quérable*. Credor é o portador do título. Cabe ao devedor exigir o resgate. Prejudicadas, pois, as questões da publicação e da notificação para excluir a exoneração por quitação de boa-fé ao cedente. O alienante do estabelecimento sequer precisa endossar ao comprador os *títulos de crédito* gerados na exploração do estabelecimento; por exemplo, as duplicatas (títulos causais). Eles são *ipso facto* do comprador. Este deve exigir que lhe sejam entregues pelo vendedor. Para excluí-los é preciso convencionar.

3. DÉBITOS ANTERIORES À TRANSFERÊNCIA

Pelo art. 1.146 do CC, tem-se o seguinte: *(a)* o *comprador* do estabelecimento responde pelos débitos *regularmente contabilizados* (requisitos intrínsecos e extrínsecos); *(b)* o *vendedor* responde solidariamente pelos *vencidos* até a publicação (art. 1.144), pelo prazo de um ano, a contar desta, e também pelos *vincendos* (vencidos depois, desde que contraídos antes da venda), pelo mesmo prazo, contado a partir de cada vencimento; *(c)* a *norma cogente* exclui a eficácia face a terceiros de eventual deliberação diversa pelas partes; e *(d)* quando há normas especiais, por exemplo, nas relações de emprego e tributária (CLT, arts. 10, 10-A, 448 e 448-A, redação e acréscimos da Lei 13.467/17; CTN, art. 133), não incidem gerais, salvo subsidiariamente.

Capítulo 21
DA NÃO CONCORRÊNCIA OU DO NÃO RESTABELECIMENTO PELO VENDEDOR E DOS CONTRATOS PARA EXPLORAÇÃO

1 CLÁUSULA DA NÃO CONCORRÊNCIA OU DO NÃO RESTABELECIMENTO

Cessou a polêmica acerca da inerência, ou não, da cláusula da não concorrência. A cláusula, também denominada *não restabelecimento*, está implícita (art. 1.147). A exclusão é que deve ser expressa. O vendedor pode fraudá-la se se restabelecer por interposta pessoa, o que dependerá de prova. Ainda, está superada a tese de que a cláusula caracteriza monopólio privado, abuso do poder econômico e violação à livre iniciativa e concorrência. A *cláusula da exclusividade* figura também no impedimento convencional para o exercício de atividade econômica e nos contratos de concessão mercantil de veículos automotores, de representação comercial e de *franchising*.

2 PRAZO DA NÃO CONCORRÊNCIA OU DO NÃO RESTABELECIMENTO

O prazo à não concorrência ou ao não restabelecimento é de cinco anos na venda, e pelo tempo que durar o usufruto e o arrendamento (CC, art. 1.147, parágrafo único). Excepcionando os princípios da livre iniciativa e concorrência, a interpretação é restritiva. Nada obsta, pois, seja convencionado prazo inferior a cinco anos. Quanto a ser superior, é plausível, desde que seja convencionado e justificado, sob pena de abusividade.

3 ABRANGÊNCIA TERRITORIAL DA NÃO CONCORRÊNCIA OU DO NÃO RESTABELECIMENTO

A abrangência da cláusula da não concorrência ou do não restabelecimento deve coincidir com o *território de influência* do objeto da operação, sob pena de abusividade quanto ao excesso. Pode ser quarteirão, zona urbana, região, Município, Estado e até País. Para evitar dúvidas, apesar da lei, o ideal ainda é a cláusula expressa, com minuciosa delimitação do território de abrangência.

4 APLICAÇÃO DA NÃO CONCORRÊNCIA OU DO NÃO RESTABELECIMENTO A OUTRAS HIPÓTESES

Embora o art. 1.147 do CC mencione a cláusula da não concorrência ou do não restabelecimento apenas na venda, no usufruto e no arrendamento, impõe-se, por inerência, aplicá-la em todas as hipóteses de operação de transferência, tais como a permuta, a dação em pagamento e a doação. Se se exige, também nestes casos, a *dupla divulgação*, e, dependendo, igualmente a *notificação* aos credores, a mesma proteção à sociedade em geral e aos credores em especial, merece quem recebe o estabelecimento em permuta, em dação ou em doação.

5 CONTRATOS ESTIPULADOS PARA EXPLORAÇÃO DO ESTABELECIMENTO

5.1 Abrangência da palavra *exploração*

O art. 1.148 do CC não diz contratos *diretamente* estipulados para a exploração do estabelecimento, mas *estipulados* para tal, é dizer, todo e qualquer relacionado à atividade. A sub-rogação *ex vi legis* é a regra. Descabe excepcionar via interpretação restritiva, por exemplo, excluir os *contratos instrumentais* (= indiretamente relacionados). Ainda, incidem os princípios da *preservação dos contratos* e *da empresa*, isto é, da continuação da atividade econômica (Sétima Parte *infra*). A sub-rogação dos contratos *intuitu pecuniae* está implícita no art. 1.148, haja vista que, para rescindi-los face ao sub-rogado, é preciso justo motivo. Excepcionam-se apenas os *intuitu personae*.

5.2 Contratos *intuitu pecuniae*

Tanto nos contratos direta quanto nos indiretamente (instrumentais) celebrados para exploração do estabelecimento, prevalecendo o vínculo patrimonial sobre o pessoal, salvo disposição contrária, há sub-rogação automática (CC, art. 1.148). Mas os *terceiros* com quem o vendedor pactuou podem rescindir motivadamente, no prazo de noventa dias contado da publicação da transferência (art. 1.144), caso de responsabilidade do alienante (item 5.7 *infra*).

5.3 Contratos *intuitu personae*

Nos contratos em que prevalece o vínculo pessoal sobre o patrimonial (*intuitu personae*), não há sub-rogação por força de lei (CC, art. 1.148), pois envolve prestação infungível, insubstituível, personalíssima. É frequente na atividade artística (= não empresarial). Exemplo: se o vendedor do estabelecimento havia contratado alguém para pintar um afresco ou compor um tema musical a certo evento ou publicidade, ainda não entregue, o comprador não é obrigado a aceitar, mesmo que este seja pintor ou compositor de renome.

5.4 Contrato de locação

Há controvérsia quanto à sub-rogação do contrato locacional. Considere-se, porém, que o *intuitu personae* está mitigado. Ao locador, não importa a *pessoa* do locatário, e sim que este lhe dê as garantias e cumpra as obrigações. Assim, mais adequado é entender que o art. 13 da Lei 8.245 é norma *geral* e que o art. 1.148 do CC é *especial*, e não o contrário. Ademais, no caso específico, pode-se dizer que não vigora o caráter pessoal, haja vista que só motivadamente o locador pode rescindi-lo.

5.5 Contrato de trabalho

O contrato de trabalho é *intuitu personae* quanto ao empregado, quer dizer, este não pode se fazer substituir, e não o é quanto ao empregador, quer dizer, pode ser substituído (CLT, arts. 2.º, 10, 10-A, 448 e 448-A, redação e acréscimos da Lei 13.467/17); logo, há sub-rogação (art. 1.148). O novo empregador e os empregados não podem, pelo fato da sub-rogação, rescindir os contratos, salvo motivadamente.

5.6 Contratos de alienação fiduciária, de *leasing* e de *franchising*

Prevalece no contrato de alienação fiduciária o *intuitu pecuniae*, porque o credor-fiduciário tem a garantia do bem. Quanto aos móveis, há norma autorizativa da cessão (Lei 4.728/65, art. 66-B, §§ 4.º e 5.º, acrescidos pela Lei 19.931/04), e quanto aos imóveis, há norma exigindo *anuência expressa do fiduciário* (Lei 9.514/97, art. 29), mas de sentido apenas formal, isto é, o credor-fiduciário não pode, sem fundado motivo, se opor ao consentimento. No contrato de *leasing*, a situação é diversa, pois o arrendante, não tendo a garantia do bem, celebra-o em função das qualidades/condições da pessoa do arrendatário – portanto, *intuitu personae* –, mas trata-se de princípio mitigado, porquanto o que mais interessa ao arrendante é que a obrigação seja cumprida, e não quem a cumpre, e o mesmo acontece em relação ao contrato de *franchising*.

5.7 Responsabilidade do alienante

Se o terceiro, no prazo de noventa dias, contado da publicação da transferência (CC, art. 1.144), rescindir *por justa causa* o contrato estipulado para exploração do estabelecimento (= contrato *intuitu pecuniae*), há *responsabilidade do alienante* (art. 1.148). Como a lei não delimita o seu alcance, essa responsabilidade ocorre por perdas e danos: *(a)* face a terceiro (= rescisão pelo fato da sub-rogação em si); e *(b)* face ao comprador (= transmitiu-lhe menos que o ajustado).

Sexta parte

FUNÇÃO SOCIAL DA EMPRESA

Este tema foi desenvolvido no livro *TEMAS COMERCIAIS E EMPRESARIAIS*, que publicamos em 2018 pela Editora AGE, de sorte que agora consideramos suficiente repetir as essências, com eventuais acréscimos, que entendemos necessários. Se o leitor tiver necessidade de mais subsídios, fica a indicação da obra.

Capítulo 22
DA NOÇÃO HISTÓRICA E DA CLASSIFICAÇÃO DA EMPRESA

1 NOÇÃO HISTÓRICA

> Atribui-se a Santo Tomás de Aquino (1225-1274), teólogo e filósofo, o primeiro conceito de *função social*: destino comum dos bens, mesmo quando individuais. Augusto Compte (1798-1857), filósofo e sociólogo, criador do Positivismo, definiu-a como *dever de agir*: todos devem trabalhar pela ordem social e em benefício da sociedade. León Duguit (1859-1927), sociólogo e jurista, seguidor do Positivismo, definiu-a baseado na solidariedade e na interdependência entre as pessoas: o verdadeiro fundamento do Direito é o *substrato social*. Atribui-se-lhe a ideia de *função social da propriedade*, a qual relativiza o absolutismo do proprietário sobre o bem (o *jus abutendi*, da Roma antiga). Pela *destinação*, os bens classificam-se em: *(a)* de produção, afetados pela função social (dever de agir determinado pelo interesse coletivo); e *(b)* de consumo, não abrangidos porque destinam-se ao consumo de seu dono.

2 CLASSIFICAÇÃO DA EMPRESA QUANTO À DESTINAÇÃO DOS BENS

> Pertence aos *bens de produção* (constitui fonte de riqueza à sociedade). Está, pois, afetada pela *função social* (deve agir conforme o interesse coletivo). Não significa *propriedade coletiva*, mas *privada* com afetação social face ao desempenho. Há limitação do Direito quanto à disponibilidade material, restrita à respectiva atividade, genericamente indústria, comércio e serviços.

Na classificação dos bens *quanto à destinação*, a empresa pertence aos *bens de produção*, porquanto constitui fonte de riqueza à sociedade; logo, está afetada pela *função social*, quer dizer, pelo *dever de agir*, citado por Augusto Compte, conforme o objetivo determinado pelo interesse coletivo. Noutras palavras: limita o *jus abutendi*, o Direito subjetivo de ampla disponibilidade material sobre a empresa.

Porém, se, por um lado, a função social impõe à empresa limitação quanto à livre disponibilidade material no que tange ao desempenho dos bens, traçando diretrizes de obrigações de fazer e de não fazer, por outro, abrange somente a respectiva atividade econômica, isto é, o respectivo objeto social, genericamente indústria, comércio e prestação de serviços.

Capítulo 23
DAS DISTINÇÕES NECESSÁRIAS

1 FUNÇÃO SOCIAL E RESPONSABILIDADE SOCIAL DA EMPRESA (CIDADANIA EMPRESARIAL)

> Há duas distinções entre função social e responsabilidade social da empresa: *(a)* o caráter obrigatório da *função social*, e o facultativo da *responsabilidade social*; e *(b)* a *função* vincula-se à atividade econômica, e a *responsabilidade* não. Exemplo: a *função social* não impõe atividade substitutiva de obrigações do Poder Público, tal como atuar na erradicação da pobreza (CF, art. 2.º, III); já a *responsabilidade social*, como etapa de conscientização da empresa no somar esforços com o Poder Público na solução/minoração de problemas sociais, recomenda que o faça, daí também ser chamada *cidadania empresarial*.

2 FUNÇÃO SOCIAL E OBJETO SOCIAL DA EMPRESA

> É necessário distinguir: *(a)* objeto social, que é atividade econômica para a qual a empresa foi constituída; e *(b)* função social, que são os deveres sociais que emanam da atividade. São princípios que afetam a atividade, determinando um *modus agendi* na operação do objeto social, não na sua dimensão interna, mas externa.

Não se pode reduzir a função social da empresa ao cumprimento do seu objeto social, no sentido de apenas ser um centro produtor de riquezas e congregador de capital e trabalho, pois ainda se estará numa concepção de individualidade, e não de socialidade, matriz ideológica do atual Código Civil.

A *função social da empresa* corresponde aos deveres que emanam da atividade e se expandem no agregado social em que atua. São princípios que afetam a atividade, determinando um *modus agendi* na operação do objeto social, não na sua dimensão interna, mas externa.

Capítulo 24

DOS DISPOSITIVOS CONSTITUCIONAIS, LEGAIS E NORMA PROGRAMÁTICA

1 DISPOSITIVOS CONSTITUCIONAIS E LEGAIS

A CF afirma a *função social da propriedade* (art. 5.º, XXII; art. 170, III). O CC afirma as *finalidades econômicas e sociais* (art. 1.228, § 1.º). Não há norma expressa quanto à *função social da empresa*; por isso, há projeto acrescendo o § 2.º ao art. 966. Mas a ausência não libera a empresa de cumpri-la, pois o exercício de todo direito não pode exceder os limites de seu fim econômico e social, inclusive o contrato (arts. 187 e 421). Pela Lei 6.404/76, o controlador e os administradores devem cumprir a *função social* da S/A, e os conselheiros fiscais têm os mesmos deveres (arts. 116, 154 e 165). Pela Lei 11.101/05, a recuperação judicial deve promover a *preservação da empresa* e sua *função social* (art. 47).

2 NORMA PROGRAMÁTICA

O sistema constitucional e infraconstitucional somente prevê abstratamente a *função social da empresa*. Não declina rol de atividades, cartilha ou agenda que ela deve cumprir. Trata-se de norma programática: afirma o princípio *em abstrato*. Cabe ao intérprete *em concreto* revelar o seu conteúdo. Como interpretar não é uma atividade livre, mas vinculada à ordem jurídica, cabe-lhe revelar o valor da norma, não o seu, do intérprete, ou o que ele gostaria que fosse, sob pena de converter a interpretação em ato legiferante.

Escrevemos em obra anterior que: "O legislador utiliza, cada vez mais, a técnica dos *tipos legais abertos* ou das *cláusulas gerais*, contrastando com os *tipos legais fechados* ou *cláusulas específicas*. (...). Às vezes, o legislador revela, na própria lei, o que se deve entender pela expressão; às vezes promete fazê-lo noutra lei, como acontece amiúde nas Constituições, com o dizer *nos termos da lei*, gerando norma não autoaplicável; e às vezes silencia intencionalmente, resultando norma programática, com o que delega ao intérprete a missão de revelar ou identificar os teores no mundo dos fatos. (...). E concluímos: "Tratando-se de tipo legal aberto, se o legislador não reservou, de algum modo, a si próprio, a tarefa de colmatar ou de preencher a lacuna, então delegou-a ao intérprete para fazê-lo no mundo dos fatos, assimilando permanentemente as *novas verdades sociais*, o que não deve ser confundido com as *verdades individuais* do intérprete."[81] Constam nesses tipos legais abertos expressões como *união estável, interesse público, verossimilhança* e *função social*.

---

[81] MARIANI, Irineu. *Contratos empresariais*, 2.ed., p. 54-5, itens 1.1 e 1.2. Porto Alegre: AGE, 2022.

Capítulo 25

DO CONTEÚDO DA EXPRESSÃO *FUNÇÃO SOCIAL* DA EMPRESA

Vimos que não se deve confundir *função social* com *responsabilidade social da empresa*, nem *função social da empresa* com *objeto social* (Cap. 23 *supra*); e vimos que a *função social da empresa* consta de norma programática, cabendo ao intérprete *em concreto* revelar o seu conteúdo, e que o ato de interpretar não é uma atividade livre, mas vinculada à ordem jurídica.

Estabelecidas essas premissas, cabe indagar: qual é, concreta e objetivamente, o conteúdo da expressão *função social da empresa*? O que a empresa deve fazer ou deixar de fazer para cumprir a sua *função social*? Quais os teores qualitativos e quantitativos da expressão?

1 VERTENTES DA FUNÇÃO SOCIAL DA EMPRESA

> As vertentes da função social da empresa são as seguintes: *(a)* os empregados (condições de trabalho, melhoria das condições humanas e profissionais); *(b)* os consumidores (produtos e serviços, em termos de qualidade, quantidade e preços); e *(c)* os concorrentes (concorrência desleal e abuso do poder econômico são práticas antijurídicas).

2 DIREITOS SOCIAIS DOS TRABALHADORES

> No ato de interpretar a norma programática da *função social da empresa*, tem-se que, em relação aos empregados, abrange o cumprimento dos *direitos sociais*, decorrentes do vínculo laboral, devidamente arrolados (CF, art. 7.º), dispensando, por isso, comentários.

3 FUNDAMENTOS, OBJETIVO E DITAMES DA JUSTIÇA SOCIAL DA ORDEM ECONÔMICA

O art. 170, *caput*, da CF estabelece: *(a)* os fundamentos da ordem econômica: *(1)* a valorização do trabalho humano: deve ser priorizado e compensado (CF, arts. 1.º, IV, e 7.º, IV); e *(2)* a livre iniciativa: não dirigida nem escrava, mas livre, podendo-se agir num ou noutro sentido, observadas as leis (CF, art. 1.º, IV); *(b)* objetivando assegurar a todos existência digna: viver de modo minimamente apropriado, adequado (CF, art. 1.º, III); e *(c)* conforme os ditames da justiça social: de acordo com aquilo que a consciência, a razão e a doutrina dizem o que se deve entender por *justiça social*, daí ter-se como sinônimo *justiça distributiva*, assim entendida a que cuida de todas as classes de cidadãos.

4 PRINCÍPIOS INTEGRATIVOS DA ATIVIDADE ECONÔMICA

Os princípios integrativos da atividade econômica, previstos no art. 170 da CF, são os seguintes: a função social da propriedade (inciso III), a livre concorrência (inciso IV), a defesa do consumidor (inciso V), a defesa do meio ambiente (inciso VI), a redução das desigualdades regionais e sociais (inciso VII) e a busca do pleno emprego (inciso VIII).

4.1 Função social da propriedade (inciso III)

A função social da propriedade impõe obrigações de fazer e de não fazer, conforme o interesse coletivo. Limita a disponibilidade material sobre o bem *(jus abutendi)*. Coloca o social antes do individual, o *alter* antes do *ego*.

4.2 Livre concorrência (inciso IV)

A livre concorrência impõe livre competição, mercado competitivo ou concorrencial. Na livre concorrência, os preços tendem a baixar, beneficiando o comprador. Diversamente, o truste e o monopólio prejudicam e desequilibram a ordem econômica, e por isso não são admitidos, salvo este, previsto na Constituição, reservado ao próprio Estado.

4.3 Defesa do consumidor (inciso V)

A defesa do consumidor impõe resguardo, proteção de atos nocivos dos fornecedores. Linearmente, o mercado funciona assim: o fornecedor busca vender, com alto preço, baixas quantidades e qualidades, e o consumidor quer comprar altas quantidades e qualidades com baixo preço. O princípio determina obrigações: *(a)* de fazer, exemplo, agir de boa-fé e cumprir os deveres de informação, de proteção e de lealdade; e *(b)* de não fazer, exemplo, não praticar fornecimento e publicidade ilícitos.

4.4 Defesa do meio ambiente (inciso VI)

A defesa do meio ambiente impõe que a atividade econômica o proteja, com tratamento diferenciado conforme o impacto ambiental dos produtos e serviços (CF, art. 225). Deve evitar a degradação do solo, águas, atmosfera, flora, fauna, belezas naturais (CC, art. 1.228, § 1.º). Deve ser exercida de forma sustentável (preservação máxima ou degradação mínima do meio ambiente).

4.5 Redução das desigualdades regionais e sociais (inciso VII)

A redução das desigualdades regionais e sociais impõe propósito de homogeinização do extenso arquipélago regional e social do País. Cada região tem suas desigualdades mais visíveis. É preciso combatê-las; exemplo, nas regiões áridas é preciso irrigação, e nas de inundações é preciso sistema de escoamento. A empresa cumpre a sua função social quando, em regiões pobres, ativa a economia e se empenha na abertura de postos de trabalho às pessoas, melhorando-lhes as condições de vida.

4.6 Busca do pleno emprego (inciso VIII)

A busca do pleno emprego impõe propósito de priorização do trabalho humano, o que está muito ligado ao tipo de atividade; exemplo, o comércio e a construção civil, empregam mais. Já as indústrias buscam fugir da mão de obra humana, com a irreversível tecnologização, inclusive pelos elevados encargos sociais. Assim, o propósito fica mesmo nas mãos das pequenas e médias empresas prestadoras de serviços.

4.6 Busca do pH no campo 30 (meio VIII)

Assim a tela em que compareço é pobre de experiências, formal, tão fina como como era quem ligado a ela, sobre a exceção de exemplo a conceder em 30% ali, cumpridas em 11 b c-a-oli- com a busca a uma orientação em uma campo não reverso do face na tela das devedores propositalas, A tala o conteúdo co-esdito de ela das eram os medida ampla dos presentaria de serviço.

Sétima parte

PRESERVAÇÃO DA EMPRESA

Este tema foi desenvolvido no livro *TEMAS COMERCIAIS E EMPRESARIAIS*, que publicamos em 2018 pela Editora AGE, de sorte que agora consideramos suficiente repetir as essências, com eventuais acréscimos, que entendemos necessários. Se o leitor tiver necessidade de mais subsídios, fica a indicação da obra.

Capítulo 26

DA NOÇÃO HISTÓRICA E DO FUNDAMENTO SOCIOLÓGICO

1 NOÇÃO HISTÓRICA

> O *princípio da preservação da empresa* é um bônus compensatório do ônus da *função social* (verso e reverso da mesma moeda). Por *pressão social*, saímos da *teoria do individualismo contratual* (prevalência da vontade individual sobre a coletiva), que facilitava a dissolução das sociedades pela só vontade do sócio (CCm/1850, art. 335; CC/1916, art. 1.399), e entramos na *teoria da socialidade contratual* (situação invertida), hoje no CC (art. 421). Surgiu daí, como válvula de *descompressão social*, a *preservação da empresa*, tendo em conta os benefícios: riqueza, emprego, tributos etc., aplicável às *sociedades contratuais*, pois as *institucionais* (anônima e em comandita por ações) sempre estiveram protegidas da vontade individual (Lei 6.404/76, art. 206).

Proteger a sociedade da vontade individual do sócio não quer dizer que a pessoa do sócio fica sob domínio absoluto da sociedade, uma vez que pode retirar-se livremente, com todos os seus haveres. O que não pode é pretender, como Sansão, derrubar todos e a si mesmo as colunas do templo dos Filisteus. Melhor que a frase egoísta da Marquesa de Pompadour, consolando Luís XV por causa da batalha de Rossbach – *Après nous le déluge!* –, é a de Platão, invocada por Cícero (*De officiis*, Liv. I, cap. VII, § 22): *Non nobis solum nati sumus* (não somos nascidos somente para nós).

2 FUNDAMENTO SOCIOLÓGICO

> O fundamento sociológico da preservação da empresa reside nas três espécies básicas de interesses para o qual elas convergem: *(a)* lucro do empresário ou da sociedade empresária, permitindo-lhes sobrevivência e sobra para

> investimentos, a fim de ampliar e/ou aperfeiçoar a atividade (fazer mais e melhor) ou para diversificá-la; *(b)* salário dos trabalhadores, permitindo-lhes sobrevivência e melhoria das condições de vida própria e da família; e *(c)* tributos ao Poder Público, permitindo-lhe manutenção e atendimento de suas finalidades. O desemprego agrava o sentimento de insegurança. Para a grande maioria da população é muito difícil suportar psicologicamente o desemprego. Ter um emprego, qualquer que seja, parece a muitos ser tudo o que desejam na vida.

É oportuna a chamada de Erich Fromm alertando que a complexidade do cenário econômico e político faz aumentar a sensação de impotência do indivíduo. O desemprego agrava o sentimento de insegurança. Para a grande maioria da população é muito difícil suportar psicologicamente o desemprego. Ter um emprego, qualquer que seja, parece a muitos ser tudo o que desejam na vida.[82]

---

[82] FROMM, Erich. *Medo à liberdade*, 12.ed., p. 110.

Capítulo 27

DAS INCIDÊNCIAS DO PRINCÍPIO

O princípio da preservação da empresa incide em determinadas situações por hipótese legal ou típica e também por hipóteses atípicas ou difusas no sistema jurídico.

1 HIPÓTESE TÍPICA OU LEGAL

Diz o art. 47 da Lei 11.101/05 que a *recuperação judicial* objetiva a superação da situação de crise econômico-financeira, a fim de permitir a manutenção da fonte produtora, do emprego dos trabalhadores e dos interesses dos credores, promovendo, assim, *a preservação da empresa, sua função social e o estímulo à atividade econômica*. Contempla expressamente os princípios da preservação e da função social da empresa.

2 HIPÓTESES ATÍPICAS OU DIFUSAS

2.1 Dissolução da empresa

Flagra-se no sistema jurídico situação de pertinência do princípio da preservação da empresa na 1.ª FASE da dissolução, na qual se define o motivo e se ela será parcial ou total. Antes do CC/02, embora não prevista em lei, admitia-se a *parcial*; agora, consta como *resolução da sociedade em relação a um sócio* (arts. 1.028-32). Concretamente: *(a)* entre a dissolução total e a parcial, opta-se pela parcial, sempre que possível; *(b)* a interpretação das previsões contratuais de dissolução é restritiva; e *(c)* também é restritiva a interpretação das hipóteses não previstas em lei ou contrato; exemplo, a *grave desinteligência* entre os sócios, garantindo-se a continuação da atividade econômica a quem desejar.

2.2 Menor onerosidade nas execuções

> O princípio da menor onerosidade nas execuções já é antigo (CPC/1973, art. 620; CPC/2015, art. 805), em relação ao qual não se deve perder de vista que a execução se realiza no interesse do credor (CPC/1973, art. 612; CPC/2015, art. 797). Exemplo: admite-se a penhora do faturamento da empresa quando: *(a)* não localizados bens passíveis de penhora ou, se localizados, forem de difícil alienação; e *(b)* quando admitida, o percentual não deve comprometer a continuação das atividades empresariais.

Nesse sentido, jurisprudência do STJ.[83]

2.3 Quando o desapossamento de bens paralisa atividade econômica

> São situações que permitem que, por exemplo, bens penhorados fiquem em poder do executado até a última hora, quando o recolhimento paralisa atividade econômica, valendo o mesmo em relação às liminares judiciais, como ocorre amiúde nos contratos de *leasing* e de alienação fiduciária.

Diante da gravidade do caso concreto, elas autorizam o juiz a intervir, com base no princípio constitucional da ubiquidade do Judiciário (CF, art. 5.º, XXXV), quando a lei impede, e a não intervir quando a lei autoriza, por exemplo, permitir que os bens penhorados fiquem em poder do executado até a última hora, quando o recolhimento paralisa a atividade econômica, valendo o mesmo em relação às liminares judiciais, conforme jurisprudência do STJ envolvendo contratos de *leasing*[84] e de alienação fiduciária.[85]

---

[83] STJ, AgRg no MC 14919-RS, 4.ª T., Relator: Min. Aldir Passarinho Júnior; AgRg no REsp 919833-RJ, 2.ª T., Relator: Min. Humberto Martins; REsp 803435-RJ, 1.ª T., Relator: Min. Teori Zavascki; AgRg no AgIn 593006-PR, 1.ª T., Relator: Min. Luiz Fux; REsp 723038-SP, 1.ª T., Relator: Min. Castro Meira; AgRg no AgIn 723984-PR, 1.ª T., Relator: Min. José Delgado; EDiv no REsp 48959-SP, 1.ª Seção, Relator: Min. Adhemar Maciel.

[84] STJ, REsp 111182-SC, 3.ª T., Relator: Min. Waldemar Zveiter, em 2-9-97, com o Relator citando precedentes.

[85] STJ, Cautelar no REsp 1797-PR, 4.ª Turma, Relator: Min. Ruy Rosado de Aguiar, em 7-10-99, invocando precedentes das duas Turmas da 2.ª Seção.

2.4 Sub-rogação dos contratos na transferência do estabelecimento

Na transferência do estabelecimento, impõe-se a sub-rogação dos contratos *intuitu pecuniae*, não só porque está implícito no art. 1.148 do CC, mas também para preservar a continuação da empresa no local, inclusive porque, de outro modo, pode restar inviabilizada. Excluem-se apenas os *intuitu personae*.

7.5 Sub-rogação dos contratos na transferência do estabelecimento

Na transferência do estabelecimento, supõe-se a sub-rogação dos contratos pactuados, não sopitam esta respeito o art. 1.148 do CC, mas também o para preservar a continuação da empresa no local em que se acha; de outro modo, pode-se estar imbuindo a dispersão e empresa ou a sua ruptura.

Oitava parte

ADMINISTRAÇÃO, ADMINISTRADORES E PODERES

Este tema foi desenvolvido no livro *TEMAS COMERCIAIS E EMPRESARIAIS*, que publicamos em 2018 pela Editora AGE, de sorte que agora consideramos suficiente repetir as essências, com eventuais acréscimos, que entendemos necessários. Se o leitor tiver necessidade de mais subsídios, fica a indicação da obra.

Capítulo 28
DA ADMINISTRAÇÃO

> Em princípio, a administração é apenas *órgão executivo*. Há duas espécies básicas: a singular e a plural ou plúrima. O art. 1.013 do CC prevê a subespécie *plúrima disjuntiva*, a partir da qual surgem outras. Então, a *administração plúrima* pode ser: *(a)* conjuntiva: todos assinam todos os atos; *(b)* disjuntiva (prevista no art. 1.013): todos assinam autonomamente todos os atos, como se administração singular fosse; *(c)* mista: exercício coletivo para uns atos e individual para outros; e *(d)* fracionada: ocorre por áreas; exemplo, de compras, de comércio interior, de comércio exterior etc.

Quanto à *plural* ou *plúrima*, diz o art. 1.013 do CC que, havendo mais de um administrador e nada dispondo o contrato, a administração compete autonomamente a cada um. Cada qual é competente para todos os atos. Neste caso, um pode impugnar a operação pretendida por outro, com decisão dos sócios por maioria de votos. Convém evitar essa forma de administração, pois, com facilidade, constitui fonte de desinteligências entre os administradores, que se podem propagar aos sócios, transformando a sociedade numa *Casa de Orates*.[86]

---

[86] *Orat*, do espanhol catalão, louco. A expressão *Casa de Orates* é usada por Machado de Assis em *O Alienista* (1882), significando lugar de loucos, onde ninguém se entende, hospício, referindo-se à *Casa Verde*, alusão à cor das janelas, em Itaguaí, Rio de Janeiro, onde o médico Simão Bacamarte realiza suas experiências nada convencionais, tendentes a separar a loucura da razão.

Capítulo 29
DOS ADMINISTRADORES

1 CONSIDERAÇÃO INICIAL

> As pessoas jurídicas agem por seus administradores. O art. 46, II, do CC/02, repetindo o art. 17 do CC/1916, fala em *representação*. Tecnicamente está incorreto, pois vigora a *teoria organicista* ou da *presentação*, e não a *contratualista*. Diferente, por exemplo, do advogado que, baseado no contrato de mandato, *representa* o cliente, o administrador *presenta* a pessoa jurídica. Ele, no exercício da administração, não é ele, mas a própria pessoa jurídica emitindo vontade. O juiz não representa o Judiciário, mas presenta-o. Ele é o Judiciário. Idem os membros do Ministério Público, chefes de Poder, instituições etc.

A *teoria organicista* ou *teoria do órgão* é defendida por Pontes de Miranda. Ensina que a aplicação da *teoria da representação* dispensaria à pessoa jurídica inclusive tratamento igual ao do incapaz, repercutindo até mesmo na prescrição.[87]

2 DENOMINAÇÕES

> O CC refere *administração* e *administradores*, por exemplo, nos arts. 1.011 e 1.060-1, relativos às sociedades simples e limitadas, e assim também quanto às demais. O art. 46, II, fala em *diretores*, e o art. 1.069, V, em *diretoria*. Portanto, cria, como órgão social de natureza executiva, a *administração* ou *diretoria*, e daí as denominações sócio-administrador, sócio-diretor ou simplesmente diretor, com destaque ao gerente, que é o administrador não sócio (item 3.2.1 *infra*).

---

[87] MIRANDA, Pontes de. *Tratado de Direito Privado*, 4.ed., p. 412, § 97. São Paulo: Revista dos Tribunais, 1983.

3 ESPÉCIES DE ADMINISTRADORES

3.1 Administrador sócio

> Sócio-administrador, sócio-diretor ou simplesmente diretor. Essas denominações decorrem do fato de o órgão social chamar-se *administração* ou *diretoria*. Não mais existe a figura do sócio-gerente, como havia no art. 3.º, § 2.º, do Decreto 3.708/1919.

3.2 Administrador não sócio

3.2.1 *Gerente*

> É administrador não sócio ou gerente o empregado que cumula *poder de presentação*, preposto permanente no exercício da empresa na sede, sucursal, filial ou agência (CC, arts. 1.061 e 1.172). Desde o CC/02 não mais existe a figura do sócio-gerente. Se é sócio não é gerente, e se é gerente não pode ser sócio. As Súmulas 430 e 435 do STJ referem *sócio-gerente*. Há imprecisão técnica. Deve-se entender *sócio-administrador*.

É oportuno lembrar.

Preposto significa aquele que está posto antes, posto adiante ou à testa; pessoa ou empregado que, além de ser um locador de serviços, está investido de *poder de presentação* de seu chefe ou patrão, praticando atos sob direção ou autoridade do preponente ou empregador.

Assim, o *preposto* distingue-se do empregado comum (só locador de serviços) porque tem *poder de presentação* do empregador (locatário de serviços); distingue-se do comissário porque este recebe *poderes específicos para executar um negócio*, sem ser empregado; e distingue-se também do mandatário comum, porque este recebe *poderes específicos de um mandato*, sem ser empregado.

3.2.2 Mais de um gerente no mesmo estabelecimento

Havendo mais de um gerente no mesmo estabelecimento, os poderes, salvo estipulação diversa, são solidários (= outorga *in solidum*), isto é, só podem praticar atos conjuntamente (CC, art. 1.173, parágrafo único). Quanto à responsabilidade face a terceiros por *atos dolosos*, é sempre solidária com o preponente (art. 1.177, parágrafo único). Há direito de regresso na forma do art. 283 do CC.

3.2.3 Atos do gerente dentro e fora do estabelecimento e vinculação

Em relação aos atos praticados pelo gerente dentro do estabelecimento e relativos à atividade empresarial, admite-se *nomeação verbal*; e, em relação aos praticados fora dele, deve apresentar certidão ou cópia autenticada, quer dizer, exige-se *nomeação por escrito* (CC, art. 1.178 e parágrafo único). Numa e noutra hipótese, os atos vinculam a sociedade ou empresa individual (CC, art. 1.175).

3.2.4 Limitação, modificação e revogação dos poderes do gerente e registro

Pelo art. 1.174 do CC, tem-se o seguinte: *(a)* regra: uma vez nomeado, o gerente fica desde logo investido dos poderes de gestão (*intra vires*), independentemente de arquivamento e averbação no Registro Público de Empresas; e *(b)* exceção: quando há limitação e modificação, e nos casos de revogação, tal providência é imprescindível, sob pena de ineficácia face a terceiros, salvo se quem tratou com o gerente sabia.

3.2.5 Término do prazo da gerência e destituição

A gerência, quando a tempo certo, extingue-se automaticamente com o decurso do prazo; e, a qualquer momento, quando houver destituição, o que pode ocorrer *ad nutum*, mediante revogação pura e simples da nomeação, observado o quórum, tratando-se de sociedade (item 6 *infra*).

4 IMPEDIMENTOS OU INELEGIBILIDADES DOS ADMINISTRADORES

> Todo administrador, sócio ou não, está sujeito a impedimentos ou inelegibilidades (CC, art. 1.011, § 1.º; Lei 6.404/76, art. 144, §§ 1.º e 2.º). Relativamente ao sócio incapaz, o impedimento consta no art. 974, § 3.º, I, do CC, acrescido pela Lei 12.399, de 1.º-4-11.

5 ADMINISTRAÇÃO POR PESSOA JURÍDICA

> Salvo excludente, vigora o princípio de que nada obsta a administração por pessoa jurídica, excetuado o gerente, uma vez que este é empregado, portanto pessoa natural (CF, art. 7.º, CLT, art. 3.º).

Exemplos: nas sociedades simples e em nome coletivo, só pessoa natural pode administrá-las (CC, arts. 997, VI, 1.039 e 1.042); na anônima, só pessoas naturais podem integrar o Conselho Administrativo e a Diretoria (ambos compõem a administração), o que se repete em relação ao Conselho Fiscal (Lei 6.404/76, arts. 146 e 162).

6 NOMEAÇÃO E DESTITUIÇÃO DOS ADMINISTRADORES

> Relativamente à *nomeação* dos administradores, tem-se pelos arts. 1.012 e 1.060: (a) a de sócio pode ser no contrato ou em ato separado; e (b) a de não sócio (= gerente) deve ser em ato separado. Relativamente à *destituição*: (a) se nomeado no contrato, revoga-se a cláusula; e (b) se sócio nomeado em ato separado, ou se gerente, revoga-se-o, observado, em qualquer hipótese, tratando-se de sociedade, o órgão social competente e o quórum necessário. A revogação pode ser com e sem justificativa.

7 PRESTAÇÃO DE CAUÇÃO

> O CC/02 silencia quanto à prestação de caução pelos administradores, mas é razoável o contrato exigi-la, assim como o estatuto na S/A (Lei 6.404/76, art.

142). Se móvel, deve ser registrada no Cartório Especial de Títulos e Documentos para eficácia face a terceiros; e, se imóvel, deve ser averbada na Escrivania Imobiliária (Lei 6.015/73, arts. 129, n.º 2, e 167, II, n.º 8).

Capítulo 30

DOS PODERES DOS ADMINISTRADORES

1 PODERES COMUNS OU *INTRA VIRES* (DENTRO DAS FORÇAS)

Os *poderes comuns* ou *intra vires* (dentro das forças) são os normais de gestão. Decorrem do só fato de ser administrador. Em relação a eles, salvo restrição contratual, o administrador fica automaticamente investido. Equivalem aos poderes do *mandato em termos gerais* (CC, art. 661) e aos da cláusula *ad judicia* ao advogado (CPC, art. 105, 1.ª parte). São os poderes para os atos normais de administração, como os decorrentes do objeto social, admitir e demitir empregados, enfim, administrar.

2 PODERES ESPECIAIS OU *ULTRA VIRES* (ALÉM DAS FORÇAS)

Os *poderes especiais* ou *ultra vires* (além das forças) são os que desbordam dos normais de administração. Não decorrem do só fato de ser administrador. Por isso, é necessária outorga expressa, a qual pode ocorrer no próprio ato constitutivo. Equivalem aos *poderes especiais do mandato* (CC, art. 661, §§ 1.º e 2.º) e aos *poderes especiais* ao advogado (CPC, art. 105, 2.ª parte). Os poderes do administrador estatutário ou nomeado no ato constitutivo, necessariamente sócio, são irrevogáveis, salvo justa causa reconhecida judicialmente, enquanto do administrador nomeado em ato separado, sócio ou não, são revogáveis a qualquer tempo (CC, art. 1.019 e parágrafo).

Capítulo 30

DOS PODERES DOS ADMINISTRADORES

1 PODERES COMUNS OU INTRA VIRES (DENTRO DAS FORÇAS)

Os poderes comuns ou intra vires (dentro das forças) são os normalmente exigidos para o exercício do cargo de ser administrador. Em relação a eles, não se reservou nada para a assembleia, de forma que, diante da vontade dos equivalentes aos poderes, todo quórum, na forma do art. 1.076, §§ 1º e 2º, pode ser usado pelo juízo da vontade do CC art. 1.075. (Na parte). Se os poderes aqui estão cuidando de administração, com a característica do objeto social, será o objeto de empresa dada, vínculo administrar.

2 PODERES ESPECIAIS OU ULTRA VIRES (ALÉM DAS FORÇAS)

Os poderes existem ou fora mas, além das necessidade os que esperam da dos termos de adjunção, as que faço de rumos de se for de exceção mesmo o direito que se faz a exceção a essas exigências a pode, ver o fim o próprio do contrato de sociedade e assim, com ser exceção o sentido (CC art. 1.015 § 1). Os atos são possíveis ser adotados (CPC art. Xº, CC art.). Os poderes do administrador estatutário o temos dispor do, ato constitutivo vem se restringindo são os poderes e, vejo, pela quais, sou seus gerentes. Os atos alterem assignificando do administrador na escrita poderão ser interpretados só os quais, sob o tex-base de insegurança jurídica (Código de 2002 p. 56, 48)

Nona parte

RESPONSABILIDADE DOS SÓCIOS, ADMINISTRADORES, SOCIEDADE E EMPRESA INDIVIDUAL

É preciso distinguir responsabilidade: *(a)* dos sócios por serem sócios; *(b)* dos administradores de sociedade; e *(c)* da sociedade e empresa individual (vinculação).

Acrescenta-se, ainda, responsabilidade dos sócios: *(a)* por desconsideração da personalidade jurídica (Décima parte *infra*); e *(b)* por dissolução (Décima primeira parte *infra*).

Este tema foi amplamente desenvolvido no livro *TEMAS COMERCIAIS E EMPRESARIAIS*, que publicamos em 2018 pela Editora AGE, de sorte que agora consideramos suficiente repetir as essências, com eventuais acréscimos, que entendemos necessários. Se o leitor tiver necessidade de mais subsídios, fica a indicação da obra.

Capítulo 31
DA RESPONSABILIDADE DOS SÓCIOS

1 CONSIDERAÇÃO INICIAL – PRINCÍPIO GERAL

> A responsabilidade dos sócios pelo só fato de serem sócios não exclui a que decorre de situações excepcionais, como na desconsideração da personalidade jurídica e na dissolução. Ainda, o princípio geral que vigora aos sócios, independentemente de a sociedade personalizada ser de responsabilidade limitada ou ilimitada, e isso vale também ao empresário individual, é o *benefício de ordem* ou *de excussão* (CC, 1.024; CPC, art. 795; CC, art. 49-A, *caput*, acrescido pela Lei 13.874, de 20-9-2019).

A responsabilidade dos sócios pelo só fato de serem sócios não exclui a que decorre de situações excepcionais, como na desconsideração da personalidade jurídica, aplicável, como regra, apenas às sociedades personalizadas em que há limitação da responsabilidade (Cap. 35, item 1 *infra*), e a todas nos casos de dissolução (Décima primeira parte *infra*).

O princípio geral que vigora aos sócios, independentemente de a sociedade personalizada ser de responsabilidade limitada ou ilimitada, e isso vale também ao empresário individual, é o *benefício de ordem* ou *de excussão*, consagrado pelo art. 1.024 do CC, que diz: "Os bens particulares dos sócios não podem ser executados por dívidas da sociedade, senão depois de executados os bens sociais", o que é repetido no art. 795 do CPC. E diz o *caput* do art. 49-A do CC, acrescido pela Lei 13.874, de 20-9-2019 (*Lei da Liberdade Econômica*): "A pessoa jurídica não se confunde com os seus sócios, associados instituidores ou administradores".

2 PANORAMA DA RESPONSABILIDADE POR SOCIEDADE E EMPRESA INDIVIDUAL

2.1 Sociedades ilimitadas e empresa individual

2.1.1 Sociedade em nome coletivo

A sociedade em nome coletivo tem o capital dividido em quotas, admite sócio de indústria (não participa do capital social) e todos respondem pelas obrigações sociais de modo subsidiário, isto é, gozam do benefício de ordem (CC, arts. 1.039, 1.041 c/c 1.024; CPC, art. 795), salvo quando o nome do sócio constar na firma ou nome social, caso em que a responsabilidade é solidária (CC, art. 1.157, parágrafo único).

2.1.2 Sociedade em comum

A sociedade em comum: *(a)* não tem personalidade jurídica e por decorrência também não capital social; *(b)* os bens formam um *patrimônio especial* dos sócios, é dizer, *ex vi legis* quotas iguais a todos; *(c)* respondem subsidiariamente pelas obrigações sociais; e *(d)* em relação a cada operação, exclui-se a subsidiariedade a quem atua como administrador (CC, arts. 986, 988 e 990).

2.1.3 Sociedade em conta de participação

A sociedade em conta de participação não tem: *(a)* personalidade jurídica, mesmo que o contrato seja inscrito em algum registro; *(b)* capital social; *(c)* nome (CC, art. 1.162). Ainda: *(a)* não existe perante terceiros (só existe entre os sócios); *(b)* apenas o *sócio ostensivo* responde pelas obrigações sociais, como pessoa natural; e *(c)* os *sócios ocultos* não respondem, salvo aquele que tomar parte nas relações do ostensivo (CC, art. 993, parágrafo único).

2.1.4 Sociedade simples (não empresária)

A sociedade simples não é empresária; é por quotas e admite sócio de indústria (CC, art. 997, V). Deve o contrato dizer "se os sócios respondem, ou não, subsidiariamente, pelas obrigações sociais" (art. 997, VIII); e, pelo art. 1.023, respondem subsidiariamente se os bens não cobrirem as dívidas, "salvo cláusula de responsabilidade solidária". A expressão "ou não" (art. 997, VIII) não permite opção pela *inexistência de responsabilidade*, sob pena de conflito com o art. 1.023, onde ela está afirmada. Conclusão: deve o contrato dizer se a responsabilidade é *subsidiária* ou *solidária*, jamais excluí-la. Se a sociedade simples adotar um modelo de empresária (art. 983), exceto a anônima (Lei 6.404, art. 2.º, § 1.º), a responsabilidade ocorre conforme o tipo adotado.

Havendo responsabilidade solidária, não é caso de desconsideração da personalidade jurídica, conforme decisão do STJ: "Nas sociedades em que a responsabilidade dos sócios perante as obrigações sociais é ilimitada, como ocorre na sociedade simples (art. 1.023 do CC/02), não se faz necessária, para que os bens pessoais de seus sócios respondam pelas suas obrigações, a desconsideração da personalidade".[88]

2.1.5 Empresa individual ou FIRMA

A empresa individual ou FIRMA não é pessoa jurídica. É mera extensão da pessoa natural (*longa manus*) e tem capital, chamado *capital de afetação*. A responsabilidade é subsidiária, isto é, o titular goza do benefício de ordem ou de excussão, tal como nas sociedades (CC, art. 1.024; CPC, art. 795). Insuficientes os bens da empresa, os pessoais do empresário respondem automaticamente (Cap. 102, itens 1 e 2 *infra*).

2.2 Sociedades limitadas

2.2.1 Sociedade anônima

Na sociedade anônima, todos os acionistas participam do capital social e cada um responde no limite do valor de emissão ou preço de emissão das respectivas ações (Lei 6.404/76, art. 1.º; CC, art. 1.088); logo, não respondem automaticamente pelas obrigações sociais.

---

[88] STJ, REsp 895792, 3.ª T., Rel. Min. Paulo de Tarso Sanseverino, em 7-4-11, DJ*e* de 25-4-11.

2.2.2 Sociedade limitada pluripessoal

Na sociedade limitada pluripessoal, todos os sócios participam do capital social e cada quotista responde individualmente pela(s) sua(s) quota(s) e solidariamente pelo total do capital social (CC, arts. 1.152 e 1.155, § 2°); logo, não respondem automaticamente pelas obrigações sociais.

2.2.3 Sociedade limitada unipessoal

Na sociedade limitada unipessoal, substitutiva da ex-Empresa Individual de Responsabilidade Limitada – EIRELI, é pessoa jurídica (CC, art. 44, II); logo, além de o sócio único fazer jus ao benefício de ordem, o seu patrimônio não responde automaticamente pelas obrigações sociais.

2.3 Sociedades de responsabilidade mista (em comandita simples e por ações)

Tanto na sociedade em comandita simples quanto na em comandita por ações: *(a)* todos, quotistas ou acionistas, participam do capital social; *(b)* só os *comanditados* (administradores) respondem automaticamente de forma subsidiária e solidária pelas obrigações sociais; *(c)* os *comanditários* (não administradores) respondem no limite das respectivas quotas ou ações; logo *(d)* sociedades de responsabilidade limitada apenas quanto aos comanditários. Quando usar *firma* (nome social), quem tiver o nome nela decai da subsidiariedade, benefício de ordem ou de excussão, isto é, responde solidariamente pelas obrigações sociais (CC/02, art. 1.157, parágrafo único; Lei 6.404, art. 281).

2.4 Sociedade cooperativa (simples especial)

Observado o princípio da subsidiariedade ou benefício de ordem (Lei 5.764/71, art. 13), na cooperativa (sociedade simples especial): *(a)* de responsabilidade limitada, o associado responde no limite do capital social subscrito e também por eventual prejuízo nas operações de que participar, na proporção da participação (Lei 5.764/71, art. 11; CC, art. 1.095, § 1.º); *(b)* de responsabilidade ilimitada, responde solidária e ilimitadamente pelas obrigações sociais (Lei 5.764/71, art. 12, CC, art. 1.095, § 2.º); e *(c)* sem capital social (CC, art. 1.094, I), não havendo regramento específico, aplica-se por analogia a forma da *sociedade em comum*, na qual a responsabilidade é subsidiária, ilimitada e solidária pelas obrigações sociais.

3 RESPONSABILIDADE DOS SÓCIOS FACE AO CAPITAL SOCIAL

A responsabilidade dos sócios *face ao capital social* decorre do só fato de serem sócios. Tem como limite o próprio capital. Este, além de financiar o objeto social, traduz garantia, seguro ou fiança aos credores, que vigora durante toda a existência da sociedade. Havendo descapitalização, e sendo insuficiente o patrimônio numa demanda de terceiro, isto é, observado o benefício de ordem ou de excussão, automaticamente é acionado o gatilho da responsabilidade. Até o limite, cada sócio responde, ou não, pela totalidade da descapitalização, conforme as normas específicas da sociedade. Exemplo: na limitada pluripessoal, existem a responsabilidade individual pela respectiva quota e a coletiva e solidária pela integralização do total (CC, art. 1.052), é dizer, obrigação de manter o capital permanentemente integralizado. Tanto é assim que, se houver distribuição de lucros *com prejuízo do capital*, devem ser devolvidos (CC, art. 1.059), pois descapitaliza a sociedade. Violam o *princípio da integridade do capital social*, que existe para proteger os direitos de terceiros. Isso prova que a obrigação dos sócios face do capital social é permanente.

Carvalhosa ensina que a integridade do capital social "é a garantia em primeiro plano dos credores da sociedade".[89] Requião escreve que o *patrimônio social*, dentro do qual se insere o capital social, constitui "garantia de seus credores, como o patrimônio do sócio responde perante os seus credores particulares".[90]

---

[89] CARVALHOSA, Modesto. *Comentários ao CC/2002*, vol. XIII, p. 15. São Paulo: Saraiva, 2003.
[90] REQUIÃO, Rubens. *Curso de Direito Comercial*, 28.ed., vol. I, p. 475, item 244. São Paulo: Saraiva, 2009.

A responsabilidade dos sócios no sentido de garantir permanentemente o capital social é automática e vigora por toda a existência da sociedade, de modo que, havendo descapitalização, e sendo insuficiente o patrimônio numa demanda de terceiro, eles respondem até o respectivo limite. Têm que – digamos – recapitalizá-la ou reintegralizar o capital social.

É relevante prestar atenção ao que diz o art. 1.059 do CC: "Os sócios serão obrigados à reposição dos lucros e das quantias retiradas, a qualquer título, ainda que autorizados pelo contrato, quando tais lucros ou quantias se distribuírem com prejuízo do capital social".

Isso ocorre porque tais lucros ou quantias descapitalizam a sociedade. Violam o *princípio da integridade do capital social*, que existe para proteger os direitos de terceiros. É evidência de que a obrigação em face do capital social é permanente. Se houver descapitalização, automaticamente é acionado o gatilho da responsabilidade até o respectivo limite.

4 RESPONSABILIDADE DOS SÓCIOS FACE ÀS OBRIGAÇÕES SOCIAIS

4.1 Responsabilidade automática (sociedades ilimitadas)

4.1.1 Quando consta o nome do sócio na firma social

> Nas sociedades de responsabilidade *ilimitada* regidas pelo CC, os sócios, administradores ou não, que tiverem seus nomes na firma social, respondem desde logo ilimitada e solidariamente pelas *obrigações sociais* (CC, art. 1.157, parágrafo único), isto é, ficam sem o benefício de ordem ou de excussão. Incide o art. 275 do CC.

4.1.2 Quando não consta o nome do sócio na firma social

> Nas sociedades de responsabilidade *ilimitada*, a dos sócios pelas *obrigações sociais*, cujos nomes não constam na firma social, ocorre de modo *automático*, porém gozam do benefício de ordem ou de excussão. Uma vez exaurido o patrimônio social, *automaticamente* é acionado o gatilho da responsabilidade. Cada sócio responde, ou não, pela totalidade, conforme as normas específicas da sociedade. Exemplo: na em nome coletivo, é automática, solidária e ilimitada. Eventual cláusula limitativa não é oponível

a terceiros (CC, art. 1.039, *caput* e parágrafo único). A cláusula só vale entre os sócios para regresso de diferença, incluída a quota de eventual insolvente (CC, art. 283). Idem relativamente ao empresário individual ou FIRMA, quando exaurido o *patrimônio de afetação*.

4.2 Responsabilidade não automática (sociedades limitadas)

Nas sociedades de responsabilidade *limitada* (anônima e limitadas uni e pluripessoais), a dos sócios pelas *obrigações sociais* ocorre de modo *não automático*. Não basta o exaurimento do patrimônio. É preciso romper a barreira da limitação, o que, se estiver em atividade, acontece por meio da *desconsideração da personalidade jurídica*, conforme as hipóteses típicas e atípicas (Cap. 37 *infra*). E, uma vez desconsiderada, desaparece o vínculo que distingue os sócios pelo *quantum* da participação no capital. Por isso, cada um responde pela totalidade, assim como na dissolução quando o ativo é insuficiente para quitar o passivo, inclusive em relação a eventual insolvente.

5 RESPONSABILIDADE DOS SÓCIOS FACE À DISSOLUÇÃO

A responsabilidade dos sócios *face à dissolução*, seja regular, mediante a instauração de processo específico e normal conclusão, seja na irregular, mediante a pura e simples paralisação das atividades (Décima primeira parte *infra*), corresponde ao total do passivo, ou das obrigações sociais, ou débitos, ou perdas sociais. E cada sócio não responde proporcionalmente à participação, e sim pela totalidade, inclusive por eventual insolvente (Cap. 46, itens 5.2.2 e 5.3 *infra*). A Súmula 435 do STJ estende a responsabilidade ao sócio-administrador na dissolução irregular, sem obviamente excluir a dos sócios, sob pena de a estes ser mais vantajoso descumprir a lei, o que seria um rematado absurdo.

Capítulo 32
DA RESPONSABILIDADE DOS ADMINISTRADORES

A imunidade dos administradores de sociedade começou com a limitação da responsabilidade dos sócios, algo imaginado na Idade Média e que se aperfeiçoou no século XVII, com o surgimento das grandes companhias, como a Cia. Holandesa das Índias Ocidentais, economia mista, que invadiu o nordeste brasileiro em 1624, sob o comando de Maurício de Nassau.

Considerando que a imunidade estimulou abusos e aventuras, passou-se a admitir excludentes, numa espécie de *tendência à comanditarização*, isto é, de responsabilidade dos administradores, como escreve Rubens Requião,[91] e se confirma pelos arts. 281 da Lei 4.404/76 e 1.091 do CC, quanto à *sociedade em comandita por ações*, mais o art. 1.045 do CC, quanto à *em comandita simples*.

Atualmente, pelo ordenamento jurídico vigente, a responsabilidade dos administradores tem: *(a)* como origem, as espécies de poder: comuns ou *intra vires* e especiais ou *ultra vires* (Cap. 30 *supra*); e *(b)* como natureza, as espécies gerais: subjetiva (culpa e dolo) e objetiva.

1 RESPONSABILIDADE FACE AOS ATOS COMUNS OU *INTRA VIRES*

> No que tange aos atos comuns ou *intra vires* (dentro das forças), que são os normais de gestão, há imunidade dos administradores, mas dela decaem se agirem com dolo ou culpa (CC, art. 1.016; Lei 6.404/76, art. 158, I; Cap. 30 *supra*); logo, *responsabilidade subjetiva*. No que tange ao ônus da prova, incide o *princípio da carga dinâmica* (CPC, art. 373, § 3.º, II). Quem alega deve demonstrar os elementos extrínsecos que revelam, em abstrato, a conduta dolosa ou culposa do administrador, e este, que dispõe dos elementos intrínsecos, deve demonstrar, em concreto, a excludente (fato impeditivo, modificativo ou extintivo da responsabilidade).

---

[91] REQUIÃO, Rubens. *Curso de Direito Comercial*, 23.ed., vol. II, p. 303, item 472. São Paulo: Saraiva, 2003.

2 RESPONSABILIDADE FACE AOS ATOS ESPECIAIS OU *ULTRA VIRES*

No que tange aos *atos especiais* ou *ultra vires* (além das forças), que são os que desbordam dos normais de gestão, os administradores não gozam de imunidade. Por isso, respondem sempre que os praticarem sem outorga expressa pelo contrato ou em ato separado, neste caso desde que não seja proibido por aquele (Cap. 80 *supra*). Trata-se de *responsabilidade objetiva*. A quem alega basta provar que o administrador praticou o ato sem autorização. Descabe investigar se o ato foi praticado com dolo ou culpa. Importa é que o foi sem autorização. Resta ao administrador a única excludente: romper o nexo causal.

3 FACE AOS ATOS QUE VIOLAM A LEI OU O CONTRATO

No que tange aos *atos que violam a lei ou o contrato* (CC, art. 1.080; Lei 6.404/76, art. 158, II; CTN, art. 135, *caput* e III): *(a)* em relação aos que violam o contrato, decorrem dos poderes especiais ou *ultra vires* (Cap. 30 *supra*); e *(b)* em relação aos que violam a lei, ninguém pode descumpri-la, nem mesmo alegando que não a conhece (LINDB, art. 3.º). Trata-se de *responsabilidade objetiva*, pois só o que importa é verificar se ocorreu violação, e não se houve dolo ou culpa na ocorrência violadora.

4 FACE AOS ATOS PRATICADOS POR MANDATÁRIO

Os administradores podem outorgar mandato para *atos e operações* (CC, art. 1.018; Lei 6.404/76, art. 144, parágrafo único). O administrador-mandante responde pelos atos do mandatário, conforme as normas do *instituto do mandato* (CC, art. 679).

5 RESPONSABILIDADE COLETIVA NA ADMINISTRAÇÃO PLÚRIMA

O art. 1.013, § 1.º, do CC: *(a)* restringe-se à administração plúrima disjuntiva; *(b)* institui o poder-dever de *recíproca vigilância*: um pode-deve impugnar operação pretendida por outro, e a maioria dos sócios decide; e *(c)* quando não há impugnação, tem-se que os demais consentiram, logo respondem. Relativamente às demais situações decorrentes da administração plúrima nas sociedades regidas pelo CC, bem assim relativamente às regidas pela Lei 6.404/76, o tema segue os §§ do art. 158, pelos quais subsiste o poder--dever de *vigilância recíproca*: *(a)* quanto aos *atos ilícitos*, um administrador não responde pelos de outro, salvo se, de algum modo, se tornou conivente, inclusive por negligência para impedi-los ou descobri-los, ou por falta de comunicação por escrito ao órgão da administração e ao conselho fiscal, este se existente e em funcionamento (§ 1.º); *(b)* quanto aos *deveres legais*, respondem solidariamente, mesmo que, pelo estatuto, não caibam a todos (§ 2.º), portanto, administrações mista e fracionada, salvo se, nas companhias de capital aberto, houver pelo estatuto administradores com atribuição específica de dar cumprimento a tais deveres (§ 3º); *(c)* considerando que o § 3.º excepciona o § 2.º, mas exclui da exceção o disposto no § 4.º, tem-se que o administrador, tendo conhecimento de violação dos deveres legais, seja pelos administradores com atribuição específica (§ 3.º), seja inclusive pelos antecessores (§ 4.º), é obrigado a comunicar por escrito ao órgão social competente, sob pena de responder solidariamente.

Capítulo 33

DA RESPONSABILIDADE DA SOCIEDADE E DA EMPRESA INDIVIDUAL – VINCULAÇÃO

Como regra, os atos do administrador, independentemente da espécie, vinculam a sociedade e a empresa individual; portanto elas respondem, podendo cumular, ou não, a responsabilidade pessoal daquele. Como exceção, os atos do administrador não as vinculam, caso em que ele responde como negócio particular.

1 RESPONSABILIDADE FACE AOS ATOS COMUNS OU *INTRA VIRES*

> Os atos comuns ou *intra vires* (dentro das forças) dos sócios-administradores e dos gerentes vinculam a sociedade e a empresa individual (FIRMA) perante terceiros (CC, arts. 47 e 1.175). Pelo art. 1.015 do CC, no silêncio do contrato, os administradores podem praticar todos os atos de gestão, sendo que, para onerar e vender imóveis, quando não constitui objeto da sociedade, depende da aprovação da maioria dos sócios.

Diz o art. 47 do CC: "Obrigam a pessoa jurídica os atos dos administradores, exercidos nos limites de seus poderes definidos no ato constitutivo". E o art. 1.015: "No silêncio do contrato, os administradores podem praticar todos os atos pertinentes à gestão da sociedade; não constituindo objeto social, a oneração ou a venda de bens imóveis depende do que a maioria dos sócios decidir".

Em relação aos *sócios-administradores*, os atos de gestão vinculam a sociedade (CC, art. 1.015); e, quando envolve oneração ou venda imóvel, e tal não constitui objeto social, o ato depende do que a maioria dos sócios decidir. Para superar eventual empate pelo critério legal, é conveniente o contrato estabelecer ordem de critérios, desde que sejam objetivos, começando, por exemplo, pela maioria do capital.

Em relação aos *gerentes*, a vinculação está prevista nos arts. 1.174-5 do CC, sendo que eventuais limitações devem ser arquivadas e averbadas no Registro Público de Empresas Mercantis, sob pena de ineficácia face a terceiros, salvo se provado serem conhecidas da pessoa que tratou com o gerente (Cap. 29, itens 3.2.3 e 3.2.4 *supra*).

2 RESPONSABILIDADE FACE AOS ATOS ESPECIAIS OU *ULTRA VIRES*

> Os atos especiais ou *ultra vires* dos sócios-administradores e dos gerentes não vinculam a sociedade se operação *evidentemente estranha ao objeto social*. Quando operação *não evidentemente estranha ao objeto social*, há vinculação, mesmo sem outorga expressa, pois incide a *teoria da aparência*, salvo prova de que o terceiro sabia ou tinha condições de saber do excesso.

O parágrafo único do art. 1.015 do CC previa ser possível a sociedade alegar perante terceiros a excludente de responsabilidade ou não vinculação por excesso cometido pelos administradores quando: *(a)* averbada a limitação de poderes no registro da sociedade; *(b)* provado que o terceiro sabia da limitação; e *(c)* tratando-se de operação evidentemente estranha aos negócios da sociedade.

A revogação desse parágrafo pela Lei 14.195, de 26-8-21, não quer dizer que a sociedade não possa arguir a excludente com base nos princípios gerais de Direito, até porque, se houver limitação de poderes, nada obsta o arquivamento e a averbação no registro da sociedade, assim como em relação aos gerentes. Importante observar que, na excludente de vinculação, e por decorrência de responsabilidade, entra em cena o *princípio da aparência* (item 5 *infra*).

Em relação aos *atos evidentemente estranhos ao objeto social*, a sociedade não se vincula. Fica a operação como negócio particular do administrador. É assim porque nem mesmo com autorização dos sócios tais atos podem ser praticados, haja vista a responsabilidade pessoal dos que autorizaram (CC, art. 1.080). A competência dos sócios para autorizar é exclusiva para as hipóteses do art. 1.015 (oneração ou venda de imóveis, obviamente quando tal não constituir objeto social), e as do art. 1.017 (autorização para o administrador aplicar créditos ou bens sociais em proveito próprio ou de terceiros).

Em relação aos *atos não evidentemente estranhos ao objeto social*, há vinculação, tenha havido, ou não, outorga de poderes, mesmo quando infringente do contrato, pois incide a *teoria da aparência*, salvo se o terceiro sabia ou tinha condições de saber que o administrador estava cometendo excesso (item 5 *infra*).

Dois exemplos elucidam a questão dos atos *evidentemente* e *não evidentemente* estranhos ao objeto da sociedade.

Uma indústria de computadores, com trezentos empregados, compra de um frigorífico, no final de dezembro, 200 kg de carne. Como é normal acontecer festa de confraternização no fim de ano, há presunção favorável ao vendedor. Mas o administrador desvia para açougue de um amigo, e a empresa, por outro dirigente, resolve não pagar. Vincularam-se tanto o administrador que fez a compra, quanto, pela *teoria da aparência*, a empresa compradora, assegurado a esta o direito de regresso, isso porque, nas circunstâncias, operação *não evidentemente estranha*, salvo se provar que o vendedor sabia ou tinha condições de saber do desvio. Por exemplo, não fez a entrega no endereço da compradora, e sim num açougue localizado noutra cidade.

Se, porém, a compra foi de uma tonelada, inverte-se a presunção. Fica notório, pela quantidade, que se trata de operação *evidentemente* estranha aos negócios da compradora, excluindo-se, pois, a sua responsabilidade.

Percebe-se que isso deve ser examinado caso a caso, conforme as circunstâncias.

3 FACE AOS ATOS QUE VIOLAM A LEI OU O CONTRATO

> Os *atos que violam a lei* (comissivos ou omissivos) vinculam a sociedade, inclusive pela *teoria organicista*. Os administradores, mais que representá-la, presentam-na: são a própria sociedade agindo ou se omitindo. Os *atos que violam o contrato* igualmente a vinculam, salvo se o terceiro sabia ou tinha condições de saber da infração. Incide a *teoria da aparência*.

Rubens Requião, comentando os casos em que o contrato veda o administrador de "conceder fianças, avais e praticar atos de favor em nome da sociedade", escreve que, embora entenda ser inválido o ato perante a sociedade, o STF (RE 69.028, Relator: Min. Thompson Flores, e em RTJ 2/296, Relator: Min. Gallotti), decidiu pela sua responsabilização em casos de avais dado a terceiros de boa-fé, garantido-lhe o direito de regresso.[92] Idem 2.º TACivSP na RT 610/170 e 750/309, ambas no sentido de que a fiança prestada por pessoa jurídica, embora cláusula contratual proibindo o seu uso para negócios estranhos aos objetivos sociais, não pode ser invocada contra terceiros de boa-fé, restando à sociedade o direito de regresso contra quem violou o contrato. Novamente incide a *teoria da aparência* (item 5 *infra*).

A ressalva é sempre a mesma: a não vinculação da empresa ocorre quando o terceiro sabia ou, pelas circunstâncias, tinha condições de saber.

4 FACE AOS ATOS PRATICADOS POR MANDATÁRIO

> Os atos praticados pelo mandatário vinculam a sociedade tanto quanto vinculam o mandante no instituto do mandato (Cap. 32, item 4 *supra*), observada sempre a *teoria da aparência*.

5 TEORIA DA APARÊNCIA

> A *teoria da aparência* determina que a sociedade se vincula: *(a)* nos atos comuns ou *intra vires* em que houver limitação de poderes sem averbação no respectivo registro; *(b)* nos atos especiais ou *ultra vires*; *(c)* nos atos que violam o contrato; e *(d)* nos atos praticados por mandatário, salvo, em todas as situações, se o terceiro sabia ou tinha condições de saber da limitação de poderes, do excesso no exercício de poderes, da violação do contrato e também do excesso no exercício de mandato.

O STF, quando competente para julgar a matéria, decidiu pela vinculação da sociedade, a fim de preservar a boa-fé do terceiro, garantindo-lhe o direito de regresso contra o responsável direto.[93,94] O ex-2.º TACivSP decidiu que a fiança prestada por pessoa jurídica, embora cláusula contratual proibindo o seu uso para negócios estranhos aos objetivos sociais, não pode

---

[92] REQUIÃO, Rubens. *Curso de Direito Comercial*, 28.ed., vol. I, p. 548, item 278. São Paulo: Saraiva, 2009.
[93] STF, RE 69.028, Relator: Min. Thompson Flores.
[94] STF, *in* RTJ 2/296, Relator: Min. Gallotti.

ser invocada contra terceiros de boa-fé, restando à sociedade o direito de regresso contra quem a violou.[95]

Um exemplo elucida a questão a respeito de o terceiro saber ou ter condições de saber. O sócio não pode ignorar cláusula da própria sociedade que proíbe ato de favor; logo, se ele constar como locador de um imóvel e receber do locatário uma fiança por ela prestada, não se lhe aplica a teoria da aparência, e por conseguinte a sociedade não se vincula, pois sabia ou tinha condições de saber acerca do veto à prática de ato de favor.

---

[95] Ex-2.º TACivSP, *in* Revista dos Tribunais n.ºs 610/170 e 750/309.

Décima parte

DESCONSIDERAÇÃO DA PERSONALIDADE JURÍDICA – *DISREGARD DOCTRINE*

Esta matéria foi desenvolvida no livro *TEMAS COMERCIAIS E EMPRESARIAIS*, que publicamos em 2018 pela Editora AGE, de sorte que agora consideramos suficiente repetir as essências, com eventuais acréscimos, que entendemos convenientes. Se o leitor tiver necessidade de mais subsídios, fica a indicação da obra.

Capítulo 34
DA SUMA HISTÓRICA E DAS TEORIAS MAIOR E MENOR

1 ÂMBITO INTERNACIONAL

> Surgiu num processo na Inglaterra, em 1897, em caso de megassócio, ou sócio supermajoritário, ou caso de *alter ego* (outro eu). O sócio que figura só para fins de pluralidade é chamado de *laranja, testa de ferro, pintado* e *sócio de palha*.

A sentença deliberou que a atividade da *company* na realidade era o próprio sócio supermajoritário, seu *alter ego* (outro eu), prejudicando credores. A decisão *leading case* originou a *teoria da desconsideração*. Propagou-se na Alemanha, Itália, Espanha, França e nos EUA, onde ganhou o nome em voga: *disregard doctrine*, ou *disregard of legal entity*, ou *lifting corporate the veil*.

Surgiu, pois, de um vício na constituição de uma sociedade, situação em que o outro sócio, com pequena participação, que só figura para fins de pluralidade, é chamado de *laranja, testa de ferro, pintado* e *sócio de palha* (Cap. 37, item 1.1 *infra*).

2 ÂMBITO NACIONAL

> Na doutrina, considera-se como introduzida pelo artigo *Abuso de direito e fraude através da personalidade jurídica*, escrito pelo Prof. Rubens Requião, publicado em 1969 na RT 410/12. No Direito Positivo, considera-se introduzida em 1990 pelo art. 28, *caput* e § 5.º, do CDC.

Em 1994, foi estendida às *infrações à ordem econômica* (Lei 8.884/94, art. 18); em 1998, aos *danos ambientais* (Lei 9.605/98, art. 4.º); com o CC/2002, às *relações gerais* (art. 50).

Assim, há *hipóteses típicas* (previstas em lei) e *atípicas* (consagradas pela doutrina e jurisprudência).

3 TEORIAS *MAIOR* E *MENOR* DA DESCONSIDERAÇÃO

> A *teoria maior* (a verdadeira) baseia-se no *cometimento de um ilícito*, envolvendo a personalização. A insuficiência patrimonial não é causa, mas pressuposto. Causa é o ilícito; logo, é subjetiva. Já à *teoria menor* (a falsa) basta a insuficiência patrimonial; logo, é objetiva. É como nas sociedades de responsabilidade ilimitada: exaurido o patrimônio, os sócios respondem automaticamente.

Muito aplicada e pouco entendida, a *disregard* ensejou no Brasil as teorias *maior* e *menor* (a verdadeira e a falsa). Vencidas as perplexidades iniciais, poder-se-ia dispensá-las. Porém, o legislador criou deturpações e confusões que justificam a manutenção do destaque.

Capítulo 35

DO ÂMBITO DA *DISREGARD DOCTRINE* E DA APLICAÇÃO CASO A CASO

1 ÂMBITO DA *DISREGARD DOCTRINE*

> A desconsideração da personalidade jurídica – abreviadamente *disregard doctrine* – objetiva, em caráter excepcional, romper a cláusula de barreira de limitação da responsabilidade dos sócios face às obrigações sociais. Assim, salvo na *desconsideração inversa*, só se aplica às pessoas jurídicas de responsabilidade *limitada*.

Vimos no Cap. 31, item 1 *supra*, que a responsabilidade dos sócios pelo só fato de serem sócios, não exclui a que decorre de situações excepcionais, como na desconsideração da personalidade jurídica e na dissolução, e que o princípio geral que vigora aos sócios, independentemente de a sociedade personalizada ser de responsabilidade limitada ou ilimitada, é o *benefício de ordem* ou *de excussão* (CC, 1.024; CPC, art. 795; CC, art. 49-A, *caput*, acrescido pela Lei 13.874, de 20-9-2019).

Pois, salvo na *desconsideração inversa*, onde o ilícito ocorre de fora para dentro, o que torna a *disregard* aplicável também às sociedades de responsabilidade ilimitada (Cap. 37, item 1.3.2 *infra*), nos demais casos ela é desnecessária. Não se aplica, à medida que o objetivo é romper, em caráter excepcional, o limite da responsabilidade. Se não há limite, pois, não havendo patrimônio suficiente às obrigações sociais, é acionado automaticamente o gatilho da responsabilidade dos sócios, não há por que a *disregard*.

Nesse sentido, decisão do STJ: "Nas sociedades em que a responsabilidade dos sócios perante as obrigações sociais é ilimitada, como ocorre nas sociedades simples (art. 1.023 do CC/02), não se faz necessária, para que os bens pessoais de seus sócios respondam pelas suas obrigações, a desconsideração da personalidade".[96]

---

[96] STJ, 3.ª T., REsp 895792, Rel. Min. Paulo de Tarso Sanseverino, em 7-4-11, DJ*e* de 25-4-11).

2 DESCONSIDERAÇÃO CASO A CASO E NO RESPECTIVO LIMITE

A *disregard doctrine* não atenta contra: *(a)* o ato constitutivo da sociedade, pois não o modifica; *(b)* o princípio da preservação da empresa, pois não a extingue total ou parcialmente; e *(c)* o instituto da personalização (CC, art. 44), pois apenas suspende, caso a caso e no limite da necessidade patrimonial (para quitar a obrigação), o princípio da separação patrimonial entre a pessoa jurídica e os sócios, informando que ele é relativo, não absoluto.

Capítulo 36

DOS FUNDAMENTOS AXIOLÓGICOS E DO PRESSUPOSTO

1 FUNDAMENTOS AXIOLÓGICOS E PREVALÊNCIA DA REALIDADE SOBRE A APARÊNCIA

> Axiologicamente, a *teoria da desconsideração* baseia-se em valores morais relativos aos bons costumes e de ordem pública, já que objetiva reprimir abusos e fraudes. A *prevalência da realidade sobre a aparência* sobrepõe-na aos normativismos, ficcionismos, nominalismos.

Em Direito, as coisas se definem pelos conteúdos, não pelos títulos. Conclusão: os princípios da personalização e da separação patrimonial, este decorrência daquele, não constituem direitos absolutos, mas relativos.

2 PRESSUPOSTO E CAUSA À DESCONSIDERAÇÃO

> Enquanto para a *teoria menor*, causa à *disregard* é a insuficiência patrimonial com prejuízo a terceiros (basta a insuficiência), para a *teoria maior*, causa é o cometimento de um ilícito por meio da personalização. A insuficiência patrimonial é pressuposto, condição preliminar ao exame da causa (cometimento de um ilícito). Jurisprudência: RT 768/349, RT 771/258 e RT 885/260.

Capítulo 37

DAS HIPÓTESES TÍPICAS E ATÍPICAS DE DESCONSIDERAÇÃO

Na desconsideração da personalidade jurídica, abreviadamente *disregard doctrine*, existem hipóteses típicas (previstas em lei) e atípicas (não previstas em lei).

A origem comum de todas as hipóteses é o cometimento de um ilícito, seja na constituição da sociedade, seja no seu uso.

1 HIPÓTESES ATÍPICAS

1.1 Desconsideração por caso de *alter ego* (outro eu)

> A desconsideração por caso de *alter ego* (outro eu) traduz *vício na constituição* da sociedade. É o ilícito. Não há exigência de participação mínima do sócio no capital, mas não se admite que seja tão reduzida a ponto de constar apenas a fim de cumprir a pluralidade (*sócio laranja, testa de ferro, pintado, sócio de palha*). A doutrina consagrou a denominação *sociedade de fachada*.

Em tal ocorrência, a forma societária serve apenas para ocultar o megassócio (na prática atua como empresa individual comum). A pessoa jurídica é *alter ego* (outro eu) do supermajoritário para fins de limitar a responsabilidade. A doutrina consagrou a denominação *sociedade de fachada*.

Jurisprudência sobrepondo a realidade sobre a aparência: sócio com 98%, RT 511/199; 99,2%, RT 592/172 e RJTJRS 115/301; 99,98%, RJTJRS 118/258; 99%, RT 614/109; 90%, RT 631/197; 98%, RT 713/138; 95% e 98%, RT 917/495.

Com o advento da Empresa Individual de Responsabilidade Limitada – EIRELI, por meio da Lei 12.441, de 11-7-2011, em vigor a partir de 8-1-2012, a tendência dessa hipótese de *disregard doctrine* foi diminuir, mas não tanto, isso porque era exigido capital social de pelo menos cem salários mínimos. Assim, a sociedade limitada pluripessoal, com *sócio laranja*, *testa de ferro* e outras designações pejorativas, continuou sendo artifício para fins de limitação da responsabilidade, nos casos de capital inferior a cem salários.

Por fim, com a extinção da EIRELI e a adoção da *Sociedade Limitada Unipessoal – SLU*, por meio da Lei 13.874, de 20-9-2019, conhecida como *Lei da Liberdade Econômica* (Décima terceira parte *infra*), a tendência de haver *sociedade de fachada* cessou, pois não é exigido capital social mínimo (Cap. 84, item 1 *infra*).

Na prática, as *sociedades de fachada* eram *unipessoais*, como escreve Gustavo Ribeiro Rocha.[97] E, como a *sociedades de fachada*, ganharam fama de ser palco de fraudes, como desvio de patrimônio pelo sócio supermajoritário. Calixto Salomão Filho[98] e Maria Elisabete Gomes Ramos[99] defenderam, desde antes, que a oficialização da sociedade unipessoal cumpriria também a função de desfazer tal fama.

1.2 Desconsideração por uso abusivo da forma societária (abuso de direito)

> A desconsideração por uso abusivo da forma societária (abuso de direito) traduz *vício no exercício* da sociedade. Ocorre de dentro para fora. É o ilícito.

Se há direito de constituir sociedade, o exercício (funcionamento) não pode ser anormal, sob pena de *abuso de direito*. Para exemplificar, o endividamento exagerado, acima de padrões razoáveis recomendados pela prudência, a prática de operação de alto risco, de aventura empresarial. Há incidência do princípio do art. 187 do CC, que diz: "Também comete ato ilícito o titular de um direito que, ao exercê-lo, excede manifestamente os limites impostos pelo seu fim econômico ou social, pela boa-fé ou pelos bons costumes."

Jurisprudência: RT 749/422 e 831/332.

---

[97] ROCHA, Gustavo Ribeiro. Ordem econômica constitucional, Lei n.º 13.874/2019 e Direito Comercial brasileiro. Artigo publicado na *Revista de Direito*, vol. III, n.º 5, jan./abr.2020, p. 67.
[98] SALOMÃO FILHO, Calixto. *A sociedade unipessoal*, p. 9. São Paulo: Malheiros, 1995.
[99] RAMOS, Maria Elisabete Gomes. *Sociedades unipessoais* – Perspectivas da experiência portuguesa, p. 387. Coimbra: Almedina, 2012.

1.3 Desconsideração por desvio de finalidade (fraude)

A fraude, na forma de desvio de finalidade, traduz *vício no exercício* da sociedade e pode acontecer: *(a)* de dentro para fora; e *(b)* de fora para dentro (desconsideração inversa).

1.3.1 Por fraude de dentro para fora

A desconsideração por fraude de dentro para fora traduz *ilícito praticado pela pessoa jurídica*, prejudicando terceiros, daí chamar-se *fraude de dentro para fora*. Os sócios respondem pelas obrigações da pessoa jurídica. Por exemplo, quando esta desvia seus bens, prejudicando os credores.

1.3.2 Por fraude de fora para dentro (desconsideração inversa)

A desconsideração por fraude de fora para dentro traduz *ilícito praticado pelos sócios*, atingindo a pessoa jurídica, daí chamar-se *fraude de fora para dentro*. Aplica-se inclusive às sociedades de responsabilidade *ilimitada*. Os sócios usam como instrumento a pessoa jurídica. Esta responde por obrigações daqueles. É a *desconsideração inversa*, prevista no art. 133, § 2.º, do CPC, pela qual há desvio de bens de uma pessoa jurídica a outra, que funciona como "sociedade laranja", ou desvio de bens de sócio para a sociedade, a fim de escondê-los de seus credores.

Por exemplo, a penhora não apaga todos os efeitos da fraude, pois é restrita à parte do sócio devedor. Não abrange o valor que o ingresso indevido do bem na pessoa jurídica agrega às partes dos demais. Essa forma de *desconsideração*, que vinha sendo admitida pela doutrina e jurisprudência, agora está prevista no art. 133, § 2.º, do CPC. Aplica-se a toda sociedade, mesmo de responsabilidade ilimitada, inclusive associação e fundação, nas quais não há quotas nem ações.

Jurisprudência: RT 901/170 (STJ, REsp 948117); RT 906/792, 884/325 ou 886/299.

1.4 Desconsideração por subcapitalização

> O *capital social* objetiva: *(a)* permitir operação do objeto social (financiá-lo); e *(b)* servir de garantia mínima e permanente aos credores (funciona como seguro ou fiança). Entende-se que, se o dano é previsível, como acontece nas atividades de risco, o capital social deve ter um *plus* a tal fim, sob pena de *desconsideração por subcapitalização*. Está consagrado o *princípio da adequação do capital* ou da *assunção adequada dos riscos*. Negar a sua existência significa afirmar que o legislador, por meio da pessoa jurídica, abriu a possibilidade de uma empresa desenvolver a sua atividade com capital insuficiente em relação aos seus objetivos, transferindo o risco aos credores, o que é inadmissível. Como não há parâmetro exato, a suficiência do capital é aferida caso a caso, conforme o objeto da sociedade ou de sua atuação.

Existem credores: *(a)* voluntários (das operações empresariais), que podem exigir garantia extra, se entenderem insuficiente a do capital; e *(b)* involuntários (de atos ilícitos), que não têm a chance da garantia extra. À sua vez, há *credores involuntários* por atos ilícitos: *(a)* comuns (responsabilidade subjetiva); e *(b)* especiais (responsabilidade objetiva) por *atividades de risco* (CC, art. 927, parágrafo único, e art. 931). Nessas, o dano é previsível; logo, o capital deve ter um *plus* a tal fim, sob pena de *desconsideração por subcapitalização*.

Possível, em circunstâncias diferenciadas, também nos ilícitos comuns; exemplificando, violação grave de outros deveres em que os sócios podem ser considerados autores mediatos ou indiretos.

Escreve José Tadeu Neves Xavier, que o Direito Mercantilista "enxergou na designação *subcapitalização – infracapitalición, subcapitalizzazzione, inadequate capitalization, undercapitalization –* a expressão mais adequada a reproduzir com nitidez a noção de ausência de correspondência entre o capital e a responsabilidade empresarial. Nesse sentido, parte-se do princípio de que a limitação de responsabilidade se legitima na constituição e conservação de um patrimônio suficiente para suportar os riscos econômicos normalmente verificados em certa atividade negocial, de modo a proporcionar segurança mínima aos credores e parceiros negociais da atividade.

Entretanto, quando isso não se verifica, temos a ocorrência da subcapitalização."[100] Nesse sentido, invoca ensinamentos de Nádia Zorzi.[101]

Pedro Cordeiro denomina *princípio da adequação do capital* ou da *assunção adequada dos riscos*, e leciona que "negar a sua existência significa afirmar que o legislador, por meio da figura da pessoa jurídica, quis abrir a possibilidade de uma empresa desenvolver a sua atividade com capital claramente insuficiente em relação aos seus objetivos, transferindo assim o risco somente para os credores da sociedade, o que seria, por óbvio, um absurdo".[102] No mesmo sentido, Maria de Fátima Ribeiro,[103] e António Menezes Cordeiro lembra que a suficiência somente pode ser aferida em função do próprio objeto da sociedade ou de sua atuação, pois não há parâmetro exato capaz de defini-la.[104]

Por fim, e ainda aproveitando a pesquisa de José Tadeu Neves Xavier, os ensinamentos de Cândido Paz-Ares, no sentido de que também nos *grupos societários* ou *grupos econômicos* pode ser constatada a ocorrência de subcapitalização, *apud* Maria de Fátima Ribeiro.[105]

1.5 Desconsideração nos grupos econômicos

1.5.1 Justificativas *à* disregard *nos grupos*

> Alinhamos três justificativas à *disregard* nos grupos: *(a)* se o grupo otimiza e coletiviza os bônus, também deve, por princípio comutativo ou dos direitos e deveres equivalentes, coletivizar de forma subsidiária os ônus; *(b)* a ideia de união é tão forte que o grupo é denominado *empresa plurissocietária*, e a Exposição de Motivos da LSA fala em *sociedade de sociedades*; e *(c)* a

---

[100] XAVIER, José Tadeu Neves. *Sociedade Limitada Unipessoal (SLU)*, p. 168-9. Londrina/PR: Thoth Editora, 2021.
[101] ZORZI, Nádia. *L'abuso della personalità giuridica*, p. 111. Pádua/Itália: CEDAM, 2002.
[102] CORDEIRO, Pedro. *A desconsideração da personalidade jurídica das sociedades comerciais*, p. 96. Lisboa: AFDI, 1989.
[103] RIBEIRO, Maria de Fátima. *A tutela dos credores da sociedade por quotas e a desconsideração da personalidade jurídica*, p. 188-9. Coimbra: Almedina, 2009.
[104] CORDEIRO, António Menezes. *O levantamento da personalidade coletiva no Direito Civil e Comercial*, p. 118. Coimbra: Almedina, 2000.
[105] RIBEIRO, Maria de Fátima. *A tutela dos credores da sociedade por quotas e a desconsideração da personalidade jurídica*, p. 188. Coimbra: Almedina, 2009.

responsabilidade coletiva existe igualmente na *administração plúrima*, tendo em conta o *dever de vigilância recíproco* entre os administradores, e é solidária, o que agrega seriedade à administração. O mesmo acontece nos grupos com a responsabilização coletiva subsidiária. Em suma: integrar grupo econômico é partilhar bônus e ônus.

1.5.2 Diferença da disregard nos grupos

Nas situações comuns, alvo da *disregard* são *os sócios*; nas especiais da *disregard* nos grupos, alvo são as demais sociedades.

1.5.3 Hipóteses atípicas de disregard nos grupos

Nas situações comuns, existem várias hipóteses atípicas (não previstas em lei) de *disregard*; nas especiais da *disregard* nos grupos, existe apenas uma: o prévio exaurimento patrimonial. Para a sua aplicação, concorrem dois requisitos objetivos: *(a)* ser integrante de grupo de fato ou de direito; e *(b)* ter exaurido o patrimônio, como responsável direto, sem quitação integral de dívida.

1.5.4 Jurisprudência e disregard nos grupos

Tem-se por consolidado no STJ o entendimento de que, nos grupos econômicos, a *disregard* é o meio adequado à responsabilização coletiva subsidiária nos casos em que: *(a)* há confusão patrimonial, pois torna meramente formal a divisão societária; *(b)* há unidade gerencial, laboral e patrimonial; e *(c)* há conluio da sociedade com as demais, resultando prejuízo aos credores. Não significa dizer que a *disregard* só é admitida em tais ocorrências, e sim que em ocorrências tais ela é cabível.

Alinhamos precedentes do STJ, portanto representativos da jurisprudência nacional.

"A confusão patrimonial existente entre os sócios e a empresa devedora, ou entre esta e outras conglomeradas, pode ensejar a desconsideração da personalidade jurídica, na hipótese de ser meramente formal a divisão societária entre as empresas conjugadas. Precedentes."[106]

"Pertencendo a falida a grupo de sociedades sob o mesmo controle e com estrutura meramente formal, o que ocorre quando as diversas pessoas jurídicas do grupo exercem suas atividades sob unidade gerencial, laboral e patrimonial, é legítima a desconsideração da personalidade jurídica da falida para que os efeitos do decreto falencial alcancem as demais sociedades do grupo."[107]

"A desconsideração da pessoa jurídica, mesmo no caso de grupos econômicos, deve ser reconhecida em situações excepcionais, quando verificado que a empresa devedora pertence a grupo de sociedades sob o mesmo controle e com estrutura meramente formal, o que ocorre quando diversas pessoas jurídicas do grupo exercem suas atividades sob unidade gerencial, laboral e patrimonial, e, ainda, quando se visualizar a confusão de patrimônio, fraudes, abuso de direito e má-fé com prejuízo a credores."[108]

"É possível ao juízo antecipar a decisão de estender os efeitos da sociedade falida a empresas coligadas na hipótese em que, verificando claro conluio para prejudicar credores, há transferência de bens para desvio patrimonial."[109] Observe-se que é referido *empresas coligadas*; logo, grupo de fato.

Considerando que nesses precedentes os ministros citam outros, pode-se considerar consolidado no STJ o entendimento de que, nos grupos econômicos, a desconsideração da personalidade jurídica é o meio adequado à responsabilização coletiva subsidiária nos casos em que: *(a)* há confusão patrimonial, isso porque torna meramente formal a divisão societária entre as integrantes do grupo; *(b)* há unidade gerencial, laboral e patrimonial; e *(c)* há conluio da sociedade com as demais, resultando prejuízo aos credores.

Porém, isso não significa dizer que a *disregard* só é admitida em tais ocorrências (*numerus clausus*), e sim que em ocorrências tais ela é cabível.

Por isso – e permitindo-nos repetir –, defendemos a possibilidade de admiti-la também quando se objetiva cumprir o princípio comutativo ou dos direitos e deveres equivalentes: o liame de fato ou de direito que une as integrantes para melhor atender aos fins lucrativos é o mesmo que, exaurido o patrimônio de uma responsável direta, afirma a *responsabilidade coletiva*

---

[106] STJ, 4.ª Turma, REsp 907915-SP, Rel. Min. Luís Felipe Salomão, em 7-6-2009.
[107] STJ, 3.ª T., RO em MS 12872-SP, Relatora: Min.ª Nancy Andrighi, em 24-6-2002. Idem REsp 767021-RJ, 1.ª T., Relator: Min. José Delgado, em 16-8-2005.
[108] STJ, 5.ª T., REsp 968564-RS, Relator: Min. Arnaldo Esteves Lima, em 18-12-2008.
[109] STJ, 3.ª T., REsp 1259018-SP, Relatora: Min.ª Nancy Andrighi, em 9-8-2011.

subsidiária das demais sociedades como responsáveis indiretas. Se o grupo existe para coletivizar os bônus, também existe para coletivizar subsidiariamente os ônus. A expressão *empresa plurissocietária* diz com exatidão a realidade dos fatos: *pluri* é a composição, e *uni* a empresa.

1.6 Desconsideração nos consórcios

1.6.1 Justificativas à disregard nos consórcios

> Alinhamos duas justificativas à *disregard* nos consórcios: *(a)* se ele otimiza e coletiviza os bônus, também deve, por princípio comutativo ou dos direitos e deveres equivalentes, coletivizar de forma subsidiária os ônus; e *(b)* a responsabilidade coletiva existe igualmente na *administração plúrima*, tendo em conta o *dever de vigilância recíproco* entre os administradores, e é solidária, o que agrega seriedade à administração. O mesmo acontece nos consórcios com a responsabilização coletiva subsidiária. Em suma: integrar consórcio é partilhar bônus e ônus.

A responsabilização coletiva subsidiária ocorre nos consórcios, tal como nos grupos de fato e de direito. À medida que, observados os critérios da *disregard*, todas as sociedades podem vir a ser responsabilizadas por ato de uma, instala-se poder-dever de recíproca vigilância e de atitudes contra as aventuras empresariais, e isso agrega seriedade ao consórcio.

1.6.2 Diferença da disregard nos consórcios

> Nas situações comuns, alvo da *disregard* são *os sócios*; nas especiais da *disregard* nos consórcios, alvo são as demais sociedades.

2 HIPÓTESES TÍPICAS

2.1 Consideração inicial

> As *hipóteses típicas* são exemplificativas, não exaustivas. Não excluem as *atípicas*, com as quais inclusive, em certo grau, coincidem.

2.2 Relação de consumo

O art. 28, *caput* e § 5.º, do CDC (Lei 8.078/90) aplica-se tão só às *relações de consumo*. Das hipóteses citadas, apenas o *abuso de direito* caracteriza *desconsideração maior* (a verdadeira). O CDC confunde-a ao referir: *(a) excesso de poder*, pois isso é responsabilidade de administrador; *(b) infração da lei* e *violação dos estatutos ou contrato social*, pois isso é responsabilidade de administrador e de sócio; e *(c) encerramento ou inatividade*, pois isso é dissolução, e, ao vinculá-la à *má administração*, erra, porque, na dissolução, todos os sócios respondem, sem questionamento do motivo, se fruto de má gestão, administração temerária ou dos azares da economia.

2.3 Infrações à ordem econômica

O art. 34 da Lei 12.529/2011 (*Estrutura o Sistema Brasileiro de Defesa da Concorrência e dispõe sobre a prevenção e repressão às infrações contra a ordem econômica*) prevê a aplicação da *disregard* nos casos de infrações à ordem econômica.

À época da Lei 8.884/94, denominada *Lei Antitruste*, a desconsideração da personalidade jurídica por infrações à ordem econômica estava prevista no art. 18, que por sua vez repetia o *caput* do art. 28 do CDC.

Com o advento da Lei 12.529/2011 (*Estrutura o Sistema Brasileiro de Defesa da Concorrência e dispõe sobre a prevenção e repressão às infrações contra a ordem econômica*), a *disregard* consta no art. 34.

2.4 Danos ambientais

O art. 4.º da Lei 9.605/98 aplica-se aos casos de dano ambiental e repete o § 5.º do art. 28 do CDC. Consequentemente, valem as mesmas considerações. Institui a *disregard* na espécie *menor*. Basta a pessoa jurídica ser obstáculo ao ressarcimento; portanto, responsabilidade subsidiária (observância do benefício de ordem ou de excussão).

2.5 Relações laborais

> O art. 2.º, § 2.º, da CLT (DL 5.452/42), já considerada a Lei 13.467/2017, e o art. 3.º, § 2.º, da Lei 5.889/73 (relações laborais urbana e rural) preveem hipóteses de *responsabilidade coletiva solidária* em grupos econômicos, e não de *disregard*, o que não exclui a aplicação das hipóteses atípicas pelos princípios gerais de Direito (item 1 *supra*). A Justiça do Trabalho tem aplicado a *disregard* em sua *modalidade menor*. Fica igual ao que ocorre nas sociedades de responsabilidade ilimitada: basta a insuficiência patrimonial.

2.6 Relações gerais

> O art. 50 do CC aplica-se às *relações gerais*, sem prejuízo das especiais (consumidor e meio ambiente), nem das hipóteses atípicas, visto que as legais são exemplificativas. No mais, o dispositivo comete algumas imprecisões.

Quando o dispositivo refere *abuso da personalidade jurídica*: *(a)* ao vinculá-lo ao *desvio de finalidade*, confunde fraude com abuso de direito; e *(b)* ao vinculá-lo à *confusão patrimonial*, institui *disregard* a casos de *alter ego* e de desconsideração inversa, pois a *confusão* prevista é a que mistura bens de donos diversos (CC, art. 1.272), não a que reúne na mesma pessoa as condições de credor e devedor (CC, art. 368).

Quando enseja estender os efeitos aos bens: *(a)* dos administradores, não institui *disregard*, mas responsabilidade deles, confundindo os temas; e *(b)* dos sócios, institui *disregard*, e o faz na sua modalidade *maior* (a verdadeira), visto que não basta a insuficiência patrimonial. É preciso provar ser caso de *alter ego*, de abuso de direito ou de fraude.

Capítulo 38
DO CREDOR VOLUNTÁRIO E INVOLUNTÁRIO

> Há *credor voluntário* (das operações empresariais) e *involuntário* (de atos ilícitos). Não é sustentável o argumento de que a *disregard* não se aplica ao *credor voluntário,* uma vez que teve chance de exigir garantia extra.

Não é sustentável a exclusão do *credor voluntário*, porque: *(a)* traduz movimento de retorno ao absolutismo da pessoa jurídica e da separação patrimonial, retrocesso inadmissível; e *(b)* vai de encontro a duas características do Direito Comercial: *informalismo* e *solidariedade mais frequente*, esta decorrência da confiança que aquele pressupõe.

Nos negócios do Direito Comercial, as relações são informais. Trata-se de impositivo do volume e do dinamismo das operações. Não é compatível, nessa rotina, salvo exceção, o credor exigir garantia extra.

Capítulo 39
DA PARTE PROCESSUAL

1 PARTE PROCESSUAL ATÉ O CPC/2015

> Até o CPC/2015, em vigor em 18-3-2016, embora doutrina pela necessidade de ação autônoma, a jurisprudência consagrou a possibilidade de a *disregard* ser suscitada via incidente de redirecionamento nos próprios autos da execução.

2 PARTE PROCESSUAL A PARTIR DO CPC/2015

A partir da entrada em vigor do CPC/2015, processualmente a *disregard* é disciplinada no Cap. IV (*Do incidente de desconsideração da personalidade jurídica*), do Título III (*Da intervenção de terceiros*), do Livro III (*Dos sujeitos do processo*), da Parte Geral.

O Código a regula, pois, como *incidente de desconsideração da personalidade jurídica* (arts. 133-7), isto é, como espécie do gênero *intervenção de terceiros*. Em essência, não encampou o *modus procedendi* que vinha sendo adotado.

2.1 Confusões que devem ser evitadas

> A responsabilização na *disregard* verte de uma das hipóteses típicas ou atípicas. Assim, faz confusão quem a requer quando o caso é de litisconsórcio facultativo, necessário ou unitário (CPC, arts. 113-4 e 116). E vale o mesmo às outras espécies de intervenção de terceiro: assistência simples e litisconsorcial, denunciação da lide e chamamento ao processo (arts. 119-32).

2.2 Legitimidade para pedir

> A legitimidade para pedir a desconsideração da personalidade jurídica é da parte e/ou do Ministério Público se lhe couber intervir no processo (CPC, art. 133, *caput*), o que exclui a iniciativa judicial, consoante já previsto no art. 50 do CC para as relações gerais (Cap. 37, item 2.6 *supra*).

2.3 Requisitos do pedido

> O pedido de desconsideração deve observar *os pressupostos previstos em lei* (CPC, art. 133, § 1.º). Há requisitos: *(a)* formais: são os típicos da petição inicial, no que lhe forem pertinentes, inclusive documentos indispensáveis (CPC, art. 319-20); e *(b)* substanciais: são o pressuposto à *disregard* e a hipótese típica ou atípica, com demonstração da probabilidade do direito alegado.

Diz o § 1.º do art. 133 do CPC que o pedido de desconsideração da personalidade jurídica "observará os pressupostos previstos em lei".

Se o pedido deve observar os *pressupostos previstos em lei*, os requisitos são formais ou de direito processual e substanciais ou de direito material.

Os *formais* são os típicos da petição inicial que lhe forem pertinentes, por exemplo, os relativos às pessoas contra quem é articulada a *disregard* e os documentos indispensáveis (CPC, art. 319-20).

Os *substanciais* são o pressuposto à *disregard*, isto é, o exaurimento do patrimônio social e a hipótese típica ou atípica prevista difusamente no sistema jurídico (Cap. 37 *supra*), com demonstração da probabilidade do direito alegado.

É necessário que o pedido, em incidente ou em inicial de ação de conhecimento ou de execução, seja instruído com os documentos indispensáveis e demonstre a probabilidade do direito alegado, isso porque o juiz deve fundamentar a decisão que o examina, assim como em relação às tutelas de urgência e de evidência (CPC, arts. 300 e 311).

2.4 Momento do pedido

> A *disregard* pode ser requerida: *(a)* em todas as fases dos processos de conhecimento e de execução (cumprimento de sentença e de título extrajudicial), mediante incidente; e *(b)* nas respectivas iniciais (CPC, art. 134, *caput* e § 2.º).

O art. 134 do CPC permite que a desconsideração da personalidade seja requerida em incidente "em todas as fases do processo de conhecimento, no cumprimento de sentença e na execução fundada em título executivo extrajudicial" (*caput*), bem assim permite seja requerida "na petição inicial" (§ 2.º).

Considerando que, até o CPC/2015, vinha-se admitindo a *disregard* nas fases de execução, quando evidenciada a insuficiência patrimonial e caracterizada hipótese de direito material (Cap. 87 *supra*), tem-se que o Código não só ampliou a possibilidade para todas as fases de conhecimento, como permite que seja requerida na própria inicial. E, como o § 2.º não restringe, pois menciona genericamente *petição inicial*, conclui-se pela admissibilidade também na de execução.

2.5 Citação dos atingidos patrimonialmente

> A locução *será citado o sócio ou a pessoa jurídica* (CPC, art. 134, § 2.º), quando *disregard* postulada na inicial, deve ser compreendida assim: *(a)* onde consta *o sócio*, entenda-se citação de todos os atingidos patrimonialmente (CPC, arts. 790, VII, e 795, § 4.º), inclusive para prevenir fraude à execução (art. 792, § 3.º); e *(b)* onde consta *ou a pessoa jurídica*, deve-se entender que se refere à *desconsideração inversa* (art. 133, § 2.º), pois é nesta que, ocorrendo *fraude de fora para dentro*, a atingida é a pessoa jurídica.

O objetivo da *disregard* é alcançar o patrimônio particular dos sócios nas sociedades em que há limitação da responsabilidade.

Por conseguinte, a necessidade de citação de todos os que serão atingidos patrimonialmente é decorrência do art. 790, VII, do CPC, pelo qual ficam sujeitos à execução os bens "do responsável, nos casos de desconsideração da personalidade jurídica", e do § 3.º do art. 792, que complementa dizendo: "Nos casos de desconsideração da personalidade jurídica, a fraude à execução verifica-se a partir da citação da parte cuja personalidade se pretende desconsiderar", isto é, a fraude à execução é marcada pela citação da pessoa jurídica a ter a personalidade posta de lado.

Há ressalvar, nesse particular, a legislação especial, como é o caso do art. 185 do CTN, pelo qual, exceto reserva de bens, presume-se fraudulenta a alienação desde a inscrição em dívida ativa.

Ainda, o art. 795 do CPC estabelece: "Os bens particulares dos sócios não respondem pelas dívidas da sociedade, senão nos casos previstos em lei", e dentre esses casos refere a *desconsideração da personalidade jurídica* (§ 4.º). Confirma que a *disregard* é forma de responsabilidade dos sócios, enquanto em atividade a pessoa jurídica. Não se confunde com a dos administradores no exercício da administração (Cap. 32 *supra*), nem com a dos mesmos sócios quando ocorre dissolução (Décima primeira parte *infra*).

Ademais, se alguém não for citado, não responderá, pois contra ele não se formará coisa julgada (CPC, art. 506).

Por isso, a locução de que, sendo a desconsideração requerida na inicial, "será citado o sócio ou a pessoa jurídica" (CPC, art. 134, § 2.º) deve ser compreendida assim: *(a)* onde consta *o sócio* (singular), entenda-se citação de todos os que serão atingidos patrimonialmente pelo afastamento da personalidade jurídica; e *(b)* onde consta *ou a pessoa jurídica*, não se deve entender como alternatividade (*ou* citação do sócio *ou* da pessoa jurídica), e sim que se refere à *desconsideração inversa* (art. 133, § 2.º), pois é nesta que, ocorrendo *fraude de fora para dentro*, a atingida é a pessoa jurídica (Cap. 37, item 1.3.2 *supra*).

2.6 Comunicação ao distribuidor

> O incidente deve ser comunicado *ao distribuidor para as anotações devidas* (CPC, art. 134, § 1.º). Quer dizer: o *juízo de admissibilidade* (pronunciamento judicial que defere a instauração do incidente nas fases de conhecimento ou de execução, ou a defere na inicial) insere o(s) requerido(s) no polo passivo. Tem os mesmos efeitos do despacho que ordena a citação (art. 240).

2.7 Instauração do incidente e suspensão do processo

> Exceto na *disregard* requerida na inicial, com a instauração do incidente o processo fica automaticamente suspenso (CPC, art. 134, § 3.º). Como não está previsto nos incisos I a VII do art. 313, ele entra na hipótese do VIII (*nos demais casos que este Código regula*). E, como o § 4.º só fixa prazo aos casos dos incisos II e V, a suspensão baseada em *disregard* subsiste até a apresentação de defesa. A partir da manifestação do(s) requerido(s), a suspensão, ou não, do processo, é regida pela espécie de defesa (item 2.10 *infra*).

O § 3.º do art. 134 estabelece que a instauração do incidente "suspenderá o processo, salvo na hipótese do § 2.º". Noutras palavras: a suspensão é automática ou *ex vi legis*. Não é necessário manifestação judicial específica. Por motivo óbvio, não há suspensão quando a *disregard* é requerida na inicial.

Mas, suspensão por quanto tempo?

Considerando que esse incidente não está previsto nos incisos I a VII do art. 313 do CPC, ele entra na hipótese genérica do inciso VIII ("nos demais casos que este Código regula"). Por sua vez, o § 4.º limita o prazo de suspensão por seis meses e um ano, respectivamente, apenas nos casos dos incisos II (por convenção das partes) e V (sentença de mérito dependente de outra causa, verificação de fato ou coleta de prova requisitada a outro juízo).

Consequentemente, não há tempo máximo à suspensão do processo de conhecimento ou de execução baseada em incidente de *disregard*. Todavia, na prática, ela subsiste, apenas até a apresentação de defesa. A partir da manifestação do(s) requerido(s), a suspensão, ou não, do processo é regida pela espécie de defesa (item 3.10 *infra*).

Exemplificando, no caso de incidente requerido em ação de conhecimento, após a defesa ou decorrido o prazo, cessa a suspensão. A demanda retoma sua *démarche* normal. Não é lógico mantê-la suspensa, a fim de instrução e julgamento exclusivos do incidente. Até em observância ao princípio da razoável duração do processo (CF, art. 5.º, LXXVIII), a instrução segue conjunta com a ação de conhecimento, proferindo-se a final sentença simultânea, como se a *disregard* tivesse sido requerida na inicial. E, na execução, inclusive de título judicial, a regra aos embargos e à impugnação, que são as defesas adequadas (item 2.10 *infra*), é a ausência de efeito suspensivo (arts. 525, § 6.º, e 919).

Atente-se, pois, ao fato de que o *caput* do art. 136 – é dizer, concluída a instrução "o incidente será resolvido por decisão interlocutória" –, na realidade é de curto alcance, pois, no mais das vezes, embora desconsideração em incidente, o julgamento ocorre em sentença.

2.8 Fundamentação judicial específica

> Tratando-se de medida excepcional (espécie de *intervenção de terceiros*), é necessário fundamentação judicial específica a respeito do pedido de *disregard*. Mesmo quando articulado em petição inicial, não basta o "cite-se".

Se, lado um, a parte que requer a *disregard* em incidente ou em inicial, deve instruir o pedido com as provas existentes e demonstrar o direito (item 2.3 *supra*); lado outro, o magistrado, no *juízo de admissibilidade*, deve manifestar-se, em fundamentação específica, a respeito do pedido, reconhecendo, ou não, a *probabilidade do direito* ou *fumus boni juris*.

Mesmo quando o pedido é articulado em petição inicial, não basta o "cite-se". O fato de não acontecer em incidente (art. 134, § 2.º) não descaracteriza a *intervenção de terceiro*, medida excepcional, portanto. Assim como nas tutelas de urgência e de evidência (CPC, arts. 300 e 311), deferindo-as ou não, é necessário fundamentação específica.

2.9 Natureza da decisão que examina a admissibilidade da *disregard*

> Na decisão que examina o pedido de *disregard* é exarado *juízo de admissibilidade*. Em todas as situações, seja quando arguida em incidente, seja quando em petição inicial, a natureza é de decisão interlocutória (CPC, art. 203, § 2.º).

2.10 Irrecorribilidade da decisão que defere o pedido de *disregard* e defesa adequada

> Deferido o pedido de *disregard*, a citação é *para manifestar-se e requerer as provas cabíveis no prazo de 15 (quinze) dias* (CPC, art. 135), isto é, defesa

> e prova no juízo que o admitiu; logo, descabe recorrer do *juízo de admissibilidade*. O dispositivo deixa *em aberto* a espécie de defesa para que seja oposta a adequada ao tipo de processo, o que interfere na suspensão (item 2.7 *supra*). Exemplificando: *(a)* se *disregard* requerida na inicial de ação de conhecimento, ou em incidente, a defesa adequada é a *contestação* (art. 335); *(b)* se na inicial de execução de título extrajudicial, ou em incidente, a defesa adequada são os *embargos*, com toda a matéria como se processo de conhecimento fosse (art. 917, VI), ou, eventualmente, o *incidente de exceção de executividade* (STJ, Súm. 393); e *(c)* se na inicial de cumprimento de sentença (título judicial), ou em incidente, é a *impugnação* (art. 525, *caput*), com toda a matéria, como se embargos fosse. Para que se cumpra a ampla defesa (CF, art. 5.º, LV), não incidem limitações (art. 525, § 1.º), nem multa e honorários pelo não pagamento voluntário (art. 523, § 1.º).

Diz o art. 135 do CPC: "Instaurado o incidente, o sócio ou a pessoa jurídica será citado para manifestar-se e requerer as provas cabíveis no prazo de 15 (quinze) dias."

Primeiro, está claro: a citação ocorre para se manifestar e requerer prova; logo, para se defender e requerer prova perante o juízo que admitiu o pedido, não para recorrer do *juízo de admissibilidade*. A previsão de agravo de instrumento é para quando o juiz indefere o pedido (item 2.12 *infra*) e para quando o decide em interlocutória (CPC, art. 1.015, IV).

Segundo, tendo em conta que o art. 135 refere apenas que a citação ocorre para *manifestar-se e requerer prova*, quer dizer, deixa *em aberto* a espécie de defesa, conclui-se que a forma genérica adotada ocorre justamente para que seja oposta à que se apresenta adequada ao tipo de processo, o que interfere na suspensão (item 2.7 *supra*).

Nesse norte, há as seguintes situações: *(a)* se a *disregard* é requerida na inicial de ação de conhecimento, ou mais tarde em incidente, a defesa adequada, na condição de réu, é a *contestação* (CPC, art. 335); *(b)* se na inicial de execução de título extrajudicial, ou mais tarde em incidente, a defesa adequada, na condição de executado, são os *embargos*, podendo alegar "qualquer matéria que lhe seria lícito deduzir como defesa em processo de conhecimento" (art. 917, VI), ou, eventualmente, se cabível, o *incidente de exceção de executividade* (STJ, Súmula 393); e *(c)* se requerida na inicial da fase de cumprimento de sentença (título judicial), ou mais tarde em incidente, a defesa adequada, na condição de executado, é a *impugnação* (art.

525, *caput*), com toda matéria como se embargos fosse (art. 917, VI), é dizer, não incidem as limitações do § 1.º do art. 525, sob pena de violação ao princípio da ampla defesa (CF, art. 5.º, LV), tampouco multa e honorários pelo não pagamento voluntário (art. 523, § 1.º).

Poder-se-ia pensar na contestação como defesa comum a todas as situações, porém será fora da bitola do Código admiti-la, por exemplo, nos autos da execução, com dilação probatória, retrocesso à *contestação da ação executiva* prevista no CPC/1939.

Poder-se-ia pensar, também, ser demasiadamente oneroso submeter desde logo à penhora o(s) citados(s) em pedido de *disregard* em execução de título judicial ou extrajudicial, todavia considere-se que não há novidade nisso, pois assim é que vinha sendo praticado na vigência do anterior CPC (item 1 *supra*), além do que o *juízo de admissibilidade* dever ser fundamentado, impõe-se a demonstração da probabilidade do direito, não basta o "cite-se" (item 2.8 *supra*).

Ademais, ressalvada a legislação especial, por exemplo, a exigência de penhora à oposição de embargos à execução fiscal (Lei 6.830/80, art. 16, § 1.º), o Código admite, nas execuções comuns, ainda que sem efeito suspensivo, embargos independentemente de penhora (art. 917, *caput*).

Por fim, importante é que, em qualquer situação, seja observado o princípio da ampla defesa: possibilidade de alegação de toda a matéria.

2.11 Prévia oitiva do requerente quando o pedido não preenche os requisitos

O pedido de *disregard* deve preencher os *requisitos formais* e *substanciais* (item 2.3 *supra*). Para evitar *decisão surpresa*, impõe-se cumprir o *princípio do contraditório* (CPC, arts. 9.º e 10). Salvo nas exceções do parágrafo único do art. 9.º e de eventuais outras, vigora a *regra da prévia oitiva*. Embora isso, a interpretação é restritiva, sob pena de círculo vicioso, prestigiando-se a "jurisdição do diga". Dessarte, no tocante: *(a)* aos *requisitos formais*, se houver deficiência, o requerente faz jus a quinze dias para emendar e/ou complementar, assim como em relação à inicial e aos documentos indispensáveis (art. 321); e *(b)* aos *requisitos substanciais*, só é imprescindível a prévia oitiva se o juiz antever decisão indeferitória com base em matéria não versada na postulação, em termos gerais, casos de exame de ofício

> e de não resolução do mérito (art. 485), excluída questão a respeito da qual *a lei exige iniciativa da parte* (art. 141).

Vimos que o pedido de desconsideração deve observar *os pressupostos previstos em lei* (CPC, art.133, § 1.º) e que eles são *formais*, relativos ao direito processual, e *substanciais*, relativos ao direito material (item 2.3 *supra*).

Indaga-se: verificando o juiz que a postulação carece de algum requisito, deve conceder quinze dias ao requerente para que, assim como na petição inicial, "emende ou a complete, indicando com precisão o que deve ser corrigido ou completado" (art. 321)?

Com efeito, diz o art. 9.º que "Não se proferirá decisão contra uma das partes sem que ela seja previamente ouvida". O parágrafo único diz que o *caput* "não se aplica: I – à tutela provisória de urgência; II – às hipóteses de tutela de evidência previstas no art. 311, incisos II e III; III – à decisão prevista no art. 701". E estabelece o art. 10: "O juiz não pode decidir, em grau algum de jurisdição, com base em fundamento a respeito do qual não se tenha dado às partes oportunidade de se manifestar, ainda que se trate de matéria sobre a qual deva decidir de ofício".

Por esses dispositivos, o novo Estatuto, para evitar a chamada *decisão surpresa*, dá efetiva dimensão substancial, não apenas formal, ao *princípio do contraditório* (CF, art. 5.º, LV).

Dessarte, salvo nas exceções do parágrafo único do art. 9.º, às quais se agregam eventuais outras previstas no próprio Código e em leis outras, por exemplo, na Lei 7.347/85, art. 12 (ação civil pública), vigora a *regra da prévia oitiva* ou do *audiatur et altera pars* (que seja ouvida também a outra parte), saliente-se, prevista no art. 8.º da Convenção Americana Sobre os Direitos Humanos, mais conhecida como *Pacto de São José da Costa Rica*.

Em poucas linhas, o sistema do contraditório se contrapõe ao inquisitivo. Uma parte diz, e dá-se à outra a oportunidade de desdizer. É a participação dialética das partes, derivação do *devido processo legal*, conhecido por sua denominação em inglês *due process of law*.

Por um lado, as exceções permitem que o princípio do contraditório seja observado após decisão preliminar. Isso informa que ele não é absoluto. Por outro, se estabelece com a *outra parte*. Isso informa que ele ocorre *entre as partes*, e não entre o juiz e as partes. Assim, embora regra, a interpretação do *caput* do art. 9.º e do art. 10 é restritiva. Devem ser compreendidos com parcimônia, com resguardo, sob pena de se prestigiar a mal afamada "jurisdição do diga".

No tocante aos *requisitos formais* ou de direito processual, se houver alguma deficiência no pedido de *disregard*, seja em incidente seja em inicial, o juiz deve sempre agir conforme previsto para a petição inicial, inclusive em relação aos documentos indispensáveis. O requerente faz jus a quinze dias para emendar e/ou complementar o déficit expressamente declinado na manifestação judicial.

Já no tocante aos *requisitos substanciais* ou de direito material, nem sempre é imprescindível a prévia oitiva do requerente. Só o é se o juiz antever decisão indeferitória com base em matéria não versada de qualquer modo na postulação, em termos gerais, casos de exame de ofício e de não resolução do mérito que podem ser superados (CPC, art. 485), sempre com atenção ao fato de que a prévia oitiva não pode ter por objeto questão a respeito da qual "a lei exige iniciativa da parte" (CPC, art. 141).

Importante salientar que o princípio *iura novit curia*, previsto no art. 128 do anterior Código, persiste no art. 142 do atual. Apenas que, agora, se acha submetido ao contraditório, princípio consagrado pela jurisprudência, e exemplifica-se com decisão antiga do STF: "A adstrição do juiz ao pedido, nos termos do art. 128 do CPC, não o vincula aos incisos legais invocados, pois a ele compete aplicar o Direito *jura novit curia*".[110] E decisão ainda mais antiga do ex-TFR: "Tendo o CPC mantido o princípio *iura novit curia*, não julga *ultra petita* nem reforma *in pejus* o acórdão que, na apelação, aplica disposição legal não apreciada na sentença".[111]

Literalmente, *iura novit curia* significa "A Corte conhece o direito". O juiz tem a obrigação de conhecer as normas jurídicas e de aplicá-las por sua própria autoridade. Na prática, é o mesmo *da mihi factum, dabo tibi jus*, literalmente, "Dá-me o fato, dar-te-ei o direito". O juiz é livre quanto à requalificação jurídica da demanda. Pode redefinir juridicamente os fatos, com base em outros dispositivos legais, apenas que deve ouvir a outra parte.

Escreve o jurista italiano Piero Calamandrei que "o tradicional aforismo *iura novit curia* não tem valor prático se não se acompanhar de outro: *mores novit curia*. Ou seja: não basta que os magistrados conheçam com

---

[110] STF, *in* RTJ 115/932, RE 105.637-PE, em 30-8-85, Relator: Min. Rafael Mayer.
[111] Ex-TFR, Embargos na Apelação 39.964-MG, em 4-10-79, Relator: Min. Joaquim Justino Ribeiro.

perfeição as leis tais como escritas; seria necessário que conhecessem igualmente a sociedade em que essas leis devem viver."[112]

2.12 Recorribilidade da decisão que indefere o juízo de admissibilidade da *disregard* e recurso cabível

> A decisão que indefere a admissibilidade da *disregard* é interlocutória (CPC, art. 203, § 2.º). Embora extintiva do pedido, não perde esse caráter. Portanto, desafia agravo de instrumento (art. 1.015, IV). Nada obsta que, se o pedido ocorreu *na inicial* de ação de conhecimento ou de execução, mais tarde seja repetido *em incidente*, uma vez superado o fundamento por que o juízo de admissibilidade foi negado.

A decisão que exara *juízo de admissibilidade* do pedido de desconsideração (item 2.9 *supra*) tem natureza interlocutória (CPC, art. 203, § 2.º). Quando a decisão o indefere, embora extintiva, assim como quando é indeferida a petição inicial, não perde o caráter interlocutório.

Portanto, desafia agravo de instrumento, conforme o art. 1.015 do CPC, pelo qual continua sendo o recurso contra "as decisões interlocutórias que versarem sobre:...; IV – incidente de desconsideração da personalidade jurídica".

Aspecto importante que surge desse contexto é o de que, se o pedido foi articulado *na inicial* de ação de conhecimento ou de execução (item 2.4 *supra*), nada obsta que, mais tarde, seja repetido *em incidente*, quando melhor esclarecida a questão, a partir da coleta de novos elementos (realidade superveniente), superando-se o motivo por que inicialmente o juízo de admissibilidade foi negado.

2.13 Decisão que julga o pedido de *disregard* e recurso

> O art. 136 do CPC é específico à desconsideração *em incidente*. Concluída a instrução, quando necessária, ela é julgada em decisão interlocutória. Porém, a realidade é diversa (item 2.10 *supra*). Com efeito, a partir da

---

[112] CALAMANDREI, Piero. *Eles, os juízes, vistos por um advogado*, p. 183, traduzido por Eduardo Brandão. São Paulo: Martins Fontes, 2000.

> manifestação do(s) requerido(s), a suspensão do processo é regida pela espécie de defesa (item 2.7 *supra*), e o julgamento, no mais das vezes, ocorre em sentença, o que desafia apelação (art. 1.009, § 3.º). Há interlocutória, por exemplo, contra a qual cabe agravo de instrumento, quando o pedido é julgado em exceção de executividade e na impugnação de cumprimento de sentença (art. 1.015, IV, e parágrafo único).

Diz o art. 136: "Concluída a instrução, se necessária, o incidente será resolvido por decisão interlocutória".

O dispositivo é específico à desconsideração requerida *em incidente* e estabelece que, uma vez concluída a instrução, quando necessária, o julgamento ocorre em decisão interlocutória, o que pressupõe: *(a)* suspensão do processo; e *(b)* tramitação, instrução e julgamento individuais do incidente.

Quando isso ocorrer, a inconformidade adequada é o agravo de instrumento (art. 1.015, IV e parágrafo único).

Porém, a realidade evidencia que no mais das vezes o julgamento ocorre em sentença.

Com efeito, a suspensão automática do processo que decorre da instauração do incidente sem limitação de tempo (art. 134, § 3.º) subsiste apenas até a defesa (item 2.7 *supra*).

A partir da manifestação do(s) requerido(s), a subsistência, ou não, da suspensão do processo, depende da espécie de defesa (item 2.10 *supra*) e prevalece o julgamento em sentença.

Nesse sentido: *(a)* se *disregard* requerida na inicial de ação de conhecimento, ou em incidente, a defesa adequada é a contestação (art. 335); *(b)* se requerida na inicial de execução de título extrajudicial, ou em incidente, a defesa adequada são os embargos, podendo alegar matéria como se processo de conhecimento fosse (art. 917, VI), ou, eventualmente, a exceção de executividade (STJ, Súm. 393); e *(c)* se na inicial de cumprimento de sentença (título judicial), ou em incidente, a defesa adequada é a impugnação (art. 525, *caput*), podendo alegar matéria como se embargos fosse, não incidindo limitações (art. 525, § 1.º), nem multa e honorários pelo não pagamento voluntário (art. 523, § 1.º), a fim de que se cumpra a ampla defesa (CF, art. 5.º, LV).

Prevalecem, pois, as situações em que, mesmo em incidente, o pedido de *disregard* é julgado em sentença, o que afasta o art. 136 e desafia apelação (art. 1.009, § 3.º).

Acontece decisão interlocutória, por exemplo, contra a qual cabe agravo de instrumento, quando o pedido é julgado em incidente de exceção de executividade e na impugnação de cumprimento de sentença (art. 1.015, IV e parágrafo único).

2.14 Exclusão do pedido de *disregard* no segundo grau

> O pedido de *disregard* cabe em *todas as fases do processo*, inclusive na inicial (CPC, art. 134, *caput* e § 2.º), e cabe *agravo interno* contra a decisão do relator (art. 136, parágrafo único) quando incidente instaurado *originariamente perante o tribunal* (art. 932, VI). Pode parecer que, mesmo nas ações iniciadas no 1.º Grau, admite-se o pedido no 2.º. Porém, não é plausível a interpretação, porque: *(a)* a expressão *todas as fases do processo* ocorre em sentido estrito: abrange as que vão até o encerramento da instrução, a partir de quando iniciam as de julgamento; *(b)* a expressão *originariamente perante o tribunal* não quer dizer admissível em demanda iniciada no 1.º Grau, mas da competência originária da Corte, caso em que o relator delibera singularmente, e a parte pode recorrer mediante agravo interno; e *(c)* a se interpretar *todas as fases do processo* de forma ampla, impõe-se admitir pedido também nas instâncias especial e extraordinária, o que mais evidencia a incompatibilidade da arguição de *disregard* após encerrada a instrução processual. Por eventual *fato superveniente* ao julgamento no 1.º Grau, admite-se o pedido quando do retorno dos autos à origem.

Diz o *caput* do art. 134 que o pedido de *disregard* é cabível "em todas as fases do processo de conhecimento, no cumprimento de sentença e na execução fundada em título executivo extrajudicial"; e diz o § 2.º que dispensa-se a instauração de incidente quando a desconsideração for postulada "na petição inicial", caso em que esta deve cumprir os requisitos formais e substanciais e requerer a citação de todos os atingidos patrimonialmente (itens 2.3 e 2.5 *supra*), e a fundamentação judicial deve ser específica, isto é, não basta o "cite-se" (item 2.8 *supra*).

O *caput* do art. 136 refere instrução do incidente e resolução "por decisão interlocutória", e o parágrafo único estabelece que "Se a decisão for proferida pelo relator, cabe agravo interno".

Por fim, diz o art. 932, VI, que compete ao relator "decidir o incidente de desconsideração da personalidade jurídica, quando este for instaurado originariamente perante o tribunal."

À luz desses dispositivos, indaga-se: é cabível o pedido de *disregard* no 2.º Grau de Jurisdição?

A leitura – digamos, ligeira – passa a ideia de que a resposta é afirmativa.

Mas não entendemos que os dispositivos legais em jogo autorizam tão ampla compreensão a ponto de permitirem que, mesmo quando a fase de conhecimento ocorre no 1.º Grau, é possível o pedido ser feito no 2.º, com a tramitação consequente, inclusive instrução.

Primeiro, há entender a expressão *todas as fases do processo*, usada no *caput* do art. 134, em sentido estrito, isto é, como sendo as fases que vão até o encerramento da instrução, a partir de quando iniciam as fases do julgamento.

Segundo, quando o art. 932, VI, estabelece que o relator deve *decidir o incidente* quando for instaurado *originariamente perante o tribunal*, não quer dizer que o admite em processo iniciado no 1.º Grau e se estende inclusive ao 2.º, transformando este em juízo de instrução, e sim que o admite em processo da competência originária do tribunal. Nesse caso, cabe ao relator deliberar em decisão singular, podendo a parte interessada recorrer mediante agravo interno (art. 136, parágrafo único).

Terceiro, a se interpretar a expressão *todas as fases do processo* de modo amplo, de sorte a possibilitar que o pedido seja feito inclusive em grau recursal, impõe-se admiti-lo também nas instâncias especial e extraordinária, pois estas integram as etapas ou *fases do julgamento*, que por sua vez integram as *fases do processo*, o que mais evidencia a incompatibilidade da arguição de *disregard* após encerrada a instrução processual.

À guisa de argumento secundário, há ter atenção à abertura de porta larga a incidente protelatório, sem falar no aspecto tumultuário que significa abrir na instância recursal, ao(s) requerido(s), oportunidade de manifestação, conforme o caso, por meio de contestação, embargos ou impugnação (item 2.10 *supra*), com dilação probatória.

Finalmente, oportuno registrar que, por eventual *fato superveniente* ao julgamento no 1.º Grau, nada obsta o pedido após o retorno dos autos à origem.

Décima primeira parte

PROCESSO DISSOLUTÓRIO

Esta matéria foi desenvolvida no livro *TEMAS COMERCIAIS E EMPRESARIAIS*, que publicamos em 2018 pela Editora AGE, de sorte que agora consideramos suficiente repetir as essências, com eventuais acréscimos, que entendemos convenientes. Se o leitor tiver necessidade de mais subsídios, fica a indicação da obra.

Capítulo 40

DOS ESCLARECIMENTOS INICIAIS, APLICAÇÃO GERAL E FASES DA DISSOLUÇÃO

1 ESCLARECIMENTOS INICIAIS

Dois esclarecimentos iniciais: (a) a expressão *processo dissolutório* é abrangente: tanto inclui a dissolução judicial quanto a extrajudicial, e tanto o *direito material* quanto o *processual*, especialmente com o advento da ação de dissolução parcial de sociedade e envio da total ao procedimento comum (CPC/2015, arts. 599-609 e art. 1.046, § 3.º); e (b) o *processo dissolutório* deve ser instaurado sempre que, não sendo caso de falência nem de recuperações, há extinção parcial/resolução ou total da sociedade uni ou pluripessoal, sob pena de *dissolução irregular*, sinônimo de calote nos credores ou *golpe na praça*.

2 APLICAÇÃO GERAL

No CC, a dissolução está prevista no Livro II (*Do direito de empresa*), Título II (*Da sociedade*), Subtítulo II (*Da sociedade personificada*), Capítulo I, Seção VI (*Da dissolução*). Assim, o processo dissolutório é exclusivo às *sociedades personificadas*. Antes, à época do CPC/1973, havia normas específicas às *não personificadas* (sociedades em comum e em conta de participação) e às *sem fins lucrativos* (associações, fundações e cooperativas). Agora, com o CPC/2015, não mais há normas específicas; logo, aplicam-se as gerais, isto é, o rito especial à dissolução parcial/resolução e o rito comum à total (arts. 599-609 e 1.046, § 3.º).

3 FASES DA DISSOLUÇÃO

A doutrina diverge tanto em relação ao número de fases no *processo dissolutório* quanto em relação aos conteúdos de cada uma. Pelos arts. 1.107-9 do CC, a liquidação se encerra após a partilha; logo, tem-se que falar em *fase de liquidação e partilha*, mesma estrutura dada pela Lei 6.404/76 (*Dispõe sobre as sociedades por ações*). Por isso, e também porque se afina com o CPC/2015 (rito especial à dissolução parcial e rito comum à total), o *processo dissolutório* é composto de três fases: *(a)* da dissolução; *(b)* da liquidação e partilha; e *(c)* da extinção. Na dissolução parcial/resolução, o CPC/2015 denomina a liquidação de *apuração de haveres* (Cap. 43, item 4.1 *infra*).

Capítulo 41
DA AUTONOMIA E OBJETIVO DE CADA FASE

1 AUTONOMIA DE CADA FASE

As fases do processo dissolutório funcionam autonomamente. Nada obsta uma judicial, outra extrajudicial e vice-versa. Pode não haver consenso na dissolução (1.ª FASE), quando necessária a emissão de ato (Cap. 42, item 1.1 *infra*). Se houver consenso na liquidação e partilha (2.ª FASE), pode ser extrajudicial. Tal é a regra, salvo *liquidação judicial* por força de lei, como a prevista nos arts. 1.036, *caput* e parágrafo único e 1.037 do CC, os quais reproduzem o art. 209 da Lei 6.404/76.

2. OBJETIVO DE CADA FASE

2.1 Primeira fase (*Da dissolução*)

A 1.ª FASE (*Da dissolução*) tem por objetivo: *(a)* definir o motivo da dissolução, dispensável quando por consenso extrajudicial; *(b)* definir se será parcial/resolução ou total; *(c)* emitir ato dissolutório, judicial ou extrajudicial, quando necessário; e *(d)* nomear perito quando dissolução parcial/resolução, e liquidante quando total. Na sociedade unipessoal, tudo depende da vontade do sócio único. Basta que emita o ato, nomeie liquidante e os averbe no registro competente (CC, art. 51, § 1.º), partindo logo para a 2.ª FASE, sem as demoras de eventual processo judicial.

2.2 Segunda fase (*Da liquidação e partilha*)

A 2.ª FASE (*Da liquidação e partilha*) tem por objetivo: *(a)* realizar o ativo e pagar o passivo, entenda-se todo o passivo, inclusive obrigação de o titular da empresa e sócio único no caso de sociedade unipessoal carrear patrimônio quando insuficiente o ativo, sob pena de dissolução irregular (Cap. 46, itens 5, 7 e 9.2 *infra*); e *(b)* distribuir entre os sócios eventual patrimônio remanescente. Na sociedade unipessoal, havendo patrimônio remanescente, não há partilha, mas adjudicação pelo sócio único, percorrendo os bens, então, caminho inverso daquele da oportunidade da integralização.

2.3 Terceira fase (*Da extinção*)

A 3.ª FASE (*Da extinção*) tem por objetivo: *(a)* averbação do encerramento da dissolução total no registro competente, momento em que se extingue a personalidade jurídica (CC, art. 51, § 3.º); e *(b)* publicação na Imprensa Oficial (vigora o princípio da dupla divulgação).

Capítulo 42

DAS HIPÓTESES DE DISSOLUÇÃO (DIREITO MATERIAL)

O *direito material* informa as hipóteses de dissolução parcial/resolução e total, as quais podem ser típicas e atípicas.

A *dissolução parcial* está prevista no CC como *resolução* nos arts. 1.028-32 (= extingue o vínculo societário em relação a um ou alguns sócios), e a *total* como simplesmente *dissolução* nos arts. 1.033-8 (= extingue o vínculo em relação a todos). O inciso IV do art. 1.033 do CC, que previa dissolução total por ausência de pluralidade de sócios, foi revogado pela Lei 14.195, de 26-8-21.

No entanto, embora o CC, *dissolução parcial* ainda é locução utilizada. Por exemplo, o CPC/2015 denomina *ação de dissolução parcial de sociedade* (arts. 599-609), e não *de resolução de sociedade*.

1 HIPÓTESES TÍPICAS

1.1 Legais

São hipóteses de dissolução parcial/resolução ou total previstas em *lei em sentido formal*. Nas sociedades contratuais (= regidas pelo CC), são exemplos: *(a) de dissolução parcial*: morte de sócio, recesso de sócio com e sem motivo, exclusão de sócio, liquidação da quota de sócio devedor a pedido do credor; e *(b) de dissolução total*: vencimento do prazo, deliberação dos sócios e extinção de autorização para funcionar, anulação da constituição e exaurimento do objeto social ou inexequibilidade. O inciso IV do art. 1.033 do CC, que previa dissolução por falta de pluralidade, foi revogado pela Lei 14.195, de 26-8-21. Nas sociedades institucionais (= regidas pela Lei 6.404/76), embora só prevista a dissolução total (arts. 206 e 280), o STJ admite a *dissolução parcial* quando *sociedade de pessoas*, assim considerada a anônima de capital fechado, recepcionada pelo CPC/2015 (art. 599,

> § 2.º). Essas hipóteses podem: *(a)* dissolver de pleno direito ou *pleno jure*, todavia com necessidade de emissão de ato dissolutório, o qual, emitido, entra em vigor; e *(b)* dissolver por obra da lei ou *ope legis*, com efeitos imediatos (= independentemente da emissão de ato), salvo *hipótese de eficácia sob condição suspensiva*).

O STJ admite *dissolução parcial* de sociedade anônima quando *de pessoas* (= prevalência do vínculo pessoal ou *intuitu personae* sobre o patrimonial ou *intuitu pecuniae*), assim considerada a anônima de capital fechado,[113] o que foi recepcionado pelo CPC/2015 (art. 599, § 2.º).

No que tange à *hipótese de eficácia sob condição suspensiva*, abrange a de dissolução por obra da lei ou *ope legis*, quando a configuração em concreto apenas arma o gatilho (a relação jurídica não se forma), ficando o desarme, o acionamento, na pendência de evento ou ato superveniente.

Exemplo: *(a)* nas sociedades contratuais (= regidas pelo CC), terminado o prazo, não se consuma a dissolução se a sociedade continuar operando sem oposição dos sócios (CC, art. 1.033, I), chance que não existe nas institucionais (= regidas pela Lei 6.404/76, art.206, I, alínea *a*).

1.2 Administrativo-legais

> As hipóteses administrativo-legais diferenciam-se das outras também legais, porque se baseiam em *ato de autoridade administrativa* que *decreta*, *contém* ou *provoca* a dissolução, sempre total, porque a empresa deixa de operar. Exemplos: *(a)* o ato da autoridade administrativa que *decreta* a dissolução (Lei 6.404/76, art. 206, III); *(b)* o ato do BACEN que determina a liquidação extrajudicial das instituições financeiras *contém* a dissolução (Lei 6.024/74; e *(c)* o ato da autoridade que extingue a autorização para funcionar *provoca* a dissolução (CC, art. 1.033, V; Lei 6.404/76, art. 206, I, alínea *e*; Lei 5.764, art. 63, VI).

---

[113] STJ, EREsp 111294, 2.ª Seção, Relator: Min. Castro Filho, em 28-6-06, DJ de 10-9-07.

1.3 Contratuais ou estatutárias

São hipóteses previstas no contrato ou estatuto. Nas *sociedades contratuais* (= regidas pelo CC): *(a)* quanto à dissolução parcial/resolução, o sócio pode se retirar nos casos previstos *no contrato* (art. 1.029); e *(b)* quanto à total, é possível o contrato *prever outras causas de dissolução* (art. 1.035), por exemplo, não obtenção de lucro mínimo e/ou número de sócios inferior ao mínimo, assim como nas cooperativas (Lei 5.764/71, art. 63, V). Nas *sociedades institucionais* (= regidas pela Lei 6.404/76): *(a)* quanto à dissolução total, é possível *nos casos previstos no estatuto* (art. 206, I, alínea *b*); e *(b)* quanto à parcial/resolução, historicamente não prevista, a jurisprudência passou a admiti-la se *sociedade de pessoas*, e o CPC/2015 oficializou-a em relação à anônima de capital fechado (item 1.1 *supra*). Em todas as situações, vigora o *princípio da preservação da empresa* (Capítulos 26 e 27 *supra*).

2 HIPÓTESES ATÍPICAS

São hipóteses atípicas de dissolução parcial/resolução ou total, porque não previstas em lei, contrato ou estatuto. Elas existem difusamente no sistema jurídico. Exemplo: a grave desinteligência entre os sócios, assim compreendida a que põe fim à *affectio societatis*, característica interna da sociedade de pessoas. Se o desajuste ocorre face a um ou alguns, aos demais – de pelo menos cinco por cento do capital social quando anônima de capital fechado (CPC/2015, art. 599, § 2.º) – é facultado continuar, fazendo-se dissolução parcial/resolução.

Capítulo 43
DA DISSOLUÇÃO PARCIAL/ RESOLUÇÃO

1 INAPLICABILIDADE DA DISSOLUÇÃO/RESOLUÇÃO PARCIAL À EMPRESA INDIVIDUAL E À SOCIEDADE UNIPESSOAL

Na sociedade unipessoal só existe o sócio único. Ressalvada a hipótese extraordinária do art. 600, parágrafo único, do CPC, é dizer, ação ajuizada por terceiro ex-cônjuge ou companheiro e por credor (itens 4.2.6 e 4.2.7 *infra*), não se lhe aplica a dissolução parcial/resolução. À medida que não existem outros sócios, não há com quem extinguir o vínculo societário. Não se confunda isso com redução do capital social.

2 APLICABILIDADE DA DISSOLUÇÃO PARCIAL/RESOLUÇÃO ÀS SOCIEDADES PLURIPESSOAIS

A dissolução parcial/resolução das sociedades pluripessoais surgiu na doutrina e jurisprudência muito antes do CC/2002, com o *princípio da preservação da empresa* (Sexta parte *supra*), e a partir dele a tese de se evitar a total sempre que possível, blindando-se da vontade individual do sócio o núcleo de produção e de geração de empregos e de tributos.

É jurisprudência do STJ: "Se um dos sócios de uma sociedade por quotas de responsabilidade limitada pretende dar-lhe continuidade, mesmo contra a vontade da maioria, que busca a sua dissolução total, deve-se prestigiar o princípio da preservação da empresa, acolhendo-se o pedido de sua desconstituição apenas parcial, formulado por aquele, pois a sua continuidade ajusta-se ao interesse coletivo, por importar em geração de empregos, em pagamento de impostos, em promoção do desenvolvimento das comunidades em que se integra, e em outros benefícios gerais".[114]

---
[114] STJ, *in* RSTJ 106/324.

No mesmo sentido, por época: em 1989, REsp 387-MG, Rel. Min. Waldemar Zveiter; em 1994, REsp 465311-MG, Rel. Min. Costa Leite; em 1995, REsp 44132-SP, Rel. Min. Eduardo Ribeiro; em 1996, REsp 96676-SP, Rel. Min. Ruy Rosado; em 2000, REsp 105667-SC, Rel. Min. Barros Monteiro; em 2001, REsp 38259-SC, Rel. Min. Aldir Passarinho; em 2002, REsp 197303, Rel. Min. Sálvio de Figueiredo Teixeira; em 2004, REsp 510387-SP, Relª Min.ª Nancy Andrighi; em 1996, AgRg no AgIn 90995-RS, Rel. Min. Cláudio Santos.

3 DISSOLUÇÃO PARCIAL EXTRAJUDICIAL (FUSÃO DAS FASES)

Havendo consenso, tudo se resolve extrajudicialmente num *Termo de Dissolução Parcial* ou de *Resolução*, o qual tem dimensões interna e externa: *(a)* na *interna*, deve disciplinar os interesses dos envolvidos e ser instruído com as peças úteis, senão necessárias, como o "balanço especialmente levantado" (CC, art. 1.031, *caput*), seguindo-se a alteração do contrato, a fim de adequação à nova realidade, com arquivamento no registro competente, sem extinção da personalidade jurídica; e *(b)* quanto à *externa*, deve preservar os interesses dos terceiros, especialmente dos credores, em quantidade e em qualidade das garantias naturais ou constituídas, mesmo princípio que vigora na reorganização empresarial, bem assim a redução do capital. O documento formaliza e materializa um *procedimento sumário* ou *simplificado*. Ele concentra as fases de dissolução e de liquidação, no caso, de *apuração de haveres*. Nele acontece a *fusão das fases*. Não há partilha, mas pagamento de haveres. Também não há liquidante, figura reservada à liquidação na dissolução total (CC, art. 1.102).

4 DISSOLUÇÃO PARCIAL/RESOLUÇÃO JUDICIAL (AÇÃO DE DISSOLUÇÃO PARCIAL DE SOCIEDADE)

4.1 Objeto da ação de dissolução parcial de sociedade e/ou de apuração de haveres (hipóteses)

Quanto ao *objeto*, o art. 599 do CPC/2015 estabelece as hipóteses: "*I* – a resolução da sociedade contratual ou simples em relação ao sócio falecido, excluído ou que exerceu o direito de retirada ou recesso; e *II* –

a apuração dos haveres do sócio falecido, excluído ou que exerceu o direito de retirada ou recesso; ou *III* – somente a resolução ou a apuração de haveres".

4.1.1 Imprecisão técnica

Quando não se requer dissolução parcial/resolução *e* apuração de haveres (CPC, art. 599, I e II), mas tão só apuração de haveres. Melhor é dizer *ação de apuração de haveres*, e não de *dissolução parcial*.

4.1.2 Conjunção aditiva ligando o inciso I ao II

A conjunção aditiva *e* ligando o inciso I ao II informa ação com *pedidos cumulativos*, isto é, de dissolução (natureza constitutivo-negativa) e de apuração dos haveres/liquidação (natureza condenatória), nos casos de falecimento de sócio, de exclusão de sócio ou de sócio que exerce direito de retirada ou recesso. Sem prejuízo à compreensão, poderia ter sido usada linguagem sintética: apenas um inciso.

4.1.3 Conjunção alternativa usada no inciso III

A conjunção alternativa *ou* usada no inciso III informa ação sem pedidos cumulativos (= dissolução parcial *ou* apuração dos haveres), isto é: (a) apenas a dissolução parcial; ou (b) apenas a apuração dos haveres/liquidação, porque a dissolução/resolução já foi superada, o que comprova a autonomia das fases.

4.1.4 Normas exclusivas às sociedades contratuais (como regra)

Como regra, as normas só se aplicam às sociedades contratuais, tanto assim que, em relação às institucionais, o § 2.º do art. 599 do CC abre exceção à anônima de capital fechado, desde que postulação por pelo menos cinco por cento do capital social e prova de que a sociedade *não pode preencher o seu fim*, o que abrange a extinção da *affectio societatis* (= elemento imaterial

> de coesão entre os sócios). O art. 206, II, alínea *b*, da Lei 6.404/76, possibilita, com base no mesmo quórum e motivo, a dissolução total de qualquer sociedade anônima, desde que judicialmente. Agora, tratando-se de anônima de capital fechado, a possibilidade ficou restrita à dissolução parcial.

Eis jurisprudência do STJ, por época: em 1993, Ag no AgIn 341208, Rel. Min. Dias Trindade; em 2000, REsp 111294-SP, Rel. Min. Barros Monteiro; em 2001, REsp 247002-RJ, Rel.ª Min.ª Nancy Andrighi; em 2002, REsp 419174-SP, Rel. Min. Carlos Alberto Menezes Direito; em 2006, EREsp 111294-PR, Rel. Min. Castro Filho; em 2008, EREsp 419174-SP, Rel. Min. Aldir Passarinho; em 2011, REsp 1128431-SP, Rel.ª Min.ª Nancy Andrighi.

O detalhe, a partir da entrada em vigor do CPC/2015, está em que é necessário pelo menos cinco por cento do capital social. Quando não atingido, resta ao(s) acionista(s) o modo tradicional: venda/cessão das ações.

4.2 Legitimidade ativa e ações cabíveis

O art. 600 do CPC arrola quem pode ajuizar ação cabível (de dissolução parcial e/ou de apuração de haveres, consignatória de haveres e cominatória): "*I* – pelo espólio do sócio falecido, quando a totalidade dos sucessores não ingressar na sociedade; *II* – pelos sucessores, após concluída a partilha do sócio falecido; *III* – pela sociedade, se os sócios sobreviventes não admitirem o ingresso do espólio ou dos sucessores do falecido na sociedade, quando esse direito decorrer do contrato social; *IV* – pelo sócio que exerceu o direito de retirada ou recesso, se não tiver sido providenciada pelos demais sócios, a alteração contratual consensual formalizando o desligamento, depois de transcorridos 10 (dez) dias do exercício do direito; *V* – pela sociedade, nos casos em que a lei não autoriza a exclusão extrajudicial; ou *VI* – pelo sócio excluído".

O parágrafo único estabelece que "O cônjuge ou companheiro do sócio cujo casamento, união estável ou convivência terminou poderá requerer a apuração de seus haveres na sociedade, que serão pagos à conta da quota social titulada por este sócio".

Por sua vez, o art. 1.026, parágrafo único, do CC, estabelece que "Se a sociedade não estiver dissolvida, pode o credor requerer a liquidação da quota do devedor".

4.2.1 Legitimidade do espólio

Enquanto existir, a legitimidade ativa é do espólio para a *ação de dissolução parcial/resolução e/ou de haveres* e, após, de quem na partilha recebeu direitos do *de cujus* na sociedade (CPC, art. 600, I e II).

4.2.2 Legitimidade da sociedade para ação de consignação de haveres

Há legitimidade ativa da sociedade para a *ação de apuração de haveres inversa* ou *consignatória* (CPC, art. 600, III) quando, embora o contrato preveja o ingresso do espólio ou dos sucessores, os sócios remanescentes não os admitirem, caso em que: *(a)* descabe à sociedade litigar com os próprios sócios via *ação de execução específica*, impondo-lhes o ingresso daqueles, até porque é deles a conveniência de exigir ou não o cumprimento do contrato; e *(b)* descabe à sociedade ajuizar em favor do espólio ou dos sucessores e contra ela mesma *ação de apuração de haveres*, só lhes restando, face ao interesse de recuperar o quanto antes a normalidade operacional, a *ação de apuração de haveres inversa* ou *consignatória* por eventual atraso e/ou dificuldade causada pelo espólio ou sucessores.

4.2.3 Legitimidade do sócio retirante

Há legitimidade ativa do sócio retirante ou que se autoexclui (CPC, art. 600, IV) para a *ação cominatória* contra os remanescentes, se no prazo de dez dias, a partir do prazo de sessenta dias da notificação (CC, art. 1.029, *caput*), não alterarem o contrato para o arquivamento do registro competente, o qual marca os biênios anterior e posterior de eventual responsabilidade (CC, art. 1.032).

4.2.4 Legitimidade da sociedade para excluir sócio

Há legitimidade ativa da sociedade para *ação de exclusão judicial de sócio* (art. 600, V), que a final resulta em dissolução parcial e apuração de haveres, sempre que legalmente não for possível a extrajudicial, porque: (a) a lei não a autoriza (CC, art. 1.030); (b) a lei a autoriza, mas não há previsão contratual; e (c) existe previsão, mas não se formaram os quóruns necessários (CC, art. 1.085, *caput*).

4.2.5 Legitimidade do sócio excluído para ações anulatória, de apuração de haveres e cominatória

Há legitimidade ativa do sócio excluído (CPC, art. 600, VI) para: (a) ação de anulação do ato/decisão, a fim de recuperar o *status socii*; (b) ação de apuração de haveres, a fim de cobrar o que lhe é devido; e (c) ação cominatória, a fim de compelir os demais sócios à alteração contratual.

4.2.6 Legitimidade do ex-cônjuge ou ex-companheiro

Há legitimidade ativa do ex-cônjuge ou ex-companheiro do sócio (CPC, art. 600, parágrafo único), para a *ação de apuração de haveres*, só ajuizável após constituído o direito de participar da quota do sócio, sendo-lhes assegurado, antes, concorrer à divisão periódica dos lucros, maneira que torna só aparente o conflito entre o parágrafo do art. 600 do CPC e o art. 1.027 do CC, aplicável também ao próprio sócio e seus herdeiros.

Diz o parágrafo único do art. 600 que o cônjuge ou companheiro do sócio "cujo casamento, união estável ou convivência terminou poderá requerer a apuração de seus haveres na sociedade, que serão pagos à conta da quota social titulada por este sócio."

Cônjuge ou companheiro de sócio, sócio não é; logo, inexistindo vínculo entre eles e a sociedade, não podiam, até o advento do CPC/2015, postular a dissolução parcial/resolução, por motivo da extinção do casamento ou da união estável.

Acontece que, pelo art. 1.027 do CC, uma vez falecido o cônjuge de sócio, os respectivos herdeiros, bem assim o cônjuge do que se separou judicialmente, "não podem exigir desde logo a parte que lhes couber na quota social, mas concorrer à divisão periódica dos lucros, até que se liquide a sociedade".

Há, pois, conflito entre as duas normas. Como superá-lo, tornando-o só aparente?

Primeiro, a barreira estabelecida pelo art. 1.027 do CC abrange: *(a)* sócio e ex-cônjuge; *(b)* sócio e ex-companheiro, por equiparação da união estável à sociedade conjugal (CF, art. 226, § 3.º); e *(c)* herdeiros de sócio.

Já o parágrafo único do art. 600 do CPC rompe a barreira tão só ao ex-cônjuge e ao ex-companheiro do sócio, o que deve ser observado, uma vez que se trata de exceção à regra do Código Civil, mas com a devida temperança, é dizer, impõe-se cumprir o *princípio do direito pré-constituído*.

Segundo, o parágrafo único do art. 600 do CPC não fala em ingresso do ex-cônjuge ou do ex-companheiro na sociedade – até porque estaria ferindo a *afectio societatis* por levar para dentro dela problemas familiares do sócio –, mas em ação para requerer os haveres que lhe pertencem, haveres esses que devem ser deduzidos da quota do sócio; e, no quanto a quota deste é reduzida, opera-se a liquidação.

Terceiro, o ex-cônjuge ou o ex-companheiro do sócio, para fazer jus à apuração dos haveres, a serem pagos à conta da quota social titulada por este, deve previamente constituir o seu direito; por exemplo, descabe cumular pedido declaratório de união estável, porquanto, além de estranho à temática e tumultuário, prejudica "os contornos e especificidades que foram considerados pelo legislador para atribuir à ação de dissolução parcial de sociedade um procedimento de natureza especial".[115]

Isso por um lado. Por outro, a fim de que se cumpra o *princípio do direito pré-constituído*, impõe-se na partilha, seja da extinção da sociedade conjugal, seja da união estável, conste a participação do ex-cônjuge ou do ex-companheiro na quota do sócio. Observe-se que o art. 600, parágrafo único, do CPC, refere *apuração de haveres*, os quais devem ser pagos à conta da quota. Noutras palavras: pressupõe titularidade, não mera expectativa de direito, o que só acontece com previsão na partilha.

Assim, enquanto não houver partilha na qual conste a participação na quota ou ações, vale dizer, enquanto o patrimônio constituir uma universalidade de direito – *universitas juris* – (CC, art. 91), o ex-cônjuge ou ex-companheiro do sócio, assim como seus herdeiros, não podem exigir "a

---

[115] WAMBIER, Teresa Arruda Alvim *et alii*. *Código de Processo Civil*, p. 1.505, item 5. São Paulo: RT, 2015.

parte que lhes couber na quota social", mas tão somente "concorrer à divisão periódica dos lucros" (CC, art. 1.027).

A não ser assim, o ex-cônjuge e o ex-companheiro do sócio ficam guindados a uma *categoria suprema*, pois também o ex-sócio, o espólio e os sucessores até a data de resolução só fazem jus à participação nos lucros ou nos juros sobre o capital próprio declarados pela sociedade (CPC, art. 608).

Com essa compreensão, pela qual a ação de que trata o art. 600, parágrafo único, do CPC, exige previsão na partilha da extinção da sociedade conjugal ou da união estável, torna-se tão só aparente o conflito com o art. 1.027 do CPC, sem prejuízo da fundada crítica àquele e até possível revogação deste.[116]

Em situação extrema, pode haver *partilha litigiosa*, caso em que, tendo em conta o ex-cônjuge ou ex-companheiro ser credor do sócio, e não da sociedade, só se reconhece o direito de participar da quota social em caso de "insuficiência de outros bens" (CC, art. 1.026).

Quarto, como a *apuração de haveres* inclui a liquidação da quota e a cobrança do valor, a expressão utilizada pelo CPC vem sendo compreendida como sinônimo de *liquidação de quota*, mas na realidade aquela corresponde a uma fase desta. Escreve Alfredo Assis Gonçalves Neto que *apuração de haveres* significa apenas a "determinação do valor da participação", enquanto a *liquidação de quota*, mais abrangente, "se estende aos atos necessários à conversão da quota liquidanda em dinheiro para pagamento ao sócio ou, se for o caso, a seus sucessores *mortis causa*, sendo a apuração de haveres uma de suas fases."[117]

4.2.7 Legitimidade do credor do sócio

> Há legitimidade ativa do credor do sócio para a ação de liquidação parcial e apuração de haveres, desde que seja a derradeira alternativa, isto é, devem antes ser exauridas as possibilidades de penhora de outros bens e de penhora dos lucros do devedor (CC, art. 1.026, *caput*).

---

[116] FRANÇA, Erasmo Valladão Azevedo e Novaes & ADAMEK, Marcelo Vieira von. *Da ação de dissolução parcial de sociedade*, p. 44. São Paulo: Malheiros, 2016.
[117] GONÇALVES NETO, Alfredo de Assis. *Direito de Empresa*, 5.ed., p. 287. São Paulo: RT, 2014.

Diz o *caput* do art. 1.026 do CC: "O credor particular de sócio pode, na insuficiência de outros bens do devedor, fazer recair a execução sobre o que a este couber nos lucros da sociedade, ou na parte que lhe tocar em liquidação". E o parágrafo único estabelece que "Se a sociedade não estiver dissolvida, pode o credor requerer a liquidação da quota do devedor".

Portanto, reconhece legitimidade ativa do credor do sócio para requerer a dissolução parcial da sociedade, desde que seja a derradeira alternativa, isto é, devem antes ser exauridas as possibilidades de penhora de outros bens do sócio e de penhora dos lucros do devedor, assegurada aos demais sócios a preferência na aquisição (CPC, art. 876, § 7.º).

4.3 Legitimidade passiva nas ações cabíveis

Diz o *caput* do art. 601 que "Os sócios e a sociedade serão citados para, no prazo de 15 (quinze) dias, concordar com o pedido ou apresentar contestação", e o parágrafo único diz que "A sociedade não será citada se todos os seus sócios o forem, mas ficará sujeita aos efeitos da decisão e à coisa julgada". Pelo art. 602 a sociedade "poderá formular pedido de indenização compensável com o valor dos haveres a apurar", e diz o art. 603 que se todos concordarem com o dissolução, o juiz a decretará, "passando-se imediatamente à fase de liquidação" (*caput*), sem honorários e custas rateadas "segundo a participação das partes no capital" (§ 1.º); e, havendo contestação, será observado o procedimento comum, "mas a liquidação da sentença seguirá o disposto neste Capítulo" (§ 2.º).

4.3.1 Maneira de superar o paradoxo entre o caput e o parágrafo único do art. 601 do CPC

> Há paradoxo entre o *caput* e o parágrafo único do art. 601 do CPC, pois, em relação à sociedade, o que um faz o outro desfaz. A maneira de superá-lo é entender que a dispensa da citação da sociedade prevista no parágrafo é para quando houver a da totalidade dos sócios, daí o uso do pronome *todos*, e a exigência da citação da sociedade prevista no *caput* é para quando não houver a de *todos* os sócios, daí o uso apenas do substantivo *sócios*, sem o pronome *todos*.

4.3.2 Litisconsórcio passivo da sociedade e dos sócios, com dispensa da sociedade quando todos os sócios forem citados

> Quanto ao sócio retirante: *(a)* em relação ao *pedido de dissolução parcial*, há interesse direto ou imediato dos remanescentes, porque, se acolhido, serão obrigados a modificar o contrato, enquanto o da sociedade é apenas indireto ou remoto, porque a decorrente apuração de haveres repercute no seu patrimônio; e *(b)* em relação ao *pedido de apuração de haveres*, existe interesse direto ou imediato da sociedade, porque terá que pagar com o seu patrimônio, enquanto o dos remanescentes é apenas indireto ou remoto, porque a quantificação dos haveres repercute no valor patrimonial das respectivas quotas ou ações. Nesse contexto, o art. 601 do CPC simplificou, tornando-os litisconsortes passivos necessários e unitários (art. 114), mas só *em tese*, na medida em que dispensa a citação da sociedade quando todos os sócios o forem, salvo havendo apuração de haveres (item 4.3.3 *infra*).

4.3.3 Necessidade de citação da sociedade quando existir pedido de apuração de haveres

> O parágrafo único do art. 601 do CPC submete a sociedade à coisa julgada mesmo sem ser parte. Como não se reconhece *eficácia expansiva* à coisa julgada, impõe-se concluir que, existindo pedido de apuração de haveres, é necessário citar a sociedade. Nas situações específicas, ele não se aplica, maneira de preservar sua constitucionalidade. A não ser assim, há eiva por violar os limites subjetivos da coisa julgada e os princípios do contraditório e da ampla defesa (CF, art. 5.º, XXXVI e LV).

A jurisprudência do STJ informa que não há *eficácia expansiva* da coisa julgada e que não é possível extrapolar os *limites subjetivos da coisa julgada*.[118]

---

[118] STJ, 3.ª T., REsp 1015652; 5.ª Turma, REsp 796826-AgRg, Relator: Min. Gilson Dipp, em 3-10-06, DJU de 30-10-06.

4.3.4 Possibilidade de a sociedade pedir indenização compensável com os haveres

> Somente sendo citada, a sociedade pode reagir com pedido reconvencional de indenização compensável com o valor dos haveres do sócio retirante (CPC, art. 602).

Isso consolida o entendimento de que, existindo pedido de apuração de haveres, a sociedade deve ser citada, apesar do parágrafo único do art. 601 do CPC. Somente assim é que poderá reagir legitimamente no mesmo processo, com pedido de indenização "decorrente de atos praticados pelo sócio falecido ou que se retirou, solicitando a compensação dos haveres", como escreve Artur César de Souza,[119] é dizer, pedido reconvencional, admitido desde antes pelo STJ.[120]

4.3.5 Legitimados passivos

> No contraponto dos *legitimados ativos*, os *legitimados passivos* são: (a) o espólio ou os sucessores aquinhoados com direitos do *de cujus* na sociedade, na apuração de haveres inversa ou consignatória ajuizada pela sociedade; (b) os sócios remanescentes, na cominatória do retirante para fins de alteração do contrato; (c) o sócio que se pretende excluir, na exclusão judicial de sócio ajuizada pela sociedade; (d) os sócios remanescentes, na anulação de ato/decisão ajuizada pelo excluído para recuperar o *status socii*; (e) a sociedade e o sócio ex-cônjuge ou ex-companheiro, com interesse indireto ou remoto dos demais, na apuração de haveres na proporção da participação na quota ou ação ajuizada pelo ex-cônjuge ou ex-companheiro do sócio; e (f) a sociedade e o sócio devedor, com interesse indireto ou remoto dos demais, na dissolução parcial e apuração de haveres ajuizada pelo credor do sócio.

---

[119] SOUZA, Artur César de. *Código de Processo Civil*, vol. II, p. 1.439. São Paulo: Almedina, 2015.
[120] STJ, 3.ª T., REsp 1128431, Rel.ª Des.ª Nancy Andrighi, em 11-10-11, DJe de 25-1-11).

4.4 Itens obrigatórios da sentença de dissolução parcial/resolução

O art. 604 do CPC arrola os itens que, decorrentes da fundamentação, devem constar no dispositivo da sentença: *(a)* data da dissolução (inc. I), necessariamente hipótese prevista em lei (art. 605); *(b)* critério de apuração dos haveres (inc. II), necessariamente o contratual e, no caso de omissão, o legal, que é o valor patrimonial da quota ou ações e outros direitos do ativo, tangíveis e intangíveis, bem assim deve ser levado em conta o passivo, considerando-se para tudo a data da resolução (art. 606); e *(c)* nomear perito (inc. III), preferencialmente "especialista em avaliação de sociedades" (art. 606, parágrafo único).

4.5 Juízo de revisão até o início da perícia

O *juízo de revisão* até o início da perícia, quanto à data da dissolução parcial e/ou critério de apuração de haveres (CPC, art. 607), reclama aplicação restritiva, sob pena de desestabilizar o processo e violar a coisa julgada (CF, art. 5.º, XXXVI). Tendo em conta que os critérios são impositivamente os previstos em lei, seja à data da dissolução parcial, seja à apuração dos haveres (arts. 605-6), só se admite a revisão para corrigir violação explícita a eles, prevenindo-se, com isso, ação rescisória (art. 966, V), em relação à qual a coisa julgada não prevalece.

O art. 607 do CPC é tachado, não sem motivo, de "Regra das mais infelizes",[121] mas também há quem o justifica dizendo que ele, em suma, objetiva corrigir ofensas aos critérios previstos em lei quanto à data da resolução e/ou da apuração de haveres, "não se podendo falar que tal autorização de revisão desestabilize ou ofenda o instituto da preclusão – *pro judicato* – e o devido processo legal".[122]

Certamente, não se pode admitir que, *per fas et nefas* (a torto e a direito), mediante simples pedido de uma parte, mesmo que se observe o contraditório face à outra, se passe a revisar decisões, sob pena de se dar chance

---

[121] FRANÇA, Erasmo Valladão Azevedo e Novaes & ADAMEK, Marcelo Vieira von. *Da ação de dissolução parcial de sociedade*, p. 74, item 10.1. São Paulo: Malheiros, 2016.
[122] WAMBIER, Teresa Arruda Alvim et alii. *Código de Processo Civil*, p. 1.513, item 5. São Paulo: RT, 2015.

à desordem processual, num ambiente que reclama celeridade, haja vista o procedimento especial.

4.6 Rubricas do cálculo antes e depois da dissolução parcial/ resolução e pagamento

Quanto às *rubricas que integram o cálculo dos haveres*, o art. 608 do CPC estabelece dois períodos que: *(a)* antes da dissolução parcial/resolução, agrega a participação nos lucros ou os juros sobre o capital próprio declarados pela sociedade e, se for o caso, a remuneração como administrador, por óbvio, relativos ao período anterior; e *(b)* depois, agrega apenas à correção monetária dos valores apurados e aos juros contratuais ou legais. Quanto ao *pagamento*, o art. 609 estabelece-o conforme o contrato e, no silêncio, nos termos do § 2.º do art. 1.031 do CC, o que não exclui o biênio anterior e posterior quanto a eventual *responsabilidade pelas obrigações sociais anteriores* (CC, art. 1.032).

4.7 Dissolução parcial resultante de pedido de dissolução total

Nada obsta que em ação de dissolução total da sociedade, após analisadas as circunstâncias, seja acolhida a parcial, tendo em conta ser possível a continuação, caso em que a sentença deve cumprir os requisitos específicos (item 4.4 *supra*); por exemplo, não se nomeia liquidante, mas perito. Tal não caracteriza decisão *extra petita*, e sim de parcial procedência.

Capítulo 44

DA DISSOLUÇÃO TOTAL

Vimos que: *(a)* o Código Civil define a *dissolução total* como simplesmente *dissolução* (Cap. 42 *supra*); *(b)* a dissolução parcial/resolução não se aplica à sociedade unipessoal, salvo ação ajuizada por terceiro ex-cônjuge ou companheiro e por credor (Cap. 43, itens 1, 4.2.6 e 4.2.7 *supra*); e *(c)* o *processo dissolutório* se aplica a todas as sociedades, personificadas, com ou sem fins lucrativos (Cap. 40, item 2 *supra*).

1 DISSOLUÇÃO TOTAL EXTRAJUDICIAL

1.1 Sociedades pluripessoais

A dissolução total das sociedades pluripessoais pode ser extrajudicial, resultando a extinção de todos os vínculos, inclusive da personalidade jurídica, em havendo. Uma vez deliberado pela dissolução total, é imprescindível a nomeação de liquidante, conforme decorre dos arts. 1.036, 1.102 e 1.103 do CC, e nomeação no próprio *ato dissolutório*, quando for o caso. Cabe ao liquidante, privativamente, praticar os atos das 2.ª e 3.ª FASES (*da liquidação e partilha e da extinção*). Não é possível simplificar tudo em documento único, fundindo-se as fases, mediante simples *Termo de Dissolução*, como o é na dissolução parcial (Cap. 43, item 3 *supra*).

1.2 Sociedade unipessoal

Ressalvada a hipótese extraordinária do art. 600, parágrafo único, do CPC, é dizer, ação ajuizada por terceiro ex-cônjuge ou companheiro e por credor (Cap. 43, itens 1 e 4.2.6 e 4.27 *supra*.), não há *dissolução parcial/resolução* de sociedade unipessoal, porque só existe o sócio único. Todavia, há *dissolução total*, cabendo ao sócio único atentar às hipóteses aplicáveis (Cap. 42 *supra*). Apenas que, se ocorrer por vontade do titular ou sócio, acontece apenas extrajudicialmente, pois não há com quem litigar em juízo. Cabe-lhe, sendo necessário, emitir *ato dissolutório*, com os requisitos legais, inclusive nomeação de liquidante, o qual assumirá imediatamente (CC, art. 1.036), a quem compete, privativamente, praticar os atos arrolados nos seus deveres (Cap. 46 *infra*). Não é possível simplificar tudo em documento único, fundindo-se as fases, mediante simples *Termo de Dissolução* ou de *Resolução*, como o é na dissolução parcial.

2 DISSOLUÇÃO JUDICIAL DAS SOCIEDADES PLURIPESSOAIS

Na vigência do CPC/1973, o art. 1.218, VII, fazia remissão aos arts. 655-74 do CPC/1939. Já o CPC/2015 regulamenta a *ação de dissolução parcial/resolução* (arts. 599-609; Cap. 43, item 4 *supra*); e, quanto à total, encampou a tendência à ordinarização, submetendo-a ao *procedimento comum* ao dizer, no § 3.º do art. 1.046, que os processos mencionados no art. 1.218 do CPC/1973, "cujo procedimento ainda não tenha sido incorporado por lei, submetem-se ao procedimento comum previsto neste Código". Aliás, também na dissolução parcial, se houver contestação, segue-se o procedimento comum (art. 603, § 2.º).

3 CONSEQUÊNCIAS DA DISSOLUÇÃO TOTAL (ENCERRAMENTO DA 1.ª FASE)

Definido que a dissolução é total, encerra-se a 1.ª FASE. Eis as consequências imediatas: *(a)* assunção do liquidante nomeado no mesmo ato quando extrajudicial (CC, art. 1.036), e na sentença quando judicial; *(b)* novo objeto social, isto é, há alteração do objeto social (passa a ser o de acertar a situação patrimonial para pagar o passivo e distribuir eventual remanescente ativo ou passivo); *(c)* gestão restrita à ultimação dos negócios da sociedade e dos inerentes ao *estado de liquidação* (Cap. 46, item 4 *infra*), respondendo pessoalmente os administradores por eventuais outros (CC, art. 1.036; Lei 6.404/76, art. 208, § 1.º, e art. 210, IV); *(d)* administrador passa a ser o liquidante, ficando afastados os anteriores (CC, art. 1.105; Lei 6.404/76, art. 211; Lei 5.764/71, arts. 66-7); e *(e)* arquivamento do ato de dissolução no registro competente quando necessário emiti-lo (CC, art. 1.103, I; Lei 6.404/76, art.

210, I; Lei 5.764/71, art. 68, I; Lei 8.934/94, art. 32, II, alínea *a*), e comunicação da ocorrência quando desnecessário emitir ato. A dissolução dá início ao chamado *período agônico*.

4 REGÊNCIA NORMATIVA DA 2.ª FASE (*DA LIQUIDAÇÃO E PARTILHA*)

4.1 Sociedades contratuais

Aplicação subsidiária da lei, pois há ressalva do disposto no ato constitutivo ou no instrumento da dissolução (CC, art. 1.102, *caput*). Isso, porém, não interfere nos deveres e responsabilidades legais do liquidante (arts. 1.103-8). Às cooperativas, a Lei 5.764/71 silencia quanto à disciplina no ato constitutivo, mas nada obsta, com a mesma ressalva quanto ao liquidante (arts. 68-70).

4.2 Sociedades institucionais

Se o estatuto silenciar, compete à assembleia *determinar o modo de liquidação* nos casos de dissolução de pleno direito (Lei 6.404/76, art. 208, c/c o art. 206, I). Igualmente não interfere nos deveres e responsabilidades legais do liquidante (arts. 210-17).

Capítulo 45
DO LIQUIDANTE

1 LIQUIDANTE PESSOA NATURAL

As características das obrigações e responsabilidades informam que o liquidante deve ser pessoa natural (CC, arts. 1.103-5; Lei 6.404/76, arts. 210-17; Lei 5.674/71, art. 68-9). Não é compatível o exercício das funções por pessoa jurídica. Repete-se o que acontece com os conselheiros fiscais, em relação aos quais o art. 162 da Lei 6.404/76 chega a ser expresso.

2 NÚMERO DE LIQUIDANTES

O CC (arts. 1.102-6) e a Lei 6.404/76 (arts. 208-17) referem-se a liquidante sempre no *singular*, sem vetar a possibilidade de haver mais de um. O art. 65 da Lei 5.764/71 (Lei das Cooperativas) refere um *ou mais*. O art. 661 do CPC/1939, vigente até entrar em vigor o CPC/2015, referia *liquidantes* (plural). Admite-se, pois, mais de um, assim como na administração, inclusive é também denominado *administrador provisório*. O inconveniente da pluralidade está na burocratização. Se for o caso, deve-se optar por número ímpar, a fim de evitar empate.

3 NOMEAÇÃO DE LIQUIDANTE NA LIQUIDAÇÃO EXTRAJUDICIAL

3.1 Nas sociedades contratuais

3.1.1 *Quanto à nomeação*

O liquidante é o único órgão que deve funcionar, salvo nas cooperativas, nas quais deve funcionar também um Conselho Fiscal especialmente eleito

(Lei 5.764/71, art. 65). Por exclusão, tem-se que nas demais o funcionamento do CF, quando houver, é facultativo. Cabe ao mesmo órgão que deliberou pela dissolução escolher e nomear o liquidante, salvo exceção legal, por exemplo, se o nome já constar no contrato, chamado *liquidante estatutário* (CC, art. 1.038, *caput*). Pode ser estranho à administração e ao quadro social. É recomendável que o seja, para evitar influências internas. Quando não administrador, a nomeação deve ser averbada no registro competente (CC, art. 1.102, parágrafo único). Quanto às *cooperativas*, não se admite liquidante estatutário. A nomeação é de competência privativa da Assembleia Geral que decreta a dissolução, e do órgão federal quando decretá-la (Lei 5.764/71, arts. 65, *caput*, 75 e 92).

3.1.2 Quanto ao quórum

Como regra, o quórum é a *maioria absoluta* (= metade mais um do colégio votante), se mais não for exigido (CC, art. 999). Como exceção, na sociedade limitada, o quórum é a *maioria simples* (= metade mais um dos presentes), se mais não for exigido (CC, arts. 1.071, VII, e 1.076, III). Nas cooperativas, dois terços dos presentes (Lei 5.764/71, art. 46, III, e parágrafo único).

3.2 Nas sociedades institucionais

3.2.1 Quanto à nomeação

Não havendo liquidante nomeado no estatuto, cabe à Assembleia Geral fazê-lo, salvo se houver Conselho de Administração (Lei 6.404/76, art. 208, *caput* e § 1.º). Admite-se, pois, liquidante estatutário, e ninguém é excluído. Pode ser integrante da administração, acionista ou alguém estranho ao quadro. Na liquidação extrajudicial, o Conselho Fiscal deve funcionar. Já o funcionamento do Conselho de Administração, quando houver, é facultativo.

3.2.2 Quanto ao quórum

Para decretar a dissolução, o quórum é de no mínimo a metade das ações votantes, se o estatuto não exigir mais (art. 136, X), o que afirma igual quórum à escolha do liquidante, quando lhe competir, com o detalhe de que na liquidação todas as ações gozam de igual direito de voto. Isto é: ficam excluídas as restrições ou limitações porventura existentes (art. 213, § 1.º). E quando competir ao Conselho de Administração, as deliberações ocorrem pela maioria dos votos de seus integrantes, salvo quórum qualificado previsto no estatuto para certas matérias devidamente especificadas (art. 140, IV).

4 NOMEAÇÃO DE LIQUIDANTE NA LIQUIDAÇÃO JUDICIAL

Na liquidação judicial, compete privativamente ao juiz nomear o liquidante; logo, cabe-lhe também a escolha. O juiz não está vinculado a eventual previsão contratual ou estatutária. É o que decorre do art. 1.111 do CC, que faz remissão à lei processual, e do art. 209, parágrafo único, da Lei 6.404/76, expresso de que o liquidante será *nomeado pelo juiz*.

5 DESTITUIÇÃO DO LIQUIDANTE NA LIQUIDAÇÃO EXTRAJUDICIAL

5.1 Nas sociedades contratuais

5.1.1 Quanto à destituição

Órgão competente para destituir o liquidante é o mesmo que, no momento da destituição, é o competente para escolhê-lo. A destituição: *(a)* pode ser extrajudicial *ad nutum* (= sem externar justificativa), quando escolhido pelos sócios; *(b)* deve ser judicial (= ação específica), quando escolhido pelos sócios e se quiser destituí-lo por justa causa; e *(c)* deve ser judicial e por justa causa (= ação específica), quando estatutário, pois tem direito subjetivo decorrente da vontade dos sócios prévia à dissolução; portanto, não se lhe aplica a destituição *ad nutum* (CC, art. 1.038, *caput* e § 1.º). Em relação às cooperativas: *(a)* não há liquidante estatutário; *(b)* cabe à Assembleia

Geral destituí-lo, quando o escolheu (Lei 5.764/71, art. 65, § 2.º); e (c) cabe ao órgão federal (= autoridade administrativa), quando o escolheu, isto é, decretou a dissolução (art. 75).

5.1.2 Quanto ao quórum

Vigora o princípio da simetria jurídica ou da justa proporção: quórum legítimo para destituir é o mesmo que, no momento da destituição, é o legítimo para eleger. Ressalvada a situação especial do liquidante estatutário (item 5.1.1 *supra*), a dos quóruns para destituí-lo é a seguinte: (a) como regra, maioria absoluta (= metade mais um do colégio votante), se mais não for exigido (CC, art. 999); e (b) como exceção, na sociedade limitada, maioria simples (= metade mais um dos presentes), se mais não for exigido (CC, arts. 1.071, VII, e 1.076, III). Nas cooperativas, não há liquidante estatutário, e o quórum para destituí-lo é o mesmo que decreta a dissolução e o nomeia: dois terços dos associados presentes (Lei 5.764/71, art. 46, IV, e parágrafo único).

5.2 Nas sociedades institucionais

5.2.1 Quanto à destituição

Órgão competente para destituir o liquidante é o mesmo que, no momento da destituição, é o competente para escolhê-lo. A destituição: (a) pode ser extrajudicial *ad nutum* (= sem externar justificativa), quando escolhido pela Assembleia Geral ou Conselho de Administração (Lei 6.404, art. 208, *caput* e §§ 1.º e 2.º); (b) deve ser judicial (= ação específica), quando escolhido pela Assembleia ou Conselho de Administração e se quiser destituí-lo por justa causa; e (c) deve ser judicial e por justa causa (= ação específica), quando estatutário, pois tem direito subjetivo decorrente da vontade dos acionistas prévia à dissolução; portanto, não se lhe aplica a destituição extrajudicial *ad nutum*.

5.2.2 Quanto ao quórum

Vigora o princípio da simetria jurídica ou da justa proporção: quórum legítimo para destituir é o mesmo que, no momento da destituição, é o legítimo para eleger. Então, o liquidante: (a) se eleito pela Assembleia Geral, o quórum para destituí-lo, assim como para decretar a dissolução, é de no mínimo metade das ações votantes, se o estatuto não exigir mais (art. 136, X), observando-se que na liquidação todas as ações gozam de igual direito de voto, pois ficam suspensas eventuais restrições (art. 213, § 1.º); e (b) se eleito pelo Conselho de Administração, a destituição ocorre pelo voto da maioria de seus integrantes, assim como nas deliberações em geral, salvo quórum qualificado previsto no estatuto para certas matérias devidamente especificadas (art. 140, IV).

6 DESTITUIÇÃO DO LIQUIDANTE NA LIQUIDAÇÃO JUDICIAL

Na liquidação judicial, a nomeação do liquidante é ato privativo do juiz (item 4 *supra*); logo, também destituí-lo, desde que motivadamente, pois em juízo não há destituição *ad nutum*, isso porque todas as decisões devem ser fundamentadas (CF, art. 93, IX; CPC, art. 11) e não é necessário ação específica. Instaura-se *incidente de destituição*, de preferência em autos separados para não tumultuar os da liquidação, de ofício ou a requerimento de quem tenha interesse e legitimidade (CPC, art. 17), apontando-se os motivos para fins de defesa, tal como, por exemplo, na destituição do administrador na recuperação judicial e falência (Lei 11.101/05, art. 31) e na remoção de inventariante (CPC, art. 622-3).

7 REMUNERAÇÃO DO LIQUIDANTE

Nada consta no CPC/2015, tampouco no CC, acerca da remuneração do *liquidante judicial*, mas isso não significa seja gratuita sua atividade. Aplicam-se, por maioria, o art. 24, *caput*, e os §§ 1.º e 2.º, da Lei 11.101/05. Faz jus a uma remuneração, a qual, por desempenhar atividade que, em essência, coincide com a do *administrador judicial* na recuperação e na falência, deve ser de até cinco por cento do valor da venda dos bens, observados a capacidade de pagamento da massa liquidanda, o grau de complexidade do trabalho e os valores praticados no mercado para atividades semelhantes, inclusive com a reserva de quarenta por cento para pagamento após o encerramento da liquidação. E aplica-se a todo e qualquer liquidante, isto é, independentemente de ser estranho, ou não, à administração ou ao quadro social. Nada consta igualmente acerca da remuneração do *liquidante extrajudicial*, razão pela qual se aplica a mesma solução, competindo, então, ao órgão que o nomeou definir, dentro dos mesmos parâmetros.

8 RENÚNCIA DO LIQUIDANTE

A renúncia é direito inerente à função. Face aos sócios é eficaz desde logo; face a terceiros, só após o arquivamento no registro competente.

9 RESPONSABILIDADE DO LIQUIDANTE

Tem *status* de administrador, haja vista a denominação doutrinária de *administrador provisório*. É o *presentante* (teoria organicista) da sociedade em todos os atos, devendo acrescer a cláusula "Em liquidação" (CC, arts. 1.103, parágrafo único, e 1.105; Lei 6.404/76, arts. 211-2; Lei 5.764/71, arts. 66 e 69). Por isso, responde pelos atos que praticar, tal como e na mesma medida dos administradores (CC, art. 1.104; Lei 6.404/76, art. 217; Lei 5.764/71, art. 69), por exemplo, por dolo, culpa, atos *ultra vires* etc.

10 PODERES DO LIQUIDANTE

O liquidante, acrescendo a cláusula "Em liquidação", pode praticar todos os atos necessários à liquidação, inclusive alienar móveis e imóveis, visto que, pelo *novo objeto social* (Cap. 44, item 3 supra), passam a ser *atos de gestão* (CC, art. 1.105, *caput*; Lei 6.404/76, art. 211, *caput*; Lei 5.764/71, art. 67). Mas se pode alienar, observado o preço mínimo de mercado estabelecido na avaliação definido nos balanços periódicos do estado da liquidação, não pode gravar de ônus bens nem contrair empréstimos, salvo com autorização: *(a)* nas sociedades contratuais pela *maioria dos sócios* (= maioria absoluta ou metade mais um de todos), exceto *quando indispensáveis ao pagamento de obrigações inadiáveis; (b)* nas institucionais, não havendo quórum específico, adota-se a *maioria absoluta de votos, não computados os em branco*, se mais não exigir o estatuto na companhia fechada (Lei 6.404/76, art. 129 e § 1.º), entendendo-se, face à referência a *votos em branco*, ser a maioria dos acionistas presentes; e *(c)* nas cooperativas, não havendo quórum específico, adota-se o *de dois terços dos associados presentes* (Lei 5.764, art. 46, IV e V, e parágrafo único).

Capítulo 46

DOS DEVERES DO LIQUIDANTE

Os deveres do liquidante iniciam na 2.ª FASE (*Da liquidação e partilha*) e só terminam com o fecho da 3.ª (*Da extinção*), conforme o objetivo de cada uma (Cap. 41, item 2 *supra*). Constam como *atos substanciais* (informam *o que fazer*) e *atos procedimentais* (informam *como fazer*). Em linhas gerais, são os mesmos, tanto na *liquidação extrajudicial* quanto na *judicial*.

No CC, o art. 1.103 arrola os atos substanciais, e os arts. 1.105-9 os procedimentais; na Lei 6.404, o art. 210 os atos substanciais, e os arts. 211-6 os procedimentais; na Lei 5.764, o art. 68 os atos substanciais, e os arts. 70-4 os procedimentais.

Como na essência são os mesmos, adota-se o roteiro do CC.

1 AVERBAR E PUBLICAR

O liquidante deve *averbar* e *publicar* a ata, a sentença ou o instrumento de dissolução (art. 1.103, I). Vigora a regra da *dupla divulgação*: *(a)* a *publicidade*, pela averbação no registro competente, objetiva tornar o documento acessível a todos; e *(b)* a *publicação*, pela divulgação na imprensa oficial, objetiva estabelecer presunção de conhecimento de todos, portanto marca o início, por exemplo, do prazo prescricional. Só após a última é que há efeitos *erga omnes*.

2 ARRECADAR

O liquidante deve *arrecadar* os bens, livros e documentos, onde quer que estejam (art. 1.103, II). É pressuposto ao bom exercício das funções, em especial no que se refere ao balanço.

3 INVENTARIAR E FAZER BALANÇO ESPECIAL DE LIQUIDAÇÃO

O liquidante deve fazer *balanço especial de liquidação* (art. 1.103, III): *(a)* a eventual colaboração dos administradores não significa gestão compartilhada; *(b)* o prazo de 15 dias não é peremptório ou fatal (pode ser prorrogado pelo órgão que escolheu o liquidante); e *(c)* o *balanço especial de liquidação* objetiva apurar a real situação (ativo e passivo) no momento da dissolução.

Não confundir o *balanço especial de liquidação* com o *balanço do estado da liquidação*, realizado periodicamente no curso da 2.ª FASE.

4 ULTIMAR OS NEGÓCIOS

O liquidante deve *ultimar os negócios* da sociedade e os inerentes ao estado de liquidação (art. 1.103, IV): *(a)* não confundir com o processo falencial, pois neste se forma concurso universal e, salvo autorização em caráter provisório, as atividades são paralisadas, enquanto no dissolutório não só não se forma concurso, como a liquidanda deve continuá-las, ainda que restritas à ultimação dos negócios; e *(b)* a expressão *ultimar os negócios* não significa interromper operações iniciadas nem romper contratos em execução, mas concluí-las e exauri-los, sob pena de haver prejuízos aos sócios e aos credores.

5 EXIGIR INTEGRALIZAÇÃO E COBERTURA DAS PERDAS SOCIAIS QUANDO O PASSIVO SUPERAR O ATIVO

Deve o liquidante "exigir dos quotistas, quando insuficiente o ativo à solução do passivo, a integralização de suas quotas; e, se for o caso, as quantias necessárias, nos limites da responsabilidade de cada um e proporcionalmente à respectiva participação nas perdas, repartindo-se, entre os sócios solventes e na mesma proporção, o devido pelo insolvente" (art. 1.103, V).

5.1 Integralização do capital social

> Quando o passivo supera o ativo, há vencimento antecipado de eventual integralização parcelada do capital social (art. 1.103, V). O mesmo consta no art. 209, V, da Lei 6.404/76, art. 209, V, e no art. 68, VII, da Lei 5.764/71.

5.2 Cobertura das perdas sociais

O liquidante deve exigir dos sócios as *perdas sociais*, se necessário judicialmente. Entenda-se como *perdas sociais* a diferença entre o *ativo menor* e o *passivo maior* existente mesmo após integralmente realizado o capital social. Na *dimensão interna* (obrigações entre os sócios), cada um responde na proporção do capital social, ressalvada a *dimensão externa* (obrigações face aos credores), em caso de insuficiência (item 5.2.2 *infra*).

Há doutrina no sentido de que, se após integralmente realizado o capital, mesmo assim o passivo continuar maior, cabe ao liquidante pedir falência,[123] e também há dizendo que a obrigação subsidiária dos sócios ocorre tão só nas sociedades de responsabilidade *ilimitada*.[124]

Porém, a interpretação restritiva esbarra em várias dificuldades.

5.2.1 Liquidação se processa no interesse dos credores

> Assim como a execução se processa no interesse *do credor*, a liquidação no *dos credores*, e não dos sócios, haja vista o direito destes limitar-se a eventual remanescente. A norma legal abrange toda sociedade, sem distinção. Todo o passivo deve ser pago, credor por credor, motivo por que, estando o pagamento integralmente garantido, não se forma *concurso universal*, diferente da falência, onde tal ocorre porque há presunção de insolvência, quer dizer, passivo superior ao ativo, e por isso, não estando garantido o pagamento integral, forma-se a concorrência entre os credores.

---

[123] COELHO, Fábio Ulhoa. *Curso de Direito Comercial*, 5.ed., vol. II, p. 460, item 3. São Paulo: Saraiva, 2002.
[124] CARVALHOSA, Modesto. *Comentários ao Código Civil*, vol. XIII, p. 456. São Paulo: Saraiva, 2003.

5.2.2 Liquidação não é hipótese de quitação de dívida

A liquidação não é hipótese de quitação de dívida ou artifício para calotear. Contrai-se dívida superior ao ativo, tem-se o proveito, e depois promove-se a dissolução. Não é justo nem razoável que os sócios, valendo-se de tipo societário de responsabilidade *limitada*, não respondam por elas. A liquidação excepciona a regra do limite. Os dispositivos legais abrangem todas as sociedades, independentemente de serem de responsabilidade *limitada* ou *ilimitada* (CC, arts. 1.103, V, e 1.001 c/c o 1.052, *caput*).

5.2.3 Abrangência dos acionistas da S/A e dos comanditários na em comandita

O CC refere *quotistas* (art. 1.103, V), mas abrange também os acionistas e os comanditários: *(a)* na *em comandita simples*, que é por quotas, e na *em comandita por ações*, os comanditados (= administradores) respondem pelas obrigações sociais, e os comanditários (= não administradores) pelas respectivas quotas ou ações (CC, art. 1.045; Lei 6.404/76, art. 282), ficando paradoxal face a situação idêntica (*perdas sociais*), incluir os comanditários da *simples*, e, sem razão jurídica relevante, excluir os da em comandita *por ações*, pelo fato de o art. 1.103, V, não ser expresso, portanto não se deve distinguir; e *(b)* se se incluem os acionistas comanditários da sociedade *por ações*, não há razão jurídica relevante para excluir os acionistas da anônima.

5.2.4 Inadmissível incorporar os bônus da falência sem os ônus

A não responsabilidade dos quotistas ou acionistas pelas *perdas sociais* nas espécies em que ela é *limitada*, outorga-lhes inadmissivelmente o melhor dos dois mundos, isto é, os bônus da falência, por exemplo, a prescrição, sem os ônus, quais sejam: *inabilitação* à atividade empresarial, *impedimento* para administrar e participar de conselhos e *impossibilidade* de gerir empresa por mandato ou por gestão de negócios (Lei 11.101/05, art. 158, III e IV).

5.2.5 Questão da sociedade descapitalizada

O *capital social* é garantia aos credores da sociedade, assim como o patrimônio do sócio o é aos seus. Funciona como natural fiador. Na descapitalização, ressurge o dever dos sócios. Não importa que já tenha sido integralizado. É preciso reintegralizá-lo. O art. 1.052 do CC refere responsabilidade *pela integralização*. Mas ela não se extingue com a integralização em si, pois não se trata de obrigação de *efeito instantâneo*, mas *permanente*, isto é, deve mantê-lo permanentemente integralizado. Se se entender que não há responsabilidade pelas *perdas sociais* (passivo superior ao ativo) nas sociedades em que a dos sócios é *limitada*, impõe-se reconhecer que ela existe ao menos pela diferença nos casos de *descapitalização* (ativo inferior ao próprio capital social). Observe-se que os lucros distribuídos *com prejuízo do capital* devem ser devolvidos (CC, art. 1.059), pois descapitaliza a sociedade. Violam o *princípio da integridade do capital social*, que existe para proteger os direitos de terceiros. Isso prova que a obrigação dos sócios em face do capital social é permanente. Se houver descapitalização, automaticamente é acionado o gatilho da responsabilidade até o respectivo limite.

5.3 Responsabilidade dos sócios solventes pelo insolvente

Nas *perdas sociais*, os solventes respondem pela parte do insolvente. Há doutrina de o liquidante só se voltar contra os solventes após exaurir os meios de cobrança, inclusive judicial, contra o insolvente. Porém, isso impõe-lhe ônus excessivo e inverte o princípio de que a dissolução se processa em favor dos credores, e não dos sócios (item 5.2.1 *supra*). Na realidade, basta que o sócio não atenda ao solicitado pelo liquidante, e que este verifique dívidas excedentes ao valor dos bens, insolvência que pode ser presumida (CPC/1973, arts. 748 e 750, ainda vigentes por ausência de lei específica, *ex vi* do art. 1.052 do CPC/2015).

6 CONVOCAR ASSEMBLEIA PARA RELATÓRIO E BALANÇO DO ESTADO DA LIQUIDAÇÃO

6.1 Na liquidação extrajudicial

Nas *sociedades contratuais*: *(a)* o liquidante deve convocar assembleia a cada seis meses, para apresentar relatório e balanço do *estado da liquidação*, ou sempre que necessário (art. 1.103, inc. VI; Lei 5.764/71, art. 68, IX); e *(b)* o quórum de aprovação, exceto nas cooperativas, é o mesmo da eleição do liquidante (maioria dos sócios, se mais não for exigido no contrato), salvo na limitada, onde, se o contrato não exigir mais, é a maioria simples, sendo que, nas cooperativas, o quórum é da maioria dos votantes presentes (Lei 5.764/71, art. 38, § 3.º). Nas *sociedades institucionais*: *(a)* o liquidante deve convocar assembleia geral nos casos previstos em lei ou quando julgar necessário (Lei 6.404/76, art. 210, VI), observado que deve ocorrer a cada seis meses, podendo a assembleia fixar períodos menores ou maiores, desde que não inferiores a três nem superiores a doze meses; e *(b)* o quórum de aprovação é de no mínimo cinquenta por cento das ações votantes, se o estatuto não exigir mais, observado que todas as ações gozam do direito de voto. Na omissão do liquidante, qualquer sócio pode fazer a convocação, e, em qualquer hipótese, deve ser presidida por sócio, e não pelo liquidante, o qual também não pode votar, mesmo que seja sócio.

6.2 Na liquidação judicial

Nas sociedades *contratuais*, o juiz convoca assembleia geral ou reunião se e quando entender necessário (CC, art. 1.112), e nas *institucionais* manda o liquidante convocá-la (Lei 6.404/76, art. 213, § 2.º), em ambos os casos presidindo-as. As deliberações, embora presididas pelo juiz, não constituem decisões processuais ou judiciais, isto é, não o vinculam, nem poderiam, sob pena de delegação da jurisdição à assembleia.

7 PAGAR AS DÍVIDAS

Diz o art. 1.106: "Respeitados os direitos dos credores preferenciais, pagará o liquidante as dívidas sociais proporcionalmente, sem distinção entre vencidas e vincendas, mas, em relação a estas, com desconto". E o parágrafo único: "Se o ativo for superior ao passivo, pode o liquidante, sob sua responsabilidade pessoal, pagar integralmente as dívidas vencidas".

E os arts. 1.108-9 do CC, art. 216 da Lei 6.404/76 e art. 73 da Lei 5.764/71 deixam clara a obrigação de pagar as dívidas, a ponto de a liquidação só poder ser encerrada depois de "pago o passivo e distribuído o remanescente".

Pagar as dívidas – todas as dívidas integralmente – é cláusula pétrea. É condição *sine qua non* à regularidade do processo dissolutório.

A única ressalva possível diz respeito à baixa dos registros, independentemente da regularização das obrigações tributárias, previdenciárias ou trabalhistas, principais e acessórias, porém todos ficam solidariamente responsáveis (item 8 *infra*).

7.1 Não há edital de convocação nem habilitação

> Diferentemente da falência, não há edital de convocação dos credores nem habilitação dos créditos. Cabe ao liquidante, inclusive para evitar responsabilidade pessoal (CC, art. 1.110), verificar os créditos e a existência de avais e de garantias reais, bem assim entrar em contato com os credores para solver eventuais dúvidas. As demandas judiciais devem ser consideradas, uma vez que impedem o encerramento da liquidação.

7.2 Não há vencimento antecipado

> Diferentemente da falência (Lei 11.101/05, art. 77), mantém-se o *statu quo*: a dissolução não provoca o vencimento antecipado nem das suas dívidas nem de seus créditos e contratos, e isso porque, judicial ou extrajudicial, não há *concurso creditório*.

7.3 Classificação dos créditos

> Embora não haja *concurso creditório*, o liquidante deve pagar primeiro os *créditos preferenciais* (CC, art. 1.106, *caput*; Lei 6.404/76, art. 214, *caput*; Lei

5.764/71, art. 71); logo, cumpre-lhe elaborar um *quadro de credores*, valendo-se, por analogia, do art. 83 da Lei 11.101/05: *(a)* classe dos preferenciais (incisos I a V); e *(b)* dos quirografários (inciso VI).

7.4 Pagamento proporcional (créditos preferenciais e quirografários)

Embora, quanto ao *princípio da proporcionalidade*, o art. 1.106 do CC seja expresso tão só às *dívidas sociais*, que são os *créditos quirografários* (= comuns), aplica-se também aos *preferenciais*, pois, na classe destes, há subclasses e prioridades de umas sobre outras, a começar pelos trabalhistas (Lei 11.101/05, art. 83). Exemplo: se há dois, e não há dinheiro ao pagamento integral de ambos, paga-se ambos proporcionalmente. À medida que vai o ativo convertendo-se em dinheiro, cabe ao liquidante ir pagando cada credor da mesma classe concomitantemente, na proporção do respectivo crédito, e não sucessivamente. Não pode pagar integralmente um de cada vez. Há exceção quanto aos tributários, visto que, entre eles, sujeitam-se a uma prioridade específica (CTN, art. 187, parágrafo único): os da União têm prioridade sobre os dos Estados, DF e Municípios, e os dos Estados e do DF têm-na sobre os dos Municípios.

7.5 Desconto em relação às dívidas vincendas

O desconto por pagamento antecipado: *(a)* é restrito às *dívidas vincendas sociais* ou comuns, isto é, créditos quirografários (CC, art. 1.106, *caput*; Lei 6.404/76, art. 214, *caput*); *(b)* não há previsão às cooperativas, o que não exclui a possibilidade de lhes traduzir vantagem; *(c)* em relação ao crédito tributário, além de se reger por legislação específica, mesmo que a massa liquidanda queira pagá-lo antecipadamente, não faz jus a desconto, inclusive porque não é quirografário; e *(d)* quanto ao *índice do desconto*, sendo omisso o art. 1.106 e não havendo um oficial, aplica-se o art. 214, *caput*, da Lei 6.404/76, que refere desconto pelas *taxas bancárias*, mas não pode subtrair capital do credor, sob pena de empobrecimento injusto.

Uma vez definido o *índice de desconto*, deve por isonomia ser igual a todos os quirografários no momento ou pelo menos enquanto ela não sofrer variação.

Considerando que o desconto objetiva evitar o enriquecimento sem causa do credor, expurgando-se os acréscimos havidos em razão do vencimento futuro, por equidade também não pode causar o empobrecimento injusto do credor, a ponto de lhe subtrair o próprio capital, que é o piso.

Num exemplo bem simples, o liquidante pesquisa no mercado local e conclui que a taxa bancária média mensal é de dois por cento. É o *índice de desconto* aos pagamentos antecipados enquanto não houver variação. Digamos que, por ocasião do surgimento do crédito, o capital de R$ 920,00 subiu para R$ 1.000,00 em razão do acréscimo decorrente do vencimento futuro. Se o pagamento for antecipado em cinco meses, o desconto será de R$ 100,00; logo, em princípio, o crédito baixaria para R$ 900,00, porém deve respeitar o patamar mínimo do capital (= R$ 920,00), sob pena de empobrecimento injusto do credor, sendo oportuno lembrar que a liquidação se processa no interesse dos credores, e não dos sócios (item 5.2.1 *supra*).

7.6 Exceção ao princípio da proporcionalidade

> Se o ativo for superior ao passivo, o liquidante pode, sob responsabilidade pessoal, pagar integralmente as *dívidas vencidas* (CC, art. 1.106, parágrafo único; Lei 6.404/76, parágrafo único). Não há previsão às cooperativas, o que não exclui a possibilidade, atendido o mesmo pressuposto. A norma excepciona o *princípio da proporcionalidade* (item 7.4 *supra*). Em vez de adotar o burocrático *sistema de pagamento concomitante proporcional*, pode ser adotado o *sistema de pagamento integral sucessivo*, isto é, integralmente um de cada vez. Porém, deve o liquidante estar seguro de que a massa liquidanda é superavitária, pois, se houver problema, responde pessoalmente.

8 CANCELAR AS INSCRIÇÕES FISCAIS

O empresário individual e as sociedades uni ou pluripessoais têm várias inscrições fiscais (registros *lato sensu*). Exemplos: no FGTS, no INSS e nos Fiscos federal, estadual e municipal, conforme as respectivas atividade econômicas.

Nesse circuito, seguindo o modelo da *classificação quanto ao tratamento jurídico* (Cap. 3, item 2 *supra*), distinguimos: *(a)* empresas e empresários especiais; e *(b)* empresas e empresários comuns.

8.1 Empresas e empresários especiais – Baixas sem regularização dos débitos públicos, porém com responsabilidade solidária de todos

São *empresas e empresários especiais* os regidos pela LC 123/06 (Estatuto Nacional da Microempresa e da Empresa de Pequeno Porte). Tratando-se de *MEI, ME, EPP*, a baixa das inscrições ocorre *independentemente da regularidade das obrigações tributárias, previdenciárias ou trabalhistas, principais ou acessórias, do empresário, da sociedade, dos sócios, dos administradores ou de empresas de que participem*, mas ficam todos *responsáveis solidários* pelas obrigações *apuradas antes ou após o ato de extinção* (LC 123/06, art. 9.º, *caput*, e §§ 4.º e 5.º). Cabem duas observações relevantes: *(a)* a dispensa de regularização é restrita aos débitos tributários, previdenciários ou trabalhistas, principais e acessórios, vale dizer, não abrange débitos com outras origens; e *(b)* não há dispensa do *processo dissolutório*, e sim apenas da regularização dos débitos com as origens citadas.

Tradicionalmente, para cancelar esses diversos registros, era imprescindível resolver eventuais pendências, obtendo-se as certidões negativas, as quais, por sua vez, instruíam o pedido de baixa no Registro competente, encerrando-se o *processo dissolutório*.

No entanto, o art. 9.º e seus parágrafos da LC 123/06, que já haviam sido modificados pela LC 128/08, o foram novamente pela LC 147/14. Pelo *caput*, tanto o registro dos atos constitutivos, quanto as alterações, bem assim as "extinções (baixas)" relativas "a empresários e pessoas jurídicas em qualquer órgão dos 3 (três) âmbitos de governo ocorrerá independentemente da regularidade das obrigações tributárias, previdenciárias ou trabalhistas, principais ou acessórias, do empresário, da sociedade, dos sócios, dos administradores ou de empresas de que participem", porém – alerta – "sem prejuízo das responsabilidades do empresário, dos titulares, dos sócios ou dos administradores por tais obrigações, apuradas antes ou após o ato de extinção".

O § 4.º ressalva que "A baixa do empresário ou da pessoa jurídica não impede que, posteriormente, sejam lançados ou cobrados tributos, contribuições e respectivas penalidades, decorrentes da falta do cumprimento de obrigações ou da prática comprovada e apurada em processo administrativo ou judicial de outras irregularidades praticadas pelos empresários, pelas pessoas jurídicas ou por seus titulares, sócios ou administradores" (redação da LC 147/14).

E o § 5.º estabelece responsabilidade solidária: "A solicitação de baixa do empresário ou da pessoa jurídica importa responsabilidade solidária dos empresários, dos titulares, dos sócios e dos administradores no período da ocorrência dos respectivos fatos geradores".

Pelos §§ 6.º e 7.º, o prazo para os órgãos federais, estaduais e municipais darem baixa nos respectivos cadastros é de sessenta dias, após o qual, sem manifestação, presume-se baixa.

Finalmente, o Estatuto não dispensa o *processo dissolutório*, mas sim e apenas os pagamentos como condição à baixa das inscrições fiscais. O liquidante deve obter a *certidão de cancelamento* ou *de baixa* das inscrições fiscais, para fins de instrução do *processo dissolutório*, a qual deve ser fornecida, mesmo havendo dívida.

Cabem duas observações relevantes, a *uma* de que a dispensa de regularização é restrita aos débitos tributários, previdenciários ou trabalhistas, principais e acessórios, vale dizer, não abrange débitos com outras origens, e a *duas* de que não há dispensa do *processo dissolutório*, e sim apenas da regularização dos débitos com as origens citadas.

Portanto, não se trata de "almoço grátis" a possibilidade de o *MEI*, a *ME* e a *EPP* obterem a baixa dos registros independentemente da regularidade das obrigações tributárias, previdenciárias ou trabalhistas, principais ou acessórias. O preço é a responsabilidade solidária dos empresários, dos titulares, dos sócios e dos administradores, tanto pelas obrigações apuradas antes quanto após o ato de extinção.

Não há confundir essa possibilidade com *dissolução irregular*, assim entendida quando, sem qualquer ato e satisfação aos credores, pura e simplesmente são fechadas as portas da empresa, paralisadas as atividades (chamado "golpe na praça"), incidindo, por conseguinte, a Súm. 435 do STJ (Cap. 49 *infra*).

8.2 Empresas e empresários comuns – Baixas sem regularização dos débitos públicos, porém com responsabilidade solidária de todos

> São *empresas e empresários comuns* os não regidos pela LC 123/06 (Estatuto Nacional da Microempresa e da Empresa de Pequeno Porte). A mesma LC 147/14, que instituiu o direito aos empresários e empresas especiais, instituiu-o de igual modo aos empresários e empresas comuns, acrescendo com idênticos conteúdos o art. 7-A e §§ 1º e 2º à Lei 11.598/07 (*Estabelece diretrizes e procedimentos para a simplificação e integração do processo de registro e legalização de empresários e de pessoas jurídicas, cria a Rede Nacional para a Simplificação do Registro e da Legalização de Empresas e Negócios – REDESIM*). Cabem duas observações relevantes: *(a)* a dispensa de regularização é restrita aos débitos tributários, previdenciários ou trabalhistas, principais e acessórios, vale dizer, não abrange débitos com outras origens; e *(b)* não há dispensa do *processo dissolutório*, e sim apenas da regularização dos débitos com as origens citadas.

Também os empresários e as empresas comuns podem obter a baixa dos registros independentemente da regularidade das obrigações tributárias, previdenciárias ou trabalhistas, principais ou acessórias, sob a mesma condição: responsabilidade solidária dos empresários, dos titulares, dos sócios e dos administradores, tanto pelas obrigações apuradas antes quanto após o ato de extinção.

Com efeito, a mesma LC 147/14, que instituiu o direito aos empresários e empresas especiais, instituiu-o de igual modo aos empresários e empresas comuns, acrescendo o art. 7.º-A e §§ 1º e 2º à Lei 11.598/07 (*Estabelece diretrizes e procedimentos para a simplificação e integração do processo de registro e legalização de empresários e de pessoas jurídicas, cria a Rede Nacional para a Simplificação do Registro e da Legalização de Empresas e Negócios – REDESIM*): "*Art. 7.º-A* – O registro dos atos constitutivos, de suas alterações e extinções (baixas), referentes a empresários e pessoas jurídicas em qualquer órgão dos 3 (três) âmbitos de governo, ocorrerá independentemente da regularidade de obrigações tributárias, previdenciárias ou trabalhistas, principais ou acessórias, do empresário, da sociedade, dos sócios, dos administradores ou de empresas de que participem, sem prejuízo das responsabilidades do empresário, dos titulares, dos sócios ou dos administradores por tais obrigações, apuradas antes ou após o ato de extinção. *§ 1.º*

– A baixa referida no *caput* deste artigo não impede que, posteriormente, sejam lançados ou cobrados impostos, contribuições e respectivas penalidades, decorrentes da simples falta de recolhimento ou da prática comprovada e apurada em processo administrativo ou judicial de outras irregularidades praticadas pelos empresários ou por seus titulares, sócios ou administradores. *§ 2.º* – A solicitação de baixa na hipótese prevista no *caput* deste artigo importa responsabilidade solidária dos titulares, dos sócios e dos administradores do período de ocorrência dos respectivos fatos geradores."

Cabem duas observações relevantes, a *uma* de que a dispensa de regularização é restrita aos débitos tributários, previdenciários ou trabalhistas, principais e acessórios, vale dizer, não abrange débitos com outras origens, e a *duas* de que não há dispensa do *processo dissolutório*, e sim apenas da regularização dos débitos com as origens citadas.

E vale repetir: não há confundir essa possibilidade com *dissolução irregular* (Cap. 49 *infra*).

9 CONFESSAR FALÊNCIA E PEDIR RECUPERAÇÃO (HIPÓTESES)

O liquidante deve "confessar a falência da sociedade e pedir concordata, de acordo com as formalidades prescritas para o tipo de sociedade liquidanda" (art. 1.103, VII). Consta o mesmo no art. 210, VII, da Lei 6.404/76.

9.1 Quanto à recuperação

O art. 1.103, VII, do CC, ainda refere *concordata*; atualmente, *recuperação* judicial e extrajudicial (Lei 11.101/05). Deve-se verificar a causa da dissolução, isto é, hipóteses típicas e atípicas (Cap. 42, itens 1 e 2 *supra*). Exemplo: a dissolução de pleno direito, máxime se por opção dos sócios, é irreversível. Se eles próprios não querem continuar na atividade, a recuperação fica descartada.

9.2 Quanto à falência (autofalência)

Para requerer falência, na realidade autofalência, o liquidante não precisa de autorização de quem quer que seja. Cabe-lhe apenas anunciar à assembleia

> a decisão, baseada no fato de, por um lado, não ter conseguido pagar todo o passivo e, por outro, ser irregular o encerramento do processo dissolutório sem a integral quitação.

9.2.1 Por insolvência

> A existência de *perdas sociais* não significa *insolvência* da massa liquidanda, pois a desta passa antes pela dos sócios (item 5.3 *supra*). Os incisos V e VII do art. 1.103 não são *opções alternativas* (possibilidade de escolha pelo liquidante), mas *sucessivas*. Elas não caracterizam por si só *insolvência* (esta exige prova da *impossibilidade* de pagamento). Insolvente não é quem deve mais do que tem, mas quem não tem como pagar o que deve. Isso, na liquidação, passa pelo inciso V (item 5.2 *supra*). Na *autofalência*, provam-se as razões da *impossibilidade* de se prosseguir na atividade (Lei 11.101/05, art. 105). Na *liquidação*, prova-se a *impossibilidade*, inclusive dos sócios, de se obter recursos ao integral pagamento das dívidas.

Há doutrina de que, se o capital social foi integralizado, e o patrimônio não for suficiente, o liquidante tanto pode fazer os pagamentos pelo que dispõe, "com estrita observância das preferências", só após confessando falência, quanto pode "pedir, desde logo, a falência da sociedade".[125]

Porém, os incisos V e VII do art. 1.103 não traduzem *opções alternativas* no sentido de, à vista do *balanço de liquidação* (inciso III), em que sejam constatadas *perdas sociais*, poder o liquidante escolher, mas *opções sucessivas*, quer dizer, somente após exauridas as possibilidades de solução pelo inciso V é que surge, como alternativa sucessiva, a do inciso VII. Os incisos V e VII funcionam como degraus sucessivos de uma mesma escada, não como duas escadas opcionais.

9.2.2 Por iliquidez

> A impossibilidade de obtenção de recursos não é a única hipótese de autofalência. Pode também pela falta de liquidez, isto é, existência de patrimônio

---

[125] COELHO, Fábio Ulhoa. *Curso de Direito Comercial*, 5.ed., vol. II, p. 460, item 3. São Paulo: Saraiva, 2002.

de valor suficiente, no entanto sem o liquidante conseguir transformá-lo em dinheiro. Como na liquidação inexiste *hasta pública*, supera-se o impasse mediante autofalência, para fins de alienação na forma da Lei 11.101/05.

10 ANTECIPAR PARTILHA

Observado o princípio da prioridade da restituição do capital social na partilha do remanescente (item 13 *infra*), após o integral pagamento de todos os credores, o liquidante pode fazer antecipações de partilha (= rateios na devida proporção de cada sócio), à medida que se apurar o remanescente, mediante autorização: *(a)* nas sociedades contratuais, pela *maioria de votos* (CC, art. 1.107), entenda-se *maioria absoluta* (= metade mais um de todos os sócios); *(b)* nas institucionais, não havendo quórum específico (Lei 6.404/76, art. 215, *caput*), adota-se o geral da *maioria absoluta de votos, não computados os em branco*, se mais não exigir o estatuto na companhia fechada (Lei 6.404/76, art. 129, *caput* e § 1.º), entendendo-se, face à referência a *votos em branco*, ser a maioria dos acionistas presentes (Cap. 45, item 10 *supra*); e *(c)* nas cooperativas não havendo quórum específico (art. 72), adota-se o geral da *maioria de votos dos associados presentes com direito de votar* (Lei 5.764/71, art. 38, § 3.º).

11 ELABORAR PLANO DE PARTILHA FINAL DO REMANESCENTE

Pago o passivo e sobejando ativo, deve o liquidante elaborar o *plano de partilha final do remanescente* compensando eventuais antecipações e submetê-lo aos sócios. Será tido por aprovado nas sociedades contratuais, institucionais e cooperativas se obtiver os respectivos quóruns da antecipação de partilha. A aprovação confere ao contemplado *direito de crédito*.

12 PAGAR EM DINHEIRO (REGRA) OU EM BENS (EXCEÇÃO)

A regra na partilha é a do *pagamento em dinheiro*. Por exceção, admite-se que seja em bens: *(a)* nas sociedades institucionais, a assembleia geral pode, mediante voto de no mínimo noventa por cento dos acionistas, aprovar condições especiais para partilha do ativo remanescente, com atribuição de bens dos sócios, pelo valor contábil ou outro por ela fixado (Lei 6.404/76, art. 215, § 1.º), garantida aos dissidentes a indenização por eventual prejuízo (§ 2.º); (b) nas cooperativas, o remanescente deve ser partilhado *conforme o estatuído* (Lei 5.764/71, art. 73), isto é, conforme o determinado pelo Estatuto; e (c) em razão desses precedentes, admite-se partilha em bens também nas contratuais, desde que haja *deliberação unânime*, inclusive porque pode constar *no ato constitutivo ou no instrumento da dissolução* (art. 1.102), assim como na dissolução parcial/resolução (art. 1.031, § 2.º). Por fim, é razoável entender que o fato de não ser possível impor coletivamente partilha em bens, por não obtenção de quórum, não exclui que individualmente ocorra por negociação.

13 PRIORIZAR O CAPITAL SOCIAL NO RATEIO DO REMANESCENTE

13.1 Preferência de ordem ao capital social integralizado

Na partilha, seja por antecipação seja final, dá-se preferência de ordem ao capital social integralizado, isso porque traduz mera devolução. O remisso, total ou parcial, antes não exigido em razão de ativo superior ao passivo (item 5.1 *supra*), nada recebe ou recebe no limite do integralizado. Se, após, ainda houver excedente/sobra, faz-se rateio na devida proporção entre os que o tinham integralizado no todo ou em parte.

13.2 Atualização monetária do capital social

Nas *sociedades institucionais*, o capital social é corrigido anualmente (Lei 6.404/76, art. 5.º, parágrafo único). Assim, no rateio do *ativo remanescente* os acionistas o recebem de forma atualizada. Impõe-se adotar a mesma solução nas *contratuais*. Deve-se corrigi-lo desde cada integralização, à vista ou parcelada, sob pena de violação do princípio da equidade entre quem integralizou antes e quem depois e, ainda, por viés, favorecimento aos remissos, pois aumentará o valor excedente/sobra de cujo rateio participam.

14 OBSERVAR SITUAÇÃO ESPECIAL DO SÓCIO DE INDÚSTRIA

Admite-se *sócio de indústria* nas sociedades simples e em nome coletivo (CC, arts. 997, V, e 1.040). Ele participa dos lucros na proporção da *média do valor das quotas* e é nula a *estipulação contratual que exclua qualquer sócio de participar dos lucros e das perdas* (arts. 1.007-8). O sócio de indústria: *(a)* não responde pela integralização antecipada por motivo de passivo superior ao ativo, nem participa da preferência de ordem do capital social no rateio do remanescente; *(b)* responde pelas *perdas sociais* na proporção da média do valor das quotas, inclusive face aos insolventes; e *(c)* participa do rateio de eventual excedente ao capital social, porque, diferentemente do sócio remisso, com a sua *prestação de serviços* não contribuiu apenas aos lucros, pelos quais já foi compensado, mas também à formação do patrimônio excedente ao capital social. A *média do valor das quotas* para quantificar direitos e deveres do sócio de indústria é igual à *quota média*. Por exemplo, havendo quatro *sócios capitalistas*, e um *de indústria*, a *quota média* é de 25% (= divide-se 100% do capital social por quatro) e faz-se a repercussão proporcional em cada *quota com valor*.

15 ELABORAR RELATÓRIO DA LIQUIDAÇÃO E PRESTAR CONTAS FINAIS

15.1 Forma de apresentação aos sócios (assembleia e instrumento substitutivo)

Nas *sociedades institucionais*, deve o liquidante *submeter à assembleia geral relatório dos atos e operações da liquidação e suas contas finais* (Lei 6.404/76, art. 210, VIII), e idem nas *cooperativas* (Lei 5.764/71, art. 68, X). Nas *contratuais*, deve *apresentar aos sócios o relatório da liquidação e as suas contas finais* (art. 1.103, VIII) e averbar a ata da reunião ou da assembleia, *ou o instrumento firmado pelos sócios* (inciso IX). Institui, pois, duas formas alternativas: *(a)* reunião ou assembleia; ou *(b)* instrumento substitutivo. Porém, os arts. 1.008-9 referem *convocação de assembleia, ata da assembleia* e *averbação da ata*. Não mencionam *instrumento firmado pelos sócios*. Supera-se o impasse pelo princípio segundo o qual, havendo conflito entre normas da mesma hierarquia, ambas gerais ou ambas especiais, no trato do mesmo tema, deve-se observar se a norma omissa usa algum advérbio que a torna exclusiva, como *somente, apenas, exclusivamente*. No caso dos arts. 1008-9, mencionam assembleia sem torná-la exclusiva. Assim, deve-se entender: *(a)* averbação e publicação da ata da reunião ou assembleia; ou, alternativamente, *(b)* do instrumento substitutivo.

15.2 Quórum de aprovação

Valem os mesmos quóruns à aprovação da antecipação de partilha (item 10 *supra*): *(a)* nas sociedades contratuais, seja em conclave, seja em instrumento substitutivo, pela *maioria de votos* (CC, art. 1.107), entenda-se *maioria absoluta* (= metade mais um de todos os sócios); *(b)* nas institucionais, apenas em conclave, a *maioria absoluta de votos, não computados os em branco* (Lei 6.404/76, art. 215, *caput*), se mais não exigir o estatuto na companhia fechada (art. 129, *caput* e § 1.º), entendendo-se, face à referência a *votos em branco*, ser a maioria dos acionistas presentes (item 10 *supra*); e *(c)* nas cooperativas, apenas em conclave, a *maioria de votos dos associados presentes com direito de votar* (Lei 5.764/71, art. 38, § 3.º).

Capítulo 47

DA TERCEIRA FASE (*DA EXTINÇÃO*) – ÚLTIMOS DEVERES DO LIQUIDANTE

Uma vez elaborado o relatório da liquidação e prestadas as contas finais, com as aprovações, encerra-se a 2.ª FASE (*Da liquidação e partilha*), e se inicia a 3.ª (*Da extinção*; Cap. 41, item 2.3 *supra*), na qual o liquidante cumpre seus últimos deveres.

1 AVERBAR E PUBLICAR A ATA DA ASSEMBLEIA DE ENCERRAMENTO DA LIQUIDAÇÃO OU O INSTRUMENTO SUBSTITUTIVO

Nas *sociedades contratuais*, o liquidante deve averbar e publicar a ata da assembleia de encerramento da liquidação ou o instrumento substitutivo (CC, arts. 1.103, IX, e 1.109), o que, sem admitir instrumento substitutivo, é repetido nas *institucionais* (Lei 6.404/76, arts. 210, IX, 216, § 1.º, e 219, I) e nas *cooperativas* (Lei 5.764/71, arts. 68, XI, e 74). Duas observações: *uma* de que a averbação é condicionada ao cancelamento das inscrições fiscais, exceto quanto aos MEI, ME e EPP (Cap. 46, item 8 *supra*), e *outra* de que vigora princípio da dupla divulgação: *(a)* da publicidade pela averbação (torna o documento acessível ao público); e *(b)* da publicação pela imprensa oficial (estabelece presunção de conhecimento do público).

2 ENCERRAMENTO DAS FUNÇÕES DO LIQUIDANTE E PERMANÊNCIA DAS RESPONSABILIDADES

Com a averbação e a publicação, encerram-se as funções do liquidante, mas permanecem as responsabilidades civis e criminais, com os prazos contados a partir da publicação da ata da assembleia de encerramento da liquidação ou, quando for o caso, do instrumento substitutivo.

3 EXTINÇÃO DE FATO E DE DIREITO DA SOCIEDADE E EXTINÇÕES DE DIREITO DA SOCIEDADE E DA PERSONALIDADE JURÍDICA

Nas *sociedades contratuais*, a sociedade se extingue com a averbação da ata da reunião ou assembleia, ou do instrumento substituto, no registro próprio (CC, arts. 1.103, IX, e 1.109), e nas *institucionais* e nas *cooperativas* extingue-se com o encerramento da liquidação, isto é, antes mesmo da averbação da ata da assembleia (Lei 6.404/76, arts. 210, IX, 216, § 1.º, e 219, I; Lei 5.764/71, art. 74). Há distinguir: *(a)* com o encerramento da liquidação, ocorre a *extinção de fato* da sociedade; e *(b)* com a averbação da ata da reunião ou assembleia, ou do instrumento substitutivo quando possível, ocorre a *extinção de direito* da sociedade e da personalidade jurídica, pois dá-se baixa/cancela-se a inscrição.

Capítulo 48

DOS TEMAS FINAIS DO PROCESSO DISSOLUTÓRIO

1 SÓCIO DISSIDENTE

Nas *sociedades contratuais*, tem o sócio dissidente *prazo de trinta dias, a contar da publicação da ata, devidamente averbada, para promover a ação que couber* (CC, art. 1.109, parágrafo único), devendo-se incluir a publicação do instrumento substitutivo quando for o caso (art. 1.103, IX). Sem a alternativa do instrumento substitutivo, consta identicamente nas *sociedades institucionais* (Lei 6.404/76, art. 216, § 2.º) e nas *cooperativas* (Lei 5.764/71, art. 74, parágrafo único). Três observações: *(a)* como não se pode prestigiar o sócio que não comparece ou silencia num processo que deve primar pela dinâmica e celeridade, presume-se *anuência ficta*, e não *dissidência ficta*, quer dizer, esta deve ser expressa, sob pena de *ipso facto* decair do direito de dissentir; *(b)* o sócio pode discordar da prestação de contas, dos atos praticados para a realização do ativo, da satisfação do passivo e da partilha do saldo remanescente; e *(c)* tratar-se de *prazo decadencial*, porque o direito e a ação que o protege nascem do mesmo fato.

2 CREDOR INSATISFEITO

Nas *sociedades contratuais*, diz o art. 1.110 do CC que "Encerrada a liquidação, o credor não satisfeito só terá direito a exigir dos sócios, individualmente, o pagamento do seu crédito, até o limite da soma por eles recebida em partilha, e a propor contra o liquidante ação de perdas e danos". Quanto às *institucionais*, diz identicamente o art. 218 da Lei 6.404/76, acrescendo que "O acionista executado terá direito de haver dos demais a parcela que lhes couber no crédito pago". E, quanto às *cooperativas*, nada consta na Lei 5.764/71, porém, se o credor entender violado algum direito, o ingresso em juízo é garantido constitucionalmente (CF, art. 5.º, XXXV).

Em suma, tem o credor insatisfeito a possibilidade de: *(a)* contra os sócios, cobrar o crédito; e *(b)* contra o liquidante, cobrar perdas e danos.

A partir desses dispositivos legais, evidenciamos os seguintes pontos.

2.1 Cobrança contra um até o limite da soma dos quinhões de todos

Com efeito, o art. 1.110 do CC: *(a)* repete o 218 da Lei 6.404; logo, mesma interpretação, sendo irrelevante a omissão ao *direito de regresso*, visto que ele é inerente à solidariedade passiva (CC, art. 283); e *(b)* não limita o credor, face a cada sócio, à respectiva quota, pois diz até o limite *da soma* por *eles* recebida, e não soma por *ele* recebida. Ademais, a liquidação se processa no interesse dos credores, tanto que os solventes respondem pelos insolventes (Cap. 46, itens 5.2.1 e 5.3 *supra*); logo, não é lógico, após ela, negar a solidariedade, tornando possível que o credor, por insolvência de alguns, nada receba. Portanto, cabe-lhe exigir de cada sócio contemplado na partilha todo o crédito não quitado adequadamente na liquidação, respeitado o limite da soma de todos os quinhões, assegurado ao sócio que pagou o direito de regresso contra os demais conforme a quota de cada um (CC, art. 283).

2.2 Responsabilidade pelo excedente da soma dos quinhões individuais

2.2.1 *Responsabilidade do liquidante*

Há duas hipóteses de responsabilidade do liquidante por motivo de credor insatisfeito: *(a)* indevido pagamento integral de dívidas vencidas, isto é, inobservância do *princípio da proporcionalidade,* causando prejuízo aos credores (CC, art. 1.106, parágrafo único; Lei 6.404/76, art. 214, parágrafo único; Cap. 46, item 7.6 *supra*); e *(b)* perdas e danos por descumprimento de deveres (CC, art. 1.110 do CC; Lei 6.404/76, art. 218 da Lei 6.404/71), em relação aos quais, tendo *status* de administrador, responde por dolo ou culpa (CC, art. 1.104; Lei 6.404/76, art. 217; Lei 5.764/71, art. 69; Cap. 45, item 9 *supra*). O passivo superior ao ativo aliado à insolvência dos sócios, não exclui a responsabilidade do liquidante, visto ser caso de confissão de falência (Cap. 46, item 9.2.1 *supra*), e não de encerramento do processo dissolutório.

2.2.2 Responsabilidade dos sócios

Se os sócios, face ao credor insatisfeito, só respondem *até o limite da soma por eles recebida em partilha* (CC, art. 1.110; Lei 6.404/76, art. 218), há duas conclusões, quanto a eventual débito excedente da soma dos quinhões, incompatíveis com o processo dissolutório: *(a)* se o sócio contemplado na partilha não responde, o credor fica no prejuízo se o liquidante for insolvente; e *(b)* se o pressuposto para dever é o recebimento em partilha, quem nada recebeu nada deve, e se todos não receberam, todos nada devem, ficando o credor no prejuízo se o liquidante for insolvente. Por isso, subsiste a responsabilidade dos sócios, porque: *(a)* a responsabilidade do liquidante não exclui a dos sócios, devedores originários (Cap. 46, item 5 *supra*); e *(b)* desconsidera-se o encerramento da liquidação, pois resta configurada *dissolução irregular*, hipótese de responsabilidade dos sócios (Cap. 49, item 1 *infra*).

Capítulo 49
DA DISSOLUÇÃO IRREGULAR

A dissolução, conforme exposto nos esclarecimentos iniciais do *processo dissolutório* (Cap. 40 *supra*), pode ser: *(a)* regular, por sua vez parcial ou total, judicial ou extrajudicial, objeto das análises realizadas; e *(b)* irregular, objeto de análise neste Capítulo.

1 ENCERRAMENTO DO PROCESSO DISSOLUTÓRIO COM PASSIVO A DESCOBERTO E RESPONSABILIDADE DO LIQUIDANTE E DOS SÓCIOS

Essa hipótese de dissolução irregular ocorre sempre que o processo dissolutório é encerrado sem que o passivo esteja integralmente pago em relação a todos os credores (Cap. 46, item 7 *supra*), o que afirma a responsabilidade do liquidante e dos sócios. Trata-se de cláusula pétrea. É condição *sine qua non* à regularidade do processo dissolutório, pois este não é hipótese de quitação de dívida nem artifício para calotear os credores. A dissolução não é regular quando, mesmo tendo sido instaurado o processo, ficam dívidas pendentes, inclusive em relação a eventual excedente da soma dos quinhões individuais (Cap. 48, item 2.2.2 *supra*). Nas impossibilidades, a solução não é dar por concluído o processo dissolutório, mas confessar falência, na realidade autofalência (Cap. 46, item 9.2 *supra*). Ressalva a situação dos empresários especiais e comuns quanto às dívidas públicas (Cap. 46, itens 8.1 e 8.2 *supra*).

2 ENCERRAMENTO PURO E SIMPLES DAS ATIVIDADES (DISSOLUÇÃO DE FATO) E RESPONSABILIDADE DO ADMINISTRADOR E DOS SÓCIOS

A hipótese de dissolução irregular por encerramento puro e simples das atividades (dissolução de fato) acontece quando a empresa, em vez de instaurar processo dissolutório, pura e simplesmente paralisa as atividades, fecha as portas. Por isso, é chamada *dissolução de fato* e, pela surpresa, preocupações e amarguras aos credores, também o é *golpe na praça*. É o tipo de dissolução que na prática mais existe. Os sócios se dispersam e dão sumiço aos bens. Por fim, não há confundir a *responsabilidade dos sócios* por motivo de dissolução com a *dos administradores* pelos excessos e atos culposos ou dolosos. É necessário compreender melhor a Súm. 435 do STJ: ela afirma a responsabilidade do administrador pelo fato da dissolução irregular, pois descumpriu o dever de instaurar o processo dissolutório, sem excluir a dos sócios.

Décima segunda parte

SOCIEDADE LIMITADA PLURIPESSOAL – SLP

Em relação à *Sociedade Limitada Pluripessoal – SLP*, subsiste a tradicional designação *Sociedade Limitada*, abreviadamente *Ltda.*, e iniciamos por ela, uma vez que as suas normas e princípios aplicam-se subsidiariamente à *Sociedade Limitada Unipessoal*, abreviadamente *SLU*.

Capítulo 50
DO HISTÓRICO – ORIGENS

Os tipos societários surgiram das práticas comerciais; não, porém, a sociedade limitada pluripessoal. Esta surgiu para preencher uma lacuna (responsabilidade individual de cada sócio pela sua parte, e coletiva pelo total do capital social). Inglaterra, 1857: criou um tipo especial de S/A; França, 1863: criou um tipo de sociedade em que os sócios respondiam pelo total do capital em caso de liquidação; Alemanha, 1892: criou efetivamente a sociedade por quotas de responsabilidade limitada. Objetivo: uma sociedade de estrutura e administração simples, contrastando com a S/A, e, ao mesmo tempo, com responsabilidade limitada. Propagação pelo mundo: Portugal, 1901; Áustria, 1906; Inglaterra, 1907; *Brasil, 1919*, pelo Decreto 3.708, de 10 de janeiro, que seguiu o modelo português, passou tal qual no projeto, embora o texto lacunoso e obscuro em muitos aspectos, e vigorou até o CC/02, onde recebe disciplina minuciosa (arts. 1.052-87), certamente face à importância, pois estima-se que no Brasil noventa por cento das sociedades empresárias pluripessoais são da espécie *limitada*.

O mercador vai abrindo os caminhos, criando práticas novas conforme as suas necessidades. Atrás dele vai o jurista, estruturando e sistematizando as práticas.

Tal como nos contratos empresariais, as sociedades foram surgindo das práticas comerciais, exceto a por quotas de responsabilidade limitada pluripessoal, a partir do CC/02 simplesmente *sociedade limitada*. Resultou de criação – digamos – em laboratório jurídico, e poucas vezes uma criação deu tão certo.

Vejamos a lacuna existente.

Na *sociedade em nome coletivo*, no regime do CCm, todos participavam do capital social e respondiam pelas obrigações sociais de modo subsidiário (benefício de ordem), ilimitado (enquanto houver bens) e solidário (o credor pode exigir de um, alguns ou de todos), excluindo-se a subsidiariedade do sócio cujo nome constava no nome social espécie *firma* (CCm/1850, art. 316).

O CC/02 manteve a responsabilidade *solidária* e *ilimitada* de todos os sócios pelas *obrigações sociais* (art. 1.039), sendo que, sem prejuízo da responsabilidade perante terceiros (solidária e ilimitada), podem no ato constitutivo ou por deliberação posterior unânime limitar entre si a responsabilidade de cada um (parágrafo único).

O *caput* do art. 1.039 refere apenas responsabilidade solidária e ilimitada. Omite se ela é também subsidiária, vale dizer, que primeiro devem ser excutidos os bens da sociedade.

No entanto, a subsidiariedade não é incompatível com a solidariedade, visto que apenas estabelece uma condição ao credor. Ademais, tratando-se de responsabilidade de sócio, é princípio geral (CC, art. 1.024; CPC, art. 795). Ainda, o benefício de ordem é a única forma de diferenciar o art. 1.039, *caput*, do art. 1.157, parágrafo único, ambos do CC, porquanto os dois, isoladamente, falam apenas em responsabilidade solidária e ilimitada.

Com efeito, o parágrafo único do art. 1.157 dirige-se ao sócio cujo nome consta na *firma* social; já o *caput* do art. 1.039 dirige-se ao sócio cujo nome nela não consta. Neste caso, o dispositivo deve ser combinado com o art. 1.024 do CC, mais o art. 795 do CPC (ex-art. 596 do Código/73). A não ser assim, o tratamento fica igual para sócios em situações desiguais. Por isso, se, por um lado o sócio tem o *bônus* de seu nome constar na *firma*, por outro, tem o *ônus* de não gozar do benefício de ordem.

Na *sociedade de capital e indústria*, no regime do CCm, só os capitalistas participavam do capital social e só eles respondiam de modo solidário e ilimitado pelas obrigações sociais (CCm/1850, arts. 320-1).

O CC/02 não prevê este tipo. Foi absorvido pela sociedade em nome coletivo, uma vez que esta passa a admitir o chamado *sócio de indústria* (sócio cuja participação consiste em prestar serviço, isto é, participa da sociedade sem participar do capital social), conforme resulta da combinação do art. 1.041 com o art. 997, V.

Para Rubens Requião ela continua a existir naquelas que admitem sócio de indústria.[126] Noutras palavras: a espécie societária existe como hóspede nas em que admitem o sócio de indústria, atualmente a simples e a em nome coletivo. Sempre que uma dessas tiver sócio de indústria, na prática será hospedeira de uma sociedade de capital e indústria, formando um tipo diferenciado.

Na *sociedade em comandita simples* (capital dividido em quotas) e *por ações* (capital dividido em ações), todos participam do capital social, mas apenas os sócios comanditados (administradores) respondem subsidiária, ilimitada e solidariamente pelas obrigações sociais, enquanto os

---

[126] REQUIÃO, Rubens. *Curso de Direito Comercial*, 25.ed., vol. I, p. 420, n.º 235. São Paulo: Saraiva, 2003.

comanditários (comuns) só pelas respectivas quotas ou ações, conforme o caso. O art. 282 da Lei 6.404/76, que disciplina a *por ações*, estabelece a responsabilidade subsidiária, ilimitada e solidariamente do sócio comanditado. A em *comandita simples* deve usar *firma*, e a *por ações* pode usar *denominação* (CC, art. 1.161). Usando *firma*, decai do benefício de ordem o sócio cujo nome figurar nela (CC, art. 1.157, parágrafo único; Lei 6.404, art. 281).

Na *sociedade em conta de participação*, não há personalidade jurídica nem capital social, não há nome nem firma ou denominação (CC, art. 1.162), respondendo pessoalmente o sócio ostensivo pelas obrigações sociais, como pessoa natural, já que também a sociedade não existe perante terceiros, mas só entre os sócios.

Na *sociedade anônima*, todos participam do capital social, cada qual respondendo pelo valor de emissão das respectivas ações.

Essas espécies societárias surgiram pela prática mercantil ou pela criatividade das pessoas buscando modos de, conforme os interesses e conveniências, disciplinarem as uniões objetivando a produção de bens e serviços.

Porém, faltava uma em que a responsabilidade do sócio tivesse não só dimensão *individual* restrita à sua parte, mas também *coletiva*, abrangendo todo o capital social. Assim, quando alguém não integralizasse a sua parte ou quando a sociedade se descapitalizasse (= patrimônio inferior ao capital social), cada qual respondesse solidariamente pela integralização ou reintegralização.

Foi para suprir essa lacuna que o legislador instituiu a sociedade por quotas de responsabilidade limitada.

Começou a ser concebida na Inglaterra em 1857, quando foi criado um tipo especial de sociedade anônima, em que os acionistas não respondiam apenas pelas respectivas ações. A seguir, a França, em 1863, criou um tipo de sociedade em que os sócios respondiam pelo total do capital social, mas só em caso de liquidação. Passaram-se mais alguns anos, e a Alemanha, em 1892, criou efetivamente a sociedade por quotas de responsabilidade limitada, valendo durante toda a sua existência o princípio que na França só valia na dissolução.

O objetivo foi criar uma sociedade de estrutura e administração simples, leve, contrastando com a anônima, e ao mesmo tempo com responsabilidade limitada.

A propagação pelo mundo foi imediata: Portugal, 1901; Áustria, 1906; Inglaterra, 1907; *Brasil, 1919*, pelo Decreto 3.708, de 10 de janeiro, que passou tal qual estava no projeto, de Joaquim Luiz Osório, baseado no projeto de novo Código Comercial, de 1912, de autoria de Herculano Inglez, inspirado no modelo português, de 1901, e vigorou até o CC/2002, onde está regulada minuciosamente nos arts. 1.052-87.

No Brasil, estima-se que noventa por cento das sociedades empresárias são dessa espécie. Certamente por isso, o CC/2002 dispensa-lhe regulamentação circunstanciada, contrastando com o Decreto 3.708, cujo texto era lacunoso e obscuro em muitos aspectos.

Pois, a esse universo, o Código Civil/2002 acrescentou a *sociedade em comum*, uma redundância, pois não há sociedade que não seja "em comum". Nada mais é do que a até então chamada *sociedade irregular*, assim denominada a que tinha contrato sem registro. As normas da *sociedade em comum* vigoram enquanto não houver ato constitutivo arquivado. Todos os sócios respondem de modo solidário e ilimitado pelas obrigações sociais, "excluído do benefício de ordem, previsto no art. 1.024, aquele que tratou pela sociedade" (art. 990), entenda-se, quem agiu como administrador.

Embora não tenha capital social autônomo, diz o art. 988 que "Os bens e dívidas sociais constituem patrimônio especial do qual os sócios são titulares em comum". Ocorre algo semelhante ao *patrimônio de afetação* na empresa individual (Cap. 107 *infra*).

Na prática, no que tange à responsabilidade pelas obrigações sociais fica igual à sociedade em nome coletivo, com a diferença de que, se não for possível saber qual o capital social, por sequer existir contrato, chamada *sociedade de fato*, impõe-se entender que ele coincide com o *patrimônio social*, o qual sabidamente é variável. Pode-se dizer, então, que, além da cooperativa, temos mais um tipo de sociedade com *capital variável*.

Finalmente, o legislador brasileiro, após curto período de existência da Empresa Individual de Responsabilidade Limitada – EIRELI, a respeito da qual publicamos obra,[127] com previsão instituída por meio da Lei 12.411/2011, uma variante da empresa individual (FIRMA – Decreto 916, de 24-10-1890), aderiu à tendência mundial de possibilitar *sociedade limitada unipessoal*, o que fez por meio dos §§ 1.º e 2.º do art. 1.052 do CC, acrescidos pela Lei 13.874, de 20-9-2019, um paradoxo, pois o substantivo *sociedade* significa agrupamento de seres, origem da sociologia; logo, tratando-se de pessoas, pressupõe mais de uma.

A EIRELI foi extinta, e as existentes transformadas automaticamente em sociedades limitadas unipessoais (Cap. 77 *infra*).

---

[127] MARIANI, Irineu. *Empresa Individual de Responsabilidade Limitada – EIRELI*. Porto Alegre: AGE, 2015.

Capítulo 51

DA RESPONSABILIDADE DOS SÓCIOS FACE AO CAPITAL SOCIAL

> Na *sociedade limitada pluripessoal*, existe a responsabilidade individual de cada sócio pelo valor das suas quotas, e a coletiva e solidária pela *integralização* de todo o capital social (CC, art. 1.052, *caput*). O vocábulo *integralização* não pode ser interpretado ao pé da letra, sob pena de ensejar aplicação de calote nos credores, pois uma das funções do capital social é servir de garantia automática a todos os que negociam com a empresa. Em relação a terceiros, a integralização do capital social não cessa a responsabilidade dos sócios. Face a eles, não se trata de obrigação de efeito instantâneo, e sim permanente. Durante toda a existência da sociedade, os sócios têm permanentemente a obrigação de manter a integralidade do capital social, haja vista o que dispõe o art. 1.059. Ademais, a limitação da responsabilidade garante aos sócios o benefício de ordem ou de excussão (Cap. 31, item 1 *supra*), barreira que, embora não absoluta, só pode ser rompida em casos excepcionais, como na *disregard doctrine* e na dissolução.

Na *sociedade limitada pluripessoal*, a responsabilidade individual de cada sócio é pelo valor de suas quotas, mas a coletiva e solidária é pela integralização do todo o capital social (CC, art. 1.052, *caput*). O antigo Decreto 3.708/1919, que instituiu a sociedade limitada, dispunha que a responsabilidade coletiva era pela "importância total" (art. 2.º).

A responsabilidade coletiva e solidária pela *integralização*, como diz o *caput* do art. 1.052, não pode ser interpretada ao pé da letra.

Vimos que o capital social, além de financiar o objeto social, é dizer, ensejar o normal exercício da atividade, também traduz garantia, seguro ou fiança aos credores, assim como, nos termos do art. 391 do CC, os bens particulares das pessoas traduzem garantia às respectivas obrigações (Cap. 31, item 3 *supra*).

Assim, não se pode entender que, em relação a terceiros, uma vez integralizado o capital social, cessa toda e qualquer responsabilidade dos sócios em relação ao futuro, sob pena de se ensejar aplicação de calote nos credores. Sim, pois quem negocia com a empresa o faz na confiança de ter, pelo menos e automaticamente, a garantia do capital social. De outro modo, poderia tê-la exigido de outras formas, como garantia real, fidejussória etc.

Portanto, em face de terceiros, não se trata de obrigação de efeito instantâneo, e sim permanente. Durante toda a existência da sociedade, os sócios têm permanentemente a obrigação de manter a integralidade do capital social, haja vista o que dispõe o art. 1.059 do CC: os sócios são obrigados a restituir lucros e quantias retiradas *com prejuízo do capital*. Isso ocorre porque descapitaliza a sociedade. Violam o *princípio da integridade do capital social*, que existe para proteger os interesses de terceiros. O art. 1.059 confirma que as obrigações dos sócios em relação ao capital social são permanentes.

Exemplos: *(a)* se houver descapitalização (= patrimônio inferior ao capital social), ressurge em face de terceiros, na devida proporção, o dever de reintegralizar; e *(b)* se os bens da sociedade forem insuficientes para a satisfação da dívida, o credor pode executar bens particulares dos sócios, até o valor do total do capital social, observado o benefício de ordem ou de excussão (CPC, arts. 790, II, e 795).

Ainda, há responsabilidade que independe do capital. A sociedade deve usar a palavra *limitada*, por extenso ou abreviada, no final do nome social, sob pena de os administradores omissos responderem solidária e ilimitadamente (art. 1.158, § 3.º). Se omisso for o contrato, a sociedade não será limitada, mas em nome coletivo.

Por fim, a limitação da responsabilidade garante aos sócios o benefício de ordem ou de excussão (Cap. 31, item 1 *supra*), barreira que, embora não absoluta, só pode ser rompida em casos excepcionais, como na *disregard doctrine* e na dissolução.

Capítulo 52

DO NOME SOCIAL OU EMPRESARIAL

> Em relação ao nome social ou empresarial, a sociedade limitada pluripessoal tanto pode usar *firma* quanto *denominação* (CC, art. 1.158, *caput*). A *denominação* deve identificar o ramo de atividade e pode usar, na parte do prenome ou fantasia, o de um ou mais sócios. Se usar *firma*, por exceção ao que diz o parágrafo único do art. 1.157, o sócio cujo nome constar no nome social não perde o benefício de ordem ou de excussão. Seja *firma* seja *denominação*, mantém-se a tradicional partícula identificadora, abreviada ou por extenso: *Ltda.* ou *Limitada*. Pelo art. 35-A da Lei 8.934/94, acrescido pela Lei 14.195, de 26-8-2021, é possível usar como nome empresarial o número da inscrição no CNPJ, sem prejuízo do acréscimo da partícula identificadora do tipo societário, quando exigido por lei. Trata-se de espécie *sui generis* de denominação, verdadeiro biombo, que não serve a quem tem a mostrar, e sim a esconder.

Vimos que há duas espécies históricas de nomes empresariais: a firma e a denominação, sendo que uma denominação é uma *sui generis* (Cap. 13 *supra*).

No caso da limitada pluripessoal, assim como no Decreto 3.708/1919, o *caput* do art. 1.158 do CC estabelece que ela tanto pode usar *firma* quanto *denominação*.

Se usar *firma*, nem por isso o sócio cujo nome nela consta responde automaticamente pelas obrigações sociais. Não perde o benefício de ordem. Trata-se de exceção à regra (CC, art. 1.157, parágrafo único). Exemplo: Silva, Silveira e Vieira Ltda., ou Silva & Cia. Ltda.

Se usar *denominação*, deve sempre identificar o objeto social, salvo na S/A, na qual é facultativo (CC, art. 1.160, *caput*, na redação da Lei 14.382, de 27-6-2022). É o princípio da veracidade. O CC autoriza o nome de um ou mais sócios (art. 1.158, § 2.º), tal como na anônima (Lei 6.404/76, art. 3.º, § 1.º). Exemplo: Doces Pelotenses Ltda., não pode ter por objeto social a industrialização de carnes. Vieira e Silveira – Indústria de Carnes Embutidas Ltda., não pode ter por objeto social a industrialização de doces. Adão

Silva – Indústria e Comércio de Materiais de Construção Ltda. Embora o nome do sócio Adão Silva, trata-se de denominação por força do § 2.º do art. 1.158. Adão Silva funciona como prenome ou fantasia.

Para concluir, conforme desenvolvemos (Cap. 13, item 2.4 *supra*), o art. 35-A da Lei 8.934/94, acrescido pela Lei 14.195, de 26-8-2023, permite que seja usado como *nome empresarial* o número da inscrição no Cadastro Nacional da Pessoa Jurídica – CNPJ, "seguido da partícula identificadora do tipo societário, quando exigida por lei". O Departamento de Registro Empresarial e Integração – DREI inseriu essa possibilidade no *Manual de Registro da Sociedade Limitada*, porém restringiu-a aos oito primeiros dígitos do "número raiz" (Instrução Normativa n.º 81/2020, Cap. II, item 4.1.3 do *Manual*, acrescido pela Normativa n.º 112/2022).

A respeito dessa possibilidade, repetimos aqui a crítica feita lá.

Primeiro, reduzir a empresa a um número é inconveniente, visto que desperdiça o natural veículo de projeção social que o nome, nas suas espécies tradicionais, representa no mercado. Não raras vezes, o nome por si só é uma *griffe*.

Segundo, reduzir o nome empresarial a um número, torna-o opaco, não transparente, bom a quem, por algum motivo (maus antecedentes, escândalo, má fama etc.) prefere ocultar o nome pessoal e o próprio objeto social da empresa.

Tumultuou-se um ambiente que, desde o ex-CCm de 1850, vinha tranquilo, consolidado, suficiente e conforme às necessidades atuais. Na prática, foi criado um biombo que não serve a quem tem a mostrar, e sim a esconder.

Capítulo 53

DAS NORMAS DE REGÊNCIA FORMAIS E SUBSTANCIAIS DA SLP

> Quanto às *normas de regência formais* do ato constitutivo da sociedade limitada pluripessoal: *(a)* segue as específicas (CC, art. 1.052-87), como o nome, a responsabilidade e a inexistência de sócio de indústria; e *(b)* segue também, no quanto não conflitam com as específicas, as gerais da sociedade simples, como são as cláusulas do contrato (CC, art. 1.054, c/c o art. 997). Quanto às *normas de regência substanciais* (regime legal ou funcionamento): *(a)* segue as específicas; e *(b)* nas omissões, segue as da sociedade simples, salvo opção contratual de regência supletiva pelas da anônima (CC, art. 1.053, *caput* e parágrafo único).

Diz o art. 1.053: "A sociedade limitada rege-se, nas omissões deste Capítulo, pelas normas da sociedade simples. *Parágrafo único.* O contrato social poderá prever a regência supletiva da sociedade limitada pelas normas da sociedade anônima."

Nas omissões das normas de regência específicas (CC, arts. 1.052-87), aplicam-se as da sociedade simples – portanto, os arts. 997-1.038 –, e o parágrafo único estabelece que o contrato pode eleger as normas da sociedade anônima.

Por sua vez, diz o art. 1.054 que "O contrato mencionará, no que couber, as indicações do art. 997, e, se for o caso, a firma social".

Consequentemente, as normas específicas são obrigatórias. O contrato não pode contrariá-las, nem podem fazê-lo os procedimentos administrativos no seu dia a dia, salvo quando elas mesmas autorizarem.

Assim, quanto às *normas de regência formais* do ato constitutivo da sociedade limitada pluripessoal: *(a)* segue as específicas (CC, art. 1.052-87), como são as questões do nome, da responsabilidade e da inexistência de sócio de indústria; e *(b)* segue também, no quanto não conflitam com as específicas, as *normas gerais* da sociedade simples, como são as relativas ao contrato (CC, art. 1.054, c/c o art. 997).

Quanto às *normas de regência substanciais* (regime legal ou funcionamento): *(a)* segue as específicas; e *(b)* nas omissões, segue as da sociedade simples, salvo opção contratual de regência supletiva pelas da anônima (CC, art. 1.053, *caput* e parágrafo único).

Com efeito, a previsão de normas de regência supletiva, ou de aplicação subsidiária, não autoriza o contrato a dizer que a sociedade reger-se-á pelas normas da simples ou da anônima. Elas não se aplicam em bloco, em prejuízo das normas obrigatórias próprias, mas tão só para fins de complementação necessária e na medida do necessário.

Capítulo 54

DA CLASSIFICAÇÃO QUANTO À ESTRUTURA ECONÔMICA – SOCIEDADE DE PESSOAS OU DE CAPITAL?

1 REGIME DO DECRETO 3.708/1919

> Antes do CC/02, tempo em que vigorava o Decreto 3.708/1919, formou-se consenso de que a classificação da sociedade limitada, quanto à estrutura econômica: *(a)* em abstrato, era mista, ou híbrida, ou intermédia ou de transição (melhor seria dizer que era neutra); e *(b)* em concreto, era necessário verificar caso a caso. Consolidou-se o entendimento de que, pela forma como ela surgia, salvo prova em contrário, era *sociedade de pessoas* ou contratual (prevalência do *intuitu personae* sobre o *intuitu pecuniae*), visto que os sócios eram escolhidos por companheirismo, amizade, confiança, laços familiares, qualidades morais etc.

Antes do CC/02: *(a)* quanto à disciplina formal do ato constitutivo (requisitos), seguia-se o Decreto 3.708/1919 (art. 2.º), e, nas omissões, o Código Comercial (arts. 300-2); e *(b)* quanto à disciplina material (funcionamento da sociedade), seguia-se o contrato, desde que não violasse o Decreto, e, sendo omisso o contrato, e não havendo disciplina no Decreto, aplicava-se, no que coubesse, a Lei das Sociedades por Ações (art. 18).

Assim, pela remissão aos arts. 300-2 do CCm, tínhamos *sociedade de pessoas* ou contratual (prevalência do *intuitu personae* sobre o *intuitu pecuniae*), e pela remissão às sociedades por ações tínhamos *sociedade de capital* (prevalência do *intuitu pecuniae* sobre o *intuitu personae*). Ainda, a limitação da responsabilidade dos sócios é tida por característica da sociedade de capital.

Formou-se, então, consenso de que a classificação da sociedade limitada, quanto à estrutura econômica: *(a)* em abstrato, era mista, ou híbrida, ou intermédia ou de transição (melhor seria dizer que era neutra); e *(b)* em concreto, era necessário verificar caso a caso, conforme as características internas.

Por exemplo, o veto à livre cessão das quotas e o ingresso de herdeiros apenas mediante a concordância dos sócios remanescentes são típicos da sociedade de pessoas.

Considerando o modo como habitualmente ela surge, isto é, os sócios são escolhidos por companheirismo, amizade, confiança, laços familiares, qualidades morais etc., consolidou-se o entendimento de que, salvo prova em contrário, tratava-se de sociedade de pessoas ou contratual. Presumia-se sociedade de pessoas. Era diferente do modo como surgia a de capital, como a anônima de capital aberto, onde as ações eram vendidas aleatoriamente na bolsa de valores ou no mercado de balcão, não interessando a pessoa do comprador.

2 REGIME DO CC/2002

Rubens Requião ensina que o CC/02 prestigia o caráter personalístico da sociedade limitada pluripessoal. Em abstrato, ela está num *divisor de águas*. O contrato é que vai imprimir-lhe, em concreto, cunho personalista ou capitalista.[128]

Como regra, subsiste, a partir do CC/02, o princípio de que, em abstrato, quanto à estrutura econômica, ela é neutra, sendo que, em concreto, define-se como *de pessoas* ou *de capital*, conforme as características internas.

Para facilitar a compreensão do tema, relevante porque subsidia elementos para a definição em situações dúbias, selecionamos algumas características internas da *sociedade de pessoas*.

2.1 *Affectio societatis*

> A *affectio societatis* significa a vontade de constituir e de manter a sociedade e de somar esforços. Ela resulta do modo como a sociedade surge. Os integrantes são escolhidos e se aceitam reciprocamente. Prevalece o vínculo pessoal ou *intuitu personae* sobre o patrimonial ou *intuitu pecuniae*.

---

[128] REQUIÃO, Rubens. *Curso de Direito Comercial*, 25.ed., vol. I, p. 465-9, n.º 258. São Paulo: Saraiva, 2003.

A *affectio societatis* ou *bona fides societatis* é uma característica própria da *sociedade de pessoas* ou contratual. Ela resulta do modo como surge, consoante vimos no item anterior. Os integrantes não são convidados aleatoriamente, mas escolhidos, selecionados pelas qualidades pessoais, pela afinidade que existe entre as pessoas, inclusive qualidades morais, por exemplo, a honestidade. Prevalece o vínculo pessoal ou o *intuitu personae*. Diferente da *sociedade de capital*, onde o princípio se inverte.

2.2 Cessão total ou parcial *inter vivos*

> Na omissão do contrato, a cessão/venda total ou parcial de sócio para sócio é livre. Na parcial, ocorre fracionamento da quota. Já de sócio para terceiro em relação ao quadro social, há direito de oposição de *mais de um quarto do capital social* (CC, art. 1.057), quer dizer, do capital remanescente ou votante. O *direito de oposição*, quando há silêncio do contrato, informa que o CC instituiu mecanismo capaz de preservar o caráter naturalmente personalístico da sociedade.

Diz o art. 1.057 do CC: "Na omissão do contrato, o sócio pode ceder sua quota, total ou parcialmente, a quem seja sócio, independentemente de audiência dos outros, ou a estranho, se não houver oposição de titulares de mais de um quarto do capital social".

Portanto, cessão/venda total ou parcial. Se o contrato for expresso em permitir livre negociabilidade a terceiro em relação ao quatro social, é indicativo de sociedade de capital; se proibir, indica sociedade de pessoas. Se o contrato for omisso, é livre a cessão/venda de sócio para sócio, pois não há ingresso de terceiro. Tratando-se, porém, de cessão a estranho, é possível, mas há direito de oposição de *mais de um quarto do capital social* (= qualquer fração acima de 25%), quer dizer, do capital remanescente ou votante. Assim como em outras situações (Cap. 59 *infra*), quem se retira não integra o quórum de votação. Portanto, não há livre negociabilidade. O *direito de oposição* é mecanismo que objetiva preservar o *intuitu personae*.

No conjunto, extrai-se que, salvo quando o contrato estabelece livre cessão/venda a terceiro, prevalecem, na cessão *inter vivos*, elementos indicativos da presunção de *sociedade de pessoas*.

2.3 Cessão *mortis causa*

> Se o contrato fizer remissão às normas da sociedade anônima (CC, art. 1.053, parágrafo único), entende-se admitidos os herdeiros, pois esta é a regra. Se o contrato for omisso, incide o *caput* do art. 1.053, que faz remissão às normas da sociedade simples – que é *de pessoas* –, sujeita ao art. 1.028. Conclusivamente, também pela cessão *mortis causa* obvia-se o caráter personalístico ou a presunção de sociedade de pessoas: a admissão dos herdeiros depende de previsão contratual, sendo que, havendo silêncio, cabe aos sócios remanescentes deliberar se os admitem.

Como não há um dispositivo específico na sociedade limitada pluripessoal quanto à cessão *mortis causa*, diferentemente do que acontece na *inter vivos*, tem-se a disciplina por via indireta.

Se o contrato limitar-se a fazer remissão às normas da sociedade anônima (art. 1.053, parágrafo único), os herdeiros são admitidos, independentemente da vontade dos sócios remanescentes, visto que esta é a regra. Possível restrição ao ingresso deles pode acontecer na sociedade anônima de capital fechado, mas depende de previsão estatutária; logo, a simples remissão à sociedade anônima não basta para excluí-los.

Se o contrato for omisso, incide o *caput* do art. 1.053 do CC, que faz remissão às normas da sociedade simples – que é *sociedade de pessoas* –, sujeita ao art. 1.028, que diz: "No caso de morte de sócio, liquidar-se-á sua quota, salvo: *I* – se o contrato dispuser diferentemente; *II* – se os sócios remanescentes optarem pela dissolução da sociedade; *III* – se, por acordo com os herdeiros, regular-se a substituição do sócio falecido".

O inciso I enseja dissolução parcial da sociedade (só da quota), se assim dispuser o contrato. Porém, e inclusive face aos princípios da função social e da preservação da empresa (Partes 6.ª e 7.ª *supra*), só o que interessa é a vontade dos sócios remanescentes, e isso está preservado pelos incisos II e III; consequentemente, na prática, o inciso I é inócuo.

Na verdade, são os sócios remanescentes que decidem se dissolvem a sociedade, se liquidam a quota ou se admitem os herdeiros, assim como já dispunha o art. 335, n.º 4, do CCm, que fazia ressalva à convenção em contrário "dos que sobreviverem", dizia, e não convenção em contrário do contrato, como interpretavam, com equívoco, doutrina e jurisprudência, conforme escrevemos à época.[129]

Conclusivamente, também pela cessão *mortis causa* obvia-se o caráter personalístico ou a presunção de sociedade de pessoas: a admissão dos herdeiros depende de previsão contratual, sendo que, havendo silêncio, cabe aos sócios remanescentes deliberar se os admitem ou não.

2.4 Preferência no aumento do capital social

> O direito de preferência dos sócios no caso de aumento do capital social (art. 1.081, *caput* e §§) é mais um item que sinaliza tratar-se, presumivelmente, de sociedade de pessoas.

Em caso de aumento do capital social, têm os sócios o prazo de trinta dias para exercer o direito de preferência na proporção das respectivas quotas. Só após é que estranho pode ingressar (art. 1.081, *caput* e §§). O direito de preferência existe exatamente para evitar o ingresso de estranhos, evidenciando que o mais importante no vínculo não é a sua dimensão patrimonial (*intuitu pecuniae*), e sim a pessoal (*intuitu personae*). É a afinidade, a empatia com os demais sócios, a capacidade de nas mesmas circunstâncias ter os mesmos sentimentos.

---

[129] MARIANI, Irineu. Artigo publicado na *Revista dos Tribunais* n.º 630/56 e na *Revista da AJURIS* n.º 44/78.

Capítulo 55

DAS FORMAS DO ATO CONSTITUTIVO, DO CAPITAL SOCIAL, DA INTEGRALIZAÇÃO E DA AQUISIÇÃO DAS PRÓPRIAS QUOTAS

1 FORMAS DO ATO CONSTITUTIVO

Quanto às formas, o ato constitutivo da sociedade limitada pluripessoal pode ser por instrumento público ou particular (CC, art. 997; *Manual de Registro da Sociedade Limitada*, aprovado pela Instrução Normativa n.º 81/2020, do Departamento Nacional de Registro Empresarial e Integração – DREI, Cap. II do *Manual*, item 1.1, redação da Normativa n.º 88/2022, item 1.1).

2 CAPITAL SOCIAL

2.1 Não exigência de capital social mínimo

Não há exigência de capital social mínimo, mas a subcapitalização é hipótese de *desconsideração da personalidade jurídica*. Está consagrado o *princípio da adequação do capital* ou da *assunção adequada dos riscos*. Negá-lo significa afirmar que o legislador, por meio da pessoa jurídica, abriu possibilidade de transferir os riscos da atividade aos credores, o que é inadmissível. Como não há parâmetro exato, a suficiência do capital é aferida caso a caso, conforme o objeto da sociedade ou de sua atuação.

O *capital social* objetiva: *(a)* permitir operação do objeto social (financiá-lo); e *(b)* servir de garantia mínima e permanente aos credores (funciona como seguro ou fiança). Entende-se que, se o dano é previsível, como acontece nas atividades de risco, o capital social deve ter um *plus* a tal fim, sob pena de *desconsideração da personalidade jurídica por subcapitalização*.

Como vimos, no capítulo específico da *disregard*, com doutrina estrangeira e nacional (Cap. 37, item 1.4 *supra*), está consagrado o *princípio da adequação do capital* ou da *assunção adequada dos riscos*. Negar a sua existência significa afirmar que o legislador, por meio da pessoa jurídica, abriu a possibilidade de uma empresa desenvolver a atividade com capital insuficiente em relação aos seus objetivos, transferindo os riscos dela decorrentes para os credores, o que é inadmissível. Como não há parâmetro exato, a suficiência do capital é aferida caso a caso, conforme o objeto da sociedade ou de sua atuação.

2.2 Capital dividido em quotas

> Assim como à época do Decreto 3.708/1919, pelo CC/2002, o capital da sociedade limitada pluripessoal continua sendo dividido em partes denominadas *quotas* (art. 1.055, *caput*).

A quota, conforme ensinamentos de Egberto Lacerda, citado por Rubens Requião, é o contingente de bens (coisas e valores) com o qual o sócio contribui ou se obriga a contribuir para a formação do capital social.[130]

Diferentemente da *ação* na sociedade anônima, que é título de crédito, e como tal circula – como que "se liberta" do capital –, a quota não o é, portanto não circula. Ela fica presa ao capital como a alma ao corpo.

2.3 Quotas de valor igual ou desigual

> Assim como à época do Decreto 3.708/1919, as quotas podem ter valor igual ou desigual, e cada sócio pode ter uma ou diversas (art. 1.055, *caput*).

Nada foi modificado pelo CC/2002 em relação ao Decreto 3.708/1919, com a vantagem de que a matéria está disciplinada de modo a não deixar dúvidas.

---

[130] REQUIÃO, Rubens. *Curso de Direito Comercial*, 25.ed., vol. I, p. 478, n.º 260. São Paulo: Saraiva, 2003.

As quotas podem ser "iguais ou desiguais", quer dizer, podem ter valor igual ou desigual, e cada sócio pode ter "uma ou diversas" (art. 1.055, *caput*).

Ao referir que os valores podem ser *iguais*, o Código autoriza que o contrato, previamente, divida o capital em "X" número de quotas, todas com o mesmo valor. Cada quota incorporará igual fração do capital social. É o mesmo sistema da sociedade anônima (divisão prévia do capital em "X" número de ações, todas com o mesmo valor nominal), com a diferença de que nesta o sistema de divisão é obrigatório, enquanto na limitada é facultativo.

E, ao dizer que os valores das quotas podem ter valor desigual, o Código manteve o sistema tradicional; e, ainda, ao dizer que o sócio pode ter uma ou diversas, implicitamente vetou a fusão. Por exemplo: se tem uma de R$ 20.000,00 e, via cessão, compra outra de R$ 30.000,00, não pode fundi-las para uma de R$ 50.000,00.

No entanto, não é inviável o redesenho mediante alteração do contrato, se for do interesse do quadro social. Se, uma vez cumprido o ritual, o Código admite a multiplicação da quota pelo fracionamento (art. 1.057), não é lógico excluir a redução do número pela fusão por meio de alteração da cláusula que dispõe a respeito do número que pertence a cada sócio.

2.4 Natureza jurídica da quota

> A natureza jurídica da quota é de *bem móvel*, com dupla dimensão: *(a)* patrimonial: habilita o sócio a receber o crédito decorrente de lucros e a partilha da massa residual na dissolução; e *(b)* pessoal: confere ao titular o *status* de sócio, que o habilita a votar na assembleia ou reunião e a influenciar na administração. O CC/2002 não inovou em relação ao Decreto 3.708/1919.

2.5 Quota em condomínio voluntário, indivisibilidade e "sócio de sócio"

> O CC/02 admite *quota em condomínio voluntário*, todavia mantém a *indivisibilidade* perante a sociedade (face a ela é como se o condomínio não existisse) e todos os condôminos respondem solidariamente pelo total do capital social. O condomínio deve ter um representante, o qual, tratando-se de espólio, deve ser o inventariante (art. 1.056, §§ 1º e 2º). A doutrina chama

> os demais condôminos de *sócios agregados* e *sócios de sócio*. Não confundir a *indivisibilidade da quota* perante a sociedade com a possibilidade de *fracionamento da quota* por cessão parcial (art. 1.057, *caput*).

Salvo na cessão parcial, o CC/02 manteve a indivisibilidade da quota perante a sociedade (art. 1.056, *caput*), mas admite o condomínio, no qual os direitos inerentes são exercidos pelo condômino representante. Tratando-se de espólio, deve ser o inventariante (art. 1.056, § 1.º). Ainda, todos os condôminos são responsáveis solidários quanto à integralização da quota indivisa (§ 2.º).

O condomínio voluntário também é admitido na ação da sociedade anônima, onde igualmente é indivisível (Lei 6.404/76, art. 28).

Assim, tanto na sociedade limitada pluripessoal quanto na anônima, o condomínio só existe para fins internos. Para fins externos, só existe o seu representante, a quem cabe, com exclusividade, exercer todos os direitos. Só ele tem *status* de sócio. Os demais são chamados *sócios agregados* e *sócios de sócio*.

Não confundir a *indivisibilidade da quota* perante a sociedade com o *fracionamento da quota* por cessão prevista no *caput* do art. 1.057 do CC (Cap. 54, item 2.2 *supra*). No fracionamento, ela se reproduz. Acontece o fenômeno da esquizogenia ou cissiparidade, assim como no instituto da cisão.[131]

2.6 Quotas preferenciais – Incompatibilidade

> O *Manual de Registro da Sociedade Limitada*, do DREI, permite *quotas preferenciais*, assim como na S/A as *ações preferenciais*. Todavia: (*a*) falece competência ao órgão regulamentador para criar ou extinguir direito; (*b*) a regência supletiva da anônima não desconsidera o princípio da compatibilidade e ocorre tão só para fins de complementação necessária, e tal não é o caso das *quotas preferenciais* na sociedade limitada; (*c*) ostenta-se ilegal a instituição de *quotas preferenciais*, com vantagens financeiras, suprimindo, em contrapartida, o direito ao voto de seus titulares, pois isso extrapola o limite da *aplicação supletiva*, viola o princípio de que só por previsão legal é possível suprimir direitos originários dos sócios, pessoais e patrimoniais,

---

[131] MARIANI, Irineu. *Temas comerciais e empresariais*, p. 438, item 1. Porto Alegre: AGE, 2018.

e, ainda, descaracteriza todos os quóruns de deliberação; e *(d)* não é admissível que, pela janela do parágrafo único do art. 1.053, na prática se crie um tipo *sui generis* de sociedade, sem identidade definida, pois não se sabe se se trata de uma limitada por ações ou de uma anônima por quotas, transgredindo-se o *princípio da tipicidade,* que vigora nas atividades empresariais.

Diz o *Manual de Registro da Sociedade Limitada,* do Departamento de Registro Empresarial e Integração – DREI, que na regência supletiva da anônima, é possível "quotas de classes distintas, nas proporções e condições definidas no contrato social, que atribuam a seus titulares direitos econômicos e políticos diversos, podendo ser suprimido ou limitado o direito de voto pelo sócio titular da quota preferencial respectiva, observados os limites da Lei n.º 6.404, de 1976, aplicada supletivamente" (Instrução Normativa n.º 81/2020, Cap. II do *Manual,* item 5.3.1).

Todavia, sem embargo da respeitabilidade, o DREI extrapolou.

Primeiro, a competência do órgão regulamentador exaure-se na regulamentação do que existe. Falece-lhe para criar ou extinguir direito.

Segundo, o fato de constar no contrato da sociedade limitada regência supletiva da anônima (CC, art. 1.053, parágrafo único), não autoriza aplicação *lato sensu.* A subsidiariedade ocorre *stricto sensu* e não desconsidera o princípio da compatibilidade, assim como em relação às normas da sociedade simples, apenas "nas omissões", como diz o *caput* do mesmo artigo, ou, como diz o art. 1.054, o contrato mencionará "no que couber" as indicações do art. 997.

A aplicação supletiva de um regramento em outro deve ocorrer tão só para fins de complementação necessária e na medida do necessário, e tal não é o caso das *quotas preferenciais* na sociedade limitada pluripessoal.

Terceiro, ostenta-se ilegal a instituição no contrato de *quotas preferenciais,* com vantagens financeiras, assim como as *ações preferenciais* na sociedade anônima, por exemplo, lucro de no mínimo dez por cento superior, suprimindo, em contrapartida, direitos, como é o de votar (Lei 6.404/76, art. 17 e § 1.º).

Cláusula em tal sentido extrapola o limite da *aplicação supletiva* das normas da sociedade anônima, viola o princípio de que só por previsão legal é possível suprimir direitos originários do sócio, pessoais e patrimoniais (Cap. 67 *infra*), e, ainda, descaracteriza todos os quóruns de deliberação (Cap. 61, item 15 *infra*).

Quarto, não é admissível que, pela janela do parágrafo único do art. 1.053, na prática se crie um tipo *sui generis* de sociedade, sem identidade definida, pois não se sabe se se trata de uma limitada por ações ou de uma anônima por quotas. Isso caracteriza infração ao *princípio da tipicidade*, que vigora nas atividades empresariais, vale dizer, deve necessariamente ser adotada uma das espécies disponíveis no sistema legal (Cap. 12, item 1 *supra*).

3 INTEGRALIZAÇÃO DO CAPITAL SOCIAL

3.1 Integralização com dinheiro ou com bens

> Deduz-se, pelos §§ 1.º e 2.º do art. 1.055 do Código Civil, que todos os sócios devem participar do capital social e integralizá-lo com dinheiro ou com bens móveis ou imóveis, semoventes, corpóreos ou incorpóreos (CC, arts. 79-84), desde que sejam avaliáveis economicamente, e não há exigência de integralização inicial mínima.

3.2 Integralização com quotas ou ações de outras sociedades

> É possível a integralização do capital com quotas ou ações de outras sociedades, desde que haja redução correspondente do capital na de origem e efetiva transferência do patrimônio para a de destino ou receptora. Isso é imprescindível, sob pena de o mesmo patrimônio ser utilizado mais de uma vez para a mesma finalidade, violando a função da garantia que ele exerce. Sem a redução na sociedade de origem e efetiva transferência para a de destino ou receptora, torna-o para esta *capital papel*.

O Departamento de Registro Empresarial e Integração – DREI prevê no *Manual de Registro da Sociedade Limitada* a integralização de capital "com quotas ou ações de outras sociedades" (Instrução Normativa n.º 81/2020, Cap. II do *Manual*, itens 4.3.5, redação da Normativa n.º 88/2022), o que é possível, desde que haja redução correspondente do capital na sociedade de origem e efetiva transferência do patrimônio para a de destino ou receptora.

São imprescindíveis a redução e a efetiva transferência, sob pena de o mesmo patrimônio ser utilizado mais de uma vez para a mesma finalidade, violando a função de garantia que ele exerce (Cap. 31, item 3 *supra*), pois cria na sociedade de destino ou receptora a figura do *capital papel* (item 3.3 *infra*).

3.3 Responsabilidade de todos os sócios pela exata estimativa dos bens

De acordo com o § 1.º do art. 1.055 do CC, quando há integralização do capital social em bens, todos os sócios respondem solidariamente pela "exata estimação" (*sic*) durante cinco anos. Entenda-se *exata estimativa*.

Trata-se de novidade instituída pelo CC, para o caso de haver integralização do capital social em bens. O objetivo é evitar a atribuição de valor excedente ao real, a superestimativa, deixando o capital social sem correspondência efetiva – chamado *capital papel* –, motivo por que o legislador compensou a dispensa de avaliação com a instituição de responsabilidade solidária pela "exata estimação" (*sic*) durante cinco anos a partir do registro da sociedade. Óbvio que o legislador quis dizer *exata estimativa*, isto é, avaliação, jamais *estimação*, que significa estima ou predileção que se devota a animal ou coisa. Entendida, pois, como *exata estimativa*, trata-se de norma que tem inspiração no *princípio da realidade do capital social*, que vigora na sociedade anônima, pelo qual a avaliação dos bens é obrigatória (Lei 6.404, art. 8.º).

Admitamos, então, que, antes do quinquênio, a SLP sofra uma execução judicial. No caso de o valor dos bens para penhora ser inferior ao capital social, até o valor deste os sócios respondem automaticamente com seus patrimônios particulares. Não vai além, porque existe a barreira da limitação da responsabilidade. Só é possível rompê-la extraordinariamente por meio da *desconsideração da personalidade jurídica*.

3.4 Integralização com imóveis, transferência da propriedade e não incidência de ITBI

A polêmica acerca da possibilidade de integralizar capital social com imóvel por instrumento particular (CC/1916, art. 134, II; CC/2002, art. 108), está superada (Lei 8.934/94, arts. 53 e 63). Assim como nas S/As, a certidão do

> Registro Empresarial habilita o Registro de Imóveis a efetivar a transferência da propriedade (CC, art. 1.245, *caput*). Não incide ITBI sobre a transferência de propriedade para realizar capital social (CF, art. 156, § 2.º, I; CTN, art. 36, I). Tratando-se de bem móvel, a propriedade é transferida mediante a efetiva tradição (CC, art. 1.267), porém recomenda-se registro no Cartório Especial de Títulos e Documentos, para fins de eficácia contra terceiros (Lei 6.015/73, art. 127, VII e parágrafo único), especialmente tratando-se de veículo automotor (Lei 6.015/73, 129, item 7), certo que, independentemente disso, envolvendo veículo, é obrigatória a transferência junto ao DETRAN no prazo de trinta dias, sob pena de multa (CTB, art. 233).

Adquire-se a propriedade de imóveis, em operações *inter vivos*, inclusive na realização de capital social, pelo registro na Escrivania Imobiliária (CC, art. 245, *caput*). Nesse sentido, diz precedente do STJ que a "estipulação prevista no contrato social de integralização do capital por meio de imóvel indicado pelo sócio, por si, não opera a transferência de propriedade do bem à sociedade empresarial. De igual modo, a inscrição do ato constitutivo com tal disposição contratual, no Registro Público de Empresas mercantis, a cargo das Juntas Comerciais, não se presta a tal finalidade."[132]

4 AQUISIÇÃO DAS PRÓPRIAS QUOTAS – INCOMPATIBILIDADE

4.1 Regime do Decreto 3.708/1919

> No regime do Decreto 3.708/1919, o art. 8.º permitia que a sociedade limitada adquirisse *cotas liberadas*, assim entendidas as que os demais sócios não quisessem, desde que: *(a)* as pagasse com *fundos disponíveis*, sendo vedado usar o capital social, isso tendo em conta o *princípio da vinculação*; e *(b)* houvesse concordância dos sócios. Também podia adquirir a quota de *sócio remisso*, em caso de exclusão. Em qualquer hipótese, o objetivo era "manter intacto o capital durante o prazo da sociedade".

---

[132] STJ, REsp 1743088, 3.ª T., Rel. Min. Marco Aurélio Bellizze, em 12-3-19.

4.2 Regime do CC/2002

4.2.1 Compatibilidade do instituto do reembolso

> No regime do CC/2002, não há previsão legal de a sociedade limitada adquirir as próprias quotas, mas é possível aplicar por analogia o *instituto do reembolso*, previsto na anônima (Lei 6.404/76, art. 45), independentemente de no contrato não constar aplicação subsidiária das normas desta (CC, art. 1.053, parágrafo único). Quando o sócio quer ceder/vender as suas quotas, e os demais não as preferirem, a sociedade, havendo *fundos líquidos*, pode reembolsá-lo, bloqueando o ingresso de alguém indesejado, deixando-as *em tesouraria*, com prazo de cento e vinte dias para substituir o titular, sob pena de redução do capital. Melhor será o contrato prever o *instituto do reembolso* para o fim específico, porém, ainda que seja omisso, não fica prejudicada a aplicação por analogia, pois, além de ser compatível, objetiva preservar o princípio *intuitu personae*.

No regime do CC/02, não há previsão legal de a sociedade limitada pluripessoal adquirir as próprias quotas. No entanto, é possível aplicar o *instituto do reembolso*, existente na anônima.

Pelo *instituto do reembolso*, a anônima pode pagar as ações ao acionista dissidente de deliberação de assembleia geral. A companhia não as compra. Apenas reembolsa o acionista e deixa-as *em tesouraria*. Se o acionista não for substituído em cento e vinte dias, há redução do capital social (Lei 6.404/76, art. 45, § 6.º).

Nada obsta a aplicação desse instituto à sociedade limitada. Exemplo, quando o sócio, querendo ceder/vender suas quotas, e os demais não as preferirem, a sociedade, havendo *fundos líquidos*, pode bloquear o ingresso de alguém indesejado no quadro social, reembolsando o retirante. As quotas serão conservadas *em tesouraria* pelo prazo de até cento e vinte dias, durante o qual os sócios remanescentes podem melhor resolver o problema, ou comprando, ou selecionando o novo parceiro conforme as preferências ou, em caso de insucesso, promovendo a redução do capital social.

Melhor será o contrato prever o *instituto do reembolso* para o fim específico, porém, ainda que seja omisso, não fica prejudicada a aplicação por analogia. pois, além de ser compatível, objetiva preservar o princípio *intuitu personae*.

O fato de não constar no contrato que, nas omissões aplicam-se subsidiariamente as normas da anônima (CC, art. 1.053, parágrafo único; Cap. 53 *supra*), não inviabiliza a aplicação do *instituto do reembolso* por analogia.

Não se mostra viável o *resgate* (Lei 6.404/76, art. 44, § 1.º), porque ele extingue a ação, com ou sem redução do capital social, e o CC não prevê esse modo especial de extinção de quota. Diga-se o mesmo em relação à *amortização* (art. 44, § 2.º), porque ela subtrai o capital social da ação (= ação vazia de capital), e o CC não prevê *quota vazia*. As exceções que autorizam a anônima negociar com as próprias ações estão no art. 30 da Lei 6.404/76.

4.2.2 Incompatibilidade da aquisição das próprias quotas

> O *Manual de Registro da Sociedade Limitada*, expedido pelo DREI, enseja aquisição das próprias quotas, se houver previsão contratual de regência supletiva da S/A. Todavia: (*a*) se no regime do CC/02 não consta a possibilidade, nem mesmo para *cotas liberadas*, a omissão é intencional; (*b*) o fato da regência supletiva da anônima (CC, art. 1.053, parágrafo único) não autoriza aplicação *lato sensu*, sem observar o princípio da compatibilidade; (*c*) a referência no *Manual* de que a aquisição não lhe confere a condição de sócia viola o art. 1.052 do CC, pois quem participa do capital necessariamente é sócio; (*d*) a possibilidade caracteriza, por viés, fraude à *disregard doctrine*, na medida em que, por meio do artifício, exclui a responsabilidade subsidiária dos sócios nas hipóteses típicas e atípicas; (*e*) na prática, o entendimento cria um tipo societário *sui generis*, que não é pluri nem unipessoal e sem natureza econômica, pois não há a quem distribuir os lucros, além de transgredir o *princípio da tipicidade*; e (*f*) se a anônima, onde existe previsão legal, pode adquirir as próprias ações, desde que autorizada pela CVM (Lei 6.404/76, art. 30, § 2.º), portanto em caráter excepcional e justificadamente, não pode a SLP adquirir as próprias quotas, uma vez que sequer previsão legal existe.

O Departamento de Registro Empresarial e Integração – DREI estabelece no *Manual de Registro da Sociedade Limitada* que, se houver cláusula de regência supletiva da anônima, ela "pode adquirir suas próprias quotas, observadas as condições legalmente estabelecidas, fato que não lhe confere a condição de sócia" (Instrução Normativa n.º 81/2020, Cap. II do *Manual*, item 4.4.1).

Todavia, sem embargo da respeitabilidade, o DREI extrapolou.

Primeiro, se no CC/2002, diferentemente do Decreto 3.708/1919, não consta a possibilidade, nem mesmo de *cotas liberadas* (item 4.1 *supra*), a omissão é voluntária; e, sendo voluntária, descabe supri-la por via analógica, até porque o Código regulamentou a SLP de forma detalhada. A competência do órgão regulamentador exaure-se na regulamentação do que existe. Falece-lhe para criar ou extinguir direito.

Segundo, o fato de constar no contrato da limitada pluripessoal regência supletiva da anônima (CC, art. 1.053, parágrafo único) não autoriza aplicação *lato sensu*. A subsidiariedade ocorre *stricto sensu* e não desconsidera o princípio da compatibilidade, assim como em relação às normas da sociedade simples; apenas "nas omissões", como diz o *caput* do mesmo artigo, ou, como diz o art. 1.054, o contrato mencionará "no que couber" as indicações do art. 997.

Terceiro, pelo art. 1.052 do CC, quem participa do capital social necessariamente é sócio. Não há espaço na lei para a assertiva de que a aquisição das próprias quotas não torna a SLP sócia de si mesma.

Descabe, pela janela do parágrafo único do art. 1.053, na prática instituir novo tipo de sociedade, sem identidade definida, pois não se sabe se se trata de uma limitada por ações ou de uma anônima por quotas. Isso viola o princípio da tipicidade, que vigora em relação às atividades empresariais, pelo qual deve ser adotada uma das espécies disponíveis no sistema legal (Cap. 12, item 1 *supra*).

Quarto, a possibilidade de a SLP adquirir as próprias quotas caracteriza, por viés, fraude ao instituto da *disregard doctrine*, na medida em que exclui a responsabilidade subsidiária dos sócios nas hipóteses típicas e atípicas (Cap. 37 *supra*), e, por decorrência, caracteriza também fraude a credores, pois subtrai-lhes garantias.

Será muito fácil calotear os credores. Bastará, numa situação de crise, a sociedade comprar as quotas dos respectivos sócios, com o que livra-los-á, por meio do artifício, de responderem subsidiariamente com seus bens particulares.

Quinto, o entendimento leva à possibilidade de adquirir todas as quotas, com o que tem-se um tipo *sui generis* de sociedade, pois não é pluri nem unipessoal, perdendo inclusive a natureza econômica, na medida em que não terá a quem distribuir os lucros.

Sexto, na anônima a previsão legal de aquisição das próprias ações é privativa da companhia de capital aberto, no limite do valor do saldo de lucros ou reservas e tal ocorre caso a caso mediante autorização da Comissão de Valores Mobiliários – CVM (Lei 6.404/76, art. 30, § 1.º, alínea *b*, e § 2.º), portanto em caráter excepcional e justificadamente.

Sendo a regalia privativa da anônima de capital aberto, não se mostra compatível, nem possível por analogia – mesmo que se observe o limite –, estendê-la à sociedade limitada adquirir as próprias quotas, onde sequer previsão legal existe.

Capítulo 56
DO ENQUADRAMENTO COMO *ME* OU *EPP*, INVESTIDOR-ANJO E ENQUADRAMENTO *STARTUP*

1 ENQUADRAMENTO COMO *ME* E *EPP*

> Dentre as *cláusulas facultativas* do ato constitutivo, consta no *Manual de Registro da Sociedade Limitada*, aprovado pelo Departamento de Registro Empresarial e Integração – DREI, a "DECLARAÇÃO DE MICROEMPRESA/EMPRESA DE PEQUENO PORTE", explicando: "O enquadramento, reenquadramento e desenquadramento de microempresa (ME) e empresa de pequeno porte (EPP) será efetuado mediante declaração sob as penas da lei, de que a empresa se enquadra na situação de ME ou EPP, nos termos do art. 3.º, *caput* e parágrafos, da Lei Complementar n.º 123, de 2006" (Instrução Normativa n.º 81/2020, Cap. II do *Manual*, item 5.2). Há modelo oficial de tal declaração.

A princípio, não se considera, aqui, o Microempreendedor Individual (MEI), que o Código Civil denomina *pequeno empresário* (arts. 970 e 1.179, § 2.º), visto que não se trata de sociedade, e sim de FIRMA (Décima quarta parte *infra*).

No mais, cabe lembrar que as siglas *ME* (Microempresa) e *EPP* (Empresa de Pequeno Porte), quando envolvem sociedade, utilizadas após a partícula que a identifica – por exemplo, LIMITADA ou LTDA. –, não significa *tipo de sociedade*, mas *tipo de empresa*, segundo a classificação quanto ao *tratamento jurídico*, em relação ao qual é necessário estar no *SIMPLES NACIONAL – Sistema Integrado de Pagamento de Impostos e Contribuições* (Cap. 3, item 2 *supra*).

2 FIGURA DO INVESTIDOR-ANJO OU SÓCIO-ANJO

> A figura do *investidor-anjo* ou *sócio-anjo*, antes prevista nas MEs e EPPs, foi estendida para toda e qualquer empresa, seja ou não sociedade, seja ou não ME ou EPP, desde que tenha por objeto social típico e seja enquadrável como *startup*. Ele não é sócio, não participa do capital, nem de qualquer modo do quadro social, tampouco da administração, não vota, não tem responsabilidade pelas obrigações e seu retorno é a remuneração do investimento feito na empresa, e daí a doutrina também usar o substantivo *anjo*, significando entidade oculta ou invisível, que exerce o papel de custódio, protetor, defensor. Na essência, corresponde a uma versão moderna do *sócio oculto* na sociedade em conta de participação, em caráter geral admitido pelo art. 305 do ex-Código Comercial, de 1850.

O inciso I do art. 2.º da Lei Complementar 182, de 1.º-6-2021 (*Institui o marco legal das startups e do empreendedorismo inovador*), recepcionou a figura do *investidor-anjo*, também chamada *sócio-anjo*, definindo-a como sendo o "investidor que não é considerado sócio nem tem qualquer direito a gerência ou a voto na administração da empresa", e complementou dizendo que ele "não responde por qualquer obrigação da empresa e é remunerado por seus aportes".

Até a LC 182, esse investidor *sui generis* era privativo das sociedades enquadradas como microempresa (ME) e empresa de pequeno porte (EPP), conforme o art. 61-A da LC 123/2006 (*Estatuto Nacional da Microempresa e da Empresa de Pequeno Porte*), acrescido pela LC 155/2016. A LC 182 estendeu-o a toda e qualquer empresa, seja ou não sociedade, seja ou não ME ou EPP, desde que tenha por objeto social típico e seja enquadrável como *startup*.

O *investidor-anjo* ou *sócio-anjo*, como também designado pela doutrina, com as características descritas no inciso I do art. 2.º da LC 182, não é sócio, não participa do capital, nem de qualquer modo do quadro social, tampouco da administração, não vota, não tem responsabilidade pelas obrigações e seu retorno é a remuneração do investimento feito na empresa, e daí a designação *anjo*, significando entidade oculta ou invisível, que exerce o papel de custódio, protetor, defensor.

Na essência, corresponde a uma versão moderna do *sócio oculto* na sociedade em conta de participação (Cap. 31, item 2.1.3 *supra*), em caráter geral admitido pelo art. 305 do ex-Código Comercial, de 1850. Waldemar Ferreira definiu os *sócios ocultos* como pessoas que "entrando com o seu capital, aquinhoam-se com os lucros, mas se colocam na penumbra, passivamente, em inatividade rendosa, justamente para forrarem-se, nos momentos difíceis, dos azares do empreendimento".[133] Trajano de Miranda Valverde definiu-os como "as pessoas que, deliberadamente, não figuram no contrato social, mas que, na realidade, participam da sociedade como qualquer outro sócio solidário. Não aparecem aos terceiros, não usa da firma social, gerem e administram a sociedade, e, quase sempre, por interposta pessoa, auferem os lucros ou sofrem os prejuízos consequentes à exploração do objeto da sociedade."[134]

3 ENQUADRAMENTO COMO *STARTUP*

3.1 Origem e definição

> *Startup* vem do inglês *start* (= principiar, iniciar, começar) e daí *startup*. Em português, está consagrada a compreensão de significar *empresa emergente*. Empreendedores com ideias inovadoras e/ou inéditas e promissoras, em especial associadas à tecnologia, conseguem financiadores a seus projetos, que se mostram economicamente rentáveis. Pode-se definir *startup* como empresa com objeto social inovador e/ou inédito, vinculado a modelos de negócios objetivando produtos ou serviços baseados em tecnologias.

O art. 1.º da Lei Complementar 182, de 1.º-6-2021, instituiu o "marco legal das *startups* e do empreendedorismo inovador".

Com efeito, *startup* vem do inglês *start*, que significa principiar, iniciar, começar, e daí *startup*, considerada até palavra "intraduzível" para o português. Seria idiomática. Está consagrada a compreensão de significar *empresa emergente*.

O vocábulo popularizou-se na década de 1990, quando houve a primeira grande *bolha da internet*, para designar empresas recém-criadas e rentáveis. Empreendedores com ideias inovadoras e/ou inéditas e promissoras,

---

[133] FERREIRA, Waldemar. *Tratado de Direito Comercial*, vol. XIV, p. 148, item 3476. São Paulo: Saraiva, 1965.
[134] VALVERDE, Trajano de Miranda. *Comentários à Lei de Falências*, vol. I, p. 76-7. Rio de Janeiro: Forense, 1962.

em especial associadas à tecnologia, conseguem financiadores a seus projetos, economicamente rentáveis. Grande parte das empresas *startups* surgiu no Vale do Silício (*Silicon Valley*), região da Califórnia, EUA. Exemplos: a Google, a Apple, a Facebook, a Yahoo e a Microsoft, todas líderes nos seus setores de atuação no mercado.

Como definição, adotamos a de Renata Vielmo Guidolin, inclusive distinguindo *startup* de natureza incremental e de natureza disruptiva: "... considera-se *startup* a empresa de caráter inovador que visa a aperfeiçoar sistemas, métodos ou modelos de negócio, de produção, de serviços ou de produtos, os quais, quando já existentes, identificam uma *startup* de natureza incremental, contudo, quando relacionados à criação de algo totalmente novo, identificam *startups* de natureza disruptiva".[135] O que significa *negócio disruptivo*? O adjetivo *disruptivo* provém do substantivo *disrupção*, do latim, *disrumpere* (= romper, quebrar). A ideia de um *negócio disruptivo* não é de inovar algo, modificar algo existente, mas de gerar, de criar, dar existência.

3.2 Objeto social especial – Empreendedorismo inovador e/ou inédito

> A *startup* não é tipo autônomo de sociedade ou de empresa individual, e sim de empresa que goza de tratamento jurídico favorecido baseado em *objeto social inovador e/ou inédito*. A inovação e/ou ineditismo deve se vincular a modelos de negócios objetivando produtos ou serviços baseados em tecnologias.

Assim como as *MEs* e as *EPPs* são empresas que se diferenciam das comuns pelo tratamento jurídico favorecido, e não por serem tipos autônomos de sociedades, também a *startup* não é tipo autônomo de sociedade ou de empresa individual, e sim de empresa que goza de tratamento jurídico favorecido baseado no *objeto social inovador e/ou inédito*. A inovação e/ou ineditismo deve vincular-se a modelos de negócios objetivando a produção de produtos ou a prestação de serviços.

Diz o art. 4.º da LC 182: "São enquadradas como *startups* as organizações empresariais ou societárias, nascentes ou em operação recente, cuja

---

[135] GUIDOLIN, Renata Vielmo. *STARTUPS – A regulamentação do investimento-anjo na Lei Complementar n.º 182/2021*, p. 112-3, item 3.3. São Paulo: Tirant lo Blanch, 2022.

atuação caracteriza-se pela inovação aplicada a modelo de negócios ou a produtos ou serviços". O § 1.º estabelece que, para os fins da Lei, "são elegíveis para o enquadramento na modalidade de tratamento especial destinada ao fomento de *startup* o empresário individual, a empresa individual de responsabilidade limitada, as sociedades empresárias, as sociedades cooperativas e as sociedades simples".

Os incisos dos §§ 1.º e 2.º detalham os requisitos formais para o enquadramento como *startup*, e onde consta "empresa individual de responsabilidade limitada", leia-se, agora, *sociedade limitada unipessoal* (Décima terceira parte *infra*).

3.3 Cláusula obrigatória de enquadramento como *startup*

> Consta no *Manual de Registro da Sociedade Limitada*, aprovado pelo DREI, o "ENQUADRAMENTO COMO *STARTUP*" – obviamente sendo o caso –, com a seguinte justificativa: "Nos termos do art. 4.º da Lei Complementar n.º 182, de 1.º de junho de 2021, é enquadrada como *startup* a sociedade limitada, em constituição ou em operação recente, cuja atuação caracteriza pela inovação aplicada a modelo de negócios ou a produtos ou serviços ofertados", e acrescenta: "Para fins de registro, o(s) sócio(s) da sociedade limitada deve(m) fazer constar declaração em seu ato constitutivo ou alterador de que se enquadra como *startup*, conforme prevê a alínea *a* do inciso III do § 1.º do art. 4.º da Lei Complementar n.º 182, de 2021" (Instrução Normativa n.º 81/2020, Cap. II do *Manual*, item 11, acrescido pela Normativa n.º 112/2022).

Com efeito, o *caput* do art. 4.º da LC 182/2021 estabelece os requisitos substanciais ou relacionados ao conceito jurídico e objeto social inovador e/ou inédito (itens 3.1 e 3.2 *supra*).

Escreve Renata Vielmo Guidolin que os parágrafos e incisos "indicam elementos de elegibilidade para tal enquadramento", por exemplo, "o limite de receita bruta de até R$ 16.000.000,00 (...) no ano-calendário anterior ou de R$ 1.333.334,00 (...) multiplicado pelo número de meses de atividade no ano-calendário anterior, quando inferior a 12 (doze) meses, e por último o tempo de existência das postulantes ao enquadramento (...). Por fim, disciplina o inciso III, parágrafo 1.º do artigo 4.º sobre os requisitos alternativos, asseverando que o postulante ao enquadramento deverá preencher uma das seguintes exigências: 1) declarar em seu ato constitutivo ou alterador a relação da utilização de modelos de negócios inovadores para a geração de produtos ou serviços, ou 2) solicitar o enquadramento no regime especial *Inova Simples*, nos termos do artigo 65 da Lei Complementar n.º 123, de 14 de dezembro de 2006."[136]

---

[136] GUIDOLIN, Renata Vielmo. *STARTUPS – A regulamentação do investimento-anjo na Lei Complementar n.º 182/2021*, p. 111, item 3.3. São Paulo: Tirant lo Blanch, 2022.

Capítulo 57
DOS SÓCIOS NA SLP

A princípio, é oportuno lembrar que o *anjo-investidor*, também chamado *sócio-anjo*, figura existente nas *MEs* e *EPPs*, quando sociedades, e nas empresas, sociedades ou não, quando *startups*, não é sócio, não participa do capital nem da administração, não vota, não responde pelas obrigações sociais e seu retorno é a remuneração do investimento na empresa (Cap. 56, item 1 *supra*).

1 CATEGORIA DE SÓCIOS NA SLP

> A sociedade limitada pluripessoal tem categoria única de sócios, pessoas naturais ou jurídicas. São todos sócios-quotistas. Todos devem participar do capital social. É vedada a contribuição que consista em prestação de serviço (CC, art. 1.055, § 2.º).

Preliminarmente, o capítulo é restrito aos *sócios típicos*. Não envolve a figura do *investidor-anjo*, também chamado *sócio-anjo*, existente na ME e na EPP, quando sociedade, e quando empresa, sociedade ou não, enquadra-se como *startup* (Cap. 56, itens 2 e 3 *supra*).

No mais, embora o Código não exija que a participação tenha valor mínimo, por exemplo, de pelo menos cinco ou dez por cento do capital, cabe lembrar que a participação simbólica – chamado *laranja, testa de ferro, sócio de palha* –, isto é, consta apenas para fazer número, pode descaracterizar o tipo societário para empresa individual, repercutindo na responsabilidade e até justificar a desconsideração da personalidade jurídica (Cap. 37, item 1.1 *supra*).

2 INEXISTÊNCIA DE SÓCIO DE INDÚSTRIA

> Sendo vedada a contribuição que consista em prestação de serviço (CC, art. 1.055, § 2.º), não há o chamado *sócio de indústria*, isto é, que participa da sociedade sem participar do capital social.

Não havia pelo Decreto 3.708/1919, e não há pelo CC/02, na sociedade limitada pluripessoal, o chamado *sócio de indústria*, ou sócio cuja contribuição seja apenas a prestação de serviço. De acordo com o art. 1.055, § 2.º, todos devem participar do capital social com dinheiro, bens móveis ou imóveis, semoventes, corpóreos ou incorpóreos (CC, arts. 79-84).

3 NÚMERO DE SÓCIOS

> Na *sociedade limitada pluripessoal*, não há número máximo de sócios, mas, por óbvio, há o mínimo de dois. O art. 1.033, IV, do CC, que previa *unipessoalidade superveniente temporária*, foi revogado pela Lei 14.195/21, porque o § 1.º do art. 1.052, acrescido pela Lei 13.874/19, passou a admitir a *sociedade limitada unipessoal*, podendo o remanescente fazer a transformação de pluri para uni. Isso está conforme o *princípio da preservação da empresa*. Querendo prosseguir com outros, deve restabelecer a pluralidade, porém não pode ser cônjuge se o regime de bens do casamento for o da comunhão universal ou da separação obrigatória (CC, art. 977). Quanto ao *regime de bens da união estável*, e a possível repercussão nas quotas sociais, seja na sociedade entre conviventes, seja na sociedade com terceiros, o entendimento é o de que a comunhão abrange os bens subsequentes ao contrato escrito, salvo se houver homologação judicial da cláusula de efeito retroativo, aplicando-se por analogia o § 2.º do art. 1.639 do CC.

Na *sociedade limitada pluripessoal*, não há número máximo de sócios, mas, por óbvio, há o mínimo de dois. Embora a Lei 13.874, de 20-9-19, tenha acrescido o § 1.º ao art. 1.052 do CC, possibilitando a *sociedade limitada unipessoal*, e embora as normas da pluripessoal sejam modelo à uni, existem muitas peculiaridades que as distinguem.

Pois, em relação à pluripessoal, o inciso IV do art. 1.033 do CC admitia a *unipessoalidade superveniente temporária*, com dissolução apenas quando não restabelecida a pluralidade no prazo de cento e oitenta dias, mas foi revogado pela Lei 14.195, de 26-8-21, porque o § 1.º do art. 1.052, acrescido pela Lei 13.874, de 20-9-19, passou a admitir a *sociedade limitada unipessoal*, podendo o remanescente fazer a transformação de pluri para uni, cumpridos os requisitos. Isso está conforme o *princípio da preservação da empresa*, desde há muito prestigiado pelo STJ (Cap. 43, item 2 *supra*).

Se o sócio remanescente não quiser prosseguir, resta-lhe a liquidação; e, se a vontade for prosseguir com outros, deve restabelecer a pluralidade, porém não pode ser cônjuge se o regime de bens do casamento for o da comunhão universal ou o da separação obrigatória (CC, art. 977). Por exclusão, nada obsta em relação aos regimes da comunhão parcial, da participação final nos aquestos e da separação absoluta de bens (CC, arts. 1.658-66 e 1.672-88).

O motivo de tais vetos do legislador à sociedade entre cônjuges deve-se ao fato de ela, empresarial ou não, poder servir de instrumento de violação ao regime de bens da sociedade conjugal, consoante alertado por Rubens Requião.[137] Mas, em edição posterior, escreve que, face à evolução doutrinária e jurisprudencial, e principalmente face à emancipação jurídica, patrimonial e profissional da mulher, não se justifica o "giro de cento e oitenta graus" dado pelo CC/02.[138]

Exemplo: "B" (pobre) casa com "A" (rica) pelo regime da comunhão universal. O patrimônio, enquanto do casal, não é disponível a "B" (CC, art. 1.647). Então, convence "A" para constituírem uma sociedade empresária, com expressivo capital social, na qual ele fica de administrador exclusivo. Nesta condição, e mediante uma administração perdulária e outros esquemas fraudulentos, pode descapitalizá-la, determinando reposição mediante nova transferência de patrimônio do casal, e assim sucessivamente. Por meio dessa estratégia, a sociedade empresária torna-se instrumento de violação do regime de bens da sociedade conjugal. Se o regime for o da separação obrigatória, obtém com o artifício a disponibilidade do patrimônio que é exclusiva do outro cônjuge. Acontece o mesmo fenômeno se, em vez de sociedade, "B" constituir uma empresa individual com patrimônio de afetação de "A" (CC, art. 978).

Por fim, não se pode ignorar o *regime de bens na união estável*. As pessoas não são cônjuges, portanto não se aplicam os impedimentos previstos no art. 977. Mas convém atenção quanto à possível repercussão nas quotas sociais, seja na sociedade entre conviventes, seja na sociedade com terceiros. O entendimento é o de que a comunhão abrange os bens subsequentes ao contrato escrito; logo, efeitos *ex nunc*, e não *ex tunc*, isto é, não há efeito

---

[137] REQUIÃO, Rubens. *Curso de Direito Comercial*, 22.ed., vol. I, p. 335, n.º 260. São Paulo: Saraiva, 1995.
[138] REQUIÃO, Rubens. *Curso de Direito Comercial*, 25.ed., vol. I, p. 512, n.º 260. São Paulo: Saraiva, 2003.

retroativo.[139] De igual modo, há o entendimento de que o efeito retroativo da cláusula do regime de bens da união estável depende de homologação judicial, aplicando-se por analogia o § 2.º do art. 1.639 do CC.

4 CÔNJUGE OU CONVIVENTE DO SÓCIO

> Nada obsta que os(as) cônjuges constituam sociedade "entre si ou com terceiros, desde que não tenham casado no regime da comunhão universal de bens, ou da separação obrigatória" (CC, art. 977, *caput*). Por analogia, vale o mesmo princípio aos que vivem em união estável (item 3 *supra*).

5 SÓCIO DE MENORIDADE/INCAPAZ

> O CC/02 não repete o art. 308 do CCm, que só admitia herdeiro emancipado; logo, excluía o menor não emancipado. O CC admite que o incapaz, mediante autorização judicial, seja empresário (art. 974 e §§ 1.º e 2.º), que é o *mais*; logo, é paradoxal excluí-lo como sócio, que é o *menos*, mediante a mesma cautela, só porque o capital social não está integralizado, mas é o que diz o art. 974, § 3.º, II, acrescido pela Lei 12.399/11. A proibição merece interpretação restritiva. Aplica-se apenas às respectivas ações ou quotas, sob pena de se prejudicar o incapaz por fato de terceiro (outros acionistas ou sócios com integralizações pendentes).

Em *primeiro lugar*, não confundir *menor sócio* com *capacidade do menor* para empresariar, a qual pode ser adquirida por diversos modos extraordinários (Cap. 5, item 2 *supra*).

Em *segundo*, o STF, nos idos de 1967, no RE 82.733, decidiu nada obstar o menor, com qualquer idade, ser *acionista*, desde que integralizadas as ações, contrariando Rubens Requião, Waldemar Ferreira e outros, que entendiam não ser possível, basicamente face ao art. 308 do CCm, então vigente, pelo qual os herdeiros do sócio não podiam participar da sociedade, salvo se emancipados, portanto excluía o filho-família ou sob pátrio poder.

---

[139] STJ, 4.ª T., AREsp 1631112, Rel. Min. Antônio Carlos Ferreira, em 26-10-21.

O CC/02, no art. 1.028, III, diz apenas que a substituição do sócio falecido faz-se por acordo com os herdeiros, sem qualquer menção aos herdeiros menores.

Ora, se o incapaz pode, mediante autorização judicial, ser empresário (art. 974; Cap. 8, item 3 *supra*), que é o *mais*, não admitir que, mediante a mesma cautela, seja sócio, que é o *menos*, só porque as quotas ou ações ainda não estão integralizadas, é paradoxal.

Basta, pois, a mesma prudência para quando se contrai dívida em nome de menor, cabendo ao juiz examinar e deliberar, face a dados objetivos, tais como a vantagem e a margem de risco.

Porém, a Lei 12.399, de 1.º-4-2011, acresceu o § 3.º ao art. 974 do CC admitindo sócio incapaz, desde que atendidos três requisitos cumulativos: *(a)* não seja administrador (inciso I); *(b)* o capital social esteja totalmente integralizado (inciso II); e *(c)* o relativamente incapaz seja assistido, e o absolutamente incapaz seja representado por quem de direito (inciso III), uma obviedade, diga-se.

O veto, uma vez adotada a cautela da autorização judicial, é um retrocesso, em especial não se restringindo às respectivas ações ou quotas, mas se estendendo a todo o capital social, quer dizer, abrange a situação de outros sócios.

A maneira de não prejudicar o menor por fato de terceiro (outros sócios ou acionistas com integralizações pendentes) é a interpretação restritiva. Isto é: compreender que a expressão *totalmente integralizado* não se refere ao capital da sociedade, e sim das ações ou quotas pretendidas pelo incapaz.

Ademais, há desdobramentos; por exemplo, como fica a situação quando o menor herda quota ou ações parcialmente integralizadas? Impunha-se, pelo menos, garantir-lhe o fracionamento no primeiro caso (CC, art. 1.057), e as já integralizadas no segundo.

Capítulo 58

DO RECESSO DO SÓCIO – DIREITO DE SE RETIRAR

1 DIREITO DE SE RETIRAR MOTIVADAMENTE

> Nas hipóteses do art. 1.077 do CC (modificação do contrato, fusão da sociedade, incorporação de outra, ou dela por outra), tem o sócio que dissentiu o direito de se retirar, portanto motivadamente. O direito deve ser exercido no prazo de trinta dias. Os demais podem evitar a liquidação, provocando a redução do capital social, suprindo o valor da quota do retirante. A apuração dos haveres ocorre pelo *critério patrimonial*, na forma do art. 1.031, *caput*, do CC, reforçado pelo art. 606 do CPC, com pagamento em dinheiro no prazo de noventa dias, salvo estipulação contratual diversa ou acordo.

A princípio, não confundir *direito de recesso* e *cessão de quota*. Nesta, o vendedor/cedente recebe o preço do comprador/cessionário; naquela, recebe-o da sociedade.

No regime do Decreto 3.708/1919, o sócio dissidente de qualquer deliberação tinha assegurado o direito de se retirar, isto é, de sair, chamado *direito de recesso*, apurando-se os haveres conforme o último balanço (art. 15).

No regime do CC/02, diz o art. 1.077: "Quando houver modificação do contrato, fusão da sociedade, incorporação de outra, ou dela por outra, terá o sócio que dissentiu o direito de se retirar da sociedade, nos trinta dias subsequentes à reunião, aplicando-se, no silêncio do contrato social antes vigente, o disposto no art. 1.031". O art. 1.031, combinado com os §§ 1.º e 2.º, estabelece que, salvo estipulação contratual diversa ou acordo, liquida-se a quota em dinheiro, no prazo de noventa dias, pelo valor patrimonial, "em balanço especialmente levantado", podendo os demais sócios, para evitar a redução do capital social, suprir o valor.

Trata-se, pois, de direito de se retirar motivadamente da sociedade.

Havendo processo judicial, o prazo de noventa dias para o pagamento fica prejudicado, isto é, "o pagamento dos haveres é exigível de imediato".[140]

Não nos parece consistente o entendimento de que o *caput* do art. 1.031 do CC está implicitamente revogado pelo superveniente art. 606 do CPC.

O *caput* do art. 1.031 do CC refere-se ao *procedimento extrajudicial de liquidação da quota*, enquanto o art. 606 do CPC refere-se ao *procedimento judicial*. Desde que bem entendidos, sequer se pode dizer que há conflito entre ambos, pois, tanto num quanto noutro, é adotado o *critério patrimonial* para apurar o valor da quota do retirante.

Ainda, já decidiu o STJ: "O art. 606 do CPC/2015 veio reforçar o que já estava previsto no CC/2002 (art. 1.031), tornando ainda mais nítida a opção legislativa segundo a qual, na omissão do contrato social quanto ao critério de apuração de haveres no caso de dissolução parcial da sociedade, o valor da quota do sócio retirante deve ser avaliado pelo critério patrimonial mediante balanço de determinação. O legislador, ao eleger o balanço de determinação como forma adequada para a apuração de haveres, excluiu a possibilidade de aplicação conjunta da metodologia do fluxo de caixa descontado. A doutrina especializada, produzida já sob a égide do CPC/2015, entende que o critério legal (patrimonial) é o mais acertado e está mais afinado com o princípio da preservação da empresa, ao passo que o econômico (do qual deflui a metodologia do fluxo de caixa descontado), além de inadequado para o contexto da apuração de haveres pode ensejar consequências perniciosas, tais como (1) desestímulo ao cumprimento dos deveres dos sócios minoritários; (2) incentivo ao exercício do direito de retirada, em prejuízo da estabilidade da empresa; e (3) enriquecimento indevido do sócio desligado em detrimento daqueles que permanecem na sociedade."[141]

2 DIREITO POTESTATIVO DE SE RETIRAR DE SOCIEDADE LIMITADA POR TEMPO INDETERMINADO

O sócio não precisa de motivo para se retirar da sociedade, quando por tempo indeterminado. Tendo em conta o art. 5.º, XX, da CF, consolidou-se o entendimento de que, tratando-se de sociedade limitada pluripessoal, por tempo indeterminado, o sócio tem o direito potestativo de se retirar,

---

[140] STJ, 3.ª T., REsp 1371843, Rel. Min. Paulo de Tarso Sanseverino, em 20-3-14, DJe de 26-3-14. Idem 4.ª T., REsp 1239754, Rel. Min. Luís Felipe Salomão, em 15-5-12, DJe de 22-5-12.
[141] STJ, 3.ª T., REsp 1877331, Rel. Min. Ricardo Cueva, em 13-4-21, DJe de 14-5-21.

> inclusive quando regida supletivamente pela lei das anônimas, na medida em que nestas a ação é título executivo, portanto circula mediante endosso (há livre negociabilidade), ao passo que na limitada a quota é presa ao capital social como a alma ao corpo.

Mas o sócio não precisa de motivo para se retirar da sociedade, quando por tempo indeterminado. A partir do art. 5.º, XX, da CF, pelo qual "ninguém poderá ser compelido a associar-se ou a permanecer associado", consolidou-se o entendimento, na doutrina e na jurisprudência, de que, tratando-se de sociedade limitada pluripessoal por tempo indeterminado, o sócio tem o direito potestativo de se retirar.

Nesse sentido, Marlon Tomazette,[142] e precedente do STJ, que diz: "1. Entendimento firmado por este Superior Tribunal no sentido de ser a regra do art. 1.029 do CC aplicável às sociedades limitadas, possibilitando a retirada imotivada do sócio e mostrando-se despiciendo, para tanto, o ajuizamento de ação de dissolução parcial. 2. Direito de retirada imotivada que, por decorrer da liberdade constitucional de não permanecer associado, garantida pelo inciso XX do art. 5.º da CF, deve ser observado ainda que a sociedade limitada tenha regência supletiva da Lei 6.404/76 (Lei das Sociedades Anônimas). 3. A ausência de previsão na Lei 6.404/76 acerca da retirada imotivada não implica sua proibição nas sociedades limitadas regidas supletivamente pelas normas relativas às sociedades anônimas, especialmente quando o art. 1.089 do CC determina a aplicação supletiva do próprio Código Civil nas hipóteses de emissão naquele diploma. 4. Caso concreto em que, ainda que o contrato social tenha optado pela regência supletiva na Lei 6.404/76, há direito potestativo de retirada imotivada do sócio na sociedade limitada em questão."[143]

Justifica-se o direito potestativo de o sócio se retirar imotivadamente da sociedade limitada pluripessoal, inclusive quando regida supletivamente pela lei das anônimas, na medida em que nestas a ação é título executivo, portanto circula mediante endosso (há livre negociabilidade), ao passo que na limitada a quota é presa ao capital social como a alma ao corpo (Cap. 55, item 2.2 *supra*).

---

[142] TOMAZETTE, Marlon. *Curso de Direito Empresarial – Teoria geral e Direito Societário*, 7.ed., p. 398. São Paulo: Atlas, 2016.
[143] STJ, REsp 1839078-SP, 3.ª T., Rel. Min. Paulo de Tarso Sanseverino, em 9-3-21; idem REsp 1403947-MG, 3.ª T., Rel. Min. Ricardo Vilas Bôas Cueva, em 24-4-18, DJe de 30-4-18; AgInte no AResp 829037-RJ, 4.ª T., Rel. Min. Marco Buzzi, em 22-6-20, DJe de 30-6-20; REsp 1602240-MG, 3.ª T., Rel. Min. Marco Aurélio Bellizze, em 6-12-16, DJe de 15-12-16.

Capítulo 59
DA EXCLUSÃO/EXPULSÃO DO SÓCIO

1 CONSIDERAÇÃO INICIAL

A partir do *caput* do art. 1.085, o Código Civil, mediante remissões, implanta na *sociedade limitada pluripessoal* a regulamentação da *sociedade simples*. Há três formas de exclusão/expulsão do sócio: *extrajudicial, judicial* e *de pleno direito*, cada qual com suas peculiaridades.

Enquanto o *recesso* é a saída do sócio por iniciativa própria, a *exclusão/expulsão* é a saída por iniciativa dos demais, como já vinha sendo admitida pela doutrina, desde antes do CC, mediante cláusula contratual.

Diz o art. 1.085 do CC: "Ressalvado o disposto no art. 1.030, quando a maioria dos sócios, representativa de mais da metade do capital, entender que um ou mais sócios estão pondo em risco a continuidade da empresa, em virtude de atos de inegável gravidade, poderá excluí-los da sociedade, mediante alteração do contrato social, desde que prevista neste a exclusão por justa causa. *Parágrafo único* (redação da Lei 13.792, de 3-1-19). Ressalvado o caso em que haja apenas dois sócios na sociedade, a exclusão de um sócio somente poderá ser determinada em reunião ou assembleia especialmente convocada para esse fim, ciente o acusado em tempo hábil para permitir seu comparecimento e o exercício do direito de defesa."

A ressalva quanto ao art. 1.030, recomenda a respectiva transcrição: "Ressalvado o disposto no art. 1.004 e seu parágrafo único, pode o sócio ser excluído judicialmente, mediante iniciativa da maioria dos demais sócios, por falta grave no cumprimento de suas obrigações, ou, ainda, por incapacidade superveniente. *Parágrafo único*. Será de pleno direito excluído da sociedade o sócio declarado falido, ou aquele cuja quota tenha sido liquidada nos termos do parágrafo único do art. 1.026."

A ressalva quanto ao art. 1.004 e parágrafo único recomenda a transcrição: "Os sócios são obrigados, na forma e prazo previstos, às contribuições estabelecidas no contrato social, e aquele que deixar de fazê-lo, nos trinta dias seguintes ao da notificação pela sociedade, responderá perante esta pelo dano emergente da mora. *Parágrafo único*. Verificada a mora, poderá a maioria dos demais sócios preferir, à indenização, a exclusão do sócio remisso, ou reduzir-lhe a quota ao montante já realizado, aplicando-se, em ambos os casos, o disposto no § 1.º do art. 1.031."

Colhem-se desse conjunto de normas duas observações: *(a)* a partir do *caput* do art. 1.085, o Código Civil, mediante remissões, implanta na *sociedade limitada pluripessoal* a regulamentação da *sociedade simples*; e *(b)* há três formas de exclusão/expulsão do sócio: *extrajudicial, judicial* e *de pleno direito*, cada qual com suas peculiaridades.

2 EXCLUSÃO EXTRAJUDICIAL DO SÓCIO

2.1 Previsão contratual e maiorias de sócios e de capital votantes

A *exclusão extrajudicial* do sócio (pessoa natural ou jurídica) pressupõe *pluralidade de votantes*, o que não acontece na sociedade com apenas dois e quando, havendo mais de dois, apenas um pode votar. Para ser possível a *exclusão extrajudicial* é imprescindível: *(a)* previsão contratual; e *(b)* quórum de deliberação, formado cumulativamente pelas maiorias dos sócios e do capital social votantes. São maiorias legais; logo, o contrato não pode modificá-las. O sócio excluendo e a sua quota não podem ser computados, veto expresso no § 2.º do art. 1.074. A expressão "representativa de mais da metade do capital social" (CC, art. 1.085, *caput*) não se refere a *cem por cento do capital da sociedade,* e sim à *maioria do capital dos sócios votantes.*

Pelo *caput* do art. 1.085, exceto quando for caso de aplicação do art. 1.030, a maioria dos sócios, representativa de mais da metade do capital social, pode, desde que haja previsão contratual, excluir um ou mais sócios por justa causa, seja pessoa natural seja pessoa jurídica, necessariamente vinculada a atos de inegável gravidade, assim entendidos os que põem em risco a continuidade da empresa.

É oportuno registrar que essa *exclusão extrajudicial* – digamos, por motivos gerais –, não se confunde com a exclusão extrajudicial por motivo específico (sócio remisso em relação à quota do capital), prevista no art. 1.058 (Cap. 60, item 1 *infra*).

Fábio Ulhoa Coelho refere expulsão por "titulares de mais da metade do capital social".[144] Arnoldo Wald salienta o que está na lei.[145] Rubens Requião comenta a exclusão do sócio remisso.[146]

Quanto ao *quórum de deliberação*, composto cumulativamente pelas duas maiorias, já decidiu o STJ: "Para fins de *quórum de deliberação*, não pode ser computada a participação no capital social do sócio excluendo, devendo a apuração se lastrear em 100% do capital restante, isto é, daqueles legitimados a votar. Na hipótese, a exclusão foi aprovada por unanimidade, mas apesar de reconhecer isso, o tribunal de origem entendeu pela ilegalidade da deliberação ao fundamento de que os sócios votantes eram detentores do percentual de 79,58% do capital social, inferior aos 85% exigidos pelo contrato social. Nesse contexto, todavia, excluindo-se as quotas representativas de 20,413% do capital da ora recorrida, percebe-se que houve unanimidade dos sócios votantes representativos, por causa da exclusão desta, de 100% do capital social legitimado a deliberar. Portanto, presentes todos os requisitos legais, sendo o expulso sócio minoritário, havendo cláusula permissiva no contrato social com convocação de reunião dos sócios especialmente para tal finalidade, tendo havido a cientificação do excluendo com conclave realizado com sócios titulares de mais da metade do capital social, necessário reconhecer a legitimidade da deliberação de exclusão."[147]

Assim, a formação das maiorias deve basear-se em cem por cento, mas tão só dos legitimados a votar e das respectivas quotas. O excluendo e a sua quota não podem ser computados. Aliás, isso consta no § 2.º do art. 1.074 do CC: "Nenhum sócio, por si ou na condição de mandatário, pode votar matéria que lhe diga respeito diretamente".

Exemplificando: se existem cinco sócios, um é o excluendo, um vota contra a expulsão e três a favor, e a soma das quotas destes formar a maioria do capital dos quatro votantes, está preenchido o *quórum de deliberação*. Se não formar, por ausência da maioria do capital votante, fica inviabilizada a *extrajudicial*, restando à "maioria dos demais sócios" (art. 1.030, *caput*) a *exclusão judicial* (item 3 *infra*).

---

[144] COELHO, Fábio Ulhoa. *Curso de Direito Comercial*, 15.ed., vol. II, p. 445, n.º 4.1. São Paulo: Saraiva, 2011.
[145] WALD, Arnoldo. *Comentários ao CC*, vol. XIV, p. 570, n.º 5. Rio de Janeiro: Forense, 2005.
[146] REQUIÃO, Rubens. Curso de Direito Comercial, 25.ed., vol. I, p. 489, n.º 269. São Paulo: Saraiva, 2003.
[147] STJ, 4.ª T.,, REsp 1459190, Rel. Min. Luís Felipe Salomão, em 15-12-15, DJe de 1º-2-16.

Note-se, pois, que a *exclusão extrajudicial* pressupõe pluralidade de votantes, o que não acontece quando a sociedade: *(a)* tiver apenas dois sócios, haja vista o parágrafo único do art. 1.085; *(b)* tendo mais de dois, apenas um pode votar.

Em síntese, são necessários: *(a)* previsão contratual; e *(b)* quórum de deliberação formado cumulativamente pelas maiorias dos sócios e do capital social votantes.

Essas duas maiorias são legais. O contrato não pode modificá-las. O art. 1.085 não excepciona. Nele não figura expressão do tipo "salvo disposição diversa do contrato" ou equivalente.

Consta, em outro precedente do STJ, que a não inclusão do sócio para a "maioria do capital social" é restrita às hipóteses de *exclusão judicial* (art. 1.030). Na *exclusão extrajudicial* (art. 1.085), considera-se a "maioria representativa de mais da metade do capital social".[148] Quer isso dizer: o quórum de deliberação, para formar a maioria, deve computar a totalidade do capital social da sociedade, e não apenas a maioria do capital votante.

Sem suspender a respeitabilidade, o entendimento carece de assoalho razoável.

Primeiro, o *caput* do art. 1.085 refere maioria dos sócios, "representativa de mais da metade do capital social". Estreme de dúvida, a expressão "representativa de mais da metade do capital social" não se refere a *cem por cento do capital da sociedade*, e sim à *maioria do capital dos sócios votantes*. Isso está de acordo, inclusive, com o § 2.º do art. 1.074.

Segundo, incluir o capital do sócio excluendo, encerra participação inadmissível, por evidente conflito de interesse e ofensa à moralidade, uma vez que o acusado não pode votar no próprio julgamento. A propósito, "o § 2.º do art. 1.074 do CC veda expressamente, com fundamento no princípio da moralidade e do conflito de interesses, que sócio participe de votação de maneira que lhe diga respeito diretamente, como sói a exclusão de sócio, haja vista que atinge diretamente sua esfera pessoal e patrimonial".[149]

Nesse norte, ensinamentos de Arnaldo Rizzardo, de que na votação "vige o impedimento",[150] de Modesto Carvalhosa, de que "não se pode admitir a sua participação na votação de exclusão",[151] e de Márcio Tadeu Gui-

---

[148] STJ, 3.ª T., REsp 1653421, Rel. Min. Ricardo Cueva, em 10-10-17, DJe de 13-11-17.
[149] STJ, 4.ª T., REsp 1459190, Rel. Min. Luís Felipe Salomão, em 15-12-12, DJe de 1.º-2-16.
[150] RIZZARDO, Arnaldo. *Direito de Empresa*, 2.ed., p. 241. Rio de Janeiro: Forense, 2007.
[151] CARVALHOSA, Modesto. *Comentários ao Código Civil*, 13.º vol., p. 321. São Paulo: Saraiva, 2005.

marães, de que "o sócio contra quem se imputa a deliberação baseada em justa causa está impedido de votar".[152]

2.2 Ato ou conduta que põe em risco a continuidade da empresa

> Não é todo e qualquer ato ou conduta que autoriza a exclusão extrajudicial do sócio, mas somente o que põe em risco a continuidade da empresa. Pondo-a em risco, a lei o considera grave; e, como a lei não declina quais são, vigora o princípio *numerus apertus* (cada caso dirá, independentemente de qual tenha sido o ato ou a conduta, se colocou, ou não, a continuidade em perigo).

Pelo *caput* do art. 1.085 do CC, além da previsão contratual e do quórum das maiorias de sócios votantes e respectivas quotas, a exclusão extrajudicial só é admissível "por justa causa". À sua vez, caracterizam justa causa os "atos de inegável gravidade", assim entendidos apenas os que põem "em risco a continuidade da empresa".

Como se vê, não é todo e qualquer ato ou conduta que autoriza a exclusão extrajudicial do sócio, mas somente o que põe em risco a continuidade da empresa. A lei considera que, pondo em risco a continuidade, por si só é grave; e, como não declina quais são, vigora o princípio *numerus apertus*, isto é, cada caso dirá, independentemente de qual tenha sido o ato ou a conduta, se colocou, ou não, a continuidade em perigo.

2.3 Ato ou conduta que caracteriza justa causa

> Para a exclusão extrajudicial do sócio, pessoa natural ou jurídica, não basta o ato ou conduta que, na avaliação subjetiva dos sócios votantes, gerou perigo à continuidade da empresa, pois não se trata de juízo discricionário, e sim vinculado à *justa causa*. É imprescindível que o mérito seja consistente. Em três hipóteses, é possível a intervenção judicial: *(a)* em caso de violação de regra do procedimento; *(b)* para declarar a inexistência do fato em que a expulsão se baseou ou que o acusado não foi o autor do que lhe

---

[152] NUNES, Márcio Tadeu Guimarães. *Dissolução parcial, exclusão de sócio e apuração de haveres nas sociedades limitadas*, p. 130-1. São Paulo: Quartir Latin, 2010.

> é imputado; e *(c)* quando manifestamente não caracterizado risco à continuidade, portanto ausência de justa causa (mérito inconsistente), sendo que, na dúvida, deve prevalecer a vontade dos sócios votantes. De outro modo, corre-se perigo de acontecer mal maior, que é o da liquidação total por desinteligência definitiva entre os sócios, ferindo-se princípio mais nobre, qual seja da *preservação da empresa*.

É direito dos sócios que efetivamente querem levar a sociedade a bom êxito, expurgar quem perturba, cria intrigas, é nocivo aos objetivos do empreendimento.

Mas, para a exclusão extrajudicial de sócio, pessoa natural ou jurídica, não basta ato ou conduta que, na avaliação subjetiva dos votantes, gerou perigo à continuidade da empresa, pois não se trata de juízo discricionário, e sim vinculado à *justa causa*. É imprescindível que o mérito seja consistente.

Eis precedentes do STJ: "Para exclusão judicial de sócio, não basta a alegação de quebra da *affectio societatis*, mas a demonstração de justa causa, ou seja, dos motivos que ocasionaram essa quebra".[153]

Pode-se dizer que a intervenção judicial é possível em três hipóteses: *(a)* em caso de violação de regra do procedimento; *(b)* para declarar a inexistência do fato em que a expulsão se baseou ou que o acusado não foi o autor do que lhe é imputado; e *(c)* quando manifestamente não caracterizado risco à continuidade, portanto ausência de justa causa (mérito inconsistente), sendo que, na dúvida, deve prevalecer a vontade das pessoas votantes, inclusive porque prevalece o *intuitu personae* (Cap. 54 *supra*).

De outro modo, corre-se perigo de acontecer mal maior, que é o da liquidação total por desinteligência definitiva entre os sócios, ferindo-se princípio mais nobre, qual seja o da *preservação da empresa* (Sétima parte *supra*).

Aplica-se o *princípio da intervenção judicial mínima*, assim como decidiu o STJ relativamente à administração: "A atuação do Poder Judiciário em causas que versem sobre a administração das sociedades deve pautar-se sempre por um critério de intervenção mínima".[154]

---

[153] STJ, in RT 914/573; 3.ª T., REsp 1129222; 4.ª T., AgInte no REsp 1479860, Rel. Min. Lázaro Guimarães, em 20-9-18, DJe de 26-9-18.
[154] STJ, 3.ª T., REsp 14561, Rel.ª Min.ª Nancy Andrighi, em 16-9-08, DJ de 8-10-08,

2.4 Quebra da *affectio societatis* caracteriza justa causa?

> A quebra da *affectio societatis*, conforme as circunstâncias de cada caso, pode caracterizar justa causa para fins de exclusão extrajudicial. Não basta a quebra da *affectio societatis* ou *bona fides societatis* isoladamente, ou em grau superficial, ou ligeiro, ou a desinteligência passageira. O episódio deve ser grave, assim entendido o que põe em risco a continuidade da empresa.

E uma pergunta nunca se cala: a quebra da *affectio societatis*, característica interna da sociedade (Cap. 54, item 2.1 *supra*), pode ser justa causa para a expulsão extrajudicial?

São oportunos os ensinamentos de Gustavo Tepedino: "... a manutenção, nos quadros sociais, de sócio prevaricador ou em constante e irremediável desarmonia com os demais sócios, prejudica o andamento dos negócios sociais, impedindo o pleno desenvolvimento da empresa e o cumprimento de sua função social. A exclusão do sócio apresenta, portanto, como primeiro e mais importante fundamento a necessidade de preservação da empresa, sem obstáculos causados pela conduta do sócio que se pretende excluir."[155] Waldo Fazzio Júnior escreve: "O ânimo societário é requisito fático, de índole subjetiva, da existência da sociedade, visto que a sua ausência caracterizada estará a própria natureza constitutiva desta. Mais que um elemento impulsionador, é um dever dos sócios, envolvendo a lealdade, a conduta coerente com o propósito declarado e a implementação contínua do intento societário."[156]

Não basta a quebra da *affectio societatis* ou *bona fides societatis* isoladamente, ou em grau superficial, ou ligeiro, ou a desinteligência passageira. O episódio deve ser grave, assim entendido o que põe em risco a continuidade da empresa.

Eis precedente do STJ: "Para exclusão judicial de sócio, não basta a alegação de quebra da *affectio societatis*, mas a demonstração de justa causa, ou seja, dos motivos que ocasionaram essa quebra".[157] A prática de *concor-*

---

[155] TEPEDINO, Gustavo. *Código Civil interpretado conforme a Constituição da República*, p. 254. Rio de Janeiro: Renovar, 2011.
[156] FAZZIO JÚNIOR, Waldo. *Manual de Direito Comercial*, 15.ed., p. 130. São Paulo: Atlas, 2014.
[157] STJ, in RT 914/573; 3.ª T., REsp 1129222; 4.ª T., AgInte no REsp 1479860, Rel. Min. Lázaro Guimarães, em 20-9-18, DJe de 26-9-18).

rência desleal de sócio caracteriza justa causa para a exclusão da sociedade por quebra da *affectio societatis*.[158]

Ainda do STJ: "A prática de atos reiterados como padrão de normalidade por ambos os sócios e nas três sociedades que mantêm há mais de quarenta anos, ainda que irregulares e espúrios, não servem como causa necessária da quebra da *affectio societatis* a fim de configurar justa causa para exclusão de sócio". Consta no voto da Ministra Relatora: "Diante do contexto probatório, a justa causa apontada não foi demonstrada, e as causas consideradas justas pelo Tribunal de origem, no contexto prático da gestão de ambos os sócios, não seriam fundamento para romper o vínculo de afinidade, porque tolerado e praticado mutuamente por ambos os sócios. Assim, não há comprovação quanto à culpa pelo rompimento desse vínculo societário, de tal sorte que não se pode impor a um dos sócios a pena de seu desligamento compulsório."[159]

Outro precedente, envolvendo sociedade anônima de capital fechado: "1. O instituto da dissolução parcial erigiu-se baseado nas sociedades contratuais e personalistas, como alternativa à dissolução total; e, portanto, como medida mais consentânea ao princípio da preservação da sociedade e sua função social, (...). Precedente: EREsp 111294/PR, 2.ª Seção, Rel. Ministro Castro Filho, DJ de 10-9-07) 2. É bem de ver que a dissolução parcial e a exclusão de sócio são fenômenos diversos, cabendo destacar, no caso vertente, o seguinte aspecto: na primeira, pretende o sócio dissidente a sua retirada da sociedade, bastando-lhe a comprovação da quebra da *affectio societatis*; na segunda, a pretensão é de excluir outros sócios, em decorrência de grave inadimplemento dos deveres essenciais, colocando em risco a continuidade da própria atividade social. 3. Em outras palavras, a exclusão é medida extrema que visa à eficiência da atividade empresarial, para o que se torna necessário expurgar o sócio que gera prejuízo ou a possibilidade de prejuízo grave ao exercício da empresa, sendo imprescindível a comprovação do justo motivo."[160]

Pelos precedentes, a quebra da *affectio societatis* ou *bona fides societatis*, conforme as circunstâncias de cada caso, pode caracterizar justa causa para fins de exclusão extrajudicial. Se as desuniões/intrigas provocadas por um sócio são motivo para o reconhecimento judicial de justa causa,

---

[158] STJ, 3.ª T., REsp 1653421, Rel. Min. Ricardo Villas Bôas Cueva, em 10-10-17.
[159] STJ, 3.ª T., REsp 1287708, Rel.ª Min.ª NancyAndrighi, em 27-5-14, DJ*e* de 5-6-14.
[160] STJ, 4.ª T., REsp 917531, Rel. Min. Luís Felipe Salomão, em 17-11-11, DJ*e* de 1.º-2-12.

pois caracterizam "falta grave no cumprimento de suas obrigações" (art. 1.030, *caput*), também o são para o reconhecimento extrajudicial (art. 1.085, *caput*), observada a devida consistência, uma vez que não se trata de juízo discricionário.

2.5 Procedimento para exclusão extrajudicial (*modus faciendi*)

> O parágrafo único do art. 1.085, na redação da Lei 13.792/19, disciplina o procedimento de exclusão extrajudicial de sócio (*modus faciendi*). Em síntese: *(a)* na cientificação do excluendo, deve constar claramente o motivo da acusação, gerador de risco à continuidade da empresa; *(b)* deve constar igualmente que dispõe de "tempo hábil" para articular defesa, no que se recomenda quinze dias úteis, assim como para contestar em juízo; *(c)* deve ser garantido o direito de realizar *provas pertinentes*, pois ampla defesa não significa defesa ilimitada e sem relação com o caso; *(d)* embora, pelo dispositivo legal, o exercício da defesa e a instrução ocorram perante a reunião ou a assembleia na mesma oportunidade do julgamento, nada obsta que a prova documental seja realizada antes, uma vez que pode exigir mais tempo, reservando-se perante o *órgão social deliberativo* apenas a realização de prova oral. Finalmente, não sendo obtido o quórum de deliberação, fica rejeitada a exclusão extrajudicial; e, sendo obtido, como não há recurso, pois não há instância superior ao *órgão social deliberativo*, a decisão é soberana e deve ser executada desde logo mediante alteração do contrato social e registro. O *instrumento deliberatório substitutivo* (CC, art. 1.072, § 3.º) não é compatível.

A primeira parte do parágrafo único do art. 1.085 do CC, na redação da Lei 13.792, de 3-1-19, que veio precisamente para ressalvar "o caso em que haja apenas dois sócios na sociedade", confirma que a *exclusão extrajudicial* pressupõe pluralidade de votantes (item 1.1 *supra*). Na sequência, a segunda parte estabelece que "a exclusão de um sócio somente poderá ser determinada em reunião ou assembleia especialmente convocada para esse fim, ciente o acusado em tempo hábil para permitir seu comparecimento e o exercício do direito de defesa".

Disciplina, pois, o procedimento de exclusão extrajudicial (*modus faciendi*). O quórum de deliberação, formado pelas maiorias dos sócios e do capital social votantes, e a própria deliberação devem ocorrer perante o *órgão social deliberativo*, que funciona como Corte Administrativa, e que pode ser reunião ou assembleia, necessariamente assembleia se houver mais de dez sócios (CC, art. 1.072, § 1.º; Cap. 61, item 1 *infra*).

Não se aplica o § 3.º do art. 1.072 do CC, pelo qual é possível *instrumento deliberatório substitutivo* quando "todos os sócios decidirem, por escrito, sobre a matéria que seria objeto delas". Tal não é o caso, à medida que o excluendo não participa da decisão. Ainda, considerando que a reunião ou a assembleia são extraordinárias, pois devem ser convocadas para o fim específico, e considerando que o excluendo tem o direito de comparecer para fins de defesa, o instrumento deliberatório substitutivo não é compatível.

A oportunidade de defesa cumpre o art. 5.º, LV, da CF, pelo qual aos litigantes, em processo judicial ou em procedimento administrativo, são "assegurados o contraditório e a ampla defesa, com os meios e recursos a ela inerentes". O contraditório significa direito de prévia oitiva, e a ampla defesa, direito de realizar prova, mas não ilimitadamente, e sim de acordo com os meios e recursos a ela pertinentes.

Concluindo a parte procedimental, temos o seguinte: *(a)* na cientificação do excluendo, deve constar claramente o motivo da acusação, gerador de risco à continuidade da empresa; *(b)* deve constar igualmente que dispõe de "tempo hábil" para articular defesa, no que se recomenda quinze dias úteis, assim como para contestar em juízo; *(c)* deve ser garantido o direito de realizar *provas pertinentes*, pois ampla defesa não significa defesa ilimitada e sem relação com o caso; *(d)* embora, pelo dispositivo legal, o exercício da defesa e a instrução ocorram perante a reunião ou a assembleia na mesma oportunidade do julgamento, nada obsta que a prova documental seja realizada antes, uma vez que pode exigir mais tempo, reservando-se perante o *órgão social deliberativo* apenas a realização de prova oral.

Finalmente, não sendo obtido o quórum de deliberação, fica rejeitada a exclusão extrajudicial; e, sendo obtido, como não há recurso, pois não há instância superior ao *órgão social deliberativo*, a decisão é soberana e deve ser executada desde logo mediante alteração do contrato social e, ato contínuo, ser levada a registro.

2.6 Alteração contratual, registro, liquidação da quota e responsabilidade do sócio excluído

> Uma vez deliberado pela exclusão do sócio, pessoa natural ou jurídica, a decisão deve ser cumprida desde logo "mediante alteração do contrato social" (CC, art. 1.085, *caput*), assinada por pelo menos o quórum que votou pela saída. Ato contínuo, deve ser registrada. Na sequência, faz-se a liquidação da quota, conforme "o disposto nos arts. 1.031 e 1.032" (art. 1.086). O *caput* e os parágrafos do art. 1.031 disciplinam a liquidação da quota, com redução do capital social, se os demais sócios não suprirem seu valor. Pelo art. 1.032, tratando-se de pessoa natural, a responsabilidade do excluído se estende aos herdeiros, observado o art. 1.792 do CC (= limite do patrimônio do *de cujus*), pelas obrigações sociais *anteriores* à exclusão ou falecimento, até dois anos após averbada a alteração contratual, bem assim pelas *posteriores*, ocorridas entre a exclusão ou falecimento e a averbação, igualmente até dois anos, contados a partir desta.

Uma vez deliberado pela exclusão do sócio, cabe desde logo cumprir a decisão, pois, não havendo instância superior ao *órgão social* (reunião ou assembleia), não há recurso administrativo.

Inicia-se o cumprimento "mediante alteração do contrato social" (CC, art. 1.085, *caput*), obviamente assinada por pelo menos o quórum que votou pela exclusão. Ato contínuo, deve ser registrada, aplicando-se, quanto à liquidação da quota, "o disposto nos arts. 1.031 e 1.032" (art. 1.086).

Com efeito, o *caput* do art. 1.031 estabelece que a liquidação da quota ocorre "pelo montante efetivamente realizado" e deve ser efetivada, "salvo disposição contratual em contrário, com base na situação patrimonial, à data da resolução, verificada em balanço especialmente levantado". O capital social "sofrerá a correspondente redução, salvo se os demais sócios suprirem o valor da quota" (§ 1.º), e o pagamento será "em dinheiro, no prazo de noventa dias, a partir da liquidação, salvo acordo, ou estipulação contratual em contrário" (§ 2.º).

Por sua vez, o art. 1.032 estabelece que subsiste a responsabilidade do excluído, inclusive falecido por seus herdeiros, "pelas obrigações sociais anteriores, até dois anos após averbada a resolução da sociedade", bem assim "pelas posteriores e em igual prazo, enquanto não se requerer a averbação".

Noutras palavras: tratando-se de pessoa natural, a responsabilidade do excluído se estende aos herdeiros, observado o art. 1.792 do CC (= limite do patrimônio do *de cujus*), pelas obrigações sociais *anteriores* à exclusão ou falecimento, até dois anos após averbada a alteração contratual, bem assim pelas *posteriores*, ocorridas entre a exclusão ou falecimento e a averbação, igualmente até dois anos, contados a partir desta.

2.7 Prazo para anular assembleia ou reunião que delibera a respeito da exclusão extrajudicial

> Como não há norma específica a respeito do prazo para anular assembleia ou reunião de exclusão extrajudicial de sócio, doutrina e jurisprudência têm-se posicionado no sentido da aplicação do parágrafo único do art. 48 do CC, pelo qual decai em três anos o direito de anular as decisões dos sócios.

A quem se sentir prejudicado pela deliberação a respeito da exclusão extrajudicial, seja quando ocorre, seja quando não ocorre, exemplo, por violação do quórum das maiorias de sócios e de capital votantes, remanesce a ação anulatória como possibilidade residual (CF, art. 5.º, XXXV).

Na ausência de norma específica a respeito do prazo para anular assembleia ou reunião de exclusão extrajudicial de sócio, doutrina e jurisprudência têm-se posicionado no sentido da aplicação do parágrafo único do art. 48 do CC: "Decai em três anos o direito de anular as decisões a que se refere este artigo, quando violarem a lei ou o estatuto, ou forem eivadas de erro, dolo, simulação ou fraude".

É o que escrevem Modesto Carvalhosa[161] e Rodrigo Prado Marques,[162] e como decide o STJ: "O prazo decadencial para o exercício do direito de anulação da deliberação de exclusão de sócio minoritário de sociedade limitada é de 3 anos, nos termos do art. 48 do Código Civil".[163]

---

[161] CARVALHOSA, Modesto. *Comentários ao Código Civil*, 13.º vol., p. 321. São Paulo: Saraiva, 2005.
[162] MARQUES, Rodrigo Prado. *Sociedades limitadas no Brasil*, p. 200. São Paulo: Juarez de Oliveira, 2006.
[163] STJ, 4.ª T., REsp 1459190, Rel. Min. Luís Felipe Salomão, 15-12-15.

3 EXCLUSÃO JUDICIAL DO SÓCIO

Quando o *caput* do art. 1.085 do CC diz "Ressalvado o disposto no art. 1.030", está dizendo que ele não se aplica nas hipóteses do art. 1.030, que à sua vez diz: "Ressalvado o disposto no art. 1.004 e seu parágrafo único, pode o sócio ser excluído judicialmente, mediante iniciativa da maioria dos demais sócios, por falta grave no cumprimento de suas obrigações, ou, ainda, por incapacidade superveniente".

Ainda, quando o *caput* do art. 1.030 diz: "Ressalvado o disposto no art. 1.004 e seu parágrafo único", está dizendo que ele não se aplica nas hipóteses do art. 1.004 e seu parágrafo, os quais disciplinam as obrigações dos sócios relativas às contribuições previstas no contrato social e as consequências aos inadimplentes (Cap. 60, item 1 *infra*).

3.1 Iniciativa da maioria dos demais sócios e controvérsia quanto à maioria do capital social – Quórum de iniciativa

> Não sendo possível a *exclusão extrajudicial* por ausência da maioria do capital votante, subsiste, residualmente, a *judicial*, "mediante iniciativa da maioria dos demais sócios" (CC, art. 1.030, *caput*). Não se mostra consistente entender que também na *exclusão judicial* é necessária a maioria do capital social remanescente, porque: *(a)* vai de encontro à lógica sequencial do sistema instituído pelo CC, que é a da exclusão extrajudicial, da judicial e de pleno direito; *(b)* o dispositivo é indubitável no sentido do quórum é de sócios, e não de capital, nem da combinação de ambos; *(c)* exigir as duas maiorias também para ingressar em juízo, subtrai o próprio interesse processual (CPC, art. 17), à medida que, então, cabe excluir extrajudicialmente; e *(d)* a "maioria dos demais sócios" (CC, art. 1.030, *caput*), não é *quórum de expulsão*, e sim *de iniciativa* para ingressar em juízo, e nisso se exaure, cabendo ao Judiciário acolher, ou não, o pedido, portanto não ocorre chance de o poder da minoria ser maior do que o da maioria. Ainda, uma vez ajuizada a demanda, não decai das condições de prosseguir a eventual desistência de algum sócio que contribuiu para formar o *quórum de iniciativa*.

Consoante já referimos (item 2.1 *supra*), não sendo possível a *exclusão extrajudicial* por ausência da maioria do capital votante, não computado o do sócio que se pretende afastar, subsiste, residualmente, a *judicial*, "mediante iniciativa da maioria dos demais sócios" (CC, art. 1.030, *caput*). Observe-se que o *quórum da iniciativa* é definido pelo próprio artigo: maioria dos demais sócios. Não se considera o capital. E, ao dizer que a iniciativa é da maioria "dos demais", confirma o mesmo princípio que vigora na extrajudicial: o excluendo não participa.

É o que acontece, por exemplo, quando o excluendo, pessoa natural ou jurídica, é sócio majoritário, pois, como ensina Marlon Tomazette, "em relação a este não será alcançada a exigida maioria do capital social, para deliberar a exclusão do sócio extrajudicialmente".[164]

Arnoldo Wald escreve que está "afastada, de uma vez por todas, a possibilidade do abuso da maioria, visto que os minoritários também poderão proceder à iniciativa de exclusão do sócio majoritário, que pratique falta grave no cumprimento de suas obrigações".[165] Também Sílvio de Salvo Venosa: "Uma questão que causa controvérsia acerca da exclusão do sócio por falta grave refere-se à possibilidade de exclusão pela minoria. (...) o dispositivo autoriza o pedido de exclusão pela minoria, considerando-se que se exclui do cômputo dos votos o equivalente do majoritário do que se requer a exclusão".[166]

Já Luís Felipe Spinelli reconhece que, pela interpretação literal do *caput* do art. 1.030, "a promoção da ação de exclusão judicial" é da "maioria dos demais sócios", porém defende "que o quórum de deliberação é o da maioria do capital social remanescente",[167] quer dizer, não basta isoladamente a maioria dos demais sócios. É necessário que ela, não computado o capital do sócio que se pretende excluir, também some a maioria do remanescente, sob pena de o poder da minoria acabar sendo maior do que o da maioria.

E o STJ adotou a tese, ao decidir que "o quórum de deliberação previsto no art. 1.030 (...) é de maioria absoluta do capital representado pelas quotas dos demais sócios. Na apuração da maioria absoluta do capital social para fins de exclusão judicial de sócio de sociedade limitada, consideram-se apenas as quotas dos demais sócios."[168]

---

[164] TOMAZETTE, Marlon. *Direito Societário*, p. 190. São Paulo: Juarez de Oliveira, 2003.
[165] WALD, Arnoldo. *Comentários ao Código Civil*, XIV vol., p. 217-8. Rio de Janeiro: Forense, 2010.
[166] VENOSA, Sílvio de Salvo. *Código Civil interpretado*, 3.ed., p. 1250. São Paulo: Atlas, 2013.
[167] SPINELLI, Luís Felipe. *Exclusão de sócio por falta grave na sociedade limitada*, p. 415-7. São Paulo: Quartier Latin, 2015.
[168] STJ, 3.ª T., REsp 1653421, Rel. Min. Ricardo Villas Bôas Cueva, em 17-10-17.

Reverenciamos o entendimento, porém não lhe reconhecemos consistência: *(a)* vai de encontro à lógica sequencial do sistema instituído pelo CC, que é a da *exclusão extrajudicial* pela iniciativa das maiorias de sócios e de capital votantes (item 1 *supra*), da *exclusão judicial* pela iniciativa processual da maioria dos demais sócios, e da *exclusão de pleno direito* no caso de sócio falido ou que teve a quota liquidada na forma do parágrafo único do art. 1.026 (item 4 *infra*); *(b)* o dispositivo é indubitável no sentido do quórum é de sócios, e não de capital, nem da combinação de ambos; *(c)* exigir as duas maiorias também para ingressar em juízo subtrai o próprio interesse processual (CPC, art. 17), à medida que, então, cabe excluir extrajudicialmente; e *(d)* a "maioria dos demais sócios" (CC, art. 1.030, *caput*) não é *quórum de expulsão*, e sim *de iniciativa* para ingressar em juízo (= legitimidade processual), e nisso se exaure, cabendo ao Judiciário acolher, ou não, o pedido, portanto não ocorre chance de o poder da minoria ser maior do que o da maioria.

E tanto é *quórum de iniciativa* para ingressar em juízo, e nisso se exaure, que, uma vez ajuizada a demanda, não decai das condições de prosseguir a eventual desistência de algum sócio que contribuiu para formá-lo.

É pertinente decisão do STJ envolvendo sociedade anônima: "Ação de dissolução de sociedade anônima, proposta por acionistas minoritários. Quórum mínimo atendido na data da propositura da ação. Desistência da ação por um dos autores, no curso do processo. Homologado pelo juízo. Correspondente diminuição da participação detida pelos autores no capital social da companhia a ser dissolvida, para patamar inferior ao mínimo legal. Irrelevância."[169]

3.2 Caso de apenas dois sócios – Superação do impasse

Não sendo possível a *exclusão extrajudicial* por falta de quórum da maioria dos sócios e do capital social votantes, nem a *extrajudicial* por ausência de quórum de iniciativa, como fica a situação em que existem apenas dois sócios, e um tem conduta ou pratica ato gerador de risco à continuidade da empresa? Não fica inibido de ajuizar ação para expulsar o infrator: *(a)* não é ilegal sociedade com somente dois sócios; *(b)* não sendo ilegal, impedir o ingresso em juízo por *questão formal*, qual seja a *impossibilidade material*

---

[169] STJ, 3.ª T., REsp 408122, Redatora do acórdão a Min.ª Nancy Andrighi, em 20-6-06.

> de formar o *quórum de iniciativa*, viola o princípio do acesso ao Judiciário (CF, art. 5.º, XXXV). Para superar o impasse, o STJ, em caráter excepcional, vem reconhecendo a legitimidade do sócio.

Vimos que, havendo apenas dois sócios, inviabiliza-se a *exclusão extrajudicial*, pois não é alcançado o quórum da maioria dos sócios e do capital social votantes, é dizer, *pluralidade de votantes*, não computado aquele que se pretende afastar (item 2.1 *supra*). Vimos também que, não sendo possível a *extrajudicial* por ausência da maioria do capital votante, resta a *exclusão judicial*, por "iniciativa da maioria dos demais sócios" (quórum de iniciativa); logo, de igual modo, é necessário *pluralidade de votantes* (item 3.1 *supra*).

Então, cabe indagar: Como fica a situação em que existem apenas dois sócios, e um tem conduta ou pratica ato gerador de risco à continuidade da empresa? Ao outro só resta o direito de recesso, com dissolução (Cap. 58 *supra*), ou também pode ingressar em juízo para expulsar o infrator?

Primeiro, não é ilegal sociedade com somente dois sócios de sorte que excluir o direito de um sócio expulsar judicialmente o transgressor, ficando ele com a alternativa de se retirar da sociedade, na prática é punir o inocente e premiar o infrator.

Segundo, não sendo ilegal sociedade com somente dois sócios impedir o ingresso em juízo por *questão formal*, qual seja a *impossibilidade material* de formar o *quórum de iniciativa*, viola o princípio do acesso ao Judiciário (CF, art. 5.º, XXXV).

Para superar o impasse, o STJ, com inteiro acerto e justiça, vem reconhecendo a legitimidade do sócio. Exemplo: "Sociedade limitada composta por apenas dois sócios, cada qual detentor de 50% das quotas sociais, sendo que a um deles, com a participação de terceiros, é imputado ato lesivo à sociedade praticado com violação à lei e ao contrato social. Não se mostra razoável impor, nem compatível com a sistemática informal de regência das sociedades por cotas exigir maioria do capital, maioria de sócios ou ainda a realização de reunião de quotistas para deliberar sobre a possibilidade de ajuizamento de dissolução de sociedade/exclusão de sócio/responsabilização de sócio."[170] Ainda: "Particularidades da hipótese. Sociedade de apenas dois sócios, ambos gerentes, cada um detentor de metade do capital social."[171]

---

[170] STJ, 4.ª T., AgRg no AgIn 1203778, Rel. Min. Luís Felipe Salomão, em 9-3-10.
[171] STJ, 3.ª T., REsp 736189, Rel.ª Min.ª Nancy Andrighi, em 6-12-07.

3.3 Exclusão judicial por falta grave no cumprimento das obrigações

> A *falta grave no cumprimento das obrigações* a que se refere o *caput* do art. 1.030 do CC, tendo em conta a ressalva ao art. 1.004 e seu parágrafo único, não diz respeito à obrigação dos sócios relativa às contribuições previstas no contrato social, visto que a disciplina para essas infrações é específica. Diz respeito, sim, às mesmas que poderiam ser objeto de exclusão extrajudicial, inviabilizada por ausência da maioria do capital votante, e outras faltas no cumprimento das obrigações na condição de sócio, que, sem colocar em risco a continuidade da empresa, foram graves. Em juízo, na dúvida, deve prevalecer a vontade da *maioria dos demais sócios* (= quórum da iniciativa), bem como na situação em que existem apenas dois, até porque, salvo indicativos contrários, presume-se sociedade de pessoas (prevalência do *intuitu personae*). No mais, aplica-se o *princípio da intervenção judicial mínima*, isto é, deve ficar restrita à declaração de inexistência do fato invocado para o pedido de expulsão ou de que o sócio acusado não é o seu autor.

A princípio – note-se –, quando o *caput* do art. 1.030 ressalva/exclui o art. 1.004 e seu parágrafo único, está dizendo que a "falta grave no cumprimento de suas obrigações", a que se refere, não diz respeito à obrigação dos sócios prevista no dispositivo ressalvado/excluído, relativa às contribuições previstas no contrato social. Mesmo que a inadimplência das contribuições caracterize falta grave, a disciplina para a espécie de infração é específica (Cap. 60 *infra*).

Excluída a falta grave por descumprimento das contribuições previstas no contrato, quais são as que se encaixam no *caput* do art. 1.030? São as mesmas que poderiam ser objeto de exclusão extrajudicial, inviabilizada por ausência da maioria do capital votante, e outras faltas no cumprimento das obrigações, que, sem colocar em risco a continuidade da empresa, foram graves.

Primeiro, em juízo, a situação é mais ampla. Não é imprescindível tenha a falta colocado em risco a continuidade da empresa. Diferentemente do *caput* do art. 1.085, para o *caput* do art. 1.030 basta que o ato ou conduta do excluendo caracterize falta grave no cumprimento de suas obrigações como sócio, mesmo que não tenha colocado em risco a continuidade do empreendimento.

Segundo, pressupõe ato ou conduta que caracterize justa causa (item 2.3 *supra*). Não basta que, na avaliação subjetiva da *maioria dos demais sócios*, ou na situação em que existem apenas dois (item 3.2 *supra*), caracteriza falta grave na condição de sócio, pois não se trata de juízo discricionário, mas vinculado à *justa causa*. É imprescindível que o mérito seja consistente.

Em juízo, salvo quando manifestamente não é caso de falta grave (ausência de justa causa), flagrando-se exercício abusivo de direito, deve prevalecer a vontade da *maioria dos demais sócios*, bem como na situação em que existem apenas dois, inclusive quando houver dúvida, até porque, salvo indicativos contrários, presume-se sociedade de pessoas (Cap. 54 *supra*). De outro modo, corre-se perigo de acontecer mal maior, que é o da liquidação total por desinteligência definitiva entre os sócios, ferindo-se princípio mais nobre, qual seja o da *preservação da empresa* (Sexta Parte *supra*).

No mais, aplica-se o *princípio da intervenção mínima*, conforme já mencionamos (item 3.3 *supra*), com precedente do STJ,[172] isto é, deve ficar restrita à declaração de inexistência do fato invocado para a expulsão ou de que o sócio acusado não é o seu autor.

Alfim, cabe indagar: A quebra da *affectio societatis* ou *bona fides societatis* pode ser considerada justa causa para a expulsão judicial? Sim, inclusive porque a presunção é de sociedade de pessoas. Valem aqui o que foi dito na exclusão extrajudicial e os precedentes do STJ.

3.4 Exclusão judicial por incapacidade superveniente

> O art. 1.030, *caput*, prevê, por iniciativa da maioria dos demais sócios, a exclusão judicial "por incapacidade superveniente". Em relação à *pessoa natural*, é admitido empresário individual por incapacidade superveniente (CC, art. 974). Não é razoável a exclusão judicial pelo só fato da incapacidade, seja física ou mental, sob pena de se consagrar iniquidade e inconstitucionalidade por natureza discriminatória e preconceituosa. Portanto, nessa espécie de exclusão, impõe-se motivo superior, como é o risco à continuidade da empresa. Em relação à *pessoa jurídica*, ressalvados os casos de *exclusão de pleno direito* (CC, art. 1.030, parágrafo único), só se pode avaliar caso a caso, por exemplo, na dissolução.

---

[172] STJ, 3.ª T., REsp 14561, Rel.ª Min.ª Nancy Andrighi, em 16-9-08, DJ de 8-10-08.

O *caput* do art. 1.030 também prevê, por iniciativa da maioria dos demais sócios, a exclusão judicial "por incapacidade superveniente", sem explicitar se pessoa natural ou jurídica.

Em relação à *incapacidade superveniente de pessoa natural*, o Código admite que o empresário individual continue na atividade por meio de assistente ou representante, via autorização judicial (Cap. 8 *supra*), e também admite sócio de menoridade, quando totalmente integralizada a respectiva quota (Cap. 57, item 5 *supra*).

Não é razoável, pois, a exclusão judicial pelo só fato da incapacidade, seja física ou mental, sob pena de se consagrar iniquidade e inconstitucionalidade por natureza discriminatória e preconceituosa. Portanto, nessa espécie de exclusão, impõe-se motivo superior, como é o risco à continuidade da empresa. Se isso ocorrer, a obrigação dos demais sócios é preservá-la. Por mais lamentável que possa ser a situação, descabe fazer a empresa assumir perigo na sua continuidade.

No que se refere à *incapacidade superveniente de pessoa jurídica*, ressalvados os casos de *exclusão de pleno direito*, previstos no parágrafo único do art. 1.030, como é o caso da falência (item 4 *infra*), só se pode avaliar caso a caso, por exemplo, na dissolução.

4 EXCLUSÃO DE PLENO DIREITO

A *exclusão de pleno direito do sócio* está prevista no parágrafo único do art. 1.030 do CC para os casos de sócio falido ou que teve a quota liquidada nos termos do parágrafo único do art. 1.026. Em tais hipóteses, o sócio será excluído, isto é, deve ser excluído por determinação legal. Quanto ao *sócio falido*, as hipóteses de falência e consequências são arroladas nos arts. 94 e 99 da Lei 11.101/05. Quanto à *liquidação da quota nos termos do parágrafo único do art. 1.026*, o parágrafo não deve ser visto de forma isolada do *caput*. Não há delegação de juízo discricionário ao exequente (execução dos lucros ou da parte que lhe couber em liquidação). Ao tempo em que "realiza-se a execução no interesse do exequente" (CPC, art. 797), não se podem olvidar os princípios da menor onerosidade da execução e da preservação da empresa.

Diz o parágrafo único do art. 1.030: "Será de pleno direito excluído da sociedade o sócio declarado falido, ou aquele cuja quota tenha sido liquidada nos termos do parágrafo único do art. 1.026".

Vimos a *exclusão extrajudicial do sócio* por falta grave, assim entendido o ato ou conduta gerador de risco à continuidade da empresa, desde que obtido o *quórum de deliberação*, que é das maiorias de sócios e de capital social votantes (item 2.1 *supra*); e vimos a *exclusão judicial do sócio*, por iniciativa da maioria dos demais, por falta grave no cumprimento das suas obrigações e por incapacidade superveniente, neste caso desde que haja risco à continuidade da empresa (item 2.4 *supra*).

Vemos, agora, a *exclusão de pleno direito do sócio*, pessoa natural ou jurídica.

A princípio, note-se que o dispositivo não diz que o sócio falido ou o que teve a quota liquidada nos termos do parágrafo único do art. 1.026, fica automaticamente excluído. O que é dito é que, em tais hipóteses, o sócio *será* excluído da sociedade, isto é, deve ser excluído por determinação legal. A lei manda excluir. Descabem juízos de avaliação, como ocorre nas modalidades anteriores.

Quanto ao *sócio falido*, as hipóteses de falência e consequências são arroladas nos arts. 94 e 99 da Lei 11.101/05.

Quanto à *liquidação da quota nos termos do parágrafo único do art. 1.026*, transcrevo: "Art. 1.026. O credor particular do sócio pode, na insuficiência de outros bens do devedor, fazer recair a execução sobre o que a este couber nos lucros da sociedade, ou na parte que lhe tocar em liquidação. *Parágrafo único*. Se a sociedade não estiver dissolvida, pode o credor requerer a liquidação da quota do devedor, cujo valor, apurado na forma do art. 1.031, será depositado em dinheiro, no juízo da execução, até noventa dias após aquela liquidação."

Primeiro, em caso de penhora das quotas de um sócio, os demais têm preferência na adjudicação (Cap. 68, itens 1 e 2 *infra*).

Segundo, pelo art. 1.031, a liquidação da quota ocorre "com base na situação patrimonial da sociedade à data da resolução, verificada em balanço especialmente levantado"; e, se o valor deve ser depositado em dinheiro, no juízo da execução, até noventa dias após a liquidação, não prevalecem a possibilidade de os demais sócios suprirem para evitar a redução do capital (§ 1.º) e eventual outra forma por acordo ou por estipulação contratual (§ 2.º).

Isso lado um. Lado outro, o parágrafo único do art. 1.026 não deve ser visto de forma isolada do *caput*. A conjunção alternativa "ou" (execução dos lucros ou da parte que lhe couber em liquidação) não delega ao exequente juízo discricionário de escolha.

Ao tempo em que "realiza-se a execução no interesse do exequente" (CPC, art. 797), não se podem olvidar os princípios da menor onerosidade da execução e da preservação da empresa.

Aplica-se, em relação à execução dos lucros e à liquidação, o precedente do STJ em relação à penhora dos lucros e à penhora da quota: "Tendo em vista o disposto no art. 1.026, combinado com o art. 1.053, ambos do CC, e os princípios da conservação da empresa e da menor onerosidade da execução, cabia à exequente adotar as devidas cautelas impostas pela lei, requerendo a penhora dos lucros relativos às quotas sociais correspondentes à devedora, conforme também a inteligência do art. 1.027 do CC, não podendo ser deferida, de imediato, a penhora das quotas sociais de sociedade empresária que se encontra em plena atividade, em prejuízo de terceiros, por dívida estranha à referida pessoa jurídica".[173]

---

[173] STJ, 4.ª T., AgInte no REsp 1346712, Rel. Min. Luís Felipe Salomão, em 14-3-17, DJ*e* de 20-3-17.

Capítulo 60

DA OBRIGAÇÃO QUANTO ÀS CONTRIBUIÇÕES PREVISTAS NO CONTRATO SOCIAL

Na introdução do capítulo anterior, fizemos duas observações: *(a)* a partir do *caput* do art. 1.085, o Código Civil, mediante remissões, implanta na *sociedade limitada pluripessoal* a regulamentação da *sociedade simples*; e *(b)* há três formas de exclusão/expulsão do sócio: extrajudicial, judicial e de pleno direito.

Quanto à *exclusão judicial*, vimos que a falta grave no cumprimento das obrigações, de que trata o *caput* do art. 1.030, não abrange o descumprimento das contribuições previstas no contrato social, isso porque ele ressalva "o disposto no art. 1.004 e seu parágrafo único" (Cap. 59, item 2 *supra*).

Consta no art. 1.004: "Os sócios são obrigados, na forma e prazo previstos, às contribuições estabelecidas no contrato social, e aquele que deixar de fazê-lo, nos trinta dias seguintes ao da notificação pela sociedade, responderá perante esta pelo dano emergente da mora. *Parágrafo único*. Verificada a mora, poderá a maioria dos demais sócios preferir, à indenização, a exclusão do sócio remisso, ou reduzir-lhe a quota ao montante já realizado, aplicando-se, em ambos os casos, o disposto no § 1.º do art. 1.031." Lemos no § 1.º do art. 1.031: "O capital social sofrerá a correspondente redução, salvo se os demais sócios suprirem o valor da quota".

Também o art. 1.058, que rege a sociedade limitada pluripessoal, faz remissão ao art. 1.004 e seu parágrafo único: "*Art. 1.058*. Não integralizada a quota de sócio remisso, os outros sócios podem, sem prejuízo do disposto no art. 1.004 e seu parágrafo único, tomá-la para si ou transferi-la a terceiros, excluindo o primitivo titular e devolver-lhe o que houver pago, deduzidos os juros da mora, as prestações estabelecidas no contrato mais as despesas".

Desse conjunto de normas, extraem-se duas observações: *(a)* inadimplência quanto à integralização das quotas; e *(b)* inadimplência quanto a outras contribuições.

1 INADIMPLÊNCIA QUANTO À INTEGRALIZAÇÃO DAS QUOTAS

1.1 Consideração inicial

O art. 1.058 do CC aplica-se à *sociedade limitada pluripessoal*, todavia "sem prejuízo do disposto no art. 1.004 e seu parágrafo único", que disciplina a *sociedade simples*; logo, este só se aplica na omissão daquele. Como o art. 1.058 é específico ao *sócio remisso* e silencia quanto ao procedimento e eventuais outras contribuições previstas no contrato social, aplica-se o art. 1.004 e seu parágrafo único.

1.2 Notificação do sócio remisso pela sociedade

Tratando-se de *sócio remisso*, quer dizer, inadimplente quanto à obrigação de contribuir para a formação do capital social, cabe à sociedade notificá-lo com prazo de trinta dias para a regularização (CC, art. 1.058, c/c o art. 1.004, *caput*). Isso pode acontecer quando a integralização do capital ocorre de modo parcelado. Quem deve notificar é a sociedade, que é a credora, e não os sócios.

1.3 Tomada da quota ou transferência e exclusão extrajudicial do remisso

Conforme o art. 1.058 do CC, subsistindo a inadimplência após trinta dias da notificação, os "outros sócios" (= todos os demais) tanto podem tomar a quota "para si" quanto "transferi-la a terceiros", e devem excluir "o primitivo titular". Tem-se, aí, hipótese de *exclusão extrajudicial*, vinculada a motivo específico, sem relação com os gerais do capítulo anterior. Observe-se que o quórum é de sócios, e não de capital. Nada obsta que, se não houver interesse de todos os outros, a quota seja tomada por quem o tiver. Aplica-se a mesma preferência que há no aumento do capital (CC, art. 1.081, § 1.º; Cap. 65 *infra*).

1.4 Redução proporcional da quota e devolução do valor pago

> O art. 1.058 do CC refere devolução do que "houver pago". Deixa implícito não ser possível a redução proporcional da quota. Porém, deve-se compreender a referência apenas como regra. Nada impede que, por exceção, a quota seja reduzida proporcionalmente. Isso não é incompatível com a sociedade limitada pluripessoal, e, ainda, há ser respeitado o juízo de conveniência e oportunidade dos demais sócios.

Pelo art. 1.058 do CC, o sócio excluído faz jus à devolução do que "houver pago, deduzidos os juros da mora, as prestações estabelecidas no contrato mais as despesas", por exemplo, o custo para realizar a notificação judicial ou extrajudicial. Importa é que lhe seja dado ciência inequívoca.

Ao referir a devolução do que "houver pago", deixa implícito não ser possível a redução proporcional da quota, portanto não seria possível aplicar subsidiariamente o parágrafo único do art. 1.004, que, em situação idêntica, enseja a redução da quota "ao montante já realizado".

Porém, como o veto não é explícito, deve-se compreender a referência apenas como regra. Nada impede que, por exceção, a quota seja reduzida proporcionalmente, pois não apenas não é incompatível com a sociedade limitada pluripessoal, como também há ser respeitado o juízo de conveniência e oportunidade dos demais sócios.

1.5 Cobrança da quota social

> O art. 1.058 não prevê cobrança do sócio inadimplente em relação à quota social, mas, considerando a expressão "sem prejuízo do disposto no art. 1.004 e seu parágrafo único", é necessário investigar se ela consta nestes. Pelo *caput* do art. 1.004, o sócio inadimplente responde pelo *dano emergente da mora*. É devido, independentemente do destino dado ao sócio pelo parágrafo único. À sua vez, por este, a maioria dos demais pode "preferir, à indenização, a exclusão do sócio remisso, ou reduzir-lhe a quota ao montante já realizado". Quer dizer: em vez de optar pela *indenização*, ou em lugar da *indenização*, a maioria pode preferir a exclusão ou a redução da quota. Está claro que a *indenização* é a regra, e as outras alternativas são

> exceção. Tanto é assim que a maioria dos demais sócios deve optar pela exclusão ou redução da quota. Disso se conclui que a *indenização* só pode ser o valor devido pelo sócio a título de integralização da respectiva quota, portanto pode sofrer execução.

Pergunta: Em vez de os demais sócios apropriarem-se da quota ou de a transferirem a terceiros, com exclusão do sócio, ou de a reduzirem proporcionalmente, a sociedade pode cobrá-la?

No regime do Decreto 3.708/1919, a cobrança era possível no caso de falência, com responsabilidade solidária de todos os sócios (art. 9.º).

No regime do CC/2002, o art. 1.058 não prevê a cobrança do sócio inadimplente em relação à quota social, mas, considerando a expressão "sem prejuízo do disposto no art. 1.004 e seu parágrafo único", é necessário investigar se ela consta nestes.

Pelo *caput* do art. 1.004, decorridos trinta dias da notificação, o sócio responde perante a sociedade pelo "dano emergente da mora", isto é, prejuízo decorrente da inadimplência. É devido pelo sócio remisso, independentemente do destino que lhe for dado na forma do parágrafo único (exclusão da sociedade, redução da quota ou execução).

Por exemplo, o lucro que a sociedade deixou de ter por não operar normalmente em razão da ausência do dinheiro em caixa, ou os acréscimos de empréstimo para supri-lo, ou acréscimos de uso de cartão de crédito etc. Para evitar discussão a respeito do *quantum*, o valor pode ser arbitrado desde logo no contrato por meio de multa ressarcitória ou compensatória.

Já pelo parágrafo único, uma vez consumada a mora, a maioria dos demais sócios pode "preferir, à indenização, a exclusão do sócio remisso, ou reduzir-lhe a quota ao montante já realizado". Quer dizer: em vez de optar pela *indenização*, ou em lugar da *indenização*, a maioria pode preferir a exclusão ou a redução da quota.

Primeiro, está claro que *dano emergente da mora* é uma coisa, e *indenização* é outra. Note-se que o art. 1.004 e parágrafo único não são cópia fiel do art. 289 do ex-CCm, pelo qual os outros sócios podiam "preferir, à indenização pela mora, a rescisão da sociedade a respeito do sócio remisso", portanto a *indenização pela mora* era o próprio *dano emergente da mora*.

Segundo, está claro também que a *indenização* é a regra, e as outras alternativas são exceção. Tanto é assim que a maioria dos demais sócios deve se manifestar se prefere a exclusão ou a redução em vez da indenização. Salvo opção dos demais pelas outras alternativas, o inadimplente fica sujeito à indenização.

Disso resulta que a *indenização* é o valor devido pelo sócio a título de integralização da respectiva quota. Não é igual a *dano emergente da mora*, sob pena de o sócio pagar o dano (= os efeitos) e ficar quites com o débito relativo ao capital (= a causa).

Fábio Ulhoa Coelho escreve que "poderá ser mais interessante à limitada promover a cobrança judicial";[174] Marlon Tomazette escreve que "a sociedade pode optar pela cobrança dos valores devidos, incluindo as perdas e danos resultantes do inadimplemento";[175] Sérgio Campinho escreve que decorre do art. 1.004 a possibilidade de a sociedade "cobrar as prestações acrescidas dos consectários resultantes da mora";[176] Maria Helena Diniz escreve que "nada obsta a que a sociedade venha, se quiser, a cobrar judicialmente o 'quantum' devido, acrescido de juros, mantendo o sócio, havendo integralização do capital social".[177] Modesto Carvalhosa escreve que "a sociedade não pode cobrar de qualquer de seus sócios a quantia não integralizada pelo sócio inadimplente",[178] porém não consta qual o sentido da expressão "sem prejuízo do disposto no art. 1.004 e parágrafo único", constante do art. 1.058.

2 INADIMPLÊNCIA QUANTO A OUTRAS OBRIGAÇÕES

> A contribuição do sócio prevista no contrato social pode não se restringir à da integralização das quotas (CC, art. 1.004, *caput*). Embora não seja o caso da sociedade limitada pluripessoal, pois não admite sócio de indústria, os respectivos serviços exemplificam espécie de contribuição prevista

---

[174] COELHO, Fábio Ulhoa. *Curso de Direito Comercial*, 5.ed., vol. II, p. 401, n.º 1.2. São Paulo: Saraiva, 2002.
[175] TOMAZETTE, Marlon. *Direito Societário*, p. 185, item 11.2. São Paulo: Juarez de Oliveira, 2003.
[176] CAMPINHO, Sérgio. *O Direito de Empresa*, 4.ed., p. 199, item 7.10.1. Rio de Janeiro: Renovar, 2004.
[177] DINIZ, Maria Helena. *Curso de Direito Civil brasileiro – Direito de Empresa*, vol. 8.º, p. 347, item d.4.7. São Paulo: Saraiva, 2008.
[178] CARVALHOSA, Modesto. *Comentários ao Código Civil de 2002*, vol. 13.º, p. 13. São Paulo: Saraiva, 2003.

> no contrato, cuja inadimplência gera as consequências da mora, obviamente compatíveis a cada espécie de obrigação, dentre elas a possibilidade de *exclusão extrajudicial*. Dizendo respeito à aquisição da qualidade de sócio, o pressuposto a toda e qualquer contribuição/contraprestação é o de que seja *para a sociedade*. Credora/beneficiada deve ser a sociedade.

De acordo com o *caput* do art. 1.004 do CC, a contribuição do sócio prevista no contrato social pode não se restringir à da integralização das quotas. Embora não seja o caso da sociedade limitada pluripessoal, pois não admite sócio de indústria (Cap. 57, item 2 *supra*), os respectivos serviços exemplificam espécie de contribuição prevista no contrato, cuja inadimplência gera as consequências da mora, obviamente compatíveis com cada espécie de obrigação, dentre elas a possibilidade de *exclusão extrajudicial* (item 1.3 *supra*).

Arnoldo Wald lembra que "a qualidade de sócio é adquirida em contrapartida à contribuição realizada na forma e nos termos estipulados no contrato", e que as contribuições querem dizer contraprestação, que tanto pode ser "transferência de bens" quanto de "direitos economicamente mensuráveis".[179]

Dizendo respeito à aquisição da qualidade de sócio, o pressuposto é o de que seja *para a sociedade*. Credora/beneficiada deve ser a sociedade.

---

[179] WALD, Arnoldo. *Comentários ao Código Civil*, 1.ed., XIV vol., p. 150. Rio de Janeiro: Forense, 2005.

Capítulo 61

DA ASSEMBLEIA GERAL DOS QUOTISTAS OU REUNIÃO – ÓRGÃO SOCIAL DELIBERATIVO OBRIGATÓRIO

Todas as sociedades têm órgãos sociais deliberativos e executivos. Algumas têm órgão fiscalizador, e outras também *órgãos auxiliares da administração*, como diretoria jurídica, contábil etc. A *assembleia geral* (na limitada pluripessoal pode adotar a *reunião*, se não tiver mais de dez sócios) é o órgão social deliberativo obrigatório, soberano, com *função deliberativa*. O *conselho de administração*, como regra, é facultativo e de igual modo tem *função deliberativa*. A *diretoria* é órgão social obrigatório e tem *função executiva*. O *conselho de administração* e a *diretoria* formam a *administração da sociedade*. O *conselho fiscal*, também como regra, é facultativo e tem *função inspecionativa*.

1 CONSIDERAÇÃO INICIAL

> A assembleia geral e a reunião dos quotistas da sociedade limitada pluripessoal são espécies do gênero *órgão social deliberativo*. O contrato deve optar por uma ou outra, mas deve funcionar necessariamente com assembleia, se houver mais de dez sócios (CC, art. 1.072, § 1.º).

No regime do Decreto 3.708/1919, havia apenas um órgão social obrigatório: a *gerência*, portanto de natureza *executiva*. A assembleia dos quotistas existia, mas informalmente.

No regime do CC/02, passa a existir oficialmente na sociedade limitada pluripessoal um órgão social integrado pelos quotistas, portanto de natureza *deliberativa*, que, conforme o caso, denomina-se *assembleia* ou *reunião*. Ainda, o que se chamava *gerência* passou a se chamar *administração*, e *gerente* passou a ser a denominação do *administrador não sócio*.

O contrato deve optar por uma ou outra espécie, mas deve funcionar necessariamente com assembleia, se houver mais de dez sócios (art. 1.072, § 1.º).

2 REGÊNCIAS DA ASSEMBLEIA GERAL E DA REUNIÃO

> Pelos § 1.º e 6.º do art. 1.072 e art. 1.079 do CC, temos que: *(a)* a assembleia geral é regida pela lei, e a reunião pelo contrato; *(b)* nas omissões do contrato, aplicam-se à reunião as normas da assembleia; e *(c)* a competência delegada ao contrato para disciplinar a reunião não significa poder de suprimir direitos assegurados por lei e normas legais obrigatórias. O contrato pode disciplinar a reunião de modo simplificado e adequado aos peculiares interesses dos sócios, desde que respeite os direitos assegurados por lei e normas legais obrigatórios. Exemplos: *(a)* quanto à *convocação*, pode estabelecer que far-se-á por telefone ou por *e-mail*; *(b)* quanto ao *quórum de instalação*, pode flexibilizar, nada obstando que a reunião se instale desde logo, com qualquer número, portanto em convocação única, visto que assim ocorrem em segunda (CC, art. 1.074); e *(c)* quanto à *periodicidade*, pode flexibilizar, mas dentro dos limites legais (CC, art. 1.078).

Lemos no § 6.º do art. 1.072 do CC: "Aplica-se às reuniões dos sócios, nos casos omissos no contrato, o disposto na presente Seção sobre a assembleia". O art. 1.079 complementa, fazendo referência ao § 1.º do art. 1.072: "Aplica-se às reuniões dos sócios, nos casos omissos no contrato, o estabelecido nesta Seção sobre a assembleia, obedecido o disposto no § 1.º do art. 1.072". À sua vez, diz o § 1.º do art. 1.072: "A deliberação em assembleia será obrigatória se o número de sócios for superior a dez".

Portanto: *(a)* a assembleia é regida pela lei, e a reunião pelo contrato; *(b)* nas omissões do contrato, aplicam-se à reunião as normas da assembleia; e *(c)* a competência delegada ao contrato para disciplinar a reunião não significa poder de suprimir direitos assegurados por lei e normas legais obrigatórias.

Rubens Requião escreve que o direito de voto "não pode ser obstaculizado", salvo em situações especiais "em face à matéria debatida",[180] como acontece na *exclusão extrajudicial de sócio* (Cap. 59, item 2 *supra*). Também comenta que a convocação pode ocorrer por meios postais ou

---

[180] REQUIÃO, Rubens. *Curso de Direito Comercial*, 28.ed., vol. I, p. 553, item 278-A. São Paulo: Saraiva, 2009.

eletrônicos, a modificação da competência para convocar, a periodicidade peculiar, a modificação de quórum de instalação e que o livro de atas pode ser dispensado, se de algum modo restar documentada a deliberação, como ocorre na alteração contratual.[181] E Fábio Ulhoa Coelho: "O contrato social é livre para dispor sobre a periodicidade, convocação, realização e registro da reunião dos sócios. Como diz a lei que as normas sobre a assembleia só se aplicam às reuniões, nas omissões do contrato social, entende-se que este pode disciplinar, com ampla liberdade, a instalação, o funcionamento e o assentamento da reunião. Pode prever, por exemplo, que a reunião dos sócios será convocada por telefone e instalada com qualquer número desde logo."[182]

Consequentemente, contrato pode disciplinar a reunião de modo simplificado e adequado aos peculiares interesses dos sócios.

Exemplificando, quanto à *convocação*, pode estabelecer que se fará por telefone ou *e-mail*, em vez da sempre dispendiosa publicação em jornal.

Quanto ao *quórum de instalação*, pode flexibilizar, nada obstando que a reunião se instale desde logo, com qualquer número, portanto em convocação única, visto que assim ocorre em segunda (CC, art. 1.074).

Quanto à *periodicidade*, pode flexibilizar, mas dentro dos limites legais. Se, pelo art. 1.078, as matérias nele previstas devem ser objeto de deliberação "ao menos uma vez por ano, nos quatro meses seguintes ao término do exercício", a liberdade contratual fica jungida ao princípio da anualidade. Se a lei estabelece que a matéria deve ser votada anualmente, o contrato não pode dizer que só o será em reunião a cada dois anos.

3 COMPETÊNCIA

> A assembleia geral e a reunião da sociedade limitada pluripessoal têm a mesma competência: decidem a respeito das matérias que por lei ou contrato exigem *decisão formal*, seja em sessão ordinária seja em extraordinária (itens 12.1 e 12.2 *infra*).

---

[181] REQUIÃO, Rubens. *Curso de Direito Comercial*, 28.ed., vol. I, p. 555, item 278-A. São Paulo: Saraiva, 2009.
[182] COELHO, Fábio Ulhoa. *Manual de Direito Comercial*, 23.ed., p. 188. São Paulo: Saraiva, 2011.

4. DISPENSA DE CONVOCAÇÃO

> A assembleia geral e a reunião da sociedade limitada pluripessoal dispensam convocação "quando todos os sócios comparecerem ou se declararem, por escrito, cientes do local, data, hora e ordem do dia" (CC, art. 1.072, § 2.º).

5 DISPENSA DE ASSEMBLEIA GERAL E DE REUNIÃO, E ADOÇÃO DE INSTRUMENTO SUBSTITUTIVO

5.1 Quando o instrumento substitutivo é exceção

> A assembleia geral e a reunião da sociedade limitada pluripessoal ficam dispensadas "quando todos os sócios decidirem, por escrito, sobre a matéria que seria objeto delas" (art. 1.072, § 3.º). O § 3.º não exige decisão unânime, e sim quórum unânime: todos devem votar. O consenso exigido é quanto ao modo ou à forma de decidir. A realização do conclave é regra, e o uso do *instrumento deliberatório substitutivo* é exceção, que pode ser adotada, desde que todos votem, sempre que necessário *decisão formal*, independentemente da matéria, salvo quando incompatível, como é a *exclusão extrajudicial de sócio*.

Diz o § 3.º do art. 1.072: "A reunião ou a assembleia tornam-se dispensáveis quando todos os sócios decidirem, por escrito, sobre a matéria que seria objeto delas".

Fábio Ulhoa Coelho escreve: "Sempre que houver consenso entre os sócios relativamente às deliberações sociais que exigirem a formalidade da lei, deverá ser menos custoso adotar o documento substitutivo".[183] Em outra obra refere deliberação "presumivelmente adotada por consenso".[184] Para Rubens Requião, havendo conflito ou dissidência entre os sócios, a assembleia ou reunião "serão imprescindíveis".[185] Maria Helena Diniz: "Esse documen-

---

[183] COELHO, Fábio Ulhoa. *Manual de Direito Comercial*, 14.ed., p. 161. São Paulo: Saraiva, 2003.
[184] COELHO, Fábio Ulhoa. *Curso de Direito Comercial*, 15.ed., vol. II, p. 459, n.º 4.2. Saraiva: São Paulo, 2011.
[185] REQUIÃO, Rubens. *Curso de Direito Comercial*, 25.ed., vol. I, p. 512, n.º 278-A. São Paulo: Saraiva, 2003.

to, que prevê forma escrita de voto unânime, dispensa a reunião formal dos sócios e gerará os mesmos efeitos da reunião ou da assembleia, tendo força vinculante em relação aos sócios e à sociedade".[186] Arnoldo Wald não é explícito, mas ao dizer que há "apenas pronunciamento isolado de cada sócio por escrito, sem a necessidade de discussão da matéria", dá a entender que não é preciso que a decisão seja unânime.[187] Modesto Carvalhosa defende que o § 3.º do art. 1.072 não se refere às matérias previstas no art. 1.078, isto é, as que exigem deliberação "ao menos uma vez por ano", portanto reuniões ou assembleias ordinárias,[188] com o que o instrumento deliberatório substitutivo fica restrito ao art. 1.071, desde que não conste no art. 1.078.

Na realidade, o consenso exigido é quanto ao modo ou à forma de decidir. O § 3.º não exige decisão unânime, e sim quórum unânime: todos devem votar.

No mais, a realização do conclave é regra, e o uso do *instrumento deliberatório substitutivo* é exceção, que, por conveniência e oportunidade dos sócios, celeridade e até por economia, pode ser adotado, desde que todos votem, sempre que necessário *decisão formal*, independentemente da matéria, salvo quando incompatível, como é a *exclusão extrajudicial de sócio* (Cap. 59, item 2.5 *supra*). Adianta-se que, quando utilizado *como exceção*, o instrumento substitutivo não modifica os *quóruns de deliberação* (item 15 *infra*).

5.2 Quando o instrumento substitutivo é regra (ME e EPP)

Tratando-se de Microempresa (ME) e de Empresa de Pequeno Porte (EPP), inverte-se a ordem: o uso do *instrumento substitutivo* é regra, e a realização de conclave exceção, salvo disposição contratual diversa (LC 123/06, art. 70, *caput* e § 1.º). Considerando que, salvo quando há veto contratual, o modo ou a forma de decidir previsto em lei, como regra, é o *instrumento substitutivo*, não há a exigência do § 3.º do art. 1.072 do CC de que todos devem votar. Basta o *quórum de deliberação*, que passa a ser único, isto é, o

---

[186] DINIZ, Maria Helena. *Curso de Direito Civil brasileiro – Direito de Empresa*, vol. 8.º, p. 374, item d.8.3. São Paulo: Saraiva, 2008.
[187] WALD, Arnoldo. *Comentários ao Código Civil*, vol. XIX, p. 487, § 1.418. Rio de Janeiro: Forense, 2005.
[188] CARVALHOSA, Modesto. *Comentários ao Código Civil*, vol. 13.º, p. 193-4. São Paulo: Saraiva, 2003.

> "primeiro número inteiro superior à metade do capital" (LC 123/06, art. 70, *caput*), e vale para todas as matérias, salvo exigência legal superior, como é o caso do art. 1.061 (redação da Lei 14.451, de 21-9-22), ou incompatibilidade, como é o caso da *exclusão extrajudicial de sócio*.

Diz o *caput* do art. 70 da LC 123/06 (Estatuto Nacional da Microempresa e da Empresa de Pequeno Porte): "As microempresas e as empresas de pequeno porte são desobrigadas da realização de reuniões e assembleias em qualquer das situações previstas na legislação civil, as quais serão substituídas por deliberação representativa do primeiro número inteiro superior à metade do capital social". O § 1.º ressalva a possibilidade de o contrato exigir assembleia ou reunião, bem assim os casos de *exclusão extrajudicial de sócio*, como já registramos (Cap. 59, item 2.5 *supra*), e o § 2.º estabelece que, em tais hipóteses, "realizar-se-á reunião ou assembleia de acordo com a legislação civil".

Tratando-se, pois, de ME e de EPP, inverte-se a ordem: o uso do *instrumento deliberatório substitutivo* é regra, e a realização de conclave exceção, salvo disposição contratual diversa.

Assim, considerando que, salvo quando há veto contratual, o modo ou a forma de decidir previsto em lei, como regra, é o *instrumento substitutivo*, não há a exigência do § 3.º do art. 1.072 do CC de que todos devem votar. Basta o *quórum de deliberação*, que passa a ser único, isto é, o "primeiro número inteiro superior à metade do capital", e vale para todas as matérias, salvo exigência legal superior, como é o caso do art. 1.061 (redação da Lei 14.451, de 21-9-22), ou incompatibilidade, como é o caso da *exclusão extrajudicial de sócio*.

6 ASSEMBLEIA GERAL E REUNIÃO DIGITAIS E VOTAÇÃO À DISTÂNCIA

> Tanto a assembleia quanto a reunião da sociedade limitada pluripessoal pode ser realizada de forma digital, e os sócios podem votar à distância (CC, art. 1.080-A e parágrafo único, acrescidos pela Lei 14.030/20).

A Lei 14.030, de 28-7-2020, acresceu ao CC o art. 1.080-A e parágrafo único, os quais dizem: "*Art. 1.080-A*. O sócio poderá participar e votar a distância em reunião ou em assembleia, nos termos do regulamento do órgão competente do Poder Executivo federal. *Parágrafo único.* A reunião ou a assembleia poderá ser realizada de forma digital, respeitados os direitos legalmente previstos de participação e de manifestação dos sócios e os demais requisitos regulamentares." Dita Lei fez o mesmo em relação à sociedade anônima, e a Lei 13.382, de 27-6-2022, acresceu o art. 48-A ao CC, estendendo as assembleias por meio eletrônico a todas as pessoas jurídicas de direito privado.

7 QUESTÃO DA PUBLICAÇÃO ELETRÔNICA

> A LC 182, de 1.º-6-2021, modificou a Lei das S/As, prevendo o art. 294, III, que a companhia de capital fechado, que tiver receita bruta anual de até R$ 78.000.000,00, pode "realizar as publicações ordenadas por esta Lei de forma eletrônica, em exceção ao disposto no art. 289", e o § 5.º delegou competência ao Ministério da Economia para disciplina-la, o que ocorreu por meio da Portaria n.º 12.071, de 7-10-2021. A questão que surge diz respeito à possibilidade de a *publicação eletrônica* ser adotada também na sociedade limitada pluripessoal, inclusive à assembleia e à reunião. Entendemos que é possível, pois, na prática, a *publicação eletrônica* nada mais é do que uma decorrência da assembleia e reunião digitais e da votação à distância (CC, art. 1.080-A, acrescido pela Lei 14.030/20), desde que: *(a)* haja previsão contratual; *(b)* seja cumprida Portaria n.º 12.071, de 7-10-2021, do Ministério da Economia; *(c)* a receita bruta anual não ultrapasse R$ 78.000.000,00; e *(d)* a publicação ocorra pelo menos oito dias antes da realização do conclave. Soma-se a isso o fato de que a *publicação eletrônica* não só não é incompatível, como é possível o contrato "prever a regência supletiva da sociedade limitada pelas normas da sociedade anônima" (CC, art. 1.053, parágrafo único; Cap. 53 *supra*).

A LC 182, de 1.º-6-2021, instituiu o marco legal das *startups* e do empreendedorismo inovador, e também modificou a Lei das S/As, prevendo o art. 294, III, que a companhia de capital fechado, que tiver receita bruta anual de até R$ 78.000.000,00, pode "realizar as publicações ordenadas por esta Lei de forma eletrônica, em exceção ao disposto no art. 289", e o § 5.º delegou ao Ministro de Estado da Economia, mediante Ato, a disciplina do "disposto neste artigo".

O *caput* do mencionado art. 289 dispõe que as publicações "ordenadas pela presente Lei serão feitas no órgão oficial da União ou do Estado, conforme o lugar em que esteja situada a sede da companhia, e outro jornal de grande circulação editado na localidade em que está situada a sede da companhia".

Por sua vez, a Portaria n.º 12.071, de 7-10-2021, do Ministério da Economia, no exercício da competência delegada, disciplinou a *publicação eletrônica*, dizendo: "*Art. 1.º* – A publicação eletrônica dos atos de companhias fechadas, com receita bruta anual de até R$ 78.000.000,00 (...), nos termos do disposto no art. 294 da Lei n.º 6.404, de 15 de dezembro de 1976, e a divulgação de suas informações, ordenadas pela referida Lei, serão feitas na *Central de Balanços do Sistema Público de Escrituração Digital – SPED*, (...). *§ 1.º* – A publicação e a divulgação de que trata o *caput* contarão com assinatura eletrônica que utiliza certificado digital, nos termos do disposto na Lei n.º 14.063, de 23 de setembro de 2020. *§ 2.º* – As companhias fechadas, sem prejuízo do disposto no *caput*, disponibilizarão as publicações e divulgações ordenadas pela Lei n.º 6.404, de 1976, em seu sítio eletrônico, observada a exigência de que trata o § 1.º. *§ 3.º* – O SPED permitirá a emissão de documentos que comprovem a autenticidade, a inalterabilidade e a data de publicação dos atos de que trata o *caput*."

Essa inovação está conforme as tendências da atualidade, sem falar na vantagem de evitar despesas com publicações nas imprensas oficial e privada.

A questão que surge diz respeito à possibilidade de a *publicação eletrônica* ser adotada também na sociedade limitada pluripessoal, inclusive à assembleia e à reunião, tendo em conta que a previsão é dirigida à anônima de capital fechado, com receita bruta anual de até R$ 78.000.000,00.

Entendemos que é possível, pois, na prática, a *publicação eletrônica* nada mais é do que uma decorrência da assembleia e reunião digitais e da votação à distância, previstas no art. 1.080-A do CC, acrescido pela Lei 14.030/20 (item 6 *supra*), desde que: *(a)* haja previsão contratual; *(b)* haja cumprimento da Portaria n.º 12.071, de 7-10-2021, do Ministério da Economia; *(c)* a receita bruta anual não ultrapasse R$ 78.000.000,00; e *(d)* a publicação ocorra pelo menos oito dias antes da realização do conclave (item 8 *infra*).

Soma-se a isso o fato de que a *publicação eletrônica* não só não é incompatível, como é possível o contrato "prever a regência supletiva da sociedade limitada pelas normas da sociedade anônima" (CC, art. 1.053, parágrafo único), tema já desenvolvido (Cap. 53 *supra*).

8 PUBLICAÇÕES/INSERÇÕES E PRAZO DAS PRIMEIRA E SEGUNDA CONVOCAÇÕES – OBSCURIDADE DO § 3.º DO ART. 1.152 DO CC

> O fato de não haver consenso entre autores renomados informa haver obscuridade no § 3.º do art. 1.152 do CC. Dando-se ao texto a merecida atenção, tem-se que: *(a)* quanto ao *número de publicações/inserções*, o anúncio deve ser publicado "três vezes, ao menos", distribuídas entre órgão oficial e jornal de grande circulação local (art. 1.152, § 1.º); *(b)* quanto à *primeira convocação*, entre a data da primeira publicação/inserção e a da assembleia deve existir o "mínimo de oito dias"; e *(c)* o § 3.º diz "e de cinco dias, para as posteriores", e não "e de cinco dias, para a segunda convocação". Assim, conclui-se que: *(a)* em *primeira convocação*, a primeira inserção/publicação deve ocorrer pelo menos oito dias antes da assembleia, e as demais inserções/publicações, do total de três, distribuídas entre órgão oficial e jornal de grande circulação local, pelo menos cinco dias antes; e *(b)* em *segunda convocação*, republica-se o anúncio tal como na primeira, caso não tenha sido adotado o *princípio da eventualidade*.

Conforme o *caput* do art. 1.152 do CC: "Cabe ao órgão incumbido do registro verificar a regularidade das publicações determinadas em lei, de acordo com o disposto nos parágrafos deste artigo". Diz o § 1.º: "Salvo exceção expressa, as publicações ordenadas neste Livro serão feitas no órgão oficial da União ou do Estado, conforme o local da sede do empresário ou da sociedade, e em jornal de grande circulação". E lemos no § 3.º, centro da polêmica: "O anúncio de convocação da assembleia de sócios será publicado por três vezes, ao menos, devendo mediar, entre a data da primeira inserção e a da realização da assembleia, o prazo mínimo de oito dias, para a primeira convocação, e de cinco dias, para as posteriores".

Com efeito, o § 3.º do art. 1.152 provém do *caput* e do § 1.º do art. 124 da Lei 6.404/76 (Lei das S/As), que dizem: "*Art. 124* – A convocação far-se-á mediante anúncio publicado por 3 (três) vezes, no mínimo, além do local, data e hora da assembleia, ordem do dia, e, no caso de reforma do estatuto, indicação da matéria. *§ 1.º* – A primeira convocação da assembleia deverá ser feita com 8 (oito) dias de antecedência, no mínimo, contado o prazo da publicação do primeiro anúncio; não se realizando a assembleia, será publicado novo anúncio, de segunda convocação, com antecedência mínima de 5 (cinco) dias."

Esses dispositivos são claros: *(a)* em *primeira convocação*, a primeira publicação/inserção deve ocorrer pelo menos oito dias antes da assembleia; e *(b)* em *segunda convocação*, faz-se "novo anúncio (= nova rodada de publicação), portanto necessariamente em outra data, sendo que a primeira publicação/inserção deve ocorrer pelo menos cinco dias antes.

Já, em termos de clareza, o mesmo não se pode dizer em relação ao § 3.º do art. 1.152 do CC na medida em que excluiu a expressão "novo anúncio", omitiu a referência à segunda convocação, e, após mencionar o prazo de pelo menos cinco dias, incluiu a expressão "para as posteriores".

Fábio Ulhoa Coelho sustenta que, uma vez não alcançado o quórum de instalação, "deve-se proceder à segunda convocação, com três outras publicações de avisos e antecedência de cinco dias".[189] Idem Marlon Tomazette,[190] Modesto Carvalhosa[191] e Maria Helena Diniz, que escreve ser necessária nova convocação "com três outras publicações de avisos e com antecedência de cinco dias".[192]

Em suma: a esses autores, se a assembleia não se instalar/abrir em *primeira convocação*, impõem-se novas três publicações, distribuídas entre órgão oficial e jornal de grande circulação, sendo que a primeira publicação/inserção da segunda convocação deve ocorrer pelo menos cinco dias antes.

Para Sérgio Campinho, são necessárias três publicações no Diário Oficial mais três em jornais de grande circulação local.[193]

Diferentemente, para Rubens Requião, o prazo intermediário para as "convocações posteriores da mesma assembleia" é de cinco dias,[194] e no mesmo sentido Arnoldo Wald, a quem o edital de convocação deve ser publicado três vezes, "sendo a primeira convocação no mínimo 8 (oito) dias antes da assembleia e a última no mínimo 5 (cinco) dias antes da assembleia".[195]

---

[189] COELHO, Fábio Ulhoa. *Manuel de Direito Comercial*, 14.ed., p. 160. São Paulo: Saraiva, 2003. Idem *Curso de Direito Comercial*, 15.ed., vol. II, p. 456, n.º 4.1. São Paulo: Saraiva, 2011.
[190] TOMAZETTE, Marlon. *Direito Societário*, p. 172. São Paulo: Juarez de Oliveira, 2003.
[191] CARVALHOSA, Modesto. *Comentários ao Código Civil*, vol. 13.º, p. 205-6. São Paulo: Saraiva, 2003.
[192] DINIZ, Maria Helena. *Curso de Direito Civil brasileiro – Direito de Empresa*, vol. 8.º, p. 377, item d.8.5. São Paulo: Saraiva, 2008.
[193] CAMPINHO, Sérgio. *O Direito de Empresa*, 4.ed., p. 264, item 7.16.3. Rio de Janeiro: Renovar, 2004.
[194] REQUIÃO, Rubens. *Curso de Direito Comercial*, 28.ed., vol. I, p. 550, n.º 278-A. São Paulo: Saraiva, 2003.
[195] WALD, Arnoldo. *Comentários ao Código Civil*, vol. XIX, p. 778, § 2.268. Rio de Janeiro: Forense, 2005.

Evidente: o fato de não haver consenso entre esses renomados autores informa que a redação do § 3.º do art. 1.152 do CC contém obscuridade.

Mas dando-se ao texto a merecida atenção, tem-se que:

(a) quanto ao *número de publicações/inserções*, o anúncio deve ser publicado "três vezes, ao menos", distribuídas entre órgão oficial e jornal de grande circulação local (art. 1.152, § 1.º), não se afigurando razoável, pois, na sociedade limitada pluripessoal, entender que são necessárias seis publicações: três no órgão oficial mais três em jornal de grande circulação, como por vezes é também defendido na anônima;

(b) quanto à *primeira convocação*, entre a data da primeira publicação/inserção e a da assembleia deve existir o "mínimo de oito dias"; e

(c) o problema surge quando, na sequência, o § 3.º diz "e de cinco dias, para as posteriores", e não "e de cinco dias, para segunda convocação", ou, como diz o § 1.º do art. 124 da Lei das S/As, "será publicado novo anúncio de segunda convocação, com antecedência mínima de 5 (cinco) dias".

Afinal, o adjetivo "posteriores" refere-se a quê?

Forçoso é reconhecer que o prazo mínimo de cinco dias "para as posteriores" só pode se referir às segunda e terceira publicações/inserções da *primeira convocação*, como escrevem Requião e Arnoldo Wald. Para ser viável a tese de que se refere à primeira publicação/inserção da *segunda convocação*, teria, inclusive, que constar no singular "para a posterior", pois não existe a terceira convocação, visto que, em segunda, a assembleia se realiza "com qualquer número" (art. 1.074, *caput*). Constasse no singular, ficaria subentendido "posterior convocação", mas consta no plural, ficando subentendido "posteriores inserções" da primeira convocação.

Noutro giro verbal: para entender que tal prazo se refere à segunda convocação, é preciso admitir que o legislador usou o plural inutilmente, e isso não se presume. *Verba cum effectu sunt accipienda*, diz o velho princípio de hermenêutica. Devem-se compreender as palavras como tendo alguma eficácia. Não se presumem na lei palavras inúteis. Ensina Carlos Maximiliano, citando Sutherland: "As expressões do Direito interpretam-se de modo que não resultem frases sem significação real, vocábulos supérfluos, ociosos, inúteis".[196]

Assim sendo, concluímos que: *(a)* em *primeira convocação*, a primeira inserção/publicação deve ocorrer pelo menos oito dias antes da assembleia,

---

[196] MAXIMILIANO, Carlos. *Hermenêutica e aplicação do Direito*, 9.ed., 2.ª tiragem, p. 250. Rio de Janeiro: Forense, 1981.

e as demais inserções/publicações, do total de três, distribuídas entre órgão oficial e em jornal de grande circulação local, pelo menos cinco dias antes; e *(b)* em *segunda convocação*, republica-se o anúncio tal como na primeira, caso não tenha sido adotado o *princípio da eventualidade* (item 11 *infra*).

9 DISPENSA DE PUBLICAÇÃO TRATANDO-SE DE *ME* E *EPP*

> Tratando-se de Microempresa (ME) e Empresa de Pequeno Porte (EPP), há norma especial dispensando a publicação "de qualquer ato societário" (LC 123/06, art. 71). Porém, cabe lembrar: *(a)* como a lei faculta a dispensa, se houver publicação, na forma prevista, será válida e eficaz; e *(b)* o fato da dispensa da publicação não significa dispensa de cientificação dos sócios por qualquer meio, desde que cumpra a finalidade, como a declaração por escrito (CC, art. 1.072, § 1.º), os meios previstos no contrato ou no próprio CPC, como o envio pelo correio com "aviso de recebimento" (art. 269, § 1.º), e o "meio eletrônico, na forma da lei" (art. 270).

Assim como, tratando-se de microempresa e de empresa de pequeno porte, há norma especial dispensando a assembleia ou reunião, mediante a substituição por instrumento deliberatório (item 5 *supra*), há também dispensando a publicação dos atos societários.

Figura no § 1.º do art. 1.152 do Código Civil que, "Salvo exceção expressa", as publicações são obrigatórias. Pois o art. 71 da LC 123/06 (Estatuto Nacional da ME e da EPP) institui exceção espressa ao dizer: "Os empresários e as sociedades de que trata esta Lei Complementar, nos termos da legislação civil, ficam dispensados da publicação de qualquer ato societário".

Porém, cabe lembrar: *(a)* como a lei faculta a dispensa, se houver publicação, na forma prevista, será válida e eficaz; e *(b)* o fato da dispensa da publicação "de qualquer ato societário", o que abrange as publicações dos anúncios de reunião ou assembleia, não significa dispensa de cientificação dos sócios por qualquer modo, desde que cumpra a finalidade, como a declaração por escrito de que está ciente "do local, data, hora e ordem do dia" (CC, art. 1.072, § 1.º), os meios previstos no contrato ou no próprio CPC, como o envio pelo correio com "aviso de recebimento" (art. 269, § 1.º), e o "meio eletrônico, na forma da lei" (art. 270).

10 SESSÕES ORDINÁRIA E EXTRAORDINÁRIA

> As matérias que figuram no *caput* do art. 1.078 são objeto de *sessão ordinária*, pois de tempo em tempo devem ser objeto de *decisão formal*; por exclusão, as que figuram no art. 1.071, mais as que constam na lei ou no contrato, e não constam do *caput* do art. 1.078, são objeto de *sessão extraordinária*. Embora a referência apenas à assembleia, aplica-se também à reunião (CC, art. 1.079), haja vista o *caput* do art. 1.073, que disciplina o poder de iniciativa para convocar, refere ambas. Não constando, seja no art. 1.071, seja no *caput* do art. 1.087, tampouco em outro dispositivo de lei ou do contrato, a matéria, por exclusão, pode ser deliberada por decisão informal ou verbal.

Tratando-se de sociedade de pessoas ou contratual, os sócios acompanham normalmente o quotidiano da empresa. Compareçam à sede, inteiram-se dos negócios, controlam o movimento, opinam, fiscalizam e influenciam nas decisões que são tomadas informalmente.

No entanto, para certas matérias, é imprescindível *decisão formal* em assembleia ou reunião, como são as do art. 1.071 do CC: "Dependem de deliberação dos sócios, além de outras matérias indicadas na lei ou no contrato: *I* – a aprovação dos administradores, quando feita em ato separado; *II* – a designação dos administradores, quando feita em ato separado; *III* – a destituição dos administradores; *IV* – o modo de sua remuneração, quando não estabelecido no contrato; *V* – a modificação do contrato social; *VI* – a incorporação, a fusão e a dissolução da sociedade, ou a cessação do estado de liquidação; *VII* – a nomeação e destituição dos liquidantes e o julgamento das suas contas; *VIII* – o pedido de concordata" (*rectius*, atualmente recuperação judicial ou extrajudicial).

Já o *caput* do art. 1.078 declina as matérias que, periodicamente, devem ser objeto de deliberação: "A assembleia dos sócios deve realizar-se ao menos uma vez por ano, nos quatro meses seguintes ao término do exercício social: *I* – tomar as contas dos administradores e deliberar sobre o balanço patrimonial e o do resultado econômico; *II* – designar administradores, quando for o caso; *III* – tratar de qualquer outro assunto constante da ordem do dia".

Dessarte, as matérias que figuram no *caput* do art. 1.078 são objeto de *sessão ordinária*, pois de tempo em tempo devem ser objeto de *decisão formal*; por exclusão, as que figuram no art. 1.071, mais as que constam na lei ou no contrato, e não constam do *caput* do art. 1.078, são objeto de *sessão extraordinária*.

O art. 1.078 do CC está para a sociedade limitada pluripessoal assim como o art. 132 da Lei 6.404/76 para a anônima: toda matéria que não consta no art. 132 da Lei 6.404/76, mas deve ser objeto de decisão formal; por princípio residual, deve ser deliberada em sessão extraordinária.

Embora a referência apenas à assembleia, aplica-se também à reunião (CC, art. 1.079), haja vista que o *caput* do art. 1.073, que disciplina o poder de iniciativa para convocar, refere ambas (item 12 *infra*).

Por fim, não constando, seja no art. 1.071, seja no *caput* do art. 1.087, tampouco em outro dispositivo de lei ou do contrato, a matéria, por exclusão, pode ser de decisão informal ou verbal.

11 PRINCÍPIO DA EVENTUALIDADE EM RELAÇÃO À ASSEMBLEIA GERAL

> O fato de no § 3.º do art. 1.152 do CC não constar que em *segunda convocação* deve ser publicado novo anúncio, portanto necessariamente em outra data, permite seja adotado o *princípio da eventualidade*. Adota-se a mesma interpretação que vigora para a assembleia preliminar ou de constituição na sociedade anônima (Lei 6.404/76, *caput* dos arts. 8.º e 87). Ainda, o *caput* do art. 1.074 não só não exige a republicação do anúncio para a assembleia em *segunda convocação*, e também não se opõe a que nas publicações conste, desde logo, pelo *princípio da eventualidade*, que, na hipótese de não ser obtido quórum mínimo para a *primeira convocação*, será realizada em *segunda*, ficando desde logo designado novo horário, no mesmo dia ou em outro.

O fato de no § 3.º do art. 1.152 do CC, diferentemente do § 1.º do art. 124 da Lei das S/As, não constar que em *segunda convocação* "será publicado novo anúncio", portanto necessariamente em outra data, permite seja adotado o *princípio da eventualidade*, seja porque não é incompatível, seja porque não há proibição, seja porque já é de aplicação generalizada, seja por questão de economia.

Não é incompatível, porque também na sociedade anônima, relativamente à *assembleia preliminar*, também chamada *assembleia de constituição*, o texto do *caput* do art. 87, que também consta no *caput* do art. 8.º, é igual ao do art. 1.074 do CC, isto é, após referir o quórum mínimo de instalação da *primeira convocação*, acrescenta que, em *segunda*, instala-se "com qualquer número", e Requião, comentando o art. 87, leciona: "Nada impede aqui, ao contrário da assembleia geral e extraordinária, que a segunda convocação suceda, em moras, no mesmo dia, a primeira convocação frustrada, porque a isso não se opõe à lei".[197]

Ainda, o *caput* do art. 1.074 não exige a republicação do anúncio para a assembleia em *segunda convocação*, e também não se opõe a que nas publicações conste, desde logo, pelo princípio da eventualidade, que, na hipótese de não ser obtido quórum mínimo para a *primeira convocação*, será realizada em *segunda*, ficando desde logo designado novo horário, no mesmo dia ou em outro.

O importante é que se aplica o *princípio da eventualidade*, já antigo nas hastas públicas realizadas nas execuções judiciais (CPC/1973, art. 686, VI; CPC/2015, art. 886, V).

12 PODER DE INICIATIVA PARA CONVOCAR

12.1 Sessão ordinária

> Para a *sessão ordinária* (matéria que tem periodicidade), o *poder de iniciativa* para convocar a assembleia ou a reunião é naturalmente da administração ou diretoria, nos quatro meses seguintes ao término do exercício (CC, art. 1.078, *caput*), estendendo-se ao Conselho Fiscal, se houver, quando o atraso da administração for superior a trinta dias (art. 1.073, II, c/c o art. 1.069, V), bem assim a qualquer sócio se houver atraso da administração superior a sessenta dias "nos casos previstos em lei ou no contrato" (art. 1.071, I).

Tratando-se de *sessão ordinária*, quer dizer, matéria que tem periodicidade, o *poder de iniciativa* para convocar a assembleia ou a reunião é na-

---

[197] REQUIÃO, Rubens. *Curso de Direito Comercial*, 25.ed., vol. II, p. 126, n.º 356. São Paulo: Saraiva, 2003.

turalmente da administração ou diretoria, nos quatro meses seguintes ao término do exercício (CC, art. 1.078, *caput*), estendendo-se ao Conselho Fiscal, se houver, quando o atraso da administração for superior a trinta dias (art. 1.073, II, c/c o art. 1.069, V), bem assim a qualquer sócio se houver atraso da administração superior a sessenta dias "nos casos previstos em lei ou no contrato" (art. 1.071, I).

Se a assembleia ou a reunião deve ocorrer nos quatro meses seguintes ao exercício social (art. 1.078, *caput*), o atraso de trinta dias para legitimar o Conselho Fiscal, e de sessenta para o sócio, não é contado do encerramento do exercício, e sim do quadrimestre. Exemplo: se o exercício encerrou-se em 30 de abril, só é possível falar em atraso da administração a partir de 1.º de setembro. Por conseguinte, o Conselho Fiscal, se houver, só estará legitimado a partir do dia 1º de outubro, quando terão decorridos mais de trinta dias de atraso da administração (art. 1.069, V), e o sócio a partir do dia 31, quando terão decorridos mais de sessenta dias de atraso da administração (art. 1.073, I). A matéria, quanto aos prazos, está disciplinada de modo idêntico na sociedade anônima (Lei 6.404/76, arts. 123, parágrafo único, e 132).

12.2 Sessão extraordinária

Tratando-se de *sessão extraordinária*, repete-se o *poder de iniciativa* naturalmente da administração, bem assim do Conselho Fiscal, se houver, "por motivos graves e urgentes" (art. 1.073, II, c/c o art. 1.069, V), e também "por titulares de mais de um quinto do capital, quando não atendido, no prazo de oito dias, pedido de convocação fundamentado, com indicação das matérias a serem tratadas" (art. 1.073, I).

13 ESCOLHA DO PRESIDENTE E DO SECRETÁRIO DA ASSEMBLEIA GERAL OU REUNIÃO

A assembleia geral e a reunião devem ser presididas e secretariadas por sócios escolhidos entre os presentes (CC, art. 1.071, *caput*).

14 QUÓRUM DE INSTALAÇÃO/ABERTURA

14.1 Na assembleia geral

> Consta no *caput* do art. 1.074 do CC que a assembleia geral na sociedade limitada pluripessoal "instala-se com a presença, em primeira convocação, de titulares de no mínimo três quartos do capital social, e, em segunda, com qualquer número. Se, em segunda, instala-se com qualquer número. Significa dizer que não há terceira convocação.

14.2 Na reunião

> Considerando que não envolve direito assegurado por lei tampouco norma legal obrigatória, até porque o *caput* do art. 1.074 do CC refere apenas quórum mínimo para a instalação da assembleia em primeira convocação, nada obsta previsão contratual de que a reunião se instale desde logo, com qualquer número, portanto em convocação única (item 2 *supra*).

15 QUÓRUNS DE DELIBERAÇÃO

> *Primeiro*, quando realizada assembleia ou reunião na sociedade limitada pluripessoal, inclusive digitais e com votação à distância, há os *quóruns especiais de deliberação* (arts. 1.076 e 1.061, este na redação da Lei 14.451, de 21-9-22), e há residualmente o *quórum geral*, previsto no art. 1.010, cujo *caput* estabelece ser a maioria, contada "segundo o valor das quotas de cada um", respeitada a maioria absoluta, assim entendida a que somar "mais da metade do capital" (§ 1.º). O número de sócios vale apenas como critério de desempate (§ 2.º). *Segundo*, quando não realizada assembleia ou reunião, vale dizer, quando utilizado *instrumento deliberatório substitutivo*, há distinguir: *(a)* aplicam-se os mesmos quóruns de deliberação, especiais e geral, conforme a matéria; e *(b)* aplica-se o quórum geral ou único, tratando-se de ME e EPP, quando o contrato não vetar o uso do instrumento substitutivo (LC 123/06, art. 70), impondo-se ressalvar quando a legislação codificada exige-o diferenciado, como é o caso da matéria do art. 1.061.

Primeiro, quando realizada assembleia ou reunião na sociedade limitada pluripessoal, inclusive digitais e com votação à distância, os quóruns de deliberação são os previstos no art. 1.076 do CC, que por sua vez ressalva os quóruns especiais do art. 1.061, pelo qual a designação de "administradores não sócios" (= gerentes), requer a "aprovação da unanimidade dos sócios, enquanto o capital não estiver integralizado, e de 2/3 (dois terços), no mínimo, após a integralização".

Alfim, não havendo exigência de *quórum especial* para deliberar a respeito de determinada matéria, aplica-se o art. 1.010, conforme remissão que lhe faz o *caput* do art. 1.072.

Em síntese: há os *quóruns especiais de deliberação* (arts. 1.076 e 1.061, este na redação da Lei 14.451, de 21-9-22), e há residualmente o *quórum geral*, previsto no art. 1.010, cujo *caput* estabelece ser a maioria, contada "segundo o valor das quotas de cada um", respeitada a maioria absoluta, assim entendida a que somar "mais da metade do capital" (§ 1.º). O número de sócios vale apenas como critério de desempate. Consta no § 2.º: "Prevalece a decisão sufragada por maior número de sócios no caso de empate, e, se este persistir, decidirá o juiz".

Recomenda-se que, havendo novo empate, em vez da judicialização, com os inconvenientes da demora, o contrato eleja critérios sucessivos, desde que sejam objetivos, como a decisão sufragada pelos sócios mais antigos na sociedade, ou mais idosos ou que em idade somam maior número de anos.

Segundo, quando não é realizada assembleia ou reunião (= utilizado *instrumento deliberatório substitutivo*), há distinguir: *(a)* aplicam-se os quóruns de deliberação, especiais e geral, conforme a matéria; e *(b)* aplica-se o quórum geral ou único, tratando-se de ME e EPP (LC 123/06, art. 70), quando o contrato não vetar o uso do instrumento substitutivo, sendo que, em relação ao quórum geral ou único ("primeiro número inteiro superior à metade do capital social"), há ressalvar quando a legislação codificada exige-o diferenciado, como a matéria do art. 1.061 (redação da Lei 14.451/2022).

16 ESCRITURAÇÃO E ARQUIVAMENTO NO REGISTRO EMPRESARIAL

Tanto a assembleia quanto a reunião da sociedade limitada pluripessoal devem ser escrituradas em livro próprio, com arquivamento de cópia no Registro Empresarial e direito de cópia ao sócio que a solicitar (art. 1.075, §§ 1.º, 2.º e 3.º). Na reunião, o uso pode ser dispensado quando, de algum modo, a deliberação ficar documentada, por exemplo, na alteração contratual.

Para relembrar a classificação, *livro de escrituração* é gênero, do qual são espécies os *contábeis*, que registram as operações da empresa, e os *livros de prova*, segundo Fran Martins,[198] ou *livros memoriais*, segundo Fábio Ulhoa,[199] que documentam assembleias, reuniões, presença de sócios etc.

Rubens Requião leciona que na reunião "poderá ser dispensado o livro de registro de atas, fixando-se diretamente o resultado da deliberação em alteração contratual, se for o caso".[200] Não é dispensada a existência do livro. Apenas não precisa ser usado quando a deliberação ficar documentada, como acontece na alteração contratual.

17 DELIBERAÇÃO INFRINGENTE DO CONTRATO OU DA LEI – RESPONSABILIDADE

> O art. 1.080 do CC/02 reproduz o art. 16 do Decreto 3.708. As deliberações infringentes do contrato ou da lei tornam ilimitada a responsabilidade de quem as aprovou. É forma extraordinária de responsabilidade de sócio. Não confundi-la com as que decorrem da *condição de sócio* (Cap. 31 *supra*), da *disregard doctrine* (Décima Parte *supra*) e da dissolução (Cap. 46, item 5 *supra*, e Cap. 49 *supra*). Também não se deve confundi-la com responsabilidade dos administradores (Cap. 32 *supra*).

---

[198] MARTINS, Fran. *Curso de Direito Comercial*, 28.ed., p. 80, item 83. Rio de Janeiro: Forense, 2002.
[199] COELHO, Fábio Ulhoa. *Curso de Direito Comercial*, 13.ed., vol. I, p. 80, item 5. São Paulo: Saraiva, 2009.
[200] REQUIÃO, Rubens. *Curso de Direito Comercial*, 25.ed., vol. I, p. 511, n.º 278-A. São Paulo: Saraiva, 2003.

Capítulo 62
DO CONSELHO DE ADMINISTRAÇÃO – ÓRGÃO SOCIAL DELIBERATIVO FACULTATIVO

1 CONSIDERAÇÃO INICIAL

> Embora não previsto no Código Civil para a sociedade limitada pluripessoal, é possível criar Conselho de Administração por deliberação contratual, inclusive com disciplina das normas de funcionamento e definição da competência, desde que não viole a privativa de outro órgão social. Convém tenha o Conselho um *Regimento Interno*, aprovado pelo órgão soberano (assembleia geral ou reunião).

Vimos que a Assembleia Geral e a Reunião são *órgãos sociais deliberativos obrigatórios* da sociedade limitada pluripessoal, previstos no Código Civil (Cap. 61 *supra*), devendo necessariamente funcionar com Assembleia se tiver mais de dez sócios (CC, art. 1.072, § 1.º); veremos que a Diretoria Executiva ou Administração Executiva é *órgão social obrigatório* previsto no Código (Cap. 63 *infra*); e veremos que o Conselho Fiscal é *órgão social inspecionativo*, previsto no Código, porém de instituição e funcionamento facultativos (Cap. 64 *infra*).

Pois, além dos órgãos sociais previstos em lei, obrigatórios ou facultativos, nada obsta, assim como na sociedade anônima, o contrato da limitada pluripessoal criar outros órgãos, conforme a conveniência dos sócios, por exemplo, quando há elevado número, residentes em locais diversos, distantes e até em outros países. Genericamente, são chamados *órgãos auxiliares da administração*.

Às vezes, esses órgãos, de natureza consultiva ou técnica, são necessários. Para exemplificar, cita-se a *diretoria jurídica* ou *consultoria jurídica*, e a *diretoria contábil*. Seus integrantes sujeitam-se às mesmas regras dos demais administradores (Cap. 63, itens 5 e 11 *infra*).

Ainda assim, os sócios devem ser parcimoniosos, pois geram encargos financeiros à sociedade (item 3.7 *infra*).

No caso do *Conselho de Administração* na limitada pluripessoal, embora não previsto no Código Civil, é possível criá-lo por deliberação contratual, inclusive com disciplina das normas de funcionamento e definição da competência, desde que não viole a privativa de outro órgão social.

Nelson Eizirik, em comentário ao art. 142 da Lei 6.404/76 (Lei das S/As), escreve que "é importante que o conselho de administração elabore um regimento interno que fixe claramente as suas responsabilidades, atribuições, processo decisório, bem como medidas a serem tomadas em situações de conflitos de interesses por parte dos conselheiros",[201] obviamente aprovado pelo órgão soberano (assembleia geral ou reunião).

2 PREVISÃO NO *MANUAL DE REGISTRO DA SOCIEDADE LIMITADA*

> Consta no *Manual de Registro da Sociedade Limitada*, do DREI, ser facultada a criação de *Conselho de Administração*. Em síntese: *(a)* quando o Conselho é instituído, o contrato pode estabelecer as normas de regência; e *(b)* quando o Conselho é instituído, mas o contrato não estabelecê-las, será regido pelas da Lei das S/As, haja previsão contratual, ou não, de que a sociedade é regida supletivamente pela referida Lei (Instrução Normativa n.º 81/2020, Cap. II do *Manual*, item 4.5.3).

Consta no *Manual de Registro da Sociedade Limitada*, aprovado pelo Departamento Nacional de Registro Empresarial e Integração – DREI, ser "facultada a criação de Conselho de Administração na sociedade limitada, aplicando-se, por analogia, as regras previstas na Lei n.º 6.404, de 15 de dezembro de 1976. Quando adotado Conselho de Administração, o administrador poderá ser estrangeiro ou residente no exterior, devendo, contudo, apresentar procuração outorgando poderes específicos a residente no Brasil para receber citação judicial em seu nome (art. 146, § 2.º, da Lei n.º 6.404, de 1976)." E acrescenta que, uma vez criado o Conselho "na sociedade limitada, não regida supletivamente pela Lei de Sociedade por Ações (art. 1.053, parágrafo único, do Código Civil) e caso não haja regramento específico sobre o órgão no contrato, são aplicadas, por analogia, as nor-

---

[201] EIZIRIK, Nelson. *A Lei das S/A comentada*, vol. II, p. 290. São Paulo: Quartier Latin, 2011.

mas da sociedade anônima" (Instrução Normativa n.º 81/2020, Cap. II do *Manual*, item 4.5.3).

Em síntese: *(a)* quando o Conselho é instituído, o contrato pode estabelecer as normas de regência; e *(b)* quando o Conselho é instituído, mas o contrato não estabelecê-las, será regido pelas da Lei das S/As, haja previsão contratual, ou não, de que a sociedade é regida supletivamente pela referida Lei.

3 CARACTERÍSTICAS DO CONSELHO DE ADMINISTRAÇÃO

Considerando que o Conselho de Administração na sociedade limitada pluripessoal sempre terá, no que lhe for aplicável, o modelo adotado na anônima, alinhamos os itens básicos que vigoram nesta.

3.1 Natureza e função

Na S/A, o Conselho de Administração "é órgão de deliberação colegiada" (Lei 6.404/76, art. 138, § 1.º), portanto de *função deliberativa*. Assim também, se e quando, na sociedade limitada pluripessoal.

3.2 Órgão facultativo, salvo previsão diversa

Na S/A, como regra, o Conselho de Administração é órgão facultativo, porém "As companhias abertas e as de capital autorizado terão, obrigatoriamente, Conselho de Administração" (Lei 6.404/76, art. 138, § 2.º). Enfim, a lei diz quando ele é obrigatório. Esse item não se aplica à sociedade limitada.

3.3 Número de componentes e condição de sócio

Na S/A, apenas acionista pode integrar o Conselho de Administração, e o mínimo é de três, podendo o estatuto fixar o número, respeitado o mínimo legal, e o máximo de componentes, caso em que deve a assembleia geral definir com quantos ele funcionará. O Estatuto pode prever a participação

> de representante dos empregados (Lei 6.404/76, arts. 140 e 146). Assim também, se e quando, na sociedade limitada pluripessoal. É incompatível o Conselho de Administração ser integrado por quem não é sócio, visto que permite a terceiro imiscuir-se em assuntos e deliberações *interna corporis* da sociedade.

O *Manual de Registro da Sociedade Limitada*, aprovado pelo Departamento Nacional de Registro Empresarial e Integração – DREI, menciona, quanto à remuneração dos Conselheiros, que ela pode não existir, sejam eles "sócios ou não" (Instrução Normativa n.º 88, de 23-12-2022, item 4.5.4).

Quanto a não ser sócio, vai de encontro ao que diz o *caput* do art. 146 da Lei 6.404/76, no qual consta "devendo os membros do conselho de administração ser acionistas".

É incompatível o Conselho de Administração ser integrado por quem não é sócio, visto que permite a terceiro imiscuir-se em assuntos e deliberações *interna corporis* da sociedade.

Como os conselheiros devem integrar o quadro social, e o mínimo do Conselho é de três, a sua criação fica inviabilizada quando existem apenas dois sócios.

3.4 Pessoa natural, eleição e período do mandato

> Na S/A, tão só pessoa natural pode integrar o Conselho de Administração (Lei 6.404/76, art. 146, *caput*); a eleição compete à assembleia geral (art. 122, II), bem assim destituí-los sem precisar de justificativa (demissão *ad nutum*), individual ou coletivamente, salvo eleição por *voto múltiplo*, caso em que a de um atinge todos (art. 141, § 3.º). O *período do mandato* não pode ser superior a três anos e é permitida a reeleição (art. 140, III). Assim também, se e quando, na sociedade limitada pluripessoal.

3.5 Eleição pelo sistema de voto múltiplo

> Na S/A, a eleição dos membros do Conselho de Administração pelo sistema de voto múltiplo, cada ação vale tantos votos quantos forem os cargos

> que devem ser preenchidos (Lei 6.404/76, art. 141, *caput* e §§ 1.º a 3.º). Isso objetiva assegurar o *direito das minorias*, o qual protege os acionistas que não pertencem ao grupo de controle da companhia. Assim também, se e quando, na sociedade limitada pluripessoal, desde que todas as quotas sejam de *valor igual*, assim como na anônima todas as ações têm o mesmo *valor nominal*, isto é, incorporam igual fração do capital social, sob pena de desequilibrar o peso do voto, pois cada uma vale um.

Quanto à eleição por *voto múltiplo* na S/A, consiste na possibilidade de, até 48h antes da Assembleia Geral dos Acionistas, no mínimo 1/10 do *capital social votante* requerer para cada ação tantos votos quantos sejam as vagas de conselheiros, podendo o acionista concentrar os votos num ou em alguns candidatos (Lei 6.404/76, art. 141, *caput* e §§ 1.º a 3.º). O *voto múltiplo* é uma dimensão do *direito das minorias* na S/A.[202] O objetivo é proteger os acionistas que não pertencem aos grupos de controle da companhia.

Processando-se a eleição pelo *sistema de voto múltiplo*, todos multiplicam os votos em tantos quantos forem os cargos que devem ser preenchidos. Exemplo: alguém tem mil ações e existem cinco vagas. O acionista fica automaticamente com cinco mil votos, os quais distribui como quiser, num ou mais candidatos. E assim todos os demais.

Ora, isso não garante a eleição de conselheiro, conforme elucidativos exemplos citados por Requião[203] e por Ulhoa.[204] Para o bloco minoritário conseguir eleger um conselheiro é imprescindível o candidato conseguir o número de votos necessários para a eleição de cada membro do Conselho.

Diz § 7.º do art. 141 que, havendo eleição de conselheiro pelo sistema de voto múltiplo, o acionista ou grupo de acionistas que tenham "mais de 50% (...) das ações com direito a voto" tem assegurado o direito de eleger igual número de conselheiros eleito pelos demais, "mais um", mesmo que ultrapasse o número de conselheiros previsto no estatuto para o Conselho de Administração. É a forma de garantir a prevalência da vontade de maio-

---

[202] REQUIÃO, Rubens. *Curso de Direito Comercial*, 23.ed, vol. II, p. 195, n.º 400. São Paulo: Saraiva, 2003.
[203] REQUIÃO, Rubens. *Curso de Direito Comercial*, 23.ed, vol. II, p. 196, item 400. São Paulo: Saraiva, 2003.
[204] COELHO, Fábio Ulhoa. *Curso de Direito Comercial*, 5.ed., vol. II, p. 218, item 3.2. São Paulo: Saraiva, 2002.

ria acionária. De outro modo, haveria risco de haver inversão. E aí não teríamos direito da minoria, mas ditadura.

Voto múltiplo é diferente de *voto plural*. Este significa conceder vários votos a cada ação de determinada classe. Isso é vedado (art. 110, § 2.º).

Entendemos que o *sistema de voto múltiplo* na eleição do Conselho de Administração é aplicável à sociedade limitada, desde que todas as quotas sejam de *valor igual* (Cap. 55, item 2.3 *supra*), assim como na anônima todas as ações têm o mesmo *valor nominal*, isto é, incorporam igual fração do capital social, sob pena de desequilibrar o peso do voto, pois cada uma vale um.

3.6 Matérias de competência originária e outras

> Na S/A, as matérias de *competência originária* do Conselho de Administração estão arroladas no art. 142 da Lei 6.404/76. Como o rol não é exaustivo, outras competências podem lhe ser atribuídas pela Assembleia Geral ou pelo estatuto, desde que não sejam matérias de competência privativa de outro órgão social. Exemplo, as do art. 122, privativas da Assembleia, não podem ser delegadas. O parágrafo único excepciona, em caso de urgência, a confissão de falência e o pedido de recuperação judicial. Assim também, se e quando, na sociedade limitada pluripessoal.

Na S/A, as matérias de *competência originária* do Conselho de Administração estão arroladas no art. 142 da Lei 6.404/76: "Compete ao conselho de administração: *I* – fixar a orientação geral dos negócios da companhia; *II* – eleger e destituir os diretores da companhia e fixar-lhes as atribuições, observado o que a respeito dispuser o estatuto; *III* – fiscalizar a gestão dos diretores, examinar, a qualquer tempo, os livros e papéis da companhia, solicitar informações sobre contratos celebrados ou em via de celebração, e quaisquer outros atos; *IV* – convocar a assembleia geral quando julgar conveniente, ou no caso do art. 132; *V* – manifestar-se sobre o relatório da administração e as contas da diretoria; *VI* – manifestar-se previamente sobre atos ou contratos, quando o estatuto assim o exigir; *VII* – deliberar, quando autorizado pelo estatuto, sobre a emissão de ações ou de bônus de subscrição; *VIII* – autorizar, se o estatuto não dispuser em contrário, a alienação de bens do ativo permanente, a constituição de ônus reais e a prestação de garantias a obrigações de terceiros; *IX* – escolher e destituir os auditores independentes, se houver".

Nelson Eizirik escreve que o elenco das competências "não é exaustivo (...). Há outras atribuições estabelecidas esparsamente na Lei das S.As, que constituem competência do conselho (...). Existem ainda outras que lhe podem ser atribuídas pelo estatuto, desde que não constituam competência privativa de outro órgão."[205] E Requião: "O conselho de administração, órgão de deliberação, na verdade é intermediário entre a assembleia geral e a diretoria. Muitas funções da antiga concepção de poderes da assembleia geral (...) foram pela teoria moderna transferidos para o conselho de administração (...). Daí a competência ampla do conselho de administração."[206]

3.7 Remuneração dos conselheiros

Consta no *Manual de Registro da Sociedade Limitada*, do DREI, que o *Conselho de Administração* pode ser integrado por não sócio e que não há previsão de pró-labore aos conselheiros (Instrução Normativa n.º 81/2020, Cap. II do *Manual*, item 4.5.4, acrescido pela Normativa n.º 88, de 23-12-2022). No entanto: *(a)* se o modelo é o da anônima, nesta o conselheiro deve ser acionista (Lei 6.404/76, art. 146, *caput*); *(b)* se o modelo é o da anônima, nesta há previsão de que a assembleia geral fixar "o montante global ou individual da remuneração dos administradores" (art. 152); e *(c)* o trabalho do conselheiro administrativo na sociedade limitada não é diferente do realizado por igual cargo na anônima; logo, faz jus a ser remunerado, inclusive porque, pela CF, não só não se presume o *trabalho gratuito*, como o princípio é o da *valorização do trabalho* (arts. 1.º, IV, e 170, *caput*).

Consta no *Manual de Registro da Sociedade Limitada*, aprovado pelo Departamento de Registro Empresarial e Integração – DREI, quanto ao "Pró-labore dos administradores" (= remuneração pelo trabalho): "Não há obrigação legal de pagamento de pró-labore aos administradores de sociedade limitada, sendo eles sócios ou não. É lícito que o sócio que também seja administrador participe dos lucros da sociedade, inclusive na forma de

---

[205] EIZIRIK, Nelson. *A Lei das S/A comentada*, vol. II, p. 289. São Paulo: Quartier Latin, 2011.
[206] REQUIÃO, Rubens. *Curso de Direito Comercial*, 23.ed, vol. II, p. 197, item 401. São Paulo: Saraiva, 2003.

dividendos, sem que receba pró-labore" (Instrução Normativa n.º 81/2020, Cap. II do *Manual*, item 4.5.4, acrescido pela Normativa n.º 88, de 23-12-2022).

Primeiro, no que se refere à possibilidade de não sócio integrar o Conselho de Administração na sociedade limitada pluripessoal, se o modelo é o da anônima, lembremos que nesta o conselheiro deve ser acionista (Lei 6.404/76, art. 146, *caput*).

Segundo, no que se refere à inexistência de previsão legal de pagamento de pró-labore aos integrantes do Conselho, se o modelo é o da anônima, lembremos que nesta há previsão de que a assembleia geral fixar "o montante global ou individual da remuneração dos administradores" (art. 152). É oportuno registrar que os membros do Conselho integram a administração da companhia (art. 138).

Terceiro, o trabalho do conselheiro administrativo na sociedade limitada não é diferente do realizado por igual cargo na anônima. Não tem natureza altruística nem religiosa; logo, faz jus a ser remunerado, inclusive porque, pela Constituição Federal, não só não se presume o *trabalho gratuito*, como o princípio é o da *valorização do trabalho* (CF, arts. 1.º, IV, e 170, *caput*).

Dessarte, considerando que o Conselho de Administração gera encargos financeiros à sociedade, convém, assim como em relação ao Conselho Fiscal (Cap. 64, item 10 *infra*), que os sócios fiquem atentos para as despesas decorrentes.

Capítulo 63
DA ADMINISTRAÇÃO OU DIRETORIA – ÓRGÃO SOCIAL EXECUTIVO OBRIGATÓRIO

1 CONSIDERAÇÃO INICIAL

Vigora a *teoria da presentação*, ou *organicista* ou *do órgão*, e não a *teoria da representação* ou *contratualista*. O administrador, no exercício da administração, não representa a pessoa jurídica. Ele é a própria pessoa jurídica emitindo a vontade. É a mesma teoria que vigora em diversas outras situações. Por exemplo, o Juiz *presenta* o Poder Judiciário: ele é o próprio Judiciário agindo, assim como o Promotor de Justiça em relação ao Ministério Público, os chefes de Poder etc. Já em relação ao Advogado, vigora a *teoria da representação* ou *contratualista*: com base no contrato de mandato, ele *representa* o cliente.

A *teoria da presentação*, ou *teria organicista*, ou *teoria do órgão* é defendida por Pontes de Miranda.[207] Escreve que aplicar a *teoria da representação* ou *contratualista*, no caso dos administradores, dispensaria à pessoa jurídica inclusive tratamento igual ao do incapaz, repercutindo até mesmo na prescrição.

2 DENOMINAÇÃO DO ÓRGÃO SOCIAL

Os arts. 1.060-5 do CC usam os substantivos *administrador* e *administração*, o art. 1.069, V, usa *diretoria*, e o art. 46, II, usa *diretores*. Portanto, o órgão social obrigatório de natureza executiva da sociedade limitada pluripessoal tanto pode denominar-se *administração* quanto *diretoria*.

---

[207] MIRANDA, Pontes. *Tratado de Direito Privado*, 4.ed., vol. I, p. 412, § 97. São Paulo: RT, 1983.

3 DENOMINAÇÕES E ESPÉCIES DE ADMINISTRADORES

3.1 Sócio-administrador, sócio-diretor ou simplesmente diretor

> Quando integra o quadro social, denomina-se *sócio-administrador, sócio--diretor* ou simplesmente *diretor* (CC, arts. 1.060-5, art. 1.069, V, e art. 46, II).

No regime do Decreto 3.708/1919, denominava-se *gerente*, necessariamente um sócio (art. 3.º, § 2.º); logo, também era denominado *sócio-gerente*. No regime do CC/02, se a denominação do órgão social executivo é administração ou diretoria, o sócio que também participa da administração denomina-se *sócio-administrador*, ou *sócio-diretor*, ou simplesmente *diretor*.

3.2 Gerente (administrador não sócio)

> Gerente é o administrador não sócio, empregado que cumula *poder de presentação*, preposto permanente no exercício da empresa na sede, na filial, na sucursal ou na agência (art. 1.172). Desde o CC/02, não mais existe a figura do sócio-gerente. Se é sócio, não é gerente, mas sócio-administrador, e se é gerente não é sócio. As Súmulas 430 e 435 do STJ ainda referem sócio-gerente. Deve-se entender sócio-administrador.

Na redação original, o art. 1.061 do CC exigia autorização contratual para a designação de administrador não sócio, o que foi dispensado na redação que lhe deu a Lei 12.375, de 30-12-10. À sua vez, a da Lei 14.451, de 21-9-22, modificou o quórum necessário, passando a ser de "no mínimo, 2/3 (dois terços) dos sócios, enquanto o capital não estiver integralizado, e da aprovação de titulares de quotas correspondentes a mais da metade do capital social, após a integralização".

Nos institutos complementares, diz o art. 1.172: "Considera-se gerente o preposto permanente no exercício da empresa, na sede desta, ou em sucursal, filial ou agência".

É a figura do gerente, denominação privativa do administrador não sócio.

Para bem compreender a figura do gerente, é oportuno lembrar alguns conceitos.

Preposto significa aquele que está posto antes ou posto adiante, ou à testa; pessoa ou empregado que, além de ser locador de serviços, está investido de *poder de presentação* de seu chefe ou patrão, praticando atos sob direção ou autoridade do preponente ou empregador. Assim, o *preposto* distingue-se do empregado comum (= apenas locador de serviços), porque tem *poder de presentação* do empregador (= locatário de serviços). Distingue-se do comissário, porque este recebe os poderes específicos para executar um negócio, sem ser empregado, e distingue-se também do mandatário comum, porque este recebe os poderes específicos de um mandato, sem ser empregado.

Como o Código define o termo *gerente* como sendo um *preposto*, este é um empregado *com* poderes de presentação, os quais, salvo restrições expressas, são os gerais da administração, conforme a *natureza do estabelecimento*: *(a)* matriz (= centro de governo, de tomada de decisões); *(b)* sede (= local das principais instalações para o exercício da atividade); e *(c)* derivados, ditos filial (sem autonomia alguma), sucursal (tem alguma autonomia) e agência (designação adequada para estabelecimentos derivados de instituições financeiras), conforme ensinamentos de Rubens Requião, invocando Waldemar Ferreira.[208]

Enfim, gerente é o administrador não sócio, empregado que cumula *poder de presentação*, preposto permanente no exercício da empresa (art. 1.172). Desde o CC/02 não mais existe a figura do sócio-gerente. Se é sócio, não é gerente, mas sócio-administrador, e se é gerente não é sócio. As Súmulas 430 e 435 do STJ ainda referem sócio-gerente. Deve-se entender sócio-administrador.

4 PODERES DO GERENTE – COMUNS E ESPECIAIS

4.1 Comuns ou *intra vires* (dentro das forças)

> Quanto aos poderes comuns ou *intra vires* (dentro das forças), a restrição e quando a lei exige poderes especiais, o gerente fica automaticamente investido de todos os de gestão (CC, art. 1.173). Equivalem aos poderes da cláusula *ad judicia* ao advogado.

---

[208] REQUIÃO, Rubens. *Curso de Direito Comercial*, 25.ed., vol. I, p. 276-7, item 159. São Paulo: Saraiva, 2003.

Relativamente aos poderes comuns ou *intra vires* (dentro das forças), diz o *caput* do art. 1.173 do CC: "Quando a lei não exigir poderes especiais, considera-se o gerente autorizado a praticar todos os atos necessários ao exercício dos poderes que lhe foram outorgados".

O texto é claro. Salvo restrição e quando a lei exige poderes especiais, o gerente fica automaticamente investido de todos os de gestão. Equivalem aos do *mandato em termos gerais* (CC/1916, art. 1.295; CC/2002, art. 661) e aos da cláusula *ad judicia* para o advogado. São também chamados *poderes de gestão* porque envolvem os atos normais de administração. Por exemplo, fazer as operações relativas ao objeto social, admitir e demitir empregados etc.

4.2 Especiais ou *ultra vires* (além das forças)

> Quanto aos especiais ou *ultra vires* (além das forças), é necessário outorga expressa, pois os poderes desbordam dos normais de administração. Equivalem aos poderes especiais do mandato (CC, art. 661, §§ 1.º e 2.º), e aos especiais para o advogado, como transigir, realizar acordo, receber e dar quitação etc. (CPC, art. 105, *caput*).

Relativamente aos poderes especiais ou *ultra vires* (além das forças), é necessário outorga expressa, pois desbordam dos normais de administração. Trata-se de princípio geral. Di-lo o mesmo o art. 1.173 do CC ao mencionar que o gerente pode praticar todos os atos, mas – ressalva – "quando a lei não exigir poderes especiais". Equivale aos poderes especiais do mandato (CC, art. 661, §§ 1.º e 2.º) e aos especiais para o advogado, como transigir, desistir, receber e dar quitação etc. (CPC, art. 105, *caput*).

4.3 Mais de um gerente no mesmo estabelecimento

> Pelo art. 1.173, parágrafo único, do CC, havendo mais de um gerente no mesmo estabelecimento, a responsabilidade sempre será solidária: *(a)* no modelo conjuntivo (poderes gerais e exercício coletivo, isto é, todos devem assinar todos os documentos), que vigora no silêncio do ato de nomeação, a solidariedade ocorre porque todos assinam; e *(b)* no modelo disjuntivo (poderes gerais e exercício individual, isto é, cada qual age autonomamente), que vigora quando o ato de nomeação o estabelece, a solidariedade ocorre por força de lei.

Diz o parágrafo único do art. 1.173: "Na falta de estipulação diversa, consideram-se solidários os poderes conferidos a dois ou mais gerentes".

Para bem compreendê-lo, reportamo-nos às formas básicas de administração, conforme o art. 1.013 do CC: conjuntiva, disjuntiva e fracionada (item 10 *infra*).

No caso do parágrafo único do art. 1.173, havendo silêncio no ato de nomeação, prevalece a regra da *solidariedade de poderes*, quer dizer, os gerentes atuam de forma disjuntiva (cada qual dispõe de poderes gerais e atua de forma autônoma),[209] solidariedade essa que se estende à responsabilidade, quer dizer, "todos serão solidariamente responsáveis perante o preponente ou o terceiro pelos atos culposos ou dolosos, conforme o caso (art. 1.177, parágrafo único), praticados por qualquer deles. Mas é claro que, uma vez apurada a culpa ou o dolo de determinado gerente pelo dano provocado ao preponente ou ao terceiro, ficará ele obrigado a ressarcir os demais em regresso."[210]

4.4 Especificidades quanto aos atos relativos à atividade da empresa

> Em relação aos atos praticados pelo gerente dentro do estabelecimento e relativos à atividade empresarial, admite-se *nomeação verbal*; e, em relação aos praticados fora dele, deve apresentar certidão ou cópia autenticada, quer dizer, só se admite *nomeação por escrito* (CC, art. 1.178, *caput* e parágrafo único).

Diz o art. 1.178 do CC que os atos praticados pelos prepostos vinculam o preponente quando praticados no estabelecimento e relativos à atividade da empresa, "ainda que não autorizados por escrito". E complementa o parágrafo único dizendo que, em relação aos praticados fora do estabelecimento, vinculam o preponente "nos limites dos poderes conferidos por escrito, cujo instrumento pode ser suprido pela certidão ou cópia autenticada do seu teor".

No que se refere à *nomeação verbal*, admitida no *caput* do art. 1.178 do CC, aos atos praticados dentro do estabelecimento, desde que relativos

---

[209] WALD, Arnoldo. *Comentários ao Novo Código Civil*, 1.ed., vol. XIV, p. 814, n.º 2.399. Rio de Janeiro: Forense, 2005.
[210] CARVALHOSA, Modesto. *Comentários ao CC/2002*, vol. XIII, p. 752-3. São Paulo: Saraiva, 2003.

à atividade empresarial, não se aplica ao gerente da SLP, uma vez que, em relação a esta o *caput* do art. 1.060 exige-a "no contrato social ou em ato separado"; e, no que se refere à exigência de *nomeação por escrito*, para os atos praticados fora do estabelecimento, basta o gerente apresentá-la.

4.5 Limitação, modificação e revogação dos poderes de gestão e arquivamento no registro competente

> Pelo *caput* e parágrafo único do art. 1.174 do CC, a *regra* é a de que o gerente, uma vez nomeado, fica desde logo investido dos poderes de gestão (*intra vires*), e são eficazes perante terceiros independentemente de arquivamento e averbação no Registro competente. A *exceção* ocorre quando eles são limitados. Neste caso, para que seja eficaz face a terceiros, é necessário arquivar e averbar no respectivo Registro. O mesmo acontece no que tange à modificação e à revogação. Sem tal providência, ainda assim é possível a eficácia da limitação, modificação ou revogação, mas depende de prova de que o terceiro sabia.

Diz o art. 1.174 do CC: "As limitações contidas na outorga de poderes, para serem opostos a terceiros, dependem do arquivamento e averbação do instrumento no Registro Público de Empresas Mercantis, salvo se provado serem conhecidas da pessoa que tratou com o gerente". E o parágrafo único: "Para o mesmo efeito e com idêntica ressalva, deve a modificação ou revogação do mandato ser arquivada e averbada no Registro Público de Empresas Mercantis".

Primeiro, esses dispositivos não obrigam arquivar e averbar o ato de nomeação de gerente no registro competente, mas apenas facultam que tal ocorra, especialmente nos casos de limitação, modificação e revogação dos poderes de gestão, para fins de eficácia face a terceiros.

Segundo, esses dispositivos nada mais fazem do que prevenir o preponente quanto à exceção da regra.

Com efeito, a *regra* é a de que o gerente, uma vez nomeado, fica desde logo investido dos poderes de gestão (*intra vires*), que são os normais de administração. A *exceção* ocorre quando há limitação de tais poderes, caso em que o *caput* do art. 1.174 estabelece o *princípio da publicidade*.

É oportuno relembrar que às vezes a lei exige atos separados para o cumprimento: *(a)* do *princípio da publicidade*, cujo objetivo é tornar o documento acessível ao público e se opera mediante o arquivamento em Cartório; e *(b)* do *princípio da publicação*, cujo objetivo é estabelecer a presunção de conhecimento de todos (eficácia *erga omnes*) e se opera mediante a divulgação na Imprensa Oficial.

Pois, no caso do gerente, a lei cumula as duas funções ao registro competente. Neste caso, para que a limitação de poderes, modificação ou revogação tenha eficácia contra terceiros é necessário arquivar e averbar no Registro competente. Sem tal providência, ainda assim é possível a eficácia da limitação, modificação ou revogação, mas depende de prova de que o terceiro sabia.

5 IMPEDIMENTOS OU INELEGIBILIDADES DOS ADMINISTRADORES

> O administrador, sócio ou não, está sujeito a impedimentos ou inelegibilidades, seja a sociedade limitada pluripessoal regida supletivamente pelas normas da sociedade simples (CC, art. 1.011, § 1.º), seja pelas da anônima (Lei 6.404/76, art. 147, §§ 1.º e 2.º). Ainda, o art. 974, § 3.º, I, do CC, acrescido pela Lei 12.399/11, impede o sócio incapaz de exercer a administração da sociedade, o que não se confunde com os casos de titular de empresa individual e de sócio único.

No capítulo específico da sociedade limitada pluripessoal, o Código Civil nada prevê a respeito das inelegibilidades e impedimentos para alguém ser administrador.

Não quer dizer, porém, que não existem. Excluí-los seria destoante do sistema, uma vez que a eles estão submetidos os administradores das outras sociedades, inclusive os conselheiros fiscais. Conforme o *caput* e o parágrafo único do art. 1.053, na omissão aplicam-se as normas da *sociedade simples*, ou as da *anônima*, se houver previsão contratual.

Consta no CC, relativamente à *sociedade simples*: "*Art. 1.011* – O administrador da sociedade deverá ter, no exercício de suas funções, o cuidado e a diligência que todo homem ativo e probo costuma empregar na administração de seus próprios negócios. *§ 1.º* – Não podem ser administradores, além das pessoas impedidas por lei especial, os condenados a pena que vede, ainda que temporariamente, o acesso a cargos públicos; ou por crime falimentar, de prevaricação, peita ou suborno, concussão, peculato;

ou contra a economia popular, contra o sistema financeiro nacional, contra as normas de defesa da concorrência, contra as relações de consumo, a fé pública ou a propriedade, enquanto perdurarem os efeitos da condenação. § 2.º – Aplicam-se à atividade dos administradores, no que couber, as disposições concernentes ao mandato."

Relativamente à *sociedade anônima*, o § 1.º do art. 1.011 do CC é repetido pelo § 1.º do art. 147 da Lei 6.404/76, sendo que o § 2.º diz: "São ainda inelegíveis para os cargos da companhia aberta as pessoas declaradas inabilitadas por ato da Comissão de Valores Mobiliários".

Ainda, o art. 974, § 3.º, I, do CC, acrescido pela Lei 12.399/11, impede o sócio incapaz de exercer a administração da sociedade, o que não se confunde com os casos de incapacidade superveniente de titular de empresa individual e de sócio único (Cap. 8, item 2.1 *supra*).

Por fim, é oportuno lembrar:

Prevaricação é o não cumprimento do dever, a que se está obrigado em razão de ofício, cargo ou função; *peita ou suborno* é o acordo ou ajuste ilícito, pelo qual, mediante paga ou promessa de, a outra parte pratica ato em violação aos deveres que lhe são impostos; *concussão* é a extorsão ou exigência abusiva de funcionário público ou autoridade, seja a vantagem para si, seja à Fazenda Pública, neste caso também chamada de excesso de exação; *peculato* é a subtração, consumo ou desvio de valores ou bens móveis da Fazenda Pública (corresponde ao furto quando a propriedade é privada).

6 ADMINISTRAÇÃO POR PESSOA JURÍDICA

6.1 Pessoa jurídica sócia designada no contrato ou em ato separado

O art. 1.060 do CC refere administração por "uma ou mais pessoas designadas no contrato social ou em ato separado". Não há exclusão da pessoa jurídica. Ainda, o legislador tem sido expresso quando a administração deve ser exercida somente por pessoa natural. Em relação ao administrador designado "em ato separado", o art. 1.062 na realidade explicita o *caput* do art. 1.060, que refere somente o gênero *pessoas*. Assim, não se pode compreender o § 2.º do art. 1.062 de forma isolada ou autônoma. Quando ele refere itens da identificação típicos da pessoa natural, há entender que são exigíveis sendo o caso. Por fim, como a lei não exclui, tampouco inclui

> expressamente a pessoa jurídica, vale o princípio geral de que é possível a sua designação como administradora, salvo se o contrato vetar.

A princípio, o *caput* do que o art. 1.052 do CC refere genericamente *sócio*. Não menciona que o sócio deve ser *pessoa natural*. Nada obsta, pois, a participação de *pessoa jurídica*, tal como à época do Decreto 3.708/1919, e atualmente até mesmo na sociedade simples (art. 997, I).

Se à época do citado Decreto o requisito para ser administrador era ser sócio (art. 3.º, § 2.º), e se, por isso, era admitida a administração por pessoa jurídica, tem-se aberto espaço para que na sociedade limitada pluripessoal não seja diferente.

Especificamente no que se refere à administração, dizem o *caput* do art. 1.060 e o parágrafo único do CC: "*Art. 1.060* – A sociedade limitada é administrada por uma ou mais pessoas designadas no contrato social ou em ato separado. *Parágrafo único* – A administração atribuída no contrato a todos os sócios não se estende de pleno direito aos que posteriormente adquiram essa qualidade."

Existem, pois, administrador designado no contrato – também chamado *estatutário* – e em ato separado, e o *caput* do art. 1.060 refere apenas o gênero *pessoas*, do qual são espécies a natural e a jurídica; portanto, aparentemente, não há óbice à administração por esta.

A dúvida surge em relação ao administrador "designado em ato separado" (art. 1.062, *caput*), visto que nos dez dias seguintes ao da investidura (= da posse), ele deve requerer "seja averbada a sua nomeação no registro competente, mencionando o seu nome, nacionalidade, estado civil, residência, com exibição de documento de identidade", o que deixa implícito que deve ser *pessoa natural*.

Modesto Carvalhosa diz que a pessoa jurídica não pode ser administradora por causa do § 2.º do art. 1.060, mas admite que não há veto expresso;[211] Fábio Ulhoa Coelho escreve que a administração pode ser integrada por "uma ou mais pessoas físicas";[212] Sérgio Campinho leciona que o CC/02 "viabilizou a vedação de a pessoa jurídica ser administradora da so-

---

[211] CARVALHOSA, Modesto. *Comentários ao Código Civil*, vol. 13.º, p. 110. São Paulo: Saraiva, 2003.
[212] COELHO, Fábio Ulhoa. *Curso de Direito Comercial*, 15.ed., vol. II, p. 471, n.º 1. São Paulo: Saraiva, 2011.

ciedade";[213] Maria Helena Diniz escreve que "nada impede, segundo alguns autores, que o administrador seja pessoa jurídica, desde que sua designação se dê no contrato social, e haja indicação de pessoa natural como representante, para exteriorizar os atos de gestão";[214] Marlon Tomazette limita-se a dizer que a sociedade pode ser administrada por uma ou mais pessoas;[215] Arnoldo Wald comenta que o Projeto não esclarecia, e por isso houve proposta de emenda para no art. 1.060 fazer constar "pessoas naturais designadas" e não só "pessoas designadas", concluindo, com Sylvio Marcondes, que só pessoa natural pode administrar por causa da remissão que o art. 1.053 faz ao art. 997.[216]

Rubens Requião sustenta que não há restrição alguma a que uma pessoa jurídica seja administradora de sociedade limitada;[217] idem Wilson Gianulo[218] e Arnaldo Rizzardo: "Não há impedimento para o exercício da administração por pessoa jurídica, se integrar à sociedade como sócia, cujos estatutos designarão o representante ou administrador".[219]

Primeiro, embora o *caput* do art. 1.053 diga que nas omissões aplicam-se as normas da sociedade simples, e, pois, o art. 997, cujo inciso VI estabelece que a administração da sociedade é privativa das "pessoas naturais", a verdade é que não se pode dizer que há omissão no art. 1.060. A referência ao gênero *pessoas* foi intencional, a fim de ser admitida também a pessoa jurídica, tal como à época do Decreto 3.708/1919.

Segundo, o legislador tem sido expresso quando a administração deve ser exercida tão somente por pessoa natural. Por exemplo, o art. 997, VI: somente as *pessoas naturais* podem administrar a sociedade simples. Idem a em nome coletivo: só pessoas naturais podem ser sócios, e apenas sócios podem administrá-la (CC, arts. 1.039 e 1.042). Isso vale para as demais que

---

[213] CAMPINHO, Sérgio. *O Direito de Empresa*, 4.ed., p. 243, item 7.13.2. Rio de Janeiro: Renovar, 2004.
[214] DINIZ, Maria Helena. *Curso de Direito Civil brasileiro – Direito de Empresa*, vol. 8.º, p. 377, item d.8.5. São Paulo: Saraiva, 2008.
[215] TOMAZETTE, Marlon. *Direito Societário*, p. 175, n.º 8. São Paulo: Juarez de Oliveira, 2003.
[216] WALD, Arnoldo. *Comentários ao Código Civil*, vol. XIX, p. 411-3, n.º 4.1. Rio de Janeiro: Forense, 2005.
[217] REQUIÃO, Rubens. *Curso de Direito Comercial*, 25.ed., vol. I, p. 446, item 159. São Paulo: Saraiva, 2003.
[218] GIANULO, Vilson. *Código Civil*, vol. II, p. 1277. São Paulo: Jurídica Brasileira, 2003.
[219] RIZZARDO, Arnaldo. *Direito de Empresa*, 2.ed., p. 215, item 16. Rio de Janeiro: Forense, 2012.

não têm normas específicas a respeito da administração, e tal não é o caso da sociedade limitada (arts. 1.060-5). Outro exemplo é o art. 146 da Lei 6.404/76, que rege a anônima: tão só as *pessoas naturais* podem integrar os órgãos de administração (Conselho Administrativo e Diretoria), o mesmo acontecendo com o Conselho Fiscal (art. 162).

Terceiro, a divergência surge na doutrina em relação ao administrador "designado em ato separado" (art. 1.062, *caput*), em razão do que dispõe o § 2.º, pelo qual, tendo em conta os itens da identificação, por exemplo, o *estado civil*, pode-se deduzir que a designação é privativa de *pessoa natural*.

Todavia, na prática esse dispositivo explicita o *caput* do art. 1.060, que refere somente o gênero *pessoas*, portanto não exclui a *pessoa jurídica*. Assim, não se pode compreender o § 2.º do art. 1.062 de forma isolada ou autônoma; e, quanto aos itens da identificação típicos da pessoa natural, há entender que são exigíveis quando for o caso.

Quarto, admite-se a exclusão da pessoa jurídica, mediante cláusula contratual. Consideramos que isso é possível, uma vez que, por um lado, a lei não a exclui, e, por outro, também não a inclui expressamente, o que abre espaço para que haja veto contratual.

6.2 Pessoa natural não sócia (gerente – admissibilidade)

> Como o administrador não sócio é o gerente, que por sua vez é empregado, que por sua vez só pode ser pessoa natural (CLT, art. 3.º; CF, art. 7.º), tem-se que a *pessoa jurídica não sócia* não pode ser designada gerente.

O administrador não sócio é o gerente, que é *preposto permanente* no exercício da empresa, na sede, ou em sucursal, filial ou agência (CC, art. 1.172). Preposto ou instítor (= o que desempenha, o que cumpre) é o empregado que cumula poder de representação (De Plácido e Silva, *Vocabulário jurídico*). Por sua vez, *empregado* é condição privativa da *pessoa natural*, como está expresso no art. 3.º da CLT e conclui-se também pelo art. 7.º da CF; logo, a *pessoa jurídica não sócia* não pode ser designada gerente.

7 DESIGNAÇÃO E DESTITUIÇÃO DOS ADMINISTRADORES

7.1 Administrador sócio – Designação no contrato ou em ato separado

> Quanto à *forma de designação*, a do administrador sócio tanto pode ocorrer no contrato quanto em ato separado (CC, art. 1.060, *caput*). Se no contrato, para destituí-lo depende de alteração, e, se em ato separado, basta revogá-lo, em ambos os casos pelo respectivo quórum: mais da metade do capital social (CC, art. 1.076, II, c/c o art. 1.071, III). Tratando-se de administrador nomeado no contrato, diz o art. 1.063, § 1.º, que o quórum de destituição é superior à metade do capital, "salvo disposição contratual diversa". Esta expressão não autoriza quórum de destituição inferior ao mínimo legal, que é de qualquer fração acima de cinquenta por cento do capital, mesmo quórum que resulta do art. 1.071, III, combinado com o art. 1.076, II, do CC. O contrato pode dizer que o quórum é de no mínimo sessenta por cento. Não pode dizer que é de quarenta, sob pena de ferimento ao art. 1.071, III, c/c o art. 1.076, II, bem assim ao *princípio da simetria* entre a nomeação e a destituição. Há doutrina pela inamovibilidade do administrador quando constar na designação qualidade especial ou técnica imprescindível em termos de administração, formando-se em torno dele a *affectio societatis*, de tal modo que sem ele a sociedade paralisa as atividades ou não tem condições de eficiência mínima.

No que se refere à *forma de designação*, a dos administradores sócios pode ocorrer "no contrato ou em ato separado" (CC, art. 1.060, *caput*); e, se o contrato atribuir a administração a todos os sócios, "não se estende de pleno direito aos que posteriormente adquiram essa qualidade" (parágrafo único).

Consequentemente, acabou a investidura automática de todos os sócios nos poderes de administração em caso de silêncio do contrato, como previa o art. 13 do Decreto 3.708/1919. Rubens Requião é categórico: o contrato "não pode ser omisso a respeito".[220]

No que se refere à *investidura*: *(a)* a do sócio-administrador *designado no contrato*, também chamado *estatutário*, ocorre pela assinatura do instru-

---
[220] REQUIÃO, Rubens. *Curso de Direito Comercial*, 25.ed., vol. I, p. 449, item 275. São Paulo: Saraiva, 2003.

mento societário de constituição ou de alteração; e *(b)* a do sócio-administrador, *designado em ato separado*, ocorre mediante o termo de posse no livro de atas da sociedade, nos trinta dias seguintes à designação, sob pena de ficar sem efeito, e, nos dez subsequentes à posse, deve requerer seja a nomeação averbada no Registro Empresarial (CC, art. 1.062, *caput* e §§ 1.º e 2.º).

No que se refere à *destituição*: *(a)* tratando-se de administrador designado no contrato ou estatutário, depende da respectiva alteração por quórum superior à metade do capital social (CC, art. 1.076, II, c/c o art. 1.071, III), ressalvado o § 1.º do art. 1.063; e *(b)* tratando-se de administrador designado em ato separado, basta revogá-lo pelo quórum da nomeação.

A ressalva prevista no art. 1.063, § 1.º, na redação da Lei 13.972/19, quanto ao "sócio nomeado administrador no contrato" e ao quórum para destituí-lo (= mais da metade do capital social), é no sentido de ser possível dispor de maneira diversa. Porém, a expressão "salvo disposição contratual diversa" não autoriza quórum de destituição inferior ao mínimo legal, que é de qualquer fração acima de cinquenta por cento do capital, mesmo quórum que resulta do art. 1.071, III, combinado com o art. 1.076, II, do CC. Exemplo: o contrato pode dizer que o quórum é de no mínimo sessenta por cento. Não pode dizer que é de quarenta, sob pena de ferimento ao art. 1.071, III, c/c o art. 1.076, II, bem assim ao *princípio da simetria* entre a nomeação e a destituição (item 7.2 *infra*).

Rubens Requião sustenta ser possível a inamovibilidade do administrador quando constar na designação qualidade especial ou técnica imprescindível em termos de administração, formando-se em torno dele a *affectio societatis*, de tal modo que sem ele a sociedade paralisa as atividades ou não tem condições de eficiência mínima, restando-lhe a dissolução.[221]

7.2 Administrador não sócio ou gerente – Designação no contrato ou em ato separado

Para a *designação* de administrador não sócio ou gerente, não mais é preciso previsão contratual e pode ocorrer tanto no contrato (gerente estatutário) quanto em ato separado. O quórum para a designação, antes de o capital

---

[221] REQUIÃO, Rubens. *Curso de Direito Comercial*, 28.ed., vol. I, p. 544, item 275. São Paulo: Saraiva, 2009).

> social ser totalmente integralizado, é de pelo menos dois terços dos sócios, e, depois, é de mais da metade do capital. Para a *destituição*, vigora o princípio da simetria: o quórum para destituir é o mesmo que, no momento da destituição, vigora para designar. A não ser assim, enquanto não houver a total integralização, o gerente fica à mercê da maioria simples do capital, que não foi simpática à designação por dois terços dos sócios. Haverá impasse: uns admitem, e outros demitem, o que é possível, visto que para designar o quórum é *número de sócios*, e para destituir é *volume de capital*.

No que se refere à *designação*, a do administrador não sócio ou gerente (CC, art. 1.172) não mais exige previsão contratual. A exigência, que constava no texto originário do art. 1.061, foi dispensada pela redação que lhe deu a Lei 12.375/10.

No que se refere à *investidura*, vale para o administrador não sócio ou gerente o mesmo procedimento que vigora para o sócio-administrador designado em ato separado, isto é, ocorre mediante o termo de posse no livro de atas da sociedade, nos trinta dias seguintes à designação, sob pena de ficar sem efeito, e, nos dez subsequentes à posse, deve requerer seja a nomeação averbada no Registro Empresarial (CC, art. 1.062, *caput* e §§ 1.º e 2.º).

No que se refere ao *quórum de designação*, o art. 1.061 do CC, na redação da Lei 14.451/22, alterou-o, dizendo que depende "da aprovação de, no mínimo, 2/3 (dois terços) dos sócios, enquanto o capital não estiver integralizado, e da aprovação de titulares de quotas correspondentes a mais da metade do capital social, após a integralização". A nova redação eliminou a locução "no mínimo", que havia para a designação de gerente após totalmente integralizado o capital, sem explicitar se esse "mínimo" era de capital ou de sócios, gerando divergência na doutrina. De um lado, entendendo que se referia a capital, Rubens Requião,[222] Marlon Tomazette[223] e Fábio Ulhoa Coelho;[224] e, de outro

---

[222] REQUIÃO, Rubens. *Curso de Direito Comercial*, 25.ed., vol. I, p. 509, item 278-A. São Paulo: Saraiva, 2003.
[223] TOMAZETTE, Marlon. *Direito Societário*, p. 438. São Paulo: Juarez de Oliveira, 2003.
[224] COELHO, Fábio Ulhoa. *Curso de Direito Comercial*, 5.ed., vol. II, p. 438. São Paulo: Saraiva, 2003.

lado, que se referia a sócios, Modesto Carvalhosa,[225] Maria Helena Diniz[226] e Arnaldo Rizzardo.[227]

No que se refere à *forma da designação*, admite-se que a do administrador não sócio ou gerente, assim como a do sócio-administrador, pode ocorrer em ato separado, como também no contrato (= gerente estatutário), conforme ensinamentos de Modesto Carvalhosa,[228] Sérgio Campinho[229] e Marlon Tomazette.[230]

O *Manual de Registro da Sociedade Limitada*, expedido pelo Departamento de Registro Empresarial e Integração – DREI, admite a designação de administrador não sócio no contrato, isto é, possibilidade de *gerente estatutário* (Instrução Normativa n.º 81/2020, Cap. II do *Manual*, item 4.5.2).

No que se refere à *destituição*, vigora o *princípio da simetria*: o quórum para destituir é o mesmo que, no momento da destituição, vigora para designar.

A não ser assim, enquanto não houver a total integralização, o gerente fica à mercê de qualquer sócio ou grupo que tenha a maioria simples do capital e que não foi simpático à designação por dois terços dos sócios, porém deu quórum, pois isoladamente não tinha como designar o de sua preferência, criando-se impasse: uns admitem, e outros demitem, o que é possível, visto que para designar o quórum é *número de sócios*, e para destituir é *volume de capital*.

8 PRAZO DA GESTÃO DO ADMINISTRADOR E RENÚNCIA

Colhe-se do art. 1.062, § 2.º, e do art. 1.063, *caput* e §§, ambos do CC: *(a)* o prazo, seja de administrador designado no contrato, seja em ato separado,

---

[225] CARVALHOSA, Modesto. *Comentários ao Código Civil*, vol. 13.º, p. 115. São Paulo: Saraiva, 2003.

[226] DINIZ, Maria Helena. *Curso de Direito Civil brasileiro – Direito de Empresa*, vol. 8.º, p. 353, item d.6.1. São Paulo: Saraiva, 2008.

[227] RIZZARDO, Arnaldo. *Direito de Empresa*, 2.ed., p. 218, item 18. Rio de Janeiro: Forense, 2007.

[228] CARVALHOSA, Modesto. *Comentários ao Código Civil*, vol. 13.º, p. 116. São Paulo: Saraiva, 2003.

[229] CAMPINHO, Sérgio. *O Direito de Empresa*, 4.ed., p. 240, item 7.13.1. Rio de Janeiro: Renovar, 2004.

[230] TOMAZETTE, Marlon. *Direito Societário*, p. 175, item 8.2. São Paulo: Juarez de Oliveira, 2003.

> o que abrange o gerente, pode ser determinado ou indeterminado; *(b)* o *caput* do art. 1.063 refere cessação pelo "término do prazo", sem que haja recondução, portanto se não constar prazo certo, entende-se que a designação é por tempo indeterminado; *(c)* a cessação da gestão deve ser informada ao Registro Empresarial nos dez dias seguintes; e *(d)* a renúncia, seja de administrador designado no contrato, seja em ato separado, o que abrange o gerente, deve ocorrer por escrito, e perante a sociedade é eficaz a partir da comunicação, enquanto perante terceiros só o é a partir da averbação e publicação.

O § 2.º do art. 1.062 do CC, dispositivo que abrange o gerente, estabelece que no ato de posse do administrador designado em ato separado deve constar o "prazo da gestão", e diz o *caput* do art. 1.063: "O exercício do cargo de administrador cessa pela destituição, em qualquer tempo, do titular, ou pelo término do prazo se, fixado no contrato ou em ato separado, não houver recondução". O § 2.º determina que a cessação do exercício "deve ser averbada no registro competente, mediante requerimento apresentado nos dez dias seguintes ao da ocorrência. E diz o § 3.º: "A renúncia de administrador torna-se eficaz, em relação à sociedade, desde o momento em que esta toma conhecimento da comunicação escrita do renunciante; e, em relação a terceiros, após a averbação e publicação".

Colhe-se desses dispositivos as seguintes conclusões: *(a)* o prazo, seja de administrador designado no contrato, seja em ato separado, o que abrange o gerente, pode ser determinado ou indeterminado; *(b)* o *caput* do art. 1.063 refere cessação pelo "término do prazo", sem que haja recondução, portanto se não constar prazo certo, entende-se que a designação é por tempo indeterminado; *(c)* a cessação da gestão deve ser informada ao Registro Empresarial nos dez dias seguintes; e *(d)* a renúncia, seja de administrador designado no contrato, seja em ato separado, o que abrange o gerente, deve ocorrer por escrito, e perante a sociedade é eficaz a partir da comunicação, enquanto perante terceiros só o é a partir da averbação e publicação.

Por fim, não custa referir que na sociedade anônima o legislador limitou o mandato ao prazo máximo de três anos, admitida a reeleição (Lei 6.404/76, art. 140, II). Infere-se, daí, que, se o legislador quando quis gestão por prazo certo foi expresso, o seu silêncio no caso da sociedade limitada pluripessoal é autorizativo de gestão por tempo indeterminado.

9 CAUÇÃO

> O CC silencia quanto à caução dos administradores, mas é razoável o contrato exigi-la, assim como na S/A (Lei 6.404/76, art. 142). Para fins de eficácia perante terceiros, se imóvel, averba-se na Escrivania Imobiliária (Lei 6.015/73, e, se móvel, registra-se no Cartório Especial de Títulos e Documentos (Lei 6.015/73, arts. 129, n.º 2, e 167, II, n.º 8).

O Código Civil silencia quanto à caução, diferentemente do Decreto 3.708, cujo art. 12 remetia ao contrato eventual dispensa. Silencia também quanto ao administrador da sociedade simples. Note-se, contudo, que na sociedade anônima o art. 148 da Lei 6.404/76 remete ao estatuto.

Conclui-se, então, pela razoabilidade da cláusula que exigir caução, assim como na anônima.

Se for dado em caução um imóvel, averba-se na Escrivania Imobiliária (Lei 6.015, art. 167, n.º 8); se móvel, deve ser registrado no Cartório de Títulos e Documentos, que é a forma de garantir eficácia face a terceiros (Lei 6.015/73, art. 129, n.º 2).

10 FORMAS/ESPÉCIES DE ADMINISTRAÇÃO QUANDO HÁ MAIS DE UM ADMINISTRADOR

> Como o CC é omisso quanto às formas/espécies de administração na sociedade limitada pluripessoal, quando há mais de um administrador (arts. 1.060-65), aplicam-se as normas da sociedade simples (arts. 1.013-5), pelas quais tem-se o seguinte: *(a)* administrações conjuntiva, disjuntiva, mista e fracionada; *(b)* na *administração disjuntiva*, um administrador pode impugnar ato de outro, caso em que a maioria dos sócios decide; *(c)* na *administração conjuntiva*, são excepcionados os casos urgentes, em que a omissão ou retardo pode causar à sociedade dano irreparável ou grave; e *(d)* havendo silêncio do contrato, prevalece a *administração disjuntiva* relativamente aos *atos de gestão*, o que não abrange a oneração ou a venda de imóveis, salvo quando constituir objeto da sociedade.

Considerando que o Código Civil, na Seção específica (arts. 1.060-65), é omisso quanto às formas/espécies de administração na sociedade limitada pluripessoal, quando há mais de um administrador, a princípio nos reportamos ao que já dissemos no Cap. 28 *supra*; e, no mais, complementamos dizendo que se aplicam subsidiariamente as normas da sociedade simples, portanto o art. 1.013, que diz: "A administração da sociedade, nada dispondo o contrato social, compete separadamente a cada um dos sócios. § *1.º* – Se a administração competir separadamente a vários administradores, cada um pode impugnar operação pretendida por outro, cabendo a decisão aos sócios, por maioria de votos. § *2.º* – Responde por perdas e danos perante a sociedade o administrador que realizar operações, sabendo ou devendo saber que estava agindo em desacordo com a maioria."

O art. 1.014 explica: "Nos atos de competência conjunta de vários administradores, torna-se necessário o concurso de todos, salvo nos casos urgentes, em que a omissão ou retardo das providências possa ocasionar dano irreparável ou grave". E o art. 1.015 confirma: "No silêncio do contrato, os administradores podem praticar todos os atos pertinentes à gestão da sociedade; não constituindo objeto social, a oneração ou a venda de bens imóveis depende do que a maioria dos sócios decidir".

A partir desse conjunto de normas, temos algumas conclusões.

A *primeira* é a de que o Código recepcionou as formas/espécies de administração admitidas pela doutrina, a saber: *(a)* conjuntiva, como sendo a em que há poderes gerais e exercício coletivo: todos os atos dependem da assinatura de todos os administradores, o que engessa/trava a administração; *(b)* disjuntiva, como sendo a em que há poderes gerais e exercício individual: todos assinam autonomamente todos os atos, o que requer perfeita harmonia entre os administradores, a fim de que não haja conflito, formando-se "cabo de guerra" entre eles; *(c)* mista, como sendo a em que há poderes gerais, porém exercício coletivo para uns atos e individual para outros; por exemplo, assinatura conjunta às operações a partir de determinado valor; e *(d)* fracionada, como sendo a em que há amplos poderes e exercício individual, mas restritos a determinada área ou departamento, isto é, cada administrador age autonomamente em relação a cada qual; por exemplo, área técnica, de comércio interior, de comércio exterior etc.

A *segunda* conclusão é a de que, na *administração disjuntiva*, um administrador pode impugnar ato de outro, caso em que a maioria dos sócios decide, o que facilmente constitui fonte de desinteligências internas, que podem se propagar a outros planos. Além disso, a deliberação dos sócios não impede o ato, haja vista que o administrador responde por perdas e danos perante a sociedade, se sabia ou deveria saber que estava agindo em desacordo com aquela maioria. São todos inconvenientes da espécie de administração.

A *terceira* é a de que, na *administração conjuntiva*, são excepcionados os casos urgentes, em que a omissão ou retardo pode causar à sociedade dano irreparável ou grave.

A *quarta* conclusão é a de que, havendo silêncio do contrato, prevalece a *administração disjuntiva* relativamente aos *atos de gestão*, o que não abrange a oneração ou a venda de imóveis, salvo quando constituir objeto da sociedade.

11 PODERES E RESPONSABILIDADES DOS ADMINISTRADORES

Quanto aos poderes, são comuns ou *intra vires*, isto é, dentro das forças, e especiais ou *ultra vires*, isto é, além das forças, e no mais nos reportamos ao Cap. 32 *supra*. No que se refere às responsabilidades, em essência: *(a)* decaem da imunidade em relação aos atos *intra vires*, quando agirem com dolo ou culpa; *(b)* respondem objetivamente em relação aos *ultra vires*, salvo outorga expressa pelo contrato ou em ato separado.

12 LEGITIMIDADE PARA AJUIZAR AÇÃO CONTRA ADMINISTRADOR QUE PRATICA ATO LESIVO À SOCIEDADE

O administrador responde por perdas e danos perante a sociedade, quando realizar operações sabendo ou devendo saber que estava agindo em desacordo com a maioria (CC, art. 1.013, § 2.º). Também responde *subjetivamente* (= por culpa ou dolo) em relação aos atos *intra vires*, e *objetivamente* em relação aos *ultra vires*, salvo outorga pelo contrato ou em ato separado. Há distinguir duas situações: *(a)* falece legitimidade ao sócio para, em nome próprio, ajuizar ação de ressarcimento de danos sofridos por viés ou indiretamente, visto que *titular do direito* é a pessoa jurídica; e *(b)* havendo impasse, é reconhecido ao sócio legitimidade para, em caráter excepcional, agir em nome da sociedade, contra o administrador que praticou ato lesivo a ela, independentemente de prévia assembleia ou reunião.

Considerando que o administrador responde "por perdas e danos perante a sociedade" quando "realizar operações, sabendo ou devendo saber que estava agindo em desacordo com a maioria" (CC, art. 1.013, § 2.º); e considerando que há *responsabilidade subjetiva* (por culpa ou dolo) em relação aos atos *intra vires*, e também *objetiva* em relação aos *ultra vires*, salvo outorga expressa pelo contrato ou em ato separado (Cap. 32 *supra*), surge a questão relativa à legitimidade para ajuizar a ação.

Há distinguir duas situações.

Pela *primeira*, falece legitimidade *ad causam* ao sócio para, em nome próprio, ajuizar ação de ressarcimento de danos sofridos por viés ou indiretamente. A legitimidade ativa por *titularidade do direito* só acontece no interesse direto ou imediato, e não indireto ou mediato.

Nesse sentido, jurisprudência do STJ: "O sócio não detém legitimidade ativa para postular, em nome próprio, indenização por prejuízos causados ao patrimônio de empresa, visto que eventual condenação decorrente da causa de pedir só poderia se destinar à própria sociedade e à recomposição do capital social, e não diretamente ao patrimônio de determinado sócio postulante. Precedentes."[231]

Pela *segunda*, havendo impasse, é reconhecido ao sócio legitimidade *ad processum* ou substitutiva, ou capacidade processual, para, em caráter excepcional, agir em nome da sociedade, contra o administrador que praticou ato lesivo, independentemente de prévia assembleia ou reunião.

Nesse sentido: "4. Em regra, a sociedade anônima somente é parte legítima para propor, em nome próprio, ação de responsabilidade civil contra o administrador quando a assembleia geral delibera nesse sentido. 5. No caso ora em análise, contudo, em que a sociedade limitada é composta por apenas dois sócios, cada qual detentor de 50% das quotas sociais, sendo que a um deles, com a participação de terceiros, é imputado ato lesivo à sociedade praticado com violação à lei e ao contrato social, não se mostra razoável impor-se, nem é compatível com a sistemática informal da regência das sociedades por cotas, a realização de reunião de quotistas para deliberar sobre o ajuizamento da ação de responsabilidade do administrador."[232]

---

[231] STJ, 4.ª T., REsp 1327357, Redatora para o Acórdão a Min.ª Maria Isabel Gallotti, em 20-7-17.
[232] STJ, 4.ª T., REsp 1138101, Rel. Min. Luís Felipe Salomão, Dj*e* de 19-10-09; idem REsp 736186, 3.ª T., Rel.ª Min.ª Nancy Andrighi, em 6-12-07, DJ de 18-12-07.

13 PRINCÍPIO DA INTERVENÇÃO JUDICIAL MÍNIMA

> O princípio da intervenção judicial mínima expande-se a todas as discussões envolvendo a administração da sociedade limitada pluripessoal, vale dizer, questões *interna corporis*.

Já referimos o *princípio da intervenção judicial mínima* tanto na justa causa para a exclusão extrajudicial do sócio, quanto para a exclusão judicial (Cap. 59, itens 2.2 e 3 *supra*).

Tal princípio expande-se a todas as discussões envolvendo a administração ou *interna corporis*: "As discussões judiciais acerca da administração de sociedades limitadas deve caminhar, via de regra, não para a intervenção judicial na empresa, que só ocorrerá em hipóteses excepcionais, mas para a responsabilidade do administrador ímprobo, para a anulação de negócios específicos que prejudiquem a sociedade ou, em última análise, para a retirada do sócio dissidente ou dissolução parcial da empresa. A atuação do Poder Judiciário em causas que versem sobre a administração das sociedades deve pautar-se sempre por um critério de intervenção mínima. A lei permite o afastamento de sócio majoritário da administração da sociedade, mas isso não implica que ele perca os poderes inerentes à sua condição de sócio, entre os quais está o poder de nomear administrador."[233]

14 RESPONSABILIDADE DA SOCIEDADE – VINCULAÇÃO

> Como regra, os atos dos administradores, independentemente da espécie, vinculam a sociedade, portanto responsabilizam-na, responsabilidade que pode ser cumulada, ou não, com a do administrador (item 10 *supra*). Então: *(a)* por atos normais ou *intra vires*; *(b)* por atos especiais ou *ultra vires*; *(c)* por atos que violam a lei ou o contrato; e *(d)* por atos praticados por mandatário. Em todas as situações vigora em favor do terceiro o *princípio da aparência*, salvo se este sabia ou tinha condições de saber a respeito do vício do ato, capaz de excluir a responsabilidade da sociedade. No mais, nos reportamos especialmente aos itens 2 e 5 do Cap. 33 *supra*.

---

[233] STJ, 3.ª T., MC 14.561, Rel.ª Min.ª Nancy Andrighi, em 16-9-08, DJ de 8-10-08.

15 DELEGAÇÃO DA ADMINISTRAÇÃO E CONSTITUIÇÃO DE MANDATÁRIO

> O Decreto 3.708/1919 permitia *delegar* a administração (art. 13), isto é, o administrador podia fazer-se *substituir*. O objetivo era contornar o art. 334 do CCm, que vedava ao sócio fazer-se substituir na administração. O CC/02 não prevê a delegação, nem haveria motivo, pois admite administrador não sócio (art. 1.061). Também admite que o administrador, nos limites dos respectivos poderes, constitua mandatários, isto é, o administrador pode fazer-se *representar* para "atos e operações" que poderão praticar (art. 1.018). Não precisa ser para determinado ato ou operação previamente definido, como se fosse comissário, exaurindo-se o mandato após a consumação. O administrador mandante assume responsabilidade pelos atos do mandatário, nos termos das normas específicas do instituto do mandato (CC, art. 675-81).

Rubens Requião leciona que a partir da vigência do CC/02 não mais há espaço para a delegação da administração na sociedade limitada, pela qual o administrador podia fazer-se *substituir*, uma vez que é possível nomear administrador não sócio.[234] Ainda, tal como na anônima (Lei 6.404/76, art. 144, parágrafo único), o art. 1.018 admite que o administrador, nos limites dos respectivos poderes, constitua mandatários, isto é, o administrador pode fazer-se *representar*, devendo ser especificados "os atos e operações" que poderão praticar; logo, não precisa ser para determinado ato ou operação, exaurindo-se o mandato após a consumação (CC, art. 682, IV), como se fosse comissário. A exigência é que no mandato conste a categoria de atos e operações.

Wilson Gianulo escreve que a constituição de mandatário justifica-se nos casos em que há necessidade de "providências legais e/ou técnicas em nome da sociedade, especialmente nos casos em que a profissão do mandatário impõe que esteja ele habilitado para tanto, como ocorre com o advogado ou o engenheiro, etc.". Alerta, porém, que o administrador mandante assume "responsabilidade direta" sobre o resultado das operações que o mandatário praticar.[235]

Aliás, quanto à responsabilidade pessoal do administrador-mandante pelos atos do mandatário, incidem as normas específicas do instituto do mandato (CC, arts. 675-81).

---

[234] REQUIÃO, Rubens. *Curso de Direito Comercial*, 25.ed., vol. I, p. 502, item 276. São Paulo: Saraiva, 2003.

[235] GIANULO, Wilson. *Código Civil*, vol. II, p. 1.243. São Paulo: Jurídica Brasileira, 2003.

Capítulo 64
DO CONSELHO FISCAL – ÓRGÃO SOCIAL FACULTATIVO

1 JUSTIFICATIVA PARA A INSTITUIÇÃO DE CONSELHO FISCAL

> O direito de fiscalizar/controlar/supervisionar é natural dos sócios, que podem delegá-lo a um órgão específico, denominado *Conselho Fiscal*. Mesmo quando o delegam, não ficam privados de exercê-lo pessoalmente. Entende-se que o Conselho, inclusive por gerar encargos, justifica-se na sociedade limitada pluripessoal apenas quando difícil, senão impossível, a participação dos sócios no cotidiano da empresa, influindo e fiscalizando diretamente, seja porque o número é elevado, seja porque não residem no local da sede.

O direito de fiscalizar/controlar/supervisionar é natural dos sócios, que podem delegá-lo a um órgão específico, denominado Conselho Fiscal, sendo que, mesmo quando o delegam, não ficam privados de exercê-lo pessoalmente.

Fábio Ulhoa Coelho comenta que o Conselho Fiscal "só se justifica nas sociedades em que houver número significativo de sócios afastados do cotidiano da empresa. Na generalidade das limitadas, não deve ser conveniente ou economicamente justificável sua instalação e funcionamento."[236] No mesmo sentido, Marlon Tomazette: "Nas limitadas de pequeno porte e nas microempresas seria dispensada tal fiscalização, pois seria muito fácil a fiscalização direta pelos sócios".[237] Para Arnaldo Rizzardo o Conselho Fiscal só se justifica nos casos de "relevância para a sua existência em sociedade de maior porte".[238] Também Maria Helena Diniz refere

---

[236] COELHO, Fábio Ulhoa. *Manual de Direito Comercial*, 23.ed., p. 191-2. São Paulo: Saraiva, 2011.
[237] TOMAZETTE, Marlon. Direito Societário, p. 181. São Paulo: Juarez de Oliveira, 2003.
[238] RIZZARDO, Arnaldo. Direito de Empresa, 2.ed., p. 222, item 21. Rio de Janeiro: Forense, 2007.

que o Conselho Fiscal na limitada só se justifica naquela "com número expressivo de sócios".[239]

É razoável o entendimento de que o Conselho Fiscal, inclusive por gerar encargos, justifica-se na sociedade limitada pluripessoal apenas quando difícil, senão impossível, a participação dos sócios no cotidiano da empresa, influindo e fiscalizando diretamente, e por isso a conveniência de fazê-lo por meio de um órgão específico. Isso ocorre quando o número de sócios é elevado ou quando não residem no local da sede.

E qual seria o parâmetro para considerar que o número de sócios é elevado? A lei não define, mas pode ser o superior a dez, caso em que deve funcionar com assembleia (CC, art. 1.072, § 1.º).

2 ÓRGÃO SOCIAL FACULTATIVO

> Pelo *caput* do art. 1.066 do CC, o Conselho Fiscal: *(a)* pode ser instituído, vale dizer, trata-se de órgão social facultativo; e *(b)* deve ser instituído no contrato, portanto exclui-se a instituição em ato separado.

À época do Decreto 3.708/1919, a *gerência* era o único órgão social obrigatório, com função executiva, admitindo-se a possibilidade de o contrato instituir Conselho Fiscal, com liberdade a respeito da formação e do funcionamento.

Com o advento do CC/02, deve ser adotado o modelo oficial, salvo nos pontos em que a lei autoriza flexibilização.

Consta no *caput* do art. 1.066 que "pode o contrato instituir conselho fiscal"; dessarte: *(a)* pode ser instituído, vale dizer, trata-se de órgão social facultativo; *(b)* deve ser instituído no contrato, portanto exclui-se a instituição em ato separado.

3 ELEIÇÃO DOS CONSELHEIROS E SUPLENTES

> Consta no *caput* do art. 1.066 do CC que os conselheiros fiscais e os respectivos suplentes são "eleitos na assembleia anual prevista no art. 1.078", isto

---

[239] DINIZ, Maria Helena. *Curso de Direito Civil brasileiro – Direito de Empresa*, vol. 8.º, p. 364, item d.7.1. São Paulo: Saraiva, 2008.

> é, a que toma as contas dos administradores e delibera sobre os balanços patrimonial e de resultado econômico, designa administradores, quando for o caso, e trata "de qualquer outro assunto constante da ordem do dia" (inciso III). Não há, pois, conselheiro e suplente estatutário (= designado no contrato), diferentemente do que pode acontecer com os administradores sócios (Cap. 62, item 6.1 *supra*). Também não há veto a reeleições sucessivas.

4 SÓCIO OU NÃO, PESSOA NATURAL E RENÚNCIA

> Os conselheiros fiscais e os respectivos suplentes podem ser "sócios ou não" (CC, art. 1.066, *caput*), o que não enseja dúvida. A dúvida surge quanto à *pessoa jurídica* e à *pessoa natural*, quando sócia e administradora. Não é compatível a eleição de pessoa jurídica, seja pelos conhecimentos técnicos específicos exigíveis, seja pelas características morais de personalidade, privativas da *pessoa natural*. Por sua vez, sendo administrador, o sócio, mesmo pessoa natural, não pode ser conselheiro. Não é compatível ser fiscalizador e fiscalizado ao mesmo tempo. Quanto à *renúncia*, tendo tomado conhecimento de irregularidades, mesmo renunciando não fica excluída a responsabilidade do conselheiro. Para fins de responsabilidade, renunciar para não denunciar é ineficaz. Também não pode ficar e se omitir, porque isso é prevaricar.

Diz o *caput* do art. 1.066 que os conselheiros fiscais e os respectivos suplentes podem ser "sócios ou não", o que não enseja dúvida.

A dúvida surge quanto à pessoa jurídica e à pessoa natural quando também administradora, pois o Código deixa implícita a possibilidade, haja vista que o legislador, quando quer excluí-la, tem sido expresso. Exemplo, na anônima, diz o art. 162 da Lei 6.404/76 que somente *pessoa natural* pode ser conselheira ou suplente.

Porém, é incompatível ser fiscalizador e fiscalizado ao mesmo tempo, portanto o sócio, mesmo pessoa natural, não pode integrar o Conselho quando é administrador.

No que se refere à *pessoa jurídica*, diferentemente dos administradores, as características de personalidade exigidas do conselheiro fiscal, em razão das funções, tornam incompatível o exercício por pessoa jurídica. Rubens Requião comenta relativamente à sociedade anônima: "O conselheiro fiscal há de ter grande personalidade e caráter; é o que dele se pretende. Não pode silenciar, por conveniência ou constrangimento em relação a amigos da administração. Tendo ciência de ato irregular ou ímprobo, não deve nem pode silenciar, sob pena de com ele se solidarizar. Não basta que, em tais circunstâncias, se demita; isso de nada lhe valerá. Denunciado o ato incriminado, só então, considerando-se incompatibilizado com os autores, poderá renunciar."[240]

Quanto à *renúncia*, tendo tomado conhecimento de irregularidades, mesmo renunciando não fica excluída a responsabilidade do conselheiro. Para fins de responsabilidade, renunciar para não denunciar é ineficaz. Também não pode ficar e se omitir, porque isso é prevaricar.

5 QUÓRUM DE ELEIÇÃO

> Relativamente ao *quórum de eleição* dos conselheiros fiscais e suplentes, como não consta no rol das matérias que o exige especial de mais da metade do capital social (art. 1.076, II), são eleitos pelo comum da "maioria de votos dos presentes", podendo o contrato "exigir maioria mais elevada" (inciso III).

Ao mencionar que é a maioria de votos dos presentes, o inciso III do art. 1.076 do CC deixa claro que o número é de sócios, podendo o contrato exigi-lo mais elevado, sem variar a natureza do quórum para capital social.

Em caso de empate, aplica-se o sentido inverso do princípio estabelecido no § 2.º do art. 1.010. Se no empate, quando o quórum é *volume de capital*, prevalece a facção que reúne maior número de sócios, no contraponto, quando o quórum é *número de sócios*, prevalece a facção que reúne maior volume de capital.

Se persistir o empate, diz o dispositivo que "decidirá o juiz", critério que, pela demora, pode não ser conveniente à sociedade. Por isso, nada obsta que o contrato adote algum outro critério de desempate, desde que seja objetivo. Pode ser a idade, prevalecendo o voto da facção que somar mais anos, e até mesmo o critério aleatório do sorteio. Exemplo, na anônima, quando o resgate (extingue a ação) e a amortização (esvazia a ação de capi-

---

[240] REQUIÃO, Rubens. *Curso de Direito Comercial*, 23.ed., vol. II, p. 231, item 425. São Paulo: Saraiva, 2003.

tal social) não abrangerem todas as ações da respectiva classe, o sorteio é o critério de quais ações serão atingidas (Lei 6.404/76, art. 44, § 4.º).

6 NÚMERO DE CONSELHEIROS E VOTAÇÃO

> Quanto ao *número* de conselheiros fiscais e suplentes, o mínimo é de três, sócios ou não (CC, art. 1.066, *caput*), observadas as incompatibilidades. Havendo mais de três, o contrato deve optar por número ímpar, a fim de evitar empate. Quanto à *votação*, ocorre pelo *sistema de escrutínio*, e o quórum é formado pelos sócios presentes, inclusive quando o contrato exigir mais, podendo ser secreta (cédula em urna) ou revelada (alto e bom som), anotando o secretário numa planilha. E tanto pode ocorrer em eleição individual (o eleitor vota em um candidato cada vez), quanto pode o eleitor, desde logo, votar em tantos quantas forem as vagas, elegendo-se os mais votados.

Quanto ao *número* de conselheiros fiscais e respectivos suplentes, o Código limita-se a fixar o mínimo de três, sócios ou não (CC, art. 1.066, *caput*). Não fixa o máximo, diferentemente do que acontece na sociedade anônima, onde o mínimo é de três e o máximo é de cinco (Lei 6.404/76, art. 162, § 1.º). Se o contrato estabelecer mais de três, deve optar por número ímpar, a fim de evitar empate.

Quanto à *votação*, os conselheiros e suplentes são eleitos "pela maioria de votos dos presentes", mesmo quando o contrato exigir mais (item 5 *supra*), podendo ser secreta (cédula em urna) ou revelada (alto e bom som), anotando o secretário numa planilha. E tanto pode ocorrer em eleição individual (o eleitor vota em um candidato cada vez), quanto pode o eleitor, desde logo, votar em tantos quantas forem as vagas, elegendo-se os mais votados.

7 IMPEDIMENTOS OU INELEGIBILIDADES

> Conselheiros fiscais e suplentes estão sujeitos a hipóteses específicas de impedimentos ou inelegibilidades (CC, art. 1.066, § 1.º). Também estão sujeitos aos mesmos empecilhos previstos aos administradores, como resulta

> da combinação do § 1.º do art. 1.066 com o § 1.º do art. 1.011, o que é razoável e lógico, pois quem não tem as qualificações, inclusive éticas, para ser administrador, com muito mais razão não as tem para fiscalizar quem administra.

Diz o § 1.º do art. 1.066 do CC: "Não podem fazer parte do conselho fiscal, além dos inelegíveis enumerados no § 1.º do art. 1.011, os membros dos demais órgãos da sociedade ou de outra por ela controlada, os empregados de quaisquer delas ou dos respectivos administradores, o cônjuge ou parente destes até o terceiro grau".

Consta no § 1.º do art. 1.011: "Não podem ser administradores, além das pessoas impedidas por lei especial, os condenados a pena que vede, ainda que temporariamente, o acesso a cargos públicos; ou por crime falimentar, de prevaricação, peita ou suborno, concussão, peculado; ou contra a economia popular, contra o sistema financeiro nacional, contra as normas de defesa da concorrência, contra as relações de consumo, a fé pública ou a propriedade, enquanto perdurarem os efeitos da condenação".

Em síntese, além das hipóteses específicas de impedimentos ou inelegibilidades previstos no § 1.º do art. 1.066, os conselheiros fiscais, e por conseguinte de igual modo os respectivos suplentes, estão sujeitos aos mesmos empecilhos previstos aos administradores, valendo, pois, os mesmos comentários e explicitações, por exemplo, a respeito da prevaricação, da peita ou suborno, da concussão e do peculato (Cap. 63, item 5 *supra*).

Isso é razoável e lógico, pois quem não tem as qualificações, inclusive éticas, para ser administrador, com muito mais razão não as tem para fiscalizar quem administra.

8 ELEIÇÃO DE FISCAL POR SÓCIO(S) MINORITÁRIO(S) E REPERCUSSÃO NO QUÓRUM

Consta no § 2.º do art. 1.066 do CC: "É assegurado aos sócios minoritários, que representem pelo menos um quinto do capital social, o direito de eleger, separadamente, um dos membros do conselho fiscal e o respectivo suplente".

8.1 Consideração inicial

> O CC/02, por meio do § 2.º do art. 1.066, transplantou para o Conselho Fiscal da sociedade limitada pluripessoal o chamado *direito das minorias*, que vigora na anônima, inclusive na eleição do respectivo Conselho Fiscal (Lei 6.404/76, art. 162), e que também existe, por meio do quociente eleitoral, nas eleições dos integrantes do Poder Legislativo, exceto do Senado.

Em *situação normal*, eleição dos conselheiros fiscais e respectivos suplentes ocorre "pela maioria de votos dos presentes", podendo o contrato "exigir maioria mais elevada" (item 5 *supra*), em votação pelo sistema de escrutínio (item 6 *supra*).

Porém, cria-se *situação especial* quando há formação de *bloco minoritário*, assim entendido o que reúne sócios com pelo menos um quinto do capital social, e requer a eleição de um dos membros do Conselho Fiscal e respectivo suplente. Ao assim dispor, o CC/02 transplantou para a sociedade limitada pluripessoal o chamado *direito das minorias*, que vigora na anônima, inclusive na eleição do respectivo Conselho Fiscal (Lei 6.404/76, art. 162), e que também existe, por meio do quociente eleitoral, nas eleições dos integrantes do Poder Legislativo, exceto do Senado.

Aparentemente claro e completo, o dispositivo do Código Civil não é uma coisa nem outra, pois enseja alguns questionamentos.

8.2 Quóruns mínimo e máximo do bloco minoritário pelo capital social da sociedade

> *Primeiro*, ao dizer "pelo menos um quinto do capital social", o § 2.º do art. 1.066 deixa implícito que é do capital *da sociedade*, e não *dos presentes* na assembleia ou reunião. Para reduzi-lo ao capital *dos presentes*, impunha-se constar de modo expresso, assim como no inciso III do art. 1.076 (item 5 *supra*). *Segundo*, se o *quórum mínimo* do bloco minoritário é de um quinto do capital da sociedade (= 20%), podendo ser superior, visto que o dispositivo legal refere "pelo menos um quinto", o *quórum máximo* deve ser inferior a cinquenta por cento, sob pena de não ser minoritário.

8.3 Momento da formação do bloco minoritário e votação

> Como não é possível votar duas vezes na mesma eleição, os sócios minoritários ficam excluídos dos majoritários, isto é, os que votam num bloco não podem votar também no outro. Para que isso seja observado, havendo *bloco minoritário*, deve ser constituído/formalizado antes da eleição, mesmo de forma oral, perante o presidente da assembleia ou reunião, que mandará constar na ata.

Não é admissível que o grupo informal que votou e fracassou na eleição comum possa depois dela formalizar bloco minoritário e eleger um conselheiro e respectivo suplente. Em tal hipótese, qual dos já eleitos será excluído se o contrato não prever o aumento do número de conselheiros? Considerando que o grupo minoritário já votou, a final terá votado duas vezes. Isso dá margem a espertezas, pois o *dissenso posterior* face aos eleitos, pode ser só de aparência, a fim de eleger mais um conselheiro e suplente.

Por isso, como não é possível votar duas vezes na mesma eleição, os sócios minoritários ficam excluídos dos majoritários, isto é, os que votam num bloco não podem votar também no outro. Para que isso seja observado, havendo *bloco minoritário*, deve ser constituído/formalizado antes da eleição, mesmo de forma oral, perante o presidente da assembleia ou reunião, que mandará constar na ata.

8.4 Bloco minoritário com apenas um sócio

> O fato de o § 2.º do art. 1.066 do CC usar o plural "sócios" não exclui que seja apenas um, desde que titular de "pelo menos um quinto do capital", e seja inferior a cinquenta por cento (item 8.2 *supra*), forme um bloco minoritário. O quórum é por volume de capital, não de sócios.

8.5 É possível mais de um bloco minoritário, cada qual elegendo o seu conselheiro e suplente?

> A lógica do § 2.º do art. 1.066 do CC é a de que não é possível mais de um bloco minoritário, menos ainda cada qual eleger o seu conselheiro e suplente,

> isso porque: *(a)* refere eleição de "um" dos membros do conselho fiscal e o respectivo suplente; *(b)* não refere que o quórum é de um quinto do capital social, e sim que é de "pelo menos" um quinto (eventual excedente é abrangido pela locução "pelo menos"), portanto não é possível, por exemplo, um ou mais sócios com quarenta por cento, fracionar e formar dois blocos de vinte; *(c)* a se admitir mais de um bloco minoritário, ocorre efeito multiplicador nos conselheiros fiscais e suplentes, inclusive os do majoritário, pois este não pode eleger número inferior ao daquele; *(d)* pode-se admitir mais de um bloco minoritário, cada qual elegendo o seu conselheiro e suplente, desde que haja previsão contratual, e a maioria seja eleita pelo bloco majoritário; e *(e)* havendo previsão de mais de um bloco minoritário, porém com direito de eleger apenas um conselheiro e suplente (= disputa entre blocos minoritários), ganha o que reúne maior volume de capital, pois esta é a natureza do quórum; e, em caso de empate, aplica-se o § 2.º do art. 1.010.

É outro tema envolvendo o § 2.º do art. 1.066 do CC, em relação ao qual há divergência doutrinária.

Fábio Ulhoa Coelho escreve no *Manual de Direito Comercial*: "Se houver mais de um dissidente, com quotas representando individualmente 20% ou mais do capital, cada um elegerá em separado o seu representante. Se dois ou mais minoritários possuírem juntos no mínimo um quinto do capital, poderão escolher um representante deles, caso discordem do conselho constituído pelos majoritários. Em qualquer caso de eleição segregada, o número de fiscais será aumentado para acomodar os eleitos pela maioria e pelos minoritários dissidentes."[241] Já no *Curso de Direito Comercial* refere apenas sócios minoritários que representem pelo menos vinte por cento do capital e que sejam dissidentes.[242]

Para Modesto Carvalhosa, "somente um representante dos minoritários pode ser eleito pelo voto em separado. Não há, assim, necessidade de mais de três conselheiros, visto que os demais sócios terão a maioria no conse-

---

[241] COELHO, Fábio Ulhoa. *Manual de Direito Comercial*, 23.ed., p. 192, item 5. São Paulo: Saraiva, 2011.
[242] COELHO, Fábio Ulhoa. *Curso de Direito Comercial*, 15.ed., vol. II, p. 466, item 5. São Paulo: Saraiva, 2011.

lho."[243] Rubens Requião fala em um conselheiro.[244] Marlon Tomazette refere a eleição de "um membro em separado para o conselho".[245] No mesmo sentido, Arnaldo Rizzardo[246] e Maria Helena Diniz.[247]

Arnoldo Wald comenta dizendo que o art. 1.062, § 2.º, estabelece uma "garantia mínima", nada obstando maior participação dos minoritários no Conselho Fiscal, desde que: *(a)* haja previsão contratual; e *(b)* seja preservada a maioria de conselheiros eleita pela maioria de sócios, pois do contrário haveria inversão, instalando-se a ditadura da minoria.[248]

Entendemos que não é possível formar mais de um bloco minoritário, menos ainda cada qual eleger o seu conselheiro e suplente, com impacto financeiro na sociedade, pois os integrantes do Conselho Fiscal são remunerados (item 10 *infra*).

Primeiro, o Código refere eleição de "um" dos membros do conselho fiscal e o respectivo suplente.

À evidência, o § 2.º do art. 1.066 do CC é filho do art. 161, § 4.º, alínea *a*, da Lei das S/As. Basta trocar *sócios minoritários* por *acionistas minoritários*. Também os acionistas minoritários, com base no *direito das minorias*, podem eleger um conselheiro fiscal – e apenas um –, desde que representem pelo menos 10% das ações com direito a voto. Igual direito é garantido aos titulares de ações preferenciais sem direito a voto, ou com voto restrito, caso em que, se o Conselho é composto de três, sobe para cinco, a fim de, conforme a alínea *b*, ficar garantido "número igual ao dos eleitos nos termos da alínea *a*, mais um".

Segundo, o Código não refere que o quórum é de um quinto do capital social, e sim que é de "pelo menos" um quinto. Isso informa que, sendo superior, o excedente é abrangido pela locução "pelo menos", portanto não

---

[243] CARVALHOSA, Modesto. *Comentários ao Código Civil*, vol. 13.º, p. 151. São Paulo: Saraiva, 2003.

[244] REQUIÃO, Rubens. *Curso de Direito Comercial*, 25.ed., vol. I, p. 512, item 278-B. São Paulo: Saraiva, 2003.

[245] TOMAZETTE, Marlon. *Direito Societário*, p. 182, item 10.2. São Paulo: Juarez de Oliveira, 2003.

[246] RIZZARDO, Arnaldo. *Direito de Empresa*, 2.ed., p. 223, item 21. Rio de Janeiro: Forense, 2007.

[247] DINIZ, Maria Helena. *Curso de Direito Civil brasileiro – Direito de Empresa*, vol. 8.º, p. 364, item d.7.1. São Paulo: Saraiva, 2008.

[248] WALD, Arnoldo. *Comentários ao Código Civil*, vol. XIX, p. 554, n.ºs 1.340-1. Rio de Janeiro: Forense, 2005.

é possível, por exemplo, um ou mais sócios com quarenta por cento fracionarem e formarem dois blocos de vinte.

Terceiro, a se admitir mais de um bloco minoritário, ocorre efeito multiplicador nos conselheiros fiscais e suplentes, inclusive os do majoritário, pois este não pode eleger número inferior ao daquele, sob pena de haver ditadura da minoria. É o mesmo princípio previsto no art. 161, § 4.º, alínea *b*, da Lei 6.404/76. Ademais, em relação ao número, é preciso atenção ao impacto financeiro na sociedade, pois os conselheiros fiscais são remunerados.

Quarto, pode-se admitir mais de um bloco minoritário, cada qual elegendo o seu conselheiro e suplente desde que haja previsão contratual e seja garantida a maioria de conselheiros eleita pelo bloco majoritário, a fim de que não se instale a ditadura da minoria.

Quinto, havendo previsão contratual de mais de um bloco minoritário, porém com direito de eleger apenas um conselheiro e suplente (= disputa entre blocos minoritários), ganha o que reúne maior volume de capital, pois esta é a natureza do quórum.

Em caso de empate, aplica-se o § 2.º do art. 1.010, isto é, a preferência é daquele que tem maior número de sócios; e, em caso de novo empate, cabe ao juiz decidir, o que, face à demora, não é conveniente, e, por isso, mais adequado é o contrato estabelecer critérios sucessivos de desempate, desde que sejam objetivos, assim como no *quórum geral* nas deliberações da assembleia ou reunião (Cap. 61, item 15 *supra*).

9 PERÍODO DE GESTÃO

> Relativamente ao *período de gestão* dos conselheiros fiscais e suplentes: *(a)* considerando a periodicidade, a matéria é objeto de assembleia ou reunião em sessão ordinária; *(b)* como regra, o período de gestão vai no máximo até a assembleia ou reunião ordinária anual seguinte, inclusive período de flexibilização; *(c)* como exceção, o período pode ser menor, caso em que deve constar no termo de posse; e *(d)* se o termo de posse não for assinado nos trinta dias seguintes ao da eleição, caduca automaticamente, devendo ser convocada assembleia ou reunião para deliberar em sessão extraordinária.

Diz o art. 1.067 do CC: "O membro ou suplente eleito, assinando termo de posse lavrado no livro de atas e pareceres do conselho fiscal, em que mencione o seu nome, nacionalidade, estado civil, residência e a data da escolha, ficará investido nas suas funções, que exercerá, salvo cessação anterior, até a subsequente assembleia anual. *Parágrafo único* – Se o termo não for assinado nos trinta dias seguintes ao da eleição, esta se tornará sem efeito."

Considerando a periodicidade, a matéria é objeto de sessão ordinária.

Como regra, o período de gestão vai no máximo até a assembleia ordinária anual seguinte, inclusive período de flexibilização, ponto em que o dispositivo repete os §§ 5.º e 6.º do art. 161 da Lei 6.404/76; e, como exceção, o período pode ser menor, caso em que deve constar no termo de posse.

Se o termo de posse não for assinado nos trinta dias seguintes ao da eleição, caduca automaticamente, devendo ser convocada assembleia ou reunião para deliberar em sessão extraordinária.

10 REMUNERAÇÃO DOS CONSELHEIROS FISCAIS

> Os conselheiros fiscais têm direito à remuneração fixada pela assembleia ou reunião anual que os eleger (CC, art. 1.068). Como são remunerados, recomenda-se parcimônia quanto ao número, pois gera encargo financeiro à sociedade; e, embora o CC não fixe *piso remuneratório*, o valor não pode ser aviltante. Deve cumprir minimamente o primado da *valorização do trabalho* (CF, arts. 1.º, IV, e 170, *caput*).

Consta no art. 1.068 do CC: "A remuneração dos membros do conselho fiscal será fixada, anualmente, pela assembleia dos sócios que os eleger".

O Código Civil não estabelece remuneração mínima para os conselheiros fiscais da sociedade limitada pluripessoal, diferente do que acontece na anônima, cujo § 3.º do art. 162 da Lei 6.404/76, além do reembolso das despesas de locomoção e estada ao desempenho da função, garante remuneração fixada pela assembleia geral que os eleger, que "não poderá ser inferior, para cada membro em exercício a 10% (...) da que, em média, for atribuída a cada diretor, não computados benefícios, verbas da representação e participação nos lucros".

Duas observações: *(a)* como os conselheiros são remunerados, recomenda-se parcimônia quanto ao número, pois gera encargo financeiro à sociedade, assim como em relação ao Conselho de Administração (Cap. 61, item 3.7 *supra*); e *(b)* o fato de o Código Civil não fixar *piso remuneratório*, o valor não pode ser aviltante, na medida em que deve cumprir minimamente o primado da *valorização do trabalho* (CF, arts. 1.º, IV, e 170, *caput*).

11 COMPETÊNCIA/ATRIBUIÇÕES DO CONSELHO FISCAL

> A competência/atribuições do Conselho Fiscal na sociedade limitada pluripessoal pode ser *legal* e *contratual* (CC, art. 1.069). Genericamente, opina a respeito do funcionamento e do resultado dos atos da administração. Quanto à *competência contratual*, não pode usurpá-la de outros órgãos sociais (= da administração e da assembleia ou reunião). Não obstante seja órgão colegiado, não precisa atuar *em colegiado*. O conselheiro, em razão do *poder de diligência* ou *de iniciativa*, pode atuar individualmente.

A competência legal/atribuições do Conselho Fiscal na sociedade limitada pluripessoal consta no rol do art. 1.069 do CC: "Além de outras atribuições determinadas na lei ou no contrato social, aos membros do conselho fiscal incumbem, individual ou conjuntamente os deveres seguintes: *I* – examinar, pelo menos trimestralmente, os livros e papéis da sociedade e o estado da caixa e da carteira, devendo os administradores ou liquidantes prestar-lhes as informações solicitadas; *II* – lavrar no livro de atas e pareceres do conselho fiscal o resultado dos exames referidos no inciso I deste artigo; *III* – exarar no mesmo livro e apresentar à assembleia anual dos sócios parecer sobre os negócios e as operações sociais do exercício em que servirem, tomando por base o balanço patrimonial e o de resultado econômico; *IV* – denunciar os erros, fraudes ou crimes que descobrirem, sugerindo providências úteis à sociedade; *V* – convocar a assembleia dos sócios se a diretoria retardar por mais de trinta dias a convocação anual, ou sempre que ocorram motivos graves e urgentes; *VI* – praticar, durante o período de liquidação da sociedade, os atos a que se refere este artigo, tendo em vista as disposições especiais reguladoras da liquidação".

Genericamente, o Conselho Fiscal da sociedade limitada pluripessoal opina a respeito do funcionamento e do resultado dos atos da administração, a qual não integra, tal como na anônima.

Quanto às atribuições têm duas fontes: *legal* e *contratual*, sendo que, relativamente a esta, não podem usurpar competência de outros órgãos sociais, seja da administração, seja da assembleia ou reunião.

Não obstante órgão colegiado, o Conselho Fiscal não precisa atuar *em colegiado*. O conselheiro, em razão do *poder de diligência* ou *de iniciativa*, pode atuar individualmente. Fábio Ulhoa Coelho escreve: "O fiscal pode exercer suas funções individualmente, mas responde por abuso dos poderes de que está investido".[249]

12 ATRIBUIÇÕES INDELEGÁVEIS, ASSESSORAMENTO E RESPONSABILIDADE

> O *caput* e o parágrafo único do art. 1.070 do CC repetem o *caput* e o § 7.º do art. 162 da Lei das S/As. Em suma, as *atribuições legais* são indelegáveis. O parágrafo único possibilita que o Conselho Fiscal, na sociedade limitada pluripessoal, seja assessorado por contabilista, com remuneração aprovada pelos sócios em assembleia ou reunião. Essa possibilidade objetiva compensar a obrigação, na anônima, de que o conselheiro tenha diploma universitário ou experiência mínima de três anos em administração de empresa (Lei 6.404/76, art. 162, *caput*), podendo ser dispensada pelo juiz nas localidades em que não houver quem cumpra os requisitos (art. 162, § 1.º). Os conselheiros, assim como os administradores, respondem solidariamente por dolo ou culpa no exercício da atividade.

Lemos no art. 1.070 do CC: "As atribuições e poderes conferidos pela lei ao conselho fiscal não podem ser outorgados a outro órgão da sociedade, e a responsabilidade de seus membros obedece à regra que define a dos administradores (art. 1.016). *Parágrafo único* – O conselho fiscal poderá escolher para assisti-lo no exame dos livros dos balanços e das contas, contabilista legalmente habilitado, mediante remuneração aprovada pela assembleia dos sócios."

Em essência, o *caput* repete o art. 163 da Lei das S/As, inclusive o § 7.º, pelo qual as atribuições e poderes conferidos pela lei ao conselho fiscal "não podem ser outorgados a outro órgão da companhia", portanto as *atribuições legais* são indelegáveis.

Todavia, o parágrafo único possibilita que o Conselho Fiscal seja assessorado por contabilista legalmente habilitado no exame dos livros, dos

---

[249] COELHO, Fábio Ulhoa. *Manual de Direito Comercial*, 23.ed., p. 192. São Paulo: Saraiva, 2011.

balanços e das contas, cuja remuneração será aprovada pelos sócios em assembleia ou reunião.

Essa possibilidade objetiva compensar a obrigação, existente na anônima, de que o conselheiro tenha diploma universitário ou experiência mínima de três anos em administração de empresa (Lei 6.404/76, art. 162, *caput*), podendo ser dispensada pelo juiz nas localidades em que não houver quem cumpra os requisitos (art. 162, § 1.º).

Há, ainda, como também prevê o art. 1.070, responsabilidade pessoal tal como prevista aos administradores no art. 1.016: "Os administradores respondem solidariamente perante a sociedade e os terceiros prejudicados, por culpa do desempenho de suas funções".

13 FUNCIONAMENTO FACULTATIVO

> Se, na sociedade limitada pluripessoal, a instituição do Conselho Fiscal, que é o mais, é facultativa, nada obsta que, uma vez instituído, também o funcionamento, que é o menos, seja facultativo, caso em que o contrato deve disciplinar, quando e como entrará em operação.

É razoável entender que na sociedade limitada pluripessoal o funcionamento do Conselho Fiscal é facultativo, inclusive porque na anônima, onde a fiscalização direta pelo próprio acionista é mais difícil – não por acaso há o dito de que os acionistas formam uma legião anônima e amorfa –, a previsão estatutária de Conselho Fiscal é obrigatória e o funcionamento é facultativo (Lei 6.404/76, art. 161), salvo exceção, por exemplo, na economia mista (art. 240).

Modesto Carvalho ensina que o contrato deve dispor a respeito do "funcionamento e instalação", não podendo, por exemplo, os sócios minoritários "requerer a instalação e o funcionamento do conselho fiscal sem que haja previsão contratual expressa".[250]

Se a instituição do Conselho, que é o mais, é facultativa, nada obsta que, uma vez instituído, também o funcionamento, que é o menos, seja facultativo, caso em que o contrato deve disciplinar, quando e como entrará em operação.

---

[250] CARVALHOSA, Modesto. *Comentários ao Código Civil*, vol. 13.º, p. 149-50. São Paulo: Saraiva, 2003.

Capítulo 65

DO AUMENTO E REDUÇÃO DO CAPITAL SOCIAL

O aumento e a redução do capital social são outros temas em relação aos quais o CC/02 se ocupa na sociedade limitada pluripessoal, seguindo, pouco mais pouco menos, o que consta na anônima.

1 AUMENTO DO CAPITAL SOCIAL

> Conforme o *caput* e os §§ do art. 1.081 do CC: *(a)* salvo lei especial, só é possível aumentar o capital depois de integralizado o existente; *(b)* os sócios têm *direito de preferência*, na devida proporção, desde que o exerçam até trinta dias após a assembleia ou reunião que deliberou pelo aumento; *(c)* os sócios podem ceder o *direito de preferência*, caso em que deve ser observado o *caput* do art. 1.057; e *(d)* vencida a etapa relativa aos compradores do aumento do capital e/ou da cessão do direito de preferência, realiza-se assembleia ou reunião para modificar o contrato.

Dizem o *caput* e os §§ do art. 1.081 do CC: "Ressalvado o disposto em lei especial, integralizadas as quotas, pode ser o capital aumentado, com a correspondente modificação do contrato. § *1.º* – Até trinta dias após a deliberação, terão os sócios preferência para participar do aumento, na proporção das quotas de que sejam titulares. *§ 2.º* – À cessão do direito de preferência, aplica-se o disposto no *caput* do art. 1.057. § *3.º* – Decorrido o prazo de preferência, e assumida pelos sócios, ou por terceiros, a totalidade do aumento, haverá reunião ou assembleia dos sócios para que seja aprovada a modificação do contrato."

Extraem-se desses textos as seguintes asserções:

(a) salvo lei especial, só é possível aumentar o capital depois de integralizado o existente; já na anônima basta integralizar três quartos (Lei 6.404/76, art. 170, § 1.º);

(b) os sócios têm *direito de preferência*, na devida proporção, desde que o exerçam até trinta dias após a assembleia ou reunião que deliberou pelo aumento;

(c) os sócios podem ceder o *direito de preferência*, caso em que deve ser observado o *caput* do art. 1.057, isto é, sendo omisso o contrato, pode cedê-lo, no todo ou em parte, livremente, a quem já é sócio, ou a terceiro, se não houver oposição de titulares de mais de um quarto do capital social, oposição essa que objetiva preservar o *intuitu personae* da sociedade (Cap. 54, item 2.2 *supra*); e

(d) vencida a etapa relativa aos compradores do aumento e/ou da cessão do direito de preferência, realiza-se assembleia ou reunião para modificar o contrato.

2 REDUÇÃO DO CAPITAL SOCIAL

Consta no art. 1.082 do CC: "Pode a sociedade reduzir o capital, mediante a correspondente modificação do contrato: *I* – depois de integralizado, se houver perdas irreparáveis; *II* – se excessivo em relação ao objeto da sociedade".

2.1 Redução por perdas irreparáveis

> A redução por *perdas irreparáveis* está disciplinada no art. 1.083: *(a)* acontecem quando a sociedade não deu lucro nem empatou, mas se descapitalizou; *(b)* em vez da reposição do capital perdido, visto que em relação a ele a obrigação é de mantê-lo permanentemente íntegro, os sócios preferem reduzi-lo; *(c)* trata-se de *ajuste contábil* com o patrimônio social: a sociedade não pode perder aquilo que não mais tem; *(d)* igual fenômeno acontece com o capital ainda não integralizado: a sociedade não pode perder aquilo que ainda não recebeu; e *(e)* o valor das *perdas irreparáveis* é distribuído entre os sócios, reduzindo-se proporcionalmente o valor nominal das quotas.

A redução por *perdas irreparáveis* está disciplinada no art. 1.083: "No caso do inciso I do artigo antecedente, a redução do capital será realizada com a diminuição proporcional do valor nominal das quotas, tornando-se efetiva a partir da averbação, no Registro Público de Empresas Mercantis, da ata da assembleia que a tenha aprovado".

Acontecem *perdas irreparáveis* quando a sociedade não deu lucro nem empatou, mas se descapitalizou. Numa espécie de autofagia, consumiu o capital social.

Então, em vez da reposição do capital perdido, visto que em relação a ele a obrigação é de mantê-lo permanentemente íntegro (Cap. 51 *supra*), os sócios preferem reduzi-lo.

Ensina Modesto Carvalhosa: "A redução por perdas irreparáveis não envolve efetiva diminuição do patrimônio social, mas, ao contrário, simples ajuste contábil".

Trata-se, na realidade, de *ajuste contábil* com o patrimônio social: a sociedade não pode perder aquilo que não mais tem, motivo por que leva a designação *perdas irreparáveis*. Igual fenômeno acontece com o capital ainda não integralizado: a sociedade não pode perder aquilo que ainda não recebeu.

Dessarte, o parâmetro do valor das perdas é o capital já realizado. Uma vez apurado e deliberado que não haverá reposição, e sim redução, elas são distribuídas entre os sócios, reduzindo-se proporcionalmente o valor nominal das quotas.

2.2 Redução por capital excessivo

Há disciplina específica no Código Civil também para a *redução por capital excessivo*: "Art. 1.084 – No caso do inciso II do art. 1.082, a redução do capital será feita restituindo-se parte do capital das quotas aos sócios, ou dispensando-se as prestações ainda devidas, com diminuição proporcional, em ambos os casos do valor nominal das quotas. § 1.º – No prazo de noventa dias, contado da data da publicação da ata da assembleia que aprovar a redução, o credor quirografário, por título líquido anterior a essa data, poderá opor-se ao deliberado. § 2.º – A redução somente se tornará eficaz se, no prazo estabelecido no parágrafo antecedente, não for impugnada, ou se provado o pagamento da dívida ou o depósito judicial do respectivo valor. § 3.º – Satisfeitas as condições estabelecidas no parágrafo antecedente, proceder-se-á à averbação, no Registro Público de Empresas Mercantis, da ata que tenha aprovado a redução."

2.1.1 Consideração inicial

> O capital social objetiva financiar o objeto social e servir de garantia aos credores. Se a sociedade pode operar normalmente com R$ 20.000,00 de capital, e tem R$ 40.000,00, pode-se considerá-lo excessivo.

Vimos que o capital social tem duas funções básicas: financiar o objeto social, é dizer, ensejar o normal exercício da atividade, e garantir, servir de seguro ou fiança aos credores, assim como, nos termos do art. 391 do CC, os bens particulares das pessoas traduzem garantia às respectivas obrigações (Cap. 51 *supra*; Cap. 31, item 2 *supra*).

Se, por exemplo, uma sociedade que tem por objeto o comércio de lanches em pequena escala, pode operar normalmente com R$ 20.000,00 de capital social; se estiver com R$ 40.000,00, pode-se considerá-lo excessivo. É a situação inversa da subcapitalização, que, em situações especiais, justifica a desconsideração da pessoa jurídica (Cap. 37, item 1.4 *supra*).

2.1.2 Repercussão nas quotas e valor da restituição

> Na *redução por capital excessivo*, diminui-se proporcionalmente o valor nominal das quotas e restitui-se na mesma proporção ou dispensam-se as prestações ainda devidas. Como o *caput* do art. 1.084 do CC não define se a restituição, quando for o caso, ocorre pelo *valor patrimonial* ou *nominal* das quotas, cabe aos sócios na assembleia ou reunião deliberar a respeito. Se optarem pelo *valor patrimonial*, a definição ocorre "em balanço especialmente levantado" (CC, art. 1.031).

Na *redução por capital excessivo*, diminui-se proporcionalmente o valor nominal das quotas e restitui-se na mesma proporção ou dispensam-se as prestações ainda devidas.

Como o *caput* do art. 1.084 do CC refere que se restitui "parte do capital das quotas" e diminui-se proporcionalmente o "valor nominal das quotas", cabe indagar: Qual é o valor da restituição, quando não for caso de dispensa de prestações ainda devidas? A restituição ocorre pelo valor patrimonial ou nominal?

A respeito dessa questão, cabe aos sócios, na assembleia ou reunião que deliberar a respeito, conforme o que entenderem melhor, cientes de que a manutenção do patrimônio torna a sociedade mais sólida. Se optarem pelo *valor patrimonial*, a definição ocorre "em balanço especialmente levantado" (CC, art. 1.031), assim como acontece em diversas situações, por exemplo, no *recesso de sócio* (Cap. 58 *supra*).

2.1.3 Direito de oposição do credor quirografário, prazo e eficácia da redução

> O *credor quirografário*, com título líquido anterior, no prazo de noventa dias, contado da data da publicação da ata da assembleia que aprovar a redução, pode manifestar oposição. Não havendo, a redução torna-se eficaz; havendo, resta à sociedade pagar ou depositar em juízo, sob pena de a eficácia ficar sob condição suspensiva. A lei confere *direito de oposição* a esse credor porque, diferentemente dos credores com garantia real ou fidejussória, a sua garantia é o capital social; logo, a redução põe-na em xeque.

No prazo de noventa dias, contado da publicação da ata da assembleia que aprovou a redução, o credor quirografário, com título líquido anterior, pode se opor. Na sociedade anônima esse prazo é de sessenta dias (Lei 6.404/76, art. 174). Não havendo oposição, a redução torna-se eficaz; havendo, resta à sociedade pagar ou depositar em juízo, sob pena de a eficácia da redução ficar sob condição suspensiva.

Por que a lei confere somente ao credor quirografário o *direito de oposição*? Porque, diferentemente dos credores com garantia real ou fidejussória, a garantia do quirografário é o capital social (item 2.2.1 *supra*); logo, a sua redução põe-na em xeque. Trata-se, pois, de oposição pura e simples. Basta o título líquido anterior. Não é necessário externar justificativa. Ela está implícita.

2.1.4 Averbação e eficácia em face de terceiros

> A ata da assembleia ou reunião que deliberou pela redução do capital social, instruída com as provas de que foram cumpridas as condições estabelecidas, por exemplo, quando houve oposição, deve ser averbada no Registro Público de Empresas Mercantis. Sem isso, há ineficácia face a terceiros. As obrigações continuam como se não tivesse havido redução.

Capítulo 66
DOS DEVERES DOS SÓCIOS ENTRE SI E PERANTE A SOCIEDADE

1 DEVERES DOS SÓCIOS ENTRE SI

> Todos os deveres dos sócios entre si podem ser resumidos no da *affectio societatis*.

Todos os deveres dos sócios entre si podem ser resumidos no da *affectio societatis*. Não há sociedade contratual sem que os contratantes tenham uns com os outros vontade de somar esforços, de cooperar, direta ou indiretamente, na obra comum. É dever do sócio aglutinar, unir. Não pode espalhar discórdia, desinteligência.

Esse dever é tão importante que a violação, aliada ao risco à continuidade da empresa, justifica a exclusão do sócio (Cap. 59, item 2.4 *supra*).

2 DEVERES DOS SÓCIOS PERANTE A SOCIEDADE

> Os deveres dos sócios perante a sociedade, além daqueles que decorrem naturalmente da *affectio societatis*, são de natureza patrimonial, vale dizer, de integralizar as quotas subscritas, de responderem solidariamente pela integralização do total, ou reintegralização nos casos de descapitalização; em suma, obrigações relativas às quotas e outras contribuições previstas no contrato social (Cap. 60 *supra*).

Capítulo 67

DOS DIREITOS DOS SÓCIOS PERANTE A SOCIEDADE

Os direitos dos sócios perante a sociedade são pessoais e patrimoniais, decorrentes da condição/*status* de sócio. Assim era no regime legal anterior (CCm, art. 290; Decreto 3.708/1919, art. 15), e assim continua sendo no atual.

1 DIREITOS PESSOAIS

> Figuram no rol dos *direitos pessoais* os de votar, de fiscalizar, mesmo havendo Conselho Fiscal (Cap. 62, item 1 *supra*), de administrar, uma vez escolhido no contrato ou eleito (Cap. 65 *supra*), e eventualmente outros estabelecidos.

2 DIREITOS PATRIMONIAIS

> Figuram no rol dos *direitos patrimoniais* os de participar dos lucros (CC, art. 1.008), da partilha do remanescente na liquidação (Cap. 46, itens 10-4 *supra*), do aumento do capital social (Cap. 64, item 1 *supra*), e eventualmente outros estabelecidos.

Capítulo 68

DA PENHORA DE LUCROS, DE PARTE DE LIQUIDAÇÃO E DE QUOTAS NA SLP POR DÍVIDAS DOS SÓCIOS

1 PREVISÃO LEGAL E BENEFÍCIO DE ORDEM OU DE EXCUSSÃO

> Pelo art. 292 do ex-CCm/1850, era possível, na ausência de outros bens – portanto, estabelecia o benefício de ordem ou de excussão –, penhorar *fundos líquidos* do sócio. Desse modo, ficava preservado o *intuitu personae*, característica interna das sociedades de pessoas (prevalência do vínculo pessoal sobre o patrimonial ou *intuitu pecuniae*), evitando com isso o ingresso de estranho sem a anuência dos demais. Essa barreira foi-se enfraquecendo, e se fortalecendo foi o princípio de que a penhorabilidade é regra, e a impenhorabilidade exceção. Passou-se, então, a penhorar, não patrimônio da sociedade pluripessoal, ou bens individualmente considerados, mas ações e quotas sociais (entenda-se: direitos delas decorrentes), e nesse sentido firmou-se a jurisprudência.

A discussão começou com o CPC/1939 e persistiu no CPC/1973, muito em razão do art. 292 do ex-CCm/1850, revogado com o advento do CC/2002, pelo qual o credor do sócio só podia "executar os fundos líquidos que o devedor possuir na companhia ou sociedade, não tendo este outros bens desembargados, ou se, depois de executados os que tiver, não forem suficientes para o pagamento".

Não admitia a penhora das ações e quotas, mas apenas dos *fundos líquidos* do sócio; e, ainda, estabelecia o *benefício de ordem* ou *de excussão*, isto é, só podiam ser penhorados na ausência ou insuficiência de outros bens particulares livres de ônus.

Estava, assim, preservado o *intuitu personae*, característica interna das sociedades de pessoas (prevalência do vínculo pessoal sobre o patrimonial ou *intuitu pecuniae*), evitando-se com isso o ingresso de estranho no quadro social sem anuência dos demais.

Todavia, essa barreira foi-se enfraquecendo, e se fortalecendo foi o princípio de que a penhorabilidade é regra, e a impenhorabilidade exceção, regra essa afirmada pelo art. 391 do CC/2002, e art. 591 do CPC/1973, repetido pelo art. 789 do CPC/2015, pelos quais, salvo restrições estabelecidas em lei, o devedor responde pelas respectivas obrigações com todos os seus bens presentes e futuros, inclusive na condição de sócio (CPC/1973, art. 592, II; CPC/2015, art. 790, II).

Ainda, o art. 861 do CPC disciplina o procedimento nos casos de penhora de quotas ou de ações "de sócio em sociedade simples ou empresária", e o art. 876, § 7.º, estabelece que a sociedade deve informar aos demais "a ocorrência da penhora, assegurando a estes a preferência aos demais o direito de preferência", o qual prevalece inclusive sobre o núcleo familiar do executado, pois objetiva preservar o *intuitu personae*, isto é, evitar o ingresso de estranho no quadro social.

Cabe esclarecer que não se deve confundir essa penhora, que é de direitos que o sócio tem na sociedade decorrentes de ações ou de quotas sociais, por motivo de *dívidas particulares*, com a penhora de bens pessoais do sócio por motivo de *dívidas da sociedade*, caso em que os desta devem ser excutidos antes (CC, art. 1.024; CPC, art. 795 e § 1.º).

Feito o esclarecimento, passou-se, então, considerando a previsão legal, a penhorar ações e quotas sociais (entenda-se: direitos delas decorrentes), visto que agregam valores econômicos. Não se fala em penhora do patrimônio da sociedade pluripessoal, ou de bens individualmente considerados, visto que os sócios dispõem apenas de títulos chamados *ação* e *quota* (conforme o tipo de sociedade), os quais incorporam valores, por exemplo, *nominal* (= fração do capital social), portanto fixo, e *patrimonial*, portanto variável. Em suma: as ações e as quotas pertencem aos sócios, e os bens à sociedade.

Nesse sentido, firmou-se a jurisprudência, inclusive do STJ, admitindo a penhora de ações e quotas por dívida particular do sócio, facultando-se à sociedade – a fim de evitar o ingresso de estranho – "remir a execução ou o bem, ou, ainda, assegurar a ela e aos demais sócios o direito de preferência na aquisição a tanto por tanto".[251] Somente quando não remida a dívida

---

[251] STJ, 6.ª T., REsp 201181, *in* RT 781/197; REsp.234391, 3.ª Turma, Rel. Min. Carlos Alberto Menezes Direito, em 12-2-2001.

nem exercido o direito de preferência é possível ao exequente "requerer a dissolução total ou parcial da sociedade".[252]

2 INEXISTÊNCIA DE CONFLITO ENTRE O CC E O CPC E ALTERNATIVAS AO CREDOR QUANTO À PENHORA

> Não há conflito entre o art. 1.026 do CC e o art. 835, IX, do CPC/2015, pois aquele versa a respeito da penhora de lucros e da parte de liquidação por *dívidas do sócio*, e este a respeito da penhora de "percentual do faturamento da empresa devedora", logo, por *dívidas da sociedade*. Em síntese, no que tange à penhora, o credor na execução contra sócio pode requerer: *(a)* a penhora dos lucros; *(b)* a penhora da parte de liquidação; e *(c)* a penhora de ações e quotas sociais, observando-se o parágrafo único do art. 1.026 do CC e o § 7.º do art. 876 do CPC. Se os demais sócios exercerem o direito de preferência, adjudicando as ações ou quotas, opera-se a exclusão de pleno direito do sócio executado. Se não o exercerem, o exequente pode requerer a liquidação das ações ou das quotas do executado (dissolução parcial ou resolução).

Diz o art. 1.026 do CC: "O credor particular de sócio pode, na insuficiência de outros bens do devedor, fazer recair a execução sobre o que a este couber nos lucros da sociedade, ou na parte que lhe tocar em liquidação. *Parágrafo único* – Se a sociedade não estiver dissolvida, pode o credor requerer a liquidação da quota do devedor, cujo valor, apurado na forma do art. 1.031, será depositado em dinheiro, no juízo da execução, até noventa dias após aquela liquidação."

Primeiro, tratando-se de *penhora de lucros* e da *parte de liquidação*, o dispositivo, ao dizer "na insuficiência de outros bens do devedor", manteve o benefício de ordem ou de excussão em favor do sócio, mas na prática funciona como protetor do *intuitu personae* da sociedade.

Por conseguinte, não confundir essa penhora, que é de lucros e de parte de liquidação por *dívidas do sócio*, nem com a penhora das quotas ou ações, que também é por *dívidas do sócio*, nem com a penhora de bens do sócio por *dívidas da sociedade*.

---

[252] STJ, REsp 221625-SP, 3.ª T., Rel.ª Min.ª Nancy Andrighi, em 7-5-2001.

Segundo, o dispositivo possibilita alternativamente a penhora: *(a)* ou dos lucros do executado na sociedade: a penhora ocorre conforme eles se vão verificando; ou *(b)* da parte que lhe tocar em liquidação: de acordo com o parágrafo único do art. 1.026, se a sociedade ainda não estiver dissolvida, o exequente pode requerer "a liquidação da quota do devedor", o que significa dizer ação de dissolução parcial/resolução e apuração de haveres (Cap. 43, item 4.2.7 *supra*).

Isso demonstra que não há conflito entre o art. 1.026 do CC e o art. 835, IX, do CPC/2015 (cópia do art. 655, VI, do CPC/1973), pois aquele versa a respeito da penhora de lucros e da parte de liquidação por *dívidas do sócio*, e este a respeito da penhora de "percentual do faturamento da empresa devedora", logo por *dívidas da sociedade*.

Em síntese, no que tange à penhora, o credor na execução contra sócio em relação aos seus direitos na sociedade pode requerer: *(a)* a penhora dos lucros; *(b)* a penhora da parte de liquidação; e *(c)* a penhora das ações e quotas sociais.

Quanto à *penhora dos lucros*, não há ingresso de estranho no quadro social, porque os haveres do credor se efetivam sobre o dinheiro resultante do lucro; logo não há hasta pública.

Quanto à *penhora da parte de liquidação*, de igual modo não há ingresso de estranho no quadro social, porque os haveres do credor se efetivam sobre os do sócio devedor apurados na liquidação; logo, de igual modo, não há hasta pública.

Quanto à *penhora de ações e quotas sociais* (= direitos patrimoniais a elas relativos), deve-se observar o parágrafo único do art. 1.026 do CC (= avaliação na forma do art. 1.031) e o § 7.º do art. 876 do CPC, isto é, o direito de preferência dos demais sócios, o qual prevalece inclusive sobre o núcleo familiar do executado, pois objetiva evitar o ingresso de estranho, preservando, assim, o *intuitu personae*.

Se os demais sócios exercerem o direito de preferência, adjudicando as quotas do sócio executado, opera-se a sua exclusão de pleno direito (Cap. 59, item 4 *supra*). Se não o exercerem, o exequente pode requerer a liquidação delas, portanto dissolução parcial ou resolução (Cap. 43, item 2 *supra*).

Capítulo 69
DA SOCIEDADE/EMPRESA NACIONAL E DA NECESSIDADE DE AUTORIZAÇÃO

1 ESCLARECIMENTO INICIAL (SEDE E ADMINISTRAÇÃO)

O *caput* do art. 1.126 diz "sede de sua administração". A expressão é ambígua, visto que *sede* é o estabelecimento das principais instalações para o exercício da atividade, e *administração* é o da matriz ou centro de decisões. Ainda, conflita com a CF, visto que que a esta, para fins de empresa de pequeno porte e de empresa que atua em pesquisa e lavra, só é brasileira a que tem a "sua sede e administração no País" (arts. 170, IX, e 176, § 1.º). A expressão do Código também não se harmoniza com o *instituto da nacionalização*, o qual exige que a empresa transfira "sua sede para o Brasil" (art. 1.141, *caput*). Por fim, interessa ao País não a administração, mas a sede. Esta é que produz bens e/ou presta serviços (gera empregos, impostos, aquece a economia etc.). Assim, onde no art. 1.126 se lê "sede de sua administração", deve-se entender "sede *e* sua administração".

O *caput* do art. 1.126 do CC copiou do art. 60 do DL 2.627/40 a expressão "sede de sua administração". Ela é ambígua, visto que *sede* é o estabelecimento das principais instalações para o exercício da atividade, e *administração* é o da matriz ou centro de decisões (Cap. 17, item 1 *supra*).

Ainda, não pode haver dois conceitos de *empresa brasileira*, um no Código, pelo qual basta no Brasil a administração, e outro na Constituição, pelo qual, para fins de empresa de pequeno porte e de empresa que atua em pesquisa e lavra, só é brasileira a que tem a "sua sede e administração no País" (arts. 170, IX, e 176, § 1.º).

A expressão do Código também não se harmoniza com o *instituto da nacionalização*, o qual exige que a empresa transfira "sua sede para o Brasil" (art. 1.141, *caput*). Não é coerente exigir que, para a estrangeira nacionalizar-se, basta a transferência da sede, podendo a matriz/administração continuar no estrangeiro, e para ser empresa nacional basta a administração no Brasil, podendo a sede localizar-se no estrangeiro.

Observe-se que ao País não interessa a administração, mas a sede. Esta é que produz bens e/ou presta serviços, pois gera empregos, impostos, aquece a economia etc. Assim, onde no art. 1.126 se lê "sede de sua administração" (preposição *de*), deve-se entender "sede *e* sua administração" (conjunção aditiva *e*).

2 CONCEITO DE SOCIEDADE/EMPRESA NACIONAL

> É *sociedade/empresa nacional* a organizada de conformidade com a lei brasileira e que tem no País a sede e a administração. No *caput* do art. 1.126 do CC, onde se lê "sede de sua administração", deve-se entender "sede *e* sua administração", e onde se lê *sociedade*, deve-se entender *empresa*, substantivo utilizado na mesma locução pelos arts. 170, IX, e 176, § 1.º, da CF, e conforme a *teoria da empresa* adotada pelo CC. A empresa abrange todo núcleo organizado para a produção de bens e/ou de prestação de serviços, seja por sociedade uni ou pluripessoal, seja por empresa individual (FIRMA).

Pelo *caput* do art. 1.126 do CC, é *sociedade nacional* a organizada "de conformidade com a lei brasileira e que tem no País a sede de sua administração"; e, pelo parágrafo único, se a lei exigir que todos ou alguns sócios sejam brasileiros, as ações da anônima devem ser nominativas (nome do acionista impresso no certificado).

Vimos no item anterior que, no *caput*, onde se lê "sede *de* sua administração", deve-se entender "sede *e* sua administração", e onde se lê *sociedade*, deve-se entender *empresa*, substantivo utilizado na mesma locução pelos arts. 170, IX, e 176, § 1.º, da CF, e conforme a *teoria da empresa* adotada pelo próprio CC. A empresa, a respeito da qual defendemos a *teoria objetiva pura* (Cap. 4, item 5 *supra*), abrange todo núcleo organizado para a produção de bens e/ou de prestação de serviços, seja por sociedade uni ou pluripessoal, seja por empresa individual (FIRMA).

Portanto, é *sociedade nacional/empresa* a organizada de conformidade com a lei brasileira e que tem no País a sede e a administração.

3 AUTORIZAÇÕES PARA CONSTITUIR E PARA FUNCIONAR

Em relação às sociedades pluripessoais, há três espécies de autorização governamental: *(a)* às vezes, independentemente do tipo de atividade, é necessário autorização para *constituir*; *(b)* às vezes, dependendo do tipo de atividade, é necessário autorização somente para *funcionar*; e *(c)* às vezes, quando a atividade é controlada e a constituição é fiscalizada, são necessárias as duas autorizações.

3.1 Origem histórica e distinção

> O Decreto 434/1891 criou às *empresas nacionais* duas espécies de autorização, adotadas pelo DL 2.627/40, mantidas pela Lei 6.404/76 e encampadas pelo CC/02: *(a)* para *constituir* quando há *interesse coletivo*; e *(b)* para *funcionar* quando há *controle da atividade*.

O Decreto 434/1891 criou às *empresas nacionais* duas espécies de autorização, adotadas pelo DL 2.627/40 (arts. 63-4), mantidas pela Lei 6.404/76 (art. 300), encampadas pelo CC/02 (arts. 1.132-3): *(a)* para *constituir* quando há *interesse coletivo* na criação, por exemplo, a sociedade anônima por subscrição pública (como os subscritores são considerados investidores, o governo deve controlar e fiscalizar a captação de poupança popular); e *(b)* para *funcionar* quando há *controle da atividade*, por exemplo, seguros e planos de saúde.

Dever-se-ia exigir *autorização para funcionar* apenas da estrangeira, pois já constituída no país de origem, e da nacional somente *autorização para constituir*, visto não ser lógico antes permitir a livre constituição, e depois condicionar o funcionamento à autorização, com eventual negativa, desperdiçando-se tempo e dinheiro.

3.2 Possibilidade de indeferimento

> Só é possível indeferir o pedido de autorização quando "não atender às condições econômicas, financeiras ou jurídicas especificadas em lei" (CC, art. 1.130); logo, fica no campo da legalidade estrita. A norma é de caráter geral.

> Aplica-se tanto à sociedade com subscrição particular (autorização para funcionar), quanto à com subscrição pública (autorização para constituir).

O art. 1.130 do CC tem origem no art. 62 do DL 2.627/40, todavia sem prever indeferimento da autorização por eventualmente a sociedade não consultar os "interesses da economia nacional". Significa dizer que fica no campo da discricionariedade.

Com efeito: *(a)* pelo art. 1.130 só é possível indeferi-la em razão de "não atender às condições econômicas, financeiras ou jurídicas especificadas em lei", quer dizer que fica no campo da legalidade estrita; e *(b)* a norma é de caráter geral, isto é, aplica-se tanto à sociedade com subscrição particular (autorização para funcionar), quanto à com subscrição pública (autorização para constituir).

Como o CC regula inteiramente a matéria, improcede a tese de que, tratando-se de sociedade anônima, o Executivo ainda pode negar, alegando contrariedade aos interesses da economia nacional.

3.3 Ato administrativo, publicações e registro

> Pelo art. 1.131 do CC, combinado com o art. 45, temos que: *(a)* a norma é de caráter geral; *(b)* é necessário verificar qual o ato administrativo adequado, visto que nem sempre é *decreto de autorização* do Presidente da República, pois a competência pode ser de outro órgão do Executivo; *(c)* uma vez expedida a autorização, cabe à interessada, no prazo de trinta dias, publicar no órgão oficial da União os atos referidos nos arts. 1.128-9; *(d)* inscreve-se o ato no registro próprio, com exemplar da publicação; e *(e)* publica-se no mesmo órgão, também no prazo de trinta dias, o termo de inscrição.

Tem-se pelo art. 1.131 do CC (proveniente dos §§ 3.º e 4.º do art. 61 do DL 2.627/40), combinado com o respectivo art. 45, o seguinte: *(a)* a norma é de caráter geral (aplica-se tanto à sociedade com subscrição particular, quanto à com subscrição pública); *(b)* a despeito da referência de expedição de *decreto de autorização*, é preciso verificar caso a caso qual o *ato administrativo* adequado, pois a competência pode não ser do Presidente da República, mas de outro órgão do Executivo, por exemplo, do BACEN quanto às instituições financeiras nacionais (Lei 4.495, art. 10, X, alínea *a*, e art. 18); *(c)* uma vez expedida a autorização, cabe à interessada, no prazo de trinta dias, publicar no órgão oficial da União os atos referidos nos arts. 1.128-9; *(d)* após, cabe-lhe requerer a inscrição do ato constitutivo no registro próprio, com exemplar da publicação; e *(e)* por fim, cabe-lhe, também no prazo de trinta dias, a partir da inscrição, publicar no mesmo órgão o *termo de inscrição*.

3.4 Exemplos de empresas nacionais dependentes de autorização para funcionar

> São exemplos de empresas nacionais dependentes de autorização: os bancos e as instituições financeiras; as cooperativas; as distribuidoras de valores mobiliários no mercado, as compradoras de valores mobiliários para revendê-los por conta própria e mediação ou corretoras na Bolsa de Valores; as mineradoras; as operadoras de planos privados de assistência à saúde e as seguradoras. O exame individual dirá, inclusive em relação à empresa individual (FIRMA) e à SLU, se, além da *autorização para constituir*, decorrente da existência de interesse coletivo, é também necessário *autorização para funcionar*, decorrente do controle que o Poder Público exerce sobre a atividade.

A seguir, arrolamos exemplos de atividades sobre as quais o Poder Público exerce controle, portanto casos que dependem de autorização para funcionar: *(a)* os bancos e as instituições financeiras (Lei 4.565/64, art. 18); *(b)* as cooperativas (Lei 5.764/71, arts. 17-20); *(c)* as distribuidoras de valores mobiliários no mercado, compradoras de valores mobiliários para revendê-los por conta própria e mediação ou corretoras na Bolsa de Valores (Lei 6.385/76, art. 16); *(d)* as mineradoras (DL 227/67; Lei 7.805/89); *(e)* as operadoras de planos privados de assistência à saúde (Lei 9.656/98, art. 8º); *(f)* as seguradoras (DL 73/66, art. 74).

O exame individual dirá – inclusive em relação à empresa individual (FIRMA) e à Sociedade Limitada Unipessoal – SLU, se, além da *autorização para constituir*, decorrente da existência de interesse coletivo, é também necessário *autorização para funcionar*, decorrente do controle que o Poder Público exerce sobre a atividade.

Capítulo 70

DA SOCIEDADE ESTRANGEIRA E DA SOCIEDADE NACIONAL COM A PARTICIPAÇÃO DE ESTRANGEIROS

1 CONCEITO DE SOCIEDADE/EMPRESA ESTRANGEIRA

> O art. 1.134 do CC não conceitua *sociedade estrangeira*. Extrai-se o conceito por exclusão do conceito de *sociedade nacional*, previsto no *caput* do art. 1.126. Assim, é estrangeira a sociedade/empresa quando: *(a)* tiver sido constituída no exterior, mesmo que a sede *e* a administração localizem-se no Brasil; e *(b)* a sede *ou* a administração se localize no estrangeiro, mesmo que tenha sido constituída sob as leis brasileiras.

Diz o *caput* do art. 1.134 do CC: "A sociedade estrangeira, qualquer que seja o seu objeto, não pode, sem autorização do Poder Executivo, funcionar no País, ainda que por estabelecimentos subordinados, podendo, todavia, ressalvados os casos expressos em lei, ser acionista de sociedade anônima brasileira".

O dispositivo não conceitua *sociedade estrangeira*, entenda-se *empresa estrangeira*. Extrai-se o respectivo conceito por exclusão do conceito de *sociedade nacional*, entenda-se *empresa nacional* (CC, art. 1.126, *caput*; Cap. 69, item 2 *supra*).

Assim, é estrangeira a sociedade/empresa quando: *(a)* tiver sido constituída no exterior, mesmo que a sede *e* a administração localizem-se no Brasil; e *(b)* a sede *ou* a administração se localize no estrangeiro, mesmo que tenha sido constituída sob as leis brasileiras.

E, reportando-nos ao esclarecimento a respeito da expressão ambígua do *caput* do art. 1.126 do CC (Cap. 69, item 1 *supra*), aqui, para ser estrangeira ou para decair do conceito de sociedade nacional, basta que a sede *ou* a administração não se localize no Brasil. Alfredo de Assis Gonçalves Neto escreve que a sociedade em que "faltar qualquer desses elementos será estrangeira".[253]

2 SOCIEDADE/EMPRESA NACIONAL COM A PARTICIPAÇÃO DE ESTRANGEIROS

A participação de estrangeiros na sociedade/empresa nacional tanto pode ser de pessoas naturais quanto de jurídicas.

2.1 Sociedade/empresa nacional com participação de pessoa jurídica estrangeira

> Se a sociedade/empresa estrangeira depende de prévia autorização do Poder Executivo para funcionar no Brasil (CC, art. 1.134, *caput*), o mesmo ocorre, salvo exceção legal, para participar de sociedade/empresa nacional. A pessoa jurídica estrangeira, seja para funcionar no Brasil, seja para participar de sociedade nacional, salvo exceção legal, precisa de autorização do Poder Executivo. A não ser assim, burla-se autorização mediante o ingresso no quadro societário. A estrangeira não pode usar a nacional como *longa manus* ou interposta pessoa, para na prática funcionar no País sem prévia licença, muito menos para exercer atividade econômica privativa aos brasileiros natos ou naturalizados, ou atividade com restrições aos estrangeiros.

Conforme o art. 1.134, *caput*, do CC, a sociedade estrangeira, seja qual for o tipo e a atividade, depende de autorização para funcionar no País, "ainda que por estabelecimentos subordinados", como são a sucursal, a filial e a agência (Cap. 17, item 2 *supra*). Pode, todavia, "ressalvados os casos expressos em lei, ser acionista de sociedade anônima brasileira". O § 1.º enumera os documentos necessários, e o 2.º determina a autenticação, a legalização pelo Consulado e a tradução em vernáculo. Por simetria do que acontece no âmbito nacional (Cap. 69, itens 1 e 2 *supra*), onde consta *sociedade*, deve-se entender *empresa*.

---

[253] GONÇALVES NETO, Alfredo de Assis. *Direito de Empresa: Comentários aos artigos 966 a 1.195 do Código Civil*, 3.ed., p. 563. São Paulo: Revista dos Tribunais, 2013.

O dispositivo permite ser acionista de sociedade anônima brasileira, porém ressalva "os casos expressos em lei". Essa ressalva objetiva não liberar a estrangeiros as atividades privativas a brasileiros natos ou naturalizados, ou atividades com restrições a estrangeiros.

Por exemplo, na esfera constitucional, diz o § 3.º do art. 199 da CF: "É vedada a participação direta ou indireta de empresas ou capitais estrangeiros na assistência à saúde do País, salvo nos casos previstos em lei". Em relação ao transporte aquático, a lei pode estabelecer condições/restrições para as "embarcações estrangeiras" (art. 178, parágrafo único). A empresa jornalística e de radiodifusão sonora e de imagens "é privativa de brasileiros natos ou naturalizados há mais de dez anos, ou de pessoas jurídicas constituídas sob as leis brasileiras (art. 222, *caput*); e, em qualquer caso, pelo menos setenta por cento do capital total e do capital votante deve pertencer, "direta ou indiretamente, a brasileiros natos ou naturalizados há mais de dez anos, que exercerão obrigatoriamente a gestão das atividades" (§ 1.º). Pouco mais, pouco menos, o mesmo acontece na pesquisa e na lavra de recursos minerais (art. 176, § 1.º) e no sistema financeiro (art. 192).

Outros exemplos constam na esfera infraconstitucional, como se vê do item 3 do Capítulo I do *Manual de Registro da Sociedade Limitada*, aprovado pela Resolução Normativa n.º 81, de 10-6-2020, do Departamento Nacional de Registro Empresarial Integrado – DREI.

Portanto, se a sociedade/empresa estrangeira depende de prévia autorização do Poder Executivo para funcionar no Brasil (CC, art. 1.134, *caput*), o mesmo ocorre, salvo exceção legal, para participar de sociedade/empresa nacional. A pessoa jurídica estrangeira, seja para funcionar no Brasil, seja para participar de sociedade/empresa nacional, salvo exceção legal, precisa de autorização do Poder Executivo. A não ser assim, burla-se a prévia autorização mediante o ingresso no quadro societário. A estrangeira não pode usar a nacional como *longa manus* ou interposta pessoa, para na prática funcionar no País sem prévia licença, muito menos para exercer atividade econômica privativa aos brasileiros natos ou naturalizados, ou atividade com restrições aos estrangeiros.

Indo mais longe, a estrangeira acaba violando também, pelo viés da participação na sociedade/empresa nacional, a autorização exigida a esta, seja para constituir quando há interesse coletivo, seja para funcionar quando há controle da atividade (Cap. 69, item 3 *supra*).

2.2 Sociedade/empresa nacional com a participação de pessoa natural estrangeira

Em relação à *pessoa natural estrangeira*, há distinguir os requisitos: *(a)* vinculados à pessoa ou subjetivos; e *(b)* vinculados à atividade econômica ou objetivos.

2.2.1 Requisitos vinculados à pessoa natural estrangeira

> No que se refere aos requisitos vinculados à *pessoa natural estrangeira* ou subjetivos, tanto podia pela Lei 6.815/1980 (anterior *Estatuto do Estrangeiro*), quanto pode pela Lei 13.445/2017 (atual *Lei de Imigração* ou *Estatuto do Imigrante*), estabelecer-se com empresa individual, ser gerente ou administrador de sociedade empresária e não empresária ou simples, portanto nada obsta a participação como sócio, obviamente observada eventual exceção e a permanência legal no País (= não clandestino), conforme a Resolução Normativa n.º 11/2017, do Conselho Nacional de Imigração, e as Instruções Normativas n.ºs 34/2017 e 81/2020, ambas do DREI, observadas eventuais modificações subsequentes. A esses requisitos podem cumular-se os vinculados à atividade ou objetivos.

À época da Lei 6.815/1980 (anterior *Estatuto do Estrangeiro*), havia diversas normas relativas às atividades econômicas da pessoa natural estrangeira, a começar pelo art. 95. Ele fixava o princípio geral: o residente no Brasil gozava "de todos os direitos reconhecidos aos brasileiros, nos termos da Constituição e das leis". O art. 99 vedava ao estrangeiro com "visto temporário" estabelecer-se "com firma individual, ou exercer cargo ou função de administrador, gerente ou diretor de sociedade comercial ou civil, bem como inscrever-se em entidade fiscalizadora do exercício de profissão regulamentada".

A contrário senso, quem tinha *visto permanente*, não era abrangido pelas proibições; logo, podia estabelecer-se com empresa individual, ser gerente ou administrador de sociedade comercial ou civil – hoje sociedade empresária e não empresária ou simples –, portanto nada obstava a participação como sócio.

A Lei 13.445/2017 (atual *Lei de Imigração*) revogou aquele Estatuto. Pode-se dizer que – obviamente observada a permanência legal no País (= não clandestino) – é mais generoso, pois, salvo exceção legal, como regra assegura ao estrangeiro os direitos "em condições de igualdade com os nacionais", inclusive os econômicos (art. 4.º, I), o que significa direito de exercer atividade lucrativa.

Se, pelo anterior *Estatuto do Estrangeiro*, o estrangeiro pessoa natural, com *visto permanente*, podia se estabelecer com empresa individual, ser gerente ou administrador de sociedade comercial ou civil – hoje sociedade empresária e não empresária ou simples –, portanto nada obstava a participação como sócio, continua podendo, até mais livremente, pelo atual *Estatuto do Imigrante*.

Complementa-se esse item com a referência de que, à vista da nova lei, o Conselho Nacional de Imigração editou a Resolução Normativa n.º 11, de 1.º-12-2017 (*Disciplina a concessão de autorização de residência para imigrante administrador, gerente, diretor ou executivo com poderes de gestão, para representar sociedade civil ou comercial, grupo ou conglomerado econômico – pessoa jurídica*), ficando revogada a Resolução Normativa n.º 62, de 8-12-2004.

Por sua vez, o Departamento de Registro Empresarial Integrado – DREI editou a Instrução Normativa n.º 34, de 2-3-2017 (*Dispõe sobre o arquivamento de atos de empresas, sociedades ou cooperativas de que participem estrangeiros residentes e domiciliados no Brasil, pessoas físicas* – entenda-se pessoas naturais –, *brasileiras ou estrangeiras, residentes e domiciliadas no exterior e pessoas jurídicas com sede no exterior*).

Ainda, mediante a Instrução Normativa n.º 81, de 10-6-2020 (*Dispõe sobre as normas e diretrizes gerais do Registro Público de Empresas, bem como regulamenta as disposições do Decreto n.º 1.800, de 30 de janeiro de 1996*), o DREI estabeleceu no art. 12, na redação da IN-DREI, de 20-1-2022: "A pessoa física *entenda-se pessoa natural*, brasileira ou estrangeira, residente no exterior, que seja empresário individual, administrador ou sócio de sociedade empresária, associado de cooperativa deverá instruir o ato empresarial a ser arquivado ou arquivar em processo autônomo, procuração outorgada ao seu representante no Brasil, observada a legislação que rege o respectivo tipo societário".

Escreve Márcio Tadeu Guimarães Nunes que, uma vez preenchidos tais requisitos, o estrangeiro "não necessita de nova autorização para exercer dada atividade empresarial, bastando, para tanto, que se registre na Junta Comercial da região em que pretende desenvolver seu negócio, como todo brasileiro".[254]

---

[254] NUNES, Márcio Tadeu Guimarães. *EIRELI – A tutela do patrimônio de afetação*, p. 126, item 3.9. São Paulo: Quartier Latin, 2014.

Mas – saliente-se – ao cumprimento dos requisitos vinculados à pessoa ou subjetivos podem cumular-se os vinculados à atividade ou objetivos, como acontece quando ela é privativa a brasileiros natos ou naturalizados, ou com restrições a estrangeiros (item 222 *infra*).

Enfim: no que se refere aos requisitos vinculados à *pessoa natural estrangeira* ou subjetivos, tanto podia pela Lei 6.815/1980 (anterior *Estatuto do Estrangeiro*), quanto pode pela Lei 13.445/2017 (atual *Lei de Imigração* ou *Estatuto do Imigrante*), estabelecer-se com empresa individual, ser gerente ou administrador de sociedade empresária e não empresária ou simples, portanto nada obsta a participação como sócio, obviamente observada eventual exceção e a permanência legal no País (= não clandestino), conforme a Resolução Normativa n.º 11/2017, do Conselho Nacional de Imigração, e as Instruções Normativas n.ºs 34/2017 e 81/2020, ambas do DREI, observadas eventuais modificações subsequentes. A esses requisitos podem cumular-se os vinculados à atividade ou objetivos.

2.2.2 Requisitos vinculados à atividade econômica

> O atual *Estatuto da Imigração* (Lei 13.445/2017) é mais generoso do que o anterior, pois, salvo exceção legal e desde que não haja clandestinidade, assegura aos estrangeiros os direitos "em condições de igualdade com os nacionais", inclusive os econômicos (art. 4.º, I). Todavia, isso não os liberta da sujeição aos vetos e restrições vinculados à atividade econômica ou objetivos, inclusive de participarem de sociedade/empresa nacional como sócios, assim como as pessoas jurídicas estrangeiras. De outro modo, pelo artifício do ingresso no quadro societário, burla-se o veto ao exercício de atividade privativa aos brasileiros natos ou naturalizados, ou atividade com restrições aos estrangeiros.

O anterior *Estatuto do Estrangeiro* (Lei 6.815/1980) estabelecia às pessoas naturais casos de proibição e de restrição a certas atividades (art. 106). Em linhas gerais, as mesmas existentes às pessoas jurídicas estrangeiras, estendendo-se à participação como sócias de sociedade/empresa nacional (item 2.1 *supra*), sob pena de, pelo artifício do ingresso no quadro societário, burlar-se a necessidade de autorização do Poder Executivo para funcionar no Brasil, e também o veto puro e simples ao exercício de certa atividade, por ser privativa aos brasileiros natos ou naturalizados, ou atividade com restrições aos estrangeiros (item 2.1 *supra*).

O atual *Estatuto da Imigração* (Lei 13.445/2017) é mais generoso, como vimos no item anterior, pois, salvo exceção legal e desde que não haja clandestinidade, assegura aos estrangeiros os direitos "em condições de igualdade com os nacionais", inclusive os econômicos (art. 4.º, I), o que significa direito de exercer atividade lucrativa.

Todavia, essa generosidade não liberta as pessoas naturais estrangeiras da sujeição aos mesmos vetos e restrições vinculados à atividade econômica ou objetivos, inclusive de participarem de sociedade/empresa nacional como sócias, assim como as pessoas jurídicas estrangeiras. De outro modo, novamente, pelo artifício do ingresso no quadro societário, burla-se o veto puro e simples ao exercício de atividade privativa aos brasileiros natos ou naturalizados, ou atividade com restrições aos estrangeiros (item 2.1 *supra*).

Capítulo 71

DA REORGANIZAÇÃO EMPRESARIAL E DISSOLUÇÃO DA SLP

1 REORGANIZAÇÃO EMPRESARIAL

Esta matéria foi analisada no livro *TEMAS COMERCIAIS E EMPRESARIAIS*, que publicamos pela Editora AGE, de sorte que agora consideramos suficiente repetir as definições, com eventuais acréscimos necessários. Se o leitor tiver necessidade de mais subsídios, fica a indicação da obra.

Existem quatro espécies de reorganização empresarial: a transformação, a incorporação, a fusão e a cisão.

1.1 Regência legal

> As normas do Código Civil que disciplinam os institutos da transformação, da incorporação, da fusão e parte da cisão das sociedades por ele regidas (arts. 1.113-22) não diferem substancialmente das normas que regem as sociedades por ações (Lei 6.404/76, arts. 220-34), mais detalhadas estas, tendo em conta as peculiaridades. Assim, para as do CC, não se dispensa leitura das normas da Lei 6.404/76, seja para esclarecer dúvidas, seja para suprir lacunas (aplicação subsidiária). Ainda, o CC oficializou os institutos a todas as sociedades, antes só aplicáveis por analogia da Lei 6.404.

1.2 Transformação

1.2.1 Definição

> A transformação é a operação voluntária pela qual a sociedade passa de um para outro tipo (CC, art. 1.113; Lei 6.404/76, art. 220). Por exceção, abrange

> a transformação/metamorfose também da empresa individual, que não é sociedade (Cap. 113, item 2 *infra*).

Diz o art 1.113 do CC: "O ato de transformação independe de dissolução ou liquidação da sociedade, e obedecerá aos preceitos reguladores da constituição e inscrição próprios do tipo em que vai converter-se".

1.2.2 Situação dos credores

> A transformação não modifica os *direitos dos credores* (entenda-se, os que têm *título prévio*), cujos créditos continuam até o pagamento integral com as mesmas garantias que tinham no tipo que a sociedade anterior lhes oferecia (CC, art. 1.115, *caput*; Lei 6.404/76, art. 222). Se não modifica para pior, também não para melhor, por exemplo, na transformação de sociedade de responsabilidade limitada para ilimitada e vice-versa.

1.2.3 Relação de sucessão universal

> Por obra da lei (*opus legis*), a incorporada é sucedida pela incorporadora a título universal em todos os direitos e obrigações.

1.2.4 Parte tributária

> Há apenas transformação de uma sociedade em outra. Não há, pois, *circulação jurídica* (= transferência de propriedade) de bens móveis, especialmente de mercadorias, nem de imóveis; logo, não há fato típico tributário *inter vivos*.

1.3 Incorporação

1.3.1 Definição

> A incorporação é a operação em que uma ou mais sociedades são absorvidas por outra, que lhes sucede em todos os direitos e obrigações, devendo

> todas aprová-la, na forma dos respectivos tipos (CC, art. 1.116; Lei 6.404/76, art. 227, *caput*). Isso informa que: *(a)* a incorporação é exclusiva às sociedades, o que, salvo previsão legal, exclui a empresa individual; e *(b)* a incorporada é sucedida em todos os direitos e obrigações, quer dizer, não há incorporação parcial, pois, então, a hipótese é de cisão.

Diz o art. 1.116 do Código que na incorporação "uma ou várias sociedades são absorvidas por outra, que lhes sucede em todos os direitos e obrigações, devendo todas aprová-la, na forma estabelecida para os respectivos tipos". E diz o art. 227, *caput*, da Lei 6.404/76, que a incorporação "é a operação pela qual uma ou mais sociedades são absorvidas por outra, que lhes sucede em todos os direitos e obrigações".

1.3.2 Extinção da incorporada

> Pelo art. 1.118 do CC, a incorporadora extingue a incorporada, e pelo art. 227, § 3.º, da Lei 6.404/76, a incorporada extingue-se. Há, sim, extinção automática (*ex facto* da incorporação), no momento em que esta se consuma, isto é, fica irretratável, pois a incorporadora não tem poderes nem legitimidade para extinguir outra pessoa jurídica.

Diz o art. 1.118 do Código que, aprovados os atos de incorporação, a incorporadora "declarará extinta a incorporada", isto é, emite ato. Já o § 3.º do art. 227 da Lei 6.404/76 estabelece que aprovados os atos de incorporação "extingue-se a incorporada", isto é, extingue-se automaticamente ou *ex facto* da incorporação.

Na realidade, a extinção da incorporada ocorre automaticamente no momento em que a incorporação se consuma, isto é, torna-se irretratável. Não há necessidade de a incorporada realizar assembleia, reunião ou elaborar qualquer documento, tampouco de a incorporadora emitir ato de extinção, como diz o art. 1.118 do CC, até porque não tem poderes nem legitimidade para extinguir outra pessoa jurídica, como ensina Carvalhosa, baseado em Waldírio Bulgarelli.[255]

---

[255] CARVALHOSA, Modesto. *Comentários ao CC/2002*, vol. XIII, p. 519. São Paulo: Saraiva, 2003.

1.3.3 Relação de sucessão universal

Por obra da lei (*opus legis*), a incorporada é sucedida pela incorporadora a título universal em todos os direitos e obrigações.

1.4 Fusão

1.4.1 Definição

A fusão é a operação pela qual ao menos duas sociedades se unem e se extinguem para formar sociedade nova, que lhes sucede em todos os direitos e obrigações, devendo todas aprová-la, na forma dos respectivos tipos (CC, art. 1.119; Lei 6.404/76, art. 227, *caput*). Isso informa que: *(a)* a fusão é exclusiva às sociedades, o que, salvo previsão legal, exclui a empresa individual; e *(b)* não há fusão parcial, pois as fusionadas são sucedidas em todos os direitos e obrigações, além do que ficaria igual à cisão parcial. O *negócio de fusão* pode caracterizar *troust*, forma de abuso do poder econômico (empresas se fusionam para monopolizar o mercado). Isso viola a ordem econômica (Lei 8.884/94). O CADE (Conselho Administrativo de Defesa Econômica) deve agir.

Diz o art. 1.119 do CC: "A fusão determina a extinção das sociedades que se unem para formar sociedade nova, que a elas sucederá nos direitos e obrigações", repetido pelo art. 228 da Lei 6.404/76, salientando que a sucessão ocorre em todos os direitos e obrigações, assim como na incorporação (art. 227, *caput*), o que, em relação a esta, consta igualmente no Código (art. 1.116).

1.4.2 Extinção das fusionadas

Quanto à *extinção*, nada consta nos arts. 1.120-1 do CC, tampouco no art. 228 da Lei 6.404/76, nem precisa, pois, se elas se unem para criar sociedade nova, extinguem-se automaticamente com a criação desta. É modo *sui generis* de extinção.

1.4.3 Relação de sucessão universal

> Por obra da lei (*opus legis*), as fusionadas são sucedidas pela nova sociedade a título universal em todos os direitos e obrigações, assim como na incorporação.

1.5 Cisão

1.5.1 Observações iniciais

> Há três observações iniciais: *(a)* a cisão consta no emblema do Capítulo X do Livro II do CC e no art. 1.122 quanto aos direitos dos credores, mas, incrivelmente, não regula o instituto, motivo por que, conforme doutrina unânime, aplica-se, no ponto, a Lei 6.404/76; *(b)* o instituto da cisão tem como parâmetro o da incorporação, considerando as semelhanças; e *(c)* a cisão tem como ideia básica a esquizogenia ou cissiparidade no Direito, isto é, reprodução por divisão.

Embora no emblema do Capítulo X do Livro II do Código Civil conste *cisão*, bem assim quanto aos direitos dos credores no art. 1.122, o Código incrivelmente não regula o *instituto da cisão*, com o que, no ponto, aplica-se a Lei 6.404/76, conforme a doutrina em geral; por exemplo, Marlon Tomazette,[256] Maria Helena Diniz[257] e Rubens Requião,[258] omissão decorrente da "total falta de cautela do legislador", como diz Carvalhosa.[259]

---

[256] TOMAZETTE, Marlon. *Direito Societário*, p. 443, item 7.4. São Paulo: Juarez de Oliveira, 2003.
[257] DINIZ, Maria Helena. *Curso de Direito Civil brasileiro – Direito de Empresa*, vol. VIII, p. 559, item E. São Paulo: Saraiva, 2008.
[258] REQUIÃO, Rubens. *Curso de Direito Comercial*, 23.ed., vol. II, p. 259, item 446. São Paulo: Saraiva, 2003.
[259] CARVALHOSA, Modesto. *Comentários ao CC/2002*, vol. XIII, p. 537. São Paulo: Saraiva, 2003.

1.5.2 Definição

A cisão é a operação pela qual uma sociedade (Lei 6.404/76, art. 229): *(a)* extingue-se mediante a transferência de todo o seu patrimônio (versão total) a *sociedades novas* (mais de uma, pois de outro modo fica igual à transformação), ou a *sociedades já existentes* (mais de uma, pois de outro modo fica igual à incorporação); ou *(b)* não se extingue, transferindo somente parcelas de seu patrimônio (versão parcial) para uma ou mais sociedades novas ou já existentes. A definição é autoexplicativa e informa que: *(a)* a cisão é exclusiva às sociedades, o que, salvo exceção legal, exclui a empresa individual; e *(b)* diferentemente da incorporação e da fusão, a cisão pode ser parcial.

1.5.3 Relação de sucessão universal

Sem prejuízo do art. 233 da Lei 6.404/76, a cindidora que absorver parcela do patrimônio da cindida sucede-lhe nos direitos e obrigações arrolados no ato de cisão; e, quanto aos não arrolados, havendo extinção da cindida, sucede-lhe na proporção do patrimônio líquido que lhe foi transferido (Lei 6.404/76, art. 229, § 1.º), portanto sucessão a *título universal*.

Diz o § 1.º do art. 229 que "a sociedade que absorver parcela do patrimônio da companhia cindida sucede a esta nos direitos e obrigações relacionadas no ato de cisão; no caso de cisão com extinção, as sociedades que absorverem parcelas do patrimônio da companhia cindida sucederão a esta, na proporção dos patrimônios líquidos dos transferidos, nos direitos e obrigações não relacionados".

1.5.4 Participação dos sócios da cindida no capital social da cindidora

Quanto à participação dos sócios da cindida no capital social da cindidora, temos que: *(a)* o *patrimônio líquido* que se integra à cindidora é dos sócios da cindida, do qual participam na proporção do respectivo capital social; *(b)* tal patrimônio se integra ao *capital social* da cindidora, e com ele os titulares, recebendo quotas ou ações, e também na proporção nos casos

> de patrimônio transferido a mais de uma (todos participam de todas as cindidoras na proporção existente na cindida); e *(c)* pode haver proporção diversa, se aprovada por todos, inclusive titulares de ações sem voto (Lei 6.404/76, art. 229, § 5.º). Como o *patrimônio líquido* da cindida se integra ao *capital social* da cindidora, o correspondente em quotas ou ações não ocorre pelo mesmo número e *valor nominal* que tinham na cindida (divisão do capital social), mas pelo *patrimonial* (divisão do *patrimônio líquido*).

Diz o § 5.º do art. 229 da Lei 6.404/76: "As ações integralizadas com parcelas de patrimônio da companhia cindida serão atribuídas aos titulares, em substituição às extintas, na proporção das que possuíam; a atribuição em proporção diferente requer aprovação de todos os titulares, inclusive das ações sem direito a voto".

As assertivas acima destacadas seguem ensinamentos de Marlon Tomazette,[260] Maria Helena Diniz[261] e Rubens Requião[262] adaptados às sociedades regidas pelo Código Civil.

Complementa Maria Helena explicitando que as parcelas recebidas pelas cindidoras é de *patrimônio líquido*, que se integra a elas como *capital social*,[263] quer dizer, ocorre aumento.

Como nessa operação se transfere *patrimônio líquido* da cindida, ao qual se chega excluindo o passivo, a forma para que não seja mera cessão é integrá-lo ao *capital social*, e aí acontece outro fenômeno. O correspondente em quotas ou ações não ocorre pelo mesmo número e *valor nominal* que tinham na cindida (divisão do capital social), mas pelo *patrimonial* (divisão do *patrimônio líquido*). O *valor patrimonial* pode ser igual, superior ou inferior ao *nominal*. Se o nominal na cindida é de *um*, e o patrimonial de *um e meio*, este é o valor nominal que entra no capital social da cindidora, em quotas ou ações, conforme o tipo de sociedade.

---

[260] TOMAZETTE, Marlon. *Direito Societário*, p. 442, item 7.2. São Paulo: Juarez de Oliveira, 2003.
[261] DINIZ, Maria Helena. *Curso de Direito Civil brasileiro – Direito de Empresa*, vol. VIII, item E, p. 557. São Paulo: Saraiva, 2008.
[262] REQUIÃO, Rubens. *Curso de Direito Comercial*, 23.ed., vol. II, p. 259, item 446. São Paulo: Saraiva: 2003.
[263] DINIZ, Maria Helena. *Curso de Direito Civil brasileiro – Direito de Empresa*, vol. VIII, item F, p. 562. São Paulo: Saraiva, 2008.

2 DISSOLUÇÃO DA SLP

> Em síntese, a *Sociedade Limitada Pluripessoal – SLP* está sujeita ao *processo dissolutório* (Décima Parte *supra*), com destaque aos itens 7 e 8 do Cap. 46, relativos ao *pagamento das dívidas* e ao *cancelamento das inscrições fiscais*. Tanto os *empresários especiais* (= MEI, ME e EPP, é dizer, regidos pela LC 123/06), quanto os *empresários comuns* (= não regidos pela LC 123/06), podem encerrar o *processo dissolutório*, com baixa das inscrições fiscais, *independentemente da regularidade das obrigações tributárias, previdenciárias ou trabalhistas, principais ou acessórias, do empresário, da sociedade, dos sócios, dos administradores ou de empresas de que participam*. Mas, em contrapartida, ficam todos *responsáveis solidários* pelas obrigações *apuradas antes ou após o ato de execução*. Cabem duas observações relevantes: *(a)* a dispensa de regularização é restrita aos débitos tributários, previdenciários ou trabalhistas, principais e acessórios, vale dizer, não abrange débitos com outras origens; e *(b)* não há dispensa do *processo dissolutório*, e sim apenas da regularização dos débitos com as origens citadas.

Esta matéria foi examinada no livro *TEMAS COMERCIAIS E EMPRESARIAIS*, já referido no item 1 *supra*, bem assim sinteticamente na *Décima Parte* (PROCESSO DISSOLUTÓRIO) deste livro, de modo que, agora, é suficiente mencionar genericamente os esclarecimentos iniciais, a aplicação geral e as fases da dissolução (Cap. 40, item 3 *supra*); a autonomia e objetivo de cada fase (Cap. 41); as hipóteses legais de dissolução (Cap. 42, item 1.1 *supra*); a dissolução parcial, denominada pelo Código de resolução (Cap. 43); a dissolução total (Cap. 44); o liquidante (Cap. 45); dos deveres do liquidante (Cap. 46); os últimos deveres do liquidante (Cap. 47); os temas finais do processo dissolutório (Cap. 48); a dissolução irregular (Cap. 49).

Merecem destaque os itens 7 e 8 do Cap. 46, relativos ao *pagamento das dívidas* e ao *cancelamento das inscrições fiscais*, no sentido de que, tanto os *empresários especiais* (= *MEI*, *ME* e *EPP*, é dizer, regidos pela LC 123/06), quanto os *empresários comuns* (= não regidos pela LC 123/06), podem encerrar o *processo dissolutório*, com baixa das inscrições fiscais, *independentemente da regularidade das obrigações tributárias, previdenciárias ou trabalhistas, principais ou acessórias, do empresário, da sociedade, dos sócios, dos admi-*

nistradores ou de empresas de que participam, mas ficam todos *responsáveis solidários* pelas obrigações *apuradas antes ou após o ato de execução*.

Cabem duas observações relevantes: a *uma* de que a dispensa de regularização é restrita aos débitos tributários, previdenciários ou trabalhistas, principais e acessórios, vale dizer, não abrange débitos com outras origens; a *duas* de que não há dispensa do *processo dissolutório*, e sim apenas da regularização dos débitos com as origens citadas.

Décima terceira parte

SOCIEDADE LIMITADA UNIPESSOAL – SLU

Como observação geral, pode-se dizer que as normas e os princípios da *Sociedade Limitada Pluripessoal – SLP* aplicam-se à *Sociedade Limitada Unipessoal – SLU* em tudo quanto for compatível.

Desse modo, após os capítulos dedicados a *aspectos gerais* da sociedade unipessoal, inclusive histórico de seu surgimento, seguem-se os dedicados a *aspectos específicos* da SLU, na mesma sequência do modelo básico: a SLP.

Capítulo 72

DOS RISCOS DA ATIVIDADE E CLÁUSULAS DE BARREIRA

1 RISCOS DA ATIVIDADE E RESPONSABILIDADE SEM LIMITAÇÃO

> Os temores dos empresários individuais e dos sócios de empresas coletivas são os riscos do empreendimento e a inexistência de limitação da responsabilidade. Receio de ficar permanentemente sob a *espada de Dâmocles*. Quanto aos riscos, são inerentes à atividade. Quanto à responsabilidade, foi criado o *instituto da separação patrimonial*, atualmente expresso no art. 49-A e parágrafo único do CC, acrescidos pela Lei 13.874/19. É mecanismo de limitação da responsabilidade, que, embora não seja absoluto, representa *cláusula de barreira*, que protege os bens particulares dos empresários individuais e dos sócios de empresas coletivas.

Os temores dos empresários individuais e dos sócios de empresas coletivas (sociedades pluripessoais) sempre foram, são e serão, o risco do empreendimento e a inexistência de limite da responsabilidade, podendo o patrimônio pessoal, ainda que subsidiariamente (benefício de ordem), ser chamado a responder pelas obrigações decorrentes da atividade econômica exercida pela sociedade. É o receio de ficar permanentemente sob a *espada de Dâmocles*,[264] seja quanto ao empreendimento em si, seja quanto ao comprometimento do patrimônio pessoal.

---

[264] Espada de Dâmocles. A história de Dâmocles é atribuída a Timaeus de Tauromenium (Séc. IV a.C.), lida e usada por Cícero, senador romano. Consta ser integrante da Corte do rei Dionísio I, de Siracusa, hoje Sicília, Itália. Era bajulador e invejoso dos poderes e delícias proporcionadas pelo trono. Dionísio, então, ofereceu-lhe um banquete, onde a Majestade seria o convidado. Ao sentar-se na cadeira do rei, olhou para cima e viu, bem sobre a sua cabeça, enorme espada, presa no teto apenas por um fio de rabo de cavalo. Perdeu a fome, saiu da cadeira e compreendeu os riscos das delícias do poder. A expressão *espada de Dâmocles* passou à história como símbolo de perigo que paira sobre a vida de alguém. Informa que tudo na vida tem bônus e ônus.

No que tange aos *riscos do empreendimento*, são inerentes à atividade e dependem muito das circunstâncias micro e macroeconômicas, inclusive competência no exercício da atividade.

No que tange ao *comprometimento do patrimônio pessoal*, foi criado o *instituto da separação patrimonial*. Atualmente, para não haver dúvida, a Lei 13.874, de 20-9-2019 (conhecida como *Lei da Liberdade Econômica*), acresceu ao Código Civil o art. 49-A e parágrafo único, os quais dizem: "*Art. 49-A* – A pessoa jurídica não se confunde com os seus sócios, associados, instituidores ou administradores. *Parágrafo único* – A autonomia patrimonial das pessoas jurídicas é um instrumento lícito de alocação e segregação de riscos, estabelecido pela lei com a finalidade de estimular empreendimentos, para a geração de empregos, tributo, renda e inovação em benefício de todos."

O instituto da separação patrimonial ou da autonomia patrimonial é mecanismo de limitação da responsabilidade, que, embora não seja absoluto, representa *cláusula de barreira* que protege os bens particulares dos empresários individuais e dos sócios de empresas coletivas. Na prática, não deixam de ser modos de socializar os riscos.

Não confundir esse tema com responsabilidade dos administradores de empresas (Cap. 32 *supra*).

2 ESPÉCIES DE CLÁUSULAS DE BARREIRA NAS SOCIEDADES PLURIPESSOAIS

> Há três espécies de cláusulas de barreira nas sociedades pluripessoais (limitação da responsabilidade): *(a)* a do benefício de ordem ou de excussão: se insuficiente o patrimônio social, a responsabilidade subsidiária dos sócios é automática; *(b)* a da responsabilidade limitada: mesmo sendo insuficiente o patrimônio social, os sócios só respondem excepcionalmente (rompe-se a cláusula de barreira pela desconsideração da personalidade jurídica); e *(c)* a mista: há sócio com responsabilidade limitada e sócio com apenas o benefício de ordem ou de excussão.

Para superar o desestímulo resultante da inexistência de limite da responsabilidade, foram desenvolvidos nas sociedades pluripessoais três espécies de cláusulas de barreira (limitação da responsabilidade), as quais, na prática, traduzem meios de socialização dos riscos da atividade: *(a)* a do benefício de ordem ou de excussão; *(b)* a da responsabilidade limitada; e *(c)* a mista.

Quanto ao *benefício de ordem* ou *de excussão*, previsto em algumas sociedades, a cláusula garante apenas o direito de prévio exaurimento do patrimônio social, portanto, caso este não for suficiente às obrigações sociais, a responsabilidade subsidiária dos sócios é automática.

Para exemplificar, é o que diz o art. 1.024 do CC, quanto à sociedade simples (= não empresária), antiga civil: "Os bens particulares dos sócios não podem ser executados por dívidas da sociedade, senão depois de executados os bens sociais".

Esse princípio também consta no art. 795 do CPC, aplicando-se, pois, a todas as sociedades em que não há limitação da responsabilidade: "Os bens particulares do sócios não respondem pelas dívidas da sociedade, senão nos casos previstos em lei".

Novamente para exemplificar, é o caso da sociedade em nome coletivo (= empresária). Uma vez insuficiente o patrimônio, os sócios respondem automaticamente pelas obrigações da sociedade (Cap. 31, item 2.1.1 *supra*).

Quanto à *responsabilidade limitada*, a cláusula impede que, havendo insuficiência do patrimônio da sociedade, os sócios respondam automaticamente. Só respondem excepcionalmente. É possível rompê-la por meio da *disregard doctrine* ou desconsideração da personalidade jurídica (Cap. 35 *supra*). Observe-se, pois, que a garantia da cláusula de barreira não é absoluta.

São exemplos a sociedade anônima, onde o acionista responde pelas respectivas ações, e a sociedade limitada pluripessoal, onde há uma responsabilidade individual do sócio em relação à sua quota, e outra coletiva em relação a todo o capital social (Cap. 31, itens 2.2.1-2-3 *supra*).

Quanto à *mista*, a cláusula garante, para uns sócios, a limitação da responsabilidade, portanto só respondem excepcionalmente pelas obrigações contraídas pela empresa; e, para outros, garante apenas o benefício de ordem ou de excussão, portanto respondem automaticamente com seus bens particulares, no caso de insuficiência do patrimônio social.

É exemplo a sociedade em comandita, tanto por quotas quanto por ações, onde a responsabilidade do sócio comanditário (não administrador) é limitada à sua parte, enquanto a do comanditado (administrador) é subsidiária pelas obrigações sociais (Cap. 31, item 2.3 *supra*).

Nesse contexto: *(a)* a sociedade em comandita, com duas categorias de sócios, nunca despertou atenção como instrumento ao exercício da atividade empresarial; *(b)* a anônima, com estrutura e funcionamento complexos, sempre foi vocacionada a grandes empreendimentos; e *(c)* a sociedade limitada, que se propunha a ser de estrutura e funcionamento simples, vocacionada a empreendimentos de pequeno e médio portes.

3 CLÁUSULA DE BARREIRA NA SOCIEDADE LIMITADA UNIPESSOAL

No caso da Sociedade Limitada Unipessoal – SLU, assim como à época da Empresa Individual de Responsabilidade Limitada – EIRELI, aplica-se a mesma espécie de cláusula de barreira que vigora para a Sociedade Limitada Pluripessoal – SLP: em caso de insuficiência do patrimônio da sociedade, o sócio único só responde excepcionalmente com seus bens particulares. Rompe-se a cláusula em caráter excepcional, por meio da *disregard doctrine* ou desconsideração da personalidade jurídica.

Capítulo 73

DO PARADOXO DA EXISTÊNCIA DE SOCIEDADE SEM SÓCIO

1 TEORIAS DO CONTRATO DE SOCIEDADE

> Pela concepção clássica, o contrato disciplina *interesses divergentes*, enquanto o ato constitutivo das sociedades disciplina *interesses convergentes*, o que motivou o surgimento de teorias acerca da sua natureza jurídica: *(a)* do contrato complexo; *(b)* do coletivo; *(c)* do plurilateral; e *(d)* do ato institucional.

A noção *clássica de contrato* informa que ele disciplina *interesses divergentes*, por exemplo, um compra, e o outro vende, um paga, e o outro recebe. Isso não acontece no ato constitutivo de uma sociedade, pois este disciplina *interesses convergentes*.

Em razão dessa peculiaridade, surgiram quatro teorias acerca da natureza do ato constitutivo das sociedades: *(a)* do contrato complexo, defendida por Gierke;[265] *(b)* do contrato coletivo, defendida por Duguit;[266] *(c)* do contrato plurilateral, defendida por Tullio Ascarelli;[267] e *(d)* do ato institucional, defendida por Maurice Hauriou.[268]

---

[265] GIERKE, Otto von (1841-1921). Jurista polonês, estudou e atuou na Alemanha, ligado à sociologia jurídica.

[266] DIGUIT, Leon (1859-1928). Jurista francês, especializado em Direito Público.

[267] ASCARELLI, Tullio (1903-1859). Jurista italiano, também economista e professor, viveu no Brasil de 1941-6.

[268] HAURIOU, Maurice (1856-1929). Jurista francês. O Direito é manifestação normativa da instituição. Chamado *Montesquieu do século XX*, parte de uma matriz positivista e sociologista. A teoria tem antecedentes em Gierke e Duguit, nas *idées forces* de Rousseau, desenvolvida por Alfred Fouillée (1838-1912) em *L'Idée Moderne de Droit*, de 1878, e em *Psychologie des Idées Forces*, de 1893. A sociedade é algo que vai além, que ultrapassa a soma dos indivíduos que a compõem. Esse *quid* unificador é a ideia de instituição. A instituição é uma organização social criada por um poder que dura, porque contém uma ideia fundamental aceita pela maioria dos membros do grupo. Nessa linha, o Estado é a instituição suprema e final, porque não há outra com poder de integração nem igual nem superior. O Estado é a instituição das instituições.

2 TEORIAS DO CONTRATUALISMO E DO INSTITUCIONALISMO

> Das quatro teorias a respeito do ato constitutivo das sociedades, extraem-se duas básicas: a *teoria do contratualismo* (reúne as três primeiras, todas pressupondo mais de uma pessoa, essência do contrato) e a *teoria do institucionalismo* (dispensa a pluripessoalidade, porque a pessoa jurídica é uma instituição). Para a *contratualista*, o paradoxo da expressão *sociedade unipessoal* está nos próprios termos; por isso, defende a personalização da empresa individual. Para a *institucionalista*, não há paradoxo na personalização da empresa individual nem da sociedade unipessoal, pois com a personalização surge uma instituição, outra pessoa, organização que vai além, que ultrapassa o indivíduo.

Das quatro teorias referidas no item anterior, extraem-se duas básicas: a *teoria do contratualismo*, que reúne as três primeiras, todas pressupondo mais de uma pessoa, essência do contrato, e a *teoria do institucionalismo*, dispensando a pluripessoalidade, porque a pessoa jurídica é uma instituição.

No Brasil, a *teoria do institucionalismo*, também chamada do anticontratualismo, é defendida por Fran Martins, segundo o qual a sociedade não resulta de um *ato contratual*, e sim de um *ato institucional*, embora sejam exigidos alguns requisitos característicos dos contratos, salientando que "a tendência atual é a criação de sociedades por uma só pessoa" e que no âmbito internacional é dado "novo conceito à sociedade, que deixa de ser considerado contrato para se caracterizar instituição".[269]

Sérgio Campinho defende a modificação do conceito clássico de sociedade. Deve-se passar a vê-la como uma organização, "uma estrutura patrimonial e organizativa autônomas", como "um esquema organizativo/patrimonial, revelado por modelos disponibilizados pela lei para servir de instrumento ao desenvolvimento de iniciativas econômicas"[270] Calixto Salomão Filho ensina que a sociedade deve ser vista "como organização, e não como uma pluralidade de sócios".[271]

---

[269] MARTINS, Fran. *Curso de Direito Comercial*, atualizado por Jorge Logo, 30.ed., p. 171. Rio de Janeiro: Forense, 2005.
[270] CAMPINHO, Sérgio. *Curso de Direito Comercial. Direito de Empresa*, 15.ed., p. 49. São Paulo: Saraiva, 2018.
[271] SALOMÃO FILHO, Calixto. *O novo Direito Societário*, 4.ed., p. 1041. São Paulo: Atlas, 2011.

Para a *teoria contratualista*, o paradoxo da expressão *sociedade unipessoal* está nos próprios termos. Sociedade, como ensina De Plácido e Silva, em *Vocabulário jurídico*, do latim, "*societas* (associação, reunião, comunidade de interesses), gramaticalmente e em sentido amplo, sociedade significa reunião, agrupamento, ou agremiação de pessoas, na intenção de realizar um fim, ou de cumprir um objetivo de interesse comum, para o qual todos devem cooperar, ou trabalhar".

Portanto, ou é sociedade, e por isso não pode ser unipessoal, ou é unipessoal, e por isso não pode ser sociedade.

É o motivo pelo qual a *teoria contratualista* defende a personalização da empresa individual, como aconteceu no Brasil, com a Lei 12.441, de 11-7-2011, em vigor a partir de 8-1-2011, que vigorou até a Lei 14.195, de 26-8-2021, cujo art. 40 converteu a Empresa Individual de Responsabilidade Limitada – EIRELI em Sociedade Limitada Unipessoal – SLU, por sua vez admitida pela Lei 13.874, que acrescentou os §§ 1.º e 2.º ao art. 1.052 do CC. Porém, essa teoria cai noutro paradoxo à medida que a personalização da empresa individual, de acordo com Jorge Manuel Coutinho de Abreu, adquire características próprias da fundação, todavia com fins lucrativos, o que não é compatível com o modelo fundacional.[272]

Diferentemente, para a *teoria institucionalista* não há esse paradoxo, seja na empresa individual seja na sociedade unipessoal, pois com a personalização surge outra pessoa, uma instituição, uma organização que vai além, que ultrapassa o indivíduo.

Mas, embora a adoção da sociedade limitada unipessoal, isso na esteira da teoria institucionalista, a teoria contratualista não foi abandonada, haja vista o *caput* do art. 981 do CC: "Celebram contrato de sociedade as pessoas que reciprocamente se obrigam a contribuir, com bens ou serviços, para o exercício de atividade econômica e a partilha, entre si, dos resultados".

3 TOLERÂNCIA AO PARADOXO

> O legislador, diante de novas necessidades, viola a pureza originária e a lógica dos institutos jurídicos, reduzindo-os a meras categorias legislativas e paradoxais. O *ser* como *ser* não é aquilo que ontologicamente é, mas aquilo

---

[272] ABREU, Jorge Manuel Coutinho de. *Curso de Direito Comercial: Das sociedades*, 2.ªed., Vol. II, p. 15-6. Coimbra: Almedina, 2007.

> que a lei diz que é. No caso da limitação da responsabilidade, a EIRELI era entidade equivalente à atual SLU, com a vantagem de ser mais conforme à *teoria contratualista*, mais de acordo com a pureza originária e a lógica dos institutos jurídicos, além de ser evolução natural da *empresa individual comum*, a dita FIRMA, criada pelo Decreto 916/1890, escapando do paradoxo do uso do substantivo "sociedade" sem sócio, pois o que existe é uma pessoa que integra uma instituição. Mas o legislador, sensível à tendência internacional, aderiu à ideia paradoxal da sociedade sem sócio ou unipessoal. Como o paradoxo está previsto na lei, cabe tolerá-lo.

Os institutos jurídicos, por mais que se queira codificá-los, não formam um sistema simples, unitário e estável, mas complexo, fragmentário e volúvel. A despeito de, historicamente, ser imprescindível adequá-los às novas necessidades, deve-se ter como norte a preservação da pureza originária e da lógica.

Embora isso, o legislador os tem violado, erigindo verdadeiros minotauros.[273] Em vez de criar novos institutos, descaracteriza, desfigura os existentes, reduzindo-os a meras categorias legislativas e paradoxais. Nesse ambiente, o *ser* enquanto *ser* não é aquilo que ontologicamente é, mas aquilo que a lei diz que é.

No caso da limitação da responsabilidade do empresário individual, inicialmente o legislador instituiu a *Empresa Individual de Responsabilidade Limitada – EIRELI*, e que durou apenas da Lei 12.441, de 11-7-2011, em vigor a partir de 8-1-2012, até a Lei 14.195, de 26-8-2021, cujo art. 40 a transformou em Sociedade Limitada Unipessoal – SLU. A EIRELI, a respeito da qual publicamos obra,[274] era mais conforme à *teoria contratualista*, mais de acordo com a pureza originária e a lógica dos institutos jurídicos, além de ser evolução natural da *empresa individual comum*, a dita FIRMA, criada pelo Decreto 916/1890, não incorrendo no paradoxo do uso do substantivo *sociedade* sem sócio, pois o que existe é uma pessoa que integra uma instituição. Ninguém pode ser chamado de sócio se não há parceiro.

---

[273] Minotauro. Personagem da mitologia grega. Tinha corpo humano e cabeça e rabo de touro. Foi aprisionado num labirinto na ilha de Creta, por causa da sua ferocidade. A civilização cretense foi descoberta em escavações arqueológicas no início do séc. XX. Considera-se que iniciou por volta de 3.000 a.C, teve auge de 2.000 a 1.500 a.C, e decadência a partir de então.
[274] MARIANI, Irineu. *Empresa individual de responsabilidade limitada – EIRELI*. Porto Alegre: AGE, 2015.

Mas o legislador, sensível à tendência internacional, aderiu à ideia paradoxal da sociedade sem sócio ou unipessoal.

Como o paradoxo está previsto em lei, cabe-nos tolerá-lo, inclusive porque a dificuldade ou mesmo contrassenso na terminologia não deve constituir empecilho ao regramento de novas necessidades.

Capítulo 74
DOS FATORES DE PRESSÃO EM FAVOR DA SOCIEDADE LIMITADA UNIPESSOAL

A sociedade de responsabilidade limitada, concebida na Inglaterra (1857), gestada na França (1863) e nascida na Alemanha (1892), tornou-se agente de alavancagem da economia em empreendimentos de pequeno e médio porte. Por igual motivo, iniciou-se pressão para: *(a)* suprir a lacuna relativamente ao empresário individual (tornou-se visível a necessidade de se estender também a ele a vantagem da limitação da responsabilidade); e *(b)* evitar a proliferação de sociedades meramente formais, artifício dos empresários para obter a limitação da responsabilidade, valendo-se de sócio com participação mínima (chamado *laranja, testa de ferro, pintado* e *sócio de palha* ou *homem de palha*), fenômeno marcante em Portugal, França e no Brasil, a ponto de ser hipótese de desconsideração da personalidade jurídica, não passando a sociedade de *alter ego* do sócio supermajoritário ou megassócio.

A criação da sociedade por quotas de responsabilidade limitada, concebida na Inglaterra em 1857, gestada na França em 1863 e nascida na Alemanha em 1892, injetou ânimo e alavancou a economia em empreendimentos de pequeno e médio porte (Cap. 50 *supra*).

Notado tratar-se de agente de aquecimento das atividades econômicas, alastrou-se pelo mundo, inclusive no Brasil, mediante o Decreto 3.708, de 10-1-1919. Muitas coisas deram certo no mundo, uma delas foi esse tipo societário.

Pelo mesmo motivo, logo se iniciou pressão para: *(a)* suprir a lacuna da limitação da responsabilidade ao empresário individual; e *(b)* evitar a proliferação de sociedades meramente formais.

Quanto ao *suprimento da lacuna*, de início o empresário individual não foi contemplado com a limitação da responsabilidade, pois, conforme o escritor português Antônio Menezes Cordeiro, ainda era considerado simples artesão,[275] mas com o tempo tornou-se visível a necessidade de se estender também a ele a possibilidade concedida à empresa coletiva.

A pressão ganhou mais força com a generalização do *princípio da preservação da empresa*, que funcionou como porta de entrada à *unipessoalidade superveniente transitória* nas sociedades pluripessoais, por sua vez porta de entrada à *unipessoalidade originária*.

Ademais, passou a ser do interesse inclusive dos governos, a fim de estimular alavancadores da economia em empreendimentos de pequeno e médio porte.

Quanto à *proliferação de sociedades meramente formais*, também chamadas fictícias e aparentes, fenômeno decorrente da lacuna, foi o artifício utilizado por grande número de empresários individuais para fugir da *espada de Dâmocles* (Cap. 72, item 1 *supra*).

Considerando inexistir limitação da responsabilidade ao empresário individual, tornou-se comum sociedade pluripessoal, com sócio que na prática apenas empresta o nome para fins de pluralidade, pois tem participação meramente simbólica, depreciativamente denominado *laranja*, *testa de ferro*, *pintado* e *sócio de palha* ou *homem de palha*.

No que tange ao *pintado*, a sociedade, em tal situação, passou a ser comparada a uma pintura (imagem formal sem realidade substancial); e, no que tange ao *sócio de palha* ou *homem de palha*, a expressão veio do *leasing dummy corporation*, isto é, sociedade criada por um grupo de empresas, a fim de, por meio dela, operar no *leasing*,[276] a qual os franceses chamam de *société de paille* porque na prática é apenas *longa manus* das que a constituíram, como registra Waldírio Bulgarelli.[277]

Catarina Serra cita o exemplo de Portugal, onde o Estabelecimento Individual de Responsabilidade Limitada – EIRL, teve pouca receptividade, porque não lhe foram estendidos os benefícios fiscais existentes às sociedades, razão pela qual os comerciantes continuaram a recorrer ao artifício da simulação de contratos de sociedade.[278]

---

[275] CORDEIRO, Antônio Menezes. *Direito europeu das sociedades*, p. 482-3. Coimbra: Almedina, 2005.
[276] MARIANI, Irineu. *Contratos empresariais*, 2.ed., p. 341, item 6. Porto Alegre: AGE, 2022.
[277] BULGARELLI, Waldírio. *Contratos mercantis*, 10.ed., p. 275. São Paulo: Atlas, 1998.
[278] SERRA, Catarina. As novas sociedades unipessoais por quotas, p. 125. *Scientia Ivridica*: Revista de direito comparado português e brasileiro. Universidade do Minho, Braga: Codex, tomo XLVI, janeiro/junho-1997.

José Engrácia Antunes cita o exemplo da França, onde "se estimava na década de 80 que mais de dois terços das cerca de 140.000 sociedades por quotas e 270.000 sociedades anônimas existentes constituíam, na realidade, verdadeiras sociedades fictícias que camuflavam empresas unipessoais". E acrescenta que se afigurava contraditório a lei permitir "indiretamente uma limitação de responsabilidade àqueles empresários que instrumentalizassem a forma societária e, simultaneamente, já não a quisesse reconhecer àqueles outros empresários que, recusando o recurso a tal estratagema fraudulento, decidissem honestamente continuar a exercer a sua atividade empresarial em nome individual".[279]

Também no Brasil multiplicaram-se as sociedades com *sócio de palha*, pessoa que apenas empresta o nome para fins de pluralidade, permitindo ao verdadeiro empreendedor, por meio oblíquo, obter a limitação da responsabilidade. Tão verdadeiro isso que na Exposição de Motivos da Lei das S/As, de 1976, constou a redução do número mínimo de sete para apenas dois acionistas (art. 80, I), para legitimar "a realidade da existência de grande número de companhias que possuem, efetivamente, menos de sete acionistas, e que satisfazem ao formalismo da lei mantendo umas poucas ações em nome de pessoas de sua confiança".

Portanto, em substância, empresas individuais camufladas em sociedades; almas de empresas individuais operando no corpo de sociedades limitadas.

De tão repetitiva, doutrina e jurisprudência consagraram a ocorrência como hipótese de desconsideração da personalidade jurídica, visto a sociedade não passar de *alter ego* do sócio supermajoritário ou megassócio (Cap. 37, item 1.1 *supra*).

---

[279] ANTUNES, José Engrácia. O estabelecimento individual de responsabilidade limitada: crônica de uma morte anunciada, Artigo publicado na *Revista de Direito da Universidade do Porto*, Ano 3. Coimbra: Coimbra Editora, 2006.

Capítulo 75

DOS PRECEDENTES INTERNACIONAIS E NACIONAIS

1 PRECEDENTES INTERNACIONAIS

> O resultado das pressões (lacuna da limitação da responsabilidade ao empresário individual, a proliferação de sociedades meramente formais e, ainda, o reforço do princípio da preservação da empresa), foi a adoção da *sociedade unipessoal* por muitos países, especialmente a partir de 1970. Por exemplo: Principado de Liechtenstein (1926), Dinamarca (1973), Alemanha (1980), França (1985), Portugal e Bélgica (1986), Holanda, Luxemburgo e Reino Unido (1992), Itália e Grécia (1993), Irlanda (1994), Espanha (1995) e Rússia (1998). Portugal iniciou, em 1986, com o *Estabelecimento Individual de Responsabilidade Limitada – EIRL*, matriz da nossa EIRELI (Lei 12.441/2011). Depois, adotou a *sociedade unipessoal*, inclusive na anônima, nos casos admitidos por lei, por exemplo, as que operam na Zona Franca da Madeira.

O resultado das pressões para suprir a lacuna da limitação da responsabilidade relativamente ao empresário individual, para evitar a proliferação de sociedades meramente formais (sócio que na prática apenas empresta o nome para fins de pluralidade, pois tem participação meramente simbólica), mais ainda o reforço do princípio da preservação da empresa (Sétima Parte *supra*), foi a adoção da *sociedade unipessoal* por muitos países, especialmente a partir da década de 1970.

Começou com a admissão da *unipessoalidade superveniente em caráter temporário* nas sociedades pluripessoais; passo seguinte, a admissão da *unipessoalidade originária*.

Escreveu Othon José Maria Sidou, já em 1964, que nas décadas de 1920 a 1950 foram publicadas diversas obras defendendo a criação de sociedade unipessoal, ou, pelo menos, figuras análogas para dar segurança aos empresários na questão patrimonial.[280]

Por exemplo: Principado de Liechtenstein, pioneiro em 1926,[281] Dinamarca em 1973, Alemanha em 1980, França em 1985, Portugal (com os detalhes adiante mencionados) e Bélgica em 1986, Holanda, Luxemburgo e Reino Unido em 1992, Itália e Grécia em 1993, Irlanda em 1994 e Espanha em 1995.

Nesse ambiente, importante o impulso dado pelo Conselho da então Comunidade Econômica Européia em 1989,[282] por meio da 12.ª Diretiva,[283] estabelecendo a necessidade, pelo prisma econômico, de cada país integrante estender à empresa individual benefício só existente à empresa coletiva. A Diretiva, na essência, deliberou pela adoção de *sociedade unipessoal*, também objetivando evitar modelos diversos, por exemplo, uns adotando o Estabelecimento Individual (Portugal), outros a Sociedade Unipessoal (Alemanha e França), conforme registra Ricardo Alberto Santos Costa.[284]

Ainda, em 2001, o Tribunal de Justiça Europeu, baseado em normas que regem a União Europeia, consagrou o *princípio da incorporação*, pelo qual, ao fim de se constituir, a empresa pode escolher o país-membro, consoante o sistema legal que mais lhe convier, e operar livremente no território de qualquer integrante.

---

[280] SIDOU, José Maria Othon. *Empresa individual de responsabilidade limitada*, p. 26-30. Rio de Janeiro: Freitas Bastos, 1964.

[281] O Principado de Liechtenstein, capital Vaduz, fica encravado nos Alpes europeus. Com apenas 162 km2, 25 km de comprimento e 12 km de largura, e 36.000 mil habitantes em 2013, é o 6.º menor país do mundo em extensão (Vaticano 0,4 km2, Mônaco 2, Nauru 21, Tuvalu 26 e San Marino 61 km2). Tem as mesmas fronteiras desde 1434. Produz vinhos e queijos. No mais, é *paraíso fiscal*, mercado que atraiu a partir de facilidades, uma delas, no que foi pioneiro, a criação de sociedade unipessoal, isso no já longínquo ano de 1926.

[282] Em 1944, foi celebrado o Acordo de BENELUX (iniciais de Bélgica, Netherland/Holanda e Luxemburgo), origem da Comunidade Europeia do Carvão e do Aço – CECA em 1951, por sua vez origem da Comunidade Econômica Europeia – CEE, pelo Tratado de Roma, em 1957, por sua vez origem da União Européia, pelo Tratado de Maastricht, em 1992.

[283] As DIRETIVAS são resoluções de organismos internacionais. Na substância, têm força impositiva. No caso da 12.ª Diretiva, ficou a critério de cada país integrante a forma de cumprimento.

[284] COSTA, Ricardo Alberto Santos. Algumas considerações a propósito do regime jurídico da sociedade por quotas unipessoal, p. 1230-1. Separata de: *Estudos Dedicados ao Prof. Júlio Brito de Almeida Costa*. Lisboa: Universidade Católica Portuguesa.

O posicionamento pró-sociedade unipessoal do continente europeu repercutiu no africano, onde a Organização para a Harmonização na África do Direito dos Negócios – OHADA, por meio de Ato Uniforme, estabeleceu no mesmo sentido, a partir de 1998, compromisso dos dezessete países integrantes.

Outra baliza tem sido os Estados Unidos, nos quais existem: *(a)* a *partnership*, sociedade com foco nos sócios (sociedade de pessoas), em que a responsabilidade é ilimitada; *(b)* a *general partnership* (sociedade em nome coletivo) e a *limited partnership* (sociedade em comandita); *(c)* a *limited liability company* (sociedade de responsabilidade limitada); e *(d)* a *corporation* (sociedade anônima), com foco na personalidade jurídica e limitação da responsabilidade, podendo ser *public company* (capital aberto) e *close company* (capital fechado); e *(e)* o *sole proprietorshi* (empresário em nome individual).

Na *corporation*, consoante Paulo Roberto Costa Figueiredo, em edição de 1984, quarenta e dois Estados dos cinquenta já admitiam a formação com apenas um sócio.[285]

Para nós, cabe destacar o processo evolutivo em Portugal, tendo em conta a influência da ordem jurídica portuguesa na formação do modelo brasileiro, isso desde a aplicação das *Ordenações do Reino*: as Afonsinas de 1500 a 1514, as Manuelinas de 1515 a 1603, e, com a dominação espanhola, as Filipinas de 1604 a 1916, quando foi promulgado o nosso primeiro Código Civil, em vigor a partir de 1º-1-1917, prometido desde a Constituição Imperial de 1824 (art. 179, XVIII).

No período das *Ordenações Filipinas*, há destacar a chamada *Lei da Boa Razão*, de 1769, época do Secretário de Estado da Corte Portuguesa, Marquês de Pombal (1699-1782), a qual repercutiu profundamente não só na ordem jurídica de Portugal, mas também do Brasil colônia.[286]

---

[285] FIGUEIREDO, Paulo Roberto Costa. *Subsidiária Integral: A sociedade unipessoal no Direito brasileiro*. São Paulo: Saraiva, 1984.

[286] A *Lei da Boa Razão*, de 1769, modificou profundamente a prática do Direito no Brasil. Fruto do iluminismo do seu tempo, estabeleceu: *(a)* a validação racional das leis, pela qual só eram aceitáveis os diplomas passados ou adotados de outras nações, que estivessem de acordo com boa razão humana da moral e da ética; *(b)* a preponderância do Direito nacional sobre o romano e o canônico, passando estes a ser aplicáveis somente nos casos de omissão daquele; *(c)* o costume como fonte subsidiária do Direito, desde que conforme os princípios anteriores. Assim, a partir de 1769, as Ordenações Filipinas, do reis espanhois Felipe I (1581-1598) e Felipe II (1598-1621), continuaram sendo aplicáveis no Brasil até o Código Civil de 1916, mas apenas subsidiariamente.

Em 20-10-1823, a Assembléia Constituinte do Império determinou que continuassem em vigor no Brasil todas as leis portuguesas vigentes em 25-4-1821. Consequência: vigência das Ordenações Filipinas e diversos Alvarás, inclusive a *Lei da Boa Razão*, que mandava aplicar, subsidiariamente, inclusive nas questões mercantis, as normas de outras nações. Consequência da consequência: tornou-se aplicável subsidiariamente no Brasil, em primeiro plano, o posterior Código Comercial português de 1833; e, em segundo, os Códigos Comerciais francês de 1808 e espanhol de 1829.

São oportunos – em preparação ao item seguinte, considerando a influência da ordem jurídica portuguesa na formação do modelo brasileiro – breves conteúdos a respeito de como evoluíram em Portugal as questões do empresário individual, da sociedade unipessoal e da limitação da responsabilidade.

Iniciou optando, em 1986, no Código das Sociedades Comerciais, pela criação do *Estabelecimento Individual de Responsabilidade Limitada – EIRL* com: *(a)* capital mínimo (art. 3.º, n.º 2), atualmente de E$ 5.000,00 (cinco mil euros), para evitar a constituição de EIRLs sem o suficiente para operar o objeto; *(b)* observância do princípio da separação patrimonial (art. 10, n.º 1, e art. 11); *(c)* obrigação de manter escrita mercantil (art. 12); *(d)* limite do *pro labore* do administrador a três salários mínimos (art. 13); *(e)* intangibilidade do capital (art. 14); e *(f)* possibilidade de desconsideração da personalidade jurídica.

Sem dúvida, vemos aí o modelo inicialmente adotado no Brasil à *Empresa Individual de Responsabilidade Limitada – EIRELI*, com personalização e separação patrimonial, mediante a Lei 12.441/2011.

Mas em Portugal, conforme Catarina Serra,[287] o Estabelecimento Individual de Responsabilidade Limitada – EIRL não teve receptividade, porque não lhe foram estendidos os benefícios fiscais existentes às sociedades. Não cumpriu a função de cessar o fenômeno das empresas individuais camufladas em sociedades.

Em sequência, o art. 980 do Código Civil português, de 1996 manteve o conceito tradicional de contrato de sociedade (exigência de pelo menos duas pessoas), e o art. 1.007 determinou a dissolução, na unipessoalidade superveniente, caso não restabelecida a pluralidade em seis meses.

---

[287] SERRA, Catarina. As novas sociedades unipessoais por quotas, p. 125. *Scientia Ivridica*: Revista de direito comparado português e brasileiro. Universidade do Minho, Braga: Codex, tomo XLVI, janeiro/junho-1997.

Porém, o art. 7.º, n.º 2, do Código das Sociedades Comerciais, estabeleceu a *unipessoalidade originária permanente*, mas somente quando a lei permitir "que a sociedade seja constituída por uma só pessoa", e o art. 142, n.º 1, estabeleceu a dissolução, na unipessoalidade superveniente, caso não restabelecida a pluralidade em um ano, "exceto se um dos sócios for uma pessoa colectiva pública ou entidade a ela equiparada por lei para esse efeito". À sua vez, o art. 270-G estendeu às sociedades unipessoais por quotas as normas das sociedades pluripessoais por quotas, "salvo as que pressupõem a pluralidade de sócios".

Considerando que a unipessoalidade não ocorreu de forma geral, mas apenas *nos casos previstos em lei*, excluídas as que pressupõem pluralidade, cabe o exemplo da Zona Franca da Madeira, portanto, autorizações restritas às empresas que operam em determinado território, objetivando criar ambiente propício a novos investimentos. O DL 352-A/88 admitiu sociedades anônimas unipessoais de *trust offshore*,[288] o DL 387/89 admitiu socie-

---

[288] *TRUST*: do inglês, *confiança*, significa, a nós, fusão de empresas para dominar a oferta de certos produtos ou serviços e assim melhor controlar o mercado e diminuir a concorrência. *OFFSHORE*: do inglês, *afastado da costa, no mar*. A *ofshore company* tem contabilidade em país distinto do de seus donos, normalmente um "paraíso fiscal", assim denominado porque oferece baixa carga tributária ou mesmo isenção e sigilos bancário, negociais etc., esquema muito usado para fins ilícitos e crimes financeiros. Exemplos: Bahamas, Ilhas Virgens Britânicas, Uruguai, Panamá, Ilhas Cayman). *Offshore* é vocábulo também usado para significar atividade de prospecção e exploração petrolífera que opera ao largo da costa, e também esporte motonáutico. No *surf*, significa o vento de terra para o mar. Tendo em conta a referência a *TRUST*, convém dizer algo a respeito dos outros chamados VÍCIOS COMERCIAIS. *CARTEL*: acordo explícito ou implícito entre concorrentes para fixar preços ou cotas de produção, divisão de clientes e de mercados, ou ação coordenada entre os participantes, a fim de eliminar a concorrência ou aumentar os preços dos produtos, obtendo maiores lucros. Em muitos países é crime, inclusive no Brasil (Lei 12.529, de 30-11-2011; antes, Lei 8.884, de 11-6-1994. *MONOPÓLIO*: do grego *monos*, um, e *polein*, vender (= um para vender). Apenas um fornecedor é "dono" do mercado consumidor. Pode forçar a alta dos preços produzindo menos, ou reduzi-los para evitar a entrada de produtos concorrentes. *OLIGOPÓLIO*: do grego *oligoi*, poucos, e *polein*, vender (= poucos para vender). Alguns fornecedores dominam o mercado, fabricando produtos homogêneos que se diferenciam menos pelo fator preço e mais pela qualidade, garantia e imagem. Há acordo informal de manter os produtos em determinado preço para ser garantido certo lucro aos controladores do mercado. A tendência desse tipo de vício é a formação de Cartel. Embora não integre os vícios comerciais, é oportuno lembrar *HOLDING*: do inglês, *segurando*, é uma empresa que tem por atividade a participação majoritária em outra(s) empresa(s). É gestora de participações sociais. Controla a administração e as políticas empresariais das integrantes do grupo econômico. Pode ser *pura*, se apenas participa do capital, e mista se também explora

dade anônima constituída por apenas uma empresa pública, e o DL 212/94, quando já em vigor o art. 7.º, n.º 2, do Código das Sociedades Comerciais, autorizou sociedade unipessoal tanto anônima quanto por quotas.

Diga-se que Portugal seguiu o modelo adotado na França, ao modificar o art. 1.822 do Código Comercial, de 1807 (Código Napoleônico), mediante a Lei 85.679, de 1985, instituindo a possibilidade de sociedade unipessoal, *nos casos previstos em lei*, como escreve Antônio Menezes Cordeiro.[289]

2 PRECEDENTES NACIONAIS

Expandindo-se internacionalmente a admissão da sociedade unipessoal, já estando admitida nacionalmente em alguns casos, e tendo-se generalizado a unipessoalidade superveniente em caráter temporário, era previsível a generalização da unipessoalidade originária.

2.1 Casos antecedentes de unipessoalidade originária

Até o advento da Lei 13.874, de 20-9-2019, que acresceu os §§ 1.º e 2.º ao art. 1.052 do CC, havia no Brasil três casos de unipessoalidade originária: *(a)* a empresa pública (1967); *(b)* a sociedade anônima subsidiária integral (1976); e *(c)* a sociedade individual de advocacia (2016).

2.1.1 Empresa pública

A previsão legal da *empresa pública* ocorreu por meio do DL 200, de 1967, com modificações pelo DL 900, de 1969. De início, tão só unipessoal. Mas

---

atividade empresarial. A formação de *holding* é considerado o estágio avançado do capitalismo. *JOINT VENTURE*: do inglês, *joint*, articulação, junção, união, e *venture*, aventura, risco, perigo, iniciativa. Para nós, *empreendimento conjunto*. Significa a união de pelo menos duas empresas já existentes com o objetivo de iniciar ou realizar, por determinado período, por motivos que lhes convém, a mesma atividade econômica. Elas não perdem a independência jurídica e no processo de criação podem definir se criam nova empresa ou se fazem uma associação (consórcio de empresa). A aliança compromete as envolvidas, uma vez que partilham a gestão, os lucros, riscos e eventuais prejuízos.

[289] CORDEIRO, Antônio Menezes. *Direito europeu das sociedades*, p. 482-3. Coimbra: Almedina, 2005.

> o DL 900, por um lado, no art. 1.º, manteve no art. 5.º, II, do DL 200, a referência à unipessoalidade; e, por outro, no respectivo art. 5.º, admitiu a participação de outras pessoas jurídicas de direito público interno (CC, art. 41), bem como de entidades da Administração indireta da União, dos Estados, do Distrito Federal e dos Municípios, preservada à União a maioria do capital votante. Portanto, empresa pública uni e pluripessoal. Como também Estados, DF e Municípios podem constituí-la, aplicam-se-lhes os princípios quanto à participação de terceiros e ao controle.

A previsão legal da *empresa pública* passou a existir por meio do DL 200, de 1967, seguindo-se modificações pelo DL 900, de 1969.

Eis os itens básicos: *(a) nome:* embora pessoa jurídica de direito público, o nome *empresa pública* ocorre porque são públicos o capital e o ente criador; *(b) criação:* o ente público depende de autorização legal específica (CF, art. 37, XIX), significa dizer lei caso a caso; *(c) entes públicos que podem criá-la:* o art. 5.º, II, do DL 200/67, redação do DL 900/69, refere "patrimônio próprio e capital exclusivo da União", mas a faculdade é também reconhecida a Estados, DF e Municípios, pois não se trata de legislar no sentido de inserir nova espécie de pessoa jurídica no ordenamento jurídico, e sim de se lhes estender a possibilidade de constituí-la; e, além disso, a Constituição não só não os exclui, como lhes confere competência para editar normas de direito administrativo nas respectivas esferas (arts. 25, *caput*, e 30, V); *(d) objeto:* pode ser serviços públicos delegáveis e também atividades econômicas; *(e) lucro social:* enquanto a atividade com *objeto privado* visa a *lucro individual*, a atividade com *objeto público* exercida por entidade criada pelo Poder Público, mesmo que seja de direito privado, visa a *lucro social* (deve ser investido na própria empresa, a fim de expandir a atividade, aperfeiçoá-la, qualificá-la etc.); *(f) forma societária:* pode "qualquer das formas admitidas em direito" (DL 200/67, art. 5.º, II, redação do DL 900/69), sendo natural, pelas peculiaridades, que nem todas são adequadas à "especialíssima natureza da empresa pública", questiona José Cretella Júnior,[290] enquanto Hely Lopes Meirelles, invocando Nabantino Ramos,[291] é contra qualquer restrição e, ainda, a favor da empresa com *forma especial*, desde que adequa-

---

[290] CRETELLA JÚNIOR. *Comentários à Constituição de 1988*, 1.ed., vol. IV, p. 2226-7, n.º 272. São Paulo: Universitária, 1991.

[291] RAMOS, Nabantino, Artigo Empresas Públicas, *RDA* 107/14 e RDP 17/99.

da "para realizar atividade econômica como qualquer outra da competência da entidade estatal instituidora".[292] Na prática, a preferência tem sido pelo modelo da sociedade de economia mista (Lei 6.404/76, arts. 235-40), com a qual, na essência, a empresa pública difere-se apenas quanto à origem do capital (100% público) e ao destino do lucro (deve ser usado para expandir a atividade, aperfeiçoá-la, qualificá-la etc.); *(g) uni e pluripessoal:* de início, era tão só unipessoal, mas o DL 900/69, por um lado, no art. 1.º, manteve no art. 5.º, II, do DL 200/67, a referência à unipessoalidade; e, por outro, no respectivo art. 5.º, admitiu a participação de outras pessoas jurídicas de direito público interno (CC, art. 41), bem como de entidades da Administração indireta da União, dos Estados, Distrito Federal e Municípios, desde que a maioria do capital votante permaneça de propriedade da União, quer dizer, desde então, passaram e existir duas espécies de empresas públicas: a uni e a pluripessoal.

2.1.2 Sociedade anônima subsidiária integral

> A previsão legal da *sociedade anônima subsidiária integral* passou a existir por meio da Lei 6.404, de 1976 (arts. 251-3): *(a)* exige escritura pública; *(b)* deve ser sociedade por ações, e a sua criadora (única acionista) deve ser brasileira; *(c)* pode resultar de conversão, mediante a incorporação de todas as ações por uma sociedade brasileira (CC, art. 1.126); *(d)* criação por empresa pública e por economia mista depende de autorização legal específica (CF, art. 37, XX).

De origem norte-americana (*wholly owned subsidiary*), a previsão legal da *sociedade anônima subsidiária integral* passou a existir no Brasil por meio da Lei 6.404, de 1976 (arts. 251-3).

Eis os itens básicos: *(a)* deve ser constituída por escritura pública (art. 251); *(b)* as ações devem ser subscritas por uma sociedade brasileira,[293] isto é, a subsidiária integral deve ser sociedade por ações; e, quanto à sua criadora (única acionista), basta que seja brasileira, portanto não necessariamente

---

[292] MEIRELLES, Hely Lopes. *Direito Administrativo brasileiro*, 17.ed., p. 327. São Paulo: Malheiros, 1992.
[293] Art. 1.126 do CC: "É nacional a sociedade organizada de conformidade com a lei brasileira e que tenha no País a sede de sua administração".

outra sociedade por ações (art. 251); *(c)* é possível converter uma sociedade por ações em subsidiária integral, mediante a incorporação de todas as ações por uma sociedade brasileira (arts. 251, § 2.º, e 252), vale dizer, ela não precisa nascer como tal; *(d)* a criação de subsidiária integral por empresa pública e por economia mista depende de autorização em lei específica (CF, art. 37, XX).

2.1.3 Sociedade unipessoal de advocacia

> A Lei 13.247, de 12-1-2016, modificou os arts.15, 16 e 17 da Lei 8.906/94 (*Estatuto da OAB*) a fim de permitir a *sociedade individual de advocacia*, na forma de sociedade civil, vedada a *forma ou características mercantis* (art. 15, § 7.º). Portanto, atividade não empresarial (CC, art. 966, parágrafo único) e continua vedada a adoção de modelo de sociedade empresarial, quer dizer, não lhe é aplicável o art. 983, 2.ª parte, do CC.

2.2 Generalização da unipessoalidade superveniente em caráter temporário

> Num ambiente internacional de admissão da unipessoalidade, e nacional admitindo casos de sociedade unipessoal, generalizou-se a *unipessoalidade superveniente em caráter temporário* tanto às sociedades por ações, desde 1976, quanto por quotas, desde o CC/2002.

Relativamente às *sociedades por ações*, desde 1940 só havia dissolução por número de acionistas inferior ao mínimo de sete, caso verificado numa assembleia ordinária, não fosse restabelecido até a do ano seguinte (DL 2.627/40, art. 137, *d*).

Em 1976, o novo Estatuto passou a tolerar a *unipessoalidade superveniente em caráter temporário* ao estabelecer em dois o número mínimo de acionistas (Lei 6.404/76, art. 80, I) e só admitir a dissolução "pela existência de um único acionista, verificada em assembleia geral ordinária, se o número de dois não for reconstituído até a do ano seguinte, ressalvado o disposto no art. 251", o qual se refere à subsidiária integral.

Relativamente às *sociedades por quotas*, à época do *individualismo contratual* (prevalência da vontade individual sobre a coletiva), substituído pela *socialidade contratual* (prevalência da vontade coletiva sobre a individual; CC, art. 421), doutrina e jurisprudência já defendiam a elas a unipessoalidade superveniente temporária, invocando o precedente legal das sociedades por ações e o *princípio da preservação da empresa* (Sétima parte *supra*), evitando-se com isso a dissolução.

Comprova esse panorama, artigo que escrevemos em 1988, a respeito da dissolução da sociedade por cotas de responsabilidade limitada, no sentido de não mais ser admissível a vontade dissolutória do contrato no caso de falecimento de um sócio, devendo-se respeitar, sim, a vontade dos remanescentes, tampouco a denúncia vazia de um sócio, visto ser abusiva (ex-CCm, art. 335, IV e V).

Consta a seguinte passagem: "Dúvida não há de que, no momento por que passamos – grande instabilidade econômica, que gera grande instabilidade social – a Ciência Jurídica, mais do que nunca, deve voltar-se aos interesses coletivos; sacrificar a vontade individual em nome da coletiva; dar supremacia às vantagens que uma empresa gera no seio comunitário".[294]

Oportuna, ainda, a chamada de Erich Fromm alertando que a complexidade do cenário econômico e político faz aumentar a sensação de impotência do indivíduo. O desemprego agrava o sentimento de insegurança. Para a grande maioria da população é muito difícil suportar psicologicamente o desemprego. Ter um emprego, qualquer que seja, parece a muitos ser tudo o que desejam na vida.[295]

Na oportunidade, nos louvamos igualmente em decisão do TJRJ, publicada na RT 566/170, na qual constam ensinamentos de Carlos Fulgêncio da Cunha Peixoto de que pelo *princípio da preservação da empresa* "procura-se evitar a todo custo a dissolução da sociedade, permitindo sua continuação por um determinado período, independentemente da existência da coletividade".[296]

---

[294] MARIANI, Irineu. O princípio da preservação da empresa e a dissolução da sociedade por cotas de responsabilidade limitada, artigo publicado na *Revista dos Tribunais* n.º 630/56 e na *Revista da AJURIS* n.º 44/78.
[295] FROMM, Erich. *Medo à liberdade*, 12.ed., p. 110.
[296] PEIXOTO, Carlos Fulgêncio da Cunha. *Sociedade por ações*, vol. IV, p. 429. São Paulo: Saraiva, 1973.

João Eunápio Borges, em parecer publicado,[297] citado por Dilvanir José da Costa, diz que "entre nós – referindo-se à então sociedade por quotas de responsabilidade limitada – poderá existir ocasionalmente não apenas com um sócio, mas sem qualquer sócio". É que o art. 8.º do Decreto 3.708/1917, que regulava a espécie, ensejava-lhe, cumpridos os pressupostos estabelecidos, a aquisição das próprias cotas, podendo conservá-las em carteira para ulterior cessão ou revenda. E, por aí, levando às últimas consequências, inexistir obstáculo de se transformar temporariamente em "sociedade sem sócios."[298]

Também registramos o precedente legal da tolerância quanto às sociedades por ações e a sensibilidade do então *Projeto de Novo Código Civil* à doutrina e jurisprudência ao prever a *unipessoalidade superveniente transitória*, o que passou ao texto promulgado, no qual constava, no inciso IV do art. 1.033, dissolução por falta de pluralidade de sócios apenas se "não reconstituída no prazo de cento e oitenta dias", revogado pela Lei 14.195, de 26-8-2021, visto que perdeu sentido com o advento da sociedade limitada unipessoal.

Dessarte, num ambiente internacional de admissão da unipessoalidade, e nacional admitindo casos de sociedade unipessoal, generalizou-se a *unipessoalidade superveniente em caráter temporário* tanto às sociedades por ações, desde 1976, quanto por quotas, desde o CC/2002.

---

[297] BORGES, João Eunápio. Parecer publicado na *RF* n.º 274/54.
[298] COSTA, Dilvanir José da. Aspectos polêmicos da sociedade por cotas de responsabilidade limitada, artigo publicado na *Revista dos Tribunais* n.º 523/22.

Capítulo 76

DA GENERALIZAÇÃO DA UNIPESSOALIDADE ORIGINÁRIA E PERÍODO DE CONVIVÊNCIA DA EIRELI E DA SLU

1 PROJETO DE LEI PREJUDICADO

> A previsão de *Sociedade Limitada Unipessoal – SLU* pela Lei 13.874, de 20-9-2019 – conhecida como *Lei da Liberdade Econômica* –, acrescentando os §§ 1.º e 2.º ao art. 1.052 do CC, prejudicou projeto de lei que, já aprovado no Senado, tramitava na Câmara Federal, acrescentando ao CC o art. 980-A e os arts. 1.087-A-B-C-D-E-F, regulamentando-a. Com isso, aquele que seria um bom marco regulatório ficou prejudicado por perda do objeto. O resultado dessa precipitação é uma obra lacônica, lacunosa e claramente obscura.

A *Empresa Individual de Responsabilidade Limitada – EIRELI* foi instituída em 2011 pela Lei 12.441, e entrou em vigor em 8-1-2012, mesmo ano em que, no Senado Federal, foi apresentado o Projeto de Lei n.º 96, para livrá-la de alguns inconvenientes, como a exigência de capital de pelo menos cem salários mínimos, bem assim para instituir a possibilidade de *Sociedade Limitada Unipessoal – SLU*.

O Projeto acrescentava ao Código Civil o art. 980-A e os arts. 1.087-A--B-C-D-E-F, regulamentando a SLU, inclusive admitindo-a tanto empresária quanto simples e tanto por pessoa natural quanto jurídica. Passou pelo Senado e, em 2013, foi à Câmara Federal, tramitando sob o n.º 6.698, com Parecer favorável do relator, mas nunca foi votado.

Pois estava assim dormente o Projeto quando, sem mais nem menos, a Lei 13.874, de 20-9-2019 – conhecida como *Lei da Liberdade Econômica* –, por meio do art. 7.º, na cambulhada de outras modificações do Código Civil, acrescentou os §§ 1.º e 2.º ao art. 1.052, prevendo a *Sociedade Limitada Unipessoal – SLU*. Com isso, aquele que seria um bom marco regulatório ficou prejudicado por perda do objeto. O resultado dessa precipitação é uma obra lacônica, lacunosa e claramente obscura, se me permitem o oximoro.

2 GENERALIZAÇÃO DA UNIPESSOALIDADE ORIGINÁRIA

> A generalização da *unipessoalidade originária* no rol das sociedades ocorreu para oferecer ao empresário individual mais uma alternativa no campo da limitação da responsabilidade. Ora, existindo a EIRELI desempenhando o papel da SLU, não havia por que prever esta de forma autônoma. Bastavam acréscimos e modificações pontuais na EIRELI. Embora isso, o legislador optou pela SLU autônoma, porém fê-lo de modo restrito: sociedade unipessoal originária, com limitação da responsabilidade, mas somente por quotas. Não a possibilita por ações.

Oficialmente, a *generalização da unipessoalidade originária* ocorreu de forma precipitada, como vimos no item acima, por meio da Lei 13.874, de 20-9-2019, que acrescentou os §§ 1.º e 2.º ao art. 1.052 do CC, dizendo: "*§ 1.º* – A sociedade limitada pode ser constituída por 1 (uma) ou mais pessoas. *§ 2.º* – Se for unipessoal, aplicar-se-ão ao documento de constituição do sócio único, no que couber, as disposições sobre o contrato social."

Mas na prática ela ocorreu antes, com a Lei 12.441, de 11-7-2011, em vigor a partir de 8-1-2012 (= 180 dias após a publicação), que instituiu a EIRELI, nada mais nada menos do que a SLU. Diante da norma legal, resta-nos tolerar o paradoxo (Cap. 73, item 3 *supra*).

A generalização da *unipessoalidade originária* no rol das sociedades, em 2019, objetivou oferecer ao empresário individual mais uma alternativa no campo da limitação da responsabilidade, porém trata-se de mera superposição ou transvariação da EIRELI, existente desde 2011, haja vista, em 2021, a *transformação automática* em Sociedade Limitada Unipessoal (Cap. 77, item 2 *infra*).

Embora isso, o legislador, na onda dos precedentes internacionais (Cap. 75, item 1 *supra*), optou por prever também a Sociedade Limitada Unipessoal, não percebendo – acredita-se – que estava sendo repetitivo. E fê-lo tão só à por quotas. Não a previu para a sociedade por ações, diferentemente de Portugal, que a admitiu na anônima, desde que operante na Zona Franca da Ilha da Madeira. Lembrando a diferença, enquanto as quotas não circu-

Iam, são almas presas ao corpo, as ações circulam como os títulos de crédito, exceto as sem certificado ou escriturais.

No Brasil, por que não admitir a unipessoalidade também nas demais sociedades regidas pelo Código Civil, por exemplo, na *em nome coletivo*? Não, porque seria mais um caso de superposição ou transvariação, na medida em que, fazendo-lhe as vezes, temos, com perfeita equivalência, a *FIRMA* ou Empresa Individual Comum, instituída pelo art. 3.º do Decreto 916/1890, que não é pessoa jurídica, e sim mera *longa manus* ou extensão da pessoa natural. Em ambas a responsabilidade é subsidiária, o que significa benefício de ordem ou de excussão. Isso quer dizer: os sócios respondem automaticamente com seus bens pelas obrigações sociais, sempre que insuficiente o patrimônio da sociedade, e o titular da *FIRMA* sempre que insuficiente o patrimônio desta (Cap. 31, itens 2.1.1 e 2.1.5 *supra*).

Por isso, mediante a Lei 12.441, de 8-1-2011, em vigor a partir de 8-1-2012, foi instituída a personalização da empresa individual com limitação da responsabilidade, e não com apenas o benefício de ordem ou de excussão.

3 PERÍODO DE CONVIVÊNCIA DA EIRELI E DA SLU

> Os §§ 1.º e 2.º do art. 1.052 do CC, acrescidos pela Lei 13.874, de 20-9-2019, limitaram-se a possibilitar a constituição de *Sociedade Limitada Unipessoal – SLU*. Não houve revogação explícita nem implícita dos dispositivos da *Empresa Individual de Responsabilidade Limitada – EIRELI*. Desse modo, ambas conviveram, desempenhando funções idênticas, desde 20-9-2019 até a Lei 14.195, de 26-8-2021, cujo art. 41 transformou automaticamente a EIRELI em SLU (Cap. 77, item 2 *infra*). Foi um período de superposição ou transvariação. A Lei 14.195 dispôs a respeito da facilitação para abertura de empresa e causou profundo impacto no sistema jurídico nacional, pois modificou aproximadamente trinta leis, inclusive o CC e o CPC.

Capítulo 77

DA TRANSFORMAÇÃO AUTOMÁTICA DA EIRELI EM SLU

1 CONSIDERAÇÃO INICIAL

> Na reorganização empresarial, existem a transformação, a incorporação, a fusão e a cisão. A *transformação* é a operação voluntária pela qual a sociedade passa de um para outro tipo (CC, art. 1.113; Lei 6.404/76, art. 220). A regra é a de que a transformação é operação voluntária, mas, por exceção, pode resultar de imposição legal.

Na reorganização empresarial, existem a *transformação*: uma transforma-se e outra; a *incorporação*: uma absorve outra; a *fusão*: umas se extinguem para nascer outra; e a *cisão*: uma se multiplica em outras novas, extinguindo-se (caso de versão total do patrimônio), ou não se extinguindo (caso de versão parcial do patrimônio para outra ou outras, novas ou já existentes).

Em obra publicada, assim defini a *transformação*: "... é a operação voluntária pela qual a sociedade passa de um para outro tipo (CC, art. 1.113; Lei 6.404/76, art. 220), também admitida, por exceção a de empresa individual comum (FIRMA) ou especial (EIRELI) em qualquer tipo de sociedade empresária (CC, art. 968, § 3.º)". Também escrevi: "A regra é a de que a transformação é operação voluntária, mas, por exceção, pode resultar de imposição legal. Exemplificando: o art. 25 da Lei 4.595/64 (*Lei da Reforma Bancária*) definiu ser a sociedade anônima o único tipo das *instituições financeiras privadas*, exceto as cooperativas de crédito, e o art. 65, *caput*, concedeu um ano, se menor não exigido pelo Conselho Monetário Nacional, para os casos de *adaptação* (entenda-se *transformação*)."[299]

---

[299] MARIANI, Irineu. *Temas comerciais e empresariais*, p. 413-4, itens 1 e 2. Porto Alegre: AGE, 2018.

2 TRANSFORMAÇÃO INDEPENDENTEMENTE DE QUALQUER ALTERAÇÃO NO ATO CONSTITUTIVO

> Pelo *caput* do art. 41 da Lei 14.195, de 26-8-2021, as EIRELIs "serão transformadas em sociedades limitadas unipessoais"; e, pelo parágrafo único, o DREI "disciplinará a transformação". Ambos passam a ideia de ser necessário um ato específico de transformação. Mas, também pelo *caput*, a transformação ocorre "independentemente de qualquer alteração em seu ato constitutivo". Disso resulta que as normas de regência da SLU são as mesmas da EIRELI, isto é, rege-se pelas estabelecidas no ato constitutivo; logo, transformou-a automaticamente em SLU (= transformação *ope legis*). Confirmando a tese da *transformação automática*, o DREI expediu o Ofício Circular n.º 4.856, de 9-12-2022, endereçado às Juntas Comerciais, pelo qual disciplinou como devem proceder para recepcionar a norma legal, independentemente de qualquer ato ou requerimento da parte interessada. Ademais, o art. 20, VI, da alínea *a*, da Lei 14.382, de 27-6-22, revogou o art. 14, VI, do CC, que conferia personalidade jurídica à EIRELI.

No caso da Reforma Bancária, em 1964, o legislador concedeu um ano para a transformação em sociedade anônima, o que era necessário, visto o ato constitutivo de uma limitada, por exemplo, não ser compatível, por si só, com o de uma anônima. Era imprescindível os sócios fazerem as adaptações.

Já no caso da EIRELI em SLU, o legislador, considerando não ser necessário qualquer alteração no ato constitutivo, por ser naturalmente compatível, transformou-a automaticamente.

Diz a Lei 14.195, de 26-8-2021: "*Art. 41* – As empresas individuais de responsabilidade limitada existentes na data da entrada em vigor desta Lei serão transformadas em sociedades limitadas unipessoais independentemente de qualquer alteração em seu ato constitutivo. *Parágrafo único* – O Drei disciplinará a transformação referida neste artigo."

Ao dizer, no *caput*, que "serão transformadas", passa a ideia de que é necessário um ato específico. Porém, se a transformação ocorre independentemente de qualquer alteração no ato constitutivo, na realidade ela ocorreu *ope legis* ou por obra da lei, é dizer, *transformação automática* da EIRELI em SLU. Disso resulta consequência importante: as normas de regência da SLU são as mesmas da EIRELI, tanto formais (= do ato constitutivo) quanto substanciais (= de funcionamento).

Na prática, houve apenas a troca do *nomen juris*: o que se chamava Empresa Individual de Responsabilidade Limitada passou a se chamar Sociedade Limitada Unipessoal. As EIRELIs, em 27-8-2021, data da publicação da Lei 14.195, foram automaticamente transformadas em SLU, independentemente de qualquer formalização nem alteração/adequação do ato constitutivo. Como tal deixaram de existir.

À sua vez, o parágrafo único, ao dizer que o Departamento de Registro Empresarial e Integração – DREI "disciplinará a transformação", igualmente passa a ideia de ser necessário ato específico de transformação.

No entanto, confirmando a tese da *transformação automática*, o DREI expediu o Ofício Circular n.º 4.856, de 9-12-2022, endereçado às Juntas Comerciais, pelo qual, didaticamente, em perguntas e respostas, disciplinou como devem proceder:

"1) Há necessidade de apresentação de ato próprio de transformação ou alteração contratual que faça referência, em preâmbulo ou cláusula, à transformação? Não. Qualquer exigência de Junta Comercial nesse sentido será equivocada e descabida. O empreendedor pode – apenas se quiser, frise-se – consignar no ato societário, no preâmbulo ou em cláusula própria, que houve a transformação automática. Contudo, recomendamos que o empreendedor, quando do arquivamento do próximo ato de alteração, inclua cláusula explicativa registrando que houve a transformação automática. Nessa linha, sugerimos: 'A alteração da natureza jurídica da presente sociedade operou-se por meio de transformação automática da EIRELI para Sociedade Limitada, conforme disposição contida no art 41 da Lei n.º 14.195, de 26 de agosto de 2021'. A ausência dessa declaração não deverá sujeitar qualquer empreendedor a irregularidade ou fundamentar que processos de arquivamento sejam postos em exigência.

2) Há necessidade de apresentação de alteração contratual para alteração da partícula do nome empresarial *Eireli* para *Ltda.*? Não. Isso deverá ser feito de ofício, automaticamente, nos cadastros da Receita Federal do Brasil e das Juntas Comerciais e nos demais órgãos integrados à Redesim.

3) O empreendedor será obrigado a apresentar o ato constitutivo da sociedade limitada, extinta Eireli, consolidado? Não. Como a transformação se deu de forma automática, não há razão para exigir consolidação por parte do empreendedor.

4) Qual a efetiva data da transformação das Eirelis em sociedades limitadas? A data da entrada em vigor da Lei n.º 14.195, de 26 de agosto de

2021. Em linhas simples, 27 de agosto de 2021, data de publicação da lei no Diário Oficial da União. (*Omissis*).

(*Omissis*).

6) No que diz respeito ao ato constitutivo/contrato social da Eireli, há alguma diferença quando comparado ao da sociedade limitada, que demande ajuste? Não. Sob uma ótica pragmática, o instrumento de constituição da Eireli e o da sociedade limitada unipessoal sempre foram rigorosamente a mesma coisa. A Eireli era regida subsidiariamente pelas normas da sociedade limitada (art. 980-A, § 6.º, do CC, ora revogado). Não havia qualquer cláusula obrigatória para a Eireli que fosse facultativa para a Ltda., e vice e versa. (...). Portanto, para além da mera substituição de *Eireli* por *limitada/ltda.* não há qualquer necessidade de ajuste ao contrato social.

(*Omissis*)."

Finalmente, o art. 20, VI, da alínea *a*, da Lei 14. 382, de 27-6-22, revogou o art. 14, VI, do CC, que conferia personalidade jurídica à EIRELI.

Capítulo 78

DA RESPONSABILIDADE DO SÓCIO ÚNICO FACE AO CAPITAL SOCIAL

> Assim como na SLP, também na SLU a responsabilidade do sócio único em relação ao capital social subsiste mesmo após a sua integralização. Em relação a terceiros, não se trata de obrigação de efeito instantâneo, e sim permanente. Ademais, a limitação da responsabilidade garante aos sócios o benefício de ordem ou de excussão (Cap. 31, item 1 *supra*), barreira que, embora não absoluta, só pode ser rompida em casos excepcionais, como na *disregard doctrine* e na dissolução.

Vimos, em relação à SLP (Cap. 51 *supra*), que existe a responsabilidade individual de cada sócio pelo valor das suas quotas, e a coletiva e solidária pela *integralização* de todo o capital social (CC, art. 1.052, *caput*). O vocábulo *integralização* não pode ser interpretado ao pé da letra, sob pena de ensejar aplicação de calote nos credores, pois uma das funções do capital social é servir de garantia automática a todos os que negociam com a empresa. Em relação a terceiros, a integralização do capital social não cessa a responsabilidade dos sócios. Face a eles, não se trata de obrigação de efeito instantâneo, e sim permanente. Durante toda a existência da sociedade, os sócios têm permanentemente a obrigação de manter a integralidade do capital social, haja vista o que dispõe o art. 1.059.

Na SLU, vigora o mesmo princípio em relação ao sócio único.

Ademais, a limitação da responsabilidade garante ao sócio o benefício de ordem ou de excussão (Cap. 31, item 1 *supra*), barreira que, embora não absoluta, só pode ser rompida em casos excepcionais, como na *disregard doctrine* e na dissolução.

Capítulo 79

DO NOME SOCIAL OU EMPRESARIAL DA SLU

1 ESPÉCIES DE NOMES – FIRMA OU DENOMINAÇÃO

Há duas espécies de nome social ou empresarial: a *firma* e a *denominação* (CC, arts. 1.155-68). Embora o substantivo *firma*, como sinônimo de *Empresa Individual*, literalmente assinatura do nome por extenso ou abreviado (CC, arts. 968, II, e 1.156; Cap. 106, item 1.1 *infra*), não há confundi-lo com a *firma*, espécie de nome social ou empresarial. Em ambas as espécies há o acréscimo da partícula que identifica o tipo sociedade uni ou pluripessoal com personalidade jurídica (Cap. 13, item 1 *supra*). A *firma*, na condição de espécie de nome social ou empresarial, compõe-se de um ou mais nomes de *pessoas naturais*: do titular na empresa individual, e de um ou mais sócios nas empresas uni e pluripessoais com personalidade jurídica. A *denominação* compõe-se de duas partes: *(a)* o prenome ou fantasia (não confundir esta fantasia com o título do estabelecimento), é de livre criação, podendo ser palavra, número ou combinação de ambos; e *(b)* o sobrenome, que não é de livre criação, pois deve designar o objeto social (CC, arts. 1.158, § 2.º), exceto na anônima, onde a designação do objeto social é facultativa (CC, art. 1.160, *caput*, na redação da Lei 14.382, de 27-6-2022). O art. 35-A da Lei 8.934/94, acrescido pela Lei 14.195, de 26-8-2021, permite que seja usado como nome empresarial o número de inscrição no CNPJ, desde que, quando exigido por lei, seja acrescida a partícula identificadora do tipo societário. Trata-se de espécie *sui generis* de denominação.

Este tema encontra-se desenvolvido com mais vagar na parte das atividades econômicas (Cap. 13 *supra*), e também com especificidades na sociedade limitada pluripessoal (Cap. 52 *supra*). Em essência, há duas espécies de nome social ou empresarial: a *firma* e a *denominação* (CC, arts. 1.155-68), também chamadas razão social, razão comercial e razão empresarial, ambas com o acréscimo de partícula, por extenso ou abreviada, identificadora da empresa uni ou pluripessoal com personalidade jurídica. Exemplos de abreviaturas: *S/A* ou *Cia.*, para a sociedade anônima; *Ltda.*, para a limitada pluripessoal, se usar denominação, ou *& Cia. Ltda.*, se usar firma; *& Cia.*, para a sociedade em nome coletivo; *S/S*, para a sociedade simples.

2 FIRMA OU DENOMINAÇÃO, CONFORME A PREFERÊNCIA, E EXCEÇÃO

> Quanto ao nome, não há norma específica à SLU. Aplicam-se, pois, subsidiariamente, as normas da SLP, na qual se pode usar *firma* ou *denominação* (art. 1.158). É conforme a preferência do sócio único, salvo quando constituída por *pessoa jurídica*. Neste caso, deve ser usada *denominação*, porque a *firma* pressupõe nome de sócio *pessoa natural*. Considerando que em relação à unipessoal não há norma específica, e considerando os princípios da aplicação subsidiária e da compatibilidade (CC, art. 1.052, § 3.º), deve ser usada no final a partícula identificadora, por extenso ou abreviadamente: *Sociedade Limitada Unipessoal*, ou *SLU*, ou *Ltda. Unipessoal*. Enquanto não houver inscrição no Registro competente, o sócio opera como empresa individual comum; e, após, havendo omissão em algum negócio, há responsabilidade solidária e ilimitada (CC, art. 1.158, § 3.º). Pode também ser usado como nome empresarial o número do cadastro no CNPJ (Lei 8.934/94, art. 35-A, acrescido pela Lei 14.195, de 26-8-2021).

Como regra, a legislação é caso a caso: a sociedade simples pode usar firma ou denominação (CC, art. 997, I); a em nome coletivo deve usar firma (CC, art. 1.040); a em comandita por ações pode firma ou denominação (CC, art. 1.161); a em conta de participação não pode nem firma nem denominação, pois não tem nome social (CC, art. 1.162); a limitada pluripessoal pode firma ou denominação (CC, art. 1.158); a cooperativa deve usar denominação (CC, art. 1.159); a anônima deve usar denominação (CC, art. 1.160; Lei 6.404/76, art. 3.º); a de advogados deve usar denominação, desde que, como fantasia, conste o nome de pelo menos um advogado responsável pela sociedade (Lei 8.906/94, art. 16, § 1.º).

Já a sociedade em comandita simples, por remissão às normas da em nome coletivo, deve usar firma (CC, arts. 1.046 e 1.041), e a em sociedade em comum, por remissão às da sociedade simples, pode usar firma ou denominação (CC, arts. 986 e 997, I).

Relativamente à sociedade limitada unipessoal, não há norma específica, e por isso nos alinhamos à doutrina que faz críticas à obra apressada do legislador, pois, pelo *princípio da veracidade* ou *da fidelidade* (Cap. 14, item 1 *supra*), deve ser informado aos terceiros, assim como em relação aos demais tipos societários, que se trata de sociedade unipessoal.

Nesse sentido, Pedro Henrique Carvalho da Costa, invocando Luiz Daniel Haj Mussi,[300] escreve que a limitada unipessoal, "a despeito de não haver obrigação legal, deveria conter em seu nome a expressão 'limitada unipessoal', 'unipessoal limitada' 'ltda. unipessoal' ou 'unipessoal ltda.', e afirma que o DREI deveria ter regulamentado a matéria".[301] No mesmo norte, José Tadeu Neves Xavier, igualmente citando Luiz Daniel Haj Mussi, escreve ser adequada a identificação de que se trata de sociedade unipessoal, "pois somente assim se estará propiciando, com clareza, a condição de unipessoalidade para aqueles que vierem a negociar com esta entidade".[302]

Se a SLU optar pela denominação, pode, assim como na SLP, utilizar o número do cadastro no CNPJ, limitado aos oito primeiros dígitos, ou "número raiz", de acordo com o *Manual de Registro da Sociedade Limitada*, expedido pelo DREI, espécie *sui generis* de denominação, conforme o art. 35-A da Lei 8.934/94, acrescido pela Lei 14.195, de 26-8-2021 (Cap. 52 *supra*; Cap. 13, item 2.4 *supra*).

Assim, considerando que em relação à sociedade unipessoal não há norma específica quanto ao nome; considerando os princípios da aplicação subsidiária e da compatibilidade (CC, art. 1.052, § 3.º); e considerando que na SLP é obrigatória a "palavra final" *limitada* ou a sua abreviatura (CC, art. 1.158, *caput*), conclui-se que também na SLU deve ser usada no final a partícula identificadora, por extenso ou abreviadamente: *Sociedade Limitada Unipessoal*, ou *SLU*, ou *Ltda. Unipessoal*.

Desse modo, a SLU tanto pode usar *firma* quanto *denominação* (CC, art. 1.158), acrescido da partícula identificadora. Diga-se que assim, inclusive, estabelecia o Projeto de Lei n.º 96, de 2012, aprovado pelo Senado Federal, que na Câmara tramitava sob o n.º 6.698, de 2013. Acrescentava diversos artigos ao CC, prevendo e regulamentando a SLU. Restou preju-

---

[300] MUSSI, Luiz Daniel Haj. *Comentários à Lei da Liberdade Econômica: Lei 13.874/2019*, p. 412. São Paulo: Reuters Brasil, 2019.
[301] COSTA, Pedro Henrique Carvalho da. *A Sociedade Limitada Unipessoal no Brasil*, p. 90. Rio de Janeiro: Lumen Juris, 2022.
[302] XAVIER, José Tadeu Neves. *Sociedade Limitada Unipessoal (SLU)*, p. 188. Londrina/PR: Thoth, 2021.

dicado por perda do objeto com o advento da Lei 13.874, de 20-9-2019 (Cap. 76, item 1 *supra*). Pelo art. 1.087-B, poderia ser usada a forma extensa "Sociedade Limitada Unipessoal" ou a abreviada "SLU".

Mas há exceção: quando a SLU é constituída por *pessoa jurídica,* fica excluída a possibilidade de usar *firma,* porque esta pressupõe o nome de sócio *pessoa natural* (CC, arts. 1.156-7; Cap. 13, item 1 *supra*); logo, resta-lhe a denominação.

Por derradeiro, duas observações.

A *primeira* de que, assim como na SLP a partícula identificadora deve ser utilizada sempre no final, assim também na SLU a partícula identificadora da unipessoalidade. Não existem as possibilidades de uso no começo ou no meio, como na anônima em relação às expressões *Sociedade Anônima* e *Companhia* ou formas abreviadas *S/A* e *Cia.* (Lei 6.404/76, art. 3.º *caput*).

A *segunda* de que, pelo mesmo princípio da subsidiariedade, tal como acontecia em relação à ex-EIRELI, também na SLU, enquanto não houver inscrição no Registro competente, o sócio único opera como empresa individual comum; e, após, havendo omissão em algum negócio, há responsabilidade solidária e ilimitada, assim como quando o administrador omite a partícula identificadora na pluripessoal (CC, art. 1.158, § 3.º).

Por exemplo: *Alfredo Marques SLU* (firma); *Marques – Indústria e Comércio de Tecidos SLU* (denominação, onde *Marques* funciona como fantasia ou prenome); *Preciosa – Extração e Lapidação de Minerais SLU* (denominação, onde *Preciosa* funciona como fantasia ou prenome); *Júlio César da Silva SLU* (firma) ou *J. C. da Silva SLU*; *Tecnossistemas – Serviços de Informática SLU* (denominação, onde *Tecnosistemas* funciona como fantasia ou prenome); *Oleiro – Indústria de Produtos Cerâmicos SLU* (denominação, onde *Oleiro* funciona como fantasia ou prenome).

Capítulo 80
DAS NORMAS DE REGÊNCIA FORMAIS E SUBSTANCIAIS DA SLU

1 CONSIDERAÇÃO INICIAL

> A EIRELI foi transformada automaticamente em SLU, daí resultando as normas de regência serem as mesmas, tanto formais (= do ato constitutivo) quanto substanciais (= de funcionamento). Como a EIRELI, por sua vez, salvo as poucas normas específicas já revogadas, seguia as compatíveis formais e substanciais da *sociedade limitada pluripessoal*, agora aplicam-se à *limitada unipessoal*.

Vimos no Cap. 77 *supra*, que a EIRELI foi transformada automaticamente em SLU e que na prática houve apenas troca do *nomen juris*, daí resultando as normas de regência serem as mesmas, tanto formais (= do ato constitutivo) quanto substanciais (= de funcionamento). Também vimos que o próprio Departamento de Registro Empresarial e Integração – DREI, ao expedir o Ofício Circular n.º 4.856, de 9-12-2022, endereçado às Juntas Comerciais, fez constar que "o instrumento de constituição da Eireli e o da sociedade limitada unipessoal sempre foram rigorosamente a mesma coisa. A Eireli era regida subsidiariamente pelas normas da sociedade limitada (art. 980-A, § 6.º, do CC, ora revogado). Não havia qualquer cláusula obrigatória para a Eireli que fosse facultativa para a Ltda., e vice e versa."

Como a EIRELI, por sua vez, salvo as poucas normas específicas já revogadas, seguia as compatíveis formais e substanciais da *sociedade limitada pluripessoal*, agora aplicam-se à *limitada unipessoal*.

2 NORMAS FORMAIS – DO ATO CONSTITUTIVO

> Quanto às *normas formais específicas compatíveis* do ato constitutivo da SLU, aplicam-se "no que couber" as da SLP (CC, art. 1.052, § 2.º). Exemplos:

> *(a)* a divisão do capital em quotas; *(b)* a quota em condomínio (art. 1.056, § 2.º); *(c)* a integralização do capital social com dinheiro ou bens e a responsabilidade pessoal durante cinco anos pela exata estimativa dos bens; e *(d)* o nome social ou empresarial. Quanto às *normas substanciais gerais compatíveis* do ato constitutivo, portanto do art. 997 do CC, devem ser adaptadas as cláusulas dos incisos I, II, III e VI. Já as demais devem ser descartadas: *(a)* do inciso IV, visto que, embora o capital social seja dividido em quotas, não o é com outros sócios; *(b)* do V, pois não há sócio de indústria; *(c)* do VII, porquanto na unipessoal os lucros e as perdas são usufruídos e suportadas pelo "sócio único"; e *(d)* do inciso VIII, uma vez que não há pluralidade de sócios, e, ainda, nas sociedades limitadas, não há, em situações normais, responsabilidade subsidiária pelas obrigações sociais.

Vemos agora a questão das normas de regência formais específicas compatíveis do ato constitutivo da SLU, e veremos adiante os requisitos formais ou cláusulas obrigatórias (Cap. 83 *infra*).

Diz o § 2.º do art. 1.052 do CC, acrescido pela Lei 13.874, de 20-9-2019: "Se for unipessoal, aplicar-se-ão ao documento de constituição do sócio único, no que couber, as disposições sobre o contrato social".

A referência de que se aplicam ao ato constitutivo da sociedade limitada unipessoal as disposições compatíveis sobre o "contrato social", transpõe para cá a situação existente na limitada pluripessoal (Cap. 53 *supra*), isto é, dirige-se tanto às normas formais específicas compatíveis, quanto às substanciais gerais compatíveis das sociedades regidas pelo Código Civil (art. 997).

Quanto às *normas formais específicas compatíveis* do ato constitutivo da SLU, aplicam-se as da SLP (Cap. 53 *supra*). Exemplificando: *(a)* a divisão do capital em quotas; *(b)* a possibilidade de quota em condomínio, desde que o "sócio único" seja o "condômino representante" (art. 1.056, § 2.º); e *(c)* a integralização do capital social com dinheiro ou bens e a responsabilidade pessoal durante cinco anos pela exata estimativa dos bens. Acrescentamos a questão do nome social ou empresarial: tanto pode usar *firma* quanto *denominação* (Cap. 52 *supra*).

Quanto às *normas de regência formais gerais compatíveis* do ato constitutivo da SLU, o item nos envia ao art. 997 do CC: "A sociedade constitui-se mediante contrato escrito, particular ou público, que, além de cláusulas estipuladas pelas partes, mencionará: *I* – nome, nacionalidade, estado civil, profissão e residência dos sócios, se pessoas naturais, e a firma ou a denominação, nacionalidade e sede dos sócios, se jurídicas; *II* – denominação, objeto, sede e prazo da sociedade; *III* – capital da sociedade, expresso em moeda corrente, podendo compreender qualquer espécie de bens, suscetíveis de avaliação pecuniária; *IV* – a quota de cada sócio no capital social, e o modo de realizá-la; *V* – as prestações a que se obriga o sócio, cuja contribuição consista em serviços; *VI* – as pessoas naturais incumbidas da administração, e seus poderes e atribuições; *VII* – a participação de cada sócio nos lucros e nas perdas; *VIII* – se os sócios respondem, ou não, subsidiariamente pelas obrigações sociais. *Parágrafo único* – É ineficaz em relação a terceiros qualquer pacto separado, contrário ao disposto no instrumento do contrato."

As cláusulas dos incisos I, II, III e VI devem ser adaptadas, por exemplo, no que se refere à administração (Cap. 63, item 3 *supra*). Já as demais devem ser descartadas: *(a)* do IV, visto que, embora o capital social seja dividido em quotas, não o é com outros sócios; *(b)* do V, pois não há sócio de indústria nas sociedades limitadas; *(c)* do VII, porquanto na unipessoal os lucros e as perdas são gozados e suportadas com exclusividade pelo "sócio único"; e *(d)* do VIII, uma vez que não há pluralidade de sócios, e, ainda, nas sociedades limitadas, não há, em situações normais, responsabilidade subsidiária pelas obrigações sociais. Ela pode existir, mas em situações anormais, como é o uso ilícito da forma societária, caso em que pode ser desconsiderada a personalidade jurídica (Cap. 37 *supra*).

3 NORMAS SUBSTANCIAIS – DO FUNCIONAMENTO OU REGIME LEGAL

> Quanto ao regime legal ou normas substanciais de funcionamento, a sociedade limitada unipessoal: *(a)* segue as normas específicas compatíveis da limitada pluripessoal; e *(b)* nas omissões, segue as compatíveis da sociedade simples, salvo opção no ato constitutivo de que se regerá supletivamente pelas normas da anônima (CC, art. 1.053, *caput* e parágrafo único).

As *normas substanciais* dizem com regime legal ou funcionamento. A sociedade limitada unipessoal, assim como em relação à ex-EIRELI, segue o modelo da pluripessoal (Cap. 53 *supra*).

Conforme o Ofício Circular n.º 4.856, de 9-12-2022, endereçado às Juntas Comerciais pelo Departamento de Registro Empresarial e Integração – DREI, "Não havia qualquer cláusula obrigatória para a Eireli que fosse facultativa para a Ltda., e vice e versa". À época da EIRELI, salvo as poucas normas específicas já revogadas, seguiam-se as compatíveis da SLP. Aplica-se o mesmo princípio à SLU.

Assim, quanto ao regime legal ou normas substanciais de funcionamento, a sociedade limitada unipessoal: *(a)* segue as específicas compatíveis da limitada pluripessoal; e *(b)* nas omissões, segue as compatíveis da sociedade simples, salvo opção do ato constitutivo de que se regerá supletivamente pelas normas da anônima (CC, art. 1.053, *caput* e parágrafo único).

Capítulo 81
DA CLASSIFICAÇÃO DA SLU QUANTO À ESTRUTURA ECONÔMICA

> Se a SLP é presumivelmente sociedade de pessoas (prevalência do *intuitu personae* sobre o *intuitu pecuniae*), com mais razão o é a SLU.

Vimos em relação à sociedade limitada pluripessoal (Cap. 54 *supra*), que, antes do CC/02, tempo em que vigorava o Decreto 3.708/1919, formou-se consenso de que a classificação, quanto à estrutura econômica: *(a)* em abstrato, era mista, ou híbrida, ou intermédia ou de transição (melhor seria dizer que era neutra); e *(b)* em concreto, era necessário verificar caso a caso. Consolidou-se o entendimento de que, pela forma como ela surgia, salvo prova em contrário, era *sociedade de pessoas* ou contratual (prevalência do *intuitu personae* sobre o *intuitu pecuniae*), visto que os sócios eram escolhidos por companheirismo, amizade, confiança, laços familiares, qualidades morais etc.

Se a SLP é presumivelmente sociedade de pessoas, com mais razão o é a SLU.

Capítulo 82

DAS ESPÉCIES DE SLU – EMPRESÁRIA E NÃO EMPRESÁRIA OU SIMPLES

1 ESPÉCIES DE ATIVIDADES ECONÔMICAS E FERRAMENTAS AO EXERCÍCIO

> Quanto às *espécies de atividades econômicas*, há duas: as empresariais e as não empresariais (CC, art. 966, *caput* e parágrafo único). Quanto às *espécies de ferramentas*, as empresariais podem ser exercidas: *(a)* individualmente, por meio de Empresa Individual (FIRMA) e de Sociedade Limitada Unipessoal (SLU); e *(b)* coletivamente, por meio de sociedade empresária admitida em lei (vigora o *princípio da tipicidade*). As *não empresariais* podem ser exercidas: *(a)* individualmente, como pessoa natural e de sociedade limitada unipessoal simples; e *(b)* coletivamente, por meio de sociedade simples e também do modelo de uma empresária (não vigora o *princípio da tipicidade*), excluídas a anônima, porque é empresária independentemente do objeto, e as sociedades simples específicas: cooperativas, independentemente do objeto, e de advogados coletiva e unipessoal.

Quanto às *espécies de atividades econômicas* ou lucrativas, existem as empresariais e as não empresariais (CC, art. 966, *caput* e parágrafo único), e umas e outras abrangem a produção e circulação de bens ou de serviços, com possibilidade de *vis atractiva* das empresariais sobre as não empresariais e vice-versa (Cap. 1, itens 1 e 2 *supra*).

Quanto às *espécies de ferramentas* (Cap. 12 *supra*), as empresariais podem ser exercidas: *(a)* individualmente, por meio de Empresa Individual (FIRMA) e de Sociedade Limitada Unipessoal; e *(b)* coletivamente, por meio de sociedade empresária admitida em lei, pois se sujeitam ao *princípio da tipicidade*.

Já as não empresariais podem ser exercidas: *(a)* individualmente, como pessoa natural, e por meio de sociedade limitada unipessoal simples; e *(b)* coletivamente, por meio de sociedade simples (CC, arts. 997 a 1.038) e também por meio do modelo de uma sociedade empresária, pois não se sujeitam ao *princípio da tipicidade* (CC, arts. 982, parágrafo único, e 1.150, final), exceto a anônima, porque é sempre empresária, independentemente do objeto (Lei 6.404/76, art. 2.º, § 1.º), e as sociedades simples específicas, como são as cooperativas, independentemente do objeto (Lei 5.764/71), e as sociedades de advogados coletiva e unipessoal (Lei 8.906/94, arts. 15-7).

2 ESPÉCIES DE SLU CONFORME A NATUREZA DA ATIVIDADE

Dependendo da natureza da atividade, há duas espécies de SLU (CC, art. 1.087-A, *caput*): *(a)* a empresária; e *(b)* a não empresária ou simples, assim como se posicionou a doutrina em relação à ex-EIRELI, visto inexistir incompatibilidade. No caso da SLU, acrescentam-se dois motivos para admiti-la: *(a)* a *mens legislatoris* no projeto de lei aprovado pelo Senado, prejudicado com o advento da Lei 13.874/19, o qual abrangia também as atividades não empresariais; *(b)* o novo período inaugurado por essa Lei (conhecida como *Lei da Liberdade Econômica*, que acrescentou os §§ 1.º e 2.º ao art. 1.053 do CC, possibilitando a SLU). O § 1.º do art. 1.º dessa Lei estabelece a sua observância na interpretação no *direito empresarial*, inclusive sobre o *exercício das profissões*; e diz o § 2.º que devem ser interpretadas *em favor da liberdade econômica* todas as normas de ordenação pública sobre as *atividades econômicas privadas*. O arquivamento do ato constitutivo e das modificações, conforme o caso, ocorrem no Registro Empresarial/Junta Comercial (Lei 8.934/94, art. 32, II, alínea *a*) ou no Registro Civil das Pessoas Jurídicas (Lei 6.015, art. 114).

Vimos que, à época da Lei 13.874, de 20-9-2019, que instituiu a possibilidade de sociedade limitada unipessoal, tramitava na Câmara Federal, já aprovado pelo Senado, projeto de lei a respeito da matéria, com regulamentação circunstanciada, o qual ficou prejudicado (Cap. 76, item 1 *supra*). O *caput* do art. 1.087-A, que seria acrescido ao CC, previa tanto sociedade limitada unipessoal empresária quanto simples e tanto por pessoa natural quanto jurídica.

Dessarte, a *mens legislatoris*, aprovada pelo Senado, era de sociedade limitada unipessoal ampla, abrangendo também as atividades não empresariais, assim como a EIRELI.[303][304][305] Diga-se que o texto legal em relação à EIRELI não era claro quanto às atividades não empresariais, mas a doutrina posicionou-se favoravelmente, considerando não haver incompatibilidade.

Além do precedente em relação à EIRELI, da qual a SLU é substituta, podem-se acrescentar dois motivos em favor da SLU não empresária: *(a)* a intenção do legislador no projeto de lei aprovado pelo Senado, prejudicado com o advento da Lei 13.874, de 20-9-19, abrangia também as atividades não empresariais; e *(b)* o novo período inaugurado por essa Lei (conhecida como *Lei da Liberdade Econômica*, a mesma que acrescentou os §§ 1.º e 2.º ao art. 1.053 do CC, possibilitando a SLU). O § 1.º do art. 1.º dessa Lei estabelece a sua observância "na interpretação do direito civil, empresarial, econômico, urbanístico e do trabalho nas relações jurídicas que se encontrem no seu âmbito de aplicação e na ordenação pública, inclusive sobre exercício das profissões, comércio, juntas comerciais, registros públicos, trânsito, transporte e proteção ao meio ambiente", e diz o § 2.º que devem ser interpretadas "em favor da liberdade econômica (...) todas as normas de ordenação pública sobre atividades econômicas privadas". O § 3.º excetua a aplicação "ao direito tributário e ao direito financeiro, ressalvado o disposto no inciso X do *caput* do art. 3.º desta Lei".

Aliás, em relação à SLU, não só não há incompatibilidade na adoção de objeto não empresarial, como a segunda parte do art. 983 do CC permite que a sociedade simples adote o modelo de uma empresária, sem que com isso haja conversão da atividade em empresarial. Excetua-se a anônima, pois esta é sempre empresária, independentemente do objeto (Lei 6.404/76, art. 2.º, § 1.º).

Eis ensinamentos de José Tadeu Neves Xavier: "A previsão normativa poderia colocar em dúvida os exatos limites a serem assumidos por esta nova figura jurídica, entretanto o art. 983 do Código Civil, ao autorizar a adoção de certas técnicas de organização empresária na constituição de sociedades simples abrem janela para a utilização da Sociedade Limitada Uni-

---

[303] MARIANI, Irineu. *Empresa Individual de Responsabilidade Limitada – EIRELI*, p. 122-3. Porto Alegre: AGE, 2015.

[304] COELHO, Márcio Xavier. *A responsabilidade da EIRELI*, p. 35-41, item 2.3. Belo Horizonte: D'Plácido Editora, 2014.

[305] NUNES, Márcio Tadeu Guimarães. *EIRELI – A tutela do patrimônio de afetação*, p. 75-88, item 3.4. São Paulo: Quartier Latin, 2014.

pessoal em atividades de cunho intelectual e, portanto, de natureza não empresarial. (...) nos posicionamos no sentido de viabilidade de constituição de Sociedade Limitada Unipessoal para a exploração de atividade que foge ao âmbito dos atos de produção, circulação de bens ou prestação de serviços, incluindo, portanto, as atividades tidas como intelectuais."[306] É o que também vigora em Portugal, como escreve Filipe Cassiano dos Santos.[307]

Enfim, nada obsta a constituição de sociedade limitada unipessoal simples ou não empresarial, caso em que o arquivamento do ato constitutivo e das modificações ocorrem, conforme o caso, no Registro Empresarial ou Junta Comercial (Lei 8.934/94, art. 32, II, alínea *a*) ou no Registro Civil das Pessoas Jurídicas (Lei 6.015/73, art. 114).

3 ESPÉCIE ÚNICA DE SLU PARA ATIVIDADES EMPRESARIAIS E NÃO EMPRESARIAIS

> Observados os princípios específicos, isto é, das normas de regência formais e substanciais compatíveis da sociedade limitada pluripessoal e regras de aplicação subsidiária (Cap. 80, item 2 *supra*), o modelo de sociedade limitada unipessoal é único, seja quando empresarial, seja quando não empresarial ou simples, conforme o art. 966, *caput* e parágrafo único do CC.

---

[306] XAVIER, José Tadeu Neves. *Sociedade Limitada Unipessoal*, p. 209. Londrina/PR: Thoth, 2021.
[307] SANTOS, Filipe Cassiano dos. *A sociedade unipessoal por quotas*, p. 44, item 2. Coimbra: Coimbra Editora, 2009.

Capítulo 83

DAS FORMAS DO ATO CONSTITUTIVO E DOS REQUISITOS FORMAIS/ CLÁUSULAS OBRIGATÓRIAS

1 CONSIDERAÇÃO INICIAL

> Pela noção clássica, o *contrato* disciplina interesses *divergentes*, enquanto a sociedade disciplina interesses *convergentes*. Isso ensejou algumas teorias a respeito da natureza do ato constitutivo: *(a)* do contrato complexo, de Gierke; *(b)* do contrato coletivo, de Duguit; *(c)* do contrato plurilateral, de Túlio Ascarelli. Já Hauriou defendeu que o ato constitutivo tem natureza contratual na *sociedade de pessoas* e natureza institucional na *de capital* (Cap. 73, item 1 *supra*).

2 FORMAS DO ATO CONSTITUTIVO

> Assim como na SLP (Cap. 55, item 1 *supra*), quanto às formas, o ato constitutivo da SLU pode ser por instrumento público ou particular (CC, art. 997).

3 NATUREZA JURÍDICA DO ATO CONSTITUTIVO

> A natureza jurídica do ato constitutivo da SLU é de uma *declaração unilateral de vontade*, assim como era em relação à EIRELI e continua sendo em relação à Empresa Individual (FIRMA). Em vez de *constitutivo* (= quando passa a exigir), o ato pode ser *declarativo* (= quando já existe), o que acontece, por exemplo, na transformação.

Quanto à expressão *ato constitutivo*, embora consagrada, pode eventualmente não ser *constitutivo* (= quando passa a existir), chamado *modo ori-*

ginário de surgimento, mas *declarativo* (= quando já existe), chamado *modo derivado de surgimento*, o que acontece, por exemplo, na transformação.[308]

Ainda, o só fato da constituição não quer dizer que existe empresário. Convém lembrar que, desde o art. 4.º do ex-CCm/1850, vigora o *critério objetivo*, reafirmado pelo art. 966 do CC. Para *ser* empresário, não basta a capacidade nem a inscrição obrigatória. É imprescindível o efetivo exercício da atividade, em caráter profissional, com fins lucrativos e em nome próprio (Cap. 2, item 2 *supra*). A inscrição obrigatória no Registro Público de Empresas, a cargo da Junta Comercial, exigida pelo art. 967 do CC "antes do início da atividade", não é requisito para ser empresário, mas para o *exercício regular* da atividade. Neste particular, as sociedades *em comum* e *em conta de participação* constituem exceções (CC, arts. 986-97).

Quanto à *natureza jurídica*, o ato constitutivo da SLU é de uma *declaração unilateral de vontade*, assim como era em relação à EIRELI, e continua sendo em relação à Empresa Individual (FIRMA). Nesse sentido, ensinamentos de Ricardo Alberto Santos Costa,[309] Filipe Cassiano dos Santos,[310] José Tadeu Neves Xavier[311] e Pedro Henrique Carvalho da Costa.[312]

Diga-se que o Código Civil francês designa *contrato* quando sociedade formada por dois ou mais sócios, e *ato jurídico unilateral* quando formada por apenas um.

4 REQUISITOS FORMAIS/CLÁUSULAS OBRIGATÓRIAS DO ATO CONSTITUTIVO

Considerando que o DREI não editou manual específico para a SLU, pode-se tanto seguir os requisitos formais ou cláusulas obrigatórias do Manual da ex-EIRELI, quanto os do Manual da Limitada. Importa é que a *declaração unilateral de vontade* cumpra os requisitos formais ou cláusulas obrigatórias,

---

[308] MARIANI, Irineu. *Temas comerciais e empresariais*, p. 413 e seguintes. Porto Alegre: AGE, 2018.
[309] COSTA, Ricardo Alberto Santos. *A sociedade unipessoal por quotas no Direito português*, p. 348. Coimbra: Almedina, 2002.
[310] SANTOS, Filipe Cassiano dos. *A sociedade unipessoal por quotas*, p. 64, item 4, alínea *a*. Coimbra: Coimbra Editora, 2009.
[311] XAVIER, José Tadeu Neves. *Sociedade limitada unipessoal*, p. 133, item 4.1. Londrina: Thoth, 2021.
[312] COSTA, Pedro Henrique Carvalho. *A sociedade limitada unipessoal no Brasil*, p. 88, item 3.3.2. Rio de Janeiro: Lumen Juris, 2022.

> que, por sua vez, seguem o art. 997 do CC, fazendo-se as devidas adaptações, por exemplo, embora o capital seja dividido em quotas, não há a de cada sócio, pois todas pertencem ao dito "sócio único".

Vimos a questão das normas de regência formais específicas compatíveis do ato constitutivo da SLU (Cap. 80, item 2 *supra*); vemos agora o rol dos requisitos ou cláusulas obrigatórias do ato constitutivo da SLU.

À época da EIRELI, o então Departamento Nacional de Registro do Comércio – DNRC, elaborou o *Manual de Atos de Registro*, aprovado pela Instrução Normativa n.º 117, de 22-11-2011, cujo item 1.2.7 arrolava os requisitos formais ou cláusulas obrigatórias da *declaração unilateral de vontade*, a saber: *a)* nome empresarial (firma ou denominação), constando no final a abreviatura EIRELI; *b)* capital expresso em moeda corrente; *c)* declaração de integralização do capital; *d)* endereço da sede e das filiais; *e)* objeto da empresa; *f)* prazo de duração; *g)* data de encerramento do exercício social, quando não coincidente com o ano civil; *h)* a(s) pessoa(s) natural(is) que administrará(ão) e seus poderes e atribuições; *i)* qualificação do administrador, caso não seja o titular; *j)* declaração de que o seu titular não participa de nenhuma outra empresa dessa modalidade.

O atual Departamento Nacional de Registro Empresarial e Integração – DREI editou o *Manual de Registro da Sociedade Limitada*, aprovado pela Instrução Normativa n.º 81, de 10-6-2020, cujo item 4 arrola os requisitos formais ou cláusulas obrigatórias do *ato constitutivo da sociedade*, a saber: "*I* – nome empresarial; *II* – capital da sociedade, expresso em moeda corrente, a quota de cada sócio, a forma e o prazo de sua integralização; *III* – endereço da sede (...), bem como o endereço das filiais, quando houver; *IV* – objeto social; *V* – prazo de duração da sociedade; *VI* – data do encerramento do exercício social, quando não coincidente com o ano civil; *VII* – a(s) pessoa(s) natural(is) incumbida(s) da administração da sociedade, e seus poderes e atribuições; *VIII* – qualificação do administrador não sócio designado no contrato; *IX* – participação de cada sócio nos lucros e nas perdas; e *X* – foro ou cláusula arbitral.

Desse modo, considerando que o DREI não editou manual específico para a SLU, pode-se tanto seguir os requisitos formais ou cláusulas obrigatórias do Manual da ex-EIRELI, quanto os do Manual da Limitada. Importa é que a *declaração unilateral de vontade* cumpra os requisitos formais ou cláusulas obrigatórias, que, por sua vez, seguem o art. 997 do CC, fazendo-se as devidas adaptações, por exemplo, embora o capital seja dividido em quotas, não há a de cada sócio, pois todas pertencem ao dito "sócio único".

Capítulo 84
DO CAPITAL SOCIAL DA SLU, INTEGRALIZAÇÃO E AQUISIÇÃO DAS PRÓPRIAS QUOTAS

A expressão *capital social*, no caso da sociedade limitada unipessoal, não é tecnicamente correta. Deveria ser apenas *capital*. Mas, tolerando os paradoxos (Cap. 73, item 3 *supra*), somos obrigados a adotá-la, inclusive por questão de clareza, isto é, para informar que não se trata de todo e qualquer capital, e sim de um especial, vinculado a finalidades específicas (Cap. 31, item 2 *supra*).

1 NÃO EXIGÊNCIA DE CAPITAL SOCIAL MÍNIMO

> Diferentemente da ex-EIRELI, em que o capital social era de pelo menos cem salários mínimos, na SLU não há tal exigência. Isso não quer dizer que ele pode ser ínfimo, insuficiente para cumprir as suas finalidades de permitir a operação/financiamento do objeto social e de servir de garantia permanente a quem negocia com a empresa. O endividamento incompatível com o valor do capital social e a sua insuficiência/subcapitalização para operar o objeto social são hipóteses de *disregard doctrine*.

Enquanto na ex-EIRELI o capital social era de pelo menos cem salários mínimos (CC, art. 980-A, *caput*, revogado pela Lei 14.382, de 27-6-2022), na SLU não há tal exigência. Na Itália e na Alemanha, o mínimo é de dez mil euros, na França é de trinta mil euros, e em Portugal, onde foi adotado o Estabelecimento Individual de Responsabilidade Limitada, o capital social mínimo é de cinco mil euros (art. 3.º, n.º 2, do Código das Sociedades Comerciais).[313]

---

[313] SANTOS, Filipe Cassiano dos. *A sociedade unipessoal por quotas*, p. 16. Coimbra: Coimbra Editora, 2009.

Porém, o fato de no modelo brasileiro de SLU, precipitadamente adotado (Cap. 76, item 1 *supra*), não haver exigência de capital social mínimo, não quer dizer – assim como em relação às demais sociedades – que ele pode ser ínfimo, insuficiente para cumprir suas funções de permitir operação/financiamento do objeto social e de servir de garantia permanente a quem negocia com a empresa, isto é, de funcionar como seguro ou fiança (Capítulos 55, item 2.1 *supra*, e 37, item 1.4 *supra*).

No endividamento incompatível com o valor do capital social, tem-se uso abusivo da forma societária, na qual a limitação da responsabilidade não é absoluta, mas relativa, e, no capital insuficiente para operar o objeto social, tem-se subcapitalização, ambas hipóteses de *desconsideração da personalidade jurídica* (Cap. 37, itens 1.2 e 1.4 *supra*), pela qual o patrimônio particular do sócio único responde pelas obrigações sociais.

2 DIVISÃO DO CAPITAL SOCIAL

2.1 Capital social dividido em quotas e quota única

Assim como na SLP (Cap. 55, item 2.2 *supra*), também na SLU o capital social é dividido em quotas, com o detalhe de que, havendo sócio único, nada obsta a existência de quota única, ou de apenas uma, com valor coincidente ao do capital.

2.2 Quotas de valor igual ou desigual

Assim como na SLP (Cap. 55, item 2.3 *supra*), também na SLU as quotas podem ter valor igual ou desigual. Importa é que todo o capital social pertença ao sócio único.

2.3 Quota em condomínio voluntário, indivisibilidade e "sócio de sócio"

Nada obsta o *condomínio involuntário* na SLU, por três motivos: *(a)* não há incompatibilidade, pois, assim como na SLP e na S/A, o condomínio não viola a indivisibilidade da quota e da ação; *(b)* não viola a unipessoalidade,

> visto que o condômino não é sócio; e *(c)* o projeto de lei, que tramitava no Congresso Nacional disciplinando a SLU em várias especificidades, e que restou prejudicado, não só não excluía o condomínio voluntário da(s) quota(s), como dizia que se aplicavam à SLU as normas da SLP, salvo as que pressupunham pluralidade de sócios. Cabe, porém, a cautela de não haver inversão, quer dizer, o sócio único não pode ser mera *longa manus* do condômino. Sua fração no condomínio não pode ser ínfima, mesma hipótese de *desconsideração da personalidade jurídica*.

Vimos que na SLP, assim como na S/A, é admitido o *condomínio voluntário da quota*, sem prejuízo da sua *indivisibilidade* perante a sociedade (face a ela é como se o condomínio não existisse) e todos os condôminos respondem solidariamente pelo total do capital social (CC, art. 1.056 e §§ 1.º e 2.º; Cap. 55, item 2.5 *supra*). O condomínio deve ter um representante, o qual, tratando-se de espólio – caso de *condomínio involuntário* – deve ser o inventariante (art. 1.056, §§ 1.º e 2.º).

Já na SLU pode surgir dúvida quanto ao *condomínio involuntário*, pois, em tese, seria um artifício para pluralizar a unipessoalidade.

Nosso entendimento é o de que nada obsta, e alinhamos três motivos.

Pelo *primeiro*, não há incompatibilidade, pois, assim como na SLP e na S/A, o condomínio não viola a indivisibilidade, seja da quota seja da ação; logo, não há por que não admiti-lo também na SLU.

Pelo *segundo*, não viola a unipessoalidade, visto que o condômino não é sócio. O condomínio só existe para fins internos. Para fins externos só existe o seu representante, isto é, o sócio na SLP ou acionista na S/A.

Pelo *terceiro*, o projeto de lei que tramitava no Congresso Nacional disciplinando a SLU em várias especificidades, prejudicado, como vimos (Cap. 76, item 1 *supra*), não vetava o condomínio voluntário da(s) quota(s). Além de nas especificidades não excluir o condomínio, o projetado art. 1.087-F para o CC dizia que se aplicavam à SLU as normas da SLP, salvo as que pressupunham pluralidade de sócios. Tendo em conta que o projeto já havia sido aprovado pelo Senado, é oportuno captar e considerar a *mens legislatoris*.

A cautela que se deve ter na questão da quota em condomínio na SLU é no sentido de que não pode haver inversão, quer dizer, o sócio único não pode ser mera *longa manus* do condômino, noutras palavras, sua fração no condomínio não pode ser ínfima, mesma hipótese de *desconsideração da personalidade jurídica* (Cap. 37, item 1.1 *supra*).

2.4 Quotas preferenciais — Incompatibilidade

> Na SLP, embora a previsão no respectivo Manual de Registro, expedido pelo DREI, não é compatível a existência de *quotas preferenciais*. Falece-lhe competência para, como órgão regulamentador, criar ou extinguir direito. Por decorrência, e inclusive porque pressupõe pluralidade de sócios, descabe a existência de quotas preferenciais na SLU.

Vimos que no *Manual de Registro da Sociedade Limitada*, do Departamento de Registro Empresarial e Integração – DREI, consta ser possível a existência de *quotas preferenciais*, assim como na S/A as *ações preferenciais* (Cap. 55, item 2.6 *supra*). Todavia: *(a)* falece competência ao órgão regulamentador para criar ou extinguir direito; *(b)* a regência supletiva da anônima não desconsidera o princípio da compatibilidade e ocorre tão só para fins de complementação necessária, e tal não é o caso das *quotas preferenciais* na sociedade limitada; *(c)* ostenta-se ilegal a instituição de *quotas preferenciais*, com vantagens financeiras, suprimindo, em contrapartida, o direito ao voto de seus titulares, pois isso extrapola o limite da *aplicação supletiva*, viola o princípio de que só por previsão legal é possível suprimir direitos originários dos sócios, pessoais e patrimoniais, e, ainda, descaracteriza todos os quóruns de deliberação; e *(d)* não é admissível que, pela janela do parágrafo único do art. 1.053, na prática se crie um tipo *sui generis* de sociedade, sem identidade definida, pois não se sabe se se trata de uma limitada por ações ou de uma anônima por quotas, transgredindo-se o *princípio da tipicidade*, que vigora nas atividades empresariais.

Por decorrência, e inclusive porque pressupõe pluralidade de sócios, descabe a existência de quotas preferenciais na SLU.

3 INTEGRALIZAÇÃO DO CAPITAL SOCIAL

3.1 Integralização com dinheiro ou com bens

> Assim como na SLP (Cap. 55, item 3.1 *supra*), também na SLU a integralização do capital social pode ocorrer com dinheiro ou com bens móveis ou imóveis, semoventes, corpóreos ou incorpóreos (CC, arts. 79-84), desde

> que sejam avaliáveis economicamente, e não há exigência de integralização inicial mínima.

No que se refere à *integralização inicial mínima*, cabe lembrar que na S/A o subscritor deve integralizar à vista e em dinheiro pelo menos 10% do *preço de emissão* das ações (Lei 6.404/76, art. 80, II, e parágrafo único), e, tratando-se de instituição financeira, o mínimo à vista e em dinheiro é de 50% (Lei 4.595/64, art. 27).

Em relação às demais sociedades pluripessoais, diz o inciso II do § 3.º do art. 974 do CC, acrescido pela Lei 12.399, de 1.º-4-11, que, se houver sócio incapaz, "o capital social deve ser totalmente integralizado", o que consideramos um paradoxo e um retrocesso. Se, mediante autorização judicial, pode dar continuidade ao empreendimento empresarial (Cap. 8, item 3 *infra*), não é coerente, mediante a mesma cautela, impedi-lo de ser sócio pelo fato de o capital não estar totalmente integralizado.

3.2 Integralização com quotas ou ações de outras sociedades

> Assim como na SLP (Cap. 55, item 3.3 *supra*), também na SLU é possível a integralização do capital com quotas ou ações de outras sociedades, desde que haja redução correspondente do capital na de origem e efetiva transferência do patrimônio para a de destino ou receptora. Isso é imprescindível, sob pena de o mesmo patrimônio ser utilizado mais de uma vez para a mesma finalidade, violando a função da garantia que ele exerce. Sem a redução na sociedade de origem e efetiva transferência para a de destino ou receptora, torna-o *capital papel*.

3.3 Responsabilidade pela exata estimativa dos bens

> Assim como na SLP (Cap. 55, item 3.3 *supra*), também na SLU, de acordo com o § 1.º do art. 1.055 do CC, quando há integralização do capital social em bens, o sócio único responde solidariamente pela "exata estimação" (*sic*) durante cinco anos. Entenda-se *exata estimativa*. Não é necessário avaliar os bens, mas, em contrapartida, há esse ônus. Trata-se de modo encontrado pelo legislador para, tendo em conta o *princípio da realidade do capital*

> *social*, que na S/A exige laudo de avaliação, evitar o chamado *capital papel*, isto é, a superestimativa.

A despeito de não haver exigência legal de avaliação dos bens, é recomendável, em razão da responsabilidade pela exata estimativa dos bens durante cinco anos (CC, art. 1.055, § 1.º), que ela fique documentada, seja mediante laudo particular ou outro meio idôneo para evidenciar que não houve superestimativa ou *capital papel*.

3.4 Integralização com imóveis, transferência da propriedade e não incidência de ITBI

> Assim como na SLP (Cap. 55, itens 3.1, 3.2 e 3.4 *supra*), também na SLU os bens devem ser transferidos para o nome da pessoa jurídica e não incide ITBI na realização de capital social com imóvel. Se a pessoa que estiver constituindo SLU for casada, cumpre-lhe observar as normas específicas do regime de bens; por exemplo, salvo na separação absoluta, um cônjuge não pode alienar imóveis sem autorização do outro (CC, art. 1.647, I).

A polêmica acerca da possibilidade de integralizar capital social com imóvel por instrumento particular (CC/1916, art. 134, II; CC/2002, art. 108), está superada (Lei 8.934/94, arts. 53 e 63). Assim como nas S/As, a certidão do Registro Empresarial habilita o Registro de Imóveis a efetivar a transferência da propriedade (CC, art. 1.245, *caput*). Não incide ITBI sobre a transferência de propriedade para realizar capital social (CF, art. 156, § 2.º, I; CTN, art. 36, I). Tratando-se de bem móvel, a propriedade é transferida mediante a efetiva tradição (CC, o art. 1.267), porém recomenda-se registro no Cartório Especial de Títulos e Documentos, para fins de eficácia contra terceiros (Lei 6.015/73, art. 127, VII, e parágrafo único), especialmente tratando-se de veículo automotor (Lei 6.015/73, art. 129, n.º 7), certo que, independentemente disso, envolvendo veículo, é obrigatória a transferência junto ao DETRAN no prazo de trinta dias, sob pena de multa (CTB, art. 233).

Se a pessoa que estiver constituindo SLU for casada, cumpre-lhe observar as normas específicas do regime de bens; por exemplo, salvo na separação absoluta, um cônjuge não pode alienar imóveis sem autorização do outro (CC, art. 1.647, I).

Isso é relevante na SLU, porque, após a transferência do bem para o respectivo nome, incide o princípio que o art. 978 do CC estabelece às empresas individuais: "O empresário casado pode, sem necessidade de outorga conjugal, qualquer que seja o regime de bens, alienar os imóveis que integrem o patrimônio da empresa ou gravá-los de ônus real".

Porém, conveniente o registro da certidão no Cartório Especial de Títulos e Documentos, para fins de eficácia contra terceiros (Lei 6.015/73, art. 127, VII, e parágrafo único), especialmente tratando-se de veículo automotor (Lei 6.015/73, art. 129, n.º 7), certo que, independentemente disso, é obrigatória a transferência junto ao DETRAN no prazo de trinta dias, sob pena de multa (CTB, art. 233).

Admitamos, então, que, antes do quinquênio, a SLU sofra uma execução judicial. No caso de o valor dos bens para penhora ser inferior ao capital social, até o valor deste o sócio único responde automaticamente com seu patrimônio particular. Para ir além, há a barreira da limitação da responsabilidade. Só é possível rompê-la extraordinariamente por meio da *desconsideração da personalidade jurídica*.

4 AQUISIÇÃO DAS PRÓPRIAS QUOTAS – INCOMPATIBILIDADE

> Na SLP, embora a previsão no respectivo Manual de Registro, expedido pelo DREI, não é compatível a SLP adquirir as próprias quotas. Diga-se o mesmo, e até com mais razão, no que se refere à SLU. Na prática, o entendimento cria um tipo societário *sui generis*, que não é pluri nem unipessoal e sem natureza econômica, pois não há a quem distribuir os lucros, além de transgredir o *princípio da tipicidade*.

O *Manual de Registro da Sociedade Limitada*, expedido pelo DREI, enseja aquisição das próprias quotas, se houver previsão contratual de regência supletiva da S/A (Cap. 55, item 4.2.2 *supra*). Todavia: *(a)* se no regime do CC/02 não consta a possibilidade, nem mesmo para *cotas liberadas*, a omissão é intencional; *(b)* o fato da regência supletiva da anônima (CC, art. 1.053, parágrafo único) não autoriza aplicação *lato sensu*, sem observar o princípio da compatibilidade; *(c)* a referência no *Manual* de que a aquisição não lhe confere a condição de sócia, viola o art. 1.052 do CC, pois quem participa do capital necessariamente é sócio; *(d)* a possibilidade caracteriza, por viés, fraude à *disregard doctrine*, na medida em que, por meio do artifício, exclui a responsabilidade subsidiária dos sócios nas hipóteses típicas e atípicas; *(e)* na prática, o entendimento cria um tipo societário *sui generis*, que não é pluri nem unipessoal e sem natureza econômica, pois não há a quem distribuir os lucros, além de transgredir o *princípio da tipicidade*; e *(f)* se, em relação à anônima, há previsão legal de aquisição das próprias ações, e mesmo assim é necessário autorização da CVM (Lei 6.404/76, art. 30, § 2.º), portanto em caráter excepcional e justificadamente, não é possível tal aquisição na SLU, onde sequer há previsão legal, assim como na SLP (Cap. 55, item 4 *supra*).

5 PRINCÍPIO DA VINCULAÇÃO DO CAPITAL

> Em relação ao capital social da SLU, vigora o mesmo *princípio da vinculação, da afetação* ou *da intangibilidade* do capital social das sociedades pluripessoais. Cabe-lhe tão só financiar o exercício da atividade econômica e servir de garantia aos credores, tal como uma fiança, haja vista que a subcapitalização enseja a desconsideração da personalidade jurídica (Cap. 37, item 1.4 *supra*).

Capítulo 85
DO ENQUADRAMENTO COMO *ME* OU *EPP*, INVESTIDOR-ANJO E ENQUADRAMENTO COMO *STARTUP*

1 ENQUADRAMENTO COMO *ME* OU *EPP*

Assim como na SLP (Cap. 56, item 1 *supra*), também na SLU pode constar, nas *cláusulas facultativas* do ato constitutivo, conforme o *Manual de Registro da Sociedade Limitada*, aprovado pelo Departamento de Registro Empresarial e Integração – DREI, a "DECLARAÇÃO DE MICROEMPRESA/EMPRESA DE PEQUENO PORTE".

2 FIGURA DO INVESTIDOR-ANJO OU SÓCIO-ANJO

Assim como na SLP (Cap. 56, item 2 *supra*), também na SLU pode existir *investidor-anjo* ou *sócio-anjo*, desde que tenha por objeto social típico (= inovador e/ou inédito, vinculado a modelos de negócios objetivando produtos ou serviços baseados em tecnologias) e seja enquadrável como *startup*. Isso é possível porque o investidor-anjo, também chamado sócio-anjo, tecnicamente não é sócio. Ele não participa do capital, nem de qualquer modo do quadro social, tampouco da administração, não vota, não tem responsabilidade pelas obrigações e seu retorno é a remuneração do investimento feito na empresa.

3 ENQUADRAMENTO COMO *STARTUP*

3.1 Origem e definição

Conforme exposição mais circunstanciada na SLP (Cap. 56, item 3.1 *supra*), *startup* vem do inglês *start* (= principiar, iniciar, começar) e daí *startup*. Em português, está consagrada a compreensão de significar *empresa emergente*. Empreendedores com ideias inovadoras e/ou inéditas e promissoras, em especial associadas à tecnologia, conseguem financiadores a seus projetos, que se mostram economicamente rentáveis. Pode-se definir *startup* como empresa com objeto social inovador e/ou inédito, vinculado a modelos de negócios objetivando produtos ou serviços baseados em tecnologias.

3.2 Objeto social especial – Empreendedorismo inovador e/ou inédito

Assim como na SLP (Cap. 56, item 3.2 *supra*), a *startup* não é tipo autônomo de sociedade ou de empresa individual, e sim de empresa que goza de tratamento jurídico favorecido baseado em *objeto social inovador e/ou inédito*. A inovação e/ou ineditismo deve vincular-se a modelos de negócios objetivando produtos ou serviços baseados em tecnologias.

3.3 Cláusula obrigatória de enquadramento como *startup*

Assim como na SLP (Cap. 56, item 3.3 *supra*), também na SLU deve, quando for o caso, constar cláusula de enquadramento como *startup*.

Consta no *Manual de Registro da Sociedade Limitada*, aprovado pelo DREI, o "ENQUADRAMENTO COMO *STARTUP*" – obviamente sendo o caso –, com a seguinte justificativa: "Nos termos do art. 4.º da Lei Complementar n.º 182, de 1.º de junho de 2021, é enquadrada como *startup* a sociedade limitada, em constituição ou em operação recente, cuja atuação se caracteriza pela inovação aplicada a modelo de negócios ou a produtos ou serviços ofertados", e acrescenta: "Para fins de registro, o(s) sócio(s) da sociedade limitada deve(m) fazer constar declaração em seu ato constitutivo ou alterador de que se enquadra como *startup*, conforme prevê a alínea "a" do inciso III do § 1.º do art. 4.º da Lei Complementar n.º 182, de 2021" (Instrução Normativa n.º 81/2020, Cap. II do *Manual*, item 11, acrescido pela Normativa n.º 112/2022).

Capítulo 86
DA SLU CONSTITUÍDA POR PESSOA NATURAL OU JURÍDICA

1 INEXISTÊNCIA DE VETO E/OU DE INCOMPATIBILIDADE

> A SLU pode ser constituída tanto por *pessoa natural* quanto por *jurídica*. Ressalvados os impedimentos, não só não há veto à pessoa jurídica no sistema legal em vigor, como também não há incompatibilidade. Se na sociedade limitada pluripessoal a jurídica pode ser sócia e até administradora, não é defensável eventual entendimento de que ela não pode constituir uma limitada unipessoal.

Relativamente à ex-EIRELI, o art. 980-A do CC, revogado pela Lei 14.382, de 27-6-2022, dizia no *caput* que ela era constituída "por uma única pessoa titular da totalidade do capital social", dizia no § 2.º que a "pessoa natural" podia figurar "em uma única empresa dessa modalidade", e dizia no § 3.º que ela poderia resultar da concentração das quotas "num único sócio, independentemente das razões que motivaram a concentração".

Não estava, pois, a pessoa jurídica impedida de constituir EIRELI, inclusive mais de uma, abrangendo também a pessoa jurídica sem fins lucrativos. A restrição era quanto à pessoa natural, desde que não fosse por concentração das quotas de sociedade pluripessoal. Assim nos posicionamos em obra específica a respeito da EIRELI,[314] e no mesmo sentido Paulo Leonardo Vilela Cardoso,[315] Márcio Xavier Coelho[316] e Márcio Tadeu Guimarães Nunes.[317]

---

[314] MARIANI, Irineu. *Empresa individual de responsabilidade limitada – EIRELI*, p. 70-5, item 2). Porto Alegre: AGE, 2015.
[315] CARDOSO, Paulo Leonardo Vilela. *O empresário de responsabilidade limitada*, p. 86. São Paulo: Saraiva, 2012.
[316] COELHO, Márcio Xavier. *A responsabilidade da EIRELI*, p. 50, item 3.2. Belo Horizonte: D'Plácido Editora, 2014.
[317] NUNES, Márcio Tadeu Guimarães. *EIRELI – A tutela do patrimônio de afetação*, p. 92, item 3.4. São Paulo: Quartier Latin, 2014.

Relativamente à SLU, como não há veto e também não há incompatibilidade, tanto pode ser constituída por *pessoa natural* quanto por *jurídica*, ressalvados quanto a esta os impedimentos (item 3 *infra*).

Nesse sentido, observe-se que o § 1.º do art. 1.052 do CC, acrescido pela Lei 13.874, de 20-9-2019 (conhecida como *Lei da Liberdade Econômica*), refere que a sociedade limitada "pode ser constituída por 1 (uma) ou mais pessoas", gênero do qual a jurídica é espécie. Além disso, já vimos (Cap. 82, item 2 *supra*), que o § 1.º do art. 1.º da referida lei estabelece a sua observância na interpretação do *direito empresarial*, inclusive sobre *exercício das profissões*, e pelo § 2.º as normas de ordenação pública sobre atividades econômicas privadas devem ser compreendidas *em favor da liberdade econômica*.

Leciona José Tadeu Neves Xavier: "Não há referência sobre a exclusividade na instituição desta espécie por pessoa natural, ou pelo menos vedação no sentido do afastamento das pessoas jurídicas desta possibilidade".[318] Comentando o art. 170-G do Código das Sociedades Comerciais, de Portugal, que instituiu o Estabelecimento Individual de Responsabilidade Limitada, escreve Filipe Cassiano dos Santos: "... o sócio pode ser uma pessoa singular (humana, com mais rigor) como pessoa jurídica (colectiva, expressão legal, que se reporta às entidades colectivas a que a lei atribui personalidade jurídica)".[319]

Em reforço à tese da constituição de sociedade limitada unipessoal por pessoa jurídica, lembremos que esta sempre foi admitida como sócia na pluripessoal, desde a época do Decreto 3.708, de 1919, e depois pelo *caput* do art. 1.052 do CC, considerando a menção genérica a *sócio*, portanto independentemente da espécie de pessoa (Cap. 57, item 1 *supra*), podendo até ser administradora (Cap. 63, item 6 *supra*).

Diga-se que nesse sentido seria o art. 1.087-A do Projeto de Lei n.º 96, a ser acrescido ao CC, aprovado pelo Senado Federal, em 2012, que na Câmara tramitava sob o n.º 6.698, e que ficou prejudicado por perda do objeto com o advento da Lei 13.874, de 20-9-2019 (Cap. 76, item 1 *supra*). O *caput* previa a constituição de SLU por "pessoa natural ou jurídi-

---

[318] XAVIER, José Tadeu Neves. *Sociedade limitada unipessoal (SLU)*, p. 136-7, item 4.2. Londrina: Thoth, 2021.
[319] SANTOS, Filipe Cassiano dos. *A sociedade unipessoal por quotas*, p. 60. Coimbra: Coimbra Editora, 2009.

ca". Era a *mens legislatoris* em gestação, que agora pode ser considerada na interpretação em favor da liberdade econômica.

O efeito prático da SLU, quando criada por pessoa jurídica, tendo em conta lhe pertencer todo o capital, é de uma *subsidiária integral*, espécie de sociedade unipessoal existente na anônima (Lei 6.404/76, art. 251).

Conclusivamente, se na SLP a pessoa jurídica pode ser sócia e até administradora, não é defensável no sistema legal em vigor o entendimento de que ela não pode constituir SLU, ressalvados os impedimentos (item 3 *infra*).

2 SLU CONSTITUÍDA POR ENTIDADES COM OU SEM FINS LUCRATIVOS

Se toda pessoa jurídica pode constituir SLU, que, por sua vez, empresária ou não, sempre tem fins lucrativos, pergunta-se: as entidades privadas sem fins lucrativos também podem?

Em relação à ex-EIRELI por pessoa jurídica, Paulo Leonardo Vilela Cardoso escreveu ser privativa de pessoa jurídica que exerça atividade empresarial, "não se estendendo tal possibilidade às demais, como associações, fundações, partidos políticos e organizações religiosas, sob pena de descaracterização do objeto principal".[320]

No entanto, sem embargo da respeitabilidade, nos alinhamos à possibilidade, entendimento que se nos parecia mais conforme a teleologia das normas legais de regência, no sentido de ampliar as ferramentas disponíveis ao exercício das atividades econômicas,[321] e isso se aplica, agora, à sociedade limitada unipessoal.

2.1 Pessoa jurídica com fins lucrativos

A *pessoa jurídica com fins lucrativos* pode constituir SLU empresária e também não empresária ou simples, conforme a natureza da atividade (Cap. 82, item 2 *supra*).

---

[320] CARDOSO, Paulo Leonardo Vilela. *O empresário de responsabilidade limitada*, p. 96. São Paulo: Saraiva, 2012.
[321] MARIANI, Irineu. *Empresa individual de responsabilidade limitada – EIRELI*, p. 75, item 2.4.2. Porto Alegre: AGE, 2015.

2.2 Pessoa jurídica sem fins lucrativos

> A pessoa jurídica *sem fins lucrativos* pode constituir SLU empresária ou não, conforme o objeto ou natureza da atividade. São exemplos as associações e as fundações. Não podem distribuir lucros nem reparti-los. Isso, porém, não quer dizer que não podem realizar operações industriais, comerciais ou prestar serviços para obter fundos à consecução do objeto social, exceto a fundação de direito público, porque subsidiada pelo erário. As atividades econômicas, empresariais ou não, exercidas por pessoas jurídicas sem fins lucrativos, podem ocorrer por meio de uma SLU, desde que os resultados positivos sejam carreados/vinculados ao custeio das finalidades institucionais da entidade titular, isto é, a SLU funciona como *entidade provedora*.

J. M. Carvalho Santos, comentando o art. 22 do CC/1916, escreve: "Mesmo que a associação tenha igualmente intuito ou um fim econômico acessório, com um caráter de atividade secundária, para os efeitos legais deve ser considerada como de fins ou intuitos não econômicos. Exemplos: uma sociedade de música tem uma orquestra que dá concertos mediante entrada paga; uma associação científica publica uma revista, aceitando anúncios mediante remuneração. O que é decisivo é o fim não econômico, é a atividade para um fim ideal. Uma associação filantrópica, igualmente, para melhor cumprir a sua missão, pode explorar uma empresa econômica. Mas nem por isso deverá ser considerada como associação de intuitos econômicos. Cabe bem aqui a distinção sugerida por CURTI FORRER: entre o fim e os meios empregados para realizá-los. A circunstância de esses meios serem de natureza econômica não importa em transformação dos intuitos da associação."[322]

Arnaldo Rizzardo, acerca da expressão "fins não econômicos" utilizada no art. 53 do CC/2002, cita Gladston Mamede, dizendo que ele "apanha com exatidão a compreensão: 'Esteja-se atento que haverá associação, e não sociedade, mesmo quando o ajuste se refira à atividade empresarial, mas não tenha por objeto a distribuição dos resultados; não há contrato de sociedade quando o objetivo da atuação econômica é filantrópico; veja-se como exemplo a associação de senhoras para produção

---

[322] SANTOS, João Manoel de Carvalho. *Código Civil brasileiro interpretado*, 12.ed., vol. I, item 2, p. 388-400. Rio de Janeiro: Freitas Bastos, 1980.

de bens (p. ex.: roupas de crochê), a serem vendidos, aproveitando-se o valor auferido para um orfanato ou para as obras de uma igreja' (*Direito Societário: sociedades simples e empresárias*, vol. 2, p. 35). A sua especificação é conveniente em razão do campo que abrangem, de natureza não lucrativa para os que a formam, e visando, normalmente, interesses sociais, comunitários, literários, culturais, recreativos, especialmente de bairros, vilas, de entidades religiosas, sociais, comunitárias, e de classes de profissionais, como associações de militares, de professores, de juízes etc. Não importa que tenham patrimônio, o qual se destina para atingir as finalidades estatutárias próprias. Irrelevante, outrossim, que realizem algumas atividades lucrativas, desde que dirigidas para os mesmos propósitos, e não se distribuam os ganhos ou lucros aos associados. Possuem estatutos, e se aproximam das sociedades civis sem interesse econômico, cingindo-se a diferença mais na denominação."[323]

Portanto, as atividades econômicas, empresariais ou não, exercidas por pessoas jurídicas sem fins lucrativos – como as associações e fundações, exceto estas quando públicas porque subsidiadas pelo erário –, podem ser exercidas por meio de uma SLU, desde que os lucros sejam carreados/vinculados ao custeio das finalidades institucionais da entidade titular, isto é, a SLU funciona como *entidade provedora*.

São oportunos os ensinamentos de Márcio Tadeu Guimarães Nunes, ainda se referindo à EIRELI, o que agora se aplica à SLU: "... imaginemos que a associação sem fins lucrativos queira instituir uma EIRELI para desenvolver a sua praça de alimentação. Não se duvida ser a EIRELI um bom instrumento, uma vez que permite que a atividade empresária seja regularmente registrada na Junta Comercial e devidamente exercida apenas pela própria associação, sem intervenção de terceiros, desde que os resultados não sejam revertidos para os seus associados diretamente (através de distribuição de lucros). O fato de a associação não ter o lucro por escopo não a exime de buscar os melhores resultados possíveis para melhorar a vida dos seus associados e as atividades que promove, do mesmo modo que fazê-lo, por meios lícitos, não desnatura a sua natureza não empresarial."[324] Também Márcio Xavier Coelho quando afirma: "...

---

[323] RIZZARDO, Arnaldo. *Direito de Empresa*, 2.ed., item 6.2.1, p. 26-7. Rio de Janeiro: Forense, 2007.
[324] NUNES, Márcio Tadeu Guimarães. *EIRELI – A tutela do patrimônio de afetação*, p. 86, item 3.4. São Paulo: Quartier Latin, 2014.

aplicando-se livremente às sociedades empresárias ou não e até mesmo a associações e fundações".[325]

Dúvida pode surgir quanto à cooperativa, sociedade simples independentemente do objeto, sem fins lucrativos, que segue modelo e disciplina legal próprios (Lei 5.764/71). Diferentemente das associações e fundações, onde o lucro é carreado ao custeio das finalidades institucionais, na cooperativa, onde é chamado "retorno das sobras líquidas do exercício", pertence aos cooperativados, salvo deliberação em contrário da Assembleia Geral (Lei 5.764/71, art. 4.º, VII).

Não vemos empecilho à cooperativa constituir SLU, desde que os objetos sociais da criadora e da criatura não sejam concorrentes.

3 PESSOAS JURÍDICAS IMPEDIDAS DE CONSTITUIR SLU

> Não podem constituir SLU as pessoas jurídicas: *(a)* de direito público, porque o Poder Público só pode explorar atividade econômica por meio de empresa pública e de economia mista (CF, art. 173, § 1.º); *(b)* de direito privado, como são a empresa pública e a de economia mista, visto que afetadas por interesse público, pois a não ser assim traduz burla à norma constitucional; e *(c)* de direito privado com objeto definido em lei, como a sociedade de advogados, pois traduz burla ao veto a *atividades estranhas à advocacia* (Lei 8.906/94, art. 16).

A regra de que toda pessoa jurídica, empresária ou não, mesmo sem fins lucrativos, pode constituir sociedade limitada unipessoal, comporta exceções.

Não podem constituir SLU as *pessoas jurídicas de direito público*, tais como a União, Estados, DF e Municípios, isso porque o Poder Público só pode intervir na atividade privada, no sentido de explorar atividade econômica (= lucrativa) de produção ou comercialização de bens ou de exploração de serviços, por meio de empresa pública e sociedade de economia mista (CF, art. 173, § 1.º).

Também não podem as *pessoas jurídicas de direito privado*, como são a empresa pública e a de economia mista, visto que afetadas por interesse

---

[325] COELHO, Márcio Xavier. *A responsabilidade da EIRELI*, p. 58, item 3.3. Belo Horizonte: D'Plácido Editora, 2014.

público. Estender a elas a possibilidade de instituir SLU traduz burla ao preceito constitucional.

Não podem igualmente as *pessoas jurídicas de direito privado com objeto definido em lei*, como são as sociedades de advogados, pluri e unipessoais, visto que proibidas de exercer *atividades estranhas à advocacia* (Lei 8.906/94, art. 16); logo, a SLU traduz burla, isto é, exercício de atividade estranha à advocacia por meio de interposta pessoa.

4 POSSIBILIDADE DE CONSTITUIR MAIS DE UMA SLU

Nada obsta que a mesma pessoa, natural ou jurídica, constitua mais de uma SLU, inclusive que uma SLU constituir outra, desde que sejam cumpridos os requisitos, dentre eles a totalidade do capital social, que, por sua vez, não pode ser integralizado com os mesmos bens. Vigora na sociedade limitada pluripessoal o princípio de que o patrimônio não pode ser utilizado mais de uma vez para a mesma finalidade, sob pena de ser violada a sua função de garantia, tornando-se *capital papel* (Cap. 55, item 3.2 *supra*). Isso vale também para a unipessoal.

Capítulo 87

DA PARTICIPAÇÃO DA SLU EM OUTRAS SOCIEDADES PLURIPESSOAIS

1 PARTICIPAÇÃO DO SÓCIO ÚNICO DA SLU EM SOCIEDADE PLURIPESSOAL

> Se não há óbice de a mesma pessoa, natural ou jurídica, constituir mais de uma SLU, inclusive de uma SLU constituir outra (Cap. 86, item 4 *supra*), que é o mais, também não há de o sócio único participar de outra(s) sociedade(s) pluripessoal(is), que é o menos.

2 PARTICIPAÇÃO DA SLU EM SOCIEDADE PLURIPESSOAL

> Se não há óbice de a mesma pessoa, natural ou jurídica, constituir mais de uma SLU, inclusive de uma SLU constituir outra, que é o mais, também não há de participar de sociedade pluripessoal, que é o menos. Por reciprocidade, se a pessoa natural ou jurídica pode constituir sociedade unipessoal, a unipessoal pode participar de uma pluripessoal, desde que cumpridos os requisitos. Exemplo: quanto à integralização da respectiva parte no capital social, não pode fazê-lo de modo a comprometer o próprio.

À época da EIRELI, não era possível a *pessoa natural* constituir mais de uma (CC, art. 980-A, § 2.º, revogado pela Lei 14.382, de 26-6-2022), e, por decorrência, também não uma EIRELI constituir outra. Escrevi a respeito: "..., se a pessoa natural não pode constituir mais de uma EIRELI, admitir que esta pode constituir outra é consagrar artifício que viola o princípio de que aquela não pode figurar em mais de uma empresa dessa modalidade".[326] Escreveu Márcio Xavier Coelho haver em tal hipótese "fuga

---

[326] MARIANI, Irineu. *Empresa individual de responsabilidade limitada – EIRELI*, p. 73, item 2.2. Porto Alegre: AGE, 2015.

de propósito a titularização de uma EIRELI por outra EIRELI, embora não haja vedação expressa do texto legal".[327] Já em relação à SLU não há óbice de uma pessoa natural constituir mais de uma; e, por decorrência, também não há de uma SLU constituir outra, pois não será artifício para contornar o veto que havia à época da EIRELI à pessoa natural.

Então, se não há óbice de a mesma pessoa, natural ou jurídica, constituir mais de uma SLU, inclusive de uma SLU constituir outra, que é o mais, também não há de participar de sociedade pluripessoal, que é o menos. Por reciprocidade, se a pessoa natural ou jurídica pode constituir sociedade unipessoal, a unipessoal pode participar de uma pluripessoal, desde que sejam cumpridos os requisitos. Por exemplo, quanto à integralização da respectiva parte no capital social, não pode fazê-lo de modo a comprometer o próprio, sob pena de ser violada a sua função de garantia, tornando-se *capital papel* (Cap. 55, item 3.2 *supra*).

Reforça esse entendimento o fato de, assim como na EIRELI, poder ter a SLU por objeto, não atividade econômica, mas somente a participação em outras sociedades, conforme ensinamento de Márcio Xavier Coelho: "Uma EIRELI pode ser constituída com o objetivo de exercer participação em uma sociedade, limitada, ou por ações, por exemplo".[328]

Isso está conforme o § 1.º do art. 1.º da Lei 13.874, de 20-9-2019 (conhecida como *Lei da Liberdade Econômica*), o qual estabelece a sua observância na interpretação do *direito empresarial*, inclusive sobre *exercício das profissões*, bem assim conforme o § 2.º, pelo qual as normas de ordenação pública sobre atividades econômicas privadas devem ser compreendidas *em favor da liberdade econômica*.

---

[327] COELHO, Márcio Xavier. *A responsabilidade da EIRELI*, p. 58, item 3.3. Belo Horizonte: D'Plácido Editora, 2014.
[328] COELHO, Márcio Xavier. *A responsabilidade da EIRELI*, p. 58, item 3.3. Belo Horizonte: D'Plácido Editora, 2014.

Capítulo 88

DAS DECISÕES DO SÓCIO ÚNICO EM DOCUMENTO POR ESCRITO SUBSTITUTIVO DA ASSEMBLEIA OU REUNIÃO

1 CONSIDERAÇÃO INICIAL

> Considerando que na *sociedade limitada unipessoal* não há pluralidade de sócios; considerando que toda sociedade deve ter obrigatoriamente órgão social deliberativo, que funciona em colegiado; e considerando que na SLU não há pluralidade e, portanto, não é possível formar colegiado, surge a questão a respeito do cumprimento dos dispositivos legais pertinentes à assembleia ou à reunião.

Vimos que, relativamente às normas formais do ato constitutivo da SLU, aplicam-se, "no que couber", as da SLP (CC, art. 1.052, § 2.º; Cap. 80, item 2 *supra*), e que, relativamente às substanciais ou de funcionamento, aplicam-se as compatíveis da SLP e, havendo omissão nestas, aplicam-se as compatíveis da sociedade simples, salvo opção no ato constitutivo de que se regerá supletivamente pelas normas da S/A (CC, art. 1.053, *caput*, e parágrafo único; Cap. 80, item 3 *supra*).

Vimos também que todas as sociedades têm órgãos sociais deliberativos e executivos e que algumas têm órgão fiscalizador, e outras também *órgãos auxiliares da administração*, como diretoria jurídica, contábil etc. (Cap. 61 *supra*). A *assembleia geral* (na limitada pluripessoal pode adotar a *reunião*, se não tiver mais de dez sócios) é o órgão obrigatório, soberano, com *função deliberativa*. O *conselho de administração*, como regra, é facultativo e de igual modo tem *função deliberativa*. A *diretoria* é órgão social obrigatório e tem *função executiva*. O *conselho de administração* e a *diretoria* formam a *administração da sociedade*. O *conselho fiscal*, também como regra, é facultativo e tem *função inspecionativa*.

Considerando que na *sociedade limitada unipessoal* não há pluralidade de sócios; considerando que toda sociedade deve ter obrigatoriamente órgão social deliberativo, que funciona em colegiado; e considerando que na SLU não há pluralidade e, portanto, não é possível formar colegiado, surge a questão a respeito do cumprimento dos dispositivos legais pertinentes à assembleia ou reunião.

2 CUMPRIMENTO DAS NORMAS DAS DELIBERAÇÕES DA ASSEMBLEIA OU REUNIÃO PARA FINS DE PUBLICIDADE

> A impossibilidade material de realizar assembleia ou reunião na SLU não a libera de formalizar as deliberações típicas, para fins de cumprir o *princípio da publicidade* na Junta Comercial. Não se deve entender a assembleia ou reunião como órgão que traduz a *vontade do sócio único*, e sim da *vontade da sociedade*; logo os documentos devem ser arquivados na Junta Comercial para que os interessados, em especial os credores, possam ter acesso.

A impossibilidade material de realizar assembleia ou reunião na SLU, por ausência de pluralidade, não a libera de formalizar, por meio do sócio único, as deliberações típicas, para fins de cumprir o *princípio da publicidade* na Junta Comercial (objetiva tornar o documento acessível ao público). A divulgação na Imprensa Oficial, quando exigida, cumpre o *princípio da publicação* (objetiva dar eficácia face a terceiros, abrindo o prazo decadencial ou prescricional).

Conforme defende Maria Elisabete Gomes Ramos, não se deve entender a assembleia ou reunião como órgão que traduz a *vontade do sócio único*, e sim da *vontade da sociedade*; logo os documentos devem ser arquivados na Junta Comercial para que os interessados, em especial os credores, possam ter acesso.[329]

---

[329] RAMOS, Maria Elisabete Gomes. *Sociedades unipessoais – Perspectivas da experiência portuguesa*, p. 386. Coimbra: Almedina, 2012.

3 DOCUMENTO POR ESCRITO SUBSTITUTIVO DA ASSEMBLEIA OU REUNIÃO

> Conforme o *Manual de Registro da Sociedade Limitada*, aprovado pelo DREI, a forma de a SLU cumprir a periodicidade e os teores da assembleia ou reunião é elaborar um *documento substitutivo*, como se assembleia ou reunião fosse, no qual deve constar as deliberações, com arquivamento no Registro Empresarial, possibilitando a fiscalização dos *atos da sociedade* por terceiros e em especial pelos credores.

Vimos na SLP a possibilidade de haver *documento substitutivo* da assembleia ou reunião, quando todos decidirem, por escrito, no qual devem constar as deliberações, com arquivo na Junta Comercial (CC, art. 1.072, § 3.º; Cap. 61, item 5 *supra*).

Pois o *Manual de Registro da Sociedade Limitada*, aprovado pelo Departamento Nacional de Registro Empresarial e Integração – DREI, na Seção II (*Documento que contiver a(s) decisão(ões) de todos os sócios, ata de reunião ou ata de assembleia de sócios*), consta que "nas sociedades limitadas com um único sócio, as decisões do sócio serão refletidas em documento escrito (instrumento particular ou público) subscrito pelo próprio sócio único ou por seu procurador com poderes específicos". Acrescenta que "Não se aplica à sociedade limitada composta por um sócio o requisito aplicável às sociedades limitadas em geral previsto no § 1.º do art. 1.074 do Código Civil", o qual admite representação por advogado na assembleia.

Por sua vez, diz a NOTA II do item 2 da Seção II do *Manual* (*Convocação da reunião ou assembleia de sócios*): "Somente precisam ser publicadas as decisões do sócio único da sociedade limitada unipessoal no caso de redução de capital, quando considerado excessivo em relação ao objeto da sociedade (§ 1.º do art. 1.084 do Código Civil)".

Na prática, as *sociedades de fachada* eram *unipessoais*, como escreve Gustavo Ribeiro Rocha.[330] E, como a *sociedade de fachada* ganhou fama de ser palco de fraudes, como desvio de patrimônio pelo sócio supermajoritário,

---

[330] ROCHA, Gustavo Ribeiro. *Ordem econômica constitucional, Lei n.º 13.874/2019 e Direito Comercial brasileiro*. Artigo publicado na *Revista de Direito*, vol. III, n.º 5, jan./abr.2020, p. 67.

Calixto Salomão Filho[331] e Maria Elisabete Gomes Ramos,[332] desde antes defenderam que a oficialização da sociedade unipessoal cumpriria também a função de desfazer tal fama.

Eis, pois, mais um motivo para que, na SLU, seja exigido, um *documento substitutivo* da assembleia ou reunião, com a mesma periodicidade e conteúdos, como se assembleia ou reunião fosse, com arquivamento no Registro Empresarial, possibilitando a fiscalização dos *atos da sociedade* por terceiros e em especial pelos credores.

---

[331] SALOMÃO FILHO, Calixto. *A sociedade unipessoal*, p. 9. São Paulo: Malheiros, 1995.
[332] RAMOS, Maria Elisabete Gomes. *Sociedades unipessoais – Perspectivas da experiência portuguesa*, p. 387. Coimbra: Almedina, 2012.

Capítulo 89
DO CONSELHO DE ADMINISTRAÇÃO NA SLU – IMPOSSIBILIDADE MATERIAL

> *Considerando* que o Conselho de Administração é órgão colegiado; *considerando* que, seguindo o modelo da S/A, o número mínimo é de três; *considerando* que, tal como na S/A, os integrantes devem ser acionistas (Lei 6.404/76, art. 146, *caput*), na SLP devem ser quotistas; e *considerando* que é incompatível o Conselho de Administração ser integrado por quem não é sócio, visto que permite a terceiro imiscuir-se em assuntos e deliberações *interna corporis* da sociedade, conclui-se que na SLU há impossibilidade material de constituir mencionado órgão social.

Vimos que a Assembleia ou Reunião é órgão social deliberativo obrigatório na SLP (Cap. 61 *supra*) e que na SLU o modo de cumpri-lo é a elaboração de um *documento substitutivo*, como se assembleia ou reunião fosse (Cap. 88, item 3 *supra*).

Vimos também que na SLP a criação de Conselho de Administração é facultativa, e que, tal como na S/A, ser acionista é condição para integrá-lo, na SLP a condição é ser quotista, embora o *Manual de Registro da Sociedade Limitada*, aprovado pelo Departamento Nacional de Registro Empresarial Integrado – DREI, mencione "sócios ou não" (Cap. 62, itens 1 e 3.3 *supra*).

É incompatível o Conselho de Administração ser integrado por quem não é sócio, visto que permite a terceiro imiscuir-se em assuntos e deliberações *interna corporis* da sociedade.

Desse modo, *considerando* que o Conselho de Administração é órgão colegiado (= pressupõe pluralidade); *considerando* que, seguindo o modelo da S/A, o número mínimo é de três; e *considerando* que, tal como na S/A, os integrantes devem ser acionistas (Lei 6.404/76, art. 146, *caput*), na SLP devem ser quotistas, conclui-se que na SLU há impossibilidade material de constituir mencionado órgão social.

Capítulo 90

DA ADMINISTRAÇÃO OU DIRETORIA NA SLU – ÓRGÃO SOCIAL EXECUTIVO OBRIGATÓRIO

1 CONSIDERAÇÃO INICIAL

> Na SLP, a Administração ou Diretoria Executiva é órgão social executivo obrigatório, o administrador sócio denomina-se sócio-administrador, sócio-diretor ou simplesmente diretor, e o não sócio denomina-se gerente; e, sócio ou não, está sujeito a impedimentos e inelegibilidades. Vale o mesmo para a SLU. Pode ocorrer impedimento para exercer atividade empresarial, mas não para ser sócio. Quando não há impedimento para ser sócio, mas há para ser administrador, a solução é nomear gerente.

Vimos na *sociedade limitada pluripessoal* que: *(a)* a Administração ou Diretoria Executiva é órgão social executivo obrigatório previsto no Código Civil; *(b)* o administrador, quando integra o quadro social, denomina-se sócio-administrador, sócio-diretor ou simplesmente diretor, e, quando não o integra, denomina-se gerente; e *(c)* o administrador, sócio ou não, está sujeito a impedimentos e inelegibilidades (Cap. 63, itens 1 a 5 *supra*).

Vale o mesmo para a *sociedade limitada unipessoal*, com possível situação *sui generis*. Exemplo: pode ocorrer impedimento para exercer a atividade empresarial (Cap. 10 *supra*), mas não para ser sócio. Se incapaz, também não poderá ser sócio, salvo se totalmente integralizada a respectiva quota ao capital social (CC, art. 974, § 3.º, II; Cap. 57, item 5 *supra*).

Quando não há impedimento para ser sócio, mas há para ser administrador, a solução é nomear gerente.

2 ADMINISTRAÇÃO POR PESSOA JURÍDICA

2.1 Pessoa jurídica sócia única designada no contrato ou em ato separado

Assim como na SLP (Cap. 63, item 10 *supra*), não há empecilho de que seja administrada por "uma ou mais pessoas designadas no contrato ou em ato separado" (CC, art. 1.060), inclusive pessoa jurídica, desde que seja sócia, assim também na SLU. Nada obsta que a sócia única, mesmo sendo pessoa jurídica, seja administradora. O legislador tem sido expresso quando a administração deve ser exercida somente por pessoa natural.

2.2 Pessoa natural não sócia (gerente – admissibilidade)

Assim como na SLP, é possível a designação de administrador não sócio, desde que seja pessoa natural (Cap. 63, item 6.2 *supra*), assim também na SLU. É o gerente, que, por ser empregado, é pessoa natural; logo, a *pessoa jurídica não sócia* não pode ser designada administradora.

3 DESIGNAÇÃO E DESTITUIÇÃO DOS ADMINISTRADORES

3.1 Administrador sócio único – Autodesignação no contrato ou em ato separado

Quanto à *designação do administrador sócio*, na SLP tanto pode ocorrer no contrato quanto em ato separado (CC, art. 1.060, *caput*; Cap. 63, item 6.1 *supra*). Vale o mesmo para a SLU. O sócio único tanto pode ser designado no ato constitutivo ou declaração unilateral de vontade (Cap. 83, item 3 *supra*), quanto em ato separado. Trata-se na realidade de *autodesignação*. Quanto à *destituição*, na SLU não se aplica o *documento substitutivo* da assembleia ou reunião (Cap. 84, item 3 *supra*), visto ser assinado pelo próprio sócio único. Como não faz sentido a *autodemissão*, não desejando prosseguir como administrador, a solução é a *renúncia* (item 4 *infra*), com modificação do ato constitutivo, sendo o caso, e, em qualquer hipótese, com arquivamento no Registro competente.

3.2 Administrador não sócio ou gerente – Designação no contrato ou em ato separado

Quanto à *designação do administrador não sócio ou gerente*, na SLP tanto pode ocorrer no contrato (gerente estatutário) quanto em ato separado, independentemente de previsão contratual (Cap. 63, item 6.2 *supra*). Vale o mesmo para a SLU, prejudicada, evidentemente, a questão dos quóruns diversos entre antes e depois da integralização do capital. Quanto à *destituição*, basta o sócio único, em *documento substitutivo* de assembleia ou reunião (Cap. 88, item 3 *supra*), revogar a designação, com modificação do ato constitutivo ou declaração unilateral de vontade, sendo o caso, e, em qualquer hipótese, com arquivamento no Registro competente.

4 PRAZO DA GESTÃO DO ADMINISTRADOR E RENÚNCIA

Vimos que na SLP: *(a)* o prazo, seja de administrador designado no contrato, seja em ato separado, pode ser determinado ou indeterminado; *(b)* o *caput* do art. 1.063 refere cessação pelo "término do prazo", sem que haja recondução, portanto se não constar prazo certo, entende-se que a designação é por tempo indeterminado; *(c)* a cessação da gestão deve ser informada ao Registro Empresarial nos dez dias seguintes; e *(d)* a renúncia, seja de administrador designado no contrato, seja em ato separado, deve ocorrer por escrito, e perante a sociedade é eficaz a partir da comunicação, enquanto perante terceiros só o é a partir da averbação e publicação (Cap. 63, item 8 *supra*). O mesmo acontece na SLU, com as devidas adequações. Exemplo: quando o sócio único é também administrador e o ato, na SLP for da competência da assembleia ou reunião, na SLU elabora-se *documento substitutivo*, o qual expressa a vontade da sociedade, e não do sócio (Cap. 88, item 3 *supra*).

5 CAUÇÃO

Vimos que na SLP (Cap. 63, item 9 *supra*) o Código Civil silencia quanto à caução dos administradores, mas é razoável o contrato exigi-la, assim como na S/A (Lei 6.404/76, art. 142). Para fins de eficácia perante terceiros, se imóvel, averba-se na Escrivania Imobiliária (Lei 6.015/73, e, se móvel, registra-se no Cartório Especial de Títulos e Documentos (Lei 6.015/73, arts. 129, n.º 2, e 167, II, n.º 8). O mesmo acontece na SLU, com as devidas adequações. Pode o sócio único, expressando a vontade da sociedade, fazer constar no *ato constitutivo* a exigência de caução (Cap. 83, item 3 *supra*), seja a ele, quando sócio-administrador, seja apenas ao gerente.

6 FORMAS/ESPÉCIES DE ADMINISTRAÇÃO QUANDO HÁ MAIS DE UM ADMINISTRADOR

Vimos que na SLP (Cap. 63, item 10 *supra*) o Código Civil é omisso quanto às formas/espécies de administração, quando há mais de um administrador (arts. 1.060-65), e que, por isso, aplicam-se as normas da sociedade simples (arts. 1.013-5), pelas quais tem-se o seguinte: *(a)* administrações conjuntiva, disjuntiva, mista e fracionada; *(b)* na *administração disjuntiva*, um administrador pode impugnar ato de outro, caso em que a maioria dos sócios decide; *(c)* na *administração conjuntiva*, são excepcionados os casos urgentes, em que a omissão ou retardo pode causar à sociedade dano irreparável ou grave; e *(d)* havendo silêncio do contrato, prevalece a *administração disjuntiva* relativamente aos *atos de gestão*, o que não abrange a oneração ou a venda de imóveis, salvo quando constituir objeto da sociedade. O mesmo acontece na SLU, com as devidas adequações. Forma-se a administração plúrima com o sócio único e o gerente. A competência do gerente pode ser geral ou restrita a determinados atos de gestão. A designação deve explicitar.

7 PODERES E RESPONSABILIDADES DOS ADMINISTRADORES

Vimos que na SLP, quanto aos poderes e responsabilidades (Cap. 63, item 11 *supra*), são comuns ou *intra vires*, isto é, dentro das forças, e especiais ou *ultra vires*, isto é, além das forças, e no mais nos reportamos ao Cap. 30. No que se refere às responsabilidades, os administradores: *(a)* decaem da imunidade em relação aos atos *intra vires*, quando agirem com dolo ou culpa;

(b) respondem objetivamente em relação aos *ultra vires*, salvo outorga expressa pelo contrato ou em ato separado, e, no mais, nos reportamos ao Cap. 32 *supra*. O mesmo acontece na SLU, com as devidas adequações. Exemplo: sempre que o ato extrapolar os poderes de gestão, sendo exigido na SLP autorização da assembleia ou reunião, na SLU elabora-se *documento substitutivo*, o qual expressa a vontade da sociedade. É o caso da oneração ou venda de imóveis, quando não constitui objeto social da sociedade (CC, art. 1.015).

8 LEGITIMIDADE PARA AJUIZAR AÇÃO CONTRA ADMINISTRADOR QUE PRATICA ATO LESIVO À SOCIEDADE

Vimos que na SLP (Cap. 63, item 12 *supra*) o administrador responde por perdas e danos perante a sociedade quando realizar operações, sabendo ou devendo saber que estava agindo em desacordo com a maioria (CC, art. 1.013, § 2.º). Também responde *subjetivamente* (= por culpa ou dolo) em relação aos atos *intra vires*, e *objetivamente* em relação aos *ultra vires*, salvo outorga pelo contrato ou em ato separado. Ainda, há distinguir duas situações: (a) falece legitimidade ao sócio para, em nome próprio, ajuizar ação de ressarcimento de danos sofridos por viés ou indiretamente, visto que *titular do direito* é a pessoa jurídica; e (b) havendo impasse, é reconhecido ao sócio legitimidade para, em caráter excepcional, agir em nome da sociedade, contra o administrador que praticou ato lesivo a ela, independentemente de prévia assembleia ou reunião. Pois, na SLU, por motivos óbvios, não se aplica ao administrador sócio único. Aplica-se apenas ao gerente, legitimando-se o sócio único, na forma da alínea *b*, para ajuizar a ação em nome da sociedade, caso não seja administrador.

9 PRINCÍPIO DA INTERVENÇÃO JUDICIAL MÍNIMA

Vimos que na SLP (Cap. 63, item 13 *supra*) o princípio da *intervenção judicial mínima* expande-se a todas as discussões envolvendo a administração da sociedade limitada pluripessoal, vale dizer, questões *interna corporis*. Não vemos espaço para esse tema na SLU, visto que o sócio único resolve todas as questões internas da administração, sendo o caso, mediante *documento substitutivo* de assembleia ou reunião.

10 RESPONSABILIDADE DA SOCIEDADE – VINCULAÇÃO

Vimos que na SLP (Cap. 63, item 14 *supra*), como regra, os atos dos administradores, independentemente da espécie, vinculam a sociedade, portanto responsabilizam-na, responsabilidade que pode ser cumulada, ou não, com a do administrador (item 7 *supra*). Então: *(a)* por atos normais ou *intra vires*; *(b)* por atos especiais ou *ultra vires*; *(c)* por atos que violam a lei ou o contrato; e *(d)* por atos praticados por mandatário. Em todas as situações vigora em favor do terceiro o *princípio da aparência*, salvo se este sabia ou tinha condições de saber a respeito do vício do ato, capaz de excluir a responsabilidade da sociedade. No mais nos reportamos especialmente ao item 5 do Cap. 33 *supra*. Vale o mesmo para a SLU: os atos dos administradores (sócio único e/ou gerente) vinculam-na, salvo se o terceiro sabia ou tinha condições de saber a respeito do vício do ato, podendo a responsabilidade ser cumulada com a do administrador.

11 DELEGAÇÃO DA ADMINISTRAÇÃO E CONSTITUIÇÃO DE MANDATÁRIO

Vimos que na SLP (Cap. 63, item 15 *supra*) o Decreto 3.708/1919 permitia *delegar* a administração (art. 13), isto é, o administrador podia fazer-se *substituir*. O objetivo era contornar o art. 334 do CCm, que vedava ao sócio fazer-se substituir na administração. O CC/02 não prevê a delegação, nem haveria motivo, pois admite administrador não sócio (art. 1.061). Também admite que o administrador, nos limites dos respectivos poderes, constitua mandatários, isto é, o administrador pode fazer-se *representar*, para "atos e operações" que poderão praticar (art. 1.018). Não precisa ser para determinado ato ou operação, como se fosse comissário, exaurindo-se o mandato após a consumação. O administrador mandante assume responsabilidade pelos atos do mandatário, nos termos das normas específicas do instituto do mandato (CC, art. 675-81). Vale o mesmo para a SLU.

12 SÓCIO DE MENORIDADE/INCAPAZ

Vimos que na SLP (Cap. 57, item 5 *supra*) o CC/02 não repete o art. 308 do CCm, que só admitia herdeiro emancipado; logo excluía o menor não emancipado. O CC admite que o incapaz, mediante autorização judicial, seja empresário (art. 974 e §§ 1.º e 2.º), que é o *mais*; logo, é paradoxal excluí-lo como sócio, que é o *menos*, mediante a mesma cautela, só porque o capital social não está integralizado, mas é o que diz o art. 974, § 3.º, II, acrescido pela Lei 12.399/11. A proibição merece interpretação restritiva. Aplica-se apenas às respectivas ações ou quotas, sob pena de se prejudicar o incapaz por fato de terceiro (outros acionistas ou sócios com integralizações pendentes). Vale o mesmo para a SLU, isto é, o *sócio único de menoridade não emancipado* pode constituí-la, mediante autorização judicial, mas não pode administrá-la pessoalmente, salvo por meio de seu assistente ou representante legal, conforme o caso (CC, art. 974, § 3.º, I e III). De acordo com o CC, o absolutamente incapaz (art. 3.º) e o relativamente incapaz (art. 4.º) são representados ou assistidos por tutor ou curador (arts. 1.774 e 1.781, c/c art. 1.747, I).

Capítulo 91

DO CONSELHO FISCAL – ÓRGÃO SOCIAL FACULTATIVO

1 JUSTIFICATIVA PARA A INSTITUIÇÃO DE CONSELHO FISCAL

Vimos que na SLP (Cap. 64, item 1 *supra*) o direito de fiscalizar/controlar/supervisionar é natural dos sócios, que podem delegá-lo a um órgão específico, denominado *Conselho Fiscal*. Mesmo quando o delegam, não ficam privados de exercê-lo pessoalmente. Entende-se que o Conselho, inclusive por gerar encargos, justifica-se na sociedade limitada pluripessoal, apenas quando difícil, senão impossível, a participação dos sócios no cotidiano da empresa, influindo e fiscalizando diretamente, seja porque o número é elevado, seja porque não residem no local da sede. Nessas circunstâncias não há por que o sócio único instituir *Conselho Fiscal* na SLU. Embora isso, pode ser um bom mecanismo de controle quando ele próprio não for administrador e houver mais de um gerente.

2 ÓRGÃO SOCIAL FACULTATIVO

Vimos que na SLP (Cap. 64, item 2 *supra*) o Conselho Fiscal: *(a)* pode ser instituído, vale dizer, trata-se de órgão social facultativo; e *(b)* deve ser instituído no contrato, portanto exclui-se a instituição em ato separado. Vale o mesmo para a SLU.

3 ELEIÇÃO DOS CONSELHEIROS E SUPLENTES

Vimos que na SLP (Cap. 64, item 3 *supra*) os conselheiros fiscais e respectivos suplentes são "eleitos na assembleia anual prevista no art. 1.078", isto é, a que toma as contas dos administradores e delibera sobre os balanços patrimonial e de resultado econômico, designa administradores, quando for o caso, e trata "de qualquer outro assunto constante da ordem do dia" (inciso III). Não há, pois, conselheiro e suplente estatutário (= designado no contrato), diferentemente do que pode acontecer com os administradores (Cap. 63, itens 7.1 e 7.2 *supra*). Também não há veto a reeleições sucessivas. Vale o mesmo na SLU, com a diferença de que o sócio único deve elaborar *documento substitutivo* da assembleia ou reunião (Cap. 88, item 3 *supra*).

4 SÓCIO OU NÃO, PESSOA NATURAL E RENÚNCIA

Vimos que na SLP (Cap. 64, item 4 *supra*) os conselheiros fiscais e respectivos suplentes podem ser "sócios ou não" (CC, art. 1.066, *caput*), o que não enseja dúvida. A dúvida surge quanto à *pessoa jurídica* e à *pessoa natural*, quando sócia e administradora. Não é compatível a eleição de pessoa jurídica, seja pelos conhecimentos técnicos específicos exigíveis, seja pelas características morais de personalidade, privativas da *pessoa natural*. Por sua vez, sendo administrador, o sócio, mesmo pessoa natural, não pode ser conselheiro. Não é compatível ser fiscalizador e fiscalizado ao mesmo tempo. Quanto à *renúncia*, tendo tomado conhecimento de irregularidades, mesmo renunciando não fica excluída a responsabilidade do conselheiro. Para fins de responsabilidade, renunciar para não denunciar é ineficaz. Também não pode ficar e se omitir, porque isso é prevaricar. Vale o mesmo na SLU. Nada obsta que o sócio único seja conselheiro, desde que pessoa natural e não seja administrador, pois neste caso há incompatibilidade.

5 QUÓRUM DE ELEIÇÃO

Vimos que na SLP (Cap. 64, item 5 *supra*), relativamente ao *quórum de eleição* dos conselheiros fiscais e suplentes, como não consta no rol das matérias que o exige especial de mais da metade do capital social (art. 1.076, II), são eleitos pelo comum da "maioria de votos dos presentes", podendo o contrato "exigir maioria mais elevada" (inciso III). No caso da SLU, cabe ao sócio único, detentor de cem por cento do capital, eleger os conselheiros e suplentes, em *documento substitutivo* da assembleia ou reunião (Cap. 88, item 3 *supra*).

6 NÚMERO DE CONSELHEIROS E VOTAÇÃO

Vimos que na SLP (Cap. 64, item 6 *supra*), quanto ao *número* de conselheiros fiscais e suplentes, o mínimo é de três, sócios ou não (CC, art. 1.066, *caput*), observadas as incompatibilidades. Havendo mais de três, o contrato deve optar por número ímpar, a fim de evitar empate. Quanto à *votação*, o quórum é formado pelos sócios presentes, inclusive quando o contrato exigir mais, podendo ser secreta (cédula em urna) ou revelada (alto e bom som), anotando o secretário numa planilha. E tanto pode ocorrer em eleição individual (o eleitor vota em um candidato cada vez), quanto pode o eleitor, desde logo, votar em tantos quantas forem as vagas, elegendo-se os mais votados. No caso da SLU, aplica-se apenas a questão do número de conselheiros e as incompatibilidades (item 4 *supra*), pois, quanto à eleição, todos são escolhidos pelo sócio único em *documento substitutivo* da assembleia ou reunião (Cap. 88, item 3 *supra*).

7 IMPEDIMENTOS OU INELEGIBILIDADES

Vimos que na SLP (Cap. 64, item 7 *supra*) os conselheiros fiscais e suplentes estão sujeitos a hipóteses específicas de impedimentos ou inelegibilidades (CC, art. 1.066, § 1.º). Também estão sujeitos aos mesmos empecilhos previstos aos administradores, como resulta da combinação do § 1.º do art. 1.066 com o § 1.º do art. 1.011, o que é razoável e lógico, pois quem não tem as qualificações, inclusive éticas, para ser administrador, com muito mais razão não as tem para fiscalizar quem administra. No caso da SLU, valem os mesmos impedimentos ou inelegibilidades, além das incompatibilidades (item 4 *supra*).

8 PERÍODO DE GESTÃO

Vimos na SLP (Cap. 64, item 9 *supra*), relativamente ao *período de gestão* dos conselheiros fiscais e suplentes, que: *(a)* considerando a periodicidade, a matéria é objeto de assembleia ou reunião em sessão ordinária; *(b)* como regra, o período de gestão vai no máximo até a assembleia ou reunião ordinária anual seguinte, independentemente do período de flexibilização; *(c)* como exceção, o período pode ser menor, caso em que deve constar no termo de posse; e *(d)* se o termo de posse não for assinado nos trinta dias seguintes ao da eleição, caduca automaticamente, devendo ser convocada assembleia ou reunião para deliberar em sessão extraordinária. Vale o mesmo para a SLU, devendo o sócio único elaborar *documento substitutivo* da assembleia ou reunião (Cap. 88, item 3 *supra*).

9 REMUNERAÇÃO DOS CONSELHEIROS FISCAIS

Vimos que na SLP (Cap. 64, item 10 *supra*) os conselheiros fiscais têm direito à remuneração fixada pela assembleia ou reunião anual que os eleger (CC, art. 1.068). Como são remunerados, recomenda-se parcimônia quanto ao número, pois gera encargo financeiro à sociedade; e, embora o CC não fixe *piso remuneratório*, o valor não pode ser aviltante. Deve cumprir minimamente o primado da *valorização do trabalho* (CF, arts. 1.º, IV, e 170, *caput*). Vale o mesmo para a SLU, cabendo ao sócio único deliberar a respeito em *documento substitutivo* da assembleia ou reunião (Cap. 88, item 3 *supra*).

10 COMPETÊNCIA/ATRIBUIÇÕES DO CONSELHO FISCAL

Vimos que na SLP (Cap. 64, item 11 *supra*) competência/atribuições do Conselho Fiscal pode ser *legal* e *contratual* (CC, art. 1.069). Genericamente, opina a respeito do funcionamento e do resultado dos atos da administração. Quanto à *competência contratual*, não pode usurpá-la de outros órgãos sociais (= da administração e da assembleia ou reunião). Não obstante seja órgão colegiado, não precisa atuar *em colegiado*. O conselheiro, em razão do *poder de diligência* ou *de iniciativa*, pode atuar individualmente. Vale o mesmo para a SLU, cabendo ao sócio único, no caso de *competência contratual*, defini-la no *ato constitutivo* (Cap. 83 *supra*).

11 ATRIBUIÇÕES INDELEGÁVEIS, ASSESSORAMENTO E RESPONSABILIDADE

Vimos que na SLP (Cap. 64, item 12 *supra*), o *caput* e o parágrafo único do art. 1.070 do CC repetem o *caput* e o § 7.º do art. 162 da Lei das S/As. Em suma, as *atribuições legais* são indelegáveis. O parágrafo único possibilita que o Conselho Fiscal, na sociedade limitada pluripessoal, seja assessorado por contabilista, com remuneração aprovada pelos sócios em assembleia ou reunião. Essa possibilidade objetiva compensar a obrigação, na anônima, de que o conselheiro tenha diploma universitário ou experiência mínima de três anos em administração de empresa (Lei 6.404/76, art. 162, *caput*), podendo ser desobrigada pelo juiz nas localidades em que não houver quem cumpra os requisitos (art. 162, § 1.º). Os conselheiros, assim como os administradores, respondem solidariamente por dolo ou culpa no exercício da atividade. Vale o mesmo para a SLU.

12 FUNCIONAMENTO FACULTATIVO

Vimos que na SLP (Cap. 64, item 13 *supra*), se a instituição do Conselho Fiscal, que é o mais, é facultativa, nada obsta que, uma vez instituído, também o funcionamento, que é o menos, seja facultativo, caso em que o contrato deve disciplinar sobre quando e como entrará em operação. Vale o mesmo para a SLU, cabendo ao sócio único disciplinar o tema no *ato constitutivo* (Cap. 83 *supra*).

Capítulo 92

DOS NEGÓCIOS JURÍDICOS ENTRE O SÓCIO ÚNICO E A SLU

1 NEGÓCIOS VINCULADOS AO OBJETO SOCIAL DA SLU

> Aplica-se ao sócio único o princípio estabelecido ao administrador no *caput* do art. 1.017 do CC, pelo qual este não pode, sem o consentimento por escrito dos demais sócios, "aplicar créditos ou bens sociais em proveito próprio ou de terceiros". Como na SLU não existem os "demais sócios" à outorga de consentimento, para não deixar tudo ao alvedrio do sócio, ensejando-lhe bônus às custas de ônus à SLU, impõe-se entender que os negócios jurídicos entre ambos vinculam-se aos interesses da sociedade. O sócio não pode de qualquer modo objetivar interesses próprios.

A princípio, é oportuno lembrar que *negócio jurídico* é espécie do gênero *relação jurídica*, a qual significa vínculo entre dois ou mais sujeitos capazes, celebrado conforme as formalidades e os limites estabelecidos pelo sistema legal, capaz de criar, modificar e extinguir direitos e obrigações. Então, *negócio jurídico* é um ato lícito praticado pelos interessados para produzir a consequência objetivada.

No caso da SLU, o projeto de lei que a disciplinava, prejudicado pela Lei 13.874, de 20-9-2019, conhecida como *Lei da Liberdade Econômica* (Cap. 72, item 1 *supra*), dispunha, naquele que seria o art. 1.087-E do CC, que os negócios entre ela e o sócio deviam "servir à prossecução do objeto da sociedade". *Prossecução*, do latim *prosecutione*, significa ação de prosseguir, de prosseguimento, de seguimento, ação de continuar, de continuidade, de continuação.

Assim, possível haver *negócios jurídicos* entre o sócio único (pessoa natural ou jurídica) e a SLU (pessoa jurídica), desde que realizados *para* a sociedade prosseguir no seu objeto social, *para* ela exercer a atividade econômica. Ainda: quando a lei vincula os *negócios jurídicos* ao interesse da SLU, exclui os de interesse do sócio.

Mesmo sem norma expressa, aplica-se ao sócio único o princípio estabelecido ao administrador no *caput* do art. 1.017 do CC, pelo qual este não pode, sem o consentimento por escrito dos demais sócios, "aplicar créditos ou bens sociais em proveito próprio ou de terceiros". Como na SLU não existem os "demais sócios" à outorga de consentimento, para não deixar tudo ao alvedrio do sócio, ensejando-lhe bônus às custas de ônus à SLU, impõe-se entender que os negócios entre ambos vinculam-se aos interesses da sociedade. O sócio não pode de qualquer modo usá-la para interesses próprios.

2 VIOLAÇÃO AO PRINCÍPIO DA PROSSECUÇÃO – RESPONSABILIDADE DO SÓCIO ÚNICO

> Não há norma expressa no que se refere às consequências de o sócio utilizar a SLU para negócios estranhos aos interesses desta (violação ao *princípio da prossecução*). Mas isso não quer dizer que a sociedade se vincula. Aplica-se o princípio estabelecido no *caput* do art. 1.017 do CC, podendo, sim, haver vinculação da sociedade em face de eventual terceiro pela *teoria da aparência*.

No projeto de lei da SLU (Cap. 76, item 1 *supra*), prejudicado pela Lei 13.874/19, constava naquele que seria o § 2.º do art. 1.087-E do CC, que os negócios que violassem o *princípio da prossecução*[333] seriam nulos em face da sociedade, portanto não a vinculariam, e em face do sócio haveria responsabilidade ilimitada.

O fato de não haver norma expressa, não quer dizer que a sociedade se vincula quando utilizada em negócios estranhos aos seus interesses e que não há responsabilidade ilimitada do sócio, pois, conforme o item anterior, aplica-se o princípio estabelecido no *caput* do art. 1.017 do CC, podendo, sim, haver vinculação da sociedade em face de eventual terceiro pela *teoria da aparência* (Cap. 33, item 5 *supra*; Cap. 63, item 14 *supra*).

---

[333] Prossecução, um substantivo feminino raramente utilizado nos textos legais, do latim *prosecutione*, ação de prosseguir, continuar, dar continuidade. Por exemplo, dar prossecução ao procedimento médico.

Capítulo 93

DO AUMENTO E DA REDUÇÃO DO CAPITAL SOCIAL NA SLU

1 AUMENTO DO CAPITAL SOCIAL

Vimos que na SLP (Cap. 65, item 1 *supra*), conforme o *caput* e os §§ do art. 1.081 do CC: *(a)* salvo lei especial, só é possível aumentar o capital depois de integralizado o existente; *(b)* os sócios têm *direito de preferência*, na devida proporção, desde que o exerçam até trinta dias após a assembleia ou reunião que deliberou pelo aumento; *(c)* os sócios podem ceder o *direito de preferência*, caso em que deve ser observado o *caput* do art. 1.057; e *(d)* vencida a etapa relativa aos compradores do aumento do capital e/ou da cessão do direito de preferência, realiza-se assembleia ou reunião para modificar o contrato. No caso da SLU, aplica-se apenas a regra das alíneas *a* e *d*, esta no que se refere ao *documento substitutivo* da assembleia ou reunião (Cap. 88, item 3 *supra*), para modificar o *ato constitutivo* (Cap. 83 *supra*).

2 REDUÇÃO DO CAPITAL SOCIAL

2.1 Redução por perdas irreparáveis

Vimos que na SLP (Cap. 65, item 2.1 *supra*) a redução por *perdas irreparáveis* está disciplinada no art. 1.083: *(a)* acontecem quando a sociedade não deu lucro nem empatou, mas se descapitalizou; *(b)* em vez da reposição do capital perdido, visto que em relação a ele a obrigação é de mantê-lo permanentemente íntegro, os sócios preferem reduzi-lo; *(c)* trata-se de *ajuste contábil* com o patrimônio social: a sociedade não pode perder aquilo que não mais tem; *(d)* igual fenômeno acontece com o capital ainda não integralizado: a sociedade não pode perder aquilo que ainda não recebeu; e *(e)* o valor das *perdas irreparáveis* é distribuído entre os sócios, reduzindo-se proporcionalmente o valor nominal das quotas. No caso da SLU, aplicam-se as mesmas regras. Havendo *perdas irreparáveis*, o sócio único, em vez da reposição, pode optar pela redução do capital social.

2.2 Redução por capital excessivo

2.2.1 Consideração inicial

O capital social objetiva financiar o objeto social e servir de garantia aos credores. Se a sociedade pode operar normalmente com R$ 20.000,00 de capital, e tem R$ 40.000,00, pode-se considerá-lo excessivo.

2.2.2 Repercussão nas quotas e valor da restituição

Vimos que na SLP (Cap. 65, item 2.1.2 *supra*) a *redução por capital excessivo* opera-se mediante a diminuição proporcional do valor nominal das quotas e restitui-se na mesma proporção ou dispensam-se as prestações ainda devidas. Como o *caput* do art. 1.084 do CC não define se a restituição, quando for o caso, ocorre pelo *valor patrimonial* ou *nominal* das quotas, cabe aos sócios na assembleia ou reunião deliberar a respeito. Se optarem pelo *valor patrimonial*, a definição ocorre "em balanço especialmente levantado" (CC, art. 1.031). No caso da SLU, aplica-se o mesmo procedimento, cabendo ao sócio único no *documento substitutivo* (Cap. 88, item 3 *supra*) deliberar se a restituição ocorre pelo valor patrimonial ou nominal das quotas.

2.2.3 Direito de oposição do credor quirografário, prazo e eficácia da redução

Vimos que na SLP (Cap. 65, item 2.1.3 *supra*) o *credor quirografário*, com título líquido anterior, no prazo de noventa dias, contado da data da publicação da ata da assembleia que aprovar a redução, pode manifestar oposição. Não havendo, a redução torna-se eficaz; havendo, resta à sociedade pagar ou depositar em juízo, sob pena de a eficácia ficar sob condição suspensiva. A lei confere *direito de oposição* a esse credor porque, diferentemente dos credores com garantia real ou fidejussória, a sua garantia é o capital social;

logo, a redução põe-na em xeque. No caso da SLU, aplica-se o mesmo procedimento.

2.2.4 Averbação e eficácia em face de terceiros

Vimos que na SLP (Cap. 65, item 2.1.4 *supra*) a ata da assembleia ou reunião que deliberou pela redução do capital social, instruída com as provas de que foram cumpridas as condições estabelecidas, por exemplo, quando houve oposição, deve ser averbada no Registro Público de Empresas Mercantis. Sem isso, há ineficácia face a terceiros. As obrigações continuam como se não tivesse havido redução. No caso da SLU, aplica-se o mesmo procedimento.

Capítulo 94

DA PENHORA DE LUCROS, DE PARTE DE LIQUIDAÇÃO E DE QUOTAS NA SLU POR DÍVIDAS DO SÓCIO ÚNICO

1 PERSONALIZAÇÃO E AUTONOMIA PATRIMONIAL

> Sendo personalizada, o patrimônio da sociedade unipessoal não se confunde com o de seu sócio, assim como o das pluripessoais personalizadas não se confunde com o de seus sócios, haja vista ser necessário transferir a propriedade dos bens.

A expressão *autonomia patrimonial*, no seu sentido mais comum, ensina Calixto Salomão Filho, deve ser compreendida como "patrimônio separado" e que de alguma forma se vincula à "limitação da responsabilidade".[334] Para Tullio Ascarelli: "... a constituição da pessoa jurídica e do patrimônio separado representa apenas um meio técnico para que os sócios possam exercitar o comércio com responsabilidade limitada; a responsabilidade limitada e a constituição do patrimônio separado, por seu turno, equivalem, afinal, quase que a um privilégio dos credores sociais sobre os bens da sociedade, perdendo a possibilidade de executar os bens particulares do sócio".[335]

Enfim, sendo personalizada, o patrimônio da sociedade unipessoal não se confunde com o de seu sócio, assim como o das pluripessoais personalizadas não se confunde com o de seus sócios, haja vista ser necessário transferir a propriedade dos bens (Cap. 84, item 3.4 *supra*; Cap. 55, item 3.4 *supra*).

---

[334] SALOMÃO FILHO, Calixto. *A sociedade unipessoal*, p. 27. São Paulo: Malheiros, 1995.
[335] ASCARELLI, Tullio. *Problemas das sociedades anônimas e Direito Comparado*, p. 465. São Paulo: Quórum, 2008.

2 PREVISÃO LEGAL E BENEFÍCIO DE ORDEM OU DE EXCUSSÃO

Vimos na SLP (Cap. 68, item 1 *supra*) que, pelo art. 292 do ex-CCm/1850, era possível, na ausência de outros bens – portanto, estabelecia o benefício de ordem ou de excussão – penhorar *fundos líquidos* do sócio. Desse modo, ficava preservado o *intuitu personae*, característica interna das sociedades de pessoas (prevalência do vínculo pessoal sobre o patrimonial ou *intuitu pecuniae*), evitando com isso o ingresso de estranho sem a anuência dos demais. Essa barreira foi-se enfraquecendo, e fortalecendo-se o princípio de que a penhorabilidade é regra, e a impenhorabilidade exceção. Passou-se, então, a penhorar, não patrimônio da sociedade pluripessoal, ou bens individualmente considerados, mas ações e quotas sociais (entenda-se: direitos delas decorrentes), e nesse sentido firmou-se a jurisprudência. No caso da SLU, aplica-se o mesmo princípio, isto é, nas execuções contra o sócio único, por *dívidas do sócio*, admite-se a penhora das quotas, na ausência ou insuficiência de outros bens particulares livres de ônus.

3 INEXISTÊNCIA DE CONFLITO ENTRE O CC E O CPC E ALTERNATIVAS AO CREDOR QUANTO À PENHORA

Vimos na SLP (Cap. 68, item 2 *supra*) que não há conflito entre o art. 1.026 do CC e o art. 835, IX, do CPC/2015, pois aquele versa a respeito da penhora de lucros e da parte de liquidação por *dívidas do sócio*, e este a respeito da penhora de "percentual do faturamento da empresa devedora", logo, por *dívidas da sociedade*. Em síntese, no que tange à penhora, o credor na execução contra sócio pode requerer: *(a)* a penhora dos lucros; *(b)* a penhora da parte de liquidação; e *(c)* a penhora de ações e quotas sociais, observando-se o parágrafo único do art. 1.026 do CC e o § 7.º do art. 876 do CPC. Se os demais sócios exercerem o direito de preferência, adjudicando as ações ou quotas, opera-se a exclusão de pleno direito do sócio executado. Se não o exercerem, o exequente pode requerer a liquidação das ações ou das quotas do executado (dissolução parcial ou resolução). No caso da SLU, aplicam-se as mesmas possibilidades, isto é, nas execuções contra o sócio único, por *dívidas do sócio*, admite-se a penhora dos lucros, da parte de liquidação e das quotas sociais, prejudicado neste caso o direito de preferência por inexistir pluralidade. Em caráter excepcional, assim como em relação à

> ex-EIRELI, admite-se também que a penhora incida sobre os próprios bens, e não apenas sobre os direitos decorrentes das quotas, evitando-se com isso a dissolução da empresa, o que vai, inclusive, ao encontro do princípio da sua preservação.

Em favor de tais possibilidades nos posicionamos no comentário à ex--EIRELI,[336] da qual a SLU é filha, haja vista a transformação automática (Cap. 77 *supra*), e Márcio Xavier Coelho escreveu "permitir-se ao credor ou terceiro interessado, observadas as regras do Código de Processo Civil, arrematar o direito à titularidade da EIRELI, possibilitando uma transferência por força judicial de sua titularidade";[337] logo, nada obsta ocorra o mesmo em relação à SLU.

E, considerando a existência de sócio único, não é inviável a penhora incidir sobre os próprios bens individualmente considerados, e não apenas sobre os direitos decorrentes das quotas, conforme já defendido à época da ex-EIRELI, solução mais simples e prática, sem prejuízo do credor nem do devedor, e defendida por Alfredo de Assis Gonçalves Neto ao sustentar ser possível apreender do conjunto de bens "um dos bens que compõem ou formam o patrimônio dela",[338] e também Márcio Xavier Coelho ao defender a "penhora direta dos bens da EIRELI", dando-se-lhe "tratamento como patrimônio de afetação para o caso específico da satisfação do credor", evitando-se com isso a dissolução da empresa,[339] o que vai ao encontro do princípio da sua preservação (Sétima parte *supra*).

---

[336] MARIANI, Irineu. *Empresa individual de responsabilidade limitada – EIRELI*, p. 120. Porto Alegre: AGE, 2015.
[337] COELHO, Márcio Xavier. *A responsabilidade da EIRELI*, p. 90, item 4.3. Belo Horizonte: D'Plácido Editora, 2014.
[338] GONÇALVES NETO, Alfredo Assis. A empresa individual de responsabilidade limitada. Artigo publicado na *Revista dos Tribunais* n.º 915. São Paulo: RT, 2012.
[339] COELHO, Márcio Xavier. *A responsabilidade da EIRELI*, p. 91, item 4.3. Belo Horizonte: D'Plácido Editora, 2014.

Capítulo 95
DA SLU NACIONAL E DA NECESSIDADE DE AUTORIZAÇÃO

1 ESCLARECIMENTO INICIAL (SEDE E ADMINISTRAÇÃO)

Vimos na SLP (Cap. 69, item 1 *supra*) que o *caput* do art. 1.126 diz "sede de sua administração". A expressão é ambígua, visto que *sede* é o estabelecimento das principais instalações para o exercício da atividade, e *administração* é o da matriz ou centro de decisões. Ainda, conflita com a CF, visto que a esta, para fins de empresa de pequeno porte e de empresa que atua em pesquisa e lavra, só é brasileira a que tem a "sua sede e administração no País" (arts. 170, IX, e 176, § 1.º). A expressão do Código também não se harmoniza com o *instituto da nacionalização*, o qual exige que a empresa transfira "sua sede para o Brasil" (art. 1.141, *caput*). Por fim, interessa ao País não a administração, mas a sede. Esta é que produz bens e/ou presta serviços (gera empregos, impostos, aquece a economia etc.). Assim, onde no art. 1.126 se lê "sede de sua administração", deve-se entender "sede *e* sua administração".

2 CONCEITO DE SLU/EMPRESA NACIONAL

Vimos na SLP (Cap. 69, item 2 *supra*) que é *sociedade/empresa nacional* a organizada de conformidade com a lei brasileira e que tem no País a sede e a administração. No *caput* do art. 1.126 do CC, onde se lê "sede de sua administração", deve-se entender "sede *e* sua administração", e onde se lê *sociedade*, deve-se entender *empresa*, substantivo utilizado na mesma locução pelos arts. 170, IX, e 176, § 1.º, da CF, e conforme a *teoria da empresa* adotada pelo CC. A empresa abrange todo o núcleo organizado para a produção de bens e/ou de prestação de serviços. Vale o mesmo conceito para a SLU.

3 AUTORIZAÇÕES PARA CONSTITUIR E PARA FUNCIONAR

> Vimos na SLP (Cap. 69, item 3 *supra*) que, em relação às sociedades pluripessoais, há três espécies de autorização governamental: *(a)* às vezes, independentemente do tipo de atividade, é necessário autorização para *constituir*; *(b)* às vezes, dependendo do tipo de atividade, é necessário autorização somente para *funcionar*; e *(c)* às vezes, quando a atividade é controlada e a constituição é fiscalizada, são necessárias as duas autorizações. Vale o mesmo para a SLU.

A necessidade de autorização para constituir ocorre quando há *interesse coletivo* na criação, por exemplo, a sociedade anônima por subscrição pública (como os subscritores são considerados investidores, o governo deve controlar e fiscalizar a captação de poupança popular), e a necessidade de autorização para *funcionar* ocorre quando há *controle da atividade*, por exemplo, seguros e planos de saúde.

Dever-se-ia exigir *autorização para funcionar* apenas da estrangeira, pois já constituída no país de origem, e da nacional somente *autorização para constituir*, visto não ser lógico antes permitir a livre constituição, e depois condicionar o funcionamento à autorização, com eventual negativa, desperdiçando-se tempo e dinheiro.

Capítulo 96

DA SLU ESTRANGEIRA E NACIONAL CONSTITUÍDA POR ESTRANGEIRO

1 CONCEITO DE SLU/EMPRESA ESTRANGEIRA

Vimos na SLP (Cap. 70, item 1 *supra*) que o art. 1.134 do CC não conceitua *sociedade estrangeira*. Extrai-se o conceito por exclusão do conceito de *sociedade nacional*, previsto no *caput* do art. 1.126. Assim, é estrangeira a sociedade/empresa quando: *(a)* tiver sido constituída no exterior, mesmo que a sede e a administração se localizem no Brasil; e *(b)* a sede *ou* a administração se localize no estrangeiro, mesmo que tenha sido constituída sob as leis brasileiras. Vale o mesmo para a SLU.

2 SLU/EMPRESA NACIONAL CONSTITUÍDA POR ESTRANGEIRO

A participação de estrangeiros na sociedade/empresa nacional tanto pode ser de pessoas naturais quanto de jurídicas.

2.1 SLU/empresa nacional constituída por pessoa jurídica estrangeira

Vimos na SLP (Cap. 70, item 2.1 *supra*) que, se a sociedade/empresa estrangeira depende de prévia autorização do Poder Executivo para funcionar no Brasil (CC, art. 1.134, *caput*), o mesmo ocorre, salvo exceção legal, para participar de sociedade/empresa nacional. A estrangeira, seja para funcionar no Brasil, seja para participar de sociedade nacional, salvo exceção legal, precisa de autorização do Poder Executivo. A não ser assim, burla-se autorização mediante o ingresso no quadro societário. A pessoa jurídica estrangeira não pode usar a nacional como *longa manus* ou interposta pessoa, para na prática funcionar no País sem prévia licença, muito menos para exercer atividade econômica privativa aos brasileiros natos ou naturalizados,

> ou atividade com restrições aos estrangeiros. Vale o mesmo para a SLU. Se, por um lado, pode ser constituída por pessoa jurídica (Cap. 86 *supra*), por outro, se estrangeira, precisa de autorização.

2.2 SLU/empresa nacional constituída por pessoa natural estrangeira

Em relação à *pessoa natural estrangeira*, há distinguir os requisitos: *(a)* vinculados à pessoa ou subjetivos; e *(b)* vinculados à atividade econômica ou objetivos.

2.2.1 Requisitos vinculados à pessoa natural estrangeira

> Vimos na SLP (Cap. 70, item 2.2.1 *supra*) que, em relação aos requisitos vinculados à *pessoa natural estrangeira* ou subjetivos, tanto podia pela Lei 6.815/1980 (anterior *Estatuto do Estrangeiro*), quanto pode pela Lei 13.445/2017 (atual *Lei de Imigração* ou *Estatuto do Imigrante*), estabelecer-se com empresa individual, ser gerente ou administrador de sociedade empresária e não empresária ou simples, portanto nada obsta a participação como sócio, obviamente observada eventual exceção e a permanência legal no País (= não clandestino), conforme a Resolução Normativa n.º 11/2017, do Conselho Nacional de Imigração, e as Instruções Normativas n.ºs 34/2017 e 81/2020, ambas do DREI, observadas eventuais modificações subsequentes. A esses requisitos podem cumular-se os vinculados à atividade ou objetivos. Vale o mesmo para a pessoa natural estrangeira que quiser constituir uma SLU nacional.

2.2.2 Requisitos vinculados à atividade econômica

> Vimos na SLP (Cap. 70, item 2.2.2 *supra*) que o atual *Estatuto da Imigração* (Lei 13.445/2017) é mais generoso do que o anterior, pois, salvo exceção legal e desde que não haja clandestinidade, assegura aos estrangeiros os direitos "em condições de igualdade com os nacionais", inclusive os econômicos (art. 4.º, I). Todavia, isso não os libera da sujeição aos vetos e restrições vinculados à atividade econômica ou objetivos, inclusive de participarem de

sociedade/empresa nacional como sócios, assim como as pessoas jurídicas estrangeiras. De outro modo, pelo artifício do ingresso no quadro societário, burla-se o veto ao exercício de atividade privativa aos brasileiros natos ou naturalizados, ou atividade com restrições aos estrangeiros. Vale o mesmo para a pessoa natural estrangeira que quiser constituir uma SLU nacional.

Capítulo 97
DA REORGANIZAÇÃO EMPRESARIAL

Esta matéria foi analisada no livro *TEMAS COMERCIAIS E EMPRESARIAIS*, que publicamos pela Editora AGE, de sorte que agora consideramos suficiente repetir as definições, com eventuais acréscimos necessários. Se o leitor tiver necessidade de mais subsídios, fica a indicação da obra.

Existem quatro espécies de reorganização empresarial: a transformação, a incorporação, a fusão e a cisão.

1 REGÊNCIA LEGAL

> Vimos na SLP (Cap. 71, item 1 *supra*) a respeito da regência legal, que as normas do Código Civil que disciplinam os institutos da transformação, da incorporação, da fusão e parte da cisão das sociedades por ele regidas (arts. 1.113-22) não diferem substancialmente das que regem as sociedades por ações (Lei 6.404/76, arts. 220-34), mais detalhados estes, tendo em conta as peculiaridades. Assim, para as do CC, não se dispensa leitura das normas da Lei 6.404/76, seja para esclarecer dúvidas, seja para suprir lacunas (aplicação subsidiária). Ainda, o CC oficializou os institutos a todas as sociedades, antes só aplicáveis por analogia da Lei 6.404. Vale o mesmo, com as devidas adaptações, para a SLU.

2 TRANSFORMAÇÃO

2.1 Definição

> Vimos na SLP (Cap. 71, item 1.2.1 *supra*) que a transformação é a operação voluntária pela qual a sociedade passa de um para outro tipo (CC, art. 1.113; Lei 6.404/76, art. 220). Vale o mesmo, com as devidas adaptações, para a SLU. Por exceção, abrange a transformação/metamorfose também da empresa individual, que não é sociedade (Cap. 113, item 2 *infra*).

Diz o art 1.113 do CC: "O ato de transformação independe de dissolução ou liquidação da sociedade, e obedecerá aos preceitos reguladores da constituição e inscrição próprios do tipo em que vai converter-se".

A SLU surge por *modo originário*, ou por *modo derivado*, via *reorganização empresarial*, como é a hipótese da transformação de sociedade pluripessoal em unipessoal.

O *instituto da transformação* lembra a *metamorfose*, é dizer, a transformação de um ser em outro, capacidade de certos animais, como insetos e batráquios. Também lembra a *Lei de Lavoisier*, segundo a qual "Na natureza nada se cria e nada se perde, tudo se transforma".[340]

Ensina José Tadeu Neves Xavier que tanto a sociedade pluripessoal pode transformar-se em unipessoal, possibilidade que surge quando ela perde a pluralidade, e o sócio remanescente opta pela continuação do empreendimento, quanto pode a unipessoal transformar-se em pluripessoal, em qualquer hipótese atendidos os requisitos legais. E, invocando Sérgio Campinho,[341] escreve: "Também não é de se descartar a possibilidade de conversão da Sociedade Limitada Unipessoal em espécie societária plural no caso de falecimento do titular, deixando herdeiros aptos a partilhar a titularidade da entidade. Não há como deixar de reconhecer tal possibilidade de metamorfose na técnica da exploração de atividade econômica, o que decorre, no mínimo, da vinculação do direito pátrio ao escopo da preservação da empresa."[342]

2.2 Situação dos credores

> Vimos na SLP (Cap. 71, item 1.2.2 *supra*) que a transformação não modifica os *direitos dos credores* (entenda-se, os que têm *título prévio*), cujos créditos continuam até o pagamento integral com as mesmas garantias que tinham no tipo que a sociedade anterior lhes oferecia (CC, art. 1.115, *caput*; Lei 6.404/76, art. 222). Se não modifica para pior, também não para

---

[340] Antoine Laurent Lavoisier (1743-1794), químico francês, considerado Pai da Química Moderna, iniciou as descobertas a respeito da *Lei de Conservação das Massas* em 1785, a qual se consagrou com o nome de *Lei de Lavoisier*.

[341] CAMPINHO, Sérgio. *Direito de Empresa à luz do Código Civil*, 12.ed. Rio de Janeiro: Renovar, 2011.

[342] XAVIER, José Tadeu Neves. *Sociedade limitada unipessoal*, p. 210, item 5.4.1. Londrina: Thoth, 2021.

melhor, por exemplo, na transformação de sociedade de responsabilidade limitada para ilimitada e vice-versa. Vale o mesmo, com as devidas adaptações, para a SLU.

2.3 Parte tributária

Vimos na SLP (Cap. 71, item 1.2.4 *supra*) que há apenas a transformação de uma sociedade em outra. Não há, pois, circulação jurídica (= transferência de propriedade) de bens móveis, especialmente de mercadorias, nem de imóveis; logo, não há fato típico tributário *inter vivos*. Vale o mesmo, com as devidas adaptações, para a SLU.

3 INCORPORAÇÃO – APLICAÇÃO PARCIAL

Vimos na SLP (Cap. 71, item 1.3.1 *supra*) que a incorporação é a operação em que uma ou mais sociedades são absorvidas por outra, que lhes sucede em todos os direitos e obrigações, devendo todas aprová-la, na forma dos respectivos tipos (CC, art. 1.116; Lei 6.404/76, art. 227, *caput*). Isso informa que: *(a)* a incorporação é exclusiva às sociedades, o que, salvo previsão legal, exclui empresa individual; e *(b)* a incorporada é sucedida em todos os direitos e obrigações, quer dizer, não há incorporação parcial, pois, então, a hipótese é de cisão.

No caso da SLU, aplica-se o *instituto da incorporação* apenas parcialmente, isto é, quando na condição de incorporada, portanto extinguindo-se. Não tem aplicação quando na condição de incorporadora, visto que provocará a pluripessoalidade; logo, resolve-se o problema pelo *instituto da transformação* de uni para pluripessoal.

4 FUSÃO

Vimos na SLP (Cap. 71, item 1.4.1 *supra*) que a fusão é a operação pela qual ao menos duas sociedades se unem e se extinguem para formar sociedade nova, que lhes sucede em todos os direitos e obrigações, devendo todas aprová-la, na forma dos respectivos tipos (CC, art. 1.119; Lei 6.404/76, art. 227, *caput*). Isso informa que: *(a)* a fusão é exclusiva às sociedades, o que, salvo previsão legal, exclui a empresa individual; e *(b)* não há fusão parcial, pois as fusionadas são sucedidas em todos os direitos e obrigações, além do que ficaria igual à cisão parcial. O *negócio de fusão* pode caracterizar *troust*, forma de abuso do poder econômico (empresas se fusionam para monopolizar o mercado). Isso viola a ordem econômica (Lei 8.884/94). O CADE (Conselho Administrativo de Defesa Econômica) deve agir.

No caso da SLU, tanto pode ser uma das sociedades fusionadas, portanto extinguindo-se, quanto pode ser a sociedade nova resultante do *negócio de fusão*, formada com o patrimônio das fusionadas, adquirido pelo sócio único.

5 CISÃO – APLICAÇÃO PARCIAL

5.1 Observações iniciais

Fizemos, na SLP (Cap. 71, item 1.5.1 *supra*), três observações iniciais: *(a)* a cisão consta no emblema do Capítulo X do Livro II do CC e no art. 1.122 quanto aos direitos dos credores, mas, incrivelmente, não regula o instituto, motivo por que, conforme doutrina unânime, aplica-se, no ponto, a Lei 6.404/76; *(b)* o instituto da cisão tem como parâmetro o da incorporação, considerando as semelhanças; e *(c)* a cisão tem como ideia básica a esquizogenia ou cissiparidade no Direito, isto é, reprodução por divisão.

5.2 Definição

Vimos na SLP (Cap. 71, item 1.5.2 *supra*) que a cisão é a operação pela qual uma sociedade (Lei 6.404/76, art. 229): *(a)* extingue-se mediante a transferência de todo o seu patrimônio (versão total) a *sociedades novas* (mais de uma, pois de outro modo fica igual à transformação), ou a *sociedades já existentes* (mais de uma, pois de outro modo fica igual à incorporação); ou *(b)* não se extingue, transferindo somente parcelas de seu patrimônio (versão parcial) para uma ou mais sociedades novas ou já existentes. A definição é autoexplicativa e informa que: *(a)* a cisão é exclusiva às sociedades, o que, salvo exceção legal, exclui a empresa individual; e *(b)* diferentemente da incorporação e da fusão, a cisão pode ser parcial.

5.3 Relação de sucessão universal

Vimos na SLP (Cap. 71, item 1.5.3 *supra*) que, sem prejuízo do art. 233 da Lei 6.404/76, a cindidora que absorver parcela do patrimônio da cindida sucede-lhe nos direitos e obrigações arrolados no ato de cisão; e, quanto aos não arrolados, havendo extinção da cindida, sucede-lhe na proporção do patrimônio líquido que lhe foi transferido (Lei 6.404/76, art. 229, § 1.º), portanto sucessão a *título universal*.

5.4 Participação dos sócios da cindida no capital social da cindidora

Vimos na SLP (Cap. 71, item 1.5.4 *supra*), quanto à participação dos sócios da cindida no capital social da cindidora, temos que: *(a)* o *patrimônio líquido* que se integra à cindidora é dos sócios da cindida, do qual participam na proporção do respectivo capital social; *(b)* tal patrimônio se integra ao *capital social* da cindidora, e com ele os titulares, recebendo quotas ou ações, e também na proporção nos casos de patrimônio transferido a mais de uma (todos participam de todas as cindidoras na proporção existente na cindida); e *(c)* pode haver proporção diversa, se aprovada por todos, inclusive titulares de ações sem voto (Lei 6.404/76, art. 229, § 5.º). Como o *patrimônio líquido* da cindida se integra ao *capital social* da cindidora, o correspondente em quotas ou ações não ocorre pelo mesmo número e *valor nominal* que tinham na cindida (divisão do capital social), mas pelo *patrimonial* (divisão do *patrimônio líquido*). No caso da SLU, aplica-se o *instituto da cisão* apenas parcialmente, isto é, quando na condição de cindida transfere total (extinguindo-se) ou parcialmente (não se extinguindo) o seu patrimônio para sociedades (mais de uma), sejam novas ou já existentes. Não tem aplicação quando na condição de cindidora, pois o(s) sócio(s) da cindida ingressa(m) no seu quadro social, provocando a pluripessoalidade; logo, resolve-se o problema pelo *instituto da transformação* de uni para pluripessoal.

No caso da SLU, aplica-se o *instituto da cisão* apenas parcialmente, isto é, quando na condição de cindida transfere total (extinguindo-se) ou parcialmente (não se extinguindo) o seu patrimônio para sociedades (mais de uma), sejam novas ou já existentes. Não tem aplicação quando na condição de cindidora, pois o(s) sócio(s) da cindida ingressa(m) no seu quadro social, provocando a pluripessoalidade; logo, resolve-se o problema pelo *instituto da transformação* de uni para pluripessoal.

Capítulo 98

DA DESCONSIDERAÇÃO DA PERSONALIDADE JURÍDICA DA SLU

> A SLU está sujeita ao *instituto da desconsideração da personalidade jurídica*. Aplicam-se-lhe todas as hipóteses típicas e atípicas; e, considerando que, diferentemente da ex-EIRELI, não há exigência de capital social mínimo, cabe ficar alerta quanto à subcapitalização. A origem comum de todas as hipóteses de desconsideração da personalidade jurídica é o cometimento de um ilícito, seja na constituição da sociedade, seja no seu uso.

Esta matéria foi analisada nos *temas gerais* (Décima parte *supra*), portanto, a rigor, dispensável destacá-la em relação à Sociedade Limitada Unipessoal, assim como não a destacamos em relação à Pluripessoal.

Embora isso, resolvemos trazê-la à berlinda, a fim de que não crie raiz na SLU a ideia surgida na EIRELI de que estaria imune à *disregard doctrine*, considerando o § 7.º do art. 980-A do CC, acrescido pela Lei 13.874, de 20-9-2019 (*Lei da Liberdade Econômica*), que dizia: "Somente o patrimônio social da empresa responderá pelas dívidas da empresa individual de responsabilidade limitada, hipótese em que não se confundirá, em qualquer situação, com o patrimônio do titular que a constitui, ressalvados os casos de fraude". As expressões "em qualquer situação" e "ressalvados os casos de fraude" seriam as fiadoras desse entendimento.

A princípio, cabe lembrar que o mencionado § 7.º, na prática, restabeleceu o vetado § 4.º do art. 980-A, por ocasião da Lei 12.441, de 11-7-11, que previu a possibilidade de constituir EIRELI. Naquela oportunidade, o § 4.º foi vetado, exatamente para não torná-la imune ao instituto da desconsideração da personalidade jurídica, conforme escrevemos em obra específica.[343]

Porém, como também dissemos na mesma obra, e repetimos nesta (Cap. 37 *supra*), a origem comum de todas as hipóteses de desconsideração

---

[343] MARIANI, Irineu. *Empresa individual de responsabilidade limitada – EIRELI*, p. 147. Porto Alegre: AGE, 2015.

da personalidade jurídica é o cometimento de um ilícito, seja na constituição da sociedade, seja no seu uso. Consequentemente, mesmo que o tal § 4.º não tivesse sido vetado, a EIRELI não estaria imune à *disregard*.

Diga-se o mesmo em relação ao § 7.º do art. 980-A do CC, acrescido pela Lei 13.874, de 20-9-2019. É dizer: apesar do texto, a *disregard* não se tornou inaplicável à EIRELI, menos ainda por interpretação extensiva à SLU, no período em que ambas conviveram (Cap. 76, item 3 *supra*).

Por fim, o art. 41 da Lei 14.195, de 26-8-21, extinguiu a EIRELI, transformando-a automaticamente em SLU, e a Lei 14.382, de 27-6-22, revogou todo o art. 980-A (Cap. 77, item 2 *supra*).

Não há dúvida, pois, de que a SLU está sujeita ao instituto da desconsideração da personalidade jurídica, sem qualquer ressalva. Aplicam-se-lhe todas as hipóteses típicas e atípicas; e, considerando que, diferentemente da ex-EIRELI, não há exigência de capital social mínimo, cabe ficar alerta quanto à subcapitalização (Cap. 37, item 1.4 *supra*).

Capítulo 99
DA DISSOLUÇÃO DA SLU

1 CONSIDERAÇÃO INICIAL

> Assim como as pessoas naturais, também as jurídicas devem – digamos – ser sepultadas; e, assim como os bens das pessoas naturais falecidas devem ser inventariados, apurando-se o ativo e o passivo, com a partilha do remanescente entre os herdeiros, assim também os das jurídicas, com um detalhe importante. Quanto a estas, não prevalece o limite do ativo do *de cujus* e do quinhão de cada herdeiro (CC, art. 1.792; CTN, art. 131, II), pois a dissolução da pessoa jurídica não é hipótese de quitação de dívida nem artifício para aplicar calote nos credores; logo, se o passivo superar o ativo, os sócios devem carrear o necessário ao pagamento da diferença, sob pena de dissolução irregular, com responsabilidade pessoal solidária.

As essências dessa matéria foram analisadas na parte dos *temas gerais* (Capítulos 30-9), portanto, a rigor, dispensável destacá-la na Sociedade Limitada Unipessoal, assim como não a destacamos na Pluripessoal.

A despeito disso, resolvemos trazê-la à berlinda, pois o *processo dissolutório*, concebido para as sociedades pluripessoais, quando envolve a unipessoal depara-se com algumas peculiaridades que merecem ser evidenciadas.

Agregamos à expressão *processo dissolutório* sentido amplo. Abrange a dissolução como um todo, seja parcial, também denominada *resolução* pelo CC, e de *apuração de haveres* pelo CPC (extingue-se em relação a um ou alguns sócios), seja total (extingue-se em relação a todos, inclusive a pessoa jurídica), bem assim abrange as três fases básicas (Cap. 41 *supra*): *(a)* da dissolução propriamente dita (formalização ou ato de dissolução); *(b)* da liquidação e partilha; e *(c)* da extinção da pessoa jurídica, exceto da dissolução parcial.

Sem prejuízo das *hipóteses típicas de dissolução*, como as legais, as administrativo-legais e as contratuais (Cap. 42 *supra*), denominadas *causas externas*, existe na SLU a *causa interna*, decorrente do *direito potestativo* do sócio único. Não pode simplesmente paralisar as atividades, fechar as portas, sob pena de *dissolução irregular*, cuja consequência é a responsabilidade pessoal (Cap. 49, item 2 *supra*).

Pois, assim como as pessoas naturais, também as jurídicas devem – digamos – ser sepultadas; e, assim como os bens das pessoas naturais falecidas devem ser inventariados, apurando-se o ativo e o passivo, com a partilha do remanescente entre os herdeiros, assim também os das jurídicas, com um detalhe importante. Quanto a estas, não prevalece o limite do ativo do *de cujus* e do quinhão de cada herdeiro (CC, art. 1.792; CTN, art. 131, II), pois a dissolução da pessoa jurídica não é hipótese de quitação de dívida nem artifício para aplicar calote nos credores; logo, se o passivo superar o ativo, os sócios devem carrear o necessário ao pagamento da diferença, sob pena de dissolução irregular, com responsabilidade pessoal.

Isso tudo se aplica à SLU e a seu sócio único.

É como ensina José Tadeu Neves Xavier, ajustado ao que acontece com os atos de constituição, "a dissolução decorrente puramente do desiderato do sócio único deve ser desencadeada por manifestação formal de vontade".[344]

2 DISSOLUÇÃO PARCIAL DA SLU

Num ligeiro olhar, parece que na SLU não há lugar à dissolução parcial, pois existe apenas um sócio, portanto se este objetiva desfazer-se de parte, o caso é de cisão, na forma *versão parcial* (Cap. 71, item 1.5.2 *supra*), podendo até diminuir o acervo patrimonial mediante a redução do capital (Cap. 93, item 2 *supra*).

Todavia, sobejam as hipóteses em que terceiro provoca a dissolução parcial, assim como nas sociedades pluripessoais, como são as ações ajuizadas por ex-cônjuge ou companheiro e por credor do sócio único, portanto *causas externas*.

2.1 Ação ajuizada por ex-cônjuge ou ex-companheiro do sócio único

Vimos no Cap. 43, item 4.2.6 *supra*, que, em relação à sociedade pluripessoal, há legitimidade ativa do ex-cônjuge ou ex-companheiro do sócio (CPC, art. 600, parágrafo único), para a *ação de apuração de haveres*, só ajuizável após

---

[344] XAVIER, José Tadeu Neves. *Sociedade limitada unipessoal*, p. 212. Londrina: Thoth, 2021.

constituído o direito de participar da quota do sócio, sendo-lhes assegurado, antes, concorrer à divisão periódica dos lucros, maneira que torna só aparente o conflito entre o parágrafo do art. 600 do CPC e o art. 1.027 do CC, aplicável também ao próprio sócio e seus herdeiros. Com as devidas adequações, essa hipótese de dissolução parcial aplica-se à SLU. Não sendo possível o ex-cônjuge ou companheiro converter o crédito em quota, o que implicaria transformar a sociedade de uni em pluripessoal, pode ajuizar ação de dissolução parcial para haver o que lhe é devido.

2.2 Ação ajuizada por credor do sócio único

Vimos no Cap. 43, item 4.2.7 *supra*, que, em relação à sociedade pluripessoal, há legitimidade ativa do credor do sócio para a ação de liquidação parcial e apuração de haveres, desde que seja a derradeira alternativa, isto é, devem antes ser exauridas as possibilidades de penhora de outros bens e de penhora dos lucros do devedor, assegurada aos demais sócios a preferência na aquisição (CC, art. 1.026, *caput*, e parágrafo único; CPC, art. 876, § 7.º). Com as devidas adequações, essa hipótese de dissolução parcial aplica-se à SLU. Não sendo possível a conversão do crédito em quota, o que implicaria transformar a sociedade de uni em pluripessoal, o credor pode ajuizar ação de dissolução parcial para haver o que lhe é devido.

3 DISSOLUÇÃO TOTAL DA SLU

Vimos no Cap. 71, item 2, que a *Sociedade Limitada Pluripessoal – SLP* está sujeita ao *processo dissolutório* (Décima Primeira Parte *supra*), com destaque aos itens 7 e 8 do Cap. 46, relativos ao *pagamento das dívidas* e ao *cancelamento das inscrições fiscais*. Tanto os *empresários especiais* (= MEI, ME e EPP, é dizer, regidos pela LC 123/06), quanto os *empresários comuns* (= não regidos pela LC 123/06), podem encerrar o *processo dissolutório*, com baixa das inscrições fiscais, *independentemente da regularidade das obrigações tributárias, previdenciárias ou trabalhistas, principais ou acessórias, do empresário, da sociedade, dos sócios, dos administradores ou de empresas de que participam*. Mas, no contraponto, ficam todos *responsáveis solidários* pelas obrigações *apuradas antes ou após o ato de execução*. Cabem duas observações relevantes: *(a)* a dispensa de regularização é restrita aos débitos tributários, previdenciários ou trabalhistas, principais e acessórios, vale dizer, não abrange débitos com outras origens; e *(b)* não há dispensa do *processo dissolutório*, e sim apenas da regularização dos débitos com as origens citadas.

Décima quarta parte

EMPRESA INDIVIDUAL – FIRMA

Como observação geral, pode-se dizer que a *Sociedade Limitada Pluripessoal – SLP* serve de modelo para a *Sociedade Limitada Unipessoal – SLU*, que serve de modelo para a *Empresa Individual – FIRMA*.

Capítulo 100
BREVE HISTÓRICO

> A *Empresa Individual* – *FIRMA* foi instituída pelo Decreto 916, de 24-10-1890, um dos primeiros atos normativos da chamada *República Velha* (período de 1889-1930). Objetivou contornar as dificuldades decorrentes do Código Comercial, de 1850, em relação ao exercício das então *atividades econômicas comerciais*, hoje empresariais, ensejando-o também por meio de uma *empresa individual*, denominada *firma*, e não somente pelas então sociedades comerciais, hoje empresárias. Essa Empresa Individual deu origem à EIRELI em 2011, que deu origem à SLU em 2019.

A *Empresa Individual* – *FIRMA*, no âmbito popular apenas *FIRMA*, foi instituída pelo Decreto 916, de 24-10-1890, editado pelo primeiro Presidente da República Federativa dos Estados Unidos do Brasil (Constituição de 1891, art. 1.º), Manoel Deodoro da Fonseca, um dos primeiros atos normativos da chamada *República Velha* (período de 1889-1930), Decreto revogado pelo de n.º 11/1991, revigorado pelo de n.º 1.780/1996, e outra vez revogado pelo de n.º 9.629/2018, vigendo, atualmente, normas do Código Civil (arts. 966-71), normas esparsas da Lei 8.934/94 (*Dispõe sobre o registro de empresas mercantis e atividades afins*), o respectivo Regulamento (Decreto 1.800/96) e o *Manual de Registro do Empresário Individual*, expedido pelo Departamento Nacional de Registro Empresarial e Integração – DREI.

A exemplo de outros países, a *Empresa Individual* – *FIRMA* objetivou contornar as dificuldades decorrentes do então Código Comercial, de 1850 (período do Império), em relação ao exercício das então *atividades econômicas comerciais*, hoje empresariais, ensejando-o também por meio de uma *empresa individual*, denominada *firma*, e não somente pelas então sociedades comerciais, hoje empresárias.

Na prática, a Empresa Individual, sem personalidade jurídica, instituída em 1890, deu origem, cento e vinte e um anos após, em 2011, à EIRELI, com personalidade jurídica, capital social e limitação da responsabilidade (Lei 12.441, de 11-7-2011), que por sua vez deu origem à SLU, igualmente com personalidade jurídica, capital social e limitação da responsabilidade (Lei 13.874, de 20-9-2019, conhecida como *Lei da Liberdade Econômica*).

Se pensarmos em termos de algo que "deu certo" no universo dos atos normativos envolvendo as atividades econômicas ou lucrativas de natureza comercial, hoje empresarial, só há um paralelo: o Decreto 3.708, de 10-1-1919, que instituiu a *Sociedade Limitada Pluripessoal – SLU*, que vigeu durante oitenta e quatro anos, até o Código Civil, de 2002, entrar em vigor, em 12-1-2003.

Capítulo 101

DA CAPACIDADE PARA EXERCER ATIVIDADE EMPRESARIAL E DOS IMPEDIMENTOS LEGAIS

Diz o art. 972 do CC: "Podem exercer a atividade de empresário os que estiverem em pleno gozo da capacidade civil e não forem legalmente impedidos".

1 CAPACIDADE PARA EXERCER ATIVIDADE EMPRESARIAL

Vimos nos *Temas Gerais* (Cap. 5 *supra*) que existem dois modos de a pessoa estar "em pleno gozo da capacidade civil", como diz o art. 972 do CC: *(a)* ordinário, aos dezoito anos; e *(b)* extraordinário, nas hipóteses: de emancipação, de casamento com idade núbil e também com idade inferior à núbil, de exercício de emprego público efetivo, de colação de grau em curso de ensino superior, de estabelecimento empresarial ou não, ou emprego, desde que garantidores de economia própria, e de alistamento militar, aos dezessete anos. Tais modos e hipóteses dirigem-se exatamente à pessoa natural que pretende exercer atividade empresarial por meio de uma *empresa individual*.

2 INCAPACIDADE SUPERVENIENTE OU FALECIMENTO, AUTORIZAÇÃO JUDICIAL E ADMINISTRADOR

Vimos nos *Temas Gerais* (Cap. 8 *supra*) que, em caso de incapacidade superveniente ou falecimento do empresário, o filho, ou o herdeiro, mesmo incapaz, por meio de representante ou assistente, pode dar sequência à empresa antes exercida pelos pais ou pelo autor da herança, mediante *autorização judicial*. Tal solução objetiva superar o impasse que surge nas mencionadas ocorrências, possibilitando a continuidade do empreendimento empresarial, por meio de filho ou de herdeiro, mesmo que ainda não tenha adquirido o "pleno gozo da capacidade civil" (CC, art. 972), mediante *autorização judicial*.

3 PESSOAS LEGALMENTE IMPEDIDAS

Vimos nos *Temas Gerais* (Cap. 10 *supra*) a existência dos que, embora a capacidade, estão "legalmente impedidos" (CC, art. 972) de exercer atividade empresarial. Tais impedimentos dirigem-se exatamente à pessoa natural. Quando a lei impede o incapaz, objetiva proteger os interesses do próprio incapaz; e, quando impede o capaz, objetiva proteger o interesse público ou de terceiros. As hipóteses de *impedimentos legais amplos* de pessoa capaz impedida são previstas na legislação extravagante (= que vaga fora dos Códigos), como são os casos dos falidos, dos leiloeiros, dos condenados, dos funcionários públicos, dos magistrados, dos militares da ativa, dos cônsules nos seus distritos, cada qual com as suas peculiaridades. Também há *impedimentos legais restritos*, quando abrange determinado setor econômico, por exemplo, a farmacologia e a medicina, e quando abrange *determinada pessoa*, e também pode haver caso de impedimento por decisão judicial.

A esses impedimentos, o item 4 do Capítulo II do *Manual de Registro do Empresário Individual*, expedido pelo Departamento Nacional de Registro Empresarial e Integração – DREI, acrescenta: "k) os imigrantes, para o exercício das seguintes atividades: 1. Pesquisa ou lavra de recursos minerais ou aproveitamento dos potenciais de energia hidráulica (art. 176, § 1.º, da CF). 2. Atividade jornalística e de radiodifusão sonora e de sons e imagens (art. 222, § 1.º, da CF, e art. 2.º da Lei 10.610, de 20 de dezembro de 2002). 3. Serem proprietários ou amadores de embarcação nacional, inclusive nos serviços de navegação fluvial e lacustre, exceto embarcação de pesca (art. 178 da CF, e arts. 1.º e 2.º do Decreto-Lei 2.784, de 20 de novembro de 1940)."

Em síntese, repetem-se as situações que envolvem a Sociedade Limitada Unipessoal – SLU constituída por pessoa natural estrangeira, onde há os requisitos vinculados à pessoa ou subjetivos e os vinculados à atividade econômica ou objetivos (Cap. 96, itens 2.2.1 e 2.2.2 *supra*).

Capítulo 102

DAS NORMAS DE REGÊNCIA DA EMPRESA INDIVIDUAL

> Atualmente, seja em relação às normas de natureza formal, quer dizer, requisitos do ato constitutivo, seja em relação às de natureza substancial, quer dizer, regime legal de funcionamento, vigoram normas do Código Civil (arts. 966-71), da Lei 8.934/94 (*Dispõe sobre o registro de empresas mercantis e atividades afins*) e respectivo Regulamento (Decreto 1.800/96), normas do *Manual de Registro do Empresário Individual*, expedido pelo Departamento Nacional de Registro Empresarial e Integração – DREI, e também normas da LC 123/06 (*Estatuto Nacional da Microempresa e da Empresa de Pequeno Porte*), se e quando, em relação ao tratamento jurídico, houver classificação como *MEI, ME* ou *EPP* (Cap. 3, item 2 supra).

Como observação geral, pode-se dizer que a *Sociedade Limitada Pluripessoal – SLP* serve de modelo para a *Sociedade Limitada Unipessoal – SLU*, que serve de modelo para a *Empresa Individual – FIRMA*.

Com efeito, o Decreto 916, de 24-10-1890, que instituiu a *Empresa Individual*, no âmbito popular apenas *FIRMA*, foi revogado pelo Decreto 11/1991, revigorado pelo Decreto 1.780/1996, e outra vez revogado pelo Decreto 9.629/2018.

Atualmente, seja em relação às normas de natureza formal, quer dizer, requisitos do ato constitutivo, seja em relação às de natureza substancial, quer dizer, regime legal de funcionamento, vigoram normas do Código Civil (arts. 966-71), da Lei 8.934/94 (*Dispõe sobre o registro de empresas mercantis e atividades afins*) e respectivo Regulamento (Decreto 1.800/96), normas do *Manual de Registro do Empresário Individual*, expedido pelo Departamento Nacional de Registro Empresarial e Integração – DREI, e também normas da LC 123/06 (*Estatuto Nacional da Microempresa e da Empresa de Pequeno Porte*), se e quando, em relação ao tratamento jurídico, houver classificação como *MEI, ME* ou *EPP*.

Vimos no Capítulo da classificação dos empresários quanto ao *tratamento jurídico* (Cap. 3, item 2 *supra*) que há duas espécies: *(a)* com tratamento jurídico favorecido (= empresário especial); e *(b)* sem tratamento jurídico favorecido (= empresário comum).

Relativamente ao *empresário com tratamento jurídico favorecido*, vigora o princípio *si et in quantum* (se ingressar no sistema de tratamento favorecido e enquanto não decair das condições de nele se manter) e há três subespécies, devendo em cada uma ser observadas as exclusões previstas no § 4.º do art. 3.º da LC 123/06: *(a) Pequeno Empresário* ou *Microempreendedor Individual – MEI*, portanto exclusivo para empresário individual, receita bruta anual anterior de até R$ 81.000,00; *(b) Microempresa – ME*, receita... de até R$ 81.000,00 se sociedade, e a partir daí e até R$ 360.000,00, independentemente de ser sociedade ou empresário individual; e *(c) Empresário de Pequeno Porte – EPP*, tanto sociedade quanto empresário individual, receita... acima de R$ 360.000,00 e não superior a R$ 4.800.000,00, valores vigentes até o fechamento desta edição, em dezembro/2023, e que periodicamente são elevados.

Relativamente ao *empresário sem tratamento jurídico favorecido*, por princípio residual, é todo aquele que fica sujeito às normas gerais: *(a)* seja porque não consegue ingressar no sistema por ultrapassar o teto da receita bruta ou por ser colhido pelas exclusões; ou *(b)* seja porque decaiu das condições para se manter nele.

Para ter acesso ao *sistema de tratamento jurídico favorecido*, é necessário cumprir requisitos, dos quais resulta a classificação de *Pequeno Empresário* ou *Microempreendedor Individual – MEI*, de *Microempresa – ME* e de *Empresa de Pequeno Porte – EPP*.

Conforme detalhamos no item 2 do Capítulo 3, o Empresário Individual, tipo Pequeno Empresário ou *Microempreendedor Individual – MEI*, é exclusivo para *pessoa natural*, com receita bruta anual anterior de até R$ 81.000,00 (LC 155/16), quantia em vigor no fechamento desta edição, em dezembro/2023, ou outra superior, conforme a legislação em vigor.

A partir da receita bruta anual anterior do tipo *MEI*, exclusivo à *pessoa natural*, acontecem as receitas que definem os tipos *Microempresa – ME* e o *Empresário de Pequeno Porte – EPP*, nos quais são admitidos, além da pessoa natural por meio de Empresa Individual ou Firma, também a pessoa jurídica por meio de sociedade uni ou pluripessoal.

Capítulo 103
DA INEXISTÊNCIA DE PERSONALIDADE JURÍDICA E RESPONSABILIDADE DO TITULAR

1 INEXISTÊNCIA DE PERSONALIDADE JURÍDICA

> A *Empresa Individual* ou *Firma* jamais teve personalidade jurídica, salvo equiparação para certos fins, como são os casos do Imposto de Renda e do CNPJ. O fato de ser formada pelos elementos típicos das sociedades personalizadas tem levado alguns ao equívoco de se referirem a ela como sendo *pessoa jurídica de direito privado*, mas não é, pois não figura como tal no art. 44 do CC. Na prática a Empresa Individual não é senão *longa manus* da pessoa natural de seu titular. Atualmente, pode-se dizer, para fins didáticos, que ela é um ente sem personalidade jurídica nem limitação da responsabilidade. Ao titular só existe o benefício de ordem ou de excussão.

A *Empresa Individual* ou *Firma*, instituída pelo Decreto 916, de 24-10-1890, já revogado, substituído por legislação superveniente (Cap. 102 *supra*), jamais teve personalidade jurídica, salvo equiparação para certos fins, como são os casos do Imposto de Renda e do Cadastro Nacional da Pessoa Jurídica – CNPJ.

Ela é formada pelos elementos típicos das sociedades personalizadas, como nome social, capital chamado *patrimônio de afetação* (Cap. 107, item 2 *infra*), objeto e sede (CC, art. 968), podendo inclusive abrir sucursal, filial ou agência (CC, art. 969). A respeito dos estabelecimentos principais e secundários, enviamos o leitor ao Cap. 17, itens 1 e 2 *supra*.

O fato de a *Empresa Individual* ou *Firma*, que vem a ser a assinatura autografada, admitido o certificado digital ou meio equivalente que comprove a autenticidade (CC, art. 968, II), ser formada pelos mesmos elementos típicos das sociedades personalizadas, tem levado alguns ao equívoco de se referirem a ela como sendo *pessoa jurídica de direito privado*, mas não é, pois não figura como tal no art. 44 do CC.

Na prática, a Empresa Individual não é senão *longa manus*, mão longa, prolongamento/extensão do poder da pessoa natural. Atualmente, pode-se dizer, para fins didáticos, que ela é um ente sem personalidade jurídica, nem limitação da responsabilidade, salvo para o seu titular o benefício de ordem ou de excussão (item 2 *infra*).

Aliás, não há dúvida de que, cento e vinte e um anos após a sua instituição em 1890, deu origem, em 2011, à EIRELI, com personalidade jurídica, capital social e limitação da responsabilidade (Lei 12.441, de 11-7-2011), que, por sua vez, deu origem à SLU, igualmente com personalidade jurídica, capital social e limitação da responsabilidade (Lei 13.874, de 20-9-2019, conhecida como *Lei da Liberdade Econômica*).

O STJ fixou entendimento de que "O microempreendedor individual e o empresário individual não se caracterizam como pessoas jurídicas de direito privado propriamente ditas ante a falta de enquadramento no rol do art. 44 do Código Civil"[345] Ainda: "..., a empresa individual é mera ficção jurídia que permite à pessoa natural atuar no mercado com vantagens próprias da pessoa jurídica, sem que a titularidade implique distinção patrimonial entre a empresa individual e a pessoa natural titular da firma individual".[346]

2 RESPONSABILIDADE DO TITULAR – BENEFÍCIO DE ORDEM

> Como a *Empresa Individual* ou *Firma* não tem personalidade jurídica, tampouco limitação da responsabilidade, uma vez exaurido o capital, chamado *patrimônio de afetação*, o seu titular responde automaticamente pelas obrigações assumidas com os *bens não afetados*. Assim como os sócios nas sociedades de responsabilidade ilimitada, o titular da Empresa Individual faz jus apenas ao benefício de ordem ou de excussão.

Vimos que a responsabilidade dos sócios pelo só fato de serem sócios, não exclui a que decorre de situações excepcionais, como nas hipóteses de desconsideração da personalidade jurídica e de dissolução. Ainda, independentemente de a sociedade ser de responsabilidade limitada uni ou pluripessoal (Capítulos 51 e 78 *supra*), ou ser de responsabilidade ilimitada, vigora

---

[345] STJ, REsp 1899343-SP, 4.ª T., Rel. Min. Marco Buzzi, em 26-4-22.
[346] STJ, REsp 1355000-SP, 4.ª T., Rel. Min. Marco Buzzi, em 20-10-16; idem REsp 1682989-RS, Rel. Herman Benjamin, em 19-9-17.

aos sócios de todas o princípio do benefício de ordem ou de excussão (CC, 1.024; CPC, art. 795; CC, art. 49-A, *caput*, acrescido pela Lei 13.874, de 20-9-2019; Cap. 31, item 1).

Vale o mesmo para o titular da *Empresa Individual* ou *Firma*: faz jus ao benefício de ordem ou de excussão, isto é, a despeito de não existir personalidade jurídica nem limitação da responsabilidade, os seus *bens não afetados* respondem automaticamente pelas obrigações assumidas, mas somente após exaurido o capital da empresa.

Eis precedente do STJ, dentre outros: "o empresário individual e o microempreendedor individual são pessoas físicas que exercem atividade empresarial em nome próprio, respondendo com seu patrimônio individual pelos riscos do negócio, não sendo possível distinguir entre a personalidade da pessoa natural e da empresa. Precedentes."[347]

---

[347] STJ, REsp 1899342-SP, 4.ª T., Rel. Min. Marco Buzzi, em 26-4-22.

Capítulo 104

DA EXCLUSIVIDADE ÀS PESSOAS NATURAIS E ÀS ATIVIDADES EMPRESARIAIS

1 ESPÉCIES DE ATIVIDADES ECONÔMICAS E FERRAMENTAS AO EXERCÍCIO

Vimos na SLU (Cap. 82, item 1 *supra*) que há duas espécies de atividades econômicas: as empresariais e as não empresariais (CC, art. 966, *caput* e parágrafo único). As *empresariais* podem ser exercidas: *(a)* individualmente, por meio de Empresa Individual ou Firma e de Sociedade Limitada Unipessoal – SLU); e *(b)* coletivamente, por meio de sociedade empresária admitida em lei (vigora o *princípio da tipicidade*). As *não empresariais* podem ser exercidas: *(a)* individualmente, como pessoa natural e de sociedade limitada unipessoal simples; e *(b)* coletivamente, por meio de sociedade simples e também do modelo de uma empresária (não vigora o *princípio da tipicidade*), excluídas a anônima, porque é empresária independentemente do objeto, e as sociedades simples específicas: cooperativas, independentemente do objeto, e de advogados coletiva e unipessoal.

2 EXCLUSIVIDADE ÀS PESSOAS NATURAIS

Conforme o inciso I do art. 968 do CC, a Empresa Individual ou Firma é exclusiva às *pessoas naturais*. Não é possível Empresa Individual constituída por pessoa jurídica.

3 EXCLUSIVIDADE ÀS ATIVIDADES EMPRESARIAIS

Enquanto a SLU tanto pode ser utilizada para atividades empresariais quanto não empresariais (Cap. 82, item 3 *supra*), a Empresa Individual é exclusiva

> às empresariais. Pelo *caput* do art. 966 do CC, só é empresário quem "exerce profissionalmente atividade econômica organizada para a produção ou a circulação de bens ou de serviços". Não é empresário quem exerce as atividades previstas no parágrafo único, salvo quando constituir elemento de empresa (Cap. 1, itens 1 e 2 *supra*). A inscrição ocorre na Junta Comercial (CC, art. 968, § 1.º).

Se o médico, o dentista etc. quiser exercer a atividade: *(a) individualmente*, basta abrir o estabelecimento e obter alvará do Município; *(b) individualmente*, mediante sociedade, pode constituir uma SLU não empresária (Cap. 82, item 2 *supra*); e *(c) coletivamente*, pode constituir uma sociedade simples, que também pode adotar o modelo de uma empresária, excluída a anônima, visto que esta é empresária independentemente do objeto (Cap. 82, item 1 *supra*).

Para não deixar dúvida quanto à exclusividade da Empresa Individual às atividades empresariais, o § 1.º do art. 968 estabelece que a inscrição ocorre no Registro Público de Empresas Mercantis, portanto na Junta Comercial.

Capítulo 105
DAS FORMAS E REQUISITOS DO ATO CONSTITUTIVO

1 FORMAS DO ATO CONSTITUTIVO

> Assim como na SLP (Cap. 55, item 1 *supra*) e na SLU (Cap. 83, item 2 *supra*), quanto às formas, o ato constitutivo da Empresa Individual ou Firma pode ser por instrumento público ou particular (CC, art. 997; *Manual de Registro do Empresário Individual*, editado pelo Departamento Nacional de Registro Empresarial e Integração – DREI, Cap. II, item 1).

2 NATUREZA JURÍDICA DO ATO CONSTITUTIVO

> Assim como na SLU (Cap. 83, item 3 *supra*), também na Empresa Individual ou Firma a natureza jurídica do ato constitutivo é de uma *declaração unilateral de vontade*. Em vez de *constitutivo* (= quando passa a existir), o ato pode ser *declarativo* (= quando já existe), o que acontece, por exemplo, na transformação (Cap. 113, item 2 *infra*).

3 REQUISITOS DO ATO CONSTITUTIVO

3.1 Cláusulas obrigatórias

> As cláusulas obrigatórias do ato constitutivo da Empresa Individual ou Firma constam no art. 968 do CC e são repetidas no item 5 do Capítulo II do *Manual de Registro do Empresário Individual*, editado pelo DREI. Consideramos que o DREI extrapolou ao vetar a possibilidade de mais de uma Empresa Individual, pois não figura em dispositivo legal, e vai inclusive de encontro aos §§ 1.º e 2.º do art. 1.º da Lei 13.874, de 20-9-2019 (*Lei da Liberdade Econômica*).

As cláusulas obrigatórias do ato constitutivo da Empresa Individual ou Firma constam no art. 968 do CC: "A inscrição do empresário far-se-á mediante requerimento que tenha: *I* – o seu nome, nacionalidade, domicílio, estado civil e, se casado, o regime de bens; *II* – a firma, com a respectiva assinatura autografada que poderá ser substituída pela assinatura autenticada com certificado digital ou meio equivalente que comprove a sua autenticidade, ressalvado o disposto no inciso I do § 1.º do art. 4.º da Lei Complementar n.º 123, de 14 de dezembro de 2006; *III* – o capital; *IV* – o objeto e a sede da empresa."

Os mesmos requisitos do art. 968 do CC constam igualmente no rol das *cláusulas obrigatórias* do *Manual de Registro do Empresário Individual*, editado pelo Departamento Nacional de Registro Empresarial e Integração – DREI, Cap. II, item 5, acrescendo "declaração de desimpedimento para o exercício de atividade empresária e de não possuir outra inscrição de empresário no país".

Sem embargo da respeitabilidade, o DREI extrapolou ao generalizar a declaração de "não possuir outra inscrição de empresário no país".

Se, em relação à SLU, não há óbice de a mesma pessoa constituir mais de uma (Cap. 86, item 4 *supra*), não há por que existir, sem norma legal expressa, impedimento em relação à Empresa Individual, salvo empecilho para ingresso no Simples Nacional (LC 123/06, art. 3.º, § 4.º; Cap. 3, item 2 *supra*). O veto a mais de uma Empresa Individual, vai inclusive de encontro ao § 1.º do art. 1.º da Lei 13.874, de 20-9-2019 – *Lei da Liberdade Econômica* –, o qual estabelece a sua observância na interpretação do Direito Empresarial e sobre o exercício das profissões, e diz o § 2.º que as normas de ordenação pública sobre as atividades econômicas devem ser compreendidas "em favor da liberdade econômica".

3.2 Cláusulas facultativas

Constam nos itens 6.1, 6.2 e 6.3 do Capítulo II do *Manual de Registro do Empresário Individual*, expedido pelo DREI, as cláusulas facultativas quanto ao início da atividade, à declaração de microempresa ou empresa de pequeno porte e à filial. O fato de não constar cláusula facultativa no ato constitutivo, não inibe a Empresa Individual de, em momento posterior, ingressar, por exemplo, no Simples Nacional como *MEI*, *ME* ou *EPP*, bem como o enquadramento como *startup*.

Quanto ao *início da atividade*, consta no item 6.1 do Capítulo II do *Manual* que "Não é obrigatória a indicação da data do início da atividade do empresário. Se não indicada, considerar-se-á a data da inscrição. Caso a data do início da atividade seja indicada: *I* – não poderá ser anterior à data da assinatura do Instrumento de Empresário; *II* – a data de início da atividade será a data indicada, caso o instrumento seja protocolado em até trinta dias de sua assinatura; e *III* – se o requerimento for protocolado após trinta dias de sua assinatura e a data de início da atividade indicada for: *a)* anterior à data do deferimento, será considerada como data de início da atividade a data do deferimento; ou *b)* posterior à data do deferimento, será considerada como data de início da atividade a data iniciada."

A essas cláusulas, acrescenta-se a nomeação de gerente (Cap. 109, item 2 *infra*) e a abertura de estabelecimentos secundários, físicos ou virtuais (Cap. 110 *infra*).

Quanto à *declaração de microempresa ou empresa de pequeno porte* (Cap. 109, item 1 *infra*), consta no item 6.2 do Capítulo II do *Manual*: "O enquadramento, reenquadramento e desenquadramento de microempresa (ME) e empresa de pequeno porte (EPP) será efetuado mediante declaração, sob as penas da lei, de que o empresário se enquadra na situação de ME ou EPP, nos termos do art. 3.º, *caput* e parágrafos, da Lei Complementar n.º 123, de 14 de dezembro de 2006, constante de: I – cláusula específica, inserida no instrumento de inscrição; ou II – instrumento específico a que se refere o art. 32, inciso II, alínea 'd', da Lei 8.934, de 1994". O inciso II das "Notas" estabelece: "A comprovação do enquadramento/reenquadramento ou desenquadramento como de microempresa ou empresa de pequeno porte será efetuado mediante certidão expedida pela Junta Comercial".

Finalmente, é oportuno o registro de que o fato de não constar cláusula facultativa no ato constitutivo da Empresa Individual não a inibe de, em momento posterior, ingressar, por exemplo, no Simples Nacional como Microempreendedor Individual – MEI, Microempresa – ME ou Empresa de Pequeno Porte – EPP, bem como o enquadramento como *startup* (Cap. 108, item 3 *infra*).

Capítulo 106

DO NOME SOCIAL OU EMPRESARIAL

Como nome social ou empresarial, atualmente, a empresa individual pode usar *firma* ou designação *sui generis*, qual seja, o número da inscrição no CNPJ.

1 FIRMA

> A Empresa Individual pode usar *firma*. Literalmente, assinatura do nome por extenso ou abreviadamente. Assim consta no art. 968, II, do CC, que admite "assinatura com certificado digital ou meio equivalente que comprove a sua autenticidade", e ressalva o inciso I do § 1.º do art. 4.º da LC 123/2006, segundo o qual, tratando-se de microempresa e empresa de pequeno porte, o uso da *firma* pode ser dispensado, na forma estabelecida pelo Comitê para Gestão da Rede Nacional para Simplificação do Registro e da Legalização de Empresas e Negócios – CGSIM. O art. 1.156 do CC complementa o art. 968, II, dizendo que o empresário opera "sob firma constituída por seu nome, completo ou abreviado, aditando-lhe, se quiser, designação mais precisa da sua pessoa ou do gênero de atividade". O *Manual de Registro do Empresário Individual*, expedido pelo DREI, estabelece que os agnomes (= indicam ordem ou relação de parentesco) não constituem sobrenome, como Filho, Júnior, Neto, Sobrinho etc.

Vimos na parte das atividades econômicas (Cap. 13 *supra*), na SLP (Cap. 52 *supra*) e na SLU (Cap. 79 *supra*) que há duas espécies de nome social ou empresarial: a *firma* e a *denominação* (CC, arts. 1.155-68), ambas com acréscimo da partícula que identifica a empresa uni ou pluripessoal pessoa jurídica. Também vimos que o substantivo *firma* provém da *Empresa Individual*, que não é sociedade nem pessoa jurídica. Literalmente, *firma* significa assinatura do nome por extenso ou abreviadamente.

E assim consta no art. 968, II, do CC, nos requisitos formais do ato constitutivo, ao dizer "firma, com a respectiva assinatura autografada", podendo ser substituída "pela assinatura com certificado digital ou meio equivalente que comprove a sua autenticidade, ressalvado o disposto no inciso I do § 1.º do art. 4.º da Lei Complementar n.º 123, de 14 de dezembro de 2006". Complementa o art. 1.156 do CC: "O empresário opera sob firma constituída por seu nome, completo ou abreviado, aditando-lhe, se quiser, designação mais precisa da sua pessoa ou do gênero de atividade".

Por sua vez, diz o inciso I do § 1.º do art. 4.º da LC 123/96, na redação da LC 147/2014, ressalvado no art. 968, II, do CC: "*§ 1.º* – O processo de abertura, registro, alteração e baixa da microempresa e empresa de pequeno porte, bem como qualquer exigência para o início de seu funcionamento deverão ter trâmite especial e simplificado, preferencialmente eletrônico, opcional para o empreendedor, observado o seguinte: *I* – poderão ser dispensados o uso da firma, com a respectiva assinatura autógrafa, o capital, requerimentos, demais assinaturas, informações relativas ao estado civil e regime de bens, bem como remessa de documentos, na forma estabelecida pelo CGSIM". A sigla CGSIM quer dizer *Comitê para Gestão da Rede Nacional para a Simplificação do Registro e da Legalização de Empresas e Negócios.*

Por fim, consta no item 5.1 do Capítulo II do *Manual de Registro do Empresário Individual*, expedido pelo Departamento Nacional de Registro Empresarial e Integração – DREI, que não constituem sobrenome os chamados agnomes, como "FILHO, JÚNIOR, NETO, SOBRINHO etc., que indicam uma ordem ou relação de parentesco".

É oportuno lembrar que a designação mais precisa, como é o apelido, está para a pessoa natural assim como o título do estabelecimento para a empresa (Cap. 18, item 2.2.2 *supra*): funciona para fins de *marketing*.

Exemplos, apenas com o nome por extenso ou abreviadamente: *José Pereira Almenda* ou *J. P. Almeida*. Com aditamento facultativo quanto à pessoa: *José Pereira Almeida, Magrão* ou *J. P. Almeida, Magrão*. Com aditamento facultativo do gênero de atividade: *Júlio César, Tecidos* ou *J. César, Tecidos*; *José Ricardo Silva, Oleiro* ou *J. R. Silva, Oleiro*, ou *Relojoeiro*, ou *Padeiro*, ou *Açougueiro* etc.

2 DENOMINAÇÃO *SUI GENERIS* – NÚMERO DO CNPJ

> O Empresário Individual, a partir do art. 35-A da Lei 8.934/94, acrescido pela Lei 14.195, de 26-8-2021, também pode usar o número do CNPJ, embora não seja pessoa jurídica. Trata-se de denominação *sui generis*, com limi-

> tação aos primeiros oito dígitos, ou "número raiz", de acordo com o item 5.1.1 do Capítulo II do *Manual de Registro do Empresário Individual* expedido pelo DREI.

O Empresário Individual, a partir do art. 35-A da Lei 8.934/94, acrescido pela Lei 14.195, de 26-8-2021, também pode usar denominação *sui generis*, adjetivação que atribuo até com generosidade, pois escapa, sem necessidade, de todo o histórico e tradição, servindo de biombo a quem tem muito a esconder e pouco a mostrar. Diz o dispositivo: "O empresário ou a pessoa jurídica poderá optar por utilizar o número de inscrição no Cadastro Nacional da Pessoa Jurídica (CNPJ) como nome empresarial, seguido da partícula identificadora do tipo societário ou jurídico, quando exigida por lei".

A expressão *empresário ou pessoa jurídica* informa que a Empresa Individual, que não é pessoa jurídica, e sim *longa manus* da natural (Cap. 103, item 1 *supra*), pode usar denominação *sui generis*, limitado aos oito primeiros dígitos, ou "número raiz", de acordo com o item 5.1.1 do Capítulo II do *Manual de Registro do Empresário Individual*, expedido pelo DREI, assim como em relação a SLP e à SLU (Capítulos 52 e 79, item 2 *supra*).

Reduzir a empresa a um número é inconveniente, visto que desperdiça o natural veículo de projeção social que o nome, nas suas espécies tradicionais, representa no mercado. Não raras vezes, o nome por si só é uma *griffe*.

Portanto, reduzir o nome empresarial a um número torna-o opaco, não transparente, bom a quem, por algum motivo (maus antecedentes, escândalo, má fama etc.) prefere ocultar o nome pessoal e o próprio objeto social da empresa.

A opção instituída pelo legislador tumultuou um ambiente que, desde o ex-CCm de 1850, vinha tranquilo, consolidado, suficiente e conforme as necessidades atuais. Na prática, foi criado um biombo que não serve a quem tem a mostrar, e sim a esconder.

Capítulo 107

DO CAPITAL DA EMPRESA INDIVIDUAL – PATRIMÔNIO DE AFETAÇÃO

Registramos na SLU que a expressão *capital social* não é tecnicamente correta. Deveria ser apenas *capital* (Cap. 84 *supra*). Tratando-se de Empresa Individual, é o que consta no inciso III do art. 968 do CC, que elenca os requisitos formais do ato constitutivo: *capital*.

1 NÃO EXIGÊNCIA DE CAPITAL MÍNIMO

Vimos que na SLU não há exigência de *capital social mínimo* (Cap. 84, item 1 *supra*), assim como também não há na SLP (Cap. 55, item 2.1 *supra*), não significando isso que ele pode ser ínfimo, insuficiente para cumprir o objetivo de permitir a operação/financiamento do objeto social e de servir de garantia permanente a quem negocia com a empresa. O endividamento incompatível com o valor do capital social e a sua insuficiência/subcapitalização para operar o objeto social são hipóteses de *disregard doctrine* (Cap. 37, item 1.4 *supra*). Também na Empresa Individual não há exigência de *capital mínimo*; e, embora não se possa falar em *disregard doctrine*, pois ela não tem personalidade jurídica, aplica-se o mesmo princípio. Isto é: em caso de capital insuficiente para operar o objeto, o titular decai desde logo do benefício de ordem ou de excussão (Cap. 103, item 2 *supra*).

Diz o item 5.2 do Capítulo II do *Manual de Registro do Empresário Individual*, expedido pelo DREI: "O capital do empresário deve ser expresso em moeda corrente, podendo compreender qualquer espécie de bens, suscetíveis de avaliação em dinheiro. Deverá declarar o valor do capital destacado do patrimônio do empresário, expresso em moeda corrente."

2 TEORIA DO PATRIMÔNIO DE AFETAÇÃO

> O patrimônio da pessoa forma uma *universalidade de direito* ou *universitas juris* (CC, art. 91): bens unidos e separados pela lei. A *teoria do patrimônio de afetação* flexibiliza o princípio da universalidade de direito. A pessoa não deixa de ser proprietária da *massa patrimonial*, apenas que certa porção fica vinculada a um fim específico, perdendo a disponibilidade para outras destinações. Tal ocorre na Empresa Individual ou FIRMA, porque não é pessoa jurídica (Cap. 103, itens 1 *supra*), mas o empresário deve informar o *valor do capital*, que é o *patrimônio de afetação* (= finalidade vinculada ao cumprimento do objeto da empresa). O *princípio da afetação* também existe nas sociedades personalizadas, com a diferença de que nelas há transferência da propriedade dos bens para a pessoa jurídica (Cap. 84, item 4 *supra*), enquanto na Empresa Individual a propriedade permanece em nome do titular, porém afetados/vinculados ao respectivo objeto.

O patrimônio da pessoa forma uma *universalidade de direito* ou *universitas juris* (CC, art. 91): bens unidos e separados pela lei.[348] Exemplos bem conhecidos são a massa falida e o espólio. Contrasta com a *universalidade de fato* ou *universitas facti* (CC, art. 90): bens unidos e separados conforme a conveniência do dono. Exemplifica-se com o estabelecimento empresarial (CC, arts. 1.142-3), em relação ao qual não vigora a *teoria do patrimônio de afetação*, quer dizer, separado ou autônomo.[349][350][351][352]

Escreve Melhim Namem Chalhoub em defesa da *universalidade de direito* do patrimônio da pessoa que "se fosse facultado a cada sujeito, arbitrariamente, separar bens do seu patrimônio e com eles formar massas separadas, cada pessoa estaria livre para desfalcar impunemente a garantia geral dos seus credores". Mas – complementa – esse princípio geral "admi-

---

[348] OLIVA, Milena Donato. *Patrimônio separado – Herança, massa falida, securitização de créditos imobiliários, incorporação imobiliária, fundos de investimento imobiliário, trust*, p. 217-8. Rio de Janeiro: Renovar, 2009.
[349] CARVALHOSA, Modesto. *Comentários ao CC*, 13.º vol., p. 634. São Paulo: Saraiva, 2003.
[350] WALD, Arnoldo. *Comentários ao Novo CC*, 14.º vol., p. 734-5, n.ºs 2.137-40. Rio de Janeiro: Forense, 2005.
[351] REQUIÃO, Rubens. *Curso de Direito Comercial*, 25.ed., 1.º vol., p. 271, n.º 158. São Paulo: Saraiva, 2003.
[352] CAMPINHO, Sérgio. *O Direito de Empresa à luz do Código Civil*, 4.ed., p. 319-21, item 16.3. São Paulo: Renovar, 2004.

te certa flexibilidade, que se mostra ainda mais nítida na medida em que o envolver das necessidades econômicas e sociais passe a recomendar a tutela especial de determinados interesses, mediante criação de massas especiais para cumprimento de finalidades específicas, tais como uma específica exploração econômica e a constituição de garantia, entre outras, pela qual esses acervos ficam vinculados à realização de determinada função".[353]

Colhe-se desses ensinamentos que a *teoria do patrimônio de afetação* traduz uma flexibilização do princípio da universalidade de direito. A pessoa não deixa de ser proprietária da *massa patrimonial*, que fica vinculada a um fim específico. Os bens integrantes desse acervo continuam em seu nome, não saem de sua esfera de domínio, porém ficam afetados ou vinculados a determinada finalidade.

É o que acontece na Empresa Individual ou Firma, que não é pessoa jurídica (Cap. 103, item 1 *supra*), no entanto o empresário deve no ato constitutivo informar o valor do capital, que vem a ser o patrimônio pessoal afetado aos fins empresariais, perdendo a disponibilidade para outras destinações.

---

[353] CHALHOUB, Melhim Namem. *Trust: Perspectivas do Direito contemporâneo na transmissão da propriedade para administração de investimentos e garantia*, p. 121. Rio de Janeiro: Renovar, 2001.

Capítulo 108

DO ENQUADRAMENTO COMO *MEI*, *ME* OU *EPP*, INVESTIDOR-ANJO E ENQUADRAMENTO COMO *STARTUP*

1 ENQUADRAMENTO COMO *MEI*, *ME* E *EPP*

Assim como os enquadramentos da SLP e da SLU (Cap 56, item 1 *supra*; Cap. 85, item 1 *supra*) como Microempreendedor Individual – ME ou Empresa de Pequeno Porte – EPP, também os da Empresa Individual como Pequeno Empresário ou Microempreendedor Individual – MEI, ME ou EPP podem constar nas *cláusulas facultativas* do ato constitutivo, ou em momento posterior, conforme o item 6.2 do Capítulo II do *Manual de Registro da Sociedade Limitada*, aprovado pelo DREI (Cap. 105, item 3.2 *supra*).

2 FIGURA DO INVESTIDOR-ANJO OU SÓCIO-ANJO

Assim como na SLP (Cap. 56, item 2 *supra*) e na SLU (Cap. 85, item 2 *supra*), também na Empresa Individual pode existir *investidor-anjo* ou *sócio-anjo*, desde que tenha por objeto social típico (= inovador e/ou inédito, vinculado a modelos de negócios objetivando produtos ou serviços baseados em tecnologias) e seja enquadrável como *startup*. Isso é possível porque o investidor-anjo, também chamado sócio-anjo, tecnicamente não é sócio. Ele não participa do capital, nem de qualquer modo do quadro social, tampouco da administração, não vota, não tem responsabilidade pelas obrigações e seu retorno é a remuneração do investimento feito na empresa.

A LC 182, de 1.º-6-2021 (*Institui o marco legal das "startups" e do empreendedorismo inovador*) estendeu a figura do *investidor-anjo* a toda e qualquer empresa, seja ou não sociedade, seja ou não *MEI*, *ME* ou *EPP*, desde que tenha por objeto social típico e seja enquadrável como *startup* (art. 4.º, *caput*).

3 ENQUADRAMENTO COMO *STARTUP*

3.1 Origem e definição

Conforme exposição mais circunstanciada na SLP (Cap. 56, item 3.1 *supra*) e reiterada na SLU (Cap. 85, item 3.1 *supra*), *startup* vem do inglês *start* (= principiar, iniciar, começar) e daí *startup*. Em português, está consagrada a compreensão de significar *empresa emergente*. Empreendedores com ideias inovadoras e/ou inéditas e promissoras, em especial associadas à tecnologia, conseguem financiadores a seus projetos, que se mostram economicamente rentáveis. Pode-se definir *startup* como empresa com objeto social inovador e/ou inédito, vinculado a modelos de negócios objetivando produtos ou serviços baseados em tecnologias.

3.2 Objeto social especial – Empreendedorismo inovador e/ou inédito

Assim como na SLP (Cap. 56, item 3.2 *supra*) e na SLU (Cap. 85, item 3.2 *supra*), a *startup* não é tipo autônomo de sociedade ou de empresa individual, e sim de empresa que goza de tratamento jurídico favorecido baseado em *objeto social inovador e/ou inédito*. A inovação e/ou ineditismo deve vincular-se a modelos de negócios objetivando produtos ou serviços baseados em tecnologias.

3.3 Cláusula de enquadramento como *startup*

O item 9 do Capítulo II do *Manual de Registro da Sociedade Limitada*, aprovado pelo DREI, estabelece que "é enquadrado como *startup* o empresário individual, em inscrição ou em operação recente, cuja atuação caracteriza-se pela inovação aplicada a modelo de negócios ou a produtos ou serviços ofertados". O subitem 9.1 e as Notas fazem explicitações.

Consta no item 9 do Capítulo II do *Manual de Registro da Sociedade Limitada*, aprovado pelo DREI ("DO ENQUADRAMENTO COMO *STARTUP*"): "Nos termos do art. 4.º da Lei Complementar n.º 182, de

1.º de junho de 2021, é enquadrado como *startup* o empresário individual, em inscrição ou em operação recente, cuja atuação caracteriza-se pela inovação aplicada a modelo de negócios ou a produtos ou serviços ofertados".

E acrescenta no subitem 9.1: "Para fins de registro, o empresário individual deve fazer constar declaração em seu instrumento de inscrição ou alterador de que se enquadra como uma *startup*, conforme prevê a alínea 'a' do inciso III do § 1.º do art. 4.º da Lei Complementar n.º 181, de 2021".

E dizem as "Notas": "*I* – A declaração de que trata o subitem 9.1 deve constar do próprio instrumento de inscrição/alteração ou de instrumento de enquadramento em processo apartado; *II* – Além das especificidades aplicáveis às *startups*, deverão ser observadas as demais regras aplicáveis ao empresário individual".

Capítulo 109
DA ADMINISTRAÇÃO, DESIGNAÇÃO DE GERENTE, DELEGAÇÃO E MANDATÁRIO

1 CONSIDERAÇÃO INICIAL

Vimos na SLP (Cap. 63, itens 1 a 5 *supra*) e na SLU (Cap. 90, item 1 *supra*) que a Administração ou Diretoria Executiva é órgão social executivo obrigatório, que o administrador sócio denomina-se sócio-administrador, sócio-diretor ou simplesmente diretor, que o não sócio denomina-se gerente e que, sócio ou não, estão sujeitos a impedimentos e inelegibilidades. No caso da *Empresa Individual* ou *Firma*, se o seu titular não quiser administrá-la, ou não se sentir habilitado ou estiver impedido, cabe-lhe designar gerente.

2 DESIGNAÇÃO DE GERENTE

2.1 Possibilidade

Assim como na SLP (Cap. 63, item 3 *supra*) e na SLU (Cap. 90, item 2.2 *supra*), o *Empresário Individual*, mesmo sendo administrador, pode nomear gerente, que vem a ser a pessoa natural que, além de ser empregada, cumula poderes de administração. A nomeação tanto pode ocorrer no ato constitutivo, em cláusula facultativa (Cap. 105, item 3.2 *supra*), quanto posteriormente, em ato separado.

2.2 Exigência de caução

Vimos na SLP (Cap. 63, item 9 *supra*) e na SLU (Cap. 90, item 5 *supra*) que o Código Civil silencia quanto à caução dos administradores, mas é razoável o contrato exigi-la, assim como na S/A (Lei 6.404/76, art. 142). Para fins de eficácia perante terceiros, se imóvel, averba-se na Escrivania Imobiliária (Lei 6.015/73, e, se móvel, registra-se no Cartório Especial de Títulos e Documentos (Lei 6.015/73, arts. 129, n.º 2, e 167, II, n.º 8). O mesmo acontece na *Empresa Individual*. Pode o seu titular exigir que o gerente preste caução real ou fidejussória.

2.3 Poderes e responsabilidades do gerente

Vimos que na SLP (Cap. 63, item 11 *supra*) e na SLU (Cap. 90, item 7 *supra*) que, em relação aos poderes, são comuns ou *intra vires*, isto é, dentro das forças, e especiais ou *ultra vires*, isto é, além das forças; e que, em relação às responsabilidades os administradores: *(a)* decaem da imunidade em relação aos atos *intra vires*, quando agirem com dolo ou culpa; *(b)* respondem objetivamente quanto aos *ultra vires*, salvo outorga expressa pelo contrato ou em ato separado. O mesmo acontece na Empresa Individual quanto ao gerente. Sempre que o ato extrapolar os poderes de gestão, é imprescindível a anuência do titular. Por exemplo, a oneração ou venda de imóveis, quando não constitui objeto social da Empresa (CC, art. 1.015).

2.4 Legitimidade para ajuizar ação contra gerente que pratica ato lesivo à empresa

Vimos na SLP (Cap. 63, item 12 *supra*) que o administrador responde por perdas e danos perante a sociedade quando realizar operações sabendo ou devendo saber que estava agindo em desacordo com a maioria (CC, art. 1.013, § 2.º). Também responde *subjetivamente* (= por culpa ou dolo) em relação aos atos *intra vires*, e *objetivamente* em relação aos *ultra vires*, salvo outorga pelo contrato ou em ato separado. Também vimos na SLU (Cap. 90, item 8 *supra*) que, por motivos óbvios, não se aplica ao administrador sócio único, e sim apenas ao gerente. Vale o mesmo para a Empresa Individual em relação ao gerente.

2.5 Responsabilidade da empresa – Vinculação

Vimos na SLP (Cap. 63, item 14 *supra*) e na SLU (Cap. 90, item 10 *supra*) que, como regra, os atos dos administradores, independentemente da espécie, vinculam a sociedade, portanto responsabilizam-na, responsabilidade que pode ser cumulada, ou não, com a do administrador. No mais nos reportamos especialmente ao item 5 do Cap. 33 *supra*. Vale o mesmo para a Empresa Individual: os atos dos administradores vinculam-na, salvo se o terceiro sabia ou tinha condições de saber a respeito do vício do ato, podendo a responsabilidade ser cumulada com a do administrador. Aplica-se o *teoria da aparência*.

3 DELEGAÇÃO DA ADMINISTRAÇÃO E CONSTITUIÇÃO DE MANDATÁRIO

Vimos na SLP (Cap. 63, item 15 *supra*) e na SLU (Cap. 90, item 11 *supra*) que o CC/02 não prevê a delegação da administração (= fazer-se *substituir*), nem haveria motivo, pois admite administrador não sócio, que é o gerente. Vimos também admitir que é possível o administrador, nos limites dos respectivos poderes, constituir mandatários, isto é, o administrador pode fazer-se *representar* para "atos e operações" que poderão praticar (art. 1.018). Não precisa ser para determinado ato ou operação previamente definido, como se fosse comissário, exaurindo-se o mandato após a consumação. O administrador mandante assume responsabilidade pelos atos do mandatário, nos termos das normas específicas do instituto do mandato (CC, art. 675-81). Vale o mesmo para a *Empresa Individual*: o titular não pode fazer-se *substituir*, mas pode fazer-se *representar*, mediante mandatário.

Capítulo 110

DOS ESTABELECIMENTOS PRINCIPAIS E SECUNDÁRIOS FÍSICOS OU VIRTUAIS

> Pelos arts. 968, IV, e 969, *caput* e parágrafo único, do CC, nada obsta o Empresário Individual abrir sucursal, filial ou agência, seja em território do Registro da sede (= no mesmo Estado), seja em território de competência de outro Registro (= em outro Estado), mas em qualquer hipótese, é imprescindível averbação específica, tanto no mesmo Estado, quanto em outro; e, neste caso, são necessárias duas: *(a)* no Registro do estabelecimento localizado em outro Estado; e *(b)* no Registro do estabelecimento no Estado onde fica a sede. Por fim, os estabelecimentos tanto podem ser físicos quanto virtuais (Cap. 17, item 3 *supra*).

Diz o inciso IV do art. 968 do CC ser cláusula obrigatória do ato constitutivo a indicação da "sede da empresa", e o art. 969 amplia dizendo: "O empresário que instituir sucursal, filial ou agência, em lugar sujeito à jurisdição de outro Registro Público de Empresas Mercantis, neste deverá também transcrevê-la, com a prova da inscrição originária". Por sua vez, o parágrafo único: "Em qualquer caso, a constituição do estabelecimento secundário deverá ser averbada no Registro Público de Empresas Mercantis da respectiva sede".

Portanto, nada obsta o Empresário Individual abrir sucursal, filial ou agência, cujas diferenças já explicitamos (Cap. 17, itens 1 e 2 *supra*), seja em território do Registro da sede (= no mesmo Estado), seja em território de competência de outro Registro (= em outro Estado), mas, em qualquer hipótese, é imprescindível averbação específica, tanto no mesmo Estado, quanto em outro; e, neste caso, são necessárias duas: *(a)* no Registro do estabelecimento localizado em outro Estado; e *(b)* no Registro do estabelecimento no Estado onde fica a sede.

Por fim, os estabelecimentos tanto podem ser físicos quanto virtuais (Cap. 17, item 3 *supra*).

Capítulo III
DA EMPRESA INDIVIDUAL NACIONAL E DA NECESSIDADE DE AUTORIZAÇÃO

1 ESCLARECIMENTO INICIAL (SEDE E ADMINISTRAÇÃO)

> Vimos na SLP (Cap. 69, item 1 *supra*) e na SLU (Cap. 95, item 1 *supra*) a questão da ambiguidade da lei quanto à sede e à administração, sendo que, onde no art. 1.126 do CC se lê "sede de administração", deve-se entender "sede e sua administração". Vale o mesmo para a *Empresa Individual* ou *Firma*.

2 CONCEITO DE EMPRESA INDIVIDUAL NACIONAL

> Vimos na SLP (Cap. 69, item 2 *supra*) e na SLU (Cap. 95, item 2 *supra*) que é *sociedade/empresa nacional* a organizada de conformidade com a lei brasileira e que tem no País a sede e a administração. Vale o mesmo para a *Empresa Individual* ou *Firma*.

3 AUTORIZAÇÕES PARA CONSTITUIR E PARA FUNCIONAR

> Vimos na SLP (Cap. 69, item 3 *supra*) e na SLU (Cap. 95, item 3 *supra*) que, em relação às sociedades pluripessoais, há três espécies de autorização governamental: *(a)* às vezes, independentemente do tipo de atividade, é necessário autorização para *constituir*; *(b)* às vezes, dependendo do tipo de atividade, é necessário autorização somente para *funcionar*; e *(c)* às vezes, quando a atividade é controlada e a constituição é fiscalizada, são necessárias as duas autorizações. Vale o mesmo para a *Empresa Individual* ou *Firma*.

Capítulo 112

DA EMPRESA INDIVIDUAL ESTRANGEIRA E NACIONAL CONSTITUÍDA POR ESTRANGEIRO

1 CONCEITO DE EMPRESA INDIVIDUAL ESTRANGEIRA

Vimos na SLP (Cap. 70, item 1 *supra*) e na LSU (Cap. 96, item 1 *supra*) que o art. 1.134 do CC não conceitua *sociedade estrangeira*. Extrai-se o conceito por exclusão do conceito de *sociedade nacional*, previsto no *caput* do art. 1.126. Assim, é estrangeira a sociedade/empresa quando: *(a)* tiver sido constituída no exterior, mesmo que a sede *e* a administração se localizem no Brasil; e *(b)* a sede *ou* a administração se localize no estrangeiro, mesmo que tenha sido constituída sob as leis brasileiras. Vale o mesmo para a Empresa Individual.

2 EMPRESA INDIVIDUAL NACIONAL CONSTITUÍDA POR PESSOA NATURAL ESTRANGEIRA

2.1 Requisitos vinculados à pessoa natural estrangeira

Vimos na SLP (Cap. 70, item 2.2.1 *supra*) e na SLU (Cap. 96, item 2.2.1 *supra*) que, em relação aos requisitos vinculados à *pessoa natural estrangeira* ou subjetivos, tanto podia pela Lei 6.815/1980 (anterior *Estatuto do Estrangeiro*), quanto pode atualmente pela Lei 13.445/2017 (atual *Lei de Imigração* ou *Estatuto do Imigrante*), estabelecer-se com empresa individual, ser gerente ou administrador de sociedade empresária e não empresária ou simples, portanto nada obsta a participação como sócio, obviamente observada eventual exceção e a permanência legal no País (= não clandestino), conforme a Resolução Normativa n.º 11/2017, do Conselho Nacional de Imigração, e as Instruções Normativas n.ºs 34/2017 e 81/2020, ambas do DREI, observadas eventuais modificações subsequentes. A esses requisitos podem cumular-se os vinculados à atividade ou objetivos. Vale o mesmo para a pessoa natural estrangeira que quiser constituir uma Empresa Individual.

2.2 Requisitos vinculados à atividade econômica

Vimos na SLP (Cap. 70, item 2.2.2 *supra*) e na SLU (Cap. 96, item 2.2.2 *supra*) que o atual *Estatuto da Imigração* (Lei 13.445/2017) é mais generoso do que o anterior, pois, salvo exceção legal e desde que não haja clandestinidade, assegura aos estrangeiros os direitos "em condições de igualdade com os nacionais", inclusive os econômicos (art. 4.º, I). Todavia, isso não os libera da sujeição aos vetos e restrições vinculados à atividade econômica ou objetivos, inclusive de participarem de sociedade/empresa nacional como sócios, assim como as pessoas jurídicas estrangeiras. De outro modo, pelo artifício do ingresso no quadro societário, burla-se o veto ao exercício de atividade privativa aos brasileiros natos ou naturalizados, ou atividade com restrições aos estrangeiros. Vale o mesmo para a pessoa natural estrangeira que quiser constituir uma Empresa Individual.

Capítulo 113

DA REORGANIZAÇÃO EMPRESARIAL DA EMPRESA INDIVIDUAL

Desenvolvemos a matéria relativa à *reorganização empresarial* no livro *TEMAS COMERCIAIS E EMPRESARIAIS*, que publicamos pela Editora AGE; por isso, apresentamos agora somente as definições com eventuais acréscimos necessários, assim como na SLP (Cap. 71 *supra*) e na SLU (Cap. 97 *supra*).

1 NOÇÃO DOS INSTITUTOS DA REORGANIZAÇÃO EMPRESARIAL

A *transformação* é a operação pela qual a sociedade passa de um para outro tipo societário (CC, art. 1.113; Lei 6.404/76, art. 220). A *incorporação* é a operação pela qual uma ou mais sociedades são absorvidas por outra, que lhes sucede em todos os direitos e obrigações. A *fusão* é a operação pela qual ao menos duas sociedades se unem e se extinguem para formar sociedade nova, que lhes sucede em todos os direitos e obrigações. A *cisão* é a operação pela qual uma sociedade: *(a)* extingue-se mediante a transferência de todo o seu patrimônio (versão total) a *sociedades novas* (mais de uma, pois de outro modo fica igual à transformação), ou a *sociedades já existentes* (mais de uma, pois de outro modo fica igual à incorporação); ou *(b)* não se extingue, transferindo somente parcelas de seu patrimônio (versão parcial) para uma ou mais sociedades novas ou já existentes.

2 TRANSFORMAÇÃO DA EMPRESA INDIVIDUAL EM SOCIEDADE E VICE-VERSA

Dos institutos da reorganização empresarial, restritos às sociedades, aplica-se à Empresa Individual, por exceção, apenas o da transformação ou da metamorfose (CC, art. 986, § 3.º, acrescido pela LC 128, de 19-12-2008). E, se o legislador entendeu possível/compatível a transformação *de* empresa

> individual *para* sociedade empresária, por princípio de simetria ou de reciprocidade, também é compatível a transformação *de* sociedade empresarial *para* empresa individual, mediante as devidas adaptações, quando a situação se inverte, é dizer, quando a sociedade perder a pluralidade de sócios, e o remanescente não quiser prosseguir como sociedade limitada unipessoal.

A Empresa Individual surge por *modo originário*, ou por *modo derivado*, via reorganização empresarial, como é a hipótese da transformação.

O *instituto da transformação* lembra a *metamorfose*, é dizer, a transformação de um ser em outro, capacidade de certos animais, como insetos e batráquios. Também lembra a *Lei de Lavoisier*, segundo a qual "Na natureza nada se cria e nada se perde, tudo se transforma".[354]

Os institutos da reorganização empresarial aplicam-se tão somente às sociedades, porém o § 3.º do art. 968 do CC, acrescido pela LC 128, de 19-12-2008, excepciona ao dizer: "Caso venha a admitir sócios, o empresário individual poderá solicitar ao Registro Público de Empresas Mercantis a transformação de seu registro de empresário para registro de sociedade empresária, observado, no que couber, o disposto nos arts. 1.113 a 1.115 deste Código", dispositivos que disciplinam o procedimento da transformação.

Dessarte, por exceção, o legislador entendeu possível/compatível a transformação *de* empresa individual *para* sociedade empresária, necessariamente empresária, por causa do natureza do objeto da transformanda (Cap. 104, item 2 *supra*).

Como não se deve extrair da lei tão só o direito explícito, senão também o que ela deixa implícito por reciprocidade ou simetria jurídica, se o legislador entendeu possível/compatível a transformação *de* empresa individual *para* sociedade empresária, mediante as devidas adaptações, impõe-se admitir que também é compatível a transformação *de* sociedade empresária *para* empresa individual, quando ela perde a pluralidade de sócios, e o remanescente não quiser prosseguir como sociedade limitada unipessoal (Cap. 97, item 2.1 *supra*).

---

[354] Antoine Laurent Lavoisier (1743-1794), químico francês, considerado Pai da Química Moderna, iniciou as descobertas a respeito da *Lei de Conservação das Massas* em 1785, a qual se consagrou com o nome de *Lei de Lavoisier*.

3 INCORPORAÇÃO DO ACERVO PATRIMONIAL DA EMPRESA INDIVIDUAL POR SOCIEDADE

> Consta no item 4 (*EXTINÇÃO PARA UTILIZAÇÃO DE ACERVO NA FORMAÇÃO DE SOCIEDADE NOVA OU JÁ EXISTENTE*): "Na utilização do acervo de empresário para formação de capital de sociedade, deverá ser promovida a extinção da inscrição de empresário, pelo seu titular, concomitantemente com o processo de arquivamento do ato da sociedade em constituição ou da alteração do contrato da sociedade".

Embora a previsão legal seja apenas de transformação *de* empresa individual *para* sociedade, e, por princípio de simetria ou de reciprocidade, também é compatível a transformação *de* sociedade empresarial *para* empresa individual (item 2 *supra*), também não se pode excluir, com base no mesmo princípio, a possibilidade de o acervo patrimonial ser aproveitado não apenas na transformação para sociedade, mas também ser incorporado por sociedade.

Nesse sentido, consta no item 4 (*EXTINÇÃO PARA UTILIZAÇÃO DE ACERVO NA FORMAÇÃO DE SOCIEDADE NOVA OU JÁ EXISTENTE*): "Na utilização do acervo de empresário para formação de capital de sociedade, deverá ser promovida a extinção da inscrição de empresário, pelo seu titular, concomitantemente com o processo de arquivamento do ato da sociedade em constituição ou da alteração do contrato da sociedade".

Capítulo 114
DA EXTINÇÃO DA EMPRESA INDIVIDUAL

1 CONSIDERAÇÃO INICIAL

> Vimos no Cap. 40, item 2 *supra*, que no CC a dissolução está prevista no Livro II (*Do direito de empresa*), Título II (*Da sociedade*), Subtítulo II (*Da sociedade personificada*), Capítulo I, Seção VI (*Da dissolução*). Assim, o *processo dissolutório* é exclusivo às *sociedades personificadas*, e, pois, não se aplica à *Empresa Individual* ou *Firma*, todavia nem por isso pode encerrar as atividades sem formalização. Por isso é que o *Manual de Registro do Empresário Individual*, expedido pelo DREI, estabelece procedimento específico.

Antes, à época do CPC/1973, havia normas específicas às *não personificadas* (sociedades em comum e em conta de participação) e às *sem fins lucrativos* (associações, fundações e cooperativas). Agora, com o CPC/2015, não mais há normas específicas; logo, aplicam-se as gerais, isto é, o rito especial à dissolução parcial/resolução e o rito comum à total (arts. 599-609 e 1.046, § 3.º).

Também vimos que a *Empresa Individual* ou *Firma* não tem personalidade jurídica e que o seu titular, no que tange à responsabilidade, goza apenas do benefício de ordem ou de excussão face ao *patrimônio de afetação* (Capítulos 103 e 107 *supra*), portanto não se lhe aplica o *processo dissolutório*, mas nem por isso pode encerrar as atividades sem formalização.

Por isso é que o *Manual de Registro do Empresário Individual*, expedido pelo Departamento Nacional de Registro Empresarial e Integração – DREI, estabelece na Sessão III do Capítulo II procedimento específico, no qual consta, além de outros, a necessidade de ser elaborado um *instrumento de extinção do empresário*, quer dizer, é imprescindível formalizar a paralisação definitiva das atividades.

2 EXTINÇÃO POR VONTADE PURA E SIMPLES DO TITULAR

> Se o motivo da extinção da *Empresa Individual* for a vontade pura e simples do seu titular de não mais prosseguir nas atividades, consta no item 1.1 da Seção III do Capítulo II do *Manual*, que deve ser elaborado *INSTRUMENTO DE EXTINÇÃO*, "assinado pelo empresário ou seu procurador", ou apresentada "certidão de inteiro teor do instrumento, quando por escritura pública". E consta no item 2 (*ELEMENTOS DA EXTINÇÃO*): "O ato de extinção deverá conter, no mínimo, os seguintes elementos: *I* – o título (Extinção); *II* – preâmbulo: *a)* qualificação completa do empresário; *b)* qualificação do empresário individual (citar nome empresarial, endereço e CNPJ); e *c)* resolução de promover o encerramento da empresa; *III* – fecho, seguido da assinatura".

3 EXTINÇÃO POR FALECIMENTO DO TITULAR

> Se o motivo da extinção da *Empresa Individual* for o falecimento do seu titular, consta no item 3 da Seção III do Capítulo II do *Manual* (*EXTINÇÃO POR FALECIMENTO DO EMPRESÁRIO*) o seguinte: "Para baixa da inscrição na Junta Comercial é necessário o instrumento de extinção de empresário, firmado por: *I* – inventariante, caso o inventário não esteja concluído, anexando em cópia o termo de nomeação juntamente com autorização do juiz para a prática do ato; ou *II* – herdeiro(s), caso o inventário/partilha esteja concluído, com a apresentação de cópia da escritura pública de partilha de bens". E complementa: "O arquivamento do Instrumento de Empresário de Extinção implica extinção das filiais existentes". Porém, há ressalvar a continuidade da Empresa Individual por meio de filho e/ou de herdeiro, inclusive mediante autorização judicial.

Nesse giro, aplicam-se as questões relativas à *capacidade da pessoa natural* para as atividades empresariais (Cap. 5 *supra*), à *perda superveniente da capacidade* e à *continuidade da empresa individual* por filho, como substituto dos pais, ou por herdeiro, inclusive mediante *autorização judicial* (Cap. 101, item 2 *supra*).

Em suma: o falecimento do titular da Empresa Individual não decreta, necessariamente, a extinção do empreendimento empresarial.

4 EXTINÇÃO POR TRANSFERÊNCIA DO ACERVO PATRIMONIAL

> Consta no item 4 da Seção III do Capítulo II do *Manual*: "Na utilização do acervo de empresário para a formação de capital de sociedade, deverá ser promovida a extinção da inscrição de empresário, pelo seu titular, concomitantemente com o processo de arquivamento do ato da sociedade em constituição ou da alteração do contrato da sociedade".

Em essência, consagra, na *reorganização empresarial*, a possibilidade de *transformação* da empresa individual em sociedade e vice-versa, bem como de *incorporação* do acervo patrimonial por sociedade (Cap. 113, itens 2 e 3 *supra*).

5 QUESTÃO DAS DÍVIDAS PÚBLICAS

> Não obstante a omissão do *Manual* nas hipóteses de extinção, há reconhecer que: *(a)* assim como nas sociedades a dissolução não é hipótese de extinção de dívida nem artifício para aplicar calote nos credores, assim também na Empresa Individual; *(b)* assim como nas sociedades a possibilidade de cancelamento das inscrições fiscais, independentemente da regularidade das obrigações tributárias, previdenciárias ou trabalhistas, principais ou acessórias, sejam ou não *ME* ou *EPP*, mas em contrapartida ficam todos *solidariamente responsáveis*, assim também na Empresa Individual o seu titular, seja ou não *MEI*, *ME* ou *EPP*, assina desde logo *responsabilidade solidária* (= perda automática do benefício de ordem ou de excussão).

Não obstante a omissão no itens da Seção III do Capítulo II, quanto às *dívidas públicas* na extinção da *Empresa Individual* ou *Firma*, evidente que, assim como nas sociedades a dissolução não é hipótese de extinção de dívida nem artifício para aplicar calote nos credores (Cap. 46, item 7 *supra*), assim também na Empresa Individual a extinção.

E, assim como nas sociedades a possibilidade de cancelamento das inscrições fiscais, independentemente da regularidade das obrigações tributárias, previdenciárias ou trabalhistas, principais ou acessórias, sejam ou não *ME* ou *EPP*, mas em contrapartida ficam todos *solidariamente responsáveis*

(Cap. 46, itens 8.1 e 8.2 *supra*), assim também na Empresa Individual o seu titular, seja ou não *MEI*, *ME* ou *EPP*.

Isto é, o empresário individual pode cancelar as inscrições fiscais e na Junta Comercial, independentemente do pagamento das dívidas de tais origens, porém assina, desde logo, *responsabilidade solidária* (= perda automática do benefício de ordem ou de excussão (Cap. 103, item 2 *supra*).

Capítulo 115
DA FALÊNCIA E RECUPERAÇÕES DA EMPRESA INDIVIDUAL

> A Lei 11.101, de 9-2-05 (*Regula a falência e as recuperações judicial e extrajudicial do empresário e da sociedade empresária*), submete ao seu regime "o empresário e as sociedades empresárias" (art. 1.º). O art. 2.º estabelece exceções, e dentre elas não figura a exclusão do Empresário Individual ou Firma, portanto sujeita-se às normas da citada Lei, seja quanto ao ônus da falência seja quanto aos bônus das recuperações.

A Lei 11.101, de 9-2-05, em vigor a partir de 9-6-05 (*Regula a falência e as recuperações judicial e extrajudicial do empresário e da sociedade empresária*), diz no art. 1.º que a ela estão sujeitos "o empresário e as sociedades empresárias". O art. 2.º estabelece exceções, e dentre elas não figura a exclusão do Empresário Individual ou Firma, portanto sujeita-se às normas da citada Lei, seja quanto ao ônus da falência seja quanto aos bônus das recuperações.

Assim consta no item 3 da Seção IV do Capítulo II do *Manual do Registro da Empresa Individual*, expedido pelo DREI: "A recuperação judicial e a falência serão conhecidas pelo Registro Público de Empresas, mediante comunicação do Juízo competente. Cabe à junta Comercial efetuar a anotação pertinente (cadastro), alterando o nome empresarial para inserir a expressão "em recuperação judicial" ou "falido", conforme o caso, não podendo a empresa, após a anotação, cancelar o seu registro. Na recuperação judicial, a Junta Comercial poderá arquivar alterações do instrumento de inscrição, desde que não importem em alienação de bens do ativo permanente, salvo com autorização do Juiz competente ou aqueles relacionados no plano de recuperação judicial."

REFERÊNCIAS

ABREU, Jorge Manuel Coutinho de. *Curso de Direito Comercial: Das sociedades*, Vol. II, 2.ed. Coimbra: Almedina, 2007.

ANTUNES, José Engrácia. O estabelecimento individual de responsabilidade limitada: crônica de uma morte anunciada, Artigo publicado na *Revista de Direito* da Universidade do Porto, Ano 3. Coimbra: Coimbra Editora, 2006.

ASCARELLI, Tullio. *Problemas das Sociedades Anônimas e Direito Comparado*. São Paulo: Quórum, 2008.

_____. *Iniciación al estúdio del Derecho Mercantil*. Barcelona: Bosch, 1964.

ASQUINI, Alberto. *Rivista Del Diritto Commerciale*, fascículos 1 e 2, 1943.

BORGES, João Eunápio. Parecer publicado na RF n.º 274/54.

BRUNETTI, Antônio. *Tratado Del Diritto delle Società*. Milão: Droit. A. Giufrè, 1948.

BULGARELLI, Waldírio. *Direito Comercial*, 10.ed. São Paulo: Atlas, 1993.

_____. *Contratos mercantis*, 10.ed. São Paulo: Atlas, 1998.

_____. *Tratado de Direito Empresarial*, 2.ed. São Paulo: Atlas, 1995.

_____. *Sociedades Comerciais*, 3.ed. São Paulo: Atlas: 1987.

CALAMANDREI, Piero. *Eles, os juízes, vistos por um advogado*. Tradução de Eduardo Brandão. São Paulo: Martins Fontes, 2000.

CAMPINHO, Sérgio. *O Direito de Empresa à luz do Código Civil*, 12.ed., Rio de Janeiro: Renovar, 2011.

_____. *Curso de Direito Comercial*, 15.ed. São Paulo: Saraiva, 2018.

CARDOSO, Paulo Leonardo Vilela. *O empresário de responsabilidade limitada*. São Paulo: Saraiva, 2012.

CARVALHOSA, Modesto. *Comentários ao CC/2002*, vol. XIII. São Paulo: Saraiva, 2003.

CHALHOUB, Melhim Namem. *Trust: perspectivas do Direito contemporâneo na transmissão da propriedade para administração de investimentos e garantia*. Rio de Janeiro: Renovar, 2001.

CHRISTIE, Agatha. *O passageiro para Frankfurt*, Cap. IX (Conferência em Londres).

COELHO, Fábio Ulhoa. *Curso de Direito Comercial*, 15.ed., vol. I. São Paulo: Saraiva, 2011.

COELHO, Márcio Xavier. *A responsabilidade da EIRELI*. Belo Horizonte: D'Plácido Editora.

CORDEIRO, Antônio Menezes. *Direito europeu das sociedades*. Coimbra: Almedina, 2005.

COSTA, Dilvanir José da. Aspectos polêmicos da sociedade por cotas de responsabilidade limitada, publicado na *Revista dos Tribunais* n.º 523/22.

COSTA, Pedro Henrique Carvalho da. *A sociedade limitada unipessoal no Brasil*. Rio de Janeiro: Lumen Juris, 2022.

COSTA, Ricardo Alberto Santos. *Algumas considerações a propósito do regime jurídico da sociedade por quotas unipessoal*. Separata de: Estudos Dedicados ao Prof. Júlio Brito de Almeida Costa. Lisboa: Universidade Católica Portuguesa, 2002.

_____. *A sociedade unipessoal por quotas no Direito português*. Coimbra: Almedina, 2002.

CRETELLA JÚNIOR, José. *Comentários à Constituição de 1988*, 1.ed., vol. VIII. Rio de Janeiro: Universitária, 1993.

DALMARTELLO, Arturo. *Contrati dele imprense commerciali*. Cedam, Pádua, 1939.

DESPAX, Michel. *L'entreprise et le Droit*. Paris: Lbr. Générale de Droit et de jurisprudence, 1957.

DINIZ, Maria Helena. *Curso de Direito Civil brasileiro – Direito de Empresa*, vol. VIII. São Paulo: Saraiva, 2008.

EIZIRIK, Nelson. *A Lei das S/As Comentada*, vol. III. São Paulo: Quartier, 2011.

ESCARRA, Jean. *Manuel de Droit Commercial*. Paris: Libr Du Recueli Sirey, 1947.

FAZZIO JÚNIOR, Waldo. *Manual de Direito Comercial*, 15.ed. São Paulo: Atlas, 2014.

FERRARA, Francesco. *Teoria jurídica de la Hacienda Mercantil*. Madrid: Ed. Revista de Derecho Privado, 1929.

FERREIRA, Waldemar. *Tratado de Direito Comercial*, vol. XIV. São Paulo: Saraiva, 1965.

FERRI, Giuseppe. *Manuale di Diritto Comerciale*. Turim: Unione Topográfica, 1956.

FIGUEIREDO, Paulo Roberto Costa. *Subsidiária integral: a Sociedade Unipessoal no Direito brasileiro*. São Paulo: Saraiva, 1984.

FRANÇA, Erasmo Valladão Azevedo e Novaes; ADAMEK, Marcelo Vieira Von. *Da ação de dissolução parcial de sociedade*. São Paulo: Malheiros, 2016.

FROMM, Erich. *Medo à liberdade*, 12ed.

GIANULO, Wilson. *Novo Código Civil*, 2.ed., 2.º vol. São Paulo: Jurídica Brasileira, 2004.

GONÇALVES NETO, Alfredo de Assis. *Direito de Empresa: comentários aos artigos 966 a 1.195 do Código Civil*, 3.ed. São Paulo: Revista dos Tribunais.

_____. A empresa individual de responsabilidade limitada. Artigo publicado na *Revista dos Tribunais* n.º 915. São Paulo: Revista dos Tribunais, 2012.

GUIDOLIN, Renata Vielmo. *STARTUPS – A regulamentação do investimento-anjo na Lei Complementar n.º 182/2021*. São Paulo: Tirant lo Blanch, 2022.

HAMEL et LAGARDE. *Traité de Droit Commercial*. Paris: Libr. Dalloz, 1954.

MARCONDES, Sylvio. *Questões de Direito Mercantil*. São Paulo: Saraiva, 1977.

MARIANI, Irineu. *Contratos empresariais*, 2.ed., Porto Alegre: AGE, 2022.

_____. *Empresa Individual de Responsabilidade Limitada – EIRELI*. Porto Alegre: AGE, 2015.

_____. *Temas comerciais e empresariais*. Porto Alegre: AGE, 2018.

MARQUES, Rodrigo Prado. *Sociedades limitadas no Brasil*. São Paulo: Juarez de Oliveira, 2006.

MARTINS, Fran. *Curso de Direito Comercial*, 28.ed. Rio de Janeiro: Forense, 2002.

MARTINS, Ives Gandra & BASTOS, Celso Ribeiro. *Comentários à Constituição do Brasil*, vol. VII. São Paulo: Atlas, 1990.

MAXIMILIANO, Carlos. *Hermenêutica e aplicação do Direito*, 9.ed., 2.ª tiragem. Rio de Janeiro: Forense, 1981.

MEIRELLES, Hely Lopes. *Direito Administrativo brasileiro*, 17.ed. São Paulo: Malheiros, 1992.

MENDONÇA, José Xavier Carvalho de. *Tratado de Direito Comercial brasileiro*. Rio de Janeiro: Saraiva, 1934.

MIRANDA, Pontes de. *Tratado de Direito Privado*, 4.ed., vol. I. São Paulo: Revista dos Tribunais, 1983.

MUSSI, Luiz Daniel Haj. *Comentários à Lei da Liberdade Econômica: Lei 13.874/2019*. São Paulo: Reuters Brasil, 2019.

NEGRÃO, Ricardo. *Manual de Direito Comercial e de Empresa*, 4.ed., vol. I. São Paulo: Saraiva, 2005.

NUNES, Márcio Tadeu Guimarães. *EIRELI – A tutela do patrimônio de afetação*. São Paulo: Quartier Latin, 2014.

_____. *Dissolução parcial, exclusão de sócio e apuração de haveres nas sociedades limitadas*. São Paulo: Quartier Latin, 2010.

OLIVA, Milena Donato. *Patrimônio separado – Herança, massa falida, securitização de créditos imobiliários, incorporação imobiliária, fundos de investimento imobiliário, trust*. Rio de Janeiro: Renovar, 2009.

RAMOS, Maria Elisabete Gomes. *Sociedades unipessoais – Perspectivas da experiência portuguesa*. Coimbra: Almedina, 2012.

RAMOS, Nabantino. Empresas Públicas. Artigo publicado na *RDA* 107/14 e na *RDP* 17/99.

REQUIÃO, Rubens. *Curso de Direito Comercial*, 28.ed., vol. I. São Paulo: Saraiva, 2009.

RIPERT, George. *Traité élémentaire de Droit Commercial*. Paris: Libr General de Droit et de Jurisprudence, 1951.

RIZZARDO, Arnaldo. *Direito de Empresa*, 2.ed. Rio de Janeiro: Forense, 2007.

ROCCO, Alfredo. *Princípios de Direito Comercial*. São Paulo: Saraiva, 1931.

ROCHA, Gustavo Ribeiro. Ordem econômica constitucional, Lei n.ª 13.874/2019 e Direito Comercial brasileiro. Artigo publicado na *Revista de Direito*, vol. III, 2020.

SALOMÃO FILHO, Calixto. *A Sociedade Unipessoal*. São Paulo: Malheiros, 1995.

_____. *O novo Direito Societário*, 4.ed. São Paulo: Atlas, 2011.

SANTOS, Filipe Cassiano dos. *A sociedade unipessoal por quotas*. Coimbra: Coimbra Editora, 2009.

SANTOS, João Manoel de Carvalho. *Código Civil brasileiro interpretado*, 12.ed. Rio de Janeiro: Freitas Bastos, 1980.

SERRA, Catarina. As Novas Sociedades Unipessoais por Quotas. Scientia Ivridica: *Revista de direito Comparado Português e Brasileiro*. Universidade do Minho, Braga: Codex, tomo XLVI, janeiro/junho-1997.

SIDOU, José Maria Othon. *Empresa individual de responsabilidade limitada*. Rio de Janeiro: Freitas Bastos, 1964.

SOUZA, Artir César de. *Código de Processo Civil*, vol. II. São Paulo: Almedina, 2015.

SOUZA, Herculano Marcos Inglez de. *Preleções de Direito Comercial*. Rio de Janeiro: Jacinto, 1935.

SPINELLI, Luís Felipe. *Exclusão de sócio por alta grave na sociedade limitada*. São Paulo Quartier Latin, 2015.

TEPEDINO, Gustavo. *Código Civil interpretado conforme a Constituição da República*. Rio de Janeiro: Renovar, 2011.

TOMAZETTE, Marlon. *Direito Societário*, São Paulo: Juarez de Oliveira, 2003.

_____. *Curso de Direito Empresarial – Teoria geral e Direito Societário*. São Paulo: Atlas, 2016.

VENOSA, Sílvio de Salvo. *Código Civil interpretado*, 3.ed. São Paulo: Atlas, 2013.

VIVANTE, Cesare. *Tratato di Diritto Commerciale*, 4.ed. Milão: Casa Editrice Dott Francesco Villardi, 1912.

VIVANTE, Trajano de Miranda. *Comentários à Lei de Falências*, vol. I. Rio de Janeiro: Forense, 1962.

WALD, Arnoldo. *Comentários ao Novo CC*, vol. XIV. Rio de Janeiro: Forense, 2010.

WAMBIER, Teresa Arruda Alvim et alii. *Código de Processo Civil*. São Paulo: RT, 2015.

XAVIER, José Tadeu Neves. *Sociedade limitada unipessoal (SLU)*. Londrina/PR: Thoth, 2021.

ZORZI, Nádia. *L'abuso della personalità giurídica*, Pádua/Itália: CEDAM, 2002.

GRÁFICAODISSÉIA

Av. França, 954 - Navegantes - Cep 90230-220 - Porto Alegre - RS - Brasil
Fone: (51) 3303.5555 - vendas@graficaodisseia.com.br
www.graficaodisseia.com.br